Contraste insuffisant

NF Z 43-120-14

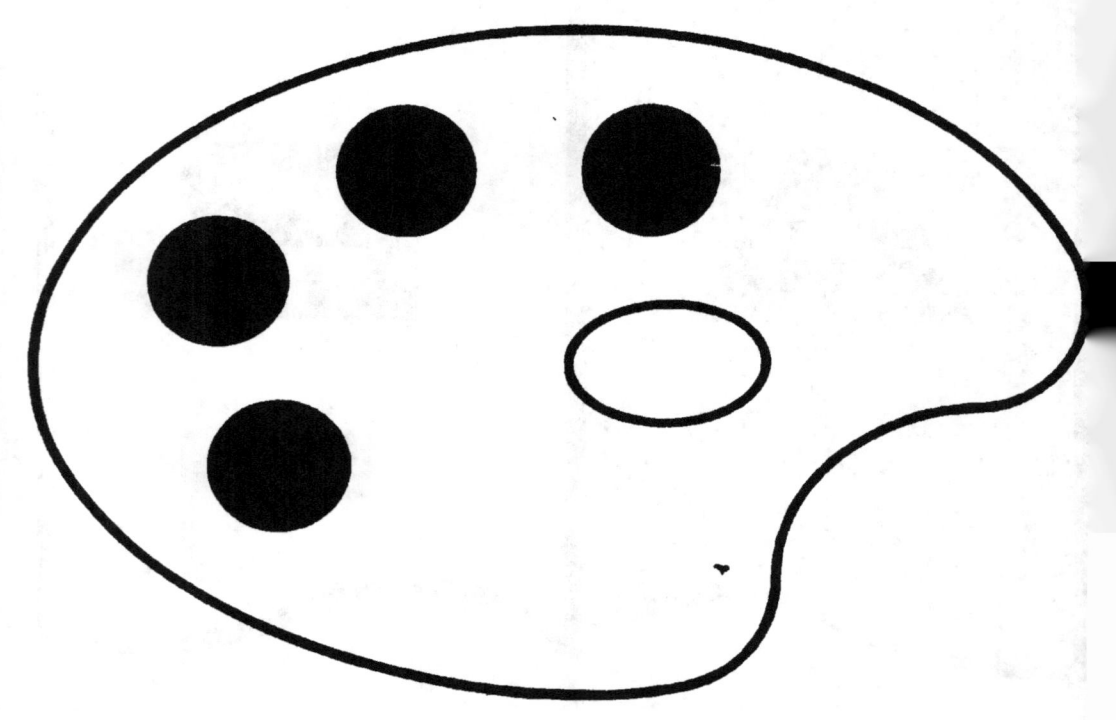

Original en couleur
NF Z 43-120-8

COLLECTION DE DOCUMENTS RELATIFS A L'HISTOIRE DE PARIS
PENDANT LA RÉVOLUTION FRANÇAISE
Publiée sous le patronage du Conseil municipal

LA
SOCIÉTÉ DES JACOBINS

RECUEIL DE DOCUMENTS
POUR L'HISTOIRE
DU CLUB DES JACOBINS DE PARIS
PAR
F.-A. AULARD

TOME III. — JUILLET 1791 A JUIN 1792

PARIS

LIBRAIRIE JOUAUST | LIBRAIRIE NOBLET
7, RUE DE LILLE | 13, RUE CUJAS

MAISON QUANTIN
7, RUE SAINT-BENOIT

1892

COLLECTION DE DOCUMENTS RELATIFS A L'HISTOIRE DE PARIS
PENDANT LA RÉVOLUTION FRANÇAISE
Publiée sous le patronage du Conseil municipal

LA
SOCIÉTÉ DES JACOBINS

RECUEIL DE DOCUMENTS
POUR L'HISTOIRE
DU CLUB DES JACOBINS DE PARIS
PAR
F.-A. AULARD

TOME III — JUILLET 1791 A JUIN 1792

PARIS

LIBRAIRIE JOUAUST	LIBRAIRIE NOBLET
7, RUE DE LILLE	13, RUE CUJAS

MAISON QUANTIN
7, RUE SAINT-BENOIT

1892

LA

SOCIÉTÉ DES JACOBINS

COLLECTION DE DOCUMENTS RELATIFS A L'HISTOIRE DE PARIS
PENDANT LA RÉVOLUTION FRANÇAISE
Publiée sous le patronage du Conseil municipal

LA
SOCIÉTÉ DES JACOBINS

RECUEIL DE DOCUMENTS
POUR L'HISTOIRE
DU CLUB DES JACOBINS DE PARIS
PAR
F.-A. AULARD

TOME III — JUILLET 1791 A JUIN 1792

PARIS

LIBRAIRIE JOUAUST	LIBRAIRIE NOBLET
7, RUE DE LILLE	13, RUE CUJAS

MAISON QUANTIN
7, RUE SAINT-BENOIT

1892

SOCIÉTÉ DES JACOBINS

RECUEIL DE DOCUMENTS POUR L'HISTOIRE DU CLUB DES JACOBINS DE PARIS

I

Juillet 1791 (Suite)

SÉANCE DU LUNDI 11 JUILLET 1791 [1]

PRÉSIDENCE DE M. BOUCHE

L'assemblée étant peu nombreuse, M. le président propose un léger changement dans la rédaction de l'adresse aux peuples de l'univers présentée par M. Rœderer. Ce changement est adopté.

M. THIERRY DE FRANQUEVILLE. — J'ai pris congé de vous, Messieurs, le 22 juin, et depuis cette époque j'ai parcouru les frontières de la Lorraine et de l'Alsace : tout y est patriote. J'ai cependant une dénonciation à vous faire : les chasseurs de Normandie ont juré à leur colonel de lui obéir aveuglément lorsqu'il sera question de venir à Paris et de marcher contre la constitution. Ces soldats sont à une demi-lieue des frontières, et je crois important de retirer d'un tel poste des troupes aussi mal disposées pour la défense de la constitution.

Sur la proposition de M. Rœderer, on nomme des commissaires pour suivre le renvoi de cette dénonciation au Comité militaire. On

---

[1]. Cf. un compte rendu de cette séance dans le n° 336 du *Journal de la Révolution* (jeudi 14 juillet 1791).

adopte l'amendement, proposé par M. de Bécourt, de donner le nom du colonel de ce régiment impatriote.

On fait un rapport détaillé sur les demandes des parcheminiers, aussitôt après lequel on passe à l'ordre du jour.

[M. *Laclos* cherche à établir : « 1° que, depuis le jour où les députés des bailliages se sont constitués en Assemblée nationale, il n'a pas dû exister de roi ; 2° que, s'il a existé un roi, il a abdiqué par son mémoire du 21 juin ; 3° que, s'il n'a pas abdiqué par son mémoire du 21 juin, il est déchu par sa déclaration. » — M. *Carra*[1], après avoir traité de l'inviolabilité, conclut : « 1° à la déchéance de Louis XVI et à l'élection de son fils sur le trône, avec la formation d'un conseil électif et amovible de régence et de pouvoir exécutif, conseil dont la présidence ne durerait que trois mois, et passerait tour à tour à chacun des membres du conseil ; 2° à la rupture du traité de 1756 avec la maison d'Autriche, et à la négociation, par des ministres patriotes, d'une nouvelle alliance avec la Prusse, l'Angleterre et la Hollande ; 3° à l'envoi de plusieurs commissaires, choisis dans le sein de l'Assemblée nationale, pour traiter au plus tôt avec les princes laïcs de l'Empire, possessionnés en Alsace, des indemnités en argent qui peuvent leur être convenablement adjugées ; 4° à ce que la peur d'une guerre étrangère ne nous fasse pas faire de lâcheté ni commettre d'imprudence ». — M. *Chenaux* ajoute à ces conclusions que l'Assemblée nationale « accorde à Louis XVI la faculté de se retirer, mais sous bonne et sûre garde, en tel endroit qu'il voudra faire sa résidence, toujours dans l'étendue du royaume ; lui fait défense de s'immiscer dans l'exercice du pouvoir exécutif[2] ». — M. *Chépy fils* parle aussi dans le même sens, en insistant sur la nullité de l'inviolabilité du roi, coupable du crime de lèse-nation.]

Les commissaires chargés de présenter un projet de fête civique pour le 14 juillet font leur rapport sur cet objet. Après une longue discussion, on adopte la motion faite par M. Rœderer d'ouvrir, pour un dîner fraternel, auquel seront admis les seuls membres de la Société, une souscription de trois livres par tête. Cette souscription sera ouverte demain et fermera le 13, laissant aux commissaires le soin de faire les dispositions qu'ils jugeront convenables pour l'exécution du présent arrêté.

La séance a été levée à dix heures et demie[3].

1. Ce discours est reproduit *in extenso* dans le numéro du 13 juillet des *Annales patriotiques*.
2. Voir la pièce suivante.
3. On lit dans *le Patriote français* du même jour, 11 juillet : « Combien on doit remercier la Révolution ! Que de talents elle enfante tous les jours ! Suivez les séances des Jacobins, devenues si intéressantes dans les circonstances actuelles. Lisez les discours de MM. Dupré, Réal, Ducancel, etc. ; partout vous y verrez le même patriotisme, la même fermeté dans les principes, l'inexorable sévérité que la majorité de la nation commande envers un grand coupable. Tous veulent le jugement, la destitution du roi, qui a trahi ses serments ; tous veulent le remplacer par un conseil électif dans les départements et temporaire. »

II

OPINION DE M. CHENAUX

SUR LA QUESTION DE SAVOIR QU'EST-CE QUE LES LÉGISLATEURS ONT A FAIRE DANS LES CIRCONSTANCES OU ILS SE TROUVENT.

(S. l. n. d., in-8 de 19 pages.)

[Lundi 11 juillet 1791.]

On a demandé qu'ont à faire les législateurs dans les circonstances difficiles où ils se trouvent.

Je réponds : écouter la voix de la raison et suivre les préceptes de la justice.

On objecte à cela des motifs de politique.

Je m'impose l'obligation de développer trois propositions :

1° Que la raison ne veut pas qu'un homme faible jusqu'à l'imbécillité, menteur jusqu'au parjure, soit le chef suprême du pouvoir exécutif;

2° Que l'équité ne le permet pas;

3° Qu'enfin la politique même s'y oppose.

Si je parviens à démontrer ces trois propositions, j'établirai, en me résumant, que l'individu roi arrêté le 22 juin est un homme faible et menteur auquel la politique ne veut pas que l'on confie le pouvoir exécutif.

Je n'ignore pas, Messieurs, les difficultés qui se présentent sous mes pas, et je n'ai point le fol orgueil de prétendre à vous instruire. Aussi n'est-ce pas sans quelques craintes que j'ai hasardé de monter à cette tribune. Mais ma conscience m'a dit qu'en cette matière tout citoyen doit exprimer hautement son avis et les motifs sur lequel il le fonde, afin que, de cette réunion d'opinions individuelles, les législateurs puissent rendre une décision de la sûreté, de l'exécution de laquelle ils seraient authentiquement assurés.

Je consulte la raison, et je demande ce qu'elle enseigne. Elle me dit que, si j'ai une grande mission à confier, des pouvoirs importants à faire exercer, il faut au moins que je m'assure que celui à qui je m'adresse est un homme vrai et franc, sur l'exactitude duquel je puisse compter, qui n'ait pas un intérêt tout opposé aux miens, dont la manie ne soit pas de s'approprier tout ce dont je ne le rends dépositaire que pour m'en rendre compte à tous les instants de ma volonté, ou dont la féroce habitude ne soit pas de se servir des armes que l'on lui confie pour égorger ceux de qui il les tient.

Elle veut que j'examine si cet homme a les premières vertus morales nécessaires pour l'exécution de la mission importante dont je le charge, s'il en a les premières notions, s'il n'a pas, au physique comme au moral, des vices incurables qui le mettent dans l'impossibilité d'accomplir avec intelligence et énergie l'étendue de la mission que je lui confie.

Si un certain ordre de choses ne m'a pas d'abord permis de choisir l'individu auquel je devais confier tant de pouvoirs, que j'en aie trouvé un tellement posté à mon passage que je n'aie pas eu la faculté d'aller au delà pour faire mon choix, ce n'est pas une raison pour que cet homme m'écrase. Il sera toujours vrai de dire que ce n'est pas un contrat parfaitement libre auquel j'ai souscrit, puisque c'était par l'effet d'une puissance coactive quelconque que j'ai été forcé de lui donner ma confiance. On ne peut se dissimuler que j'ai toujours sous-entendu qu'au premier moment que j'aurais plus de facultés, mon intérêt, ma raison, me dicteraient de faire cesser mon choix, et surtout que j'en userais si celui que j'ai été contraint de nommer, sur lequel mon choix était tombé, s'en fût tout à coup rendu publiquement indigne, et m'eût mis lui-même dans la nécessité d'exprimer de nouveau mon opinion par l'abandon absolu de son poste. On serait d'autant moins fondé à me faire des reproches d'être vacillant dans mon choix que j'aurais moins concouru à lui enlever un pouvoir que je ne lui aurais sûrement pas confié s'il n'avait pas juré qu'il le remplirait fidèlement. Tout le tort ne peut donc être que de son côté, car il avait la faculté de tout refuser, et moi je n'avais pas la puissance de ne pas l'accepter, puisqu'il a employé sa force ou son crédit à me faire croire qu'il me serait utile. Il est donc indubitable qu'il sera plus obligé envers moi que je ne l'étais envers lui, et qu'il a toujours été bien entendu, et que je ne m'étais déterminé à lui donner mon suffrage que parce que j'ai toujours pensé que c'était mon plus grand avantage, et que je n'ai jamais pu renoncer à l'occasion de me le procurer.

Que sera-ce donc si je suis convaincu que cet homme est pusillanime dans ses décisions, faible dans ses entreprises, seul dans ses moyens d'exécution; si je prouve que cet homme est inepte dans toutes les positions de la vie où il se rencontre; qu'ainsi, loin d'avoir la faculté de m'être utile, il ne peut que me nuire? Que l'Assemblée nationale consulte donc les circonstances de la vie individuelle de Louis XVI, et elle reconnaîtra qu'elles décèlent toutes un homme entre les mains duquel il est impossible de remettre un grand et immense pouvoir à exercer.

Si, lorsqu'il consultait sa volonté personnelle, on croyait y rencontrer du goût pour l'ordre, au même instant, chancelant dans ses décisions, suivant trop promptement toute impulsion étrangère, on a vu le même homme, qui avait rappelé les parlements, ne plus vouloir suivre leurs conseils; incapable dans l'administration des finances, les abandonner tantôt à des mains dissipatrices, tantôt les livrer à la manie des agioteurs.

On l'a vu rassembler auprès de lui un grand nombre de personnages et n'avoir plus la fermeté de s'arrêter aux mesures qu'ils lui dictaient; embrasser le grand parti de convoquer des États généraux, adopter la représentation égale, puis s'opposer à la réunion des ordres; combattu par l'empire de la raison, vouloir employer la force des armes.

Un nouvel ordre de choses s'introduit-il, qui était certes celui qui devait être le plus convenable à sa faiblesse personnelle, puisqu'en le maintenant dans toute la hauteur des prérogatives de sa place on lui remettait l'exercice de pouvoirs connus, dont il pouvait d'autant moins abuser que les lois qui réglaient sa mission étaient claires, qu'elles obligeaient ses ministres, sous peine de responsabilité, à se renfermer rigoureusement dans l'étroite exécution des ordres qu'il leur donnait?

Eh bien! cela ne lui convient pas. Secouant le joug des promesses qu'il a données, il cherche encore à s'y soustraire.

Le suit-on dans cette nouvelle entreprise, comble de la folie ou de la scélératesse, on y aperçoit toujours la faiblesse de l'homme qui agit; le moindre contretemps l'arrête: pas plus d'énergie pour servir la constitution que pour l'arrêter dans ses progrès. En vérité, cet homme est tellement nul et incapable d'occuper une place qu'il serait étrange qu'une pareille nomination émanât de législateurs dont la base des principes est d'écouter la raison, que nous enseigne l'équité.

Le premier devoir de l'homme individuel, comme de l'homme en société, est d'être juste, de ne pas frapper celui-ci pour ne favoriser que celui-là. Un grand crime, a-t-on dit, a été commis. Que veut la justice? Que tous les auteurs, adhérents et instigateurs de ce crime, soient punis. Si une loi juste, à laquelle je m'empresse de rendre hommage et dont je maintiendrai l'entière exécution de toutes mes forces, a rendu l'individu roi inviolable, au moins est-il équitable que, lorsque, par l'abus le plus violent et l'extension la plus erronée de ce principe, l'individu roi fait verser le sang de ceux qu'il a séduits, ou par lesquels il se sera laissé séduire, il ne jouisse pas de la totalité de son triomphe, lorsque ceux qui ont partagé ses intrigues perdent la vie.

Peut-il y avoir aucune raison politique qui empêche ces principes, vrais de toute éternité, de prévaloir? Non!

La seule politique que doit garder l'Assemblée nationale, la seule qui fera respecter ses décrets et maintiendra sa force, c'est la franchise, c'est la ferme résolution à manifester l'expression tout entière de la volonté du peuple, c'est sa volonté claire et précise à donner la première l'exemple de son imperturbable résolution d'exécuter la déclaration des droits qu'elle a si glorieusement tracée, d'apprendre à l'univers entier qu'elle ne connaît d'autres distinctions que le mérite, d'autres vertus que la justice et l'équité.

Pourquoi invoquer la politique pour régir un peuple fier de sa conquête, qui, d'un seul de ses mouvements, peut écraser tous les tyrans de l'univers? Nous ne voulons pas conquérir, mais nous voulons nous défendre : car la terre n'est plus le patrimoine des rois, mais la propriété de tous les citoyens.

Qu'importe à tous les autres potentats quel est le régime sous lequel nous voulons vivre, pourvu que notre déclaration envers tous les peuples soit de ne jamais nous emparer de leur territoire, pourvu que notre premier pas dans la carrière de la liberté soit de donner des preuves de notre fidélité à remplir nos engagements?

Qui ne cessera d'admirer la loyauté française, qui a poussé si loin la généreuse ambition à cet égard qu'elle s'est publiquement soumise à acquitter la dette des rois, qu'ils n'avaient contractée que pour satisfaire à leur plaisir et à leur débauche.

Que parle-t-on de politique? Laquelle est la meilleure, d'avoir un pouvoir exécutif ferme et rigoureux exécuteur des lois, ou d'un vacillant et chancelant qui les déshonore? Lequel est le plus politique, d'avoir un homme qui fasse respecter la constitution, ou d'en remettre l'exercice à celui qui machinera, au contraire, les moyens de la détruire?

Mais, dit-on, les potentats de la terre ne permettront pas qu'un collègue soit destitué de ce qu'ils appellent leurs propriétés et leurs droits; de deux choses l'une : ou ils veulent un roi absolu, ou ils ne peuvent pas songer à nous attaquer.

S'ils veulent un roi absolu, il ne faut pas s'effrayer de leurs menaces, il faut combattre : car nous avons juré de vivre libres ou mourir; ou ils ne songent pas à nous attaquer : car que leur importe, suivant l'expression de l'immortel Mirabeau, que ce soit Louis XVI ou Louis XVII, si, du résultat de notre constitution, le roi qu'ils voudront protéger ne peut pas jouir de ces immenses prérogatives qu'ils appellent leurs propriétés? Ne voit-on pas, au contraire, que la politique, ce guide des rois, parce qu'ils ne sont pas assez forts pour la mépriser, leur crie de ne pas s'occuper de nous? Car, s'ils faisaient porter un coup d'œil attentif et réfléchi sur notre organisation, ils seraient eux-mêmes perdus.

Mais, continue-t-on, pour ne point nous laisser réussir, ils vont nous attaquer; alors revient toujours le principe et le motif de les défier : car notre volonté est de vivre ou mourir; il est donc évident qu'il vaut mieux avoir un pouvoir exécutif ferme et absolument déterminé à nous défendre qu'un dont le but sera de nous sacrifier.

Il n'est donc pas vrai que la politique doive nous inspirer des craintes; elle veut, au contraire, que nous bravions et franchissions la *colère* de nos ennemis; le moindre doute, même à cet égard, serait une injure à la bravoure, au courage et à l'énergie de la nation française.

Que devons-nous faire? Faut-il changer notre constitution, et de l'état monarchique passer au républicanisme?

Je ne le pense pas.

Faut-il punir l'individu roi, lui faire subir le poids et la rigueur d'une procédure?

Je n'adopte pas cette voie.

Je désire que nous ne chancelions pas un moment, que nous ne déviions en rien de notre constitution. On a décrété que la personne du roi était inviolable, je veux donner à ce décret l'extension la plus étendue. Je n'ignore pas les mille et une raisons qui se présentent pour l'expliquer, pour le commenter; mais je ne veux pas m'y arrêter, je crains que l'on suppose que l'on se détermine trop par les circonstances. Certes, Louis XVI a commis un crime atroce; mais il était roi, et trop rarement la vertu vient habiter le palais des rois pour les punir de ne l'avoir pas connue.

Que l'Assemblée nationale, de cette même puissance avec laquelle elle eût placé Louis XVI le premier des mortels, l'enveloppe de l'ignominie due au plus faible comme au plus traître des hommes, et déclare authentiquement son incapacité à porter le sceptre honorable de premier roi de la liberté; qu'elle le remette entre les mains de ce fils, espérance des Français, et qu'elle ne craigne pas d'être démentie.

Elle apprendra au tyran comment un peuple brave et fier, qui défie toutes les forces des conspirateurs, punit ceux qu'elle méprise; et qu'ils se rappellent sans cesse cette maxime, qui a fait la base de son code pénal : que, dès que son ennemi ne peut plus l'opprimer, sa justice est désarmée.

Elle opposera à un père féroce et barbare les cris attendrissants d'un fils, et on verra si Louis XVI viendra une seconde fois l'arracher du trône que la loi lui défère.

Tous les peuples, pénétrés de notre fermeté à faire exécuter notre constitution, et attendris de notre clémence en faveur de ceux qui l'attaquaient, loin de soutenir la vengeance des tyrans, les puniront de leur cruauté, et nul ne trouvera de bras pour défier un peuple qui n'emploie ses forces et ses armes que pour repousser l'oppression.

Ne peut-on craindre, me dira-t-on, que celui dont vous aurez ménagé les jours n'emploie ses faibles efforts à vous inquiéter?

Si l'orgueil, la haine, la vengeance et toutes les passions que recèlent les cœurs des rois, ne sont pas étouffés par l'immense générosité avec laquelle le peuple aura traité son mandataire, il sera alors indispensable d'user des voies de prudence, qui ne veulent pas qu'un homme en délire erre de part et d'autre.

Cet acte de rigueur, qui n'aura rien que de juste, ne pourra plus nous être reproché; seul il s'imputera d'être né roi, et d'être, par nature, l'opprobre du genre humain.

Exigerait-on que je réfutasse ceux qui pensent que l'on devrait achever la constitution, lever toutes les espèces de consignes qu'a nécessitées la surveillance, et lui dire : « Roi, voilà notre ouvrage; erre de part et d'autre, tu es libre d'accepter ou de refuser; exprime ton vœu, et nous déposerons en tes frêles mains le diadème du pouvoir exécutif »?

Système faible, sans courage et énergie, qu'invoquent ceux qui parlent de politique, et que je soutiens être le plus impolitique. D'abord, il ne faut pas se le dissimuler, autant les Amis de la constitution se plaisent à honorer la royauté, autant l'individu arrêté le 22 juin leur paraît méprisable, et rien ne serait plus dangereux que de remettre un immense pouvoir entre les mains d'un homme généralement mésestimé.

Mais, en second lieu, serait-il vrai de dire qu'alors il serait plus libre qu'il ne l'a été jusqu'ici? Point du tout : ce serait un sophisme.

Un homme n'est vraiment libre qu'autant qu'il fait un choix ou une action qu'il serait indifférent pour lui qu'il fît ou qu'il ne fît pas; par exemple, je suis libre d'exprimer ici mon opinion, parce que rien d'ultérieur ne me force ni me contraint à le faire; que je la prononce ou que je ne la prononce pas, je n'en serai pas moins un membre de la Société des amis de la constitution; je ne le serai pas plus pour l'avoir prononcée que je ne le serais moins pour avoir conservé le silence; mais je soutiens qu'entre abdiquer un trône ou l'accepter il n'y a pas de parité d'équilibre. Placé en face de l'univers, qui attend une décision, celui qui a à la prononcer se détermine moins par sa raison personnelle que par des considérations immenses qui dirigent son choix. Certes, il n'y aurait pas de doute que Louis XVI accepterait; mais son acceptation ne serait pas une garantie de sa foi à nous être utile, mais au contraire un moyen bien évident de nous être nuisible.

Il ne faut pas être bien fort en raisonnement pour savoir que Louis XVI, hors du royaume, serait mille fois moins à craindre que libre et chef suprême du pouvoir exécutif.

Mais, continue-t-on, si votre constitution est bonne, elle ne peut pas être détruite par un seul de ses agents.

L'entreprise, sans doute, ne serait pas sans difficulté; mais, s'il y a un moment où l'intrigue serait plus facile à renouer, c'est à l'instant où les fils sont encore près les uns des autres, où ils ont une liaison qui les attire mutuellement; il serait donc toujours d'une imprudence incroyable de remettre le dépôt d'un vase si précieux entre des mains si impures : car, de deux choses l'une, ou la constitution se plierait à ses caprices, ou, s'il lui imposait quelque joug, il serait toujours fondé à nous dire qu'il n'a pas été libre, et, le premier moment où il pourrait briser ce qu'il appellerait ses chaînes, il le ferait. Celui qui n'aime pas la constitution parce qu'elle consacre la liberté des peuples n'est pas digne d'en être le chef. Car, tôt ou tard, présumant qu'elle n'est faite que pour lui, il en briserait toutes les branches, et nous éprouverions d'autant plus de difficultés qu'il se serait familiarisé à les plier à son gré.

La politique comme la prudence ne permettent donc pas d'adopter cette mesure; au lieu que l'équité comme la raison disent : soyez juste et ferme, et tous les peuples de la terre applaudiront à votre décision, et s'uniront non seulement pour vous défendre, mais encore pour vous imiter.

Je conclus donc à ce que l'Assemblée nationale, après avoir pris connaissance de toutes les intrigues comme de toutes les impostures que recèle la fuite du roi, attendu qu'il ne s'agit pas de savoir si le roi sera mis en cause ou non, mais bien si on doit lui rendre l'exercice du pouvoir exécutif, prononce la question préalable sur le projet des Comités, et déclare qu'en vertu du pouvoir qu'elle a de décerner les honneurs comme d'infliger l'infamie, elle reconnaît que Louis XVI, par ses discours mensongers, comme par sa conduite vacillante et atroce, s'est rendu indigne et incapable d'être le chef suprême du pouvoir exécutif;

Qu'elle appelle l'héritier présomptif à remplir cette place éminente et le déclare le roi des Français, sous la puissance d'un régent appelé par la constitution;

Impose à Louis XVI la faculté de se retirer, sous bonne et sûre garde, en tel endroit qu'il voudra faire sa résidence, toujours dans l'étendue du royaume; lui fait défense de s'immiscer dans l'exercice du pouvoir exécutif; ordonne que le procès sera fait et parfait à tous ceux qui ont concouru, par voie de conseil ou par leurs secours personnels, à son évasion.

P. S. A l'instant où j'avais rédigé cette opinion, je ne connaissais pas l'infernal projet des Comités réunis, et n'avais pas encore entendu l'énergique et éloquente réplique de Brissot de Warville, puisque j'avais obtenu la parole avant lui. Cependant j'ai cru toujours devoir exprimer mon opinion, car je ne croirai jamais que le sort d'un empire puisse dépendre de l'astuce ou de l'argument de quelques rhétoriciens; aussi n'ai-je pas craint de proposer à la réflexion des amis de la vérité s'il n'était pas utile de changer la position de la question, idée qu'avait fait pressentir M. de Laclos : car on s'égarera toujours quand on s'écartera des seuls et vrais principes que dictent la nature et le bon sens, pour s'arrêter aux subtilités des mots, subtilités qu'auraient dédaignées les scolastiques du treizième siècle.

J'avais proposé que l'on posât la question ainsi :

L'Assemblée nationale doit-elle et peut-elle rendre le pouvoir exécutif à Louis XVI [1]?

III

SÉANCE DU MERCREDI 13 JUILLET 1791

PRÉSIDENCE DE M. BOUCHE

[M. *Mendouze* se plaint de ce que l'Assemblée nationale a ordonné l'impression du très long rapport des Comités réunis sur la question du roi, sans y joindre le très énergique discours de M. Pétion. Il propose et obtient que la

1. Les incorrections de style qu'on a pu remarquer dans ce discours sont textuelles.

Société ordonne l'impression de ce discours. — *Un membre* rend compte de la réponse faite par M. le maire à une députation qui était allée « lui demander une place particulière pour la Société à la fête de la commémoration nationale ». — *M. Laclos* a fait observer que l'arrêté nommant cette députation inconstitutionnelle avait dû être surpris à la Société. — *M. Anthoine* rend compte du rapport fait le matin même à l'Assemblée nationale sur la question du roi.]

M. LEGENDRE. — D'après le compte que M. Anthoine vient de vous rendre du rapport fait ce matin à l'Assemblée nationale, il semble que les Comités ont été chercher les complices de la fuite du roi sur les frontières, tandis qu'ils ont évité de les chercher dans la capitale. Tout le monde a vanté l'énergie de l'Assemblée nationale le jour de la fuite du roi; et moi, je ne l'ai jamais vue si faible. — Une famille que vous croyez nécessaire à votre tranquillité s'échappe de Paris, et vous ne sévissez ni contre un général qui en avait répondu sur sa tête le jour des poignards, ni contre aucun officier du poste d'où cette évasion s'est faite, ni contre aucune sentinelle. Certes, le roi n'était pas prisonnier; mais nous le retenions pour notre utilité, et c'était sans doute assez pour exciter leur surveillance. Et si, sous l'ancien régime, un homme se fût enfui de Vincennes, on eût sévi contre l'officier de poste, contre le gouverneur.

M. BIAUZAT. — A l'ordre du jour. (*Le plus grand tumulte sur cette demande.*)

M. LEGENDRE. — Si les partisans des Comités possédaient tant soit peu de raison, ils prendraient peut-être garde que c'est pour leur salut que je parle. Il est bien étonnant que l'on veuille qu'un patriote soit calme, qu'il raisonne avec un caractère flegmatique, lorsqu'il voit la nation prête à se déshonorer. — On a jeté le voile sur les coupables, et on va les chercher aux frontières. Est-il possible qu'on veuille nous faire croire que le roi n'est pas coupable? Je prétends, moi, que le premier coupable, et celui qui doit nous occuper maintenant, est Louis XVI. Je déclare que, si les membres des Comités étaient à portée de voir l'opinion publique en masse, ils reviendraient à la raison et conviendraient que c'est pour leur salut que j'ai monté à cette tribune. Et moi, je déclare que M. de Montlosier a été mis en avant pour solliciter la défense de laisser entrer aux Tuileries, dans la crainte que les Comités ont eue de voir discuter cette opinion en masse sur la terrasse des Feuillants. (*Au milieu du tumulte qui se faisait autour de lui, M. Biauzat sort de l'Assemblée.*) Je déclare que je ne connais de vrais patriotes que ceux qui ont le courage d'entendre une opinion contraire à leurs idées. J'ai dit que je ne connaissais que le roi seul coupable dans ce moment, et que, lorsque nous aurions éclairci ce point, nous chercherions les autres. J'ajoute encore que les complices sont ceux qui ont amené ici, sous la sauvegarde de la Société, des citoyens qui, trois jours avant, nous traitaient de factieux.

M. DE NOAILLES. — Personne ne respecte plus que moi la liberté des opinions, qui doit être pleine et entière dans cette Société plus que partout ailleurs; j'avoue néanmoins que j'ai été scandalisé du soupçon de lâcheté porté par un de nos confrères contre ceux qui ont pu amener ici des membres qui auraient dû ne s'en éloigner jamais. Si on peut nous accuser de nous être coalisés avec la personne qui a été indiquée ici, je demande qu'on nomme les personnes qui peuvent concevoir ces soupçons.

M. *Lépidor* est monté à la tribune pour relever, a-t-il dit, quelques inexactitudes dans le compte rendu, par M. Anthoine, du rapport des Comités. Il a assuré que l'on n'avait pas dit que la fuite du roi ne fût pas criminelle, mais que, dans cette action, il n'y avait pas un délit qui pût donner lieu à une poursuite légale; il a ensuite développé les principes qu'il s'est faits sur cette matière; principes, a-t-il ajouté, différents et de ceux des Comités et de tous les préopinants qui ont parlé dans cette tribune avant lui. Le principal nous a paru être que le roi, n'ayant pas encore accepté toute la constitution, avait pu commettre sans crime une action qui n'était crime que dans la constitution, en écartant toutefois de cette démarche tout projet d'armer contre la nation, qui est un cas particulier.

M. ROBESPIERRE. — L'opinion des amis de la liberté me paraît tellement fixée sur cette question que je me reprocherais de la traiter longuement, après les éloquentes opinions qui ont été prononcées à cette tribune. — Mais autour de cette opinion s'élève un nuage. Un des grands obstacles que l'Assemblée nationale rencontre à l'aborder de front est l'accusation générale de républicanisme. — On m'a accusé, au sein de l'Assemblée, d'être républicain : on m'a fait trop d'honneur, je ne le suis pas. Si on m'eût accusé d'être monarchiste, on m'eût déshonoré, je ne le suis pas non plus. J'observerai d'abord que, pour beaucoup d'individus, les mots de république et de monarchie sont entièrement vides de sens. Le mot république ne signifie aucune forme particulière de gouvernement, il appartient à tout gouvernement d'hommes libres qui ont une patrie. Or, on peut être libre avec un monarque comme avec un sénat. Qu'est-ce que la constitution française actuelle? C'est une république avec un monarque. Elle n'est donc point monarchie ni république, elle est l'un et l'autre.

(M. *Robespierre* est entré dans la discussion du rapport, et a exposé des sentiments dignes de son patriotisme et relevés par l'éloquence qui lui est particulière.)

M. *Rœderer* a ensuite occupé la tribune pour éclairer quelques points, qui semblaient avoir besoin de l'être, dans ce même rapport.

M. *Danton* a insisté sur l'impossibilité où était l'Assemblée nationale de prendre un parti qui pourrait s'écarter en quelque chose du sentiment général prononcé par la nation entière; il a fait sentir l'extravagance du système de l'inviolabilité absolue[1].

On introduit dans l'Assemblée une députation de la Société fraternelle des Halles, qui vient demander la correspondance de la Société. L'orateur prononce à ce sujet un discours plein de cette éloquence qu'inspire le cœur, et non l'esprit, à toutes ces Sociétés dans lesquelles on reconnaît avec plaisir la même énergie. — La demande de correspondance est mise aux voix et accordée à l'unanimité. — L'orateur profite ensuite de la circonstance pour lire à la Société une adresse, qu'il destine à l'Assemblée nationale, sur l'important objet qui est à la discussion; cette adresse, sur laquelle M. Rœderer fait quelques remarques qui donnent lieu à une réponse de M. Danton, est généralement accueillie.

La Société des deux sexes, séante aux Jacobins, envoie également une députation pour faire part d'une adresse qu'elle destine aussi à l'Assemblée nationale. La lecture de cette adresse, remplie des morceaux les plus vigoureux d'une véritable éloquence, est souvent interrompue par les vifs applaudissements qu'elle excite.

La séance allait se lever, lorsque M. Sigaud, fils du médecin inventeur de l'opération de la section de la symphise, entre dans la Société avec une chaleur que le patriotisme le plus énergique peut seul inspi-

---

1. Dans le compte rendu de cette séance, que donne le *Journal de la Révolution* du 15 juillet, on lit : « M. Danton a démontré que jamais les rois n'ont traité de bonne foi avec les peuples qui ont voulu recouvrer leur liberté; que les députés qui prétendaient, comme M. du Port, par exemple, que c'est à l'Assemblée nationale à faire vouloir le peuple, et qu'elle peut lui substituer sa propre volonté, sont indignes de ce caractère. « Quiconque, a-t-il ajouté, propose de rétablir Louis est ou un stupide ou un traître. On craint les puissances étrangères. Mais ne sont-elles pas plus à craindre si nous confions notre gouvernement à notre ennemi le plus déclaré? Ne deviendra-t-il pas le complice et l'instrument de tous les foudres dirigés contre nous?... On a interdit l'entrée aux Tuileries parce qu'on a craint que cette opinion publique, si fortement prononcée, ne se manifestât sur la terrasse des Feuillants. On a fait paraître à dessein Montlosier sur la scène, pour se plaindre de la prohibition absolue du passage, parce qu'on savait bien quel serait le résultat de sa réclamation. » M. Danton finit ainsi : « Que l'Assemblée nationale tremble... La nation, renaissante à la liberté, est cet Hercule qui écrasa les serpents qui cherchaient à le dévorer. Elle achèvera ses douze travaux, en exterminant tous ses ennemis. »

rer. Il fait lecture d'une lettre qu'il a rédigée au Palais-Royal au nom de trois cents personnes réunies autour de lui, et qui l'ont député vers la Société pour voter des remerciements à MM. Petion et Robespierre, pour avoir annoncé le plus grand courage dans la défense du peuple. « On vous menacera, a-t-il dit, des poignards, de la mort : ne craignez rien, leurs poignards ne pourront pénétrer jusqu'à vous qu'à travers le rempart de nos corps. Nos bras, nos cœurs, nos vies, tout est à vous. »

L'enthousiasme de l'orateur s'est communiqué à toute l'Assemblée. M..., évêque constitutionnel et député à l'Assemblée nationale, est monté à la tribune, où il a pris l'engagement de combattre de tout son pouvoir l'avis des Comités, et il a donné au patriote Sigaud l'espérance de voir l'avis de tous les bons citoyens l'emporter. Cette assurance enflamme le jeune citoyen, qui se jette au col de M. le député. — M. Chépy fils monte ensuite à la tribune pour dénoncer l'abus dont il a été témoin à l'Assemblée nationale ce matin. Les galeries, a-t-il assuré, ont été remplies par des personnes sûres, à qui on a distribué des billets à la main, tandis que l'entrée en a été refusée aux billets ordinaires. — « J'ai vu dans les corridors de l'Assemblée des gardes du corps, des chevaliers du poignard, et l'entrée en était interdite aux bons patriotes. » — Il a fait ensuite quelques réflexions sur le rapport de ce matin.

La séance a été levée à onze heures.

IV

SÉANCE DU VENDREDI 15 JUILLET 1791[1]

PRÉSIDENCE DE M. BOUCHE

Après la lecture du procès-verbal, on entame une assez longue discussion sur la police des cartes d'entrée à la Société, sur laquelle enfin on prononce l'ajournement.

Un membre dénonce un citoyen pour avoir, ce matin, tenu dans une maison particulière des propos grossièrement injurieux contre M. Robespierre. Cette dénonciation produit un soulèvement général. Sur le tout, la Société arrête de passer à l'ordre du jour. Mais une

---

1. Cf. un compte rendu de cette séance dans le n° 339 du *Journal de la Révolution* (dimanche 17 juillet 1791).

partie de ceux qui s'étaient opposés à cet arrêté volent auprès de l'accusé et le poussent avec force hors de l'Assemblée. M. Laclos, qui présidait, comme secrétaire, en l'absence de M. Bouche, fait tous ses efforts pour apaiser le tumulte que cette accusation, la défense de l'accusé, et l'arrêté de l'Assemblée délibéré très précipitamment, et la violence faite à l'accusé, avaient occasionné. Il se couvre, insiste pour qu'on réintègre le membre expulsé. Enfin, on s'arrête à la proposition de nommer des commissaires sur cet objet, et le calme renaît peu à peu.

M. *le Président* annonce les diverses motions présentées à la discussion par différents membres. On remarque, parmi ces propositions, celle faite par M. Vasselin de parler en faveur du décret rendu ce matin. Cette proposition excite quelques murmures. M. Perrochel, auteur d'une des motions proposées, la retire en faveur de cette proposition. Enfin M. Anthoine, qui avait aussi demandé à faire une motion d'ordre, monte à la tribune et commence la lecture d'un discours qu'il est obligé d'interrompre, parce qu'on remarque qu'il n'y a dans la partie que l'on a entendue rien qui ressemble à une motion d'ordre. M. *le Président* croit même y apercevoir l'intention de parler contre le décret du matin, et interrompt aussi l'opinant par une observation à ce sujet. On demande que quelques membres de l'Assemblée nationale rendent un compte exact de ce décret, dont M. de la Poype[1], monté à la tribune à cette intention, ne pouvait donner que des détails insuffisants, d'après des feuilles où ce décret était tronqué.

M. Biauzat. — Le projet de décret qui avait été proposé par les sept Comités a été adopté en grande partie, avec quelques légers changements. On a cru, pour tranquilliser l'opinion publique, devoir le faire précéder des trois articles que voici : 1° Un roi qui, après avoir quitté son poste, se mettrait à la tête d'une armée pour en diriger les forces contre sa nation, sera censé avoir abdiqué. — 2° Un roi qui, après avoir prêté serment à la constitution, se rétracterait, sera censé avoir abdiqué. — 3° Un roi qui aura abdiqué redeviendra simple citoyen, et sera accusable comme les autres citoyens pour tous les actes subséquents à son abdication. — L'Assemblée a cru que, comme il n'y avait pas de loi existante sur ce délit avant l'évasion du roi, Louis XVI et sa famille ne pouvaient pas être mis en cause; mais qu'à l'avenir, si le cas y échoit, le roi pourrait être mis en cause.

M. *le Président* commence l'ouverture du scrutin d'usage pour la

---

1. Il s'agit sans doute du marquis de la Poype, dont le nom est imprimé ici *de la Pouape*.

nomination du président et des secrétaires de l'Assemblée nationale.

Plusieurs voix. — Après le décret rendu ce matin, il faut porter l'abbé Maury. (*On applaudit.*)

MM. Petion, Robespierre et Rœderer, sont couverts d'applaudissements à leur entrée dans la séance. M. *le Président* nomme les commissaires pour le rapport du membre accusé d'avoir injurié M. Robespierre, et qui était rentré dans l'Assemblée.

M. Robespierre. — J'ai un double motif, Messieurs, de regretter de ne m'être pas trouvé plus tôt au milieu de vous : celui d'avoir perdu l'occasion de profiter de vos lumières, et celui de n'avoir pu m'opposer à l'arrêté que votre zèle sans doute vous a fait prendre contre une personne qui ne pouvait être coupable d'aucun délit, puisque cette personne n'a fait qu'exprimer sa façon de penser sur un individu, et que, d'ailleurs, quand cette action indifférente serait un crime, il l'a niée. Je prie la Société de vouloir bien prendre cette objet en considération, de passer à l'ordre du jour sur la nomination des commissaires, et de n'omettre aucun détail de cette affaire dans votre procès-verbal.

M. la Poype[1]. — Un deuil universel couvre aujourd'hui la capitale ; il va se répandre dans les quatre-vingt-trois départements. Je vous apprends avec plaisir que le peuple de cette ville vient de faire fermer les spectacles. (*On applaudit.*) La motion d'ordre que j'ai à vous proposer est sur la question à mettre à l'ordre du jour. Le décret dont on vient de vous apporter les premiers articles ne parle pas de Louis XVI, car il n'y est question que du roi. Louis XVI a été suspendu de ses fonctions par un décret : il faut donc qu'un décret les lui rende. Or, ce décret n'est pas rendu ; nous pouvons donc continuer nos opinions sur cet objet. On vous a dit qu'après les préliminaires destinés à tranquilliser l'opinion générale, l'Assemblée nationale avait adopté le projet des Comités. Elle semble, par cette espèce de silence sur la personne de Louis XVI, avoir osé espérer que le peuple oublierait peu à peu son crime, et qu'alors elle pourrait sans danger lui rendre les sublimes fonctions de la royauté. Je soutiens donc que la question que vous traitez ici depuis quinze jours est encore dans son entier. Les Amis de la constitution n'iront pas sans doute chercher quel peut être l'esprit, l'intention, du décret de ce matin. Ils s'en tiendront à la lettre de ce décret, et délibéreront sur la question de savoir ce que l'on doit faire de la personne de Louis XVI. — M. *Préfeln* a dénoncé à l'Assemblée nationale toutes les Sociétés patriotiques en gé-

---

1. Pour ce nom propre, même observation que plus haut.

néral ; mais il l'a fait avec tant de maladresse que ceux mêmes qui en sont les plus grands ennemis l'ont fort mal reçu. Il a raconté ce qui s'est dit et passé dimanche dernier, et, sans les nommer, il a mis en cause MM. Robespierre et Petion. Je demande que la Société s'occupe du parti qu'elle doit prendre à l'égard de M. de Préfeln.

M. ANTHOINE, *président au lieu de M. Bouche.* — J'ai l'honneur d'observer à Monsieur l'opinant que les opinions des membres de l'Assemblée nationale sont absolument libres dans cette Assemblée, au point qu'il n'est permis à aucuns tribunaux de s'en saisir et d'en rechercher les auteurs. Je crois donc que nous devons imiter ce silence respectueux.

M. DANTON. — Je demande que nous offrions des cartes d'entrée à MM. Maury et Cazalès.

M. ROBESPIERRE. — Il est possible que l'Assemblée ait eu l'intention de déclarer Louis XVI hors de cause ; mais, si je regarde le décret qu'elle a rendu, je ne vois nullement qu'elle y déclare cette intention. J'ai demandé ce matin à l'Assemblée nationale qu'elle s'expliquât franchement et ouvertement sur cet article. Elle n'a pas cru devoir faire droit à ma motion. Cela posé, je lis le décret, et je vois qu'en y mettant en cause telles ou telles personnes elle n'a rien décidé du tout ni pour ni contre Louis XVI. La question à cet égard reste donc parfaitement en son entier.

M. *Reubell* annonce que, quel que soit le décret, l'intention de l'Assemblée n'en est pas moins évidente, et que par conséquent la question est décidée.

M. LACLOS. — Tout ce que vient de dire le préopinant ne dérange en rien, ce me semble, la motion que j'ai à proposer dans la circonstance. Sans doute, tous les citoyens, et plus encore les Amis de la constitution, doivent être soumis aux lois, mais certes ils ne doivent rien aux intentions des législateurs. Je crois, moi, que, si l'Assemblée nationale n'a rien décidé sur Louis XVI, c'est qu'elle ne s'est pas crue assez instruite du vœu national. — Un décret bien calomnié, et qui sera néanmoins à jamais le palladium de notre liberté, est celui qui règle le droit de pétition. Je propose que nous fassions une pétition sage, mais ferme, non pas au nom de la Société, car les Sociétés n'ont pas ce droit, mais au nom de tous les bons citoyens de la Société ; que la copie littérale de cette pétition soit envoyée à toutes les Sociétés patriotiques, non comme Sociétés, mais comme lieux de rassemblement de tous les bons citoyens, pour être présentée à la signature, et envoyée par elles dans les bourgs, villes et villages de leurs environs. — Je demande qu'on admette à la signer tous les citoyens sans distinction, actifs, non actifs, femmes, mineurs, avec la seule attention de classer ces trois genres de signatures. Je ne doute pas que cette pétition ne revienne à l'Assemblée nationale revêtue de dix millions de signatures; et l'on verra alors si l'Assemblée nationale taxera une telle pétition d'être le vœu de quelques factieux, à moins qu'elle ne décide qu'il existe en France vingt-quatre millions neuf cent mille factieux qui veulent y faire la loi. — Je demande que la Société se forme en comité, pour s'occuper de la rédaction de cette adresse.

M. Biauzat. — M. Laclos vient de vous faire une proposition qui paraîtrait difficile à combattre, aux applaudissements qui viennent de lui être donnés. Je ne m'attache pas à l'examiner sous le point de vue de savoir si elle est constitutionnelle ou non. (*Murmures.*) C'est un point de fait que j'ai à vous expliquer, et qui détruit entièrement la motion de M. Laclos. L'Assemblée nationale a décidé positivement que le roi ne devait pas être mis en cause. Sur la demande de M. Robespierre, l'Assemblée nationale a pensé qu'existant un décret qui déclare le roi inviolable, il ne pourrait pas être mis en cause. La motion poposée par M. Laclos tombe donc d'elle-même.

M. Danton. — Et moi aussi, j'aime la paix, mais non la paix de l'esclavage. Je suis bien éloigné d'inculper les intentions du préopinant; mais il doit penser, ce me semble, qu'il est possible d'allier l'amour de la paix avec la faculté d'émettre son opinion. Qu'est-ce que le droit de pétition, sinon le droit d'exprimer sa pensée? Que devons-nous aux décrets? L'obéissance et le respect. Mais rien ne peut ôter le droit de montrer, dans des pétitions, les sentiments qu'on a pour tels ou tels décrets. — Je passe au fait que nous assure M. Biauzat: que l'Assemblée nationale a déclaré le roi inviolable. Mais elle l'a fait en ces termes obscurs et entortillés qui décèlent toujours la turpitude de ceux qui s'en servent. Or, si l'intention est manifeste et la lettre obscure, n'est-ce pas le cas de faire une pétition? Car je déclare que, si l'intention est manifeste pour nous, qui avons vu les manœuvres, elle ne l'est pas également pour les citoyens des départements, qui n'ont pas vu le jeu des ressorts. Si nous avons de l'énergie, montrons-la. Les aristocrates de l'Assemblée nationale ont déclaré positivement qu'ils ne voulaient pas de la constitution, puisqu'ils ont protesté contre elle. L'Assemblée nationale, il est vrai, a conspiré cet acte ridicule; mais elle n'a pas sévi contre ses auteurs, elle ne les a pas trouvés coupables pour avoir exprimé leur pensée, elle ne les a pas chassés de son sein. Pourquoi serait-on tenté de nous trouver coupables pour oser exprimer notre sentiment d'une manière franche et énergique? — Que ceux qui ne se sentent pas le courage de lever le front de l'homme libre se dispensent de signer notre pétition. N'avons-nous pas besoin d'un scrutin épuratoire? Eh bien, le voilà tout trouvé.

[*M. Robespierre* parle dans le même sens. Il voudrait « que la Société fit une adresse aux Sociétés affiliées, pour les instruire de la position où nous sommes et des mesures fermes que nous aurons adoptées ».]

La séance allait se lever, après avoir mis la proposition de M. Laclos aux voix, lorsqu'un membre annonça que plus de quatre mille citoyens se portaient du Palais-Royal dans la Société. On engage le président à reprendre le fauteuil, et, à l'instant, la salle est remplie par une députation de ces citoyens, hommes, femmes, de tous états, portant dans leurs yeux et leurs gestes l'énergie et la tranquillité qui conviennent à des hommes libres. Après le premier mouvement de bruit, l'orateur de la députation obtient la parole, et annonce l'intention de ces citoyens d'aller demain au Champ de Mars jurer de ne jamais reconnaître Louis XVI pour roi. Il demande que la Société se joigne à eux, soit en corps, soit par une députation. — Après la réponse de M. le président à cette intéressante députation, plusieurs membres, entre autres M. Laclos, montent à la tribune, pour justifier, par la démarche du peuple, la mesure proposée de signer une pétition. Après une assez longue discussion [1], on arrête que demain, à onze heures, la Société se rassemblera pour entendre la lecture de cette pétition, pour la rédaction de laquelle on nomme des commissaires; que cette pétition sera portée ensuite au Champ de Mars, à la signature de tous les citoyens qui voudront s'y présenter; que l'on fera des milliers de copies littérales de cette pétition, qui seront envoyées à toutes les Sociétés patriotiques du royaume, pour être renvoyées à la Société munies chacune de cent signatures, et être ensuite présentées à l'Assemblée nationale [2].

La séance est levée à minuit.

[Voici, d'après l'*Histoire parlementaire* de Buchez et Roux, le texte de la pétition arrêtée en principe aux Jacobins le 15 juillet, lue et approuvée le 16, dans une séance tumultueuse et populaire. Voir plus bas, p. 42.]

Les Français soussignés, membres du souverain, considérant que,

1. Cf. Buchez et Roux, *Histoire parlementaire de la Révolution française*, t. XI, p. 70 et sq., sur toute cette séance du 15 juillet 1791.
2. Cf. Buchez et Roux, *ouv. cit.*, t. X, p. 445 : « Ce fut Brissot, à ce que nous apprend Bonneville dans *la Bouche de fer* du 17 juillet, qui rédigea la pétition. »

dans les questions auxquelles est rattaché le salut du peuple, il est de son droit d'exprimer son vœu pour éclairer et diriger ses mandataires;

Que jamais il ne s'est présenté de question plus importante que celle qui concerne la désertion du roi;

Que le décret rendu le 15 juillet ne contient aucune disposition relative à Louis XVI;

Qu'en obéissant à ce décret il importe de statuer promptement sur le sort futur de cet individu; que sa conduite doit servir de base à cette décision;

Que Louis XVI, après avoir accepté les fonctions royales et juré de défendre la constitution, a déserté le poste qui lui était confié; a protesté, par une déclaration écrite et signée de sa main, contre cette même constitution; a cherché à paralyser, par sa fuite et par ses ordres, le pouvoir exécutif, et à renverser la constitution par sa complicité avec des hommes accusés aujourd'hui de cet attentat;

Que son parjure, sa désertion, sa protestation, sans parler de tous les autres actes criminels qui les ont précédés, accompagnés et suivis, emportent une abdication formelle de la couronne constitutionnelle qui lui avait été confiée;

Que l'Assemblée nationale l'a jugé ainsi en s'emparant du pouvoir exécutif, suspendant les pouvoirs du roi et le tenant dans un état d'arrestation;

Que de nouvelles promesses de la part de Louis XVI d'observer la constitution ne pourraient offrir un garant suffisant à la nation contre un nouveau parjure et contre une nouvelle conspiration;

Considérant enfin qu'il serait aussi contraire à la majesté de la nation outragée que contraire à ses intérêts de confier désormais les rênes de l'empire à un homme parjure, traître et fugitif:

Demandent formellement et spécialement que l'Assemblée nationale ait à recevoir, au nom de la nation, l'abdication faite le 21 juin, par Louis XVI, de la couronne qui lui avait été déléguée, et à pourvoir à son remplacement par tous les moyens constitutionnels;

Déclarant les soussignés qu'ils ne reconnaîtront jamais Louis XVI pour leur roi, à moins que la majorité de la nation n'émette un vœu contraire à celui de la présente pétition [1].

---

1. Le *Journal de la Révolution* du 18 juillet 1791 fait suivre cette pétition de réflexions auxquelles nous renvoyons le lecteur.

V

ADRESSE DE LA SOCIÉTÉ DES AMIS DE LA CONSTITUTION
SÉANTE AUX JACOBINS DE PARIS, AUX SOCIÉTÉS AFFILIÉES

Paris, le 16 juillet 1791, l'an IIIe de la liberté.

FRÈRES ET AMIS,

Nous vous avons adressé, il y a quelque temps, un discours du patriote Robespierre sur la liberté de la presse. Il vous a sans doute animés du feu de son civisme pour la défense d'un des droits les plus essentiels à la nature de l'homme et à l'essence de la société, celui de communiquer librement sa pensée.

Nous vous adressons un nouvel écrit pour la défense de ce droit inaliénable et imprescriptible [1]. Le citoyen F. Lanthenas, son auteur, membre de notre Société, s'est appliqué à y démontrer qu'il est aussi contraire à l'essence de la société de restreindre l'indépendance de la communication des pensées qu'il le serait à la nature de l'homme de restreindre, si cela était possible, l'indépendance que la Providence a laissée à son esprit.

Amis de la constitution et soumis aux lois constitutionnellement décrétées, nous donnons l'exemple de l'obéissance et du respect pour elles; mais nous n'avons point d'idolâtrie : la vérité est le seul but où nous tendons, le seul vers lequel nous voulions diriger nos frères, si notre zèle peut avoir sur eux quelque ascendant. Vous savez, frères et amis, combien l'on a exagéré les inconvénients de la liberté de la presse; vous connaissez combien tous les ennemis de la patrie ont fait jouer d'intrigues pour épouvanter les hommes vertueux et simples, afin de faire émousser, par des restrictions, cette arme redoutable aux tyrans et qui est la véritable sauvegarde de la liberté.

Nous ne savons encore jusqu'à quel point les Comités, auxquels la question de la liberté de la presse vient d'être renvoyée, proposeront

---

1. Il s'agit ici de l'imprimé intitulé : *De la liberté indéfinie de la presse et de l'importance de ne soumettre la communication des pensées qu'à l'opinion publique, adressé et recommandé à toutes les Sociétés patriotiques, populaires et fraternelles, de l'empire français*; Paris, 1791, in-8.

d'étendre constitutionnellement ces restrictions, ni ce que l'Assemblée nationale pourra en adopter.

Nous donnerons l'exemple de la soumission à ses décrets, quand ils seront rendus. En attendant, nous nous sommes empressés de donner la plus grande publicité aux sentiments du citoyen Lanthenas sur cette question importante.

Il pense que les mœurs et l'instruction publique sont les seuls remèdes à apporter aux inconvénients de la liberté indéfinie de la presse, et qu'ils seront toujours efficaces quand le corps législatif voudra sérieusement employer les moyens qu'il indique.

L'opinion publique se formera, avec le temps, sur cette grande question, quelle que soit la décision de l'Assemblée nationale.

Après nous y être soumis, l'époque viendra où l'on pourra corriger les fautes qu'on aura reconnues dans la constitution.

Il s'en glisse dans toutes les conceptions humaines.

Le temps et la réflexion peuvent seuls les épurer. Quoi qu'en disent les ennemis de la liberté, l'Assemblée nationale ne manquera pas de fixer les moyens constitutifs par lesquels nous pourrons parvenir à la correction des mauvaises lois.

C'est pour cela, frères et amis, que nous ne cesserons de vous communiquer tout ce que nous croirons important pour l'instruction publique, et nous espérons que vous y donnerez chez vous la plus grande publicité : car l'instruction et la publicité de tout ce qui importe à la chose publique sont les vrais moyens de faire arriver l'organisation sociale à sa perfection.

Nous vous prions, en conséquence, de vouloir bien faire exception, pour nos paquets, à l'arrêté que vous pouvez avoir pris de n'en plus retirer de la poste qui soit considérable. Nous mettrons toute notre attention à ne faire servir que pour les plus grands intérêts publics le sacrifice que nous vous demandons; et nous savons bien que, toutes les fois qu'il s'agira de ceux-là, votre patriotisme n'a aucun calcul à faire.

Veuillez bien aussi, dès ce moment, nous adresser directement, comme par le passé, votre correspondance. Revenus du trouble où les ennemis de la chose publique nous ont jetés, nous croyons maintenant n'avoir rien à redouter d'aucune autorité arbitraire; nous vous prions seulement de surveiller, et de nous avertir si vous vous aperceviez de quelque interruption ou inexactitude.

Frères et amis, nous profiterons encore de cette circulaire pour vous recommander instamment un quatrième objet. On vient enfin de lever le décret qui suspendait les élections. Le sort de notre liberté dépend du choix qu'on va faire des députés à la seconde législature. Employez donc votre vigilance pour qu'il soit bon.

Assez de moyens ont été indiqués pour désigner d'une manière impartiale les hommes que l'opinion investirait de la confiance de leurs concitoyens [1].

La méthode que de bons citoyens peuvent employer pour produire cet heureux effet doit varier en raison du patriotisme, des lumières, des mœurs de chaque lieu. Nous vous invitons à rechercher la plus convenable, et à l'employer ensuite avec ce zèle désintéressé, cet amour pur de la chose publique, qui doivent distinguer toutes les Sociétés des amis de la constitution.

Nous vous rappelons l'adresse que nous avons faite, il y a quelque temps, sur les élections. Nous ajouterons seulement ici une réflexion plus que jamais importante, que nous vous prions de méditer.

Vous connaissez les différents orages que les ennemis de la patrie ont excités dans le cours de la Révolution. Nous approchons du terme solennel où nous avons à craindre le plus grand de tous.

Ils emploieront tous les moyens pour briser le vaisseau de la constitution, ou l'empêcher d'entrer au port; pour prolonger l'état d'incertitude et d'anxiété où nous sommes, et nous faire acheter notre liberté par de plus longues souffrances, peut-être par les maux horribles de la guerre civile et étrangère.

Songez donc, frères et amis, que nous ne pouvons, sans risquer de perdre le fruit de notre Révolution, confier nos destinées à des hommes faibles, médiocres, ignorants, faciles à effrayer, à tromper, à corrompre, qui, en un mot, ne joindront pas aux lumières ce noble dévouement qui sacrifie tout à la patrie.

Le poste de législateur est souvent plus périlleux que celui de guerrier, le courage nécessaire à l'homme public est peut-être même plus difficile. Sa carrière est une lutte continuelle contre l'envie, la haine, la calomnie, la persécution et les noirs complots de tous les ennemis de l'égalité. Au milieu des plus grands troubles et des orages les plus violents, il doit conserver le sang-froid et la présence d'esprit, la fermeté et la dignité d'un sage. Il doit s'élever au-dessus de tous les intérêts privés, et exposer généreusement sa vie pour celle de l'État.

Recherchons donc soigneusement, frères et amis, ceux de nos concitoyens que la nature et une éducation heureuse ont doués

---

1. Voyez le *Mercure universel* des 11 et 12 juin, le *Patriote français* vers le même temps, et autres journaux. (*Note de l'original.*)

des qualités que nous vous recommandons. Que l'opinion publique n'élève que ceux-là, et ne nous laissons tromper par aucun hypocrite.

Salut, vos frères et amis.

Signé : Moreton, *président;*

Collot, Thomas, *secrétaires;*

Robespierre, Petion, Buzot, Royer, évêque, Corroller, Saint-Martin, Thermes, Rousseau, Patris, Réal, Brissot, Carra, Bourdon, F. Lanthenas, D.-M. Dulaure, Clavière, Raymond aîné, Chamfort, Perrochel, Billaud, Roussel, Quertin, Jaume, Simonne, Legrand, *membres du Comité de correspondance.*

VI

JOURNÉE DU 16 JUILLET 1791, AU CHAMP DE MARS

[Sur le rôle des Jacobins dans la journée du 16 juillet 1791, au Champ de Mars, on lit dans *le Babillard* du 18 juillet : « A midi, quatre commissaires des Jacobins sont arrivés portant des copies de la pétition qu'on doit adresser au corps législatif; elle a été lue d'un côté par un Anglais, petit de taille, portant cheveux blonds et crépus; de l'autre, par un homme en habit rouge et cheveux roux, d'une taille plus élevée que le premier... Le sieur Danton, monté sur l'un des angles de l'autel, a fait une lecture très animée; la foule, qui s'est pressée autour de son vertueux tribun, ne nous a pas permis de l'entendre... »
— Et plus loin : « *Club des Jacobins :* La Société des amis de la constitution, qui le croirait? a délibéré de méconnaître une loi solennelle, appuyée sur tous les principes constitutionnels, et d'en poursuivre la rétractation. M. Bouche, président, et tous les députés à l'Assemblée nationale membres de cette Société qui vient d'abjurer son titre, se sont retirés précipitamment pour ne pas prendre part à la délibération. Le serment qu'ils ont prêté leur défend d'y retourner; et l'on aurait droit d'être surpris que l'indignation excitée par le parjure de Louis XVI conduisît à de nouveaux parjures ceux qui prétendent qu'on doit le punir. » — Voir aussi le n° 43 des *Sabbats jacobites.*]

VII

SÉANCE DU DIMANCHE 17 JUILLET 1791

PRÉSIDENCE DE M. BOUCHE

Nota. — La pétition arrêtée dans la séance de vendredi dernier n'ayant pu être rédigée, à raison de l'affluence du peuple, qui avait inondé la ville, cet objet n'a eu aucune suite.

On fait lecture d'une lettre de M. de Bonneville, secrétaire du Cercle social, dont la substance porte que, les membres de l'Assemblée nationale ayant abandonné la Société des amis de la constitution, il leur offre une réunion avec le Cercle social, ce qui ajoutera à ceux qu'ils ont déjà des grands moyens que donne au Cercle social sa correspondance très étendue. — On a cru, sur cette lettre, devoir prononcer l'ajournement, et annoncer dans les papiers publics le désaveu des faits qu'elle contenait à l'égard des membres de l'Assemblée nationale, dont on n'avait aucune connaissance officielle, ainsi que des motifs que l'on disait y avoir donné lieu.

On était occupé à prendre cette délibération, lorsque plusieurs membres de l'Assemblée nationale, entre autres M. Robespierre, entrent dans la salle.

M. ROBESPIERRE. — Des bruits extraordinaires ont été répandus, dont il est difficile de démêler la vérité et la cause. Je fais la motion expresse de nommer à l'instant des commissaires qui s'informent de ce qui se passe à Paris dans ce moment et viennent nous en rendre compte. — Quant aux effets de la calomnie acharnée plus que jamais contre cette Société, j'ai des moyens simples à vous proposer pour la réprimer et rétablir la paix. J'ai en outre à vous dire des choses trop intéressantes pour ne pas attendre, pour vous en faire part, que l'Assemblée soit plus nombreuse.

On propose que MM. les secrétaires s'occupent de rédiger un arrêté dans lequel la Société déclare ses sentiments d'attachement à la constitution et aux décrets, contre lesquels, bien loin qu'elle crût devoir s'élever jamais, elle a toujours pensé que le seul moyen laissé aux citoyens était la voie des pétitions individuelles, et non des Sociétés comme associations.

Un membre annonce que le bruit court que M. La Fayette vient, dans une action, d'être atteint d'un coup de feu. Le plus grand trouble s'élève à cette nouvelle, qui, peu de moments après, est démentie par le témoignage d'autres membres qui viennent de le voir passer. (*On applaudit.*)

M. PÉTION. — Messieurs, nous sommes dans des temps orageux, et qui demandent beaucoup de calme et dans la discussion et dans l'exécution. Je demande à vous faire part de ce qui a été fait dans la nouvelle assemblée tenue aux Feuillants. — Des membres de l'Assemblée nationale affiliés à cette Société, et qui au fond sont d'excellents patriotes, ont cru devoir eux-mêmes coopérer à cette scission, que je crois du plus grand intérêt pour la chose publique d'éviter autant que possible. Les uns en veulent, disent-ils, à cette Société, pour des reproches grossiers vomis contre eux dans son sein; les autres lui reprochent le peu de liberté qu'ils y ont éprouvé plusieurs fois d'émettre leur opinion, lorsqu'elle semblait opposée à l'opinion générale de la Société. Ils lui reprochent l'ironie amère de la proposition faite dans la dernière séance de porter à la présidence de l'Assemblée nationale un homme dont le nom n'avait jamais été prononcé dans cette Société qu'avec dégoût. Joignez à cela votre démarche pour la pétition proposée, joignez-y les calomnies atroces et sans nombre dont on environne cette démarche, et jugez des peines qu'un ami de la Société doit avoir eues pour combattre ces faits. — Il a dit que cette Société, excellente au fond, ne faisait pas tout le bien dont il la croyait susceptible, parce qu'il la croyait travaillée par des manœuvres qu'il avait cru apercevoir. — Pendant longtemps, Messieurs, les membres de l'Assemblée nationale faisant le plus grand nombre dans cette Société, ils se sont accoutumés à la dominer. Ce joug a été supporté avec peine par des hommes libres, et dès lors la scission dont nous sommes témoins aujourd'hui a été ménagée de longue main par ces députés qui regrettaient la perte de leur influence dans l'Assemblée. Leur projet est sans doute de rallier autour d'eux toutes les Sociétés affiliées, pour les accoutumer, sous le voile de la liberté, au système d'oppression qu'ils méditent de faire régner sur tout l'empire. Et vous voyez de quelle conséquence peut être, pour l'intérêt de la chose publique, le parti que prendront, dans cette circonstance, vos Sociétés affiliées. Par elles, ils chercheront à se concilier l'opinion publique, ils chercheront à la préparer sur la nouvelle constitution qu'ils méditent; et alors que deviendra la constitution que nous avons faite avec tant de peine? Nous devons nous attendre que déjà peut-être des lettres sont envoyées à toutes les Sociétés. Je ne doute pas que, si nous nous hâtons également d'envoyer aux Sociétés affiliées une lettre où on leur apprendra que de prétendus amis de la constitution se sont coalisés avec des hommes qui en sont les plus grands ennemis; si on leur montre le danger d'une scission, à la faveur de laquelle il est à craindre que les ennemis de la chose publique n'entreprennent ce qu'ils n'auraient pas osé sans cela, je ne doute pas, dis-je, que vous ne conserviez entre elles et vous cette harmonie si désirable pour le bien général. Voilà donc seulement la voie qui vous reste pour conserver vos Sociétés affiliées. Si vous les conservez, la chose publique est sauvée : vos ennemis n'auront qu'à rougir de leurs démarches. Sinon, il est à craindre que la désunion entre les vrais amis de la constitution n'amène la défiance, et qu'au milieu de cette méfiance générale le despotisme n'élève son front avec sécurité.

Maintenant, Messieurs, il faut que je vous parle avec franchise. Étant réunis ici pour étudier et soutenir la constitution, dont toutes les parties, sans doute, ne sont pas également bonnes, nous devons plus, dans ce moment d'orage, nous occuper à conserver ce que nous avons qu'à corriger ce qu'elle peut avoir de défectueux. — Il faut en convenir, souvent dans cette Assemblée la liberté des opinions a été contrariée. Depuis quelque temps, les membres de l'Assemblée nationale se sont plaints de n'avoir pas eu la liberté de proposer leurs opinions, pas même celle de donner connaissance de faits essentiels à connaître. — Vous avez fait, dit-on, une pétition. Lorsque cette pétition a été proposée, on vous a dit : l'Assemblée nationale n'a pas manifesté son intention sur Louis XVI. Il est vrai que les termes de ce décret n'étaient pas formels. Mais il y avait dans ce décret une finesse que je n'y avais pas aperçue, et qui m'a été découverte par des personnes plus au fait que moi des moyens de faire dire à l'Assemblée nationale ce qu'elle ne voit pas qu'elle décrète. J'avais cru ne voir dans ce décret que des complices, et non de criminel principal. Eh bien, Messieurs, vous verrez, par la rédaction de ce décret, que M. Bouillé est déclaré le véritable criminel principal, et que les autres sont les complices. Depuis, par l'entremise des Comités, on a décrété que la charte constitutionnelle serait présentée à Louis XVI. L'intention de l'Assemblée est donc bien de conserver Louis XVI. Dans cet état de choses, la pétition que vous avez faite, ayant été dirigée contre une loi à faire, n'est pas conçue dans les termes où elle doit l'être maintenant.

Mais ce que nous avons de plus essentiel à décider dans ce moment est de savoir si nous avons l'intention d'empêcher une scission qui me paraît bien déclarée. — Hier, j'ai combattu de toutes mes forces, dans l'assemblée des Feuillants, ce projet de scission, en prouvant que, quand même cette Société aurait eu quelques torts, ce n'était pas le moment de les lui reprocher. J'ai été fâché de voir les adresses qu'on se préparait à envoyer aux Sociétés affiliées. J'ai fait l'impossible pour montrer aux membres de l'Assemblée nationale combien ils exposaient la chose publique en se rendant les instruments d'une faction. Beaucoup m'ont dit : « Que la Société retourne à sa première institution, à ses premiers règlements, qu'ils laissent la liberté de la discussion, et alors nous pourrons nous y réunir. » — Au nom de la paix, au nom de l'union, reportez-vous donc à ces premiers temps. Lorsque les membres que j'ai déterminés à revenir dans cette Société apparaîtront, qu'ils voient que, fidèles à la constitution dont vous vous êtes déclarés les amis, ils se trouvent au milieu de leurs frères. Si les Sociétés affiliées savent que vous avez parmi vous des membres de l'Assemblée nationale, elles diront : ce n'est plus qu'une scission de particuliers, mais le fond reste ; et vous sauvez la patrie. Faites-leur donc une adresse. Que l'on expose dans cette adresse la vérité des faits ; qu'on y dise que les membres de l'Assemblée nationale, qui n'ont jamais varié dans leurs principes, sont restés au milieu de vous ; que quelques-uns vous ont quittés parce qu'ils ne pouvaient plus siéger au sein de cette Assemblée. — Je demande donc qu'on nomme des commissaires pour rédiger sur-le-champ cette adresse, qui sera envoyée demain à toutes les Sociétés affiliées de la part de la Société mère.

M. Desmoulins. — Je ne voudrais pas que, dans aucun écrit circulaire, on dît que nous sommes en scission avec l'Assemblée nationale. Certainement, là où sont MM. Robespierre et Petion, il n'y a pas de scission avec l'Assemblée nationale. Quant à l'envoi de votre adresse par la poste sans user du contre-seing de l'Assemblée, je dois vous prévenir que, depuis six semaines, on n'a reçu à Marseille aucun de mes numéros ; et cependant j'en ai envoyé plus de douze cents, dont j'ai les reçus de la poste.

Un membre propose d'envoyer une députation à l'assemblée des Feuillants. Cette proposition est combattue et rejetée.

Les commissaires chargés de prendre des renseignements sur ce qui se passe dans Paris rendent compte de leur mission.

[Suivent quelques détails sur les événements du Champ de Mars.]

Le vague de ce rapport, et les diverses relations des funestes événements qui ont eu lieu dans cette soirée, décident l'Assemblée à nommer des commissaires qui, dans l'intervalle de ses deux séances,

[17 juillet 1791] SOCIÉTÉ DES JACOBINS

prendront les informations les plus exactes sur ces faits, pour être à même de lui en rendre compte.

La Société ordonne ensuite l'impression et l'envoi aux Sociétés affiliées de l'arrêté suivant :

« La Société des amis de la constitution, délibérant sur les circonstances présentes, considérant que les ennemis du bien public ont profité de cette occasion pour redoubler leurs calomnies contre des citoyens uniquement et constamment dévoués au salut de la chose publique ; considérant qu'on a particulièrement répandu avec profusion, comme des productions de la Société, plusieurs imprimés ou entièrement faux ou insidieusement falsifiés, déclare qu'elle dénie formellement et ces faux bruits et ces faux imprimés ; déclare de plus que les membres qui composent ladite Société, fidèles à l'engagement que leur impose le titre qu'ils ont pris d'Amis de la constitution, jurent de nouveau de la maintenir de tout leur pouvoir, et d'être, ainsi qu'ils l'ont toujours été, soumis aux décrets rendus par l'Assemblée nationale. En conséquence, elle a arrêté à l'unanimité d'envoyer la présente déclaration à toutes les Sociétés qui lui sont affiliées, et de lui donner la plus grande publicité par la voie des journaux et par tous les autres moyens autorisés par la loi [1]. »

Plusieurs membres occupent successivement la tribune pour dire ce qu'ils savent des événements de la soirée. M. *Sergent* fait la mo-

1. Cet arrêté est reproduit dans le numéro du 21 juillet 1791 des *Annales patriotiques*, avec les signatures : Bouche*, président ; Anthoine, Choderlos, Régnier neveu, Dufourny, Salle et Billecocq, secrétaires ; et suivi de ces observations : « La section de la Société des amis de la constitution séante aux Feuillants sentira, nous aimons à le croire, que le schisme malheureux qui a un instant divisé la Société ne pourrait pas subsister plus longtemps sans avoir les suites les plus funestes, tant à Paris que dans les départements. Souvenez-vous, Amis de la constitution rassemblés en clubs dans tout l'empire, que c'est votre union sainte qui a fait la force de la patrie et opéré le triomphe de la liberté, au milieu des crises violentes que l'une et l'autre ont éprouvées. Souvenez-vous que, depuis longtemps, la ligue de nos anciens tyrans brûle de s'abreuver de notre sang. N'oubliez pas que vous avez été désignés, dans la protestation de Louis XVI, au moment de sa fuite, comme des ennemis, et que cette désignation était le signal de la proscription appelée sur vos têtes. Effacez généreusement de votre souvenir les querelles passagères que la diversité d'opinions a pu faire naître dans la crise d'où nous sortons. Songez que celle qui s'apprête est plus terrible encore, et que la ligue des ennemis intérieurs et extérieurs n'attend, pour éclater, que le moment de ces divisions funestes. » — Cf. la *Chronique de Paris* du 21 juillet : on y trouve cette même adresse, suivie de l'adresse des Feuillants aux Sociétés affiliées. — Cf. le *Patriote français* du 22 juillet. — Cf. *Société des amis de la constitution de Paris, séante aux Jacobins, rue Saint-Honoré, 17 juillet 1791. S. l. n. d., in-4 de 1 p.* — Bibl. nat., Lb 40/618.

* Bouche déclara qu'il n'avait pas signé cet arrêté. Voir plus bas, à la fin de la séance du 22 juillet 1791.

tion d'inviter le département et la municipalité à ordonner aux sections de recevoir les dépositions de tous ceux qui auraient des faits à communiquer sur les événements de ce soir, comme M. de La Fayette le fit faire lors des journées des 5 et 6 octobre. — MM. *Royer*, évêque constitutionnel, et *Robespierre*, occupent la tribune, et versent dans le sein de la Société les chagrins que leur inspirent ces malheureux événements, et les maux dont ils craignent qu'ils ne soient les précurseurs. M. *Brissot* fait lecture de l'adresse à envoyer aux Sociétés affiliées [1]. La rédaction est approuvée. L'impression et l'envoi en sont ordonnés.

La séance est levée à onze heures.

VIII

ADRESSE DE LA SOCIÉTÉ DES AMIS DE LA CONSTITUTION

SÉANTE AUX JACOBINS DE PARIS, AUX SOCIÉTÉS AFFILIÉES

(Paris, Imp. du *Patriote français*, s. d., in-4 de 3 pages.)

[17 juillet 1791.]

Frères et Amis,

Au moment où nous croyions, après avoir vaincu tous les ennemis de la constitution, voir l'Assemblée nationale toucher au terme de ses travaux, un triste événement vint suspendre notre joie et notre espérance. Un schisme se manifeste au sein même de cette Société, qui se glorifiait de posséder dans son sein les plus intrépides défenseurs de la Révolution et de rallier autour d'elle les vœux de toutes les sociétés patriotiques de la France. En vous en exposant les causes, pardonnez-nous de jeter un voile sur la plupart. Il est triste, pour des amis de la patrie, d'accuser ceux qu'ils ont chéris comme leurs frères.

Vous avez vu les combats soutenus sur la grande question de l'évasion du roi et son inviolabilité absolue. L'opinion de la Société vous est connue. Elle se glorifie de la partager avec presque toutes les Sociétés du royaume. — Constante dans la marche loyale et franche qu'elle a toujours suivie dans ses discussions, elle avait ouvert une arène libre à toutes les opinions. Le parti pour lequel penchait la Société n'était pas celui qui triomphait dans les Comités. La plupart

1. C'est la pièce suivante.

de leurs membres se sont abstenus d'y paraître. Le décret a été rendu contre les principes soutenus de la Société. — Soumise aux décrets, elle a respecté la décision de l'Assemblée nationale. Mais ce succès n'a point découragé les hommes [1] qui, désespérés d'avoir perdu dans la Société un ascendant qui n'est dû qu'à la raison, ont cherché à se venger en essayant de briser l'autel même sur lequel ils avaient tant de fois soutenu la cause de la patrie. Se fondant sur une protestation contre les décrets (protestation qui n'a jamais existé), ils ont effrayé, égaré les esprits des membres de l'Assemblée nationale qui étaient restés attachés à cette Société, et, dans une séance particulière tenue aux Feuillants, la scission a été résolue. Elle nous a affligés, sans nous décourager. Ce schisme est le fruit de la surprise, de l'erreur, et l'erreur n'a qu'un temps. L'Assemblée nationale renferme dans son sein une masse respectable de patriotes vertueux qui veulent sincèrement la constitution. Or, il est impossible qu'éclairés sur les manœuvres par lesquelles ils ont été séduits, entraînés par l'exemple de ces députés qui ont toujours été fidèles aux vrais principes, des Pétion, des Robespierre, etc. [2], qui nous restent invariablement unis, ces Amis de la constitution se séparent longtemps d'une Société qui peut se glorifier d'avoir été son berceau, d'avoir été constamment son boulevard, qui persévère et qui persévérera toujours dans les mêmes principes. Non, nos frères ne croiront pas qu'une Société qui a donné des preuves aussi frappantes de son patriotisme les efface en un moment et déchire son propre ouvrage. Nous vous conjurons donc, au nom de la patrie, de ne point précipiter votre décision sur ce schisme, d'attendre les lumières que l'avenir vous fournira, de comparer notre conduite, nos principes, avec ceux de nos adversaires. Nous vous conjurons de continuer une correspondance si nécessaire, dans un temps où nos divisions peuvent relever les espérances des ennemis de la chose publique. Son salut tient à la réunion de tous à la constitution. Que ce mot nous serve de ralliement : il ne peut nous égarer. Nous avons juré de mourir fidèles à cette constitution. Vous avez prêté le même serment. Des frères qui n'ont que le même objet ne peuvent longtemps rester désunis.

Une scène vient de se passer au Champ de Mars : le sang du peuple a coulé. Frères et amis, soyez en garde contre les récits imposteurs

---

1. « Bailly, La Fayette, les Lameth, Barnave, Goupil, et toute la clique contre-révolutionnaire. » (Note de *l'Orateur du Peuple*, qui reproduit cette circulaire, tome VII, n° 8.)

2. En reproduisant cette circulaire, *l'Orateur du Peuple* omet les noms de Pétion et de Robespierre.

et les calomnies qu'on pourrait vous adresser. Nous vous devons la vérité, vous la saurez [1].

Nous vous prions, frères et amis, de vouloir bien, jusqu'à nouvel ordre, faire retirer à la poste les paquets non affranchis qui vous seraient adressés par notre Société, ne croyant pas devoir, dans ce moment, user du contre-seing.

Nous vous prions de nous accuser la réception de cette adresse.
Imprimé par ordre de la Société, ce 16 juillet 1791 [2].

L.-P. DUFOURNY, *président;*

REGNIER neveu, *secrétaire.*

IX

SOCIÉTÉ DES AMIS DE LA CONSTITUTION

SÉANTE AUX JACOBINS, RUE SAINT-HONORÉ

(S. l. n. d., in-4 de 1 page.)

[18 juillet 1791.]

FRÈRE ET AMI,

Revenez parmi nous, la voix de la patrie vous y appelle, l'intérêt de ses enfants, que vous avez si bien servis, vous y engage, et nos cœurs vous attendent.

En conséquence, la Société vous fait passer sa délibération d'hier,

---

1. *L'Orateur du peuple* ajoute les réflexions suivantes : « Voilà pourtant les gens qu'on ose calomnier lâchement, qu'on présente au peuple comme des factieux, des ennemis de la patrie, de l'ordre. Et ce sont les Lameth, les Barnave, les La Fayette, infâmes coquins vendus au parti autrichien, qui emploient ces manœuvres sourdes pour paralyser ces Sociétés patriotiques, ces fondateurs de la liberté française, qui, en dépit des haines et de toutes les tyrannies, résistent avec force, dignité et courage, au torrent qui semble vouloir les entraîner vers leur destruction. » — Cette adresse fut reproduite par plusieurs autres journaux, entre autres par les *Annales patriotiques* du 20 juillet 1791, par la *Chronique de Paris* du 21, et par *le Patriote français* du 18 : ce dernier journal soumet en outre de longues considérations « à tous les Jacobins, sur le schisme qu'on élève parmi eux ».

2. Il faut évidemment lire : *le 17 juillet*, puisqu'il est question, dans l'adresse, des événements du Champ de Mars.

qui exprime son vœu et celui de toutes les Sociétés qui lui sont affiliées.

Nous sommes,

FRÈRE ET AMI,

Avec civisme et fraternité, les commissaires de la Société,

V. DAUBIGNI, J.-B. ROYER, *évêque du département de l'Ain*, J.-A. CREUZÉ LA TOUCHE, KERVELÉGAN, TRÉMOT, CLERMONT, HION.

X

LES FEUILLANTS ET LES JACOBINS

Les pièces qui précèdent se rapportent, on l'a vu, au célèbre schisme qui, à la suite de l'affaire du Champ de Mars, se produisit dans la Société des amis de la constitution et amena la fondation du club des Feuillants[1]. Parmi les Jacobins de marque il ne resta guère au club de la rue Saint-Honoré que Robespierre, Buzot, Pétion, Corroller. Mais beaucoup de ceux qui s'étaient fait inscrire au club des Feuillants ne tardèrent pas à revenir dans la Société-mère. Il y a deux listes des Feuillants. La première est en date des 16 et 18 juillet 1791 (Bibl. nat., LB 40/3284, in-8) : elle comprend 365 noms. La seconde (Bibl. nat., LB 40/805, in-8) fut trouvée dans les papiers du club des Feuillants, le 18 août 1792, par les administrateurs du Comité de police et de surveillance. Cette liste est sans date ; mais elle est suivie d'une liste supplémentaire, datée du 4 octobre 1791, et qui comprend les noms des députés à la Législative qui se sont fait inscrire aux Feuillants. Total : 798 noms. En recherchant quels sont les noms qui figurent dans la première liste et qui manquent dans la seconde, on voit quels sont les Jacobins qui, après avoir quitté la Société-mère, y firent retour. On remarque, parmi eux, Barère, Boissy d'Anglas, Châteauneuf-Randon, Cochon, Dubois-Crancé, Gobel, Grégoire, le duc d'Orléans, Prieur (de la Marne), Rabaut Saint-Étienne, Sieyès, Talleyrand. Cependant, quelques patriotes avancés, comme Reubell et Saliceti, restèrent aux Feuillants. — Parmi les textes contemporains relatifs au schisme de juillet 1791, citons l'article du journal *l'Argus patriote*, n° 20, p. 543, intitulé : *Du procès des Jacobins et des Feuillants;* tout le n° 45 des *Sabbats jacobites*, et les lignes suivantes, extraites de la *Chronique de Paris* du 18 juillet : « Presque tous les membres de l'Assemblée nationale qui étaient de la société des Amis de la constitution se sont retirés et s'assemblent aux Feuillants. On leur a adressé une députation pour leur faire connaître la pétition, qui, dit-on, n'est pas contraire aux principes de la constitution. Il est certain que la Société

---

1. Le club des Feuillants s'intitulait : *Société des amis de la constitution séante aux Feuillants*.

s'est livrée, dans cette occasion, à trop de chaleur, et qu'elle renferme dans son sein des hommes qui l'égarent. Mais ces hommes y ont été conduits par ceux mêmes qui reprochent aujourd'hui à la Société leur admission dans un temps où ils les jugeaient utiles à leurs projets. » D'autre part, on lit dans le supplément du *Babillard* du 19 juillet : « *Club des Jacobins.* Tous les députés qui en étaient membres, à l'exception de MM. Robespierre, Buzot, Petion, Grégoire et Prieur, ont quitté cette Société, qui n'est plus celle des Amis de la constitution. Ils en ont formé une nouvelle, qui tient ses séances aux Feuillants. C'est à celle-ci que les vrais Amis de la constitution, qui ont juré de vivre pour la chérir et de mourir pour la défendre, doivent se rallier. Il est évident que ce titre n'appartient pas à des factieux, qui ont été protester contre des décrets dictés par la loi constitutionnelle de l'État. Les Sociétés des départements s'empresseront sans doute de briser les nœuds qui les lient à des hommes qui viennent eux-mêmes de rompre ceux qui les attachaient à la patrie, à la constitution. » — Et on lit dans le n° 341 du *Journal de la Révolution* (mardi 19 juillet 1791) : « Les députés de l'Assemblée nationale membres de la Société des amis de la constitution se sont retirés pour former une Société particulière, qui s'assemble aux Feuillants. Les seuls Petion et Robespierre[1] n'ont pas abandonné le berceau de la liberté. Il est certain que cette Société aurait besoin d'être purifiée. Mais, sans attacher trop d'importance à des clubs, tous les patriotes verront avec peine ce schisme formé par les membres de l'Assemblée avec un très grand nombre d'excellents citoyens qui en ont fait la gloire et la force, et qui ont bien servi la cause de la liberté. On leur reproche leur pétition. Mais qu'on se souvienne qu'elle leur a été arrachée, dans un moment d'indignation générale, par quatre mille citoyens qui se sont introduits dans le lieu de leurs séances, et qu'ils l'ont rétractée dès qu'ils ont connu le décret tardif de samedi soir. » — Enfin, voici d'autres textes intéressants. *Chronique de Paris* du 19 juillet : « Les membres des Jacobins retirés aux Feuillants veulent prévenir les Sociétés affiliées de leur séparation, et demander la continuation de la correspondance. Rien ne serait plus impolitique. Il resterait aux Jacobins quelques membres estimés de l'Assemblée nationale ; plusieurs des membres de la prochaine législature seront pris dans son sein, et la législature actuelle ne sera plus rien alors. Il est donc impossible que le projet d'anéantir la Société des Jacobins s'exécute. Que feront les dissidents? Ils vont porter le trouble et la division dans les Sociétés des départements et y faire naître des rivalités et des haines qui peuvent avoir des suites funestes. Nous avons déjà dit que les députés ne devaient pas attribuer à ces Sociétés les excès des étrangers qui ont forcé le lieu de ses séances. Il est plus utile au bien public de se rapprocher, et, comme presque tous les membres ne cherchent que le bonheur de la patrie, ils n'écouteront pas les cris de quelques hommes dont l'amour-propre peut être blessé, et s'empresseront de se réunir à la mère commune. Ces mêmes hommes ont donné trop de preuves de patriotisme pour écouter moins, dans ce moment, l'intérêt public que celui de leur vanité. » Même journal, n° du 22 juillet : « La scission des Jacobins, qui aurait pu entraîner la perte de cette Société si utile, n'aura point lieu. Tous les honnêtes

---

1. Une note manuscrite de l'exemplaire que j'ai sous les yeux, et qui a certainement appartenu à un Jacobin, ajoute : « Buzot, Royer, Corroller, etc., etc., l'élite des patriotes... Quant aux coalitionnaires, hélas!... »

gens de cette Société se réunissent aux députés assemblés aux Feuillants, et il ne restera qu'un petit nombre d'énergumènes. Ainsi, il n'y aura qu'une Société d'amis de la constitution. On propose aux députés de l'Assemblée nationale de nommer quinze commissaires et d'en agréer quinze, choisis parmi les membres qui ne sont pas de l'Assemblée nationale, mais qui ont été reçus avant le 1er janvier 1790, pour former un Comité d'admission, et chacun sera obligé de se représenter de nouveau. C'est le seul moyen d'épurer cette Société. »
— *Journal de la Révolution*, n° 343, mercredi 20 juillet 1791 : « On présume que le schisme formé dans la Société des Jacobins ne tardera pas à se terminer par une réconciliation parfaite. C'est du moins l'espérance qu'ont donnée les députés de l'Assemblée nationale qui se sont retirés aux Feuillants. Mais ils demandent que la Société subisse un scrutin épuratoire. Tant mieux, si ce scrutin la purge de beaucoup de factieux, intrigants, faux patriotes, qui la déshonorent et qui lui ont enlevé une grande partie de la confiance que méritait cette Société, qui longtemps a été le rempart de la liberté et de la constitution. Ainsi purifiée, elle travaillera au bonheur de la France, en ne séparant jamais de l'amour le plus ardent pour la liberté du respect le plus religieux pour la loi. » Lire aussi dans le n° 344 du même journal, vendredi 22 juillet 1791, une appréciation du rôle de la Société des Jacobins dans l'affaire du Champ de Mars. Enfin, on lit dans *le Babillard* du 21 juillet : « *Société des amis de la constitution, séante aux Feuillants*. Tous les membres patriotes de l'Assemblée nationale, à l'exception de cinq ou six, se sont réunis à cette Société. Les dernières séances des Jacobins n'ont pas eu cent personnes. Tous les honnêtes gens étaient depuis longtemps fatigués de l'empire que les factieux avaient usurpé; et tous, avec le plus vif empressement, ont abandonné la place à cette bande effrénée. Les véritables Amis de la constitution s'assemblent aux Feuillants, où les Sociétés des départements vont bientôt reconnaître les seuls affiliés et les seuls correspondants qu'il leur importe de conserver. »]

XI

SÉANCE DU 18 JUILLET 1791

PRÉSIDENCE DE M. BOUCHE

A l'ouverture de la séance, divers membres proposent de s'occuper de la conduite à tenir vis-à-vis les membres de l'Assemblée nationale qui se sont retirés.

M. *Feydel* observe que ces membres étant les fondateurs de la Société, le local, ainsi que la correspondance, est leur propriété. Il fait la motion, en conséquence, de remettre l'un et l'autre entre leurs mains.

M. *Laclos* appuie cette demande et insiste pour qu'au nom du bien public, au nom du salut de l'empire, on hâte une décision sur les moyens d'opérer une réunion; ou que, suivant la motion de M. Feydel, on remette entre les mains des membres dissidents et les clefs du local et la correspondance entière.

Ces deux propositions engagent une discussion assez longue, que M. *la Poype* demande de suspendre jusqu'à l'arrivée des membres de l'Assemblée nationale qui sont restés fidèles à la Société, les Petion, les Buzot, les Robespierre, les Royer, etc., qui, ayant sans doute des moyens de conciliation à proposer, mettront, par leurs conseils, la Société à même de prendre des mesures dignes de sa sagesse.

Plusieurs étrangers demandent à être admis à la séance. M. *Dufourny*, président en l'absence de M. Bouche, observe à la Société que, cette séance devant être consacrée particulièrement à la discussion d'objets très intéressants pour elle, mais point du tout pour les étrangers, il lui paraissait inutile de les rendre témoins de la discussion actuelle. En conséquence, il a demandé que l'entrée de la séance leur fût refusée. — La motion, mise aux voix, est adoptée.

Plusieurs députés de l'Assemblée nationale étant arrivés, on reprend la discussion interrompue sur les mesures à prendre vis-à-vis les membres dissidents. MM. *Laclos* et *Feydel* renouvellent leurs motions et proposent qu'elles fassent l'objet d'une députation que l'on enverra sur-le-champ à l'assemblée des Feuillants, pour en faire part aux membres qui la composent, au cas où les moyens de conciliation confiés au zèle des mêmes députés n'auraient point eu le succès désiré.

M. Robespierre. — Je ne viens pas, Messieurs, m'opposer à la mesure proposée par les préopinants d'envoyer une députation à l'Assemblée des Feuillants, si toutefois la Société croit devoir l'adopter. Je viens vous soumettre une proposition. Elle tend à vous faire adopter le moyen le plus propre à ramener dans cette Société les membres de l'Assemblée nationale qui sont vraiment patriotes. Elle consiste à présenter à l'Assemblée nationale une adresse dans laquelle, conservant les principes qui vous ont toujours animés, vous vous mettiez par là à l'abri des calomnies qui s'attachent à vous dans ce moment. Le grand reproche qu'on fait à cette Société est, dit-on, d'avoir proposé une pétition contraire à des décrets rendus. Eh bien, Messieurs, il me semble que démontrer que vendredi cette pétition n'était pas contraire aux décrets rendus, démontrer que depuis elle n'a eu aucune suite, puisque cette pétition n'a pas eu lieu, est, je crois, le moyen le plus propre à désarmer cette calomnie.

M. *Robespierre* fait ensuite lecture de l'adresse qu'il a rédigée dans cette intention, et qui, après de légers changements dans la rédaction, est adoptée à l'unanimité [1]. — On arrête encore que, lorsqu'elle aura été présentée au président de l'Assemblée nationale, cette adresse sera imprimée, distribuée à tous les membres de la Société, et envoyée aux Sociétés affiliées. — On arrête de plus qu'après la présentation à l'Assemblée nationale, les membres de cette Société seront admis à y apposer leurs signatures.

M. *Petion* remarque que, tous d'accord sur le fond, qui est de travailler le plus efficacement possible à une réunion, la Société ne pouvait être en différend que sur les moyens d'exécution. Il combat ceux proposés par MM. Feydel et Laclos. « Car, dit-il, si les membres de l'Assemblée nationale dissidents sont propriétaires et fondateurs de cette Société, les membres de l'Assemblée nationale qui sont restés fidèles à leur poste sont aussi propriétaires et fondateurs. Il y a donc de part et d'autre des propriétaires et des fondateurs. Et certes, il semble bien étrange que ceux qui se sont retirés puissent être considérés comme tels, à un point qu'on propose de se soumettre, à leur égard, à des conditions aussi avilissantes. » — M. *Petion* combat également le projet d'envoyer une députation, pour les motifs qu'il avait déjà exposés dans la dernière séance. Il propose d'employer de préférence les moyens de conciliation pris en particulier.

Un membre de la Société observe qu'il est bien étonnant que M. Laclos, premier moteur de la pétition qui a servi de prétexte, si elle n'en a pas été la cause, à la scission, soit aussi le premier à proposer une démarche qui, malgré le masque de bien public dont il la couvre, ressemble plutôt à une démarche de vils esclaves qu'à une résolution d'hommes libres.

M. *Moreton*, en opposition à cet avis, propose de tenir, vis-à-vis les membres dissidents de l'Assemblée nationale, la même conduite ferme, sage et conciliatoire, que l'on avait suivie lors de la scission des quatre-vingt-neuf membres de l'Assemblée nationale, qui donnèrent alors naissance au club connu sous la dénomination de *Quatre-vingt-neuf*. Il propose qu'on aille sommer, comme on le fit alors, les membres dissidents de rentrer dans le sein de la Société, en les rendant responsables de tous les maux que pourra produire cette scission, dont toute la faute est de leur côté.

M. *Chépy fils* demande qu'à l'instant même il soit fait notification à la section mineure de la Société, par une députation dans laquelle ne seraient aucuns membres de l'Assemblée nationale, que la pétition qui fait l'objet de la scission est abandonnée.

1. C'est la pièce suivante.

[*M. Santerre* raconte un incident de l'affaire du Champ de Mars.]

M. *Petion* rentre dans l'Assemblée et annonce, non pas comme un résultat de la Société tenante aux Feuillants, mais comme l'opinion particulière de quelques-uns de ses membres, que l'intention de ces messieurs est d'admettre parmi eux tous les membres des Jacobins qui voudraient se soumettre à la formalité d'usage pour la réception. Il propose qu'en conséquence l'objet de la discussion actuelle soit de savoir si on acceptera ou non cette proposition.

Plusieurs membres la combattent avec énergie. On demande que, si quelqu'un a à parler en faveur de cette opinion, il demande la parole. Personne ne se lève. L'objet est ajourné.

La séance est levée à dix heures.

XII

ADRESSE A L'ASSEMBLÉE NATIONALE

PAR LA SOCIÉTÉ DES AMIS DE LA CONSTITUTION, SÉANTE AUX JACOBINS

A PARIS

(Paris, Imp. patriotique, s. d., in-4 de 7 pages[1].)

20 juillet 1791[2].

Messieurs,

On nous a calomniés auprès de vous. La paix et l'intérêt public exigent que notre réputation reste aussi pure que notre conduite. Nous venons répondre à nos détracteurs en vous présentant l'hommage de nos principes et de nos sentiments.

Le principe que nous avons constamment propagé et religieusement observé, c'est d'obéir aux lois, et de ne tendre à leur perfection et à leur réforme que par l'exercice du droit sacré qui appartient à tout homme de communiquer ses pensées à ses semblables sur les grands intérêts de l'humanité, et par tous les moyens conformes aux principes de notre constitution.

On a dit que la pétition projetée par des citoyens dans la salle de

---

1. Nous avons rectifié le texte de cet imprimé au moyen du texte original et manuscrit de l'adresse, Arch. nat., AE ii, 1229.
2. L'imprimé porte la date du 18 juillet : nous avons préféré adopter celle du texte original.

notre Société était un acte de révolte contre vos décrets[1] ; elle répond, elle seule, à cette absurde inculpation. Votre décret du 15 de ce mois ne statuait rien sur la réintégration de Louis XVI dans les fonctions de la royauté. Une grande partie des membres qui composent notre Société ont cru devoir vous adresser une pétition sur ce grand objet; ils ont cru qu'il leur était permis de la communiquer à tous ceux de leurs concitoyens qui voudraient y adhérer personnellement. S'ils s'étaient trompés, les principes que vous avez solennellement reconnus ne seraient plus vrais. Eh! quand ils auraient pensé qu'il pouvait exister des cas tellement imprévus et extraordinaires, tellement liés au salut public et aux bases de la souveraineté nationale, qu'il fût nécessaire, avant de les décider, d'interroger le vœu de la nation, seraient-ils coupables à vos yeux d'avoir partagé une opinion énoncée par plusieurs de vos membres au sein même de votre Assemblée, et qui, fût-elle erronée, ne porte certainement pas le caractère de l'incivisme et de la révolte contre l'autorité souveraine? Enfin, ils ont pensé que, dans des conjonctures si importantes, un rassemblement de citoyens paisibles, sans armes, et réunis par le plus pur sentiment du patriotisme (après avoir rempli la formalité de prévenir la municipalité) pour adresser une pétition légitime en soi, n'avait rien qui pût mériter la censure des bons citoyens ni la vôtre ; voilà tout leur crime. Ils désavouent formellement toute interprétation contraire, comme diamétralement opposée à leurs principes et à leurs intentions. Ajoutez à cela que, du moment que votre décret du samedi 16 juillet leur a été connu, les circonstances n'étant plus les mêmes, cette pétition a été retirée.

Nous ne sommes point des factieux ; c'est en vain que l'on voudrait lier l'idée du crime à l'amour de la liberté, la plus pure et la plus sublime de toutes les vertus ; et certes, on ne nous a point encore accusés de ne point aimer la liberté. L'excès même de cette vertu trouverait aisément un remède dans son principe ; il trouverait, sans doute, plus facilement grâce à vos yeux que la stupide indifférence des esclaves ou la perfide douceur des ennemis de la constitution ; et il est un excès contraire, beaucoup moins rare et beaucoup plus funeste. Eh! dans quels lieux devons-nous trouver plus de défenseurs que

---

1. La pétition rédigée par les citoyens réunis a été falsifiée : il existe dans le *Journal de Paris* du lundi 18 juillet, ainsi que dans plusieurs autres papiers, une pétition dans laquelle il y a un changement qu'aucun de nous ne peut avouer. Il y est dit : « Nous déclarons formellement que nous ne reconnaîtrons jamais pour roi Louis XVI, ni aucun autre, etc... » Ces mots : *ni aucun autre*, ne se trouvent point dans la pétition rédigée par les commissaires des citoyens pétitionnaires. (*Note de l'original.*)

parmi vous, nous qui avons toujours vu vos membres regarder leur qualité de membres de cette Société comme un signe non équivoque de leur civisme; nous qui, dans ces derniers moments, avons vu ceux mêmes qui nous avaient rendu trop peu de justice reconnaître leur erreur en se réunissant à nous; nous, enfin, dont toute la France connaît le zèle pour le maintien des principes que vous avez consacrés!

Législateurs, ne vous alarmez pas si, dans les circonstances les plus critiques de la Révolution, après tant de causes de défiance qui avaient agité les esprits, les citoyens ont fait éclater quelques signes d'inquiétude et de douleur. Il y a loin de ce premier mouvement d'un peuple sensible et généreux à la funeste agitation de vos ennemis et des siens et au renversement de l'ordre public. Vous auriez lieu de vous offenser davantage si vous n'aperceviez dans les Français que cette funeste léthargie qui est le sceau dont le Ciel a marqué les peuples destinés à l'esclavage; elle vous offrirait le présage certain de la ruine de votre propre ouvrage et de notre commune servitude.

Représentants, n'ouvrez point vos cœurs à des soupçons odieux répandus par les ennemis de la patrie. Le respect, la raison, l'intérêt du peuple français, vous entourent d'une garde plus puissante et plus digne de vous que tout l'appareil de la force militaire. Oui, vous retrouverez dans tous les temps le peuple français fier, raisonnable, magnanime, modéré, tel que vous le vîtes au mois de juillet 1789, lorsque, après avoir secondé vos généreux efforts contre le despotisme et sauvé à la fois la patrie et vous, il resta calme, précisément parce qu'il était libre et respecté; tel que vous le vîtes au champ de la Fédération, donnant le spectacle de l'union la plus touchante et la plus sublime; tel enfin que vous le vîtes après la fuite du roi et au moment où Louis XVI traversait la multitude immense de ces mêmes citoyens qu'il avait dénoncés à la France entière.

Ah! loin de vouloir troubler la paix publique, le véritable objet de nos soins et de nos inquiétudes est de prévenir les troubles dont nous sommes menacés, que la fuite du roi nous présageait, et sur lesquels les circonstances qui nous environnent n'ont point encore rassuré les amis de la patrie. Représentants, c'est à vous de les lui épargner. Votre sagesse, votre fermeté, votre vigilance, votre justice impartiale et incorruptible, peuvent encore donner la paix à la France, et à l'univers la liberté, le premier de tous les biens. C'est à vous de réprimer l'activité des factions; c'est à vous de pourvoir à la défense de l'État par des moyens qui ne compromettent point les vrais principes de la constitution; c'est à vous de protéger les amis de la liberté contre les vexations qu'ils peuvent éprouver, contre les attentats arbitraires à la liberté individuelle, qui troublent en effet la tranquillité publique, en provoquant l'indignation, les alarmes et la résistance.

Pour nous, nous concourrons de tout notre pouvoir à seconder votre autorité protectrice. Nous bornerons nos efforts à l'usage des moyens constitutionnels qui nous sont assurés pour fixer votre attention, pour éclairer nos concitoyens sur les objets qui intéressent le salut de l'État. Nous nous reposons, avec la confiance qui convient à des hommes libres, de la destinée de la France et des nations sur la marche imposante et rapide de l'opinion publique, que nulle puissance humaine ne saurait désormais arrêter; sur l'empire irrésistible et sacré de la volonté générale; sur ces principes éternels de la raison, de l'humanité, de l'égalité, de la souveraineté, qui dormaient dans le cœur des hommes, et que la déclaration promulguée par vous a réveillés pour toujours; sur ce besoin impérieux, sur cette sainte passion de la liberté qui ne périra qu'avec le peuple français. Nous nous reposons aussi sur votre gloire et sur le souvenir des grandes actions qui ont signalé votre carrière. Vous la finirez comme vous l'avez commencée. Si vous touchez à vos propres décrets, comme le présage le projet de révision que vous avez annoncé, loin d'ajouter aux prérogatives du dépositaire du pouvoir exécutif, loin de conserver des distinctions injurieuses à l'humanité, s'il était quelques dispositions contraires à vos propres principes, et qui eussent été surprises à votre sagesse par les circonstances, ce sont celles-là que vous effaceriez de votre code. Vous remettrez entre les mains de vos successeurs, que vous êtes résolus à appeler bientôt, une constitution pure, conforme aux droits imprescriptibles de l'homme, que vous avez solennellement reconnus; et vous rentrerez dans le sein de vos concitoyens, dignes de vous-mêmes et dignes du peuple français. Pour nous, nous terminerons cette adresse par une profession de foi dont la vérité, prouvée par notre conduite constante, et justifiée par l'opinion de la France entière, nous donne le droit de compter sur votre estime, sur votre confiance, sur votre appui, et de défier tous ceux dont le système est de peindre la raison, la liberté et la vertu, des couleurs du vice, de la licence et de l'anarchie. Respect pour l'Assemblée des représentants de la nation, fidélité à la constitution, dévouement sans bornes à la patrie et à la liberté, — voilà la devise sacrée qui doit rallier à nous tous les bons citoyens, et qui nous autorise à croire que nous ne pouvons désormais compter nos ennemis que parmi les ennemis de la patrie.

La Société a arrêté que la présente adresse sera imprimée en très grand nombre et le plus promptement possible, envoyée à l'Assemblée nationale et à tous ses membres individuellement, à toutes les Sociétés affiliées, aux quarante-huit sections et aux bataillons de la capitale.

L.-P. Dufourny, *président;*

Regnier neveu, *secrétaire.*

OBSERVATIONS

Plusieurs faits importants, inconnus des citoyens, ont laissé le champ libre aux ennemis du bien public, les seuls qui, dans tous les temps, ont calomnié la Société des amis de la constitution; mais l'approbation éclatante de l'Assemblée nationale, et l'estime des bons citoyens de tout l'empire, l'ont vengée complètement. Ainsi, dévouée par devise à la liberté, conservatrice des principes constitutionnels, dont elle étend le culte dans toute la France, ce n'est point sa gloire qu'elle défend aujourd'hui, c'est cette même constitution que ses ennemis ne peuvent parvenir à ruiner qu'en décriant ses véritables amis.

Voici les faits.

La pétition n'a point été faite dans une assemblée de la Société des amis de la constitution, parce que la loi a statué que les pétitions, étant individuelles, ne peuvent être faites en nom collectif. La séance du vendredi soir (15) était levée, lorsqu'un très grand nombre de citoyens, étrangers à la Société, entra subitement dans le lieu de ses assemblées. Il leur fut déclaré que la séance qu'ils tenaient n'était pas celle de la Société, mais d'une réunion de citoyens agissant comme individus, et, se consultant sur une pétition et sur la forme de sa rédaction, ils convinrent de son objet, et nommèrent entre eux des commissaires pour la rédiger.

Le lendemain matin (16), les mêmes citoyens accoururent dans l'église des Jacobins, toutes portes ouvertes, entendirent la lecture de la pétition, l'approuvèrent, nommèrent des commissaires pour porter les copies dans le Champ de Mars aux citoyens qui s'y rassemblaient. Ils consultèrent des membres de la Société sur cette démarche. Ceux-ci leur rappelèrent l'article LXII du règlement municipal, qui ordonne de prévenir la municipalité de tout rassemblement. Ils nommèrent douze commissaires. Leurs pouvoirs n'étaient pas au nom de la Société, mais au nom de citoyens tendant à faire une pétition, et notifiant, aux termes de la loi, qu'ils se rassemblaient autour de l'autel de la patrie. M. le procureur-syndic de la commune donna acte aux commissaires de cette notification.

Les commissaires arrivèrent au champ de la Fédération. Là, des esprits imbus des funestes idées d'un faux républicanisme avaient rédigé des pétitions qui ne nous sont pas parvenues. Ils blâmèrent généralement, dans celles qu'on leur apportait, les mots : « Et à pourvoir à son remplacement par tous les moyens constitutionnels. » Ils ne voulurent signer qu'après les avoir barrés. Quelques-uns même se permirent d'ajouter après ces mots : « Louis XVI pour leur roi », ceux-ci : « Ni aucun autre ». Les commissaires ne pouvant les persuader de ne faire aucun changement, il fut convenu de consulter, sur les principes, la Société des amis de la constitution. Une nombreuse députation arriva dans l'église des Jacobins. Les citoyens qui s'y trouvaient entendirent l'orateur, qui, après avoir exposé avec beaucoup de talent les principes les plus sévèrement constitutionnels, conclut à ce que la pétition ne subît aucun retranchement ni addition. Il reçut les plus vifs applaudissements; et, sur ce qu'il fut déclaré que les citoyens réunis ne tenaient pas la séance des Amis de la constitution, mais que cette Société tiendrait sa séance le soir, la consultation y fut renvoyée.

Le samedi soir, la Société assemblée, une députation très nombreuse fut admise dans une partie réservée de la salle. Les citoyens qui la composaient, au nombre de deux cents, ne participèrent point à la délibération. Leur demande, établie, fut discutée; et, après quatre heures de la discussion la plus approfondie, la Société, toujours conforme aux principes, a déclaré que tout citoyen Ami de la constitution ne devait signer la pétition présentée par la députation qu'en y laissant ces mots : « Et à pourvoir à son remplacement par tous les moyens constitutionnels. » La députation fut entièrement dissuadée, et la réponse qui lui fut adressée contenait la recommandation aux citoyens de se conformer à la constitution.

Alors survint un député de l'Assemblée nationale qui remit au président la teneur du décret par lequel cette Assemblée venait, à l'instant, de prononcer sur le sort du roi. Lecture faite du décret, il fut déclaré que la pétition ne pouvait avoir lieu.

Le dimanche, dès le matin, le citoyen qui avait présidé (membre de la Société) alla supprimer l'édition de la pétition[1], tandis que

---

1. La forme n'était pas encore achevée, et on n'en trouve aucun exemplaire avec les cases destinées à recevoir les noms, état et domicile. (*Note de l'original*.)

d'autres, s'étant réunis, firent une déclaration, qu'ils portèrent au Champ de Mars, pour faire connaître aux citoyens rassemblés le décret de la veille au soir, et la nécessité de faire cesser les signatures. Ces faits prouvent assez que la Société des amis de la constitution n'a ni proposé, ni rédigé, ni adopté de pétition; qu'elle n'a été que consultée sur la suppression d'une phrase; que sa décision a été entièrement conforme aux principes; qu'elle a solennellement, et jusqu'à conviction, défendu les décrets; que ses membres ont arrêté les signatures; que tout le reste est l'ouvrage des citoyens qui ont disposé du local de la Société pour user du droit de pétition; que leurs intentions manifestées étaient droites; qu'elles ont prévenu légalement la municipalité; que les délits atroces commis au Gros-Caillou n'ont aucun rapport à la démarche des citoyens pétitionnaires, et que tous les bons citoyens doivent venger, par le témoignage le plus éclatant de leur estime, une Société dont tous les efforts ont constamment affermi la constitution, et dont la vigilance a si souvent dénoncé aux Comités de l'Assemblée nationale les ennemis du peuple français, qui, seuls pouvant la craindre, peuvent seuls la calomnier.

XIII

SÉANCE DU MERCREDI 20 JUILLET 1791

PRÉSIDENCE DE M. BOUCHE

La séance s'est ouverte par la lecture des annonces.

L'abbé *Royer* a pris ensuite la parole, pour proposer à la Société des moyens tendant à faire disparaître le schisme malheureux qui divise en ce moment la Société des amis de la constitution. Ces moyens de réconciliation se réduisaient à nommer des commissaires de part et d'autre.

Après lui, plusieurs membres ont réclamé la priorité de la parole. Elle a été accordée à M. Mendouze.

M. Mendouze. — Parfaitement d'accord avec le préopinant sur l'avantage, je dirai même sur le besoin d'une réunion que nous désirons tous, nous différons néanmoins d'opinion sur les moyens à employer pour arriver à ce but désirable. J'ai jeté mes propositions sur le papier, ainsi que le discours dont on pourrait les faire précéder. Je vais avoir l'honneur de faire cette lecture à la Société, si elle juge à propos de l'entendre.

[Ce discours est rapporté dans la suite du compte rendu comme prononcé devant les Feuillants. Le journal continue ici par cette analyse.]

Sa motion consistait à rappeler aux Jacobins les membres composant la Société séante aux Feuillants, et à nommer trente commissaires, dont quatorze membres de l'Assemblée nationale, pour procéder à la réforme du régime intérieur de la Société.
Le docteur *Rey* a parlé avec défaveur contre la motion du préopinant, en cherchant à établir l'impossibilité de la réunion dont on s'occupait. Disposée à n'entendre que des mesures conciliatoires, la Société a écarté avec improbation tous les moyens qui s'écartaient de ce but. — La motion de M. Mendouze a obtenu la priorité. Une seconde lecture lui a concilié tous les suffrages.
M. *de Kersaint* a proposé, par amendement, qu'on laissât à chacune des deux fractions de la Société la nomination de ses commissaires. — La motion de M. Mendouze et l'amendement de M. de Kersaint ont été agréés sur-le-champ ; il a été nommé une députation pour se rendre à la Société des Feuillants...

[Suit le compte rendu de cette mission, avec le discours de M. Mendouze dont il a été parlé plus haut. Le président des Feuillants, Goupil de Préfeln, répondit que la Société, n'étant pas assez nombreuse en ce moment pour délibérer sur un objet si important, examinerait dans sa prochaine séance la proposition des Jacobins.]

La députation, de retour, a rendu compte du succès de sa mission.
La séance est levée à onze heures.

XIV

SÉANCE DU VENDREDI 22 JUILLET 1791

[Correspondance : Lettre de Meaux sur les menées des prêtres réfractaires ; — De Prugnol (*sic*), sur les Sociétés de cette ville ; — De Revel, copie d'une protestation de M. de Vaudreuil ; — Plusieurs procès-verbaux de fédérations. — M... a rendu compte du rapport de M. Duveyrier à l'Assemblée nationale. — Lettres de la Société de Versailles sur la « scission qui divise les patriotes ». — M. *Rey* offre 300 livres pour subvenir aux frais de la guerre et propose une souscription. — M. *Sergent* fait un rapport sur les arrestations récentes.]

M. *Perrochel* annonce que son frère a été arrêté dimanche dans les avenues du Champ de Mars, où il se défendait contre un particulier qui lui criait : « *Tu es un patriote, tu vas périr!* » — Je me suis rendu à la police, a dit M. Perrochel. Là, M. Perron m'a dit : « *Votre frère est un de nos prisonniers de guerre. Il est à la Force.* — Mais, lui dis-je, il n'a pas fait la guerre : il n'avait point d'armes. — *Il avait une langue. Au reste, il est prisonnier par ordre du Comité des recherches, qui est au-dessus de la loi.* » — Quant à M. Deflers, mon frère et moi sommes les causes innocentes de son arrestation. Il me demanda, il y a près de trois mois, mon adresse. Je lui donnai une enveloppe de lettre. Cette enveloppe s'est trouvée dans ses papiers, et, comme on y a vu le nom de Perrochel, qui est à la Force, on en a conclu que M. Deflers entretenait correspondance avec M. Perrochel, et qu'ils étaient deux contre-révolutionnaires.

M. CARRA. — J'ai tant de choses à dire, et ma douleur est si profonde, que je vous demande quelque indulgence et de l'attention. On m'a dit que, dans une affiche qui se trouve dans toutes les rues, les publicistes patriotes sont désignés comme des gens incendiaires, ennemis de la constitution. Je suis tranquille sur mon sort, dussé-je être égorgé. Vous me connaissez assez pour savoir que rarement je me suis trompé. On vous dit toujours de surveiller les émissaires anglais, prussiens. Moi, je vous déclare que les ennemis que vous avez le plus à craindre sont les agents de la maison d'Autriche... Le grand point est de surveiller tous les étrangers, les ministres, et plusieurs membres de l'Assemblée nationale qui vous sont très connus. Il y a, à Paris, un grand nombre d'agents de la maison d'Autriche. Demandons, enfin, la rupture du traité de 1756. Unissons-nous avec l'Angleterre, la Prusse et la Hollande, de qui nous n'avons à redouter aucune attaque imprévue.

M... — Lundi, au Palais-Royal, je me trouvai à côté d'un groupe de douze à quinze personnes, parmi lesquelles je reconnus cinq à six gardes du corps. L'un d'eux disait : « J'arrive de Worms; tout va bien dans ce pays-là; ils seront contents quand ils apprendront ce qui se passe ici. » — Un autre dit : « Ces f..... Jacobins nous gênent; il faudrait que tous ces b......-là fussent pendus. » — « Il me paraît, dit un autre, que cela va assez bien. On a fait hier une capilotade de canaille. Ces gens prendront peut-être leur revanche, et ça ira. »

M. G. N. — Le rédacteur de votre journal a été arrêté uniquement parce qu'il demeurait dans la maison de l'imprimeur de Marat, qui est aussi le sien. Étant obligé de travailler la nuit, au sortir des séances, il avait jugé plus commode de se loger dans cette maison. Il est bien étonnant qu'on l'ait arrêté plutôt qu'un autre locataire. Car, de cette manière, on pourrait arrêter toute la maison, et même tout le quartier. Je demande qu'il soit nommé des commissaires pour obtenir au plus tôt son élargissement.

M. SERGENT. — La loi porte qu'un homme arrêté doit être interrogé dans les vingt-quatre heures, pour être élargi ou jugé. Cependant on fait languir quinze jours dans les prisons un malheureux peut-être innocent, tandis que la peine la plus sévère contre un délit de police est de huit jours de détention. Je demande qu'il me soit à l'instant adjoint un membre pour réclamer l'exécution de la loi, et obtenir ce soir, s'il est possible, la liberté de M. Deffers.

La proposition de M. Sergent a été accueillie. — On propose d'envoyer une seconde députation à l'assemblée des Feuillants. M. Santerre et plusieurs autres membres représentent cette mesure comme indigne de la Société. — Un membre lit un projet de réponse à une lettre de M. Bouche [1]. Il s'élève un grand tumulte. La séance est levée au milieu du trouble.

XV

SÉANCE DU DIMANCHE 24 JUILLET 1791

PRÉSIDENCE DE M. DUFOURNY

[Nomination des censeurs et commissaires introducteurs. Lecture de la correspondance. M... — La scission est évidente entre les Jacobins et les membres de cette Société réunis aux Feuillants. Elle était préparée de longue main par nos ennemis. La pétition n'est qu'un prétexte, et la conduite des membres réunis aux Feuillants est des plus perfides : ils accueillent nos ennemis, ils cherchent à nous dérober la correspondance et la confiance des départements. Nous, au contraire, avons toujours agi avec la plus grande franchise. Les membres de la Société des Feuillants n'ont jamais sérieusement voulu le bien. A nos avances ils répondent par l'indifférence et le mépris. Aussi n'avons-nous plus qu'à réorganiser notre Société, établir une discipline qui prévienne à jamais tout désordre, et reprendre la correspondance, « avec la résolution ferme de ne jamais regarder la Société des Feuillants comme une Société séparée de nous », nous attachant seulement à faire « une distinction formelle entre le Club de 89 et les Amis de la constitution ». Réorganisons ensuite notre administration et nos comptes de finances. Arrêtons que nos portes restent toujours ouvertes aux anciens membres qui voudront se soumettre aux principes de notre nouvelle formation, et suspendons les nouvelles présentations pour six mois.]

---

1. Par cette lettre, Bouche protestait contre l'apposition de sa signature au bas de l'adresse de la Société du 17 juillet 1791. Voir plus haut, p. 29.

M. *le Président* a proposé de lire la déclaration des dissidents. Plusieurs membres ont appuyé cette proposition, qui a été adoptée. — Il résulte de cette déclaration que la Société séante aux Feuillants se considère comme la vraie et légitime Société des amis de la constitution, et qu'elle a pris la résolution de n'admettre dans son sein que ceux qui se soumettront à ses règlements. Cette pièce est suivie d'une liste des signataires. — On demande que cette déclaration soit consignée dans le procès-verbal, et que les signataires ne puissent plus être admis aux séances.

M... — Dans ce nombre des signataires, je crois qu'on peut distinguer trois classes d'hommes : celle des mauvais sujets, celle des originaux, et celle des gens faibles. Cette liste de signataires peut dispenser du scrutin épuratoire : je crois qu'il est tout fait. Il est temps de se constituer au plus tôt...

M... — Un mot d'ordre. Il est important, Messieurs, que vous ne laissiez point propager cette hérésie. Vous êtes constitués avant la constitution ; vous êtes le corps des Amis de la constitution. (*Murmures.*) Son régime est altéré. Il faut nécessairement que la Société prenne des mesures sages. Mais je crois qu'elle n'a pas besoin de scrutin épuratoire... (*L'orateur est interrompu et descend de la tribune.*)

M. *de Kersaint*[1] demande la parole sur le mot d'ordre. — M. *le Président* met aux voix l'ordre du jour. On passe à l'ordre du jour.

M. Corroller. — Messieurs, il faut vous parler avec toute la franchise d'un homme libre. Vous ne devez pas vous faire illusion. Il a été prononcé aux Feuillants qu'il n'y avait pas lieu à délibérer sur vos propositions. Il faut vous armer du caractère qui vous convient.

M. Sergent. — Vous avez arrêté qu'on vous ferait part des délibérations de la Société des Feuillants. Il résulte, d'après ce que m'a dit M. Salle, que cette Société a rédigé un règlement qu'elle doit vous proposer, et qui doit être le prix de la réunion.

M. Corroller. — Dans la dernière séance des Feuillants, il n'a point été question des Jacobins. Il a été arrêté très positivement qu'il n'y avait pas lieu à délibérer. Vous devez prendre des mesures propres, et chercher dans votre sagesse des moyens ultérieurs, pour opérer une conciliation à laquelle je ne crois plus.

Sur la motion de M. *Royer*, on passe à l'ordre du jour. — M. *Bourdon* lit un projet d'adresse aux Feuillants.

---

1. Cf. *Discours de M. Kersaint*, prononcé à la séance de la Société des amis de la constitution, séante aux Jacobins, rue Saint-Honoré, le dimanche 24 juillet 1791. Paris, imp. du *Patriote français*, s. d., in-8 de 14 p. (Bibl. nat., Lb 40/621.)

M. Robespierre. — Si, depuis la guerre déclarée à la Société, quelques membres de l'Assemblée nationale et moi nous sommes déterminés à rester dans son sein, nous ne l'avons fait que parce que nous avons pensé que le moment où les patriotes étaient attaqués était celui où nous devions nous serrer de plus près. Ceux qu'il faut consulter dans cette question sont ceux qui se disent hautement patriotes, et qui ne craignent pas de s'exposer à l'ignominie. Il faut examiner quel est le véritable intérêt public. Ceux qui vous proposent de vous dissoudre pour vous refondre avec les Feuillants ne connaissent point cet intérêt public. Par cette démarche, vous consacreriez formellement tous les reproches qui ont servi de prétexte à la scission.

M. *Robespierre* a conclu à ce qu'il fût décidé, avant tout, que la Société avait été et serait toujours celle des Amis de la constitution.

Tous les membres se lèvent et crient aux voix. M. *Corroller* observe que la réponse des Feuillants est sur le bureau. M. *Robespierre* insiste sur sa motion, qui est adoptée à l'unanimité. — On fait lecture de la réponse des Feuillants, dont voici les termes :

« Monsieur, la Société des amis de la constitution, délibérant sur les propositions qui lui ont été faites de la part de celle que vous présidez, a décidé qu'elle ne pouvait pas les admettre. Elle a cru cependant devoir prendre des moyens faciles et sûrs pour recevoir dans son sein ceux d'entre vous qui pourraient désirer de s'y réunir. La Société, Monsieur, vous fait passer un extrait des articles qu'elle a arrêtés, dans cette intention, à sa dernière séance, afin que vous en donniez connaissance à la Société que vous présidez. — Goupil-Préfeln, *président.* »

On demande l'ordre du jour sur la lecture du règlement des Feuillants. M. *Robespierre* demande et obtient la lecture de ces conditions, qui paraissent inconvenantes. — M. *Robespierre* propose d'envoyer une adresse aux Feuillants et à toutes les Sociétés affiliées, pour rendre compte des faits et des motifs de la scission. — M. *Chépy* demande qu'on joigne à cette adresse le discours fait et prononcé par M. Mendouze, orateur de la députation envoyée aux Feuillants.

[M. *Mendouze* dit que, malgré tous les efforts, la scission est irréparable. Mais les ennemis ne doivent pas en profiter. Montrons la même énergie que lors de la scission du Club de 89. Restons à notre poste. S'il y a parmi nous des membres turbulents, rien n'empêche de les exclure. « Reprenons donc notre courage. » — Suivent une série de propositions sur l'organisation nouvelle à donner à la Société.]

Ce discours a été vivement applaudi.

La séance a été levée à onze heures [1].

[1]. On lit dans le numéro du 25 juillet des *Annales patriotiques* : « Le club des Jacobins a fait, pour la réunion, les propositions les plus amicales et les plus justes à celui des Feuillants. Elles ont été rejetées avec hauteur par ces derniers. Quelle sera la suite de cette scission? Je l'ignore. Mais je dois dévoiler aux Sociétés des départements le projet secret, et que je puis affirmer. On veut dissoudre tous les clubs de France, leur vigilance importune. Que les amis de la liberté, dans ces clubs, se rallient autour des principes et s'opposent à cette dissolution. Ce serait le signal de la perte de la liberté. » — *Patriote français* du même jour : « A coup sûr, les hommes corrompus et couverts, jusqu'à ce jour, d'un masque de patriotisme qu'on parviendra à leur arracher, ces hommes qui ont conjuré la dissolution des clubs d'Amis de la constitution dans tout l'empire, sont les mêmes qui connaissaient d'avance le projet d'évasion royale, et qui comptaient tirer parti de cet événement et de la guerre qui devait s'en suivre pour rétablir la caste des nobles et des princes, et pour introduire dans la constitution une chambre haute, composée de ces tyrans privilégiés. Cet infâme projet ne pourrait s'exécuter aujourd'hui que par la dissolution des Sociétés d'amis de la constitution. Mais ces Sociétés coûteront plus à détruire que la noblesse; et, pour que celle-ci revive, il faudra que la France entière ne soit plus qu'un vaste cimetière. Nous invitons toutes les Sociétés des départements à correspondre avec les deux de Paris et à imiter celle de Versailles, qui a témoigné qu'elle resterait attachée à celle des deux qui serait la plus fidèle aux principes de la constitution, fondée sur la déclaration des droits. » Et dans le *Journal de la Révolution* du 24 juillet : « ... Si la réunion ne s'opère pas, les Jacobins, par leurs rapprochements fraternels, se seront mis du moins à l'abri de tous reproches. Si les dissidents persistent à faire schisme, il est vraisemblable qu'il s'étendra sur tout le royaume, et qu'ainsi les liens qui d'un bout de la France à l'autre unissaient tous les amis de la constitution et entretenaient sur la surface de l'empire une masse si imposante de lumières, de vigilance et de patriotisme, il est probable, disons-nous, que ces liens seront brisés; et c'est ce que nos ennemis désirent et préparent depuis si longtemps. En effet, parmi les Sociétés affiliées, les unes pourront s'attacher aux Feuillants, les autres aux Jacobins, d'autres rester neutres; et, dès lors, plus d'union, plus de cette correspondance suivie qui, d'un moment à l'autre, surveillait, éclairait les complots perfides, et en a tant déjoué depuis le commencement de la Révolution... Nous ne prétendons pas nous faire les partisans des mille et un clubs qui se sont érigés dans Paris. La plupart, composés d'hommes ou trop exaltés, ou trop ignorants pour sentir que le citoyen vraiment libre est toujours soumis aux lois, ont peut-être fait plus de mal que de bien, et, sans le vouloir, ont merveilleusement servi, dans des circonstances données, le parti qui veut le renversement de la constitution. Mais aussi tout homme de bonne foi conviendra de l'utilité d'une Société composée d'hommes libres et éclairés, qui avaient pour principes de discuter avec chaleur quand la loi n'était pas faite, de se taire et d'obéir quand elle était portée. Cette Société a formé l'esprit public à Paris et dans tous les départements. Elle a déjoué mille complots, nous a procuré la plupart des lois qui sont le rempart de la liberté, et nous en a sauvé bien des mauvaises. Elle est encore peut-être plus nécessaire que jamais : car jamais les patriotes n'ont eu besoin de plus de force, et par conséquent de plus d'union. Qu'elle s'épure, on cessera de la calomnier, et elle sauvera encore une fois la chose publique prête à périr. » — Voir aussi, sur les **tentatives de rapprochement des Jacobins et des Feuillants**, le n° 346 du *Journal de la Révolution*, dimanche 24 juillet 1791.

XVI

SÉANCE DU LUNDI 25 JUILLET 1791

PRÉSIDENCE DE M. DUFOURNY

M. *le Président* fait part du résultat du scrutin d'hier, qui a porté M. Petion à la présidence.

[*M. Petion* dit que, dans les circonstances présentes, il convient « de s'assurer par une profession de foi bien précise... s'il existe ou non une Société ». Les membres qui ont la formelle intention de rester aux Jacobins devront s'inscrire sur un registre. En second lieu, il faudra épurer la Société, en ne conservant que les membres qui lui seront agréables.]

M. POLVEREL. — Je demande la parole pour appuyer les deux motions proposées par M. Petion, qui sont non seulement très sages, mais même nécessaires, dans les circonstances actuelles : je regarde comme mauvais citoyen tout membre qui ne se ralliera pas à la Société ; j'ajoute qu'il n'est pas possible que le civisme de M. Petion leur permette d'attendre l'exécution de ses motions pour accepter.

M. PETION. — Je me rendrais bien à ces propositions ; mais je vous prie de considérer que cette acceptation ne serait peut-être pas de ma part un acte très sage. Il est des motifs particuliers qu'il est difficile d'exprimer, mais qu'on peut aisément pressentir. Je crois qu'il faut laisser la présidence provisoire à celui qui s'en acquitte si bien : c'est le moyen de ramener parmi vous, peut-être, un grand nombre de bons citoyens de l'Assemblée nationale que ma précipitation éloignerait.

M. LARIVIÈRE. — Je crois que nous devons à M. Petion d'accepter sa proposition ; je désire que la Société soit de mon avis.

M. MENDOUZE. — En adhérant aux propositions de M. Petion, je demande que vous nommiez dans votre sein des commissaires pour choisir, dans ceux qui se seront inscrits sur le registre, ceux auxquels il sera envoyé des cartes d'invitation pour mercredi.

M. G...N. — Ce que vient de proposer M. Mendouze est un scrutin épuratoire qui ne pourrait que dissoudre la Société : car vous allez mettre dans les mains de quelques commissaires le sort de tous les membres de la Société. Il n'y a d'autres moyens que des règlements sévères; et que ceux qui y manqueront soient exclus. Voilà le meilleur scrutin épuratoire.

Les propositions de M. Petion sont mises aux voix et acceptées à l'unanimité.

M. *Chépy* fait adopter la formule suivante pour être mise en tête du registre d'inscription :

« Nous soussignés déclarons que nous désirons rester membres de la Société des amis de la constitution, et nous nous soumettons aux épreuves qui seront déterminées par la Société [1]. »

On a fait lecture d'une lettre de la Société d'Artonne.

[Suit cette lettre : les Jacobins d'Artonne y protestent de leur attachement à la Société-mère.]

M. *Tallien*, président de la Société fraternelle, a dit que cette société avait été invitée par celle des Feuillants à correspondre avec elle, mais que la Société fraternelle avait pris la ferme résolution de rester unie à la Société-mère, séante aux Jacobins : « Là, a-t-elle dit, où sont les Petion et les Robespierre, sont aussi les vrais Amis de la constitution. » — M. *Corroller* a fait remarquer combien les ennemis de la Société mettaient d'activité à lui nuire, en faisant des efforts pour lui enlever ses affiliations; il a demandé que les délibérations de l'Assemblée fussent rendues publiques par la voie de l'impression, et qu'on organisât promptement les bureaux de correspondance. — M. *Potier*, l'un des commissaires chargés de prendre des renseignements sur les membres de la Société qui, ayant été confondus avec les auteurs des derniers troubles, ont été mis en état d'arrestation, a dit que MM. Perrochel et Brun avaient été élargis après leur interrogatoire. Quant à M. Deflers, son nom ne s'est point trouvé sur le répertoire de l'hôtel de la Force.

[M. *Sergent* rend compte de ses démarches au sujet de M. Deflers.]

Les membres se rendent successivement dans une salle voisine pour inscrire leurs noms sur le registre de la Société.

---

1. On lit dans le numéro du 27 juillet des *Annales patriotiques* : « La Société des amis de la constitution séante aux Jacobins a arrêté que tous les membres qui désirent rester dans son sein seraient tenus de signer, sur un registre ouvert à cet effet, l'engagement suivant : « Je déclare que j'ai l'intention de rester « membre de la Société des amis de la constitution séante aux Jacobins, et que « je me soumets à tout mode d'épreuve épuratoire déterminée par elle. *Signé* : « L. Dufourny, président; J.-H. Moreton, Chépy fils. » — Cf. *Le Patriote français* du 27 juillet, qui reproduit cet arrêté.

On observe qu'il faut organiser promptement le bureau de correspondance, et nommer des commissaires pour rédiger le *Journal de la Société*, dont M. Laclos était ci-devant rédacteur. — M. *Deffers*, rédacteur du *Journal des débats de la Société*, actuellement en état d'arrestation, a été nommé rédacteur du journal de la Société.

La discussion s'ouvre sur le mode épuratoire.

M. *Bru* (sic) présente un projet dont voici les bases principales : « 1° Il sera nommé au scrutin six membres de la Société, lesquels, conjointement avec les membres de l'Assemblée nationale qui nous restent, composeront provisoirement le Comité de présentation ; 2° ce Comité choisira dans la liste du trimestre courant soixante membres pour former le noyau de la Société ; 3° le Comité continuera son choix sur la liste du trimestre ; 4° les membres qui pourraient avoir été rejetés par le scrutin épuratoire pourront faire des réclamations, sur la légitimité desquelles la Société délibérera ; 5° les membres adoptés qui ne voudraient point tenir à la Société seront rayés du tableau et ne pourront, dans aucun cas, être représentés ; 6° il sera fait deux tableaux : le premier, de tous les membres qui composent la nouvelle Société ; le second, de tous ceux qui seront rejetés, auxquels on ajoutera les signataires de la protestation des dissidents, lesquels ne pourront jamais devenir membres de la Société. » — M. *Mendouze* et plusieurs autres membres proposent des plans dont les bases se rapprochent de celles que nous venons de rapporter.

M. MORETON. — La mesure proposée, de laisser aux quatorze commissaires le choix de soixante personnes, est d'autant plus sage que leur dictature est limitée et qu'ils pourront faire ce travail dans l'intervalle d'une séance à l'autre. Les soixante-quatorze membres réunis pourraient se diviser en deux Comités de trente-sept chacun, qui délibéreraient séparément sur l'admission ou la rejection des autres membres. Ce projet de deux chambres, indépendantes l'une de l'autre, me paraît bon dans cette circonstance : je serais néanmoins très fâché qu'il eût lieu pour l'Assemblée nationale, comme le proposait M. l'abbé Sieyès. Je demande donc : 1° que le nombre des commissaires à nommer soit égal à celui des députés qui nous restent ; 2° que les soixante membres choisis se rassemblent pour présenter les autres membres ; et qu'à l'égard des réclamations, elles soient jugées par les soixante-quatorze, divisés en deux Comités.

M. *Chépy fils* propose de former un *jury* pour examiner les motifs de rejection qui seraient définitivement jugés par la Société. — M. le *Président* observe qu'on est d'accord sur la nomination d'un nombre de commissaires égal à celui des députés qui restent. Cette proposition, mise aux voix, est adoptée à l'unanimité. En conséquence, on procède au scrutin.

[*Un membre* écrit que la Société de Sézanne paraît avoir l'intention « de rester toujours fidèle à la Société des Jacobins ». — *M. Bailly*, « membre de la Société de Laigle, exprime son attachement à la constitution et aux vrais amis de la liberté ». — Une députation de la Société fraternelle fait part de plusieurs adresses de Sociétés de Clermont-Ferrand. — On lit l'adresse de M. Petion à ses commettants, puis une « adresse au peuple français, envoyée par le club patriotique de Marseille ».]

La séance a été levée à dix heures [1].

XVII

SÉANCE DU MERCREDI 27 JUILLET 1791 [2]

PRÉSIDENCE DE M. DUFOURNY

[Correspondance : Lettres des Sociétés de Chartres, Beaugency, Sézanne, Poitiers, Effiat, Tulle, Châlon-sur-Saône, Villeneuve-le-Roi, Épinal, sur la scission; — De Brest, sur le discours de M. Brissot; — De Lyon, protestant de son attachement inviolable; — D'Orléans, qui s'engage à communiquer les résultats des séances de la haute cour nationale; — *M. Giot*, membre de la Société de Melun, prend la parole sur la scission; il est vivement applaudi.]

M. TOURNON. — La correspondance renferme un grand nombre de lettres qui annoncent la fidélité des Sociétés affiliées. Je demande que le journaliste de cette Société soit autorisé à puiser dans la correspondance pour rendre compte de ces lettres.

M... — Vous avez arrêté que le journal de M. Laclos sera continué. Je demande que celui qui en a été chargé soit autorisé à le faire, et que la Société se rende responsable jusqu'à ce que M. Baudouin, imprimeur, ait pris des arrangements.

M. MENDOUZE. — Je demande qu'on donne au journal l'extrait que font messieurs les sociétaires.

---

1. On lit dans le n° 9 du tome VII de *l'Orateur du peuple* : « Barnave, Lameth, fondateurs du club des Jacobins, sont parvenus à semer la division parmi cette société. Clermont-Tonnerre, qui a eu à sa solde pendant l'hiver dernier dix à douze auteurs famêliques, à 300 livres par mois, est membre de ce nouveau club monarchique. »

2. Lire dans *le Moniteur* du même jour, 27 juillet, une lettre de M. Dufourny en réponse à la lettre de M. Bouche, publiée le 22 juillet dans le même journal.

M... — Il est impossible de laisser les pièces de la correspondance entre les mains du journaliste, quel qu'il soit, parce que les membres du Comité de correspondance sont responsables.

M. CORROLLER. — Je demande que vous fassiez imprimer toute la correspondance. C'est le moment de faire connaître les sentiments des vrais Amis de la constitution.

M. PETION. — Je ne puis trop applaudir au zèle de M. Corroller; cependant je crois qu'il faut passer à l'ordre du jour sur cette motion. Je ne voudrais pas qu'on pût se méprendre sur les motifs. Je demande que les écrivains patriotes en fassent mention. Mais je ne voudrais pas que la Société y prît aucune part.

La Société a décidé qu'il sera permis à son journaliste de prendre copie de la correspondance au secrétariat.

Une députation du club des Cordeliers est venue protester de son attachement inviolable à la Société des Jacobins, et rendre compte des persécutions auxquelles il est journellement exposé.

M. SANTERRE. — Je vous prie, Messieurs, de vous intéresser à M. Verrières, mon défenseur, membre de cette Société, qui a été arrêté comme auteur de l'ouvrage de Marat, tandis que cet ouvrage paraît aujourd'hui.

La Société de Riom écrit qu'une partie de ses membres ayant arrêté de correspondre avec les Feuillants, les vrais amis de la constitution se sont retirés dans la maison des Génovéfains, et prient la Société des Jacobins de correspondre avec eux. — Cette offre est acceptée.

Le résultat du scrutin pour la formation du Comité régénérateur a adjoint aux six députés de l'Assemblée nationale : MM. Mendouze, Chépy fils, Sergent, Dufourny, Bourdon la Crosnière et Mouton. — On fait lecture de la liste des soixante membres qui, réunis aux douze commissaires, formeront le grand Comité des soixante-douze.

M. *Vavin,* architecte, écrit qu'il rétracte formellement sa signature apposée à la déclaration des Feuillants, déclaration qu'on lui a présentée chez un limonadier, sans lui donner le temps d'en prendre lecture.

M. SERGENT. — Je ne m'oppose point à l'admission de la rétractation de M. Vavin; mais il faut bien prendre garde. Il y a beaucoup de signataires de cette déclaration qui ne seront point reçus aux Feuillants, et qui viendront, en se rétractant, se présenter ici. Je demande que, pour admettre un rétractant, la condition soit qu'il n'ait pas été présenté aux Feuillants.

M... — M. le rédacteur du *Journal universel,* membre de cette Société, se trouvant, il y a quelques jours, à l'Assemblée nationale, plusieurs députés lui présentèrent la déclaration, et lui demandèrent s'il la signerait. Il répondit que, si elle tendait à la réunion, il la signerait. Sur cette seule réponse, son nom a été apposé à la déclaration, quoique réellement il ne l'ait pas signée.

M. *le Président* répond de la sincérité de M. Vavin. — Un membre dit que M. Legendre a été présenté aux Feuillants sans sa participation. M. *Mendouze* demande le renvoi de toutes ces réclamations aux soixante-douze commissaires. Un autre membre veut qu'elles soient jugées par l'Assemblée. M. *Chépy* propose d'ajourner la question des signatures de la déclaration après le scrutin épuratoire. Cette proposition est adoptée.

La séance a été levée à dix heures et demie [1].

XVIII

SÉANCE DU VENDREDI 29 JUILLET 1791

PRÉSIDENCE DE M. DUFOURNY

[Le secrétaire craint qu'on n'interrompe la correspondance. — Lettres des Sociétés de Dijon, d'Huningue et de Valence, sur la scission ; — La Société de Neuville demande l'affiliation ; — La Société de Versailles écrit à M. Petion qu'elle « a pris l'arrêté de ne correspondre qu'avec la Société-mère des Jacobins » ; de même la Société de Pontoise et celle de Châteaudun ; — La Société de Verneuil espère la réunion ; — Lettre de Strasbourg, sur la scission et les manœuvres des Feuillants.]

Après cette lecture, M. le secrétaire a demandé que les Sociétés affiliées fussent priées d'envoyer les noms de ceux des députés à l'Assemblée nationale, et ci-devant membres des Jacobins, qui, comme M. Victor Broglie, cherchaient à... On demande la question préalable.

M. Corroller. — Attendons, et ne nous irritons pas les uns contre les autres.

M..., membre fondateur, vice-président de la Société de Verneuil, appuie cette motion et commence le récit de ce qui s'est passé dans cette Société : « Mardi dernier, un enfant d'environ treize ans, me

---

1. Voir dans le n° 350 du *Journal de la Révolution*, jeudi 28 juillet 1791, un article sur l'attitude des Sociétés affiliées à l'égard des Jacobins et des Feuillants, et, dans le n° 353 du même journal, dimanche 31 juillet 1791, des réflexions sur cette séance du 27 juillet.

voyant sortir du club, m'appelle et me remet secrètement un paquet adressé au président de la Société de Verneuil. Je me transportai chez le président; là, nous fîmes l'ouverture du paquet : nous y trouvâmes une adresse de la Société des Feuillants. Aussitôt je me chargeai d'aller chez tous les membres de la Société les avertir que M. le président avait décidé une séance pour le lendemain. Dans cette séance je fis lecture de cette adresse; je proposai d'écrire en même temps aux deux Sociétés la même lettre, pour éviter les retards de la poste. Je m'en suis chargé moi-même : car, sans vouloir vanter mon patriotisme, toutes les fois qu'il y a quelque chose d'intéressant pour la chose publique, je ne vas pas, je vole... »

M. *Chépy fils* demande qu'on raye du procès-verbal l'article qui concerne la menace ridicule faite par un membre des Feuillants de faire déguerpir la Société de son local. (*Adopté*.)

M. Hion. — M. le secrétaire vous a dit qu'il soupçonnait qu'on interceptait la correspondance; je le crois aussi. La plupart de vos paquets partent sous le contre-seing de l'Assemblée nationale; comme vous n'avez pas beaucoup d'amis de ce côté, il résulte que vraisemblablement il n'y a pas une grande exactitude; d'ailleurs, les Sociétés affiliées ont arrêté de ne point recevoir de lettres non affranchies; souvent des Sociétés nous écrivent sous le couvert de l'Assemblée nationale, et ces lettres ne parviennent pas exactement, surtout depuis qu'un membre des Feuillants a prescrit à la poste de remettre aux Feuillants les lettres adressées aux Feuillants, et aux Jacobins celles adressées aux Jacobins, mais de remettre aux Feuillants, comme à la Société mère, toutes celles adressées simplement aux Amis de la constitution, sans désignation de local. Je demande qu'on fasse une petite circulaire, la plus courte et tenant le moins de papier possible; on l'affranchira : c'est le seul moyen de rétablir la correspondance.

M... — Je demande que, pour donner plus de poids à cette circulaire, on prie M. Petion de la signer comme président, et que tous les exemplaires en soient signés à la main.

M. *Carra* annonce qu'une lettre de Troyes porte :

« Notre Société ne paraît point disposée à adopter les Feuillants; elle en paraît de plus en plus éloignée : la correspondance de notre département avec cette Société éphémère nous donne trop de soupçons[1]. »

---

[1]. On lit dans *le Patriote français* du 30 juillet : « *Avis à toutes les Sociétés affiliées aux Jacobins.* Les Sociétés affiliées qui désirent que leurs paquets parviennent aux Jacobins, et non aux Feuillants, sont priées de mettre l'adresse suivante : A la Société des amis de la constitution, *séante aux Jacobins*. Sans

La discussion se noie dans les amendements ; on passe à l'ordre du jour.

M. PETION. — Le Comité militaire doit faire demain un rapport sur les mesures à prendre par la force publique pour exécuter différents décrets qui ont été rendus. Il est un article important : le Comité doit proposer à l'Assemblée nationale de nommer des commissaires dans son sein pour se rendre sur les frontières du royaume et y surveiller l'exécution des lois. Dans le moment actuel, c'est peut-être ce qui peut arriver de plus dangereux. Il est question de présenter incessamment la charte constitutionnelle ; demain elle sera livrée à l'impression. C'est dans le moment où tous les membres de l'Assemblée nationale doivent être à leur poste, c'est après avoir tellement senti la nécessité de rappeler dans son sein tous les membres qui s'en sont retirés, qu'elle a ordonné qu'à une époque fixe tous ses membres seraient obligés de se rendre aux séances ; c'est aujourd'hui qu'il s'agit de les disséminer dans tout le royaume. On enverra de mauvais citoyens, et alors la patrie sera en danger ; ou on détachera de l'Assemblée nationale les bons citoyens, et vous sentez que l'on affaiblira la force de cette Assemblée, au moment où il est nécessaire que chacun manifeste bien sa façon de penser sur notre constitution. J'ai été prévenu que déjà ces commissaires étaient désignés ; les Comités paraissent insister pour cette nomination, sous prétexte que les commissaires auraient beaucoup moins de poids s'ils étaient pris hors de l'Assemblée nationale. Aucune considération particulière ne peut, dans ce moment-ci, l'emporter sur une considération générale : je crois que les commettants auraient à se plaindre si l'on éloignait de l'Assemblée nationale des membres qu'ils ont envoyés non pour être commissaires, mais pour travailler à la constitution. J'ai engagé plusieurs bons citoyens à mettre cette question à l'ordre du jour dans leurs Sociétés : ils me l'ont promis. J'engage aussi les membres de l'Assemblée nationale à venir demain à l'Assemblée pour s'opposer à l'envoi de ces commissaires, mesure que je crois très préjudiciable à l'intérêt général. (*On applaudit.*)

M... — 1° L'Assemblée nationale doit-elle, dans les circonstances présentes, prendre dans son sein des commissaires pour les répartir dans les différents départements? 2° Si elle le peut, le doit-elle? Les commettants n'ont envoyé les députés que pour faire la constitution, et non pour la faire exécuter. Si l'on prend des membres de l'Assem-

---

cette précaution, les paquets s'engloutissent dans la boîte des amis de la liste civile. Les journaux patriotes sont priés d'insérer cet avis. »

blée pour faire exécuter les décrets, ce sera alors non pas un corps législatif, mais un corps de dictateurs : on ôtera à un pouvoir constitué ses droits imprescriptibles. Eh! qui résisterait à un commissaire de l'Assemblée nationale? J'espère qu'un orateur plus éloquent vous développera ces réflexions que je n'ai fait qu'indiquer.

Un autre membre a parlé dans le même sens et a conclu à ce que tous les bons citoyens se réunissent pour demander la question préalable, ou au moins l'ajournement du projet du Comité militaire.

On fait lecture d'une lettre de M. l'abbé de Soulavie, qui proteste de son attachement à la Société des Jacobins.

M... dit que, parmi les soixante membres admis par les douze commissaires, se trouvait M. Polverel, accusateur public du tribunal du premier arrondissement; il demande que M. Polverel soit rayé ou au moins suspendu, à cause du décret de l'Assemblée qui le suspend de ses fonctions.

M. *Polverel* monte à la tribune, dit qu'il consent volontiers à cette suspension, qu'il l'avait lui-même appuyée au Comité, que cependant il croit devoir instruire la Société de la cause de la suspension de ses fonctions d'accusateur public, qu'étant chargé de poursuivre l'affaire des fabricateurs de faux assignats, il reçut les pièces le 31 mai, rendit sa plainte le 3 juin; les interrogatoires commencèrent le 9, et furent continués sans relâche jusqu'au 20; l'événement du 21 ayant suspendu l'action de tous les tribunaux, les interrogatoires n'ont été repris que le 16 de ce mois, et suivis sans interruption jusqu'au 27, auquel (*sic*) on l'a accusé de négligence... et où il a été suspendu. — Après cette justification, la Société a admis M. Polverel, en écartant la motion du préopinant par la question préalable.

On a fait lecture d'une lettre dans laquelle on invite la Société de se rendre au Jardin des plantes, pour concourir à une souscription en faveur du docteur Priestley, devenu la victime du despotisme. — Un membre propose de faire la contribution dans la Société même; un un autre membre dit qu'il faut laisser à chaque individu de la Société le soin de porter sa contribution au Jardin des plantes et adresser au docteur Priestley, au nom de la Société, une lettre de fraternité. Cette motion est adoptée.

[On lit une lettre d'Artonne. — M. *Chépy* fait arrêter de « rayer des conditions nécessaires aux affiliations celle d'être appuyé par un député du département »; et « quant aux Sociétés qui ont demandé l'affiliation avant la scission, qu'il est de la loyauté de la Société de leur donner auparavant le détail des faits ». — L'affiliation est accordée à une Société de Nogent-le-Rotrou. — M. *Mendouze* fait nommer deux commissaires pour la rédaction de la lettre circulaire qui sera signée par M. Petion, président. — On admet une députation des Nomophiles, et une des Indigents, qui lit une adresse à la Société. — M. *Sergent* fait un rapport sur les prisonniers, en particulier sur MM. Deffers et Roussillon.]

Le résultat du scrutin a donné pour secrétaires MM. Royer, évêque du département de l'Ain, et Corroller, député à l'Assemblée nationale. La séance a été levée à neuf heures trois quarts.

[On lit dans le n° 11 du t. VII de *l'Orateur du Peuple* : « Le club des Jacobins est presque entièrement désuni. C'est ce qu'attendaient les ennemis de la Révolution, et c'est ce que voulait depuis longtemps l'Assemblée nationale. »
Patriote français du 31 juillet : « On doit se rappeler que le roi n'a pas, dans son mémoire, témoigné beaucoup de tendresse pour la Société des amis de la constitution. On doit remarquer maintenant que c'est au moment où les factieux ou schismatiques ont arrêté de protéger le roi qu'ils se sont séparés des Jacobins. Ce rapprochement est frappant, et doit prouver ce que nous avons dit ci-devant : que l'on voulait dissoudre les clubs. C'est d'ailleurs la doctrine de beaucoup de membres des Feuillants, qui n'est qu'un conciliabule d'aristocrates, de métis et de renégats, mêlés avec beaucoup d'honnêtes gens trompés. C'est, entre autres, la doctrine de son président Goupil. — On sait maintenant, et ce fait est certain, que c'est M. Delessart qui a payé les frais des courriers extraordinaires envoyés par les Feuillants pour tromper tous les départements. La question est bien simple dès lors : les Amis de la constitution veulent-ils être les amis de liste civile ou des Feuillants? — Il semble que beaucoup de Sociétés des départements aient subodoré ou flairé cette liste civile dans les Feuillants, puisque plus de vingt-cinq d'entre elles ont déjà déclaré aux Jacobins qu'elles ne se sépareraient pas d'eux. Et observez que les Jacobins n'ont point de courriers ni de liste civile à leurs ordres. Il ne leur reste que des journalistes patriotes, tandis que les factieux des Feuillants ont aujourd'hui l'honneur d'être loués par toutes les feuilles aristocratiques. Ce thermomètre est infaillible. Quand vous verrez un prétendu patriote loué souvent par elles, marquez-le du signe de la bête. — La Société des Jacobins a nommé soixante commissaires pour s'épurer. Plus de quatre cents signatures sont déjà sur ses registres, et l'on sait que beaucoup de membres respectables de l'Assemblée nationale n'attendent que le moment où cette Société épurée se sera constituée pour se joindre à elle. — La Société des Jacobins a tout fait pour la paix : on l'a refusée. On doit tout faire maintenant pour démasquer ses adversaires... »
Le *Journal de la Révolution* contient aussi de longues réflexions sur la scission : « Le schisme des Amis de la constitution, et l'impression qu'il va faire dans toutes les Sociétés patriotiques du royaume, ne peuvent être vus avec indifférence par les vrais amis de la liberté et de la patrie. Il sera une nouvelle preuve que l'esprit public est bien formé en France ; qu'on n'est pas attaché à des individus, aux Lameth, aux Barnave et autres grands patriotes, mais à la constitution elle-même et à la justice; que ces hommes, à qui l'on aurait presque érigé des statues, parce qu'on croyait l'amour de la patrie leur raison dominante, sont aussitôt accablés du poids de l'indifférence générale, pour ne rien dire de plus, dès qu'ils sacrifient à la patrie les petits intérêts de leur

vanité et de leur ambition. Enfin, cet événement prouvera combien des hommes qui avaient une si grande réputation de patriotisme sont capables de petites menées, de basses intrigues, quand ils ne sont pas guidés par des sentiments purs, quand, pour venger leur vanité, ils risquent le salut public. En supposant même aux Jacobins les plus grands torts et les imprudences les moins pardonnables, on ne peut pardonner la désertion brusque des membres de l'Assemblée nationale. Ils devront commencer par demander la réforme de la Société, la faire purger de tous les séditieux qu'elle pouvait contenir. S'ils n'avaient pas obtenu cette réforme, que tous les honnêtes gens désiraient, alors, seulement alors, ils se seraient retirés. Ils n'auraient pas, comme ils l'ont fait, exposé tous les patriotes du royaume à se désunir, et, conséquemment, ils n'auraient pas compromis la chose publique... Mais non... La liberté triomphera encore cette fois de cette nouvelle attaque, qui est le fruit de la coalition des ministériels, des intrigants, des vrais factieux, et de toutes les passions combinées de l'intérêt, de l'ambition, de la vanité. Aux fuyards demeurera la honte, et aux vrais patriotes toute la gloire. »]

XIX

SÉANCE DU DIMANCHE 31 JUILLET 1791

PRÉSIDENCE DE M. DUFOURNY

[Nomination des censeurs. — Correspondance : Lettres des Sociétés de Saint-Étienne, de Saint-Sever, de Cadillac-sur-Garonne, etc., sur la scission.]

LE SECRÉTAIRE. — Messieurs, toutes les lettres annoncent les mêmes sentiments, toutes les Sociétés vous conjurent, au nom de la patrie, de la liberté, de la paix, du bonheur public, de terminer une scission douloureuse par une prompte réunion. Je me contenterai de vous lire les noms des sociétés qui ont écrit : Angers, Condom, Maubeuge, Grenoble, Saint-Malo, Saint-Denis, Montauban, Billout (sic), Riom, Carcassonne, Beaune, Orléans, Saint-Esprit, Autun, Courtenay, Rennes, Alençon, Saint-Fargeau, Bléré, Châteaubriant, Troyes, Dunkerque, Sèvres, Saint-Lô, Bellesme.

[Lettre de Wissembourg, sur les émigrés.]

M. *Regnier neveu*, secrétaire, prie la Société de pourvoir à son remplacement, attendu qu'il ne peut exercer plus longtemps sans déranger ses affaires. — M. *Mouton* observe que le terme des nominations est fixé à la fin du scrutin épuratoire; il invite M. Regnier à continuer ses fonctions, dont il s'est acquitté si patriotiquement. — M. Regnier souscrit avec sensibilité au vœu de la Société. (*Il est applaudi.*)

M..., député de Verneuil. — Je crois devoir vous faire part de quelques faits. Hier, me trouvant avec quelques patriotes, ci-devant Jacobins, maintenant aux Feuillants, je leur demandais quel était le parti que je devais adopter dans la circonstance présente; je leur fis voir cependant ma façon de penser et celle de ma Société, à laquelle je devais rendre compte de ma mission. « Nous vous prions instamment, me dirent-ils, *de ne point écrire à votre Société avant quelques jours, car il arrivera infailliblement une réunion à laquelle on ne s'attend pas et on ne peut s'attendre.* » Ce sont leurs propres expressions. — La Société de Verneuil m'ayant envoyé aux deux Sociétés, et pris une délibération par laquelle nous sommes formellement chargés d'éviter toute discussion étrangère à la réunion et de faire tous nos efforts pour amener un rapprochement si désirable, je vous dirai avec toute la franchise d'un homme libre que je n'ai pas reçu de la Société des Feuillants les mêmes marques d'amitié que j'ai reçues ici. Je vous prie, Messieurs, de ne point me priver de vos conseils et de m'indiquer le parti que j'ai à prendre.

M. TOURNON. — Je crois devoir inviter tous les bons citoyens à ne rien préjuger sur notre division; je crois qu'il faut attendre avec calme, faire régner ici l'ordre, porter partout la vérité; et j'ose assurer que tous les bons citoyens se feront un honneur d'être Jacobins.

M. GUIRAUT. — Au sein des Amis de la constitution ne doivent être que des hommes libres; où sont des hommes libres il ne doit point exister de timidité. Je dis que M. le préopinant doit rendre compte de sa mission.

On lit une lettre de M. Deflers, rédacteur du *Journal des Débats* de la Société, qui remercie la Société des marques d'estime qu'elle lui a données en le chargeant de continuer le *Journal de la Société*, rédigé ci-devant par M. Laclos. Il annonce qu'il est enfin en justice réglée, et que sous l'égide des lois il est en sûreté. Il remercie M. Sergent de tous ses soins et proteste de son attachement inviolable à la Société.

M. *Houdon* écrit à M. le président pour le prier de lui faire remettre son modèle de Mirabeau, qu'il doit exécuter en marbre. (*Accordé.*)

On fait lecture de l'affiche de M. Legendre, et la Société décide qu'elle sera apposée dans la salle.

[Une députation de Versailles lit une adresse d'adhésion.]

[31 juillet 1791]

M. *le Président* observe, dans sa réponse, que la Société n'a pas fait la pétition du Champ de Mars, qu'elle a été seulement consultée par les citoyens qui l'avaient rédigée, et qu'elle n'a donné son avis que sur une seule phrase. On demande l'impression de l'adresse de Versailles : l'orateur de la députation dit que sa Société l'a fait imprimer et distribuer à ses Sociétés affiliées; il propose de l'adresser à toutes les Sociétés affiliées aux Jacobins de la part de celle de Versailles : on accepte cette proposition avec acclamation. — On lit une lettre de la Société de Favonet (sic), dans la ci-devant province de Bretagne; elle demande l'affiliation. M. *Corroller* a observé que cette Société avait demandé depuis longtemps cette faveur, et qu'elle renouvelait ses instances dans un moment où de malheureuses divisions affligeaient les patriotes. — L'affiliation a été accordée à l'unanimité. — On a lu ensuite, non sans dégoût, une protestation des aristocrates d'Avignon, qu'ils n'ont pas même eu le courage de signer : ils protestent de leur fidélité au gouvernement *paternel* du pape.

M. *Bancal des Issarts,* de Clermont-Ferrand, obtient l'entrée de la séance, et dit : « La Société des amis de la constitution de Clermont-Ferrand a envoyé une adresse à l'Assemblée nationale pour demander l'activité des assemblées électorales... La constitution s'avance; mais souvent, près du port, il s'élève de grandes tempêtes : un temps de constitution est un temps de troubles... Laissons-les traiter de factieux les vrais amis de la patrie, ce nom est un honneur; n'employons pas un temps précieux à repousser des injures : l'esprit public nous appelle; marchons d'un pas ferme; établissons une correspondance plus active; faisons connaître nos principes, et entretenons le feu sacré de la liberté... Je me suis présenté à la barre de l'Assemblée nationale, je n'ai pu y être admis : on m'a traité ignominieusement, mes commettants et moi; mais j'ai publié une lettre dans laquelle je demande justice; je prie la Société de vouloir bien en accepter cinq cents exemplaires, et d'en envoyer cinq cents autres à ses Sociétés affiliées. » — Sur les observations de M. *Royer,* on ajourne la dernière partie de cette demande. — Un autre député de Clermont a parlé dans le même sens que M. des Issarts : il a justifié pleinement sa conduite, celle de M. des Issarts et ses commettants.

M. *Mendouze* a rendu compte des opérations du Comité régénérateur; il a invité les membres à se présenter avec confiance, le Comité ayant arrêté de n'envoyer les lettres d'invitation qu'après le scrutin, qui sera bientôt terminé. — Un commissaire, chargé de donner ses soins à plusieurs matelots, a rendu compte de sa conduite : il a été décidé que ce commissaire se concerterait avec le Comité d'administration.

La séance a été levée à dix heures [1].

XX

Août 1791

SÉANCE DU LUNDI 1ᵉʳ AOUT 1791

PRÉSIDENCE DE M. DUFOURNY

[Lecture du procès-verbal et de la correspondance. — *M. Sergent* obtient l'affiliation pour une nouvelle Société établie à Dourdan. — Plusieurs Sociétés affiliées demandent la réunion. — Adresse de la Société d'Amiens sur son attachement aux Jacobins. — Un membre de la Société de Laigle écrit que son attachement à la constitution l'a empêché d'obtenir un engagement dans le régiment de Royal-Champagne cavalerie. Le Comité d'administration est chargé de pourvoir aux besoins de ce citoyen. — *M. Robespierre* lit un projet d'adresse aux Sociétés affiliées, exposant les faits relatifs à la pétition portée sur l'autel de la patrie et l'échauffourée du Champ de Mars. Il est souvent interrompu par de vifs applaudissements.]

M. CORROLLER. — Quel est l'objet qui doit déterminer l'adresse que nous avons à envoyer? C'est de rendre compte de notre conduite et des moyens employés pour la réunion. Nous ne devons point rendre compte de l'événement malheureux qui nous afflige tous. Laissons à l'histoire cette tâche pénible, et contentons-nous de faire connaître les motifs de la scission, et ce que nous avons fait pour ramener la section dissidente. Je demande que M. Robespierre soit invité à se concerter avec des commissaires pour rédiger cette adresse en des termes plus précis.

[*M. Rœderer* dit que M. Robespierre n'a point parlé du projet arrêté, avant la scission, dans la tête de plusieurs membres de la Société, d'en opérer la très

---

1. On lit dans une lettre adressée le même jour, 31 juillet 1791, par M. Constantini au président de la Société : « J'ai appris que les 72 commissaires que la Société a nommés, pour former entre eux le scrutin épurateur arrêté par la Société, ont jugé à propos d'admettre à peu près 300 membres sur environ 500, d'en exclure 37 à 40, et d'en ajourner 160. Je me trouve dans le nombre de ces derniers. » Suivent la justification et la démission de M. Constantini. (Carnavalet, 15,521, t. II.)

prochaine dissolution. En outre, les membres des sept Comités, « invités à venir éclairer la Société de leurs lumières, ne sont pas venus ». « Tout ce qui est relatif à la loi martiale ne doit pas faire partie de l'adresse. » Enfin, il convient de distinguer « les auteurs de la dissidence du corps des dissidents », dont quelques-uns « sont des sentinelles de la patrie qui veulent garder les factieux ». Ces derniers n'ont pas avec eux la majorité de l'Assemblée nationale : « elle est à elle-même, à la patrie. » « La vérité est qu'on a affaire à une petite faction coalisée avec une autre petite faction d'une autre section du parti populaire ». On pourrait profiter de ces réflexions pour faire une adresse, que M. Robespierre rédigerait avec des commissaires nommés à cet effet.]

M. *Robespierre* consent à cette proposition. On nomme pour commissaires MM. Petion, Rœderer, Brissot et Buzot [1].

M. *Mendouze* fait le rapport du Comité de revision, et l'on interdit toutes les entrées pour la séance de mercredi. On ne pourra entrer qu'avec les cartes et les lettres d'invitation que le Comité doit écrire à chaque membre conservé. Les étrangers pourront entrer avec leurs diplômes jusqu'au nouveau règlement. — M. *Sergent* fait lecture d'une adresse à l'Assemblée nationale faite par trois cent cinquante-sept citoyens actifs de Marseille assemblés dans les formes légales. A cette adresse sont jointes des exhortations fraternelles aux quarante-huit sections de Paris.

[Suit le contenu de l'adresse de Marseille, en date du 21 juillet 1793, et qui réclame la prompte convocation des assemblées électorales et l'élection de nouveaux législateurs [2].]

1. Cette adresse est la pièce XXIV, p. 72.
2. On lit aux pages 15 et suiv. du n° 87 des *Révolutions de France et de Brabant*, par Dusaulchoy : « ... Les Feuillants commencent à jouer de leur reste. Les membres de l'Assemblée nationale qui s'y étaient retirés reviennent à la file aux Jacobins. A mesure qu'ils y arrivent, ils donnent pour excuse qu'ils ne s'étaient enrôlés dans ce tripot que pour épier les autres. On pourrait peut-être douter de la sincérité de cet aveu. Mais, avec des brebis égarées qui reviennent d'elles-mêmes au bercail, il ne faut pas être trop sévère. Malgré les efforts et les belles invitations des *quatre-vingt-neuvistes*, des monarchistes et des aristocrates réunis, les Feuillants n'ont emporté en tout et en partie que cinq affiliations. Ainsi, malgré MM. Lameth, du Port et Barnave, et toute leur faction, les Jacobins seront toujours les vrais Amis de la constitution; les intrigants seront dupes de leurs petites manœuvres; les ennemis de la liberté seront démasqués, et les nains ne paraîtront plus des géants. Ils auront réussi un instant, il est vrai, à opérer une scission dont les suites auraient pu être funestes si elle eût été durable; mais cette scission n'aura fait que purger les Jacobins de tout levain impur et que démasquer les faux patriotes. » — Et Dusaulchoy cite en note un extrait du discours prononcé par Rœderer aux Jacobins le 1er août, sur la scission.

XXI

SÉANCE DU MERCREDI 3 AOUT 1791 [1]

PRÉSIDENCE DE M. PETION

[*M. Petion* ouvre la séance par un discours « où tout respire l'union, la paix, l'amour du bien public », et dont l'impression est ordonnée aussitôt [2]. — *M. le Secrétaire* lit l'extrait de la correspondance. Les Sociétés de Pont-de-Vaux, Mâcon, Tournus, Villefranche, Dôle, Saint-Avold, Meursault, Tulle, Beaune, Belfort, Metz, Chinon, Romans, Guérande, Bayeux, Guingamp, Beauvais, Nantes, Port-Louis, le Faouët, Saint-Brieuc, Montpellier, Autun, Toulouse, Vimoutiers, écrivent sur la scission. Celle de Dieppe communique un discours de *M. Charrier*, évêque de la Seine-Inférieure; celle de Baume (Doubs) demande l'affiliation. La Société de Strasbourg relate un incident de théâtre, à propos de l'acteur Beaulieu. La Société d'Argentat, celle de Lille, déplorent la scission. La Société de Tulle demande l'affiliation pour plusieurs Sociétés de son voisinage.]

M. *Robespierre* a observé que des membres de la Société lui avaient fait remarquer plusieurs inexactitudes dans le *Journal des débats* à la séance du lundi 1er août. Il s'est plaint de ce qu'en présentant une espèce d'extrait du projet d'adresse aux Sociétés affiliées, qu'il avait lu dans la même séance, on lui faisait dire ces mots : « Une pétition avait été arrêtée dans la salle de notre Société. Mais la séance était levée, et il ne restait que quelques membres suspects, que nous ne comptons plus parmi nous, au milieu d'une foule de citoyens qui y étaient venus apporter cette même pétition. » — Il a observé que le projet d'adresse qu'il avait rédigé ne contenait rien de semblable à ces propositions; qu'il était d'autant plus éloigné de s'être exprimé d'une manière aussi injurieuse et aussi vague sur les membres de la Société désignés dans cet endroit qu'il n'était pas même resté après la séance, et qu'il connaissait des membres très patriotes qui se plaignaient de se trouver compromis par ces réflexions du rédacteur. —

---

1. On lit dans la *Chronique de Paris* du 3 août : « Les émigrants répandent le bruit qu'il est parti des hommes payés par les Jacobins pour assassiner M. de Bouillé. Il est vrai que sa tête a été mise à prix par quelques patriotes égarés; il est vrai qu'il existe dans Paris une société de tyrannicides; mais il est faux qu'on ait soudoyé des assassins pour commettre ce meurtre, qui serait un crime... »

2. *Discours prononcé dans l'assemblée de la Société des amis de la constitution de Paris, séante aux Jacobins*, par M. Petion, *président, le 3 août 1791, et la réponse de* M. L.-P. Dufourny. — S. l. n. d., in-4 de 3 p. — Bibl. nat., Lb 40/2239.

M. Robespierre a réclamé encore contre un autre passage du journal où on lui fait dire, en parlant des deux hommes trouvés sous l'autel de la patrie : « En sortant, le peuple les arrache des mains de la garde. » Il a observé que jamais il n'avait attribué au peuple un acte de violence qu'il avait au contraire imputé, comme le public, à quelques individus excités par les ennemis de la liberté; que ce langage, qui charge le peuple de tous les délits qu'il improuve, trop familier aux partisans du despotisme, devait être réprouvé par tous les bons citoyens. Il a demandé que le journaliste insérât ce désaveu et ses observations dans son prochain numéro. — M. *Mendouze* a observé que M. Deflers, rédacteur du journal, étant détenu dans la prison de l'Abbaye, ne pouvait être responsable des griefs énoncés par M. Robespierre. Il a dit que c'était M. G...n, membre de la Société, qui avait rédigé le numéro dont on se plaignait, et que ce même M. G...n avait été suspendu par le Comité reviseur. — M. *Sergent* a dit que M. Deflers était bien disposé à ne plus confier la rédaction du journal à M. G...n, depuis qu'il avait appris que ce membre avait demandé son admission aux Feuillants sans son consentement. — La Société a laissé à son Comité le soin de prendre des renseignements sur les mœurs de M. G...n, pour l'admettre ou le rejeter suivant qu'il le jugera convenable.

Une députation de la Société de l'Égalité a fait part de l'arrêté pris par cette Société de rester inviolablement attachée aux Jacobins, tant qu'ils resteront dans les mêmes principes.

On a passé à l'ordre du jour : l'éducation du Dauphin.

M..., après avoir établi que le fils du roi était aussi celui de la nation, a dit que le roi, comme père, devait avoir le droit de choisir le gouverneur de son fils, mais que ce gouverneur devait être accepté par le corps législatif; que, s'il était refusé, le roi pourrait en nommer jusqu'à trois; que, s'ils étaient tous refusés, la législature seule alors nommerait. Le gouverneur serait maître absolu de l'enfant. Il serait envoyé un enfant par chacun des quatre-vingt-trois départements, pour être condisciples du Dauphin. Toutes les personnes attachées à l'éducation ou au service du prince seraient au choix du gouverneur. Parmi ces enfants, on en choisirait six pour être toujours auprès du Dauphin. Tous les quinze jours, on en retirerait deux autres. De ce mode résulterait une grande connaissance des hommes, et la facilité de prendre le germe des bonnes qualités. Il ne faudrait pas écarter du prince ceux de ces enfants qui n'auraient pas les mêmes qualités que les autres : le prince, en voyant corriger leurs défauts, apprendrait à les éviter.

M... — Je ne pense pas que l'éducation puisse former un homme vertueux. S'il était vrai que l'organisation d'un homme est tellement disposée à être changée par les modifications de l'institution, sans contredit l'éducation ferait toujours des hommes vertueux. Mais un exemple suffira pour vous prouver le contraire. De tous les monstres le plus cruel fut élevé par les deux hommes les plus vertueux de l'empire romain. Néron fut élevé par Sénèque et Burrhus. Le fils d'un monarque ne devant pas être élevé comme les autres enfants, je demande que l'Assemblée nationale nomme le gouverneur du Dauphin.

M. SERGENT. — Je crois que la question doit être de savoir si l'éducation du prince sera publique ou non. Je ne crois pas qu'un homme honnête puisse se charger d'élever le prince au milieu de la cour. Il faut que le gouverneur soit isolé, et maître absolu de l'enfant.

M... — On vous a cité le vertueux Sénèque, qui engagea son élève à faire mourir sa mère, et le vertueux Burrhus, qui fit en plein sénat l'apologie du monstre parricide... Je ne crois pas qu'il y ait d'homme destiné par la nature à être un monstre : les hommes naissent bons et deviennent mauvais... Quand le gouverneur sera nommé, il faut qu'il soit investi d'une puissance nationale, qu'il soit dans une indépendance absolue du père et de la mère. A lui seul doit appartenir le droit de nommer ceux qui concourront à l'éducation. Il faut que le précepteur ait un caractère affable, doux, pour rendre le prince non le plus heureux, mais le moins malheureux possible.

Un autre membre a proposé d'envoyer le prince et son gouverneur dans une colonie *ad hoc*, pour y apprendre à gouverner.

M. *le Président* a annoncé pour l'ordre du jour : 1° la levée de la suspension des corps électoraux ; 2° la charte constitutionnelle ; 3° les conventions nationales ; 4° la liberté de la presse.

M. *Anthoine,* membre de l'Assemblée nationale, a paru à cette séance.

La séance a été levée à neuf heures et demie[1].

---

1. On trouvera des réflexions intéressantes sur cette séance dans *le Patriote français* du 5 août 1791 et dans le *Journal de la Révolution* du 6 août, p. 283.

XXII

SÉANCE DU VENDREDI 5 AOUT 1791

PRÉSIDENCE DE M. PETION

[Correspondance : « Les Sociétés qui désirent la réunion, mais qui protestent néanmoins de leur inviolable attachement aux Jacobins, sont celles de Libourne, Bordeaux, Moissac, Bergerac, Saint-Servan, Poitiers, Saint-Maixent, Longuyon, Ornans, Vitry-le-François, Caluire, Saint-Jean-de-Losne, Chalonnes-sur-Loire, Toulon, Besançon, Nancy, Annonay, Charolles, Limoges, Montargis, Château-Thierry, Sennecey-le-Grand, Seurre et Bourgoin. » — Les Sociétés de Saint-Amand, d'Annonay, de Saint-Claude, de Chartres, de Noyon, expriment des sentiments divers sur la scission. — *M. Vadier*, membre de l'Assemblée nationale, prononce un long discours sur la scission et son rôle personnel dans cette affaire.]

M. *Rœderer* a fait lecture d'une lettre qu'il adresse à la Société des amis de la constitution de Metz, et dans laquelle il fait un récit exact de tous les événements qui ont eu quelque rapport avec la pétition dont on accuse faussement les Jacobins d'être les auteurs, et qui a servi de prétexte à la scission. Il y montre que cette scission avait été depuis longtemps projetée pour dissoudre les clubs et Sociétés patriotiques; qu'elle est l'ouvrage de huit ou dix petits intrigants qui honorent leurs petites menées du nom de coalition, et à la tête desquels il place M. Alex. Lameth. Enfin, il annonce à ses concitoyens de Metz que la plupart des membres qui s'assemblent aux Feuillants sont très attachés à la Société-mère, et qu'ils n'y restent que pour surveiller le petit groupe de factieux. — Cette lettre a été vivement applaudie.

Une députation de la Société des amis de la liberté est venue exprimer son attachement inviolable aux Jacobins. L'orateur a fait lecture d'une adresse de félicitations envoyée par sa Société à M. Petion. L'impression de cette adresse et de la réponse de M. le président a été arrêtée.

M. Sergent a été proclamé secrétaire, en conséquence du scrutin.

M. *Robespierre* a fait lecture du projet d'adresse rédigé par les commissaires *ad hoc*.

M... — M. Robespierre et les commissaires ont entendu, autant qu'il le fallait, les détails de l'affaire du 17 juillet. Cependant il reste une obscurité qui pourrait être interprétée contre la Société. On dit que les pétitionnaires étaient ajournés à midi. On laisse donc un doute sur le rassemblement du matin. Je voudrais qu'on exprimât que, dans ce rassemblement, une grande partie était venue pour revoir le Champ de la Fédération et l'Autel de la Patrie, qui avait été rétabli. La plupart de ces personnes venaient des faubourgs. Ce fait ne contribuera pas peu à jeter de la lumière sur les événements qui l'ont suivi.

Un membre demande le renvoi de l'adresse au Comité de correspondance. La question préalable est invoquée sur cette motion. — M. *Creuzé de la Touche* demande le retranchement de plusieurs articles contenant des faits dont on ne pourrait donner la preuve. — M. *Corroller* demande la question préalable sur l'adresse : « Nous n'avons, dit-il, aucune preuve des faits. La Société ne peut les raconter sans s'exposer à la calomnie. » — M. *Robespierre* observe qu'il y aurait de la pusillanimité à taire un fait aussi connu, et d'ailleurs on avait promis ce détail aux Sociétés affiliées. — M. *Rœderer* veut qu'on nomme des commissaires pour rédiger ou supprimer l'adresse à leur volonté. — M. *Robespierre* demande que le récit des faits soit conservé, sauf les corrections des commissaires. Cette motion est adoptée. — M. *Rœderer* donne sa démission de commissaire pour la rédaction de l'adresse. On nomme M. Tournon pour le remplacer.

MM. Creuzé de la Touche, Vadier et Kervélégan, membres de l'Assemblée nationale, ont paru à cette séance, qui a été levée à dix heures et demie [1].

---

1. Il y a dans *le Patriote français* du 6 août et dans le *Journal de la Révolution* du 7 août une appréciation de cette séance. D'autre part, on lit dans *le Babillard* du 7 août : « Club des Jacobins. On a dit dans celui des Halles, juge compétent du cas, que les séances des Jacobins étaient fort tumultueuses, et que le président était forcé d'agiter sans cesse la sonnette. Il est prouvé, néanmoins, que la Société ne manque pas d'oreilles, et son véridique historien nous apprend qu'un discours prononcé par M. Petion, pour rappeler tous les membres à l'union, à la paix, à la dignité qui leur convient, avait produit le plus grand effet. — Comment peut-on croire, après cela, que M. de Francqueville, honnête et sage patriote, ait fait un éclat terrible dans la Société, qu'il lui ait reproché de donner l'exemple de la désobéissance aux lois, et qu'il ait prédit, en se retirant, une entière destruction? Nous sommes portés à croire que notre observateur s'est mépris dans cette occasion, puisque le successeur de M. Laclos, dont l'exactitude est vraiment édifiante, ne parle pas de cette anecdote scandaleuse. On sait d'ailleurs que M. Polverel annonçait, il y a peu de jours, au café de la Régence, que les Jacobins étaient plus unis, plus nombreux que jamais, qu'il y avait déjà plus de vingt députés à l'Assemblée nationale, et que le sort du *Club monarchique* était l'image de celui qu'éprouverait, au premier jour, la Société des amis de la constitution séante aux Feuillants. »

XXIII

SÉANCE DU DIMANCHE 7 AOUT 1791

PRÉSIDENCE DE M. PETION

[Les Sociétés de Bourg, Sainte-Foy, Verdun, Vierzon, Joigny, Pontoise, Is-sur-Tille, Saint-Gengoux-le-National, Saintes, Avranches, Castelnaudary, Auxonne, Épernay, Pontivy, Morlaix, Saint-Fargeau, Tours, la Bassée, Wissembourg, Toulouse, Toulon, Besançon, Aire, protestent de leur attachement. — La Société du bourg de Talmay, district de Dijon, demande l'affiliation; celle de Rochefort demande la correspondance. Une autre, établie à Saint-Pierre, île d'Oleron, demande l'affiliation. — Lettre de Château-Renard, sur la scission; de Tonneins, de Lourdes, de Givet, d'Hesdin, de Cherbourg, de Pontarlier, sur le même sujet. — D'un citoyen de la principauté de Valengin, en Suisse, sur les bienfaits de la Révolution.]

M. *Anthoine* donne des explications sur sa conduite aux Feuillants après la scission et son retour aux Jacobins. — M. *Moreton* obtient l'affiliation pour une Société établie à Aumale.

M. *Petion* dit que les commissaires chargés de rédiger l'adresse ont arrêté de mettre le récit des faits relatifs à la pétition dans la bouche de la Société même, et celui des faits étrangers à la Société dans celle de l'opinion publique. L'Assemblée approuve ces précautions et ordonne l'impression de l'adresse [1].

M. *Durand de Maillane*, membre de l'Assemblée nationale, proteste de son attachement à la Société, dont jamais son cœur ne s'est séparé.

M. *Petion* lit un discours qu'il doit prononcer à l'Assemblée nationale. Il établit d'abord le danger qu'il y aurait de laisser au peuple le droit de demander une Convention nationale, ce qui ne se ferait que par insurrection, et le danger de laisser ce droit aux législatures, qui en feraient rarement usage. Puis il conclut à ce que la première Convention se rassemble dans six, huit ou dix ans; que les suivantes soient convoquées tous les vingt ans; qu'elles soient composées d'un grand nombre de membres; que ces membres ne puissent être nommés à la Convention suivante; que les assemblées primaires puissent donner à ces députés des cahiers ou mandats, et que ces mandats ne soient pas impératifs [2]. (*On a beaucoup applaudi.*)

---

1. C'est la pièce suivante.
2. *Discours sur les conventions nationales*, prononcé à la Société des amis de

M. *Rœderer* a terminé la séance par des réflexions sur la charte constitutionnelle.

MM. Saurine, Grégoire, Guiot et Durand de Maillane, membres de l'Assemblée nationale, ont paru à cette séance.

La séance a été levée à dix heures[1].

XXIV

ADRESSE DE LA SOCIÉTÉ DES AMIS DE LA CONSTITUTION

SÉANTE AUX JACOBINS DE PARIS

AUX SOCIÉTÉS AFFILIÉES

SUR LES ÉVÉNEMENTS DU CHAMP DE MARS

17 JUILLET 1791

(Imp. du *Patriote français*, s. d., in-4 de 6 pages.)

7 août 1791.

FRÈRES ET AMIS,

Il nous est enfin donné de reprendre avec vous le cours d'une correspondance dont le patriotisme est le lien, dont le bonheur public est l'objet. Le temps même qui lui a été dérobé ne sera point perdu pour la patrie : il est du moins fécond en événements qui peuvent offrir aux Français de sévères mais utiles leçons. Déjà la vérité a commencé à dissiper les nuages dont l'intrigue et la calomnie les avaient enveloppés ; déjà les témoignages de la douleur, de l'estime et de la confiance des Sociétés qui nous sont affiliées, ont prévu et les plaintes que nous n'avons pas dédaigné faire, et les éclaircissements

---

la constitution, *séante aux Jacobins, le 7 août 1791, par* J. PÉTION, *député à l'Assemblée nationale et président de la Société des Jacobins, imprimé par ordre de la Société.* — S. l. n. d., in-8 de 45 pages. — Bibl. nat., Lb 40/622. — Condorcet parla aussi dans cette séance. Voir le *Discours sur les conventions nationales, prononcé à l'Assemblée des Amis de la constitution, séante aux Jacobins, le 7 août 1791, par* CONDORCET. — S. l. n. d., in-8 de 19 p. — Bibl. nat., Lb 40/623.

1. Il y a un compte rendu de cette séance dans le *Patriote français* du 9 août 1791. — D'autre part, on lit dans la *Chronique de Paris* du 7 août : « Le club des Jacobins est actuellement très nombreux et très calme. On y a vu paraître avec plaisir quelques députés patriotes. M. Pétion le préside. M. Rœderer y a lu sa lettre à ses commettants... »

que les circonstances ne nous avaient pas permis de vous donner. Ce n'est point pour notre justification, ce n'est pas pour votre consolation ni pour la nôtre, mais pour l'honneur de la vérité, pour l'accélération des progrès de l'esprit public, que nous allons vous tracer le récit exact des derniers événements qu'il vous importe de connaître.

Frères et amis, la persécution s'est attachée à nous; et nous osons dire que nous en étions dignes. Elle ne nous a ni surpris ni déconcertés; nous avons vu d'un œil tranquille l'opinion des hommes irréfléchis s'éloigner de nous pour quelques moments; nous avons senti que nous acquérions toute la supériorité de l'innocence outragée sur la calomnie triomphante; nous avons prévu que la bonne foi des honnêtes gens trompés ne tarderait pas à réparer l'injustice involontaire qu'elle nous aurait faite, et que le patriotisme puiserait de nouvelles forces dans ses propres disgrâces.

Le 15 juillet, une députation de citoyens demanda à être introduite dans la salle de la Société; elle nous fit part du projet qu'elle avait formé d'adresser une pétition à l'Assemblée nationale, et nous demanda des conseils sur cet objet. La Société était déjà à délibérer sur cette affaire importante, qui occupait tous les esprits. On nomma des commissaires pour rédiger une pétition, qui devait être signée individuellement par ceux qui voudraient l'adopter.

Vous connaissez cette pétition, qui vous a déjà été envoyée; vous pouvez la juger; vous savez que son objet était de prier l'Assemblée nationale de ne point réintégrer Louis XVI dans les fonctions de la royauté sans consulter le vœu de la nation. Elle était fondée sur l'opinion que cette question était de la nature de celles qui ne doivent être décidées que par la volonté formelle du souverain. Tel fut le prétexte de toutes les calomnies répandues contre nous. Dirons-nous qu'au moment où cette pétition fut arrêtée l'Assemblée nationale n'avait encore rien prononcé sur cette question, que ce ne fut que le lendemain soir qu'elle la préjugea, en statuant que Louis XVI demeurerait suspendu de ses fonctions jusqu'à ce que la constitution lui eût été présentée; qu'ainsi, même dans le système de ceux qui improuvent le principe d'où nous sommes partis, elle était encore absolument abandonnée à la liberté des opinions? Ajouterons-nous que, dès le moment où on fut instruit de ce décret, ses membres, croyant que la pétition ne pouvait plus produire le bien qu'ils en espéraient, se hâtèrent de la retirer par le ministère de douze commissaires, qui furent nommés à cet effet? Observerons-nous enfin qu'une pétition, que l'émission d'un vœu, que la publication d'une opinion quelconque sur une affaire décisive, sur le sort de la liberté, ne pouvait être considérée comme un crime? Frères et amis, tel fut cependant tout notre crime.

Le lendemain du jour où la proposition de faire cette pétition fut accueillie, les citoyens qui voulaient l'adopter se rendirent paisiblement, et sans armes, au champ de la Fédération, pour la signer sur l'autel de la patrie, après avoir prévenu la municipalité du motif de leur réunion, dans la forme prescrite par les décrets. Tout se passa dans le plus grand ordre. C'est dans cette matinée que les commissaires de la Société retirèrent la pétition au nom de ses membres. Vous remarquerez, par conséquent, qu'ici les faits deviennent parfaitement étrangers. Ce n'est que pour l'intérêt de la vérité de la chose publique que nous parlerons des événements qui ont suivi, et dont les ennemis de la liberté ont cruellement abusé contre nous et contre les plus zélés patriotes. Nous allons vous les exposer tels que la notoriété les publie.

Les citoyens qui persistaient dans le projet de présenter une pétition à l'Assemblée nationale revinrent le lendemain dimanche à l'autel de la patrie pour s'occuper de cet objet.

Ici, il faut éclaircir un fait qui n'a rien de commun ni avec la pétition ni avec les pétitionnaires, mais que les hommes malintentionnés ont voulu obscurcir, et dont ils se sont efforcés de répandre la teinte sur tout ce qui s'est passé au champ de la Fédération dans le cours de la même journée (du dimanche 17 juillet).

Il faut remarquer que l'heure du rendez-vous convenu pour signer la pétition était midi. Vers sept heures du matin, deux hommes furent découverts, par hasard, sous l'autel de la patrie avec des provisions; ils avaient percé un grand nombre de trous aux gradins. Cette nouvelle est portée au Gros-Caillou; le bruit se répand que ces deux hommes ont été apostés pour faire sauter l'autel de la patrie; on les conduit au comité de la section; mais, là, quelques hommes s'en emparent et leur ôtent la vie. Les plus ardents amis de la liberté sont ceux qui ont détesté le plus sincèrement cette violence criminelle; elle leur a paru d'autant plus odieuse que des circonstances singulières leur inspiraient de sinistres soupçons sur les causes qui avaient excité les meurtriers à dérober les deux victimes aux recherches des lois; mais ils n'en ont été que plus indignés de voir des hommes perfides se prévaloir de ce délit pour déclarer la guerre aux patriotes et au peuple, qui les condamnaient avec horreur. Ils ont trouvé que c'était un autre délit de vouloir en dénaturer les circonstances et les causes, de publier, par exemple, que les deux hommes avaient été immolés pour avoir dit qu'il fallait se conformer à la loi, et cela dans la vue de fixer d'odieux soupçons sur les bons citoyens, qu'on voulait présenter comme des séditieux, dans la vue de lier l'idée de ce délit à celle des faits qui se sont passés dans un autre lieu, entre d'autres personnes.

Il faut se rappeler que les citoyens qui devaient s'assembler pour la pétition n'étaient point alors arrivés au champ de la Fédération, où ils ne devaient se rendre qu'à midi.

Vers deux heures, des officiers municipaux se transportèrent dans ce lieu; ils trouvèrent des citoyens sans armes, qui s'occupaient d'une pétition. Ils crurent et convinrent hautement qu'il n'y avait rien là qui pût provoquer l'action de la force publique; ils se retirèrent, en laissant cette certitude aux citoyens; et un détachement de garde nationale, et des canons qui avaient été amenés auparavant, à l'occasion de ce qui était arrivé au Gros-Caillou, furent renvoyés en même temps par les ordres mêmes du commandant de la garde parisienne. Le même calme continua de régner. Vers les six à sept heures du soir, arrivent des détachements de la garde nationale, avec un train d'artillerie, suivis du maire et du drapeau rouge... Frères et amis, le sang des citoyens a coulé... N'exigez pas de nous de longs détails sur cette funeste soirée. A Dieu ne plaise que nous cherchions à inculper légèrement personne! Nous sommes bien plus disposés à guérir qu'à accuser. Plaignons tous ceux qui ont figuré dans ces scènes sanglantes; plaignons ceux qui ont péri; plaignons ceux mêmes qui ont été les malheureux instruments de leur mort. Puissent surtout tous les citoyens armés et non armés, instruits par ce funeste exemple, se jurer une concorde inaltérable, qui console l'humanité et la patrie! Nous croyons remplir tout ce que nous devons au bien public et à la vérité en citant seulement quelques faits décisifs propres à faire sentir la nécessité de cette union.

D'un côté, il paraît constant que, dans un endroit du Champ de Mars, des hommes, que l'on a soupçonnés d'avoir été apostés, jetèrent des pierres à des gardes nationaux; d'un autre côté, il est également notoire que l'on tira avant que les trois publications prescrites par la loi martiale eussent été faites. Il faut croire que le premier de ces deux faits avait amené le second. Il paraît encore certain qu'un homme dirigea contre le commandant de la garde nationale un coup de pistolet qui ne partit point. On a même ajouté que le commandant avait sollicité sa grâce. Quelle que soit la cause de cet incident, il est certain qu'il était propre à prévenir, à irriter les gardes nationaux contre les citoyens assemblés. Il nous a rappelé que, peu de jours auparavant, dans le même lieu, le jour de la Fédération, des hommes, que l'on a cru aussi excités par les ennemis de la liberté, avaient aussi jeté des pierres à des gardes nationaux, qui vengèrent aussitôt cette insulte dans leur sang. On voyait dès longtemps se développer un système funeste de semer la division entre les citoyens armés et les citoyens non armés : des arrestations arbitraires, d'une part, faites par des individus revêtus de l'habit de garde national; de l'autre, des voies de fait provoquées soit par le ressentiment, soit par des suggestions coupables, semblaient favoriser cet odieux projet. On assure même que, depuis la fatale journée, des gardes nationaux ont été attaqués, les uns par des citoyens dont les proches avaient péri, les autres par des émissaires des ennemis de la Révolution...

O citoyens! qui que vous soyez, hâtez-vous de sacrifier à la patrie vos injures mutuelles! Puisse cette expiation nécessaire apaiser les mânes de tant de Français qui ont rougi de leur sang le monument auguste de leur union et de leur liberté! Frères et amis, répandez dans toutes les contrées que vous habitez cet esprit de paix et de fraternité, cet amour du peuple, ce respect pour les droits des hommes, sans lequel il n'y a ni justice, ni mœurs publiques, ni patriotisme, ni liberté, ni bonheur.

Cependant, frères et amis, nous vous devons l'histoire fidèle, que nous vous avons promise, des faits qui ont suivi ce désastreux événement. Déjà déchirés par l'image de tant de maux, nous eûmes la douleur de voir qu'une multitude de citoyens abusés nous les imputaient. A l'acharnement de nos accusateurs, à l'absurdité de la calomnie, il était trop facile de reconnaître le complot tramé dès longtemps pour nous diffamer, et pour perdre les plus ardents défenseurs de la liberté. Heureux et mille fois heureux le citoyen paisible qui, loin du théâtre où rugissent tant de factions, n'a pas été témoin des manœuvres qu'elles savent employer pour accabler l'innocence et pour déshonorer la probité même! Heureux celui qui ne soupçonne pas même ces vils ressorts de l'intrigue, cette multitude de libelles, tantôt spécieux, tantôt grossiers, distribués dans toute la capitale au même instant pour égarer l'opinion publique sur les événements les plus notoires et les plus importants, sur le caractère et sur la conduite des hommes qui servent de bonne foi la cause publique; ces affiches scandaleuses, ces armées d'émissaires et de calomniateurs qui s'emparent de tous les lieux publics pour propager partout l'erreur et l'imposture. Comment la vérité aurait-elle pu se faire entendre, lorsqu'on ne pouvait dire ce qu'on avait vu, ce qui s'était passé; lorsqu'on ne pouvait prononcer un mot contraire aux intentions ou aux intérêts de la faction dominante sans être maltraité, outragé, emprisonné? Nous avons vu, dans ces jours de deuil, la liberté de la presse violée, la liberté individuelle attaquée, des citoyens à qui on ne reprochait qu'un excès de civisme persécutés; les clubs patriotiques menacés d'une prochaine destruction; les ennemis de la Révolution levant une tête altière; l'appareil de la force militaire jetant la consternation dans tous les cœurs patriotes. Frères et amis, nous avons cru pour un moment à la résurrection du despotisme et à la mort de la liberté; il nous a fallu tout le courage que donne l'instinct de soi-même et le suffrage d'une conscience pure pour ne pas succomber à notre douleur.

Telle était notre situation, lorsqu'un dernier coup nous fut porté par plusieurs de nos frères. Ceux qui, après avoir fait longtemps la guerre à notre Société, s'étaient réfugiés dans son sein le jour même de la fuite du roi, comme dans un temple révéré par l'opinion publique, ceux-là mêmes, réunis à d'autres hommes indignes, avaient choisi ce moment-là même pour exécuter le projet de la dissoudre. Ils élevèrent alors un club nouveau, entraînèrent après eux plusieurs membres de l'Assemblée nationale, dont la probité n'est point douteuse, et dont la bonne foi fut trompée par leurs artifices.

Il en est cependant plusieurs qui les y suivirent pour surveiller leurs mouvements. Les ambitieux les prenaient pour leurs satellites, et ils n'étaient que des sentinelles placées par l'intérêt public pour les garder à vue. Ils nous firent signifier avec éclat leur séparation; déjà ils avaient envoyé dans nos Sociétés affiliées des adresses où nous sommes peints comme des factieux et des chefs de sédition. C'est aux Sociétés affiliées elles-mêmes que nous devons la connaissance des circonstances remarquables qui ont accompagné cette démarche; ce sont elles qui nous ont appris que ces adresses leur avaient été envoyées par des courriers extraordinaires porteurs des dépêches du ministre de l'intérieur et des discours de quelques-uns de ceux qui avaient défendu le système de l'inviolabilité absolue des rois.

Quoi qu'il en soit, frères et amis, nous avons essuyé cette nouvelle attaque avec fermeté; nous avons sacrifié à l'amour de la paix nous ne dirons pas notre juste ressentiment, mais la fierté légitime de l'innocence offensée. Deux fois nous leur avons porté les invitations les plus pressantes de se réunir à nous; nous leur avons même proposé la mesure du scrutin épuratoire, qui répondait aux objections fondées sur quelques inconvénients attachés ordinairement aux Sociétés nombreuses, et qu'ils nous reprochèrent avec amertume; deux fois nous fûmes repoussés; ils nous réduisirent enfin au silence par une délibération qui porte qu'il n'y a pas lieu à délibérer sur l'objet de notre demande. Ils nous offrirent en même temps la faveur d'être admis dans le club des Feuillants, en subissant les épreuves individuelles qu'il avait établies; ils nous firent part du règlement de cette nouvelle Société. Quand des raisons impérieuses de convenance et d'intérêt public ne nous auraient pas défendu d'accepter de telles propositions, nous aurions trouvé un motif irrésistible de leur refuser dans un article de ce règlement qui porte que tout citoyen qui ne pourra payer la contribution exigée pour être réputé citoyen actif, ou qui n'aura pas l'honneur d'être fils de citoyen actif, ne pourra être admis dans leur Société.

Convaincus que le principe du patriotisme n'est autre chose que le sentiment profond des droits et de la dignité de l'homme, nous ne pouvions nous croire autorisés à professer ouvertement que nous voulions interdire aux hommes qui ne peuvent atteindre tel ou tel degré de fortune jusqu'au bienfait de l'instruction, jusqu'à l'avantage de s'initier dans l'esprit des lois qu'ils doivent observer, d'apprendre à aimer la patrie, qu'ils servent, et qui doit les protéger.

Frères et amis, loin de nous l'idée impie que ceux de nos semblables qui sont moins favorisés que nous des dons de la fortune ne soient pas dignes de s'assembler avec nous dans la même enceinte; gardons-nous de prononcer cette sentence de réprobation contre les Sociétés populaires, que nous regardons comme les appuis respectables de la liberté et du bon ordre, comme des canaux nécessaires pour faire circuler l'esprit public et les lumières dans toutes les professions de la société; gardons-nous de flétrir l'honorable indigence, en dégradant la portion la plus nombreuse de l'humanité. Aussi n'avons-nous attribué ni le règlement, ni le refus obstiné de la réunion, à la majorité du Club des Feuillants, mais seulement à la trop grande influence que quelques individus ont usurpée dans ce moment. Nous nous sommes même plu à espérer que cette scission n'entraînerait pas les fâcheux inconvénients que beaucoup de bons citoyens semblaient redouter; nous nous sommes dit : « S'ils ne sont réunis que pour propager les bons principes, ils seconderont nos vues; s'ils veulent les altérer, la destinée des principes, au temps où nous sommes, est de prévaloir sur les perfides subtilités du machiavélisme et sur les vils manèges de l'intrigue. Nous ne sommes ni des ambitieux qui veulent fortifier leur parti, ni des souverains qui redoutent une puissance rivale; nous ne voulons pas que nos opinions dominent, mais seulement que la justice et la liberté triomphent. »

D'ailleurs, nous avons toujours compté sur la réunion de tous les amis sincères de la constitution que le club des Feuillants peut renfermer dans son sein; déjà notre attente a été remplie par le retour de plusieurs membres patriotes de l'Assemblée nationale dont la présence réjouit notre Société. Quant aux chefs de faction ou à leurs esclaves, nos principes et l'intérêt public ne nous permettent pas de les regretter. Cependant, nous avons procédé à un scrutin épuratoire, pour purger la Société des autres membres parasites qui auraient pu rester encore dans son sein.

Telle est, frères et amis, notre situation actuelle; c'est à vous de juger si vous nous trouvez encore dignes de vous et de la patrie. Continuez de veiller et combattre pour elle; veillez sur ses ennemis intérieurs, sur ses faux amis, bien plus dangereux encore. Que l'intrigue, le charlatanisme et les factions, soient partout confondus; que l'odieux machiavélisme soit dévoilé; que la paix de l'esclavage, qu'il nous prêche, cède la place à la paix de la raison et de la justice, qu'il ne cesse de troubler; que la liberté, brillante des charmes divins du bonheur et de la vertu, attire à elle tous les cœurs, réunisse tous les partis, et tous nos vœux seront remplis!

Petion, président;

Corroller, † Royer, évêque du département de l'Ain, Dufourny, Regnier neveu, Mendouze, Sergent, *secrétaires.*

XXV

SÉANCE DU LUNDI 8 AOUT 1791

PRÉSIDENCE DE M. PETION

M. Corroller a présidé en l'absence de M. Petion.

[Correspondance : Les Sociétés ci-après protestent de leur inviolable attachement : Saint-Valery, Villeneuve-l'Archevêque, Saint-Omer, Amiens, Sèvres, Metz, Pont-de-l'Arche, Lisieux, Beaugency, Châteaudun, Sézanne, Louviers, Provins, Lille, Évreux, Grandvilliers, Dieppe, Bapaume, Saint-Marcellin, Effiat, Alais, Montbrison, le Beausset, Yssingeaux, Lambesc, Bédarieux, Bar-sur-Aube, Saint-Servan, Meaux, Versailles et Louvres.]

M. *le Secrétaire* a dit que depuis quinze jours il avait reçu plus de trois cents lettres, qu'il n'y avait que quatre Sociétés qui avaient retiré leur affiliation aux Jacobins; mais que ces Sociétés, ayant été induites en erreur, reviendraient dans le sein de la Société-mère dès qu'elles auraient été détrompées. Il n'a pas cru devoir les nommer.

M... — La réticence est un moyen qui ne nous convient pas : je demande que les noms de ces Sociétés soient insérés dans le procès-verbal.

M. COLLOT D'HERBOIS. — Vous avez sans doute approuvé la sage précaution de votre secrétaire. Il est certain qu'on a employé toutes les ruses pour vous perdre dans l'opinion publique. Les adresses que vous recevez de toutes les parties de l'empire en sont des preuves. Si quatre Sociétés vous ont abandonnés, je suis persuadé que, mieux instruites, elles s'empresseront de revenir en vous exprimant leur repentir. Je crois qu'il faut agir très honnêtement avec ces Sociétés : c'est la seule marche qui nous convienne.

Plusieurs membres appuient cette proposition.

M. HION. — Dans cette question, il s'agit de savoir si l'on nommera ou non les quatre Sociétés. Je crois qu'on doit les nommer. Ne pas le faire serait manquer à la vérité, et autoriser la calomnie dont on ne cesse de nous accabler.

L'Assemblée arrête que les quatre Sociétés seront nommées, et qu'il sera fait lecture de leurs lettres. Ces Sociétés sont celles de Rouen, Commercy, Cambrai, et une autre du département du Nord, proche Cambrai. — M. *Genet* demande que l'adresse soit envoyée à ces Sociétés comme à toutes les autres. — M. *Moreton* dit que l'intention du Comité est d'envoyer l'adresse à toutes les Sociétés qui existent.

On passe à l'ordre du jour : les conventions nationales.

[M. *Brissot* dit que les conventions nationales sont le seul moyen de maintenir la constitution et d'en corriger les vices. Elles doivent être périodiques, et ne pas dépendre du corps législatif, dont l'intérêt est de les retarder sans cesse. En Angleterre, la liberté politique est nulle, « parce que le roi et le Parlement réunis peuvent seuls toucher à la constitution ». Or, souveraineté du peuple signifie suprématie. C'est donc au peuple à reviser la constitution. Confier cette revision à toutes les législatures serait plonger l'État « dans une anarchie continuelle ». Des trois systèmes de revision, par le corps législatif, par le peuple réuni en assemblées primaires, par des conventions nationales, ce dernier est le seul acceptable. Dans des assemblées départementales, « les citoyens pourraient plus aisément faire connaître leurs vœux, et ces vœux, rapportés à la convention universelle du royaume, seraient bien plus sûrement ceux du peuple [1] ».

M. *Bourdon la Crosnière* soutient que les conventions nationales sont nécessaires. Mais, pour produire tous leurs bons effets, elles devraient avoir lieu à des époques telles que chaque génération pût revoir et accepter sa constitu-

---

1. *Discours sur les conventions, prononcé à la Société des amis de la constitution, séante aux Jacobins, le 8 août 1791, par* J.-P. BRISSOT, *imprimé par ordre de la Société.* — S. l. n. d., in-8 de 28 p. — Bibl. nat., Lb 40/624.

tion. Ces conventions sont la seule manière d'insurrection qui convienne à un grand peuple. — On pourrait donc proposer des conventions nationales se réunissant tous les vingt-cinq ans. Les vœux des assemblées primaires seraient centralisés sous forme de cahiers aux chefs-lieux des départements, et ces cahiers seraient présentés à la convention générale par un nombre de députés égal à la moitié de celui des législatures. On pourrait aussi réunir des conventions nationales extraordinaires, si le vœu de la nation le demandait formellement.

M. Carra pense au contraire que les conventions nationales sont inutiles, et que les législatures pourraient, sans inconvénient, être chargées de modifier la constitution. — Il demande que la liste civile soit déterminée par chaque législature, et remarque une contradiction dans les décrets, « dont l'un porte qu'aucune charge ne pourra être héréditaire, et l'autre qui consacre l'hérédité au trône ».

Une députation de la Société des Amis des droits de l'homme proteste de son attachement.

M. Sergent dit que, dans l'épuration que la Société se propose de faire, elle doit agir avec la plus grande prudence, car cette épuration aura des conséquences terribles pour ceux qui seront exclus de la Société, et déclarés par là même de mauvais citoyens. — Il propose diverses mesures pour éviter toute injustice.]

La séance a été levée à sept heures et demie [1].

XXVI

SÉANCE DU MERCREDI 10 AOUT 1791

PRÉSIDENCE DE M. PETION

[Correspondance : Une nouvelle Société établie à Montdidier, et une autre à Montastruc, district de Toulouse, demandent l'affiliation. — La Société de Valognes se plaint de la disette du numéraire et de l'inexécution des lois. — Les Sociétés de Poitiers, Nancy, Chartres, Lisieux, Effiat, Dunkerque, Artonne, Aigueperse, Saint-Amand, Bouillon, Turenne et Castres, protestent de leur attachement. Rouen, Arras, La Rochelle et Valence, invitent à la réunion. — La Société de Château-Chinon annonce que « l'insolence des prêtres réfractaires est à son comble ». — La Société d'Orléans demande que le ministre des affaires étrangères soit réformé, et qu'on diminue le nombre des ambassadeurs. — On écrit d'Auxerre que cinq jeunes gens, suspects de menées royalistes, ont été arrêtés, et les scellés apposés sur leurs papiers. — Lettre de Cha-

---

1. On lit dans le n° 88 des *Révolutions de France et de Brabant*, p. 40 : « Les Feuillants sont à l'agonie; les Jacobins ont chaque jour de nouveaux triomphes. Toutes les Sociétés s'empressent d'offrir à ces derniers l'hommage de leur fraternité et de leur reconnaissance de tous les services qu'ils ont rendus à la constitution. »

lon-sur-Saône, sur la constitution. — Marseille invite à la réunion. — Autun écrit sur la scission. — Strasbourg se plaint de l'insuffisance de sa garnison.

M... désirerait qu'on interpellât le ministre de la guerre sur la concentration de troupes à Toul. — *M. Grégoire*, évêque de Blois, annonce que « dans plusieurs places fortes les boulets ne sont pas du calibre des canons ».

M. Polverel demande des renseignements sur l'affaire des soldats de Bourgogne. MM. *Collot d'Herbois, Laclos* et un autre, chargés de cette commission, rendent compte de leur entrevue avec le ministre à ce sujet.

M. Petion cède le fauteuil à M. Corroller. — *M. Sergent* retire sa motion sur l'examen des rejections. — L'affiliation est accordée à Saint-Amand. — *M. Giot* désavoue formellement une phrase qu'on lui prête dans le compte rendu de la séance du 27 juillet. — Une députation de la Société de Germain fait part d'une adresse qu'elle a envoyée aux Feuillants. Cinq cents exemplaires de cette adresse sont déposés sur le bureau, et, sur la motion de *M. Mendouze*, on ordonne qu'ils soient envoyés à toutes les Sociétés affiliées. — Une députation de Sèvres exprime les mêmes sentiments. — *M. Chamfort* lit et fait adopter un projet de lettre à M. Priestley [1].

On passe à l'ordre du jour. — *M...* « réclame contre le titre de *Prince royal* que le Comité vient de substituer à celui de *Dauphin* ». — *Un membre* réclame « contre l'article constitutionnel qui porte que la guerre ne pourra être faite que sur la demande formelle du roi et d'après un décret sanctionné par lui ».

— *M. Sergent* a dit que « l'article qui déclare déchus des droits de citoyen actif ceux qui sont en état d'accusation serait un moyen bien sûr d'écarter tous les patriotes de l'Assemblée nationale ». *M. Saint-Martin* a répondu que « cet article ne pourrait avoir lieu que contre ceux que le juré aurait déclarés en état d'accusation », et qu'en attendant l'établissement des jurés on proposerait un article provisoire. — *M. Boisguyon* s'est plaint des arrestations fréquentes auxquelles sont surtout exposés les Amis de la constitution. — *M. Santerre* écrit qu'il est parti de peur d'être arrêté. — *M. Dufourny* donne quelques détails sur la tentative d'un second enlèvement du roi. Au sujet des arrestations, *M. Sergent* explique comment elles sont « la suite du décret qui autorise le tribunal du sixième arrondissement à poursuivre les délits du Champ de Mars avec *circonstances* et *dépendances* ».

La séance a été levée à dix heures et demie [2].]

XXVII

SÉANCE DU VENDREDI 12 AOUT 1791

PRÉSIDENCE DE M. PETION

M. Robespierre a présidé en l'absence de M. Petion.

[Correspondance : « La Société d'Angoulême s'afflige de la scission. » —

---

1. On en trouvera le texte dans la *Chronique de Paris* du 19 août 1791.
2. Il y a dans *le Patriote français* du 12 août un tableau des « Jacobins réformés ».

[Celle de Niort promet une correspondance exclusive. — Lettre de Strasbourg, sur la conduite de la municipalité après la fuite du roi ; — de Saint-Chamond, invitant à la réunion ; — de Bergues Saint-Vinox, sur l'incivisme de quelques officiers ; — de Saint-Claude, sur une concentration de troupes. — Les Sociétés de Véron, Saint-Sever, Bordeaux, Arnay-le-Duc, invitent à la réunion. — Celle de Tournon communique une lettre adressée aux Feuillants. — Les Sociétés de Vals, Rochefort, Sennecey, Givry, Ligny, Riom, Saint-Amand et Libourne, jurent un attachement inviolable. — Lettres de Saint-Omer sur les noms de *Jacobins* et *Feuillants;* — de Saint-Servan, sur un incident local. — Un citoyen de Granvilliers se plaint des vexations exercées à l'occasion du payement des droits de champart.]

M. *Rouillier* demande que, dans le procès-verbal, on substitue à ces mots : *charte constitutionnelle*, ceux-ci : *acte constitutionnel*.

M. *Collot d'Herbois*, l'un des commissaires particuliers chargés de la défense des soldats de Bourgogne, a rendu compte de la conduite du ministre de la guerre à son égard, et a demandé que ceux qui s'étaient déclarés défenseurs officieux dans cette affaire conférassent entre eux pour lui indiquer les moyens de terminer une si belle cause, dont le succès ne peut être douteux. — Un membre propose d'envoyer chez M. le ministre de la justice, puisque sa réponse est le seul retard prétexté par le ministre de la guerre. — On observe que cette démarche serait inutile, le ministre de la justice n'ayant aucune réponse à faire à la Société. — Un membre se charge de rendre compte à la Société de la réponse de ce ministre.

[M. *Laurent* donne quelques détails sur une tentative de scission analogue à celle des Amis de la constitution à Paris, faite à Strasbourg, et sur la situation politique dans cette ville. — Il conclut en demandant : « 1° la traduction des décrets en langue allemande; 2° un décret contre l'exportation de l'argent; 3° le retour des officiers dans leurs corps, ou leur démission; 4° un meilleur état de défense pour les frontières. »]

M. *Robespierre*, en qualité de président, a répondu : « Vous nous avez à la fois effrayés et consolés... Votre courage nous assure qu'il existe un grand nombre de Français capables de triompher des complots des ennemis de la liberté. Nous déploierons toutes nos ressources pour les dévoiler et pour les déconcerter. Si nos efforts sont impuissants, nous saurons, comme vous, préférer la mort à la liberté. Et, si nous ne pouvons sauver la patrie en combattant pour elle, nous saurons au moins sauver la patrie en mourant. »

Après le discours de M. Laurent, député de la Société de Strasbourg, M. *Bulet* a dit qu'il croyait que les membres de l'Assemblée

nationale ne pourraient parler de ces faits avant qu'ils fussent certifiés et assistés. Il a demandé que M. Laurent fût invité à communiquer avec des commissaires nommés à cet effet, pour leur réitérer ses dépositions et les signer avec eux. Ces mesures prises, il a pensé qu'on pourrait entretenir l'Assemblée nationale de ces événements.
— M. *Anthoine* a demandé que ces commissaires fussent autorisés à recevoir tous les renseignements qu'on pourrait leur communiquer relativement aux affaires publiques. — M. *Sergent* a proposé d'établir un Comité des rapports permanents. — Après quelques débats, la Société adopte la proposition de M. Anthoine.

Les commissaires nommés pour communiquer avec M. Laurent, député de Strasbourg, sont MM. Royer, évêque du département de l'Ain, Polverel et Moreton.

On passe à l'ordre du jour : sur le marc d'argent [1].

M. GRÉGOIRE, *évêque*. — Les Comités ont présenté un changement susceptible d'une discussion majeure. Vous savez que cette discussion a été ajournée à la fin de la revision. Il est pénible que, d'ici à cette époque, l'on accuse de trahison les citoyens qui, s'étant toujours opposés au marc d'argent, se sont encore plus fortement opposés à son remplacement. Il est bien essentiel qu'on ne nous donne pas un remède pire que le mal. L'Assemblée a émis en principe qu'on ne touchât en rien aux décrets. Si donc on touchait à celui-là, on voudrait aussi toucher à celui de la rééligibilité, et l'on parviendrait à changer toute la constitution par des modifications, des amendements.

Un membre demande qu'on envoie à toutes les Sociétés affiliées une adresse pour entretenir leur attention sur les événements.

---

1. D'après la loi du 22 décembre 1789, pour être éligible à l'Assemblée nationale il fallait payer une contribution directe équivalente à la valeur d'un marc d'argent et, en outre, avoir une propriété foncière quelconque (section I, article 32). Cette disposition, fort impopulaire, fut souvent attaquée par les révolutionnaires avancés. Lors de la revision de la constitution, elle fut l'objet d'un débat, et un décret du 12 août 1791 en ajourna la solution à la fin de la revision constitutionnelle. L'Assemblée nationale supprima enfin, le 27 août, la condition du marc d'argent, et inscrivit dans la constitution du 3 septembre 1791, titre III, section III, article 3 : « Tous les citoyens actifs, quel que soit leur état, profession ou contribution, pourront être élus représentants de la nation. » Mais elle éleva le cens pour être éligible aux assemblées primaires. Le décret du 22 décembre 1789 faisait consister ce cens dans le payement d'une contribution directe qui se monterait au moins à la valeur locale de dix journées de travail. La constitution de 1791 exigea une contribution directe d'une valeur égale à un nombre de cent à quatre cents journées de travail, selon les localités et les conditions des électeurs.

[*M. Rœderer* observe qu'il faut laisser ce soin aux journalistes : « Il faut bien connaître, a-t-il dit ensuite, l'état de la question. M. Chapelier disait ce matin : *Je vais vous dépopulariser*... Mais le projet qu'on nous proposait nous faisait acheter par quarante journées de travail la suppression du marc d'argent. » Il fait ensuite quelques réflexions sur le marc d'argent.]

M. *Petion* a appuyé l'opinion de M. Rœderer. Il a surtout insisté sur ce qu'en touchant à un des articles de la constitution on donnerait aux ennemis de la chose publique la faculté d'en altérer toutes les dispositions, sous le prétexte de les modifier.

Un membre demande que l'on retranche de la formule du serment civique le mot *roi*. — M. *Anthoine* présente quelques réflexions sur l'acte constitutionnel.

Une députation de la Société des Nomophiles est venue protester de son attachement à la Société.

La séance a été levée à dix heures [1].

XXVIII

LETTRE DE CHODERLOS DE LACLOS

AU « PATRIOTE FRANÇAIS [2] »

Paris, 12 août 1791.

Monsieur,

On lit sur la couverture du numéro 35 du *Journal des amis de la constitution* que les lettres, avis, etc., doivent être adressés à M. P. Choderlos. Cet avis, qui a été laissé sans doute par erreur, pourrait faire croire que je continue à rédiger le journal qui porte ce titre, mais qui ne se fait plus sous les auspices de la même Société. Or, je déclare qu'en me retirant de la Société séante aux Jacobins je n'ai jamais prétendu à être de celle séante aux Feuillants. J'ai voulu seulement, dans un temps où l'opinion varie sur les personnes d'une manière si étonnante, m'isoler entièrement et m'en tenir aux principes qui ne varient jamais.

Signé : P. Choderlos.

1. On lit dans la *Chronique de Paris* du 12 août 1791 : « *Prophétie.* — Tous les députés invariables des anciennes communes quitteront les Feuillants pour revenir aux Jacobins; et le retour des enfants au sein de leur mère s'effectuera le 12 août, l'an second de la liberté. — *Signé :* Le Petit-fils de Nostradamus. »

2. Cette lettre se trouve dans *le Patriote français* du 15 août 1791. Nous la reproduisons parce qu'elle est importante pour l'histoire de l'influence du duc d'Orléans dans le club des Jacobins et dans la Révolution.

XXIX

SÉANCE DU DIMANCHE 14 AOUT 1791

M. Anthoine a rempli les fonctions de président en l'absence de M. Petion.

[Correspondance : Une Société établie à La Flèche demande l'affiliation. — Un ancien brigadier des Fermes envoie un projet pour obvier à la disette du numéraire. — La Société de Landau annonce la désertion presque totale du régiment de Berwick. — Les Sociétés de Poitiers, des Jeunes Amis de la constitution de Paris, Calais, Saint-Jean-d'Angély, Brignoles, Aix, Montmorentin, Autun, Angoulême, La Bassée, Charonne, Uzès, Condom, Soissons et Beaune, promettent un inviolable attachement. — La Société de Strasbourg se plaint de ce que les patriotes du Bas-Rhin ne reçoivent aucun secours. — L'affiliation est accordée à la Société de Château-Chinon.]

M. DAUDIBERT-CAILLE. — Messieurs, les vrais Amis de la constitution doivent l'être aussi de la paix. Je propose que, comme tels, nous suivions les sages conseils que nos frères de Saint-Germain-en-Laye et plusieurs autres nous ont donnés, de ne négliger aucune démarche pour opérer un rapprochement salutaire à la chose publique. On nous invite surtout, Messieurs, de presser, de conjurer et de supplier, s'il le faut, les membres patriotes de la Société séante aux Feuillants de se réunir à nous. Conséquemment, je fais la motion que nous emploierons envers ces membres patriotes tous les moyens de pacification possibles, pour n'avoir rien à nous reprocher, et pour augmenter les torts que nos adversaires ont non seulement envers nous, mais aussi envers la patrie, à laquelle ils seront responsables de leur conduite.

M. ANTHOINE. — J'ai remarqué une coalition contre nous, à la dernière séance, au sortir de l'Assemblée. On criait : *Aux Jacobins!* Les députés patriotes songèrent alors à se rallier. Mais le respect humain les en empêcha. Ils n'attendent qu'une démarche; mais il ne faut pas envoyer de députation, elle serait peut-être mal reçue. Une adresse à la Société entière nous ramènerait les intrigants et les factieux, auteurs de la scission. Il faut envoyer une adresse individuellement à tous les députés patriotes que nous connaissons. — M. *Anthoine* lit un projet d'adresse.

M. Bourdon. — Je ne suis point de l'avis du préopinant.

M. Moreton. — Monsieur n'a pas le droit d'être ici : il n'a point passé au scrutin.

M. *Bourdon* dit qu'il convient mieux de s'adresser à la Société qu'aux individus, et d'envoyer une députation qu'une simple adresse.

M. *Rœderer* approuve le mode d'invitation proposé par M. Anthoine, et présente le projet d'adresse qui suit [1] :

« Messieurs, sur quatre cents Sociétés affiliées, trois cents nous pressent de faire ce qui dépendra de nous pour opérer cette réunion qui n'a jamais cessé d'être l'objet de nos désirs. Nous vous les avons fait connaître. Nous vous faisons connaître le vœu de tous nos concitoyens. Le zèle patriotique qui anime toutes nos délibérations, la liberté qui règne au milieu de nous, la fraternité civile qui vous unit tous et qui vous appelle, sont autant de motifs d'espérer un rapprochement si puissamment sollicité par l'intérêt public. »

On demande que cette adresse soit envoyée séance tenante. — M. *Anthoine* observe qu'il ne faut pas inviter les chefs de la coalition, les cent onze signataires du libelle contre la Société. — La Société ordonne que l'adresse sera rédigée en forme d'arrêté et envoyée aux députés à l'Assemblée nationale ci-devant membres de la Société, qui seront désignés par une liste faite par quatre commissaires. — Sur la demande de M. Sergent, on arrête qu'il sera fait, au commencement de chaque séance, la lecture du règlement provisoire de police. — La Société adopte l'arrêté rédigé par M. Rœderer, pour être envoyé aux députés patriotes des Feuillants.

M. *du Couëdic* a réclamé contre le projet d'autoriser le corps législatif à changer le mode d'avancement dans le service militaire. — M. *Machenaud* présente plusieurs réflexions sur l'émission de quelques décrets sans l'acte constitutionnel, sur l'état politique du roi et la liste civile.

MM. P. Monneron, L. Monneron, le Breton, Tréhot-Clermont, d'Aoust, Sillery et Botidoux, députés à l'Assemblée nationale, ont paru à cette séance, qui a été levée à dix heures [2].

---

1. Cf. *Société des amis de la constitution, séance aux Jacobins Saint-Honoré. Extrait des délibérations du 14 août.* — S. l. n. d., in-4 de 2 p. — Bibl. nat., Lb 40/2240. — C'est la reproduction de la proposition de Rœderer.

2. On lit dans la *Chronique de Paris* du 14 août : « ... Les Feuillants vont rentrer dans le sein maternel et se rejoindre aux Amis de la constitution et de l'étroite observance, et les Feuillants se trouveront réduits à cette minorité de noblesse qui avait corrompu les Jacobins pour y dominer, et avait voulu les perdre depuis qu'elle n'y dominait plus... »

XXX

SÉANCE DU LUNDI 15 AOUT 1791

M. *Corroller* dit que, le décret sur l'admission des ministres ayant été rendu hier dans le trouble, tous les députés patriotes devaient se trouver à la lecture du procès-verbal pour en demander une nouvelle rédaction. L'honorable membre a dit aussi que M. Petion, qui, en sa qualité de président, devait signer l'arrêté pour les patriotes des Feuillants, avait promis plusieurs observations, et qu'il fallait l'entendre avant l'envoi de cet arrêté.

[Correspondance : La Société du Puy communique une pétition à l'Assemblée nationale sur la conduite incivique des membres du directoire du département. — Celle de Rouen se plaint d'un article inséré dans le *Journal des débats* sur les Sociétés affiliées. — La Société de Lyon refuse toute correspondance. La Société populaire de la même ville « jure un éternel attachement ». — Celle de Blois approuve la conduite des Jacobins.]

M. *Anthoine* invite M. Petion à faire part des idées que lui a fait naître l'arrêté destiné pour les patriotes des Feuillants. — M. *Petion* a dit qu'il craignait que ceux à qui on aurait fait une espèce d'insulte en ne leur adressant point l'arrêté ne formassent une coalition qui causerait peut-être les plus grands maux. — MM. *Corroller* et *Anthoine* ont insisté pour l'exécution de l'arrêté. « La Société, a dit ce dernier, a un très grand intérêt à exclure ceux qui se sont toujours occupés à la déchirer. Si vous faites une démarche générale, si vous invitez les Feuillants en corps, quelques membres, dont vous ne vous souciez pas, reviendront... Plusieurs de mes collègues m'ont assuré qu'ils se rendraient à la première invitation. » — M. *Rœderer* demande aussi l'exécution de l'arrêté. M. *le Président* met aux voix, et la Société ordonne l'exécution de son arrêté.

M. *Voidel*. — J'ai appris que la Société avait le projet de faire écrire à tous les députés patriotes. J'ai voulu hâter mon retour de quelques jours, pour qu'on ne puisse l'attribuer seulement à l'invitation. (*Applaudissements.*)

Une députation de la Société fraternelle des Carmes est venue demander l'affiliation et la correspondance.

M. *Dubois de Crancé* témoigne sa douleur de n'avoir pu, depuis longtemps, assister aux séances de la Société, à laquelle il jure un attachement inviolable. La consolation qui lui reste, après tous les malheurs qui viennent de l'accabler, est l'espérance de servir sa patrie, à qui il consacre ses derniers jours. (*Applaudissements*.)

[*M. Robespierre* présente quelques observations sur un article du décret concernant l'admission des ministres. Il conclut à ce que les députés demandent la correction de cet article.]

M. *Voidel* représente que, M. Lameth ayant proposé son article sauf rédaction, il ne faut point rouvrir la discussion sur le fond, mais seulement obtenir une bonne rédaction.

M. *le Président* fait hommage d'un travail sur la liberté de la presse. Il annonce une lettre de M. Fauchet, évêque du Calvados, qui envoie plusieurs exemplaires d'un discours qu'il a prononcé à la fédération [1].

XXXI

SÉANCE DU MERCREDI 17 AOUT 1791

PRÉSIDENCE DE M. PETION

M. *le Président* annonce que M. de Chartres, arrivant de son régiment, demande à la Société la permission d'entrer dans la salle, et qu'il vient de signer sur les registres de la Société. — Un membre observe qu'il ne doit point y avoir de distinction pour M. de Chartres, et que les commissaires pourront l'admettre après le scrutin. — Un autre membre dit que les fonctions du Comité sont expirées depuis le 15 de ce mois, et qu'il ne peut les continuer sans un nouvel examen. — L'entrée est accordée à M. de Chartres, et la Société arrête que les fonctions de ses commissaires seront prorogées jusqu'à la fin du mois, et que les citoyens déjà présentés ont le droit de signer le registre.

[Correspondance : La Société de Toulouse se plaint qu'on la calomnie. — Celle de Tulle se réjouit de la rentrée de plusieurs députés patriotes. — Celle de Lyon prie qu'on lui envoie les doubles de la dernière correspondance. —

---

1. Cf. dans *le Patriote français* du 17 août un *Discours prononcé au club des Jacobins* par Anacharsis Cloots, sous ce titre : *Prince royal*.

De Bapaume, on communique un discours prononcé par M. Langlois sur les assemblées constituantes. — De Strasbourg, on communique une lettre dans laquelle on assure que les officiers ont prêté le serment de manière qu'ils ne s'engageaient à rien. — La Société d'Aix demande un décret additionnel à celui sur la liberté du culte, en faveur des citoyens de la confession d'Augsbourg. *M. Mendouxe*, secrétaire, appuie cette demande, et fait la motion de nommer des commissaires pour rédiger un projet à cet égard. Cette motion est adoptée. Les commissaires nommés sont : MM. Saint-Martin, Paris, Sillery, Le Grand. — La Société d'Amiens écrit que les officiers et prêtres réfractaires se rendent tous à Paris. — Celles de Pont-Remy, Meyssac, Valenciennes, Vesoul, Tonneins, Chalon-sur-Saône, Besançon, Turenne, Lescar, Béthune, Épinal, Brie, Pontault, Saint-Dié, Paray, etc., jurent un attachement inviolable et désirent la réunion. — Quatre nouvelles Sociétés demandent l'affiliation. — Une députation de la Société civique, établie à Paris, section des Thermes de Julien, est venue protester de son attachement.]

On passe à l'ordre du jour.

[Un membre a proposé d'ajouter un article au décret qui charge le pouvoir exécutif de promulguer et d'exécuter les lois. Il a réclamé aussi contre le décret qui donne au roi la faculté de placer les troupes à sa volonté sur les frontières.]

M... — Je demande qu'on fixe un jour pour discuter les moyens de réprimer le duel... L'abolition du duel fut demandée, il y a six mois, lors d'un événement qui, maintenant, ne produirait point l'effet qu'il produisit dans ce temps-là. Je renouvelle aujourd'hui cette demande, et je prie qu'on la prenne en considération.

M. Boisguyon. — L'Assemblée nationale a décrété que la liste civile serait établie au commencement de chaque règne. Louis XVI n'a, jusqu'à présent, été qu'un despote. Il ne sera roi que lorsqu'il aura accepté la constitution. Je crois qu'alors l'Assemblée pourra faire la liste civile, et qu'elle la réduira. Car il est moins dangereux que le roi ait un grand pouvoir légitime qu'un grand moyen de corruption.

[M. *Vadier* prononce un long discours tendant à prouver qu'il faut se garder d'établir des distinctions entre les citoyens.]

M. *Dufourny* dit que, l'égalité étant le premier des droits de l'homme, le décret qui distingue des citoyens actifs et non actifs est contraire à ce principe. Il demande qu'on ajoute à ce décret une disposition qui accorde aux citoyens non actifs un sur cent ou deux cents aux assemblées primaires, afin qu'au moins l'injustice faite à leur égard soit plus supportable.

Un membre demande la question préalable sur cette proposition, tendant à perpétuer une distinction que la première convention nationale se hâtera d'abolir.

M. Petion cède le fauteuil à M. Robespierre.

M. Corroller. — Le Comité militaire est actuellement occupé de la formation de la maison du roi. Il est presque généralement adopté que le roi sera libre de fixer le nombre d'hommes dont elle sera composée et l'espèce d'arme qui leur sera attribuée, et que cette maison jouira de tous les droits militaires. Ce projet n'est heurté que par un très petit nombre de membres du Comité. Et, lorsqu'il sera présenté à l'Assemblée, il y a apparence qu'il passera; il sera sûrement appuyé avec toute la morgue militaire.

M. Sergent. — Ce projet, Messieurs, s'exécute déjà dans la garde nationale, où l'on enrôle des jeunes gens pour la garde du roi. On doit leur faire porter l'uniforme des ci-devant gardes du corps. Je puis donner des renseignements certains.

Le même membre annonce que le tribunal du sixième arrondissement, chargé d'informer sur les délits du Champ de Mars, poursuit les auteurs et signataires de la pétition; que l'accusateur public en est convenu lui-même, et que, dans les interrogatoires, on demande qui était le président des Jacobins, quels étaient les auteurs de la pétition. Il conclut à ce qu'il soit nommé des commissaires pour aviser aux moyens de faire rester le tribunal dans les bornes de sa mission. — Cette proposition est adoptée.

Sur la question faite par M. *Corroller,* si l'on admettrait les Feuillants en corps, dans le cas où ils se présenteraient, la Société passe à l'ordre du jour, en persistant dans son arrêté de la veille.

MM. Cottin, Gauthier des Orcières, Hébrard, Lemaréchal, Bouvier et d'Orléans, membres de l'Assemblée nationale, ont paru à cette séance, qui a été levée à dix heures.

XXXII

SÉANCE DU VENDREDI 19 AOUT 1791[1]

PRÉSIDENCE DE M. PETION

[*M. Bouillier*, membre de la Société, obtient de faire soutenir par des aveugles une thèse de mathématiques, dans la salle des séances, un jour où il n'y aura pas d'assemblée. — Correspondance : La Société de Mesmes demande l'affiliation; celle de Bourmont envoie un imprimé sur les clubs. — Une Société de l'île de Ré exprime son attachement. — On communique d'Orléans une lettre des Feuillants, qui assurent que « le seul motif de leur retraite a été l'amour pour la patrie et le respect pour les lois ». — Longwy et Saint-Trivier protestent de leur attachement. — Senneccy désirerait conserver l'abbaye de La Ferté, pour en faire un hospice. — La Société de Besançon jure de rester fidèle. — Celle de Clermont donne le signalement d'un M. Matussière, soupçonné de tramer « un événement sinistre pour le 23 du courant ». *M. Dufourny* demande le renvoi de cette lettre au département de la police. *M. Anthoine* fait arrêter qu'on l'envoie aux quarante-huit sections de la capitale.

M. le Président dit qu'il renvoie tous les jours des personnes qui demandent à la Société des secours pécuniaires, et *un membre* rapporte que les aristocrates voudraient « faire tomber les Jacobins » en leur envoyant tous les pauvres. *Un autre membre* dit qu'un acte de bienfaisance des Jacobins « avait été dénaturé par la plus vile noirceur ». Pour éviter ces calomnies, la Société persiste à ne vouloir accorder aucun secours pécuniaire.

M. Rœderer lit sa réfutation de la déclaration des Comités sur deux décrets remis en délibération : « celui qui interdit la rééligibilité indéfinie, et celui qui exclut des places ministérielles les membres d'une législature[2] ».

M. Faipoult prononce un discours sur les conventions nationales. — *M. Sillery* lit un discours, qu'il doit prononcer à l'Assemblée nationale, sur le projet de « refuser aux individus de la famille royale les droits de citoyen actif, en leur accordant le titre de *princes français* ». Ce discours sera imprimé dès qu'il aura été prononcé. — *Un membre* prononce encore un discours sur les conventions nationales.

MM. Couppé, Gourdan, Hernoux et de Cursy, membres de l'Assemblée nationale, ont paru à cette séance.

La séance a été levée à neuf heures et demie[3].]

---

1. Il y a dans le *Journal de la Révolution* du même jour, 19 août 1791, p. 385, un article sur les Jacobins et les Feuillants.

2. *Observations*, par P.-L. ROEDERER, *sur l'observation des Comités de constitution et de revision, prononcées dans la séance du 14 août par M. Thouret, imprimées par ordre de la Société des amis de la constitution, séante aux Jacobins, le 19 août 1791.* — S. l., 1791, in-8 de 16 p. — Bibl. nat., Lb 40/625. — Cf. un fragment de ce discours dans *le Patriote français* du 22 août.

3. Voir aussi le *Discours du président de la Société des amis de la constitution adressé au général Luckner dans la séance du 19 août* 1791. — S. l. n. d., in-8 de 7 p. — Bibl. nat., Lb 40/2241.

XXXIII

SÉANCE DU DIMANCHE 21 AOUT 1791 [1]

PRÉSIDENCE DE M. PETION

[Correspondance : Les Sociétés d'Auch et de Ruffec invitent à la réunion. — Celle de Castelnaudary demande une amnistie pour tous les soldats et officiers déserteurs qui seront rentrés avant le 1ᵉʳ janvier prochain, et avant un an pour ceux qui sont en Amérique. — La Société de Chalon-sur-Saône demande que le roi ne puisse choisir ses ministres que parmi des sujets présentés par le corps législatif, et que l'inviolabilité du roi soit assimilée à celle des représentants de la nation. — Celles de Maubeuge, Condé, Tonneins, Oleron, etc., protestent de leur attachement inviolable. — Quatre nouvelles Sociétés demandent l'affiliation. — Lettre de Strasbourg sur un incident local; — de M. Chevalier, qui annonce qu'il « reviendra dans le sein de la Société ».]

M. SILLERY. — Si, par un dévouement sans bornes au bien public, j'ai pu mériter votre confiance, daignez m'écouter avec indulgence, quelle que soit la motion que je vais faire. Éloigné de toute intrigue, ne connaissant d'autre intérêt que celui du peuple, alarmé des dangers qui menacent la liberté, j'ose dire que c'est dans ce moment que tous les amis de la constitution doivent se réunir. Nous arrivons au terme de nos travaux. Les ennemis du bien public vont tout tenter. Des nouvelles certaines, qui arrivent des provinces, annoncent un grand rassemblement de nos plus cruels ennemis dans le sein de la capitale. Quand tous les membres de l'Assemblée qui sont aux Feuillants se réuniraient ici les uns après les autres, votre but ne sera pas atteint, vous n'auriez pas fait qu'il n'existât plus de scission. — Il ne doit y avoir aucun respect humain dans ce que je vais vous proposer : l'intérêt public seul doit vous animer. Je vous propose d'écrire à la Société des Feuillants la lettre suivante... Messieurs, si ma proposition n'est pas acceptée unanimement, elle est indiscrète :

« Frères et amis, les Amis de la constitution, séant aux Jacobins, sont assemblés. Ils préviennent leurs frères que la patrie est en dan-

---

1. Voir dans le *Journal de la Révolution* du même jour, 21 août 1791, p. 404, des réflexions sur le rôle des Jacobins dans l'affaire du Champ de Mars. — C'est aussi à peu près à cette date qu'il faut rapporter l'imprimé intitulé : *Société des amis de la constitution, séante aux Jacobins de Paris*. S. l. n. d., in-4 de 3 p. — Bibl. nat., Lb 40/2212. — C'est une note du Comité de correspondance sur la publication des *Tableaux de la Révolution française*.

ger, que la concorde et la paix sont les seuls moyens de s'opposer à leurs ennemis. Ils vous conjurent de vous réunir. »

Cette proposition est fort applaudie.

M. *Botidoux* demande que, pour avoir le droit de parler contre cette motion, il faille être appuyé par quarante membres.

M. ROBESPIERRE. — Je sais bien ce qu'il y a de délicat dans une pareille délibération. Je sais bien quels sont les avantages des ennemis les plus déclarés de la constitution sur ses amis. Je ne suis point effrayé de ces avantages, et, plus je vois leur triomphe certain, plus une fière indifférence m'élève au-dessus d'eux. Messieurs, vous ignorez peut-être que demain est à l'ordre du jour un projet du Comité de constitution, qui contient une constitution nouvelle, qui remet les Français sous le joug du despotisme. Oui, Français, vous ignorez qu'il n'y a pas un seul de ces articles qui ne suffise pour détruire la liberté. Nous n'avons que quelques heures, et vous allez les employer à délibérer sur une proposition sur laquelle la Société a prononcé deux fois !... Eh bien ! je vais négliger les grands intérêts publics. Perdez cette séance, et, demain, que nous soyons abandonnés à ceux qui vont donner au roi toutes les forces nécessaires pour opprimer la liberté... La liberté de la presse est anéantie formellement. Il n'est pas même admis, l'amendement proposé par M. Petion... Ce sont toutes les démarches qu'on a faites qui ont retardé la réunion. Il n'était pas un seul membre patriote des Feuillants qui ne fût résolu à se réunir ici. Mais on a projeté de leur envoyer une lettre d'invitation. Ils ont attendu cette lettre. Ils ont eu des scrupules. La raison triomphant, le bien public aurait triomphé : ils se seraient réunis...

L'opinant conclut à ce qu'en persistant dans le dernier arrêté la Société passe à l'ordre du jour.

M. *Moreton* appuie la motion de M. Robespierre.

M. VADIER. — Le projet du Comité de constitution est une contre-révolution. Il est certain qu'il n'y a pas un article qui ne soit le renversement de tout ce que nous avons fait. A l'appui de ce malheureux projet, il y a une coalition détestable. Nous avons vu ce matin les ministres du roi dénoncer une Société, coupable, il est vrai ; mais cette dénonciation a jeté une défaveur sur toutes les Sociétés des amis de la constitution... Il est certain que, si vous rejetez le moyen de réunion qu'on vous propose, il sera impossible de déjouer les projets des ennemis du bien public.

[Un membre de la Société des amis de la **constitution de Saint-Girons** (Ariège) prononce un **long discours dans le même sens.**]

La discussion est fermée. M. Robespierre demande qu'on passe à l'ordre du jour. Cette proposition est rejetée. MM. *Saint-Martin* et *Crancé* appuient la réunion, et sont vivement applaudis. — Après quelques débats, la Société arrête que les députés à l'Assemblée nationale membres de la Société des Jacobins séant aux Feuillants seront invités à se réunir parmi les Jacobins[1].

M. *Sergent* demande que demain, au commencement de la séance, l'on passe à l'ordre du jour, sans lecture du procès-verbal et annonces. Cette proposition est adoptée.

[M. *Machenaud* présente quelques observations sur la manière dont la constitution doit être acceptée par le roi.]

On a fait lecture d'une lettre d'Issoire qui porte que, le 23, il doit s'opérer une contre-révolution, ou, au moins, un massacre des bons patriotes dans les grandes villes.

MM. Hell, Populus et Girot, membres de l'Assemblée, ont paru à cete séance.

La séance a été levée à dix heures.

XXXIV

SÉANCE DU LUNDI 22 AOUT 1791

PRÉSIDENCE DE M. PETION

Après la lecture des lettres et annonces, M. *le Secrétaire* a fait part à la Société de la rédaction de la lettre qu'on avait arrêté d'envoyer aux Feuillants. Voici les termes de cette rédaction : « Frères et amis, la patrie est en danger. Le salut public vous appelle au sein de la

---

1. Voici le texte complet et officiel de cet arrêté :

« Les députés à l'Assemblée nationale membres des Jacobins, et maintenant séants aux Feuillants, sont invités à rentrer au sein de la Société-mère : ils n'auront besoin, pour y être admis, d'autre titre que celui de membre de la Société.

« Quant aux membres des Jacobins non députés à l'Assemblée nationale, et maintenant séants aux Feuillants, ils seront réadmis après s'être conformés, comme tous les membres de la Société l'ont fait, à l'arrêté pris par elle le 25 juillet dernier, qui assujettit tous les membres qui désirent continuer d'en faire partie à en signer la déclaration et à se soumettre à un scrutin épuratoire. » (Bibl. nat., Lb 40/627, in-4.)

Société : toutes les Sociétés du royaume vous y invitent. Vos frères vous attendent. » — A cette lettre était joint l'arrêté pris hier, portant que les députés n'auront besoin, pour entrer, que du titre d'ancien membre de la Société, et que les autres membres passeront au scrutin épuratoire. — M. *Botidoux* veut proposer une nouvelle rédaction. Un grand nombre de membres se lèvent pour ne pas l'entendre. L'honorable membre demande la parole sur la seconde partie de l'arrêté. Il n'est point entendu.

M. Kervélégan. — D'après les connaissances que j'ai, je puis affirmer que, d'après cet arrêté, vous n'obtiendrez jamais la réunion. Et voici pourquoi... (*On se lève pour ne pas entendre l'opinant.*) Je suis persuadé que, si la réunion ne s'opère pas aujourd'hui, elle ne s'opérera jamais. Je dis que, depuis deux jours, des députés des Feuillants m'ont dit qu'ils ne voulaient pas se réunir à la Société si on les privait du plaisir d'amener avec eux ceux qu'ils avaient présentés aux Feuillants, et du civisme desquels ils répondaient comme du leur. Les Feuillants ont fait un scrutin ; vous en avez fait un... (*On se lève, en demandant d'aller aux voix.*)

M. *le Président* rappelle l'état de la délibération et l'arrêté de la veille. Il annonce qu'il va mettre aux voix la rédaction.

M. *Botidoux* demande la parole. On crie : *Aux voix*. M. Botidoux demande que, puisqu'on ne veut pas l'entendre, son nom soit rayé. Il sort de la salle. Plusieurs personnes applaudissent. La grande majorité témoigne son mécontentement de ces applaudissements. — M. *le Président*, après avoir exprimé la douleur que lui fait ressentir le mécontentement de quelques membres, a fait donner une seconde lecture de la lettre aux Feuillants, et la met aux voix. Cette lettre est adoptée [1]. — M. *Hion* en demande l'impression et l'envoi à toutes les Sociétés. (*Adopté.*) — On propose de nommer des commissaires pour porter cette lettre aux Feuillants. (*Adopté.*) — Ces commissaires sont : MM. Saint-Martin, Vadier, Dubois de Crancé, Durand de Maillane, Creuzé de la Touche, Corroller, Lulier, Gide père, Bourdon la Crosnière, Mendouze. — M. Corroller, ayant refusé, est remplacé par M. Populus [2].

On passe à l'ordre du jour.

---

1. *Copie de la lettre et de l'arrêté envoyés à la Société des Feuillants par la Société des Jacobins, le 22 août 1791.* — S. l. n. d., in-4 de 2 p. — Bibl. nat., Lb 40/627.

2. On trouvera dans la *Chronique de Paris* du 23 août 1791 le récit de cette démarche.

[*M. Rœderer* présente quelques observations sur le texte de l'article de la constitution concernant la liberté de la presse [1].]

M. ANTHOINE. — Le préopinant vous a rendu compte de la défaite que nous avons éprouvée ce matin, et je crains que nous n'en éprouvions d'autres. Je vais vous communiquer quelques observations sur la tactique dont on s'est servi contre nous. Depuis quelque temps, quelques personnes, de celles que nous croyons avoir concouru à la scission, qui se plaçaient ordinairement parmi nous à une extrémité de la salle, ont pris le parti de se mettre dans un des bas-côtés. De là, ces messieurs règnent : ils font entendre leurs volontés au président. Hier, ils ont fait signe à la partie droite de se lever; et, en effet, nous avons remarqué que la droite du président, qui, depuis un mois, s'était abstenue scrupuleusement de voter, s'est levée presque tout entière, et, sans elle, nous l'aurions emporté.

M. Anthoine a fait ensuite quelques réflexions sur l'article concernant la liberté de la presse.

[*M. Robespierre* appuie les observations de M. Rœderer.]

Une députation de la Société de l'Égalité a demandé que les corps électoraux ne se rassemblassent que lorsqu'ils pourraient réunir au milieu d'eux les électeurs qui ont été décrétés de prise de corps. — Une députation de la Société établie en la section de la Bibliothèque a demandé que les conventions nationales fussent convoquées tous les vingt ans, et que la première s'assemblât en 1798.

MM. les commissaires envoyés aux Feuillants rentrent dans la salle. L'un d'eux, M. Durand de Maillane, a dit qu'ils ont été fort bien accueillis; qu'après avoir fait lecture de la lettre dont ils étaient chargés, ils ont voulu se retirer, mais qu'on les a invités par deux fois à rester à la délibération, dans laquelle on n'a émis aucune opinion contraire à la réunion; que les membres patriotes dont ils se sont accostés leur ont toujours témoigné le désir de la réunion, et que l'assemblée leur a promis d'envoyer une députation rendre réponse, séance tenante.

---

1. Cet article, voté en effet le 22 août 1791 au matin par l'Assemblée constituante, après un vif débat, était ainsi conçu : « Nul homme ne peut être recherché ni poursuivi pour raison des écrits qu'il aura fait imprimer ou publier par quelque manière que ce soit, si ce n'est qu'il ait provoqué à dessein la désobéissance à la loi, l'avilissement des pouvoirs constitués, la résistance à leurs actes, ou quelques-unes des actions déclarées crimes ou délits par la loi. » Il forme le 1er paragraphe de l'article 17 du chapitre V du titre III de la constitution.

M. *Garran de Coulon* demande que la Société tienne séance tous les trois jours. Cette motion est appuyée par M. *Lanthenas.* M. *Corroller* l'écarte, et demande seulement qu'il y ait, demain, une séance extraordinaire.

On passe à l'ordre du jour.

[M. *Sergent* prononce un discours sur la liberté de la presse.]

M. *Tournon* observe qu'un corps ne peut être avili, et que l'avilissement ne frappe que les personnes. — M. *Royer*, évêque de l'Ain, appuie les réflexions de M. Robespierre sur les calomnies dirigées contre les fonctionnaires publics, et cite les apôtres et saint François de Sales : « les premiers, dit-il, auxquels l'homme Divin déclara qu'ils seraient en butte à toutes les calomnies, et l'autre qui fut calomnié toute sa vie, malgré sa conduite irréprochable. »

M. *le Président* annonce qu'il vient d'apprendre que la Société des Feuillants a ajourné la discussion sur la réunion.

MM. Fouquier, Nioche et Gauthier, membres de l'Assemblée nationale, ont paru à cette séance.

La séance a été levée à onze heures [1].

XXXV

SÉANCE DU MERCREDI 24 AOUT 1791

PRÉSIDENCE DE M. PETION

[Correspondance : Les Sociétés d'Amboise, Loudun, Milhaud, Rouen, etc., invitent à la réunion. — Celles de Nantes, Sennecey, Murat, Béziers, déclarent rester inviolablement attachées aux Jacobins. — La Société de Saint-Germain-en-Laye demande communication des règlements. — Celle de Clermont-Ferrand demande la liste des Sociétés qui sont restées fidèles, afin de ne correspondre qu'avec elles. — La Société de Strasbourg exprime ses craintes sur la situation politique. — On écrit de Brioude que les aristocrates se rendent tous à Paris. — Lettre de Chambon, donnant le même renseignement. — L'évêque de Paris proteste de son attachement. L'impression de cette lettre est ordonnée [2]. — La Société de Bordeaux communique des nouvelles de la Martinique.

---

1. Lire dans le *Journal de la Révolution* du 23 août 1791, p. 417, des réflexions sur les Sociétés patriotiques, et en particulier sur celle des Jacobins.

2. *Lettre de M.* Gobel, *évêque métropolitain de Paris, à la Société des amis de la constitution, séante aux Jacobins de Paris.* — S. l. n. d., in-4 de 3 p. — Bibl. nat., Lb 40/626.

[24 août 1791] SOCIÉTÉ DES JACOBINS 99

— Une seconde lettre de Strasbourg signale un mouvement de troupes inquiétant.

M. *Mendouze* rappelle tout ce qui a été fait en vue de la réunion, et propose de ne plus rien faire.]

M. RÉAL. — Je crois qu'il est bon d'instruire les Sociétés de tout ce que nous avons fait pour la réunion. Mais il suffit d'un récit simple. La lettre proposée me paraît longue. Je demande que MM. les commissaires envoyés aux Feuillants soient priés de se concerter pour faire le récit très exact et très précis de notre démarche, ainsi que de la délibération des Feuillants.

M. SAINT-MARTIN. — Je pense qu'il est important que les faits soient connus. Mais les commissaires ne peuvent rendre compte que de ce qui s'est passé devant eux, aux Feuillants, au moment où la délibération n'était pas encore animée.

Un membre demande qu'après le récit pur et simple des faits on ajoute la lettre envoyée aux Feuillants et la réponse de cette assemblée, quoiqu'elle n'ait pas été communiquée officiellement à la Société. — Cette proposition est adoptée.

Un membre fait la motion de publier, par la voie de l'impression, le discours prononcé, le matin, à l'Assemblée nationale, par M. d'Orléans[1]. — Sur cette motion, on demande l'ordre du jour. M. d'Orléans le demande aussi. La Société passe à l'ordre du jour.

M. SILLERY. — Messieurs, plusieurs personnes ont dit que ma dernière motion pour la réunion avait été concertée avec les Feuillants. Soyez bien convaincus que mon patriotisme et mon amour du bien public ont été les seuls mobiles qui m'ont fait proposer une démarche qui eût dû avoir du succès. Je crois, Messieurs, cette déclaration nécessaire, et j'espère qu'elle me justifiera pleinement aux yeux de la Société.

M. ROBESPIERRE. — La question qui doit être traitée à l'Assemblée nationale est celle que M. de Sillery a déjà traitée ici. L'article soumis à la délibération porte que les membres de la famille du roi, étant seuls appelés à la dignité héréditaire, forment une classe distinguée des citoyens, et ne peuvent exercer les droits de citoyen actif. Il n'est

1. Dans la séance du 24 août 1791, au matin, le duc d'Orléans avait parlé contre l'article du projet de constitution qui excluait les membres de la famille royale des droits de citoyen actif, et déclaré que, si cet article était voté, « il déposerait sur le bureau sa renonciation formelle aux droits de membre de la dynastie régnante, pour s'en tenir à ceux de citoyen français ». Cette déclaration avait été accueillie par les applaudissements réitérés de la grande majorité de l'Assemblée et des tribunes. (*Moniteur*, IX, 478.)

pas difficile aux vrais amis de la liberté d'apprécier une pareille proposition, qui est contraire aux principes de la constitution. Le Comité veut conserver dans le royaume une famille distinguée des autres citoyens. Quel est le motif de cette distinction? C'est que les parents du roi sont appelés à une dignité héréditaire. Il s'ensuit que la loi a jugé qu'il était de l'intérêt public qu'il y eût une portion de citoyens privilégiés; et ce privilège est de n'être point citoyen actif. Quelle absurdité!...

M. *le Président* observe que les Comités ont changé de batterie; qu'ils sont convenus de laisser aux parents du roi les droits de citoyen actif, en les rendant inhabiles à être élus à aucune place. Ils appuient ce raisonnement sur ce que les parents du roi, étant déjà élus de droit pour régner, ne peuvent cumuler deux places à la fois.

M. ROBESPIERRE. — Le Comité a appuyé son système sur celui des substitutions. Les substitutions le condamnent elles-mêmes. Car ceux en faveur desquels est faite la substitution n'y ont aucun droit qu'à la mort de celui qui substitue; jusque-là ils sont totalement étrangers à la propriété. Le Comité a voulu, comme de coutume, présenter cette violation de tous les principes sous les dehors de l'intérêt public. Il a dit qu'il fallait donner une grande distinction aux membres de la famille royale, afin de relever l'éclat du trône. Mais prétendre élever une famille au-dessus des droits de citoyen n'est autre chose qu'avilir la qualité de citoyen. C'est reconnaître formellement que le plus haut degré de la gloire consiste à être plus que citoyen. Une telle déclaration est un outrage fait au souverain...

Plusieurs membres parlent sur la même question.

La Société arrête qu'elle tiendra demain une séance extraordinaire.

MM. Pflieger, Meurinne, Darche, Chevalier, le Maignan et d'Elbehcq, membres de l'Assemblée nationale, ont paru à cette séance.

La séance a été levée à dix heures [1].

---

1. Lire dans le n° 749 de *l'Assemblée nationale*, mercredi 24 août 1791, le récit des « démarches faites pour la réunion du club des Feuillants à celui des Jacobins », et dans le n° 378 du *Journal de la Révolution*, jeudi 25 août 1791, p. 435, la déposition d'Anthoine dans le procès du Champ de Mars.

XXXVI

SÉANCE EXTRAORDINAIRE DU 25 AOUT 1791

PRÉSIDENCE DE M. PETION

M. Robespierre a fait les fonctions de président en l'absence de M. Petion.

A la lecture du procès-verbal, un membre a demandé la radiation de la partie dans laquelle il était exprimé que M. d'Orléans avait demandé l'ordre du jour sur la motion de faire imprimer le discours qu'il avait prononcé à l'Assemblée nationale. La radiation a été ordonnée. — M. *Sergent* a fait la motion d'inviter les Sociétés dénoncées par les ministres à publier le récit exact des faits qui ont servi de prétexte à cette dénonciation. Après quelques débats, cette motion a été ajournée. — M. *Mendouze* a fait lecture d'une lettre de la Société d'Écully-lès-Lyon, qui proteste de son inviolable attachement et témoigne le désir de voir une prompte réunion. — M. *Dufourny* a lu une adresse de la Société de Caen, dont tous les membres ont prêté le serment de s'entr'aider mutuellement. — M. *Anthoine* a rendu compte de ce qui s'était passé le matin à l'Assemblée nationale. Un membre a dit qu'il avait vu les huissiers porter continuellement des billets du président à MM. Emmery, Charles et Alexandre Lameth, et de ces messieurs au président. — M. *Populus* a demandé que les membres de la famille du roi ne pussent être nommés aux places ministérielles. Cette motion a été combattue par M. *Rœderer*, qui a observé qu'il ne fallait pas commettre une seconde injustice parce qu'une première avait été commise.

Une députation de la Société fraternelle est venue inspirer de l'intérêt pour les citoyens patriotes injustement détenus dans les prisons de la Conciergerie. — Il a été déclaré à cet égard que chaque membre était invité à faire individuellement ce que son patriotisme lui commanderait.

La séance a été levée à dix heures.

XXXVII

SÉANCE DU VENDREDI 26 AOUT 1791

A l'ouverture de la séance, M. *Chambon* a rendu compte de plusieurs démarches qu'il avait faites auprès de la Société de Bar-sur-Aube et de quelques autres pour améliorer leurs règlements et guider leur patriotisme. M. *le Président* a témoigné à l'honorable membre la satisfaction de la Société.

Un membre a fait lecture d'un arrêté dans lequel la Société de Château-Thierry proteste de son inviolable attachement aux Jacobins.

[Une députation du Club des Cordeliers vient demander des secours pour les prisonniers arrêtés après l'affaire du Champ de Mars. La Société déclare s'en tenir à l'initiative personnelle de ses membres. — Sur une observation de M. *le Président,* on arrête « qu'un orateur de députation ne pourra prononcer un discours qui n'aura pas été communiqué par écrit au président ».

Correspondance : La Société de Saintes communique son adresse aux Feuillants. — Les Sociétés d'Orange, Sens, le Havre, Villeneuve-le-Roi, la Bassée, Romans, Beauvais, Troyes, Saint-Esprit, Arras, etc., « protestent de leur inviolable attachement ». Celles de Nogent-le-Roi et Étampes demandent l'affiliation. — La Société de la Bassée « demande que le roi ne puisse pas épouser une étrangère, et que, puisque les ministres ont entrée au corps législatif, le prince royal y soit aussi admis. — Strasbourg communique une adresse à l'Assemblée nationale « sur le marc d'argent et les quarante journées en remplacement ». — La Société d'Auch demande qu' « en temps de guerre le traitement des officiers réfractaires soit réduit de moitié, afin de leur faire désirer la paix. »

M. *Anthoine* rend compte de la séance de l'Assemblée nationale du matin. — Sur la question « de savoir si les lois qui porteraient établissement d'impôts seraient ou non sujettes à la sanction du roi », M. *Rœderer* réfute le projet de M. du Port d'une sanction d'un mois, puis la motion de M. Beaumetz, qui donne au roi l'initiative.]

M. *le Président* a fait part du résultat du scrutin pour désigner le président de l'Assemblée nationale : c'est M. Vernier qui a réuni la majorité des suffrages.

M. *Bourdon la Crosnière* a lu le projet de lettre aux Sociétés affiliées, rédigé par le Comité de correspondance[1]. Ce projet a été

---

1. *Adresse de la Société des amis de la constitution, séante aux Jacobins de Paris, aux Sociétés affiliées.* — S. l. n. d., in-4 de 3 p. — Bibl. nat., Lb 40/627.

adopté. *Un membre* a proposé de joindre à cette lettre la liste des députés de l'Assemblée nationale qui sont restés fidèles aux Jacobins. M. *Mendouze*, en appuyant cette proposition, a demandé qu'on attendît la séance de mercredi. Il n'y a eu aucune décision sur ces demandes.

M. *Prieur* est venu avec plusieurs de ses collègues, membres de l'Assemblée nationale. Il a dit qu'il ne croyait point avoir besoin de se justifier, puisque la Société lui avait témoigné son estime en lui adressant une lettre d'invitation; qu'elle ne s'était point trompée sur ses sentiments, qu'il les avait exprimés le lendemain de la scission; que lui et ses collègues présents avaient reçu avec joie la députation; qu'ils avaient engagé leurs frères à la réunion, et que, sur leur refus, ils avaient déclaré qu'ils se retireraient pour rentrer aux Jacobins. (*On a vivement applaudi.*)

MM. *Moreton* et *Bonnard* se sont plaints des injustices commises à leur égard par les ministres de la guerre, jusqu'au ministre actuel inclusivement.

MM. Grenot, Gerle, Prieur, Merlin, Salle et Chasset, membres de l'Assemblée nationale, ont paru à cette séance.

La séance a été levée à dix heures.

XXXVIII

SÉANCE DU DIMANCHE 28 AOUT 1791

PRÉSIDENCE DE M. PETION

[Correspondance: La Société de Sainte-Foix communique une adresse à l'Assemblée nationale où elle dénonce la lettre pastorale de M. de Bonnac, ci-devant évêque d'Agen; — celle de Vitry-le-François communique aussi une adresse à l'Assemblée nationale sur les moyens de défense. — On écrit de Gournay-en Bray sur le différend survenu entre l'église paroissiale et l'église succursale. — On se plaint à Bagnoles «de la conduite insouciante, souvent même incivique, de certains corps et de certains membres de corps administratifs». — Des déserteurs de plusieurs régiments, en protestant de la pureté de leurs intentions, demandent des secours à la Société. — La Société du Beausset réclame l'élargissement d'un de ses membres, qu'on ne détient «que pour l'empêcher d'aller à l'assemblée électorale en sa qualité d'électeur». — De la Rochefoucauld, on manifeste «des inquiétudes sur le départ de plusieurs personnes très suspectes, qui se rendent à Paris pour s'opposer à l'acceptation de l'acte constitutionnel». — On écrit de Pau pour être «délivrés promptement d'une nuée de capucins qui causent beaucoup d'inquiétudes». — La Société de Saint-Servan recommande l'affaire des régiments de la Martinique et de la Guadeloupe. — Celle d'Évaux donne avis du départ de beaucoup de ci-devant nobles pour Paris. — « Un citoyen de Montagne-au-Perche met en question si les notaires seront choisis par le peuple, ou s'il sera libre à tous ceux qui exercent cette profession de l'exercer sans être nommés par le peuple. » — La Société de Bourges envoie une adresse sur le décret du marc d'argent. — Celle d'Auray dénonce « une dame véhémentement soupçonnée d'entretenir une correspondance suspecte avec une autre dame de Paris ». — Une lettre sans signature donne avis d'un projet d'enlèvement du roi à la faveur d'un incendie allumé en plusieurs endroits de Paris. — La Société des Indigents amis de la constitution, séante rue Christine, fait part des moyens qu'elle croit les plus propres à former une correspondance générale avec toute les Sociétés du royaume. — On communique de Givet un discours d'un officier au 83e régiment d'infanterie, « qui a pour objet de demander à l'Assemblée nationale le prompt renouvellement de la législature ». — La Société de Cadillac fait part d'une adresse aux gardes nationales de ce district. — Les Sociétés de Pont-l'Évêque, Aubeterre, Montcontour, Saint-Pol-de-Léon, Port-au-Prince, et les Sociétés populaires des trente et une sections de Lyon, demandent l'affiliation. — Celles de Montflanquin, Niort, Fleurance, Barras, Auvillars, déclarent qu'elles correspondront avec les Feuillants et les Jacobins, « pour l'intérêt même de la constitution ». La Société affiliée du Mans s'est séparée en deux parties, dont l'une s'est attachée aux Feuillants; l'autre, fidèle aux principes, sollicite les Jacobins de lui continuer l'affiliation. — Les Sociétés de Limoges, Beaucaire, Montauban, Saint-Lô, Jailly, Nogaro, Mussidan, la Teste, Noyon, Marmande, Metz, Bordeaux, Autun, Tonneins, Pont-du-Château, Nantes, Crémieu, Eymet, invitent à la réunion, et promettent une correspondance exclusive.

L'affiliation est accordée aux Sociétés populaires de Lyon, ainsi qu'à celles du Mans, de Belleville et de Port-au-Prince.]

M. SERGENT. — Toutes les rues de la capitale sont tapissées, depuis quelque temps, de placards où respire le poison le plus subtil. On distingue entres autres le *Chant du coq*[1], qui est répandu avec une profusion incroyable. Qu'en conclure, Messieurs? Que les ennemis du peuple, de sa liberté, emploient tous les moyens de l'égarer et sont plus adroits que les patriotes, parce qu'ils savent s'unir et s'aider de toute leur force et de toute leur fortune. — Un excellent citoyen a mis en opposition, pour instruire le peuple, pour déjouer les desseins perfides de ces libellistes, un journal intitulé *l'Ami des citoyens*[2]. Mais sa fortune et celle de ses coopérateurs ne lui permettent pas de le multiplier autant qu'il est nécessaire. C'est donc un devoir aux patriotes de se joindre ensemble, de venir à son appui, et rendre ce service important au peuple. L'affiche du *Chant du coq* d'aujourd'hui annonce qu'il rendra compte des opérations de l'assemblée électorale, des intrigues qui s'y manifestent. Ne voit-on pas que c'est une déclaration

1. Voir, sur ce journal-placard, Hatin, *Histoire de la presse*, t. IV, p. 82, 308.
2. Ce journal, également en forme de placard, était rédigé par Tallien.

de guerre aux meilleurs citoyens, qu'on veut éloigner de la législature en les déshonorant; que c'est un moyen ajouté aux mille et un que les *véritables factieux* ont employés pour persécuter les patriotes? Je vous invite donc, Messieurs, à faire triompher la liberté par les moyens qu'on met en usage pour la détruire. Souscrivons tous pour la feuille de *l'Ami des citoyens*. On reçoit jusqu'à la plus modique somme, celle de douze sols; et ces sommes ne sont destinées qu'à subvenir aux frais.

Sur cette proposition, la Société a décidé que chacun ferait individuellement ce que lui dicterait son patriotisme. — *Plusieurs membres* ont remis à M. Sergent des assignats de cinq livres pour les frais de ce journal gratuit.

M. *Robespierre* a rendu compte de la séance de l'Assemblée nationale du matin.

[Fragment d'un discours de M. *Anthoine* sur la manière dont la constitution doit être présentée à l'acceptation du roi. Il conclut à ce qu'elle lui soit présentée au château des Tuileries. — Première partie d'un discours de M. *Machenaud* sur le même sujet.]

On a fait lecture d'une lettre de M. Deflers qui prie la Société, au nom de MM. Brune, Momoro, et de demoiselle Colomb, de suspendre jusqu'au 20 septembre le concours qui doit avoir lieu pour le choix de l'imprimeur de la Société. Cette suspension a été arrêté à l'unanimité.

M. *Salle* a lu un projet de discours sur les conventions nationales. — M. *Dufourny* fait le rapport des premières opérations du corps électoral.

MM. Nolff, Guy le Guen de Kerangal, Moyot, le Lay, Corentin le Floc'h, Kauffmann, Gobel, évêque de Paris, Cochard et Frondeville, membres de l'Assemblée nationale, ont paru à cette séance.

La séance a été levée à dix heures [1].

---

1. Voir sur cette séance le n° 50 des *Sabbats jacobites*, et lire dans le *Journal de la Révolution* du 28 août 1791, p. 457, des réflexions sur le changement d'opinion de quelques Jacobins accusés de s'être laissés corrompre.

XXXIX

SÉANCE DU LUNDI 29 AOUT 1791

PRÉSIDENCE DE M. PETION

La séance n'a été ouverte qu'à sept heures. La lecture des lettres et adresses a été renvoyée à mercredi.

M. *Mendouze*, secrétaire, a dit qu'un citoyen venait de faire hommage à la Société d'un ouvrage en quatre volumes [1], formant la collection précieuse des discours et motions faits par Mirabeau, tant à la Chambre des communes qu'à l'Assemblée nationale. — L'affiliation a été accordée à la Société de Remiremont.

On est passé à l'ordre du jour. — M. *Salle* a combattu le projet des Comités sur le mode de revision. Il a trouvé que le moindre défaut de cet ouvrage était l'obscurité, et qu'il ne tendait à rien moins qu'à ôter à la nation sa souveraineté. Les Comités n'admettent que la voie de pétition par commune. Et, comme des assemblées primaires ne peuvent demander que des réponses partielles, il sera impossible qu'aucune réforme ait lieu. Une commune voudra-t-elle réformer tel point de la constitution, il sera bien difficile que toutes les autres communes s'accordent à prononcer sur ce point. — M. *Carra* a dit que l'assemblée de revison, proposée par les Comités, n'aurait effectivement rien à reviser. Il a montré une foule de contradictions dans les divers articles de ce projet, où il s'est plaint de trouver partout le nom du roi. — M. *Tournon* a réclamé contre le petit nombre de députés dont les Comités forment leur assemblée de revision. Il a opposé ce nombre, qui ne s'élève qu'à deux cent quarante-neuf individus, avec la quotité de la liste civile, qui monte à vingt-cinq millions de livres, et a fini par demander que l'assemblée revisante ou constituante fût composée au moins de douze cents députés.

M. *Petion*, président, a lu le résultat du scrutin, qui lui a donné pour successeur M. Rœderer, et qui a fait secrétaires MM. d'Orléans, Lanthenas et Collot-d'Herbois. On a beaucoup applaudi à ces choix. — M. Rœderer a pris le fauteuil.

M. *Anthoine*, après avoir rendu compte de la séance de l'Assemblée

---

1. Il s'agit de l'ouvrage intitulé : *Mirabeau peint par lui-même, ou Recueil des discours, motions, etc.* Paris, Buisson, 1791, 4 vol. in-8.

nationale du matin, a demandé : 1° que M. le président fût chargé de nommer, tous les huit jours, un député qui lui rendrait compte de ce qui se fait à l'Assemblée nationale; 2° qu'il y eût demain une séance extraordinaire. — Sur la seconde partie de la motion de M. Anthoine, on a observé que la salle était prêtée pour demain. Quant à la première proposition, M. *Corroller* a dit qu'elle semblait établir un censeur de l'Assemblée nationale, et que, sans nommer personne officiellement, il se trouverait toujours quelque député qui remplirait volontiers cette commission. — D'après ces observations, la Société est passée à l'ordre du jour.

MM. *Royer, Botidoux* et *Rœderer*, ont présenté de nouvelles réflexions sur les assemblées de revision. — M. *Dupré* fils a fait part des sentiments affectueux de la Société de Carcassonne pour la Société-mère des Jacobins. — *Un membre* a fait un rapport sur les vexations commises par un chef militaire contre un chasseur de la sixième division. La Société a arrêté qu'elle nommerait des commissaires pour l'examen de cette affaire.

MM. Marquis, Jary et Dupré, membres de l'Assemblée nationale, ont paru à cette séance.

La séance a été levée à neuf heures et demie [1].

XL

SÉANCE DU MERCREDI 31 AOUT 1791

PRÉSIDENCE DE M. RŒDERER

[Correspondance : Lettre de Thionville demandant une nouvelle émission d'assignats de cinq livres et la subdivision des autres; — de Toulon, sur les troubles causés par l'arrivée du sieur Rimbaud, commissaire du roi; — de Perpignan, invitant la Société à publier « *un manifeste de paix pour tous les peuples, et de guerre pour les tyrans* »; — de Cassel, envoyant copie d'une lettre adressée à M. Alquier, député, et demeurée sans réponse. — On demande de Nantes des informations sur une Société nouvellement établie à Duras, et qui sollicite l'affiliation. — Lettre de Villeneuve-l'Archevêque, sur un discours communiqué par les Feuillants; — d'Apt, sur des troubles locaux; — de Clermont-Ferrand, pour remercier au sujet des témoignages d'amitié apportés par M. Bancal, avec copie d'une pétition à l'Assemblée nationale sur la maison militaire du roi; — de Landrecies, sur le changement de garnison des chasseurs de Gévaudan; — de Brest, pour demander d'appuyer les réclamations

---

1. Il y a, dans la *Chronique de Paris* du 30 août, une lettre de Rœderer à la Société des amis de la constitution de Metz sur la scission.

des marins qui ont servi dans l'Inde; — du Faouët, sur un décret pénal contre le monopole et l'agiotage des petits assignats et de la menue monnaie; — de Draguignan, sur deux condamnés; — du canton de Sarrazac, contre les 290 protestants qui siègent à l'Assemblée nationale; — d'Arras, pour un sursis à accorder à « six sergents vendeurs et appréciateurs »; — d'Ornans, sur l'admission de tous les volontaires nationaux du département. — De Lambesc, copie d'une adresse à l'Assemblée nationale sur les émigrants; — de Bourg, communication de pièces diverses. — Lettre de Beaune, contre une dénonciation du ministre de la justice; — de Maurs, sur la scission. — Les Sociétés de Montargis, Beaugency, Saint-Chamond, Effiat, Cahors, Rabastens, Rodez, Barbentanne, Thiers, Quimperlé, Albi, Nîmes, et les Sociétés populaires de Lyon, protestent de leur inviolable attachement. — De Marennes : on n'écrira plus aux Feuillants si, dans trois semaines, ils ne sont pas réunis aux Jacobins; — de Redon : on suspend toute correspondance avec les deux Sociétés; — de Combronde, district de Riom : on demande l'affiliation. — Lettre des soldats invalides détachés au château d'Angers. — *M. Sérane*, professeur d'éloquence, communique un projet de maison d'éducation. — *M. Huillot*, de Grenoble, sollicite un emploi. — *MM. Tessier* et *Lucas* désirent retirer leurs bustes de Mirabeau pour les exposer au Louvre. — *M. Michalet* « propose une question importante sur les peines contre l'adultère ». — La Société de Strasbourg communique plusieurs pièces importantes, des lettres de Savoie et de Delle sur les mouvements de troupes. — *M. Salle* donne des détails sur la conduite des aristocrates autour de Toul. Il désirerait que l'Assemblée nationale, après avoir fait accepter la constitution, déclarât son mandat terminé; qu'elle demandât aux ministres tous les renseignements désirables sur nos moyens de défense; enfin qu'on ne rende point au roi sa liberté.

M. Corroller a trouvé pusillanimes les précautions indiquées par M. Salle. *M. Anthoine* a fait à cet égard des observations qui ont été applaudies. — *M. Morelon* a dit que Louis XVI devait être considéré comme un fils de roi, entrant dans sa majorité, à qui l'on présente la couronne et qui n'a qu'à l'accepter ou à la refuser. — *M. Kervélégan* a dit qu'il ne connaissait pas le fond du projet du Comité, mais qu'il croyait que c'était de faire une constitution telle qu'elle pût être présentée au stathouder, à l'empereur et aux autres puissances.]

M. Dubois de Crancé. — Si ce que vient de dire le préopinant est le mot de l'énigme, je trouve fort extraordinaire le moyen de M. Salle. Car, si le roi refuse la constitution, il sera dans le cas de l'abdication, et les ministres devront exercer provisoirement les fonctions suprêmes du pouvoir exécutif. Quant au mode d'acceptation, je suis de l'avis de M. Anthoine. — L'opinant a dit que, dans son département, il y avait une espèce d'insurrection. Le nombre des gardes nationales volontaires excède celui demandé. Le département ne voulait pas les faire partir. Ils ont menacé de pendre les membres du directoire, qui leur ont enfin accordé les ordres, et ils sont partis.

MM. *Carra* et *Populus* ont ajouté quelques observations qui ont été bien accueillies. — M. *Rœderer,* président, a dit qu'il croyait que le Comité devait proposer : 1° que la constitution fût présentée au roi par une députation de soixante membres; 2° que le roi fût prié de donner des ordres pour son entière liberté et sûreté. Il a réfuté ce plan, et, pour empêcher le roi de sortir du royaume, il a exhorté les députés à rappeler et à faire insérer dans l'acte constitutionnel le décret qui fixe à vingt lieues au plus du corps législatif la résidence du chef du pouvoir exécutif.

Sur la motion d'un membre, la Société a arrêté qu'elle tiendra demain une séance extraordinaire. — MM. Boze et Fabre d'Églantine ont été nommés membres du Comité de correspondance, à la place de MM. Thomas et Chamfort.

MM. Vimal-Flouvat, Poya de l'Herbay, Rancourt de Villiers, Biauzat et Alquier, membres de l'Assemblée nationale, ont paru à cette séance.

La séance a été levée à neuf heures et demie [1].

XLI

Septembre 1791

SÉANCE DU JEUDI 1er SEPTEMBRE 1791

PRÉSIDENCE DE M. ROEDERER

[Correspondance : La Société de Brest renouvelle l'assurance de son attachement inviolable. — Un grenadier demande la permission de venir s'instruire aux séances de la Société. — Un citoyen exprime ses craintes sur la difficulté de faire céder leur poste aux anciens législateurs. — La Société de Beaugency propose un décret concernant les gardes nationales. — Celle de Poitiers donne des renseignements sur le régiment du Roi cavalerie. — Les Sociétés d'Aigre, de Saint-Gaudens, de Sauveterre, de Tournecoupe, de Valence et de Villandraut, restent attachées aux Jacobins. — Vingt citoyens de Strasbourg se plaignent de la Haute-Cour d'Orléans dans l'affaire du cardinal de Rohan. — La Société de Bordeaux envoie deux lettres concernant deux citoyens de cette ville.]

Après la lecture des adresses, M. *Bécourt* a fait la motion d'établir

1. Dans la *Chronique de Paris* du 30 août 1791, il y a une « première liste des députés patriotes séant aux Jacobins ».

un arsenal dans chaque section de Paris, parce qu'il y a des canons sans poudre ni boulets. — Un député d'Orléans a rendu compte du fait qui a donné lieu à la dénonciation du ministre de la justice contre la Société de cette ville. Le prétendu crime de cette Société est d'avoir demandé à la Haute-Cour provisoire une place dans le banc des avoués pour deux de ses membres. — M. *Hion* a demandé que les commissaires nommés pour le concours du buste de Mirabeau fussent invités à faire leur rapport, parce que les artistes demandent à placer leurs bustes au Salon. La Société a arrêté que ce rapport lui serait fait dimanche. — M. *Mendouze* a fait la motion de nommer trente-six membres pour former un Comité de présentation. Sur l'observation de M. *Guérault*, il a été arrêté que, préalablement à cette mesure, le projet de règlement lui serait présenté jeudi prochain. — Un membre a demandé que la Société fît imprimer le discours prononcé le matin à l'Assemblée nationale par M. Robespierre, et dans lequel ce député avait si vigoureusement défendu la cause de la liberté. Cette motion a été adoptée. — M. *Saint-Martin* a proposé de mettre dans l'acte constitutionnel l'article portant abolition des lettres de grâce. Cette proposition est appuyée par M. *Biauzat* et par M. *le Président*, qui a observé que le droit de faire grâce entre les mains du roi serait une arme contre les patriotes et que les aristocrates en recueilleraient tout le fruit. MM. *Robespierre* et *Prieur* ont aussi parlé sur cette matière et ont mérité les applaudissements de la Société. — Un député de la Société de Laon a rendu compte des prétendus délits imputés à M. Fauchet, évêque du Calvados, et de la véritable persécution qu'éprouve ce prélat pour s'être montré patriote.

MM. Merle, Bouche et Dinochcau, membres de l'Assemblée nationale, ont paru à cette séance, qui a été levée à dix heures [1].

1. On lit dans *le Patriote français* du 1er septembre : « La Société des Jacobins poursuit avec constance ses travaux. Les Sociétés affiliées ont dû recevoir d'elle, depuis quinze jours, divers paquets qui les auront parfaitement instruites de ce qui s'est passé de plus important dans son sein. Ce qui regarde la scission doit être surtout parfaitement éclairci pour celles à qui le nom de quelques députés d'un patriotisme connu, dans la liste des Feuillants, aurait pu en imposer. Ces patriotes sont maintenant rentrés aux Jacobins. Ceux-ci comptent actuellement sept à huit cents membres. Leur Comité d'épurement s'est dissous. Les anciens membres qui voudront se présenter devront maintenant s'adresser au Comité de présentation, ainsi que tous ceux qui voudront faire partie de cette Société, en se faisant appuyer du nombre de membres déterminé par le règlement. — On a porté, le 29 août, à la présidence de septembre, M. Rœderer. MM. d'Orléans, Lanthenas et Collot-d'Herbois, ont été nommés secrétaires. » — Suivent les noms des députés patriotes séant aux Jacobins.

[M. *Vernoury*, garde de la ville, présente à la Société le plan d'un monument symbolique représentant la Révolution [1].]

XLII

SÉANCE DU VENDREDI 2 SEPTEMBRE 1791

[Correspondance : Lettre de Marseille, contenant des remerciements et une demande de renseignements sur la disgrâce de M. Danton. — La Société d'Auxerre communique une lettre aux Feuillants. — Celle de Montivilliers promet un inviolable attachement. — Celle de Béthune remercie de l'envoi des discours de MM. Brissot et Condorcet, et se plaint de la conduite des prêtres réfractaires du canton. — Les Sociétés de Romans, Guingamp et Hesmond promettent une correspondance exclusive. — La Société d'Ollioules se plaint de quelques incidents locaux. — Celle de Dijon demande l'exécution des décrets sur M. Condé et les émigrants.]

Après la lecture des lettres et adresses, on a passé à l'ordre du jour.

M. *Hom* a proposé, pour empêcher le pouvoir exécutif d'empiéter sur le pouvoir législatif, d'établir un corps de censeurs nommés par les départements. Ce corps s'assemblerait une fois par mois, et, lorsqu'il jugerait à propos de faire quelque dénonciation, il ferait imprimer le procès-verbal de la séance où aurait été motivée la dénonciation, en enverrait un exemplaire au pouvoir législatif et un autre au pouvoir exécutif. Cet exemplaire servirait de dénonciation légale. — M. *Terrasson* a demandé que l'abolition des lettres de grâce fût insérée dans la constitution. — M. *le Président* a demandé aussi l'insertion de trois décrets : celui des vingt lieues, celui qui déclare le roi inséparable de l'Assemblée nationale, et celui qui porte que les décrets extra-constitutionnels auront leur pleine et entière exécution jusqu'à ce qu'ils aient été changés par une seconde législature. Il a assuré qu'un membre du Comité lui avait dit qu'il était à craindre que le roi n'attrapât l'Assemblée en apposant son nom avec une griffe, et qu'il était à désirer que le roi demandât le changement de quelques misères, pour montrer qu'il serait libre.

Un membre a dit qu'il revenait de Lille, où il y a trois régiments, dont deux étrangers, le régiment de Dillon et un régiment suisse. Sur

---

1. Cette communication de Vernoury se trouve dans le n° 54 du *Journal*, à la suite du compte rendu de la séance du 4 septembre 1791.

le bruit qu'il n'y avait point de munitions dans les arsenaux, et d'après l'invitation de tous les citoyens, les municipaux ont demandé qu'on leur ouvrît l'arsenal. Ils ont été refusés. La Société ayant député six de ses membres, on leur a objecté les formalités nécessaires pour ouvrir un arsenal. — M. *Gineste* a demandé que les ministres fussent mandés à la barre de l'Assemblée nationale, pour rendre leurs comptes. — M. *Rœderer*, président, a fait part de la lettre d'un officier municipal de Thionville, à l'occasion de laquelle M. Chapelier l'avait accusé, en pleine Assemblée nationale, de vouloir semer des craintes non fondées. Il a dit qu'il se préparait à répondre demain à cette inculpation. — M. *Robespierre* a demandé que messieurs les secrétaires réunissent toutes les lettres que la Société a reçues dernièrement, afin que les députés pussent s'instruire exactement des faits qu'elles contiennent. (*Adopté.*) — Un député de Caen a demandé que le ministre de la guerre rendît compte de la distribution des armes. Il s'est plaint de ce que le département du Calvados, compris dans la distribution pour cinq mille fusils, n'en avait pas encore reçu un seul. — M. *Carra* a dit que, dans sa correspondance, il voyait que tous les départements manquaient d'armes. M. *Salle* a assuré que les ministres avaient dit qu'ils trouveraient des armes quand il en serait besoin.

M. DUBOIS DE CRANCÉ. — Avant la Révolution, il existait plus de 800,000 fusils dans les magasins. On en a pillé environ 260,000. Des 97,000 distribués, Paris en a eu 40,000 et Lyon 20,000. Les dix-neuf vingtièmes en ont été distribués dans les grandes villes. Un négociant, chargé d'en fournir 60,000, n'en a pas envoyé un seul.

[Lecture d'une lettre de Toulon sur des troubles locaux.]

MM. *Petion, Populus, Salle, Moreton* et *Prieur,* ont parlé sur les conventions nationales. — Une députation de la Société du faubourg Saint-Antoine est venue témoigner des craintes sur les suites de la cherté du pain.

MM. Claye, Mauriet et Poulain, membres de l'Assemblée nationale, ont paru à cette séance.

La séance a été levée à dix heures[1].

1. On lit dans *le Patriote français* du 3 septembre : « Dans la liste des députés membres des Jacobins, nous avons oublié le bon abbé Grégoire. On a défiguré le nom d'un autre député patriote, P.-E. Fouquier, député de Saint-Quentin, qu'on a mal à propos appelé Fourguier. Le nombre des Sociétés qui s'affilient aux Jacobins ne cesse de s'augmenter. On y a vu reparaître même M. Biauzat. »

XLIII

SÉANCE DU DIMANCHE 4 SEPTEMBRE 1791

PRÉSIDENCE DE M. RŒDERER

M. *le Secrétaire* fait lecture du procès-verbal de la dernière séance.
— M. *Biauzat* réclame contre la partie de ce procès-verbal où il est dit que M. Rœderer a eu de la peine à se faire entendre dans l'Assemblée nationale : « Ce fait est faux, a dit M. Biauzat, mais, quand il serait vrai, la Société ne devrait point en faire mention. »

M... — Ce fait est faux : c'est une calomnie.

M. LE SECRÉTAIRE. — Ce fait n'est pas une calomnie, comme le dit monsieur : il est dans la plus exacte vérité; il est notoire à tout le monde.

M. BIAUZAT. — Je soutiens que le fait est faux, que M. Rœderer a été entendu tant qu'il l'a voulu sur la lettre de Thionville, qu'il n'a été interrompu que lorsqu'il a voulu répondre aux inculpations de M. Chapelier.

M. RŒDERER, *président*. — Le dernier fait rapporté par M. Biauzat est très vrai : je demande donc la radiation de la phrase contre laquelle M. Biauzat a réclamé; mais je prends en même temps la liberté de représenter à M. Biauzat qu'il a peut-être parlé trop vivement à un officier de cette Société, à M. le Secrétaire.

La radiation, mise aux voix, a été ordonnée.

M. *Mendouze* rappelle les arrêtés réitérés de la Société, en vertu desquels MM. les secrétaires ne doivent faire mention dans le procès-verbal que des arrêtés pris, et non de l'historique des discussions.

[Correspondance : La Société d'Arcis-sur-Aube se plaint de la négligence du ministre de la guerre. — M. *Pradier*, adjudant du 34e, désire qu'on appuie sa demande du « grade de lieutenant qui lui est dû ». — A Bar-sur-Seine on se plaint du dédain des Feuillants. — De Troyes, communication d'une adresse aux gardes nationales partant pour la frontière. — De Montdidier, on demande la lettre d'affiliation. — D'Autun, on promet la copie d'une *lettre de cachet* envoyée par le ministre de la justice pour suspendre despotiquement le cours d'une procédure pendante. — De Roquefort-de-Marsan, on attend avec impatience la fin de la revision et la présentation au roi de l'acte constitutionnel. — Lettre de Saint-Gengoux, sur le retour d'une partie des membres de l'Assemblée nationale aux Jacobins. — De Parthenay, sur les pouvoirs constituants de l'Assemblée nationale. — De Strasbourg, sur l'insolence des aristocrates envers les curés constitutionnels. — Le 17° régiment d'infanterie se plaint de M. Duportail, ministre de la guerre. — De Noyon, on dénonce « des émigrations nombreuses d'officiers de troupes de ligne, gardes du corps et autres militaires ». — La Société de Saint-Martin-de-Ré proteste de son inviolable attachement. — A Vimoutiers, on ne recevra plus non affranchie que la correspondance des Jacobins. — Les Sociétés de Saint-Chamond et d'Angers expriment leur attachement. — A Beaune, on reçoit de tous côtés des plaintes contre le ministre de la guerre. — De Chalon-sur-Saône, on recommande deux pétitions, l'une relative à de nouvelles divisions d'assignats, l'autre contre les prêtres non conformistes. — De Gray, réponse à la dénonciation faite le 14 du mois dernier par M. Regnaud de Saint-Jean-d'Angély contre les Sociétés de Gray, Besançon et Vesoul. — Les Sociétés d'Annonay et de Verdun protestent de leur attachement. — M. *Courdin*, professeur de physique à Montpellier, demande une *déclaration des droits du peuple* à la suite de celle des droits de l'homme et du citoyen. — De nouvelles Sociétés, établies à Thionville, Embrun, Sainte-Affrique et Saint-Laurent-des-Eaux, demandent l'affiliation.]

Après la lecture des lettres et adresses, M. *Biauzat* a dit : « Depuis deux mois, deux opinions opposées se sont manifestées : voilà le moment de s'expliquer, de faire cesser tous les partis, de réduire tous les Français à n'avoir plus qu'une opinion. La constitution est achevée, elle va passer dans tout le royaume, et bientôt dans toutes les parties du monde : une défaveur résulterait de l'idée fausse qu'elle n'est pas adoptée par cette Société... Amis de la constitution, montrons-nous amis de la constitution ; toutes les Sociétés du royaume ont les yeux sur vous. Si vous ne faites pas un acte éclatant d'engagement à la constitution, si vous montrez que la constitution ne vous plaît pas, elle sera mal reçue ; au contraire elle sera bien reçue, et la paix régnera, si vous manifestez votre assentiment. Les troubles règnent encore, et c'est ce que je ne peux pas supporter. Je fais donc la motion que la Société arrête aujourd'hui, séance tenante, que la constitution sera posée dans l'endroit le plus éminent de la salle au-dessus du nom de la Société, et que cet arrêté soit envoyé à toutes les Sociétés du royaume, afin que personne ne puisse douter de vos véritables sentiments. »

Cette motion est adoptée par acclamation et au milieu d'applaudissements redoublés. — *Quelques membres* demandent qu'il soit exprimé dans l'arrêté qu'il a été pris à l'unanimité. (*Adopté*.)

M. *Biauzat* demande l'admission de son fils dans la Société, et observe que, son fils n'étant connu que de lui, il ne veut point mendier des signatures. Cette proposition est applaudie par les uns ; les autres demandent l'exécution des règlements. Il s'élève un grand tumulte. — M. *le Président* offre à M. Biauzat l'admission provisoire de son fils, jusqu'à ce qu'il soit soumis aux règlements. — M. *Biauzat* déclare qu'il veut que son fils soit autant que lui. Le tumulte recommence. On demande l'ordre du jour, la question préalable. — M. *Tournon* obtient la parole et propose l'admission provisoire de M. Biauzat fils pendant quinze jours. — Cette proposition est adoptée, et l'on passe à l'ordre du jour.

M. *Hion* veut parler, mais le tumulte l'empêche de se faire entendre. — M. *le Président* rappelle à l'ordre l'honorable membre, qui répond qu'il ne mérite point cette censure. M. le Président demande la lecture des règlements. Cette lecture est faite par M. *Mendouze*.

M... — Je crois que M. le Président n'a pas fait son devoir en mettant aux voix tandis qu'on demandait la question préalable.

M. *le Président* se justifie en rappelant l'ordre de la délibération. Il est applaudi.

Sur la représentation que l'Assemblée nationale tiendrait une séance lundi soir, il a été arrêté que la séance du lendemain serait remise à mardi soir, et qu'on y entendrait un rapport sur un projet de M. Daudibert-Caille. — M. *le Secrétaire* fait lecture d'une pétition adressée à l'Assemblée nationale par les électeurs en état d'ajournement personnel. Cette pétition, rédigée par M. Camille Desmoulins, est mise à l'ordre du jour. — *Un membre* rend compte de la délibération du corps électoral de Paris, qui a déclaré vouloir mettre à exécution la loi de 1676. En conséquence, MM. les électeurs en état d'ajournement personnel s'étant présentés à leurs bureaux, les huissiers les ont empêchés d'entrer. — M. *Botidoux* dit que MM. Chapelier et Lanjuinais étaient décrétés d'ajournement personnel lors de leur élection aux États généraux. — *Un autre membre* cite Mirabeau et Bergasse, qui se trouvaient dans le même état.

M. BIAUZAT. — M. Chapelier était décrété par le parlement de Paris, mourant alors. La loi porte qu'un homme en état d'accusation sera privé des droits de citoyen actif. Mais l'état d'accusation ne consiste point à être accusé par un individu, mais à être déclaré, par le jury assemblé, en état d'accusation. La loi, ne pouvant s'étendre, mais au contraire se restreindre, ne doit pas s'appliquer ici.

M. ANTHOINE. — La loi constitutionnelle veut que tout citoyen en état d'accusation soit privé des droits de citoyen actif, mais non des droits électifs. Il faut bien saisir l'esprit de la loi, et ne pas s'attacher trop à la lettre. La loi peut s'appliquer dans le cas où un citoyen va dans les assemblées primaires en vertu de sa cote d'inscription : il n'est encore connu de personne. Mais, dès qu'il est électeur, il est investi de la confiance de ses commettants, et par conséquent dégagé des liens du décret.

M. *Sergent* et M. *le Président* ont ajouté de nouvelles observations à celles de M. Anthoine. — La séance s'est terminée par un rapport de M. *Moreton*, sur une injustice personnelle à lui faite par le ministre de la guerre.

La séance a été levée à neuf heures et demie.

XLIV

SÉANCE DU MARDI 6 SEPTEMBRE 1791 [1]

PRÉSIDENCE DE M. ROEDERER

Après la lecture du procès-verbal et des annonces, M. *Moreton* fait part à la Société d'une lettre qu'il a reçue de M. Rochambeau, dans laquelle ce général lui annonce que tout est parfaitement tranquille, et qu'il n'y a aucune crainte d'invasion prochaine, et le charge de présenter son hommage à la Société. — Cet officier patriote vient d'être nommé président de la Société de Maubeuge, et le premier acte de sa présidence a été d'envoyer une lettre aux Feuillants, dans laquelle il les chapitre vertement sur la scission. (*On applaudit.*)

La discussion s'est ouverte sur la question de savoir quand le règlement serait définitivement arrêté, et dans quel mode il serait notifié à tous les membres de la Société. Après quelques débats, il a été décidé : 1° que le règlement serait lu par un secrétaire dans le cas de tumulte; 2° qu'il serait lu à l'ouverture de chaque séance; 3° enfin qu'il serait nommé six commissaires pour procéder à la rédaction de ce règlement, de manière qu'il pût être soumis le 15 de ce mois à la délibération de la Société. — Les six commissaires qui ont été nommés à cet effet sont : MM. Cuirault, Royer, évêque de l'Ain, Bourdon la Crosnière, Rousselle, Lanthenas et Perrochel.

M. *Rouhière*, membre de la Société et de celle de Cherbourg, a prononcé un discours qui a excité des applaudissements, et qui contient plusieurs idées neuves et hardies sur la responsabilité morale des représentants de la nation, appliquée à l'Assemblée nationale actuelle. — M. *Bourdon* a soutenu que M. Rouhière avait commis une

---

1. Voir dans *l'Assemblée nationale* du même jour, 6 septembre 1791, l'opinion d'un patriote sur les véritables devoirs des *Sociétés des amis de la constitution*.

erreur de principe en établissant le corps législatif comme responsable.

M. *Corroller,* après quelques réflexions sur la conduite circonspecte et prudente à tenir dans les circonstances actuelles, a fait remarquer que, depuis la présentation de la constitution, on essaye de persuader au peuple que le roi demandera des modifications. « Il faut bien empêcher, a-t-il dit, qu'il y ait le moindre mouvement dans le peuple, parce que, si le roi acceptait la constitution dans un temps de troubles, on dirait qu'il n'était pas libre, et qu'il a accepté par crainte. »

On a fait le rapport du projet de M. Daudibert-Caille. Ce projet consiste à établir une caisse nationale, qui émettrait pour cinq milliards de billets, au pair de l'argent; qui prêterait à 3 pour 100; qui faciliterait la vente des biens nationaux et tous les échanges de commerce, et qui donnerait la plus grande vigueur aux spéculations de l'industrie. — M. *Bourdon* interrompt le rapporteur, en demandant quelle serait l'hypothèque de cette énorme masse de billets. On continue le rapport.

[*M. Simonne* fait l'éloge du rapport, et se plaint des retards qu'on a mis à examiner un projet qui « est peut-être un chef-d'œuvre en finances ».]

Quelques membres demandent l'impression du rapport. D'autres réclament la question préalable. Après quelques débats, la Société passe à l'ordre du jour.

On a fait lecture d'une lettre dans laquelle M. *de Moreton* invite messieurs les députés à demander la radiation au procès-verbal du renvoi de son affaire au Comité de la guerre, attendu qu'elle se trouve jugée par un décret général rendu à l'occasion d'une question de la même nature. — M. *Clavière* a proposé de voter des remerciments solennels à M. Kellermann, pour le patriotisme que ce général a fait éclater en déclarant à l'électeur Palatin qu'il pénétrerait dans ses États s'il permettait que les ennemis de la France s'y cantonnassent. L'honorable membre a demandé aussi que cet acte de remerciement fût notifié à toutes les Sociétés affiliées, et qu'on adressât une lettre aux Sociétés des frontières, pour faire inviter les soldats français à recevoir fraternellement les déserteurs des troupes étrangères avec lesquels ils auraient eu des rixes singulières d'où pourrait résulter un esprit d'animosité funeste à la chose publique.

M. REGNIER. — Monsieur vient de nous proposer de provoquer la désertion des troupes étrangères... (*Murmures.*)

Plusieurs voix crient : Non, non. Vous n'avez pas entendu.

· Les trois propositions de M. Clavière sont mises aux voix et adoptées.

M. Bécourt. — M. Kellermann n'a pris d'ordre de qui que ce soit. Il n'a point été régulier dans sa conduite...

[M. *Carra* dit que, quelque contradictoires que soient les nouvelles reçues de l'étranger sur les mouvements de troupes, les rivalités des princes, leurs entrevues, les déclarations pacifiques de certains généraux, il est évident, à examiner tout cela de près, que la France est menacée d'une invasion. Tous les tyrans sont intéressés à soutenir la cause de Louis XVI, qui est aussi leur cause à eux. Mais le « sceptre de fer » des tyrans se brisera « contre l'arche sainte qui renferme les droits sacrés de l'homme et des nations ». La Révolution française « va devenir le centre d'une révolution générale en Europe ».]

M... — On a déjà fait la motion de s'occuper des écrivains patriotes, qui, n'étant point soudoyés par la liste civile, ne peuvent subvenir aux frais nécessaires pour répandre les bons principes. On a cherché tous les moyens de nous nuire. On nous fait la guerre : il faut y répondre. On emploie tous les moyens pour égarer le peuple : employons tous ceux qui sont en notre pouvoir pour l'éclairer. On a déjà proposé une souscription volontaire pour *l'Ami des citoyens*. Je demande qu'elle soit fixée dans ce moment, et qu'on établisse un Comité de rédaction, pour aider l'auteur estimable de ce journal gratuit.

M. *Hion* représente que cet acte de patriotisme donnerait lieu aux calomnies des aristocrates. — M. *Moreton* propose une souscription individuelle par *mois*; il offre de souscrire pour 24 livres. (*Applaudissements.*) — M. *Tallien*, l'un des auteurs de *l'Ami des citoyens*, monte à la tribune. Après avoir été applaudi à plusieurs reprises, il remercie la Société de sa bienveillance, annonce qu'il a reçu de quoi faire trois numéros et qu'il accepte volontiers le Comité de rédaction, qui, sans ajouter à son zèle, suppléerait à l'insuffisance de ses lumières. — M. *Petion* dit qu'il n'y a aucun danger pour la Société à subvenir aux frais d'une feuille patriotique, dont le seul but est de propager les bons principes. Il cite l'Angleterre, où cet usage est universellement reçu. Quant au Comité de rédaction, il observe qu'il faut abandonner l'auteur à son patriotisme, qui l'a si bien guidé jusqu'à ce jour. — *Un membre* demande qu'à chaque trimestre on soit tenu de donner trois livres de plus pour l'entretien d'une feuille patriotique. Cette motion est adoptée à l'unanimité. — M. *le Président* annonce que les dames des tribunes, parmi lesquelles Mme Petion, demandent à être admises à la souscription. Cette offre est acceptée.

La Société leur vote des remerciements. — *Un membre* propose à la Société de faire achat d'une imprimerie. Cette proposition est renvoyée au Comité d'administration.

La séance a été levée à neuf heures et demie.

XLV

SÉANCE DU MERCREDI 7 SEPTEMBRE 1791

PRÉSIDENCE DE M. ROEDERER

[Une Société des Bouches-du-Rhône communique un discours du président de l'assemblée électorale du département. — *M. Loréal*, ingénieur-mécanicien à Lorient, annonce qu'il a inventé un brulôt insubmersible. — La Société de Lorient adresse des félicitations à M. Robespierre. — *MM. Moser, Verneur* et *Moncey*, détenus à Saint-Hippolyte, au nom de l'évêque de Porentruy, se plaignent de n'être pas encore jugés. — Les Sociétés de Calais et de Chinon font des vœux pour la réunion, et correspondent provisoirement avec les deux Sociétés. — Celles d'Aix et de Laon protestent de leur inviolable attachement. — Celle de Guérande assure que la liberté est menacée : tous les nobles de Bretagne émigrent à Paris. — La Société de Beaugency confirme ces avis, et félicite M. l'évêque de Paris de la justice qu'il rend à la Société des Jacobins, dont il est membre. — Celle de Maubeuge, ayant pris connaissance des faits, se rallie décidément aux Jacobins, à l'exclusion des Feuillants. — Celle de Phalsbourg communique une adresse à l'Assemblée nationale, en faveur du régiment d'Auvergne. — La Société de Strasbourg dément que la garnison soit en insurrection. — Une lettre du Cap, à Saint-Domingue, assure que la tranquillité règne dans les campagnes de l'île. — *M. Collot d'Herbois* rend compte des démarches infructueuses faites en faveur des soldats du régiment de Bourgogne.]

M. *Bourdon la Crosnière* a proposé à la Société de décider elle-même sur le concours du buste de Mirabeau, puisque ses commissaires négligeaient de faire leur rapport.

M. Moreton. — Les commissaires étant la plupart artistes ou académiciens, il s'est fait un corps qui divise ces messieurs. Je crois donc que tous les membres de la Société qui ont de bons yeux peuvent juger eux-mêmes.

M. Restout, *l'un des commissaires.* — L'assertion de M. Moreton est fausse, puisque des deux bustes concurrents aucun n'est d'un académicien.

M. *Petion* demande la priorité pour le buste n° 5, dont l'auteur est sourd-muet. — M. *Roussière* propose un scrutin. — La Société

décide d'abord qu'elle jugera elle-même le concours, et sur-le-champ.
— M. *Biauzat* dit qu'il n'a pas vu les bustes. On apporte les bustes sur le bureau. M. *Biauzat* est de l'avis de M. Petion : il accorde son approbation au n° 5. La priorité est accordée à ce buste, et le prix lui est décerné[1].

Une députation des carabiniers fait part des sentiments de patriotisme qui animent ce corps militaire.

M. *le Président* indique une séance extraordinaire pour le lendemain.

M. *Collot d'Herbois* fait un rapport sur un projet de M. Bourdon la Crosnière relatif à l'éducation nationale.

[M. *Simonne* fait sur le même sujet un long discours, qu'on peut résumer dans cette phrase du début : « Instruisons les peuples, leur sort sera alors dans leurs propres mains, et non dans les intérêts ou les caprices d'une poignée d'individus. » Ce discours est vivement applaudi, et on en demande l'impression.]

M. Royer, *évêque de l'Ain*. — Ce discours, où il y a beaucoup de bonnes choses, tend à avilir les ministres du culte et prêche l'athéisme. Je m'oppose à l'impression.

M. *Simonne* annonce qu'il le fera imprimer lui-même.

On fait lecture d'une lettre adressée à la Société, et qui contient de grands éloges pour MM. Barnave et Lameth, dont le patriotisme s'étend jusqu'à demander la révocation du décret qui assure les droits politiques aux hommes de couleur libres.

La séance a été levée à dix heures.

XLVI

SÉANCE DU JEUDI 8 SEPTEMBRE 1791

PRÉSIDENCE DE M. ROEDERER

[M. *Royer*, évêque de l'Ain, préside en l'absence de *M. Rœderer*. — Correspondance : *MM. Dessival* et *Valcour* demandent des encouragements pour un nouveau journal, *l'Ombre de Mirabeau*. — Les Sociétés de Nérac, Agen, Castillon-sur-Dordogne et Mezin, invitent à la réunion. — Celle de Strasbourg envoie les noms de treize officiers déserteurs du 74ᵉ régiment, et donne quel-

---

1. *Société des amis de la constitution, séante aux Jacobins, à Paris*. — S. l. n. d., in-8 de 2 p. — Bibl. nat., Lb 40/640. — C'est l'annonce du résultat du concours.

ques détails sur une distribution de cocardes blanches et l'exportation de pièces d'or hors du pays. — Un artiste arrivé en retard la veille, au moment du concours pour le buste de Mirabeau, demande à concourir avec le buste couronné : la Société déclare ne pas pouvoir revenir sur sa décision. — On lit une pétition tendant à l'exécution de la loi contre le port de marques distinctives des ordres abolis.]

M. *Moreton* a appuyé cette pétition. — *Un membre* a observé qu'il n'y avait point de peine décrétée pour ce délit.

M... — Il faut le punir comme délit de lèse-constitution.

M... — Je crois qu'il est bon de mettre au bas de cette pétition qu'elle sera présentée à l'Assemblée nationale, pour qu'elle soit obligée de la lire.

M... — Le même délit se commet journellement dans les départements.

M. *Mendouze* propose d'envoyer aux Sociétés des exemplaires de *l'Ami des citoyens,* pour propager les bons principes et servir de contre-poison au *Chant du coq.* Il s'élève une discussion pour savoir s'il en sera envoyé un seul exemplaire à chaque Société, pour qu'elle le réimprime et le fasse afficher, ou un grand nombre d'exemplaires, pour épargner les embarras et les frais de la réimpression. M. *Mendouze* demande simplement que la proposition principale soit décidée, en renvoyant au Comité de correspondance l'examen du mode d'envoi. — Cette dernière motion est adoptée[1].

Un secrétaire donne lecture du projet de lettre de remerciement à M. Kellermann. Ce projet est adopté.

Il s'élève des débats sur le mode d'admission pour les députés à la prochaine législature. M. *Bourdon* propose de leur laisser les portes ouvertes sans autre formalité. *Un autre membre* demande que cette discussion soit ajournée au 15 de ce mois, avec celle du règlement. *Un autre* propose d'admettre tous les députés qui sont membres des Sociétés affiliées et qui en auront un diplôme.

[*M. Billaud-Varenne* prononce un long discours sur l'éducation.]

MM. Daudibert-Caille, Guiraut et Gateau, sont nommés commissaires pour examiner le nouveau papier à double face de M. Johannot. — Un député de Strasbourg prie la Société de prendre en considération la demande des habitants du Haut et du Bas-Rhin qui n'entendent que

---

1. Voir plus bas, p. 129, à la date du 15 septembre, l'*Adresse de la Société des amis de la constitution, séante aux Jacobins de Paris, aux Sociétés affiliées.*

l'allemand, et qui appellent les juges de paix *aristocrates* parce qu'ils prononcent leurs jugements en français; ils désirent que le ministre de la justice accorde à ces juges la permission de prononcer en allemand.

M. PRIEUR. — La loi ancienne qui porte que les jugements seront rendus en français dans tout le royaume doit être exécutée, puisqu'elle n'est point abrogée; d'ailleurs, l'embarras qui en résulte donnera aux Alsaciens le désir d'apprendre la langue française; je crois donc que les juges doivent y rendre leurs jugements en français, mais qu'ils doivent aussi les faire traduire en allemand pour ceux qui le demandent.

Le député de Strasbourg observe que, depuis cent ans, les Alsaciens attachés à la culture n'ont point appris le français, et qu'ils ne pourront l'apprendre davantage sous le nouveau régime; il ajoute que la Société de Strasbourg a dépensé plus de trente mille livres pour faire imprimer la constitution en allemand.

M. Deflers, qui avait été arrêté le 20 juillet, et que le tribunal du sixième arrondissement vient de remettre en liberté, a paru à cette séance. Plusieurs membres de la Société lui ont témoigné leur sensibilité sur son retour; il leur a promis, sur son arrestation et la suite de cette affaire, des détails qui trouveront place dans un de nos premiers suppléments.

MM. Millet, Lofficial, François, Bonnet de Limoux, Poulain, Banchet[1] et Latyl, membres de l'Assemblée nationale, ont paru à cette séance, qui a été levée à neuf heures[2].

---

1. Je ne trouve pas de constituant de ce nom.
2. On lit dans la *Chronique de Paris* du 10 septembre : « Tout paraît se disposer pour une réunion prochaine entre les Feuillants, qui sont en très petit nombre, et les Jacobins, qui gagnent tous les jours. Dernièrement, M. Barère de Vieuzac, ce député incorruptible, qui n'a jamais dévié, ayant été élu président, a prononcé le discours suivant : « Messieurs, permettez-moi de vous « exprimer ma sensibilité et ma surprise de l'honneur que je reçois, puisque je « n'ai rendu ni service ni assiduité à cette Société. Mais j'ai vu que la consti- « tution était faite, et je me suis dit : voilà l'époque à laquelle tous les partis « doivent disparaître, les haines s'éteindre, tous les Amis de la constitution se « rallier autour d'elle, et l'intérêt national s'élever seul au-dessus de toutes les « passions qui ont manqué d'être funestes à la patrie. — Je reçois donc la place « dont vous m'honorez avec l'espérance que je verrai prononcer, dans peu de « jours, une réunion qui m'a paru désirée par plusieurs Sociétés établies dans « les divers départements du royaume. » Ce peu de mots a été fort applaudi, excepté par quelques membres de la coalition, qui ont été à la fois absurdes et insolents, ce qui ne peut étonner que ceux qui ne les connaîtraient pas. »

XLVII

SÉANCE DU DIMANCHE 11 SEPTEMBRE 1791

PRÉSIDENCE DE M. RŒDERER

[Correspondance : Les Sociétés de Vierzon, Cusset, Vitry-le-François, Grasse, Marseille, Metz et Morlaix, protestent de leur inviolable attachement. — Celle de Montauban se plaint de ce que le ministre de la guerre replace dans certaines garnisons des régiments qu'il avait dû retirer à cause « des divisions très marquées entre eux et les habitants ». — La Société de Chalon-sur-Saône se plaint de ce qu'on remplace par des régiments étrangers des régiments d'un civisme éprouvé. — Celle d'Orange annonce qu'elle a pris pour son président M. Ferrières, général des troupes en station dans le département. — Celle de Carcassonne communique un rapport favorable à la Société de Narbonne. — Le régiment de Beauce communique une adresse à l'Assemblée nationale. — La Société d'Orléans se justifie des inculpations dirigées contre elle par le ministre de la justice. — Celle de Strasbourg fait l'éloge de la garnison; elle insiste pour avoir des armes. — Celle de Lille communique la réfutation des principes féodaux de M. de Montlosier, membre de l'Assemblée nationale, par M. de Graves, colonel du régiment de Chartres. — La Société de Toulon écrit que le tribunal et le département se sont coalisés pour éloigner les meilleurs citoyens de la législature. — Celle de Caen se réjouit des marques d'affection prodiguées à l'évêque Claude Fauchet.]

M. *Bourdon*, au nom du Comité, a proposé les articles suivants :

1º Les députés à la nouvelle législature, membres des Sociétés affiliées, seront reçus dans la Société en présentant un diplôme ou lettre de leur Société.

2º Ceux qui ne sont membres d'aucune Société seront présentés par trois membres de la Société, dont un au moins de leur département; ils monteront à la tribune, proclameront le nom du député, déclareront qu'ils répondent de son patriotisme; s'il n'y a aucune réclamation, il sera fait mention dans le procès-verbal du nom des présentants et du présenté, qui sera admis à la séance suivante [1].

M. *Corroller* demande que tous les députés soient admis indistinctement; les mauvais citoyens, a-t-il dit, n'oseront se présenter dans le sein d'une Société d'hommes libres.

---

1. *Société des amis de la constitution, séante aux Jacobins Saint-Honoré, séance du 11 septembre 1791.* — S. l. n. d., in-8 de 1 p. — Bibl. nat., Lb 40/630. — C'est la reproduction de l'arrêté qu'on vient de lire.

M. Anthoine. — Je trouve le projet du Comité infiniment sage. Il ne s'agit pas d'établir une aristocratie de places, ce sont les hommes qu'il faut juger : leurs qualités seules doivent les faire admettre ou rejeter; remarquez que tous ceux qui ont quelque étincelle de patriotisme se sont empressés de se faire admettre dans des Sociétés; mais le titre de député ne *désaristocratise* pas les aristocrates; il en est beaucoup que nous ne verrions pas avec plaisir dans la Société. Rappelez-vous les maux nombreux que vous ont causés ces gens que vous avez crus longtemps patriotes. Je demande qu'on mette aux voix l'arrêté proposé par le Comité.

M. Moreton. — J'appuie de toutes mes forces cette motion : il ne faut pas qu'une place soit un titre d'admission; l'intrigue seule, même sous nos yeux, a porté à des places des hommes... dont je ne me permettrai pas d'approfondir le patriotisme; je respecte leur caractère, mais j'attends leurs œuvres pour les juger.

M. *Corroller* demande que les députés puissent être présentés par trois membres indistinctement. — L'arrêté proposé par le Comité est adopté avec cet amendement, et l'envoi en est ordonné.

M. *Regnier* a prononcé sur la comptabilité un discours que nous rapporterons à la suite du bulletin [1].

M. *Rœderer*, président, a dit que le bruit courait que les Comités allaient demander de ces trois choses l'une, ou les trois s'ils pouvaient les obtenir : 1° que l'Assemblée nationale eût quelque prétexte de se proroger; 2° que quelques membres de la législature pussent être ministres; 3° qu'il se formât une espèce de Comité pour inspecter le ministère et instruire la nouvelle législature. M. *Rœderer*, après avoir montré le danger de ces prétentions, a conclu à la dispersion des députés actuels dans leurs départements respectifs. — La Société a ordonné l'impression des observations de M. Rœderer [2].

Une députation de Sainte-Geneviève est venue protester de son attachement. — Une autre, des Amis de la liberté, a fait lecture d'une adresse sur le décret du 15 mai : « La trame est découverte, dit-elle, les chefs d'opinion du Comité colonial se flattent en vain du succès. Le voile est déchiré, et tous ces apostats de la Révolution ne peuvent

---

1. Ce discours se trouve en effet dans le même numéro du *Journal des Jacobins*.

2. *Réflexions sur quelques bruits concernant les prétendus dangers de la prochaine séparation de l'Assemblée nationale, et du décret qui interdit à ses membres le ministère pour deux ans*, par P.-L. Rœderer, député à l'Assemblée nationale. Imprimé par ordre de la Société des amis de la constitution. — S. l. n. d., in-8 de 11 p. — Bibl. nat., Lb 40/2243.

plus échapper au déshonneur qui les attend; déjà l'inflexible Robespierre, précurseur de l'opinion publique, vient d'imprimer sur leurs fronts, en caractères ineffaçables, le jugement de la postérité... »

M. *Anthoine* annonce que demain les Feuillants doivent s'occuper de la réunion. — *Un membre* a terminé la séance par des réflexions sur la suppression des notaires royaux; cet objet a été placé à l'ordre du jour du lendemain.

La séance a été levée à neuf heures.

XLVIII

SÉANCE DU LUNDI 12 SEPTEMBRE 1791

PRÉSIDENCE DE M. ROEDERER

[Correspondance : La Société de Saint-Servan envoie la liste des députés nommés par le corps électoral assemblé à Rennes. — De la Société de Tulle : « Les élections de son département sont dans les bons principes. » — Celle de Carcassonne se plaint de la négligence du directeur de la Monnaie de Perpignan dans la fabrication des gros sols. — Celle de Maubeuge propose que Louis XVI, après l'acceptation de la constitution, soit couronné au Champ de Mars, comme premier roi des Français. — Lettre de Vienne, sur les tentatives de corruption des chasseurs de Bretagne. — De Chartres : copie d'une lettre aux électeurs de Paris sur M. Brissot. — Les Sociétés d'Épernay, de Quimperlé et de Cherbourg, protestent de leur inviolable attachement.]

Après la lecture des adresses, M. *Kervélégan* a dit que les Feuillants devaient discuter la réunion, et qu'il fallait que les députés s'y rendissent pour y coopérer. — *Un membre* a demandé qu'on fit lecture de la protestation des Feuillants contre les Jacobins, publiée lors de la scission. Cette lecture a été arrêtée.

On a fait la motion que la lettre de la Société de Chartres, concernant M. Brissot, fût envoyée au rédacteur de *l'Ami des citoyens*.

Un membre du corps électoral de Paris a dit qu'il y avait eu le matin un ballottage entre MM. Brissot et Garnier, et que ce dernier l'avait emporté; mais que, la réflexion ayant été faite qu'il y avait deux Garnier dans le corps électoral, la discussion s'était ouverte sur la validité du scrutin, et qu'il avait été déclaré nul.

M. LE PRÉSIDENT. — On se souvient de l'événement du 18 avril, quand le roi voulut aller à Saint-Cloud. A cette époque, le département assemblé fit deux adresses : l'une au peuple, l'autre au roi. On se rappelle que celle au roi était du style le plus ferme; tous les membres y avaient acquiescé, les uns froidement, les autres chaudement. Le lendemain, les électeurs devaient s'assembler, avec tout le département, pour porter cette adresse au roi. M. Garnier, membre du département, fort différent de ce qu'il avait été la veille, s'opposa avec impétuosité à la présentation, disant que c'était offenser la majesté du trône. D'autres membres se rangèrent de l'avis de M. Garnier. Ce fait n'est pas, je crois, un trait de patriotisme qui doive mériter à M. Garnier la confiance de ses concitoyens.

M... — J'ajoute que M. Garnier a tenu le propos suivant : « Les Français veulent être libres, ils le sont. Mais attendons quelque temps que le roi, à la tête de ses troupes, vous montre ce qu'est un roi à qui l'on a ôté tous les droits qui lui appartiennent incontestablement. »

M. Danton est entré dans la salle et a été fort applaudi.

M. *Mendouze* a fait lecture de l'arrêté pris le 22 août à l'égard des Feuillants.

Sur l'affaire d'Avignon, M. *Paris* a dit que, lors de son dernier voyage, il avait été admis dans toutes les Sociétés patriotiques d'Avignon, et que le vœu général bien prononcé était la réunion à la France.

M. *Goupilleau*, député à l'Assemblée nationale, est rentré dans le sein de la Société, à laquelle il a témoigné son attachement. Il a dit que, sachant que les Feuillants, parmi lesquels il n'était resté que pour défendre les bons principes, devaient agiter la question de la réunion, il était venu pour qu'on ne l'accusât point de n'être rentré que le dernier. (*Applaudissements.*)

[M. *Gerbet* a fait un discours sur l'éducation, et sur les académies en particulier.]

Un membre a demandé qu'on établît ce principe : la puissance paternelle doit s'évanouir devant la puissance sociale, surtout à l'égard du prince royal.

M. *Brissot* a présenté, sur l'affaire des colonies, des réflexions qui réfutent tous les arguments de M. Barnave. L'impression a été ordonnée [1].

---

1. *Discours sur la nécessité de maintenir le décret rendu le 15 mai 1791 en faveur des hommes de couleur libres, prononcé le 12 septembre 1791, à la séance de la Société des amis de la constitution, séante aux Jacobins, par* J.-P. Brissot, *imprimé par ordre de la Société.* — S. l. n. d., in-8 de 28 p. — Bibl. nat., Lb 40/631.

On a fait lecture de la protestation des cinquante-six Feuillants. Il s'est élevé quelques murmures. — On allait délibérer sur la réception à faire aux Feuillants, lorsque M. *le Président* a annoncé que leur arrêté définitif était qu'il n'y avait pas lieu à délibérer. Cet avis donné par M. *le Président* a été applaudi à trois reprises. — M. *Anthoine* a demandé qu'il fût accordé trois jours seulement aux membres des Feuillants qui voudraient rentrer. On a passé à l'ordre du jour sur cette motion. — M. *Populus* voulait qu'on envoyât une adresse aux Sociétés affiliées, pour leur rendre compte des derniers arrêtés des Feuillants. Cette proposition, longtemps appuyée et combattue, a fini par être ajournée.

Une députation de la Société fraternelle est venue réclamer intérêt et secours pour les malheureux prisonniers injustement détenus. M. *le Président* a fait connaître à cette députation l'arrêté par lequel la Société, pour prévenir toute calomnie, avait recommandé à ses membres de faire individuellement, à cet égard, ce que leur dicterait le patriotisme et l'humanité. — M. *Brune* a dit que, si la Société n'avait pas craint d'être calomniée en arrêtant une contribution pour *l'Ami des citoyens*, elle devait bien moins le craindre dans cette circonstance. — M. *Danton* allait appuyer cette observation, lorsque M. *le Président* a ajourné la délibération à la prochaine séance.

La séance a été levée à dix heures et demie.

XLIX

SEANCE DU MERCREDI 14 SEPTEMBRE 1791

PRÉSIDENCE DE M. ROEDERER

[Correspondance : les Sociétés de Barbonne, Saint-Amand et du Mas d'Azil remercient de l'affiliation. — Celles d'Aix, Châlons-sur-Marne, Saint-Girons, Turenne, Saint-Trivier, Agde, Aubagne et Limoges, protestent de leur inviolable attachement. — La Société de Montpellier réfute quelques calomnies répandues par certains journaux. — Celle d'Effiat communique les réclamations de quelques instituteurs. — Celle de Vannes donne des renseignements sur le civisme du régiment ci-devant Picardie. — La Société de Soissons fait part de quelques bruits sur un prochain départ du roi. — Celle de Dijon communique un discours de M. Mulayer. — La Société d'Épinal dénonce un commissaire des guerres. — Celle de Dunkerque communique une pétition à l'Assemblée nationale. — Celle de Strasbourg fait part d'un incident local, et communique des pièces justificatives en faveur des soldats accusés d'être en insurrection.]

M. *Biauzat* demande que ces pièces soient remises à l'Assemblée nationale, et que, si M. le Président refuse de les lire, M. Petion les lise lui-même à la tribune. La Société écarte cette discussion par la question préalable.

[Suit le détail de ces pièces.]

Un membre a annoncé l'élection de M. Brissot à la législature. On applaudit. — On demande qu'il soit envoyé une adresse aux Avignonnais pour les féliciter sur leur réunion à la France. (*Adopté*.) — M. *Bourdon la Crosnière* dit que M. Desenne, sourd-muet, auteur du buste de Mirabeau qui a remporté le prix, désire *voir* couronner son ouvrage, les deux sens dont il est privé ne pouvant lui permettre de jouir des applaudissements de la Société. M. *Polverel* observe que la couronne ne peut être décernée qu'aux grands hommes. Quelques membres veulent qu'on mette une couronne de chêne sur le buste, et une couronne de laurier sur l'artiste. M. *Tallien* demande la question préalable sur le tout. (*Adopté*.)

M. le curé d'Andrésy remercie la Société de ce que, par le scrutin épuratoire, elle a bien voulu le conserver au nombre de ses membres. Il annonce qu'il a été nommé administrateur du département de Seine-et-Marne, et qu'il a quitté sa cure. Il jure d'être fidèle aux Jacobins. — Un membre rend compte de la manière dont l'arrestation de M. Danton avait été tentée dans le corps électoral. — M. *Brune* fait lecture de l'interrogatoire subi par le sieur Damien, huissier, par son commis et par M. Ozanne, huissier de l'assemblée électorale. Il résulte que les sieurs Damien et Ozanne étaient de concert, et que M. Bosquillon avait prêté les mains à cette manœuvre. — M. *Patris* dit que la veille on avait vu M. Bosquillon en grande conférence particulière avec M. Recolène, président du tribunal du sixième arrondissement; que l'huissier Damien était venu dans les bureaux du corps électoral pour dresser son procès-verbal, était entré dans une salle où il y avait des plumes et de l'encre, mais qu'il avait passé outre pour aller au bureau de M. Bosquillon. Sur la demande faite à M. Bosquillon s'il connaissait Damien, il a répondu que non. Mais M. Patris lui a rappelé que, lors de son élection à la place de juge de paix, lui ayant recommandé un jeune homme pour secrétaire-greffier, il lui avait dit avoir deux personnes en vue : Damien et Lefebvre; que cependant il préférait Lefebvre, quoique Damien eût peut-être plus de talent, mais que c'était un coquin.

M. *Danton* monte à la tribune au milieu des applaudissements.

Sans parler des persécutions dont il est l'objet, il traite la question de savoir si un homme, sans un décret de prise de corps, peut être exclu d'une assemblée électorale. « Un électeur, a-t-il dit, décrété pour assassinat, doit être arrêté sans doute; mais c'est à l'assemblée électorale à déterminer la manière dont il doit être arrêté. Le corps législatif est inviolable; les corps électoraux, qui sont les arcs-boutants de la constitution, doivent l'être aussi. Ainsi l'Assemblée nationale doit décréter que nul individu ne pourra être saisi dans un corps électoral qu'après une délibération de ce corps qui autorise les agents du pouvoir judiciaire à mettre à exécution l'ordonnance de prise de corps. »

M. *Tallien* établit qu'il est dû une réparation au corps électoral de Paris, et que l'huissier Damien et ses adhérents doivent être punis.

M. Biauzat. — Il existe, dans la constitution, un article portant que, lorsque les assemblées du peuple seront troublées, les perturbateurs seront punis. Il s'agit de connaître la punition à infliger dans le cas présent.

Après quelques autres débats, un membre fait la motion que les députés soient priés de presser l'organisation des jurés, sur laquelle repose la tranquillité de l'empire. MM. *Prieur* et *Rœderer* appuient cette motion.

La séance a été levée à dix heures.

L

ADRESSE DE LA SOCIÉTÉ DES AMIS DE LA CONSTITUTION

SÉANTE AUX JACOBINS DE PARIS, AUX SOCIÉTÉS AFFILIÉES

(S. l. n. d., in-4 de 4 pages.)

Paris, le 15 septembre 1791, l'an IIIe de la liberté.

Frères et Amis,

C'est l'opinion qui a rendu la France à la liberté. C'est en corrompant l'opinion qu'on espère aujourd'hui ramener à l'esclavage le peuple français. — Pour réussir, ses ennemis payent et encouragent, avec plus d'ardeur que jamais, les écrits qui répandent le mensonge. Depuis la Révolution, une foule de journaux a été consacrée à la défense des préjugés qui nous gouvernaient, et qui sont à jamais détruits. Mais aux feuilles aristocratiques se joignent maintenant mille autres productions bien plus dangereuses et bien plus criminelles.

Elles ont pour objet de dépraver les idées du peuple sur la révolution qu'il a faite et sur la liberté qu'il veut garder. Sous le prétexte de la modération, on y prêche, en louant même la Révolution, la déviation de ses principes; on y emploie les raisonnements les plus captieux pour accoutumer le peuple à se passer de la liberté et à ne la regarder que comme un superflu [1]; on y défend les formes qui peuvent amener une tyrannie nouvelle déguisée, et l'on persuade que le patriotisme les avoue; enfin l'on y rend odieux les hommes qui ont eu la part la plus glorieuse dans la conquête de la liberté : on les accuse de toutes nos souffrances, quand elles prennent uniquement leur source dans la vacillation d'un ordre de choses que le peuple veut, et que ses ennemis ont empêché de consolider. Armés de ces sophismes, ils ont comploté de diviser les patriotes et de compromettre, avec les tribunaux, les hommes les plus ardents pour les progrès de la liberté.

De funestes succès ont été le fruit de leurs tentatives : l'esprit public a fait des pas sensiblement rétrogrades; l'on n'a plus reconnu la fermeté paisible et généreuse de ce même peuple qui, jusque-là, s'était montré si courageux. — Des libelles ont été alors répandus pour discréditer le reste de ces hommes que les procédures les plus iniques n'ont pu atteindre, et dont on redoute l'intégrité, les lumières et la conduite soutenue. On a travesti le titre de *patriote* en celui de *factieux;* partout la médiocrité, ou même l'aristocratie la plus déclarée, ont été portées aux élections, tandis que l'on a écarté les meilleurs citoyens par mille stratagèmes; et c'est ainsi que le triomphe des méchants se prépare, au sein même de la révolution qui devait anéantir leur empire.

Parmi ces productions infâmes employées à nous pervertir, et dont l'abondance seule indiquerait la source, celle qui a été placardée périodiquement dans cette capitale, et qui a pour titre *le Chant du Coq,* mérite une attention particulière. Rédigée avec une astuce infernale, affichée chaque matin, adressée à la classe de lecteurs qui a le

---

1. Voyez le discours de M. Barnave, à la séance de l'Assemblée nationale du 31 août. (*Note de l'original.*)

moins de lumières et qui sait le moins douter, elle a égaré les esprits, jusqu'à ce que le masque qui couvrait ses auteurs leur ait été arraché par des citoyens éclairés. Mais l'erreur n'est pas entièrement dissipée. Parlant à chaque ligne de paix, d'ordre, de constitution et de liberté, comme les fripons et les scélérats parlent de bonne foi et de vertu, nos ennemis peuvent facilement en imposer par cette nouvelle hypocrisie. Nous vous invitons à prémunir vos concitoyens contre ce nouveau genre de séduction, et nous nous empressons de vous faire connaître la feuille que le patriote Tallien, un de nos membres, a entrepris de faire placarder ici, et qu'il envoie par abonnement, en opposition à celle du *Chant du Coq*, sous le titre de *l'Ami des Citoyens*.

Notre Société a senti que les Amis de la constitution, dans les circonstances actuelles, devaient encourager aussi les écrivains qui consacrent leurs veilles à célébrer les avantages de la liberté, à prêcher la justice et à défendre l'humanité. Ils ont pour ennemis les riches, les puissants de la terre, et ils ne recueillent de leurs travaux que dégoûts, haines et persécutions. Animés par cette considération, nous avons invité nos membres à verser dans une caisse particulière trois livres au moins, ou telle somme que chacun jugera pouvoir consacrer à la propagation des vrais principes; et nous vous faisons part de cet arrêté, afin qu'à notre exemple vous fassiez ce que votre zèle et votre sagesse vous inspireront pour empêcher l'erreur de faire les progrès que les méchants lui préparent[1].

Cette occasion nous a vivement fait sentir combien il importe d'instruire cette classe de nos frères flétrie, sous l'ancien régime, par l'ignorance à laquelle le despotisme la condamnait. Son instruction nous a paru devoir découler rapidement des Sociétés patriotiques qui réuniraient tous les citoyens, sans distinction. Celles de cette capitale connues sous la désignation de Sociétés fraternelles, où tous les citoyens s'assemblent avec leur famille et s'instruisent en commun, en offrent précisément l'exemple.

Frères et amis, ils vous serait facile d'établir autour de vous des points de réunion où tous vos concitoyens se réuniraient de même, les jours de suspension de travail, pour y entendre la lecture des pa-

---

1. Il est bien désirable que les Sociétés affiliées portent dans toutes les parties de leurs dépenses ordinaires la plus grande économie. C'est le moyen que beaucoup soient en état d'aider les Sociétés populaires et fraternelles non seulement du loisir et des talents de leurs membres, mais encore des avances nécessaires pour leur procurer un local vaste, salubre, agréable, cet objet étant des plus importants pour les porter au plus haut point d'utilité. (*Note de l'original.*)

piers publics de la semaine, celle des bons ouvrages, et les explications auxquelles ces lectures donneraient lieu.

Afin d'y établir à jamais l'esprit de fraternité et d'égalité, quoique toute assemblée de citoyens soit désormais en France essentiellement populaire, nous vous invitons à désigner ces réunions par le titre de *Sociétés populaires et fraternelles des amis de la constitution*, et de réduire au taux le plus bas possible la contribution nécessaire pour les frais indispensables [1].

Alors, malgré les amis du despotisme et de l'esclavage, on instruira cette classe précieuse de nos frères que leurs travaux journaliers rendent si chers à la patrie et si intéressants à l'humanité ; qui, par instinct, aiment la liberté et apprécient mieux que personne les institutions qui lui conviennent.

Tout Ami de la constitution s'empressera de tenir à ces associations bienfaisantes. Elles offriront l'avantage de la réunion des familles et de l'instruction commune. Les talents de la lecture y développeront ceux de la parole ; la jeunesse s'y animera du saint amour de la patrie et des devoirs qu'elle impose. On proscrira toutes les discussions où l'intérêt et les personnalités se mêlent ; les passions ne troubleront jamais ces assemblées ; la majesté du peuple y sera à chaque instant empreinte ; et, quand leurs séances pourront se tenir dans des lieux commodes, ce seront de véritables fêtes nationales, que les vieillards présideront et que la jeunesse embellira.

Ces points de réunion seront vos rameaux, et vous en serez le tronc, comme nous sommes le centre de toutes les Sociétés affiliées. Vous nous communiquerez ce que vous croirez utile ; et, par nous, ce qui sera important viendra à la connaissance de tout l'empire. Cette organisation simple sera le complément de ce que l'on établira pour l'éducation nationale, et diminuera beaucoup les frais d'instruction publique. L'opinion s'élèvera pure ; elle se formera dans le calme et la réflexion. On supportera les malversations momentanées, comme

---

[1]. Il est essentiel de semer enfin la vérité dans les campagnes. Désormais actif dans la législation, le peuple qui les couvre doit connaître l'étendue de ses droits et la manière de les exercer. C'est lui spécialement qui assurera le succès de la Révolution. La mobilité des intérêts établit dans les opinions du peuple des villes une fluctuation contraire à la stabilité des principes. Le campagnard, au contraire, est toujours le même ; son intérêt ne varie pas ; il ne s'écarte jamais de celui de l'État. S'il saisit une fois les vérités morales et politiques qui doivent faire son bonheur, il les transmettra à jamais, sans altération. Qu'on y établisse donc promptement des Sociétés ; que les troubadours de la liberté y portent des chansons patriotiques ; que le plaisir y soit le véhicule de tous les bons principes qu'on leur a laissé si longtemps ignorer. (*Note de l'original.*)

la punition des mauvais choix ; on en préparera de meilleurs ; et c'est ainsi qu'on préviendra, d'une manière paisible et certaine, le retour des abus.

Frères et amis, sans la circulation des idées, des connaissances utiles à la chose publique, jusqu'aux dernières ramifications de la société, la liberté sera bientôt anéantie. Les assemblées primaires, bornées aux élections, seront en effet sans intérêt, et les gens de bien les déserteront, si la portion du peuple français qui les compose essentiellement est livrée, sans instruction, aux brigues de ces prétendus protecteurs, si l'on n'y voit de bien distinct que le trouble et le dérangement qu'apporte à la vie privée cette importante fonction publique, commune à tous les citoyens.

En effet, quelle surveillance réelle pourra jamais exercer la partie de la nation la plus nombreuse et la plus intéressée à ce que la chose publique prospère ; quelle connaissance pourra-t-elle acquérir du caractère, des mœurs et des talents de ceux qui sont élevés aux emplois publics ; comment jugera-t-elle leur patriotisme, si, toujours absorbée par ses travaux, elle ne les quitte que pour venir élire les ambitieux qui la caresseront avec bassesse, la trahiront avec impudence, et lui dicteront, malgré elle, leur propre choix ?

C'est là précisément l'espoir des plus redoutables ennemis de la liberté.

Cette considération suffit pour démontrer l'importance du développement que nous vous proposons, et qui déconcertera ceux qui s'occupent des projets les plus perfides pour dissoudre les clubs patriotiques. Secondés de vos efforts, nous espérons donc voir bientôt tous les points de l'empire se couvrir de ces nouvelles Sociétés, où l'amour des lois et celui de la liberté se développeront avec énergie. Les lumières jailliront de toutes parts ; les mœurs s'amélioreront avec rapidité, et les plus beaux projets pour le bonheur de l'espèce humaine pourront alors se réaliser.

Il est temps de sortir de cette contradiction des principes avec la conduite, de cette négligence impardonnable, qui devient une véritable trahison. On ne cesse de parler de la *souveraineté* du peuple ; ses ennemis les plus acharnés s'abaissent devant elle ; et on laisse dans l'abjection et l'ignorance la portion la plus nombreuse et la plus respectable qui la compose !

Certes il ne s'agit point ici des richesses méprisables. Qui peut et sait travailler est au-dessus d'elles. Mais il s'agit des dons précieux de l'intelligence, qui caractérise l'homme, et au perfectionnement de laquelle tout individu a droit pour surveiller lui-même la chose publique, de laquelle dépend la *liberté*, et, par conséquent, son *bonheur*.

Vos Frères et Amis,

Les membres de la Société des amis de la constitution, séante aux Jacobins :

ROEDERER, *président;*

ROYER, *évêque du département de l'Ain;* SERGENT, MENDOUZE, LOUIS-PHILIPPE-JOSEPH, F. LANTHENAS, COLLOT D'HERBOIS, *secrétaires.*

LI

SÉANCE DU VENDREDI 16 SEPTEMBRE 1791

PRÉSIDENCE DE M. ROEDERER

[*M. Royer* déclare que le nom de *Royer* qui se trouve au bas d'une protestation contre les décrets de l'Assemblée nationale n'est pas le sien. — Correspondance : les Sociétés d'Ambert, Montélimart, Saint-Rémy, Bordeaux, Tarbes, Coutances, Mugron, Cherbourg, Bédarieux, protestent de l'attachement le plus inviolable. — Lettre de Crémières [1], sur le droit de patente exigé des débitants; — de Valognes, sur un incident local. — On passe à l'ordre du jour sur la demande de secours faite par M. le Président en faveur de deux soldats.]

M. *Grégoire* allait lire à la Société le discours qu'il avait dessein de prononcer à l'Assemblée nationale, sur la révocation du décret relatif aux gens de couleur, lorsque M... a donné connaissance d'une lettre écrite le 14 juillet de la Martinique, dans laquelle on annonce que les habitants de cette île, et particulièrement ceux de la ville de Saint-Pierre, ont parfaitement reçu ce décret, et qu'ils ont déclaré qu'ils maintiendraient de tout leur pouvoir la constitution française.

[Suit le discours de *M. Grégoire*, sur le décret relatif aux gens de couleur.]

M... — On doit traiter aujourd'hui cette affaire au Comité colonial. Je m'y suis présenté, et j'ai été fort étonné d'y trouver M..., que je savais être à Brest.

Une lettre de M. Blanchelande donne lieu à plusieurs observations, entre autres de la part de M. Raymond.

1. Nous ne trouvons aucune localité de ce nom. Peut-être faut-il lire *Crémieu*.

Après quelques courtes réflexions présentées par un membre sur le projet de décret concernant les notaires, on introduit une députation de la commune des Arcs, et, sur les demandes qu'elle a déjà présentées à la Société, et qu'elle réitère, on nomme pour en examiner les détails cinq nouveaux commissaires : MM. Collot d'Herbois, Simonne, Anthoine, David et Dubois de Crancé.

M. *Brissot* est couvert d'applaudissements à son entrée dans la séance et monte à la tribune.

M. BRISSOT. — La couronne civique que je reçois aujourd'hui, c'est la liberté, c'est le peuple, qui me la donnent. C'est donc dans le temple de la liberté que je dois la déposer. La persécution ministérielle m'a fait élire. Je pense que je l'ai bien méritée, cette persécution, par mon patriotisme. (*Applaudi.*) Je jure qu'au bout de ma carrière je la mériterai mieux encore. (*On applaudit.*) A des Jacobins il faut des faits, et non des mots : vous me verrez toujours à la tribune de l'Assemblée nationale sous les drapeaux de la liberté. (*Applaudissements universels.*)

M. *le Président* fait lecture de deux lettres adressées à la Société par MM. de la Porte, Olivet, Carle, Coubrel et Mérard de Saint-Just, qui demandent à rentrer dans la Société. Le dernier proteste n'avoir pas mis les pieds aux Feuillants, les autres avouent y avoir été, mais avoir tenté tous les moyens de réunion. Cette assertion est certifiée par M. Salle. — M. *Corroller* demande que ces messieurs soient admis à se présenter, comme les autres membres, en passant par le scrutin ordinaire. M. *Mendouze* représente que, lors de la dernière députation aux Feuillants, on offrit de signer une rétractation ; il demande que ceux qui se présenteront désavouent ce qu'il y avait d'insultant pour la Société dans cette rétractation. (*Approuvé généralement.*)

M. THOMAS. — Et moi aussi, je suis pour la sévérité; mais, depuis, j'ai eu par moi-même la preuve que plusieurs personnes ont été réellement trompées. J'ai été un des commissaires du Comité de revision. j'ai maintenu les principes de sévérité, j'ai proposé plusieurs fois de prendre un parti quelconque vis-à-vis de ceux qui nous avaient abandonnés; mais je me disais ce que depuis j'ai reconnu être une vérité : je crois qu'il y en a beaucoup qu'on induit en erreur. Il faut donc trouver un moyen de les distinguer. Je voudrais donc qu'on obligeât les dissidents qui voudraient rentrer à être appuyés par trois membres au lieu d'un, et, lorsqu'ils seraient admis, de rétracter solennellement à la tribune leur déclaration. Ce serait une satisfaction suffisante pour la Société.

M... — Je crois qu'il n'y a pas lieu à satisfaction; puisqu'il n'y a et ne peut y avoir d'injures pour la Société, il ne doit donc pas y avoir de rétractation. Je demande qu'on nomme de nouveaux commissaires pour recevoir ceux qui se présenteront. Je crois que la Société ne doit pas entrer dans ces petits détails. Je demande l'ordre du jour.

M. Dubois de Crancé. — Il faut rappeler tous les membres égarés dans votre sein, pour laisser dans la fange ceux qui ont voulu les y entraîner. Les députés qui sont arrivés sont travaillés : on leur dit de n'aller ni aux Feuillants ni aux Jacobins; on leur persuade, avec les raisons spécieuses d'équité et de prudence, de faire un club séparé. Plus de cent cinquante députés sont arrivés, vous n'en comptez pas un parmi vous.

M. *Troutin* se lève et contredit cette assertion en se montrant; plusieurs autres en font autant.

M. Dubois de Crancé. — Votre exemple, Messieurs, sera sans doute suivi par tous les bons députés; cependant je crois que nous devons recevoir ceux des Feuillants qui sont purs ; ils sont notre bien, nous devons les prendre partout où nous les trouvons. (*Aux voix! aux voix!*)

La discussion est fermée ; enfin, après quelques amendements proposés et rejetés, on arrête la proposition faite par plusieurs membres de s'en tenir à un nouveau scrutin pour les réceptions ou les rentrées.

M. *Chabot*, vicaire de M. Grégoire, député, dit qu'ayant essuyé le même sort que M. Brissot, il fait les mêmes promesses; que, s'il n'a pas autant de talent, il a au moins autant de zèle. Il jure, quelque chose qui arrive, de rester fidèle aux Jacobins, tous les députés dussent-ils se retirer ailleurs. (*On applaudit.*)

M. *le Président* lit une lettre de M. Salmon, marchand papetier, qui réclame contre sa réjection et le refus qu'on a fait de continuer chez lui la fourniture de la Société. — Après quelques discussions, il est arrêté que M. Salmon sera admis comme les autres à se présenter au nouveau Comité de présentation, et que le Comité d'administration réglera ses comptes avant la fin du trimestre.

La séance a été levée à dix heures.

LII

SÉANCE DU DIMANCHE 18 SEPTEMBRE 1791

PRÉSIDENCE DE M. ROEDERER

[M. Biauzat prend le fauteuil en l'absence de M. le Président. — Correspondance : les Sociétés d'Hennebont, Bagnols, Saint-Etienne, Vic-Fezenzac, Moulins, Aigre et Cambrai, protestent de leur attachement. — Lettre de Bagnoles, pour demander une concession de terrains communaux en faveur des indigents ; — de Nérac et Limoges, sur les émigrations ; — de Landau, sur la désertion d'une portion du régiment de Berwick.]

Après cette lecture, M. *le Secrétaire* annonce qu'il y a dans ce moment plus de cinq cents nouvelles Sociétés qui demandent l'affiliation; mais, ajoute-t-il, une des conditions qui les entrave le plus dans leurs demandes est celle d'être appuyées par deux Sociétés voisines. Je crois qu'il suffirait qu'à l'avenir les Sociétés fussent astreintes à envoyer seulement la liste de leurs membres, pour constater son existence, ses règlements, pour garantie de ses intentions, et l'appui de trois membres de la Société-mère, pour être affiliées.

M... — Cet arrêté a déjà été pris ; je demande seulement qu'on mette dans la salle de nos séances un tableau sur lequel seront inscrits les noms des Sociétés qui demandent l'affiliation, et qui seront effacés à mesure qu'elle leur aura été accordée ou refusée.

On demande l'ajournement de la question à l'article du règlement. (*Arrêté.*)

M. MENDOUZE. — La Société a arrêté dans sa dernière séance de nommer au scrutin trente commissaires pour former un nouveau Comité de revision, je demande qu'elle veuille bien prendre cet objet en considération et s'en occuper sur-le-champ.

M... — L'assemblée étant peu nombreuse pour l'instant, je crois qu'il serait plus convenable d'ajourner la question à un autre moment, à demain même.

M... — Je demande que la liste des soixante-douze membres qui ne peuvent être commissaires soit exposée dans un bureau où chaque associé pourra donner son scrutin.

Après une assez longue discussion, tant sur cet objet que sur la forme à prendre pour la délibération, la question préalable est invoquée et admise sur le tout.

M. *Roussillon*, membre de la Société des naturalistes, et que la chaleur de son patriotisme avait fait embastiller à raison de la pétition, et à la suite de la journée du 17, à laquelle il ne s'était pas trouvé, ayant perdu à cette occasion la place qui lui avait été donnée, comme médecin-naturaliste, dans l'escadre envoyée à la recherche de M. de la Pérouse, témoigne sa crainte de perdre son admission dans la Société en passant par le scrutin épuratoire. La Société s'empresse de le rassurer sur cette crainte en l'admettant provisoirement. Les applaudissements qu'il reçoit à son entrée dans la salle le dédommagent en quelque sorte des cinquante jours de sa détention, tant à l'Abbaye qu'à la Conciergerie, et des formes odieuses qu'on a employées contre lui pendant l'instruction criminelle commencée contre ce brave citoyen.

L'objet du règlement de la Société, qui a été retardé par d'autres occupations, est remis sur le bureau ; plusieurs membres demandent la parole, elle est accordée à M. Anthoine.

[M. *Anthoine* dit que « toute Société a besoin d'un règlement », c'est-à-dire de « prévoir d'avance les cas les plus ordinaires dans lesquels elle sera forcée de vouloir et d'agir ». Elle échappera ainsi au « despotisme de la volonté » d'un quelconque de ses membres ou à « la magie de l'éloquence ». — « Un bon règlement doit décider les cas les plus ordinaires », et « ceux-là seulement ». — « De même l'organisation de la Société doit être amenée au maximum de la simplicité. » Il faut surtout éviter « la manie des Comités », rappelant toujours que « le but de cette Société est de s'occuper des projets qui peuvent tendre au perfectionnement de la législation et du gouvernement, de créer des mœurs, de diriger l'opinion publique, d'exercer une saine et utile censure, et non pas d'examiner les procès ni les affaires des particuliers ».

Après ce discours, dont l'impression n'a pas été accordée, M. *Mendouze* lit un extrait d'une lettre de Bordeaux, duquel il ressort que « les trois quarts des citoyens de Bordeaux désirent que le décret du 15 mai ait son plein et entier effet ».]

M. CHABOT, *vicaire de M. Grégoire, député à la prochaine législature.* — Je me suis présenté à l'Assemblée nationale. J'y ai entendu des factieux dire : « Nous sommes perdus, Brissot est nommé. » Et moi, leur ai-je répondu : « Tout est gagné, Brissot est nommé. » (*On applaudit.*) On tâche à éloigner la question du décret du 15 mai, sur les gens de couleur, on veut paraître la renvoyer à la prochaine législature. Brissot n'est pas le seul qui soit ami des noirs, je me déclare son second. Il est donc nécessaire de presser cette décision, sans la mettre à l'ordre du jour, car alors nous serions circonvenus à la tribune. Je suis **instruit** qu'il est possible que demain l'Assemblée rappelle ce décret. Je sais les moyens qu'on emploie en pareil cas. L'affaire des notaires, par exemple, n'était pas à l'ordre du jour. Le rapporteur du code pénal a su, par des feintes politesses, trouver le moyen de céder sa place au rapporteur des notaires; demain aussi, quoique l'affaire des colonies ne soit point à l'ordre du jour, il est possible que la politesse de quelques-uns de messieurs les rapporteurs nous mette en défaut. Ce matin j'ai vu une espèce de président faire *st..., st!* Je crois important que messieurs les députés se tiennent tout prêts. Oui, Messieurs, on cherche à terminer, avec les travaux, la gloire de l'Assemblée nationale.

M. *Gineste* cherche à rassurer l'Assemblée sur ses craintes à cet égard, en lui représentant que l'existence du décret qui interdit à une législature la possibilité de rien changer à ses décrets est une barrière insurmontable.

[*M. le Président* communique une lettre de Versailles, dans laquelle sont énumérés les griefs qui ont fait rayer M. Charles Lameth de la liste des membres de la Société de cette ville.]

LIII

SÉANCE DU LUNDI 19 SEPTEMBRE 1791

PRÉSIDENCE DE M. RŒDERER

[Correspondance : lettre de Saint-Etienne, sur les efforts faits pour déjouer les manœuvres des prêtres réfractaires; — de Beaugency et Saint-Malo, sollicitant une nouvelle émission d'assignats; — de Louvres, sur les manœuvres employées dans ses environs pour faire hausser le prix du blé; — de Chartres, pour que toutes les Sociétés facilitent leur correspondance et diminuent leurs frais en s'abonnant au *Journal des Clubs*. *Un membre* fait observer que le *Journal des débats de la Société*, rédigé selon des principes plus purs, remplirait mieux le but. — Lettre de Givet, sur les insultes faites à Liège à la cocarde tricolore. — M. *Maupin* offre de faire sans altération quatre muids de vin avec trois. — On décide de correspondre avec les Sociétés dissidentes de la Teste-de-Buch et de Narbonne. — On lit une adresse de M. Lanthenas engageant les Sociétés affiliées à souscrire pour *l'Ami des citoyens* contre le *Chant du coq*.]

M. G. BOISGUYON. — En approuvant les principes contenus dans l'adresse qui vient de vous être soumise, j'observerai que je vois avec peine régner dans sa rédaction une modération qui va jusqu'à la pusillanimité. Je voudrais qu'on informât les Sociétés qui nous sont affiliées de tous les moyens qu'on emploie à Paris pour réveiller l'idolâtrie du royalisme, si contraire à l'esprit de liberté. Tout est mis en œuvre, rien n'est négligé pour arriver à ce but. Les différents théâtres donnent gratis au peuple des pièces qui n'ont pas d'autre objet. Aujourd'hui encore les Italiens donnent la pièce de *Richard Cœur-de-Lion*, qui est proscrite depuis la criminelle orgie des gardes du corps, qui en a fait le cri de ralliement des contre-révolutionnaires. On ne saurait donc trop s'occuper de soulever l'indignation des patriotes contre ces perfides manœuvres.

M. Grégoire. — Quoique cette adresse puisse paraître un peu longue, je crois cependant qu'il est encore beaucoup de choses nécessaires à y faire entrer. Je crois qu'il serait essentiel de faire sentir que le peuple des campagnes sera un des plus fermes soutiens de la liberté. On a dit avec raison que la capitale avait commencé la Révolution et que les départements la finiraient. Les habitants des campagnes n'ont pas la versatilité des habitants des villes, il faut donc leur faire sentir que c'est surtout du peuple des campagnes que dépend le succès de la Révolution, qu'il serait bon d'imiter en quelque sorte cette Société, qui n'a pas cru déroger à sa dignité en faisant une mission patriotique pour aller chanter dans les campagnes des couplets patriotes, qui font un effet plus sûr que les discours les plus éloquents. — Il est encore un moyen d'instiller, pour ainsi dire, l'amour de la constitution dans les esprits des habitants des campagnes, c'est de leur mettre les grandes vérités qui en font la base continuellement sous les yeux dans un almanach. Ces livres sont continuellement sous la main; on a besoin d'un almanach pour la plupart des travaux de la campagne. Je désirerais donc qu'on nommât un comité pour rédiger l'ouvrage le plus convenable dans ce genre.

M. Biauzat. — Je crois qu'il est aussi très essentiel de bien apprendre au peuple quelle est sa véritable souveraineté, comment et dans quel instant il doit et il peut l'exercer, afin qu'il ne croie pas qu'il est souverain lorsqu'il se trouve rassemblé cinq à six dans un cabaret.

M. Polverel. — J'appuie la motion de faire un almanach patriotique, et je demande qu'on nomme six commissaires pour la rédaction de cet ouvrage.

M. Anthoine. — Je trouve que l'adresse remplit très bien le but de la Société; mais les almanachs ne remplissent pas seuls le but qu'elle propose : je désirerais qu'on fît le même travail pour les pièces de théâtre.

M. Rœderer. — La délibération roule sur deux objets : la confection d'un almanach et celle des pièces de théâtre. Sans doute, il serait assez piquant de mettre sur le théâtre la longue comédie qu'ont jouée ici, pendant deux ans, certains personnages. On propose pour l'almanach de nommer des commissaires; cet ouvrage ne peut être fait par un comité : le concours seul peut nous faire espérer quelque cohse. Nommons des commissaires, mais seulement pour servir de bureau d'adresse, et proposons un prix pécuniaire de 25 louis, par exemple. Il est bon qu'on s'accoutume à ne pas rougir de recevoir un salaire pour quelque espèce de travail que ce soit. Je mets donc aux voix cette proposition, ainsi que celle du concours pour une pièce de théâtre.

Après une longue discussion, la première proposition a été arrêtée : on a fixé au 15 octobre prochain le terme de l'envoi à ce concours de cet ouvrage patriotique, en forme d'almanach à l'usage des campagnes, d'une feuille d'impression, non compris la partie du calendrier, etc. Le prix est de 600 livres [1]. — La proposition sur la pièce de théâtre a été ajournée sur la demande de M. *Collot d'Herbois.*

La séance a été levée à neuf heures et demie.

LIV

PRIX PROPOSÉ PAR LA SOCIÉTÉ DES AMIS DE LA CONSTITUTION

SÉANTE AUX JACOBINS SAINT-HONORÉ

(Imp. du *Patriote français*, s. d., in-8 de 2 pages.)

[19 septembre 1791.]

La Société des amis de la constitution, convaincue de la nécessité de répandre les lumières, de les mettre à la portée de tous les citoyens, et particulièrement de ceux à qui leurs occupations journalières ne permettent pas de se livrer à l'étude, a pensé qu'un des moyens les plus prompts et les plus efficaces serait d'attacher des instructions d'un genre simple et facile à saisir à un ouvrage dont l'utilité, pour les usages les plus communs de la vie, rend l'acquisition presque indispensable.

En conséquence, elle propose un prix de *vingt-cinq louis* pour le

---

1. Voir la pièce suivante.

citoyen qui lui présentera l'almanach le plus propre à remplir ses vues.

Cet almanach n'excédera pas une feuille et demie d'impression, non compris le calendrier.

Il est inutile de prévenir que le but principal de ce manuel patriotique est de faire bien sentir les avantages de la constitution, et d'en rendre les principes familiers et chers à tous les hommes.

Les ouvrages seront admis jusqu'au 10 octobre exclusivement. Les auteurs ne feront pas connaître leur nom; mais ils joindront à leur manuscrit une devise, avec un billet cacheté qui contiendra leur nom, et qui ne sera ouvert que dans le cas où l'ouvrage remportera le prix.

Ils feront remettre leur manuscrit au secrétariat de la Société, rue Saint-Honoré, ancienne maison des Jacobins.

Le prix sera proclamé à la séance du 10 octobre [1].

RŒDERER, *président,*

ROYER, *évêque du département de l'Ain,* LOUIS-PHILIPPE-JOSEPH, COLLOT D'HERBOIS, SERGENT, MENDOUZE, LANTHENAS, *secrétaires.*

LV

SÉANCE DU MERCREDI 21 SEPTEMBRE 1791

PRÉSIDENCE DE M. RŒDERER

[M. Collot d'Herbois prend le fauteuil en l'absence de M. Rœderer, retenu par une séance extraordinaire de l'Assemblée nationale. — A défaut de secrétaire, *M. Perrochel* lit le procès-verbal de la dernière séance, puis la liste de toutes les Sociétés dont les pièces sont en règle, et l'affiliation est accordée à vingt-quatre de ces Sociétés. Sur huit autres Sociétés, trois seulement sont appuyées, et l'affiliation leur est aussi accordée : ce sont celles de Compiègne, Saumur et Jarnac. Les autres sont ajournées à la prochaine séance. Sur la demande de *M. de Moreton,* l'affiliation est également accordée à la Société de Thionville, à qui elle avait été ajournée pour des raisons qui n'existent plus aujourd'hui. — *M. Dubreuil,* l'un des commissaires nommés pour examiner les comptes du trésorier et la gestion du Comité d'administration, rend compte du travail de messieurs les commissaires. Après une observation de *M. Regnier neveu,* la discussion générale se termine par le renvoi aux commissaires, qui devront être en état de débattre le compte général, contradictoirement avec le Comité, d'ici au 1er octobre prochain. *M. de Moreton* vou-

---

1. Il ne fut proclamé qu'à la séance du 23 octobre 1791, et attribué à Collot d'Herbois pour son *Almanach du père Gérard.* Voir plus bas, à la date.

drait qu'on arrêtât sur-le-champ de remplacer le Comité d'administration et le trésorier. Cette motion un peu vive est rejetée, sur les observations de *M. Robespierre*, et *M. Moreton* donne sa démission de commissaire, qui est acceptée. — Avant de passer à l'ordre du jour, *M. le Président* lit la liste des nominations faites par les électeurs de Seine-et-Oise : la plupart des élus appartiennent aux Sociétés des amis de la constitution de Seine-et-Oise et de Paris. Il annonce encore l'admission et la présence dans l'Assemblée de six membres de la nouvelle législature.

M. Guiraut, rapporteur pour le Comité de revision, expose les vues de ce Comité dans la confection du projet de règlement. — *M. Chabot :* « Quel que soit le règlement que vous adoptiez, Messieurs, il est essentiel que vous vous attachiez à ce que votre Comité de correspondance ne puisse jamais faire de son chef des réponses qui puissent compromettre la Société. Il y a des exemples. » — Cette motion est renvoyée aux commissaires chargés de l'examen des règlements.

« On fait la motion d'inscrire sur un tableau le nom de messieurs les députés à la nouvelle législature qui se sont présentés à la Société, pour être à même de les prier de se charger de diverses commissions et rapports. » *M. Chabot* fait observer que les députés sont « envoyés ici pour faire des lois, et non pour s'occuper d'objets particuliers ».

Une députation de la section des Lombards est introduite pour rendre compte des mesures prises par elle « pour s'assurer de la mauvaise qualité des farines que l'on vendait sur le carreau de la Halle ».

M. Tallien se justifie de ce que l'on l'accusait que, dans ses derniers numéros, « il régnait un ton de modération qui tenait à la pusillanimité », et de ce « qu'il ne répondait pas directement aux attaques du *Chant du Coq* ».]

M. *Gerbet* annonce qu'il se tient chez M. Pastoret des assemblées des députés à la nouvelle législature, auxquels on soupçonne des motifs dirigés par le ministère. A cette occasion, on arrête que la salle des séances de la Société des amis de la constitution sera ouverte, tous les jours où il n'y aura pas des séances, à messieurs les députés de la nouvelle législature qui voudront s'y réunir pour se connaître.

M..., curé, député nouveau, lit un prospectus relatif à l'almanach proposé dans la dernière séance. C'est le projet d'une feuille périodique à l'usage des habitants de la campagne. Ce projet est embrassé avec zèle, et tous les citoyens patriotes de la Société qui voudront y concourir de leur zèle ou de leurs lumières sont invités à se rassembler demain jeudi, à cinq heures, dans la salle du Comité de correspondance, pour travailler au prospectus [1].

La séance a été levée à dix heures.

1. Le *Journal des Jacobins*, dans son numéro 67, nous apprend que ce « curé, député nouveau », était J. M. Coupé, curé de Sermaize, député de l'Oise à la Législative, et donne le texte des vues qu'il proposa, dans cette séance du 21 septembre 1791, « pour éclairer le peuple de la campagne ». Coupé résume lui-

LVI

SÉANCE DU VENDREDI 23 SEPTEMBRE 1791

PRÉSIDENCE DE M. ROEDERER

[Correspondance : les Sociétés de Villefranche, Montauban, Toulouse, Broussar[1], Malicorne, le Faouët, Ahun, Bresser[2], Orléans, Niort, Vimoutiers, Vitry-le-François, Sainte-Tulle, protestent « de leur attachement pour la Société-mère ». — Celles de Souillac, Menningue[3], Martel, Poitiers, Bergerac, Angoulême, s'inquiètent du « départ d'un grand nombre de ci-devant nobles, et surtout de gardes du roi ». — On écrit de Toulon que « le calme est rétabli dans la ville ». — « On reçoit d'Huningue des nouvelles satisfaisantes sur l'état de défense où se trouve maintenant cette ville. » — Lettre de Worms, sur un projet d'évasion du roi ; — de Strasbourg, sur la nécessité de remplacer les prêtres réfractaires. — « Le Club national de Bordeaux écrit que, dans une assemblée, de mauvais citoyens, qui se réunissaient aux ci-devant Cordeliers, ont protesté ouvertement contre les décrets de l'Assemblée nationale. »]

M. COLLOT D'HERBOIS. — Je demande, Messieurs, qu'à l'avenir les officiers de la Société soient tenus de remplir les fonctions de leurs charges, ou de ne les point accepter.

M... — L'objet que propose M. Collot d'Herbois fait partie du règlement qu'on doit vous présenter incessamment.

On accorde l'affiliation aux Sociétés de Pont-l'Évêque et de Bressuire[4].

M. MENDOUZE. — Nous sommes à la veille de nous séparer de nos frères les députés à l'Assemblée nationale ; il n'est aucun de vous qui ne soit sensible à cette séparation ; nous ne pouvons nous dissimuler qu'il en restera très peu parmi nous. Je crois qu'il est de votre équité de rendre à ces braves défenseurs de la liberté la justice qui leur est due. Je demande que, par une adresse qui leur sera faite, vous témoigniez

même ainsi ces vues : « On propose de purifier les voies de corruption usitées par la politique des gouvernements et de faire servir à nos frères : 1° des nouvelles, 2° les almanachs, 3° les chansons, 4° les danses, 5° les spectacles, et de recommander la propagation de ces moyens faciles aux Sociétés des amis de la constitution dans leurs arrondissements respectifs. »

1. Nous ne trouvons aucune localité de ce nom.
2. Même remarque.
3. Même remarque.
4. On lit dans l'original : *Presuire*. C'est sans doute une faute d'impression. Je ne vois pas de localité dont le nom se rapproche de celui-là, si ce n'est *Pres suires*, hameau de la commune d'Orbey (Haut-Rhin).

à ceux qui nous sont restés fidèles combien vous êtes reconnaissants de la manière dont ils ont défendu les droits du peuple. Vous enverrez un exemplaire de cette adresse à chacun des membres à qui vous la destinez. Je demande que quatre membres soient chargés de rédiger cette adresse. Je prie messieurs les députés de ne prendre aucune part à cette délibération.

M. Corroller. — Je crois qu'il suffirait de faire imprimer la liste des députés qui vous sont restés fidèles.

Après une assez longue discussion, cette proposition, ainsi que celle faite par M. *Populus* de donner des certificats aux députés lors de leur départ, a été abandonnée, sur l'observation faite par M. *Regnier* que les diplômes d'usage, en remplissant cet objet, n'occasionneront aucun retard.

M. Gorjy. — Je crois qu'il est de mon devoir, qu'il est même de l'intérêt général, d'annoncer à l'assemblée que les citoyens de Brest viennent, pour la troisième fois, de donner leur entière adhésion au décret du 15 mai; qu'hier une adresse à cet effet a été remise à M. le président de l'Assemblée nationale : elle est souscrite de neuf cent soixante et une signatures, et légalisée par la municipalité; mais un décret, qui dernièrement a été rendu, s'opposant à toute lecture d'adresse, elle reste dans l'oubli. Je n'ai donc en ce moment d'autre moyen pour satisfaire aux vœux de mes commettants que de prier messieurs les députés qui sont de cette Société de réunir tous leurs efforts pour s'opposer à la révocation d'un décret qui honore à la fois l'humanité, la nature, et surtout les législateurs qui l'ont rendu. D'ailleurs, Messieurs, pourquoi serait-il révoqué? Serait-ce pour satisfaire aux viles passions de quelques êtres plus vils encore, de quelques hommes qui, dans les colonies, se regardaient comme des dieux parce qu'ils étaient despotes, qui se croyaient aimés, respectés, adorés des mulâtres, parce qu'ils en étaient craints, qui, à présent, se croient encore tout, lorsqu'ils ne sont pas même hommes? Eux seuls, Messieurs, sont les noirs, indignes de la Révolution; eux seuls sont faits pour être livrés au plus profond mépris. Je sollicite donc, au nom des citoyens de Brest, au nom de la France entière et du patriotisme de messieurs les députés, qu'ils défendent avec toute la chaleur possible les droits de l'homme, qu'ils ont si heureusement consacrés, et de ne jamais oublier un seul instant que le mérite et les vertus sont tout. S'il en était autrement, la douleur serait à jamais dans le cœur de mes concitoyens, je dis même de tous les vrais Français, qui ne sauraient se refuser au doux plaisir de reconnaître pour frères les hommes de couleur, les plus ardents défenseurs de nos droits dans les colonies pendant la dernière guerre, et qui y seront les plus fermes soutiens de notre constitution, devenue pour eux un bienfait ineffable, et qu'on ne peut leur ravir sans être criminel. — J'aurai de plus à annoncer à l'Assemblée que l'adresse atteste à toute la France que M. Rabi et moi sommes les députés extraordinaires de la ville de Brest, quoi qu'en puissent dire encore MM. Lameth, Barnave et Roussillon, dont l'opinion, à la vérité, nous fait fort peu.

On avait inséré dans le *Journal de Paris* un article où il est dit que la majorité de l'Assemblée nationale était corrompue. M. *Rœderer* s'est occupé de la rédaction d'une réponse à cet article, qu'il croit être de M. Garat; l'impression de cette réponse et son envoi aux Sociétés affiliées ont été demandés et arrêtés. On est convenu, toutefois, que cette réponse serait adressée au rédacteur de ce journal, et non à M. Garat[1].

M. *l'évêque de Paris* fait hommage à la Société de son mandement, et l'accompagne d'une lettre portant invitation aux membres de la Société d'assister à la cérémonie religieuse et patriotique qui doit avoir lieu dimanche prochain. — L'insertion de cette lettre au procès-verbal et une réponse a M. l'évêque sont arrêtées, sur la proposition de M. *Corroller*. — La question préalable fait justice de la demande faite par un de ses membres qu'il soit accordé à la Société une place distinguée dans cette cérémonie.

M... — Je demande que la Société s'engage à ne plus délibérer que sur ce qui lui est personnel, et qu'elle envoie une adresse aux Sociétés patriotiques pour les inviter à suivre cet exemple, pour éviter la calomnie.

M. COLLOT. — Quand la Révolution sera faite, dans trente ou soixante années, alors les citoyens n'auront plus besoin de s'assembler. La majorité respectable de la nation fera de bonnes lois et les exécutera; mais d'ici à ce temps il est nécessaire de surveiller les corps administratifs, judiciaires et autres, pour empêcher qu'on ne trompe le peuple. Le devoir d'une Société d'amis de la constitution est de se porter défenseur officieux. (*Applaudi*.) Je m'oppose à ce que la Société ne puisse plus s'occuper d'affaires. (*Applaudi*.)

---

1. *Lettre de* P.-L. RŒDERER, *député à l'Assemblée nationale, à M. Garat le jeune, député à l'Assemblée nationale, au sujet de l'article* « Assemblée nationale » *inséré dans le* Journal de Paris *du mardi 20 septembre 1791. Imprimé par ordre de la Société des amis de la constitution, séante aux Jacobins, le 24 septembre 1791.* — A Paris, de l'imprimerie du *Patriote français*, place du Théâtre-Italien, 1791; in-8 de 11 p. — Bibl. nat., Lb 40/635.

M. *Hion* prend la parole pour répondre au rapport fait dans la dernière séance contre le Comité d'administration par les commissaires chargés de recevoir ses comptes.

Plusieurs membres de la Société se retirent.

M. Mendouze. — Je demande à faire une motion d'ordre. Monsieur le Président, je vous prie de faire observer à la Société qu'elle se laisse entraîner à des mouvements qui ne sont ni naturels ni justes. Je vous prie d'observer vous-même qu'il y a des gens ici qui cherchent à lui donner des impulsions non seulement qui doivent lui être étrangères, mais tendantes à la diviser et à la dissoudre. Il semble qu'on cherche à lui faire reprendre le caractère dont on lui a si souvent fait reproche avant son scrutin épuratoire. On accueille encore ici, comme auparavant, avec empressement et faveur, toutes les dénonciations. Dans la dernière séance, où vous n'étiez pas, Monsieur le Président, on en a fait une contre le Comité d'administration, j'ose dire aussi scandaleuse qu'injuste. J'ai demandé à y répondre, non que j'aie concouru en rien, quoique membre du Comité d'administration, aux dépenses justes qu'on lui reproche, mes affaires m'en ayant toujours éloigné, mais pour rendre justice à mes collègues dans tous les objets qui étaient à ma connaissance. Eh bien, Monsieur le Président, j'ai été constamment repoussé ; ceux mêmes qui auraient dû avoir la générosité de demander qu'on m'entendît ont été les premiers à demander l'ordre du jour ; la Société y est passée à une très grande majorité, et votre Comité, par là, est resté sous la défaveur du soupçon. Il peut être indifférent, Messieurs, à ceux qui ont passé leur vie dans les provocations, dans les procès, dans les accusations et dans les dénonciations, de rester longtemps frappés d'une inculpation ; mais l'honnête homme qui n'a pas une tache dans sa vie et qui a cinquante années de probité sur sa tête ne se détermine pas facilement à supporter même les soupçons. Il faut pourtant s'y résoudre jusqu'à ce que votre Comité soit entendu. Je demande donc, puisqu'il est tard et que la Société est incomplète, que M. Hion renvoie à dimanche la lecture de la justification du Comité, et qu'il soit entendu dans le moment où la Société sera le plus nombreuse.

La proposition est accordée.

La séance a été levée à dix heures [1].

---

1. Le même numéro du *Journal des Jacobins* contient le discours prononcé dans la séance du 6 septembre 1791 par Benoît Rouhière. Voir plus haut, p. 116

LVII

SÉANCE DU DIMANCHE 25 SEPTEMBRE 1791

PRÉSIDENCE DE M. ROEDERER

[M. Biauzat préside, en l'absence de M. Rœderer. — Correspondance : les Sociétés de Vatan, Loriol, Givet, Vienne, Château-Renard et Verneuil, renouvellent l'assurance de leur attachement. — On écrit de divers côtés, en particulier de Saint-Servan, « que, depuis l'acceptation du roi, les prêtres réfractaires redoublent de manœuvres et d'intrigues ». — « Les accaparements des blés continuent à donner de l'inquiétude dans divers départements », entre autres à la Société de Vatan. — M. *Guffroy*, procureur syndic du district d'Arras, envoie un nouveau mémoire en faveur du second bataillon du régiment de Beauce, toujours détenu sans jugement. — « On apprend de Limoges que MM. Deperret et Chaubry [1], ainsi que l'évêque du département [2], tous les trois membres de la Société des amis de la constitution, ont été nommés à la nouvelle législature. » — « M. Oudot, membre de la Société des amis de la constitution de Beaune, nommé député à la nouvelle législature, est recommandé par sa Société à celle de Paris. »]

Avant de passer à l'ordre du jour, M. *Regnier* a fait une motion tendant à ce que MM. Charles et Alexandre Lameth, Barnave et Adrien du Port, soient incapables de rentrer jamais dans la Société, dont ils se sont montrés les ennemis les plus déclarés.

M. ANTHOINE. — Quoique cette motion soit appuyée, Messieurs, je demande sur elle la question préalable.

M. POLVEREL. — Et moi, Messieurs, je demande que la motion de M. Regnier s'étende sur beaucoup d'autres personnes, dont je m'offre de donner la liste.

Malgré les murmures dont la demande de M. Anthoine avait été accueillie et l'assentiment donné à la motion de MM. Regnier et Polverel, M. *Biauzat* s'obstine à mettre aux voix l'ordre du jour, qui est rejeté avec applaudissements. — Après une discussion assez tumultueuse entre MM. *Anthoine* et *Polverel*, le premier dit que la question n'avait pas été bien posée dans le commencement. M. Polverel seul, continue-t-il, a fait une motion précise en demandant qu'on nommât des commissaires pour présenter demain à la Société un travail sur

---

1. Il s'agit de Chaubry de la Roche, qui devint baron de l'Empire.
2. C'était Léonard Gay-Vernon.

ceux des députés à l'Assemblée nationale qui, étant membres de la Société, sont dans le cas d'en être rejetés. On a demandé comment on recevrait M. Théodore Lameth; cette motion ne signifie rien, et nous n'avons autre chose à faire qu'à mettre aux voix la motion de M. Polverel.

M... — Nous avons un règlement dont un article porte que tout membre qui opinera ou qui agira contre les droits de l'homme sera à jamais exclu de la Société; or, comme ces messieurs l'ont fait hier ouvertement à l'Assemblée nationale, je demande qu'on mette à leur égard cet article en vigueur, et qu'ils soient dès ce moment déclarés exclus de la Société. (*Applaudi.*)

Enfin, après une discussion aussi longue que vive, un membre demande que la Société prononce à l'instant la radiation de ses registres de cinq de ses ci-devant membres, députés à l'Assemblée nationale, qui, après s'être séparés d'elle, se sont rendus indignes non seulement de conserver l'espoir de rentrer dans son sein, mais même de l'honneur de rester inscrits sur ses registres; ces membres sont : MM. Adrien du Port, Charles Lameth, Goupil de Préfeln, Alexandre Lameth et Barnave. La Société, après une discussion assez longue, s'est fixée à l'arrêté suivant :

« La Société, ne pouvant conserver sur ses registres que les noms des vrais Amis de la constitution et de l'humanité, arrête que les noms des cinq membres ci-dessus dénommés seront rayés de ses registres [1]. »

On introduit une députation de la Société fraternelle des Halles, dont le président a lu le discours suivant :

[Suit ce discours, dans lequel la Société fraternelle demande aux Jacobins d'aviser aux moyens de rendre plus régulière et plus suivie la correspondance entre les diverses Sociétés patriotiques et la Société-mère. — Puis *M. Varnet* lit une motion faite par lui à la Société fraternelle, dans le courant de ce mois, en vue de préparer une fête pour se réjouir de l'achèvement de la constitution [2].]

1. *Société des amis de la constitution, séante aux Jacobins, à Paris. Extrait du procès-verbal de la séance du dimanche* 25 *septembre* 1791. — S. l. n. d., in-8 de 2 p. — Bibl. nat., Lb 40/636. — C'est la reproduction du passage relatif à la radiation des cinq membres.
2. Voir une appréciation de cette séance dans le *Journal de la Révolution* du 27 septembre 1791.

LVIII

SÉANCE DU LUNDI 26 SEPTEMBRE 1791

PRÉSIDENCE DE M. ROEDERER

[Correspondance : la Société de Strasbourg désire qu'une adresse qu'elle envoie à l'Assemblée nationale soit discutée aux Jacobins. — On écrit d'Aurillac que les aristocrates du département continuent leur émigration. — On communique de Mamers une lettre sur les émigrés. — On écrit d'Ath au sujet des insinuation des aristocrates contre l'œuvre des clubs.]

Après cette lecture, M. *le Secrétaire* a demandé qu'on accordât la parole à M. Ilion pour lui donner le moyen de disculper le Comité d'administration des différentes inculpations qui semblent être contenues dans le rapport que MM. les commissaires ont fait à ce sujet dans une des dernières séances. — Cette demande éprouve quelques difficultés. M. Ilion insiste avec chaleur pour l'obtenir. Enfin, sur l'observation de plusieurs membres, la discussion se termine en ajournant à une séance extraordinaire, qui aura lieu demain, l'examen de toute cette affaire.

M. *Grégoire* lit à la Société une adresse destinée aux membres de la nouvelle législature. Cette adresse, qui respire le civisme et le patriotisme le plus purs, a obtenu des applaudissements de toute la Société, qui en a ordonné l'impression sur-le-champ. Nous reviendrons sur cette pièce importante [1].

Avant de passer à l'ordre du jour, un membre de la Société a dit que, sortant de l'Assemblée nationale, il venait d'y voir des députés extraordinaires de la ville d'Avignon qui demandaient à être introduits à la barre; que, sur la motion de M. Bouche, on les a remis à demain; qu'il ignore leur mission, mais qu'on faisait courir sur son objet des bruits fort inquiétants. Il prie ceux de MM. les membres de la Société qui pourraient en avoir quelque connaissance d'en instruire l'Assemblée.

[M. *Moreton* raconte tout ce qu'il sait des troubles d'Avignon, surtout en ce qui concerne l'abbé Mulot.]

---

1. *Adresse aux députés de la seconde législature*, par M. GRÉGOIRE, *membre de la première; lue à la Société des amis de la constitution, séante aux Jacobins de Paris, et imprimée par son ordre, pour être distribuée aux nouveaux députés et envoyée aux Sociétés affiliées*. — S. l. n. d., in-8 de 31 p. — Bibl. nat., Lb 40/637.

On présume que ces troubles et ces désordres sont l'objet de la mission des députés extraordinaires d'Avignon.

M. *le Président* annonce l'admission dans la Société de plusieurs députés à la nouvelle législature. — On passe à l'ordre du jour : la discussion du projet de règlement.

La séance a été levée à dix heures trois quarts.

LIX

SÉANCE EXTRAORDINAIRE DU MARDI 27 SEPTEMBRE 1791

PRÉSIDENCE DE M. ROEDERER

A l'ouverture de la séance, et tandis que M. Mendouze, secrétaire, était à la tribune pour la lecture du procès-verbal, M. *Perrochel* propose d'entendre sur-le-champ la lecture du règlement, attendu, dit-il, qu'il ne reste que trois articles de ce règlement à discuter.

M. MENDOUZE. — Il est inconcevable, Messieurs, qu'on enfreigne sans cesse l'ordre du jour dans cette Société; et, puisque vous paraissez déterminés à ne pas entendre la lecture du procès-verbal, je cède la place à qui la remplira plus à votre gré.

[M. *Hion* donne des renseignements sur la gestion financière de la Société.]

M... — D'après les éclaircissements que M. Hion vient de vous donner, Messieurs, je propose de renvoyer le tout à un nouveau comité et à de nouveaux commissaires.

M... — Je crois qu'il serait plus convenable de renvoyer les éclaircissements donnés par M. Hion pour les joindre au rapport qui doit être fait incessamment, et d'adjoindre de nouveaux commissaires aux anciens, pour satisfaire le Comité.

Cette motion, appuyée et mise aux voix, est adoptée. — On fait lecture de la suite des articles du règlement.

M. *le Président* annonce qu'un membre de la nouvelle législature, qui, n'étant d'aucune société d'Amis de la constitution, n'a pas de diplôme, demande à être admis dans la Société. (*Accordé à l'unanimité.*) M. *le Président* annonce que les membres de la nouvelle législature étaient assemblés et qui finissaient leur séance demandaient à entrer [1].

---

1. Cette phrase incorrecte est textuelle.

(*Accordé avec applaudissements.*) M. *le Président* annonce encore que les membres de la nouvelle législature demandaient à avoir leur entrée sans être reçus.

M. Perrochel. — J'ai l'honneur de vous observer, Messieurs, que cette question me paraît d'une trop grande importance pour être traitée dans un moment où la Société est très peu nombreuse : je demande que la proposition soit ajournée à demain.

M... — Je crois vous devoir observer, Messieurs, que M. le Président s'est trompé en disant que c'étaient messieurs les députés de la nouvelle législature qui faisaient cette demande : ce sont seulement ceux de ces membres qui sont assemblés ici aujourd'hui, et je ne vois aucun inconvénient à ce qu'on la leur accorde.

La séance a été levée à neuf heures un quart.

LX

SÉANCE DU MERCREDI 28 SEPTEMBRE 1791

[Correspondance : la Société de Turenne (Corrèze) annonce « l'évasion subite et mystérieuse » des ci-devant gardes du roi qui se trouvaient dans la région. — Celle de Verdun proteste de ne plus correspondre qu'avec les Jacobins. — La Société Reichenweyer, du Haut-Rhin, qui désire être affiliée, se plaint du ministre de la guerre. — Des électeurs d'Aix communiquent une adresse à l'Assemblée nationale, justifiant la permanence qu'ils ont donnée à leur assemblée. — La Société de Bordeaux donne des renseignements sur les suites de l'arrestation de M. de Durfort.]

M. *le Président* a annoncé qu'il y avait à l'ordre du jour de l'Assemblée nationale un projet de décret sur les abus qu'il est possible de commettre par la liberté de la presse, présenté par M. du Port; un autre projet du même sur la police générale des clubs.

M. Dubois de Crancé. — J'ai demandé la parole pour vous rendre compte de la situation des carabiniers qui sont aux Invalides et qui ont été victimes de l'affaire de Nancy. J'ai proposé au Comité militaire un rapport à faire sur ce sujet à l'Assemblée nationale. J'ai observé que, ce rapport ne pouvant plus être fait dans cette session, ces malheureux soldats se trouvaient replongés dans une nouvelle captivité. Le Comité militaire a demandé au ministre si ces soldats n'étaient pas compris dans l'amnistie relative à l'affaire de Nancy. Il a demandé que ceux de ces soldats qui auraient plus de trente ans de service eussent leur retraite comme les autres, et que ceux qui n'avaient pas ce temps de service fussent renvoyés dans leurs compagnies pour l'y continuer.

Ce matin, à la lecture du procès verbal, j'ai demandé, voyant que l'Assemblée avait admis tous les individus au droit de citoyen, si elle comprenait dans ce décret tous les gens de couleur, tous les nègres libres qui viendraient en France. Il a été décidé que tous en avaient le droit comme tous les citoyens, s'ils remplissaient les conditions requises par la loi. J'espère que ce décret aura une grande influence sur l'opinion des colons de Saint-Domingue. (*Applaudi*.)

M... — Je crois qu'il est important de rappeler les propres termes de la délibération. L'Assemblée nationale a décrété que, du moment où un individu mettait le pied sur le territoire français, il était libre et propre à toutes les places quelconques, s'il remplissait les conditions de la loi. (*Applaudi*.)

M. *Anthoine*, nommé commissaire avec trois autres membres pour examiner la demande faite par MM. les nouveaux députés d'assister aux séances de la Société pendant un mois, et sans prendre part aux délibérations, a annoncé que les commissaires, M. Thuriot, auteur de la motion, et lui, avaient pensé qu'il fallait s'en tenir au dernier arrêté pris à l'égard de l'admission de MM. les députés, et a conclu à ce qu'il n'y avait pas lieu à délibérer sur la dernière proposition. L'Assemblée a adopté les conclusions de ses commissaires; il a été décidé qu'il n'y avait pas lieu à délibérer. — M. *Anthoine* a proposé une séance extraordinaire pour le lendemain, pour finir le règlement. (*Adopté*.)

[*M. Brissot* examine quels sont les éléments d'une conspiration qui « paraît être formée contre les Sociétés patriotiques » et l'œuvre de ces Sociétés [1].]

1. *Discours sur l'utilité des Sociétés patriotiques et populaires, sur la nécessité de les maintenir et de les multiplier partout, prononcé le 28 septembre 1791, à la séance de la Société des amis de la constitution, séante aux Jacobins. par* J.-P. Brissot, *député à la seconde législature; imprimé par ordre de la Société.* — S. l. n. d., in-8 de 23 p. — Bibl. nat., Lb 40/638.

LXI

SÉANCE DU VENDREDI 30 SEPTEMBRE 1791

PRÉSIDENCE DE M. ROEDERER

Après la lecture du procès-verbal de la dernière séance et des annonces et extraits de la correspondance, M. *Durand de Maillane* monte à la tribune pour faire hommage à la Société d'un ouvrage qu'il vient de mettre au jour.

[Suit cet hommage du livre bien connu de Durand de Maillane : *Histoire apologétique du Comité ecclésiastique de l'Assemblée nationale*, s. l., 1791, in-8.]

Pendant que M. de Maillane est à la tribune, M. Claude Fauchet, évêque du Calvados, député à la nouvelle législature, se présente dans l'Assemblée, où il est accueilli par les plus vifs applaudissements.

M. Corroller. — En m'unissant, Messieurs, aux applaudissements que vous avez donnés au discours de M. Durand de Maillane et aux sentiments patriotiques et purs qui le lui ont inspiré, je demande qu'il soit fait dans le procès-verbal mention honorable de l'hommage qu'il a fait de son ouvrage à la Société, et que cet ouvrage soit déposé dans les archives.

La motion, appuyée, est mise aux voix et adoptée à l'unanimité. — On prend le même arrêté sur l'ouvrage de M. de Talleyrand, sur l'éducation, que ce membre de l'Assemblée nationale adresse à la Société [1].

Un membre, qui a seulement signé la liste des Feuillants, mais qui n'a assisté à aucune de leurs séances, demande à être admis à rentrer dans la Société sans passer au Comité de présentation. M. *Corroller* s'élève contre cette demande, et, sur cette motion, on a passé à l'ordre du jour.

[*M. Royer, évêque de l'Ain*, indique d'après quels principes il va se conduire, maintenant qu'il va rentrer dans la classe des simples citoyens.]

---

1. C'est le *Rapport sur l'instruction publique, fait au nom du Comité de constitution à l'Assemblée nationale les 10, 11 et 19 septembre, imprimé par ordre de l'Assemblée nationale*, Paris, Baudouin, 1791, in-4.

On arrête que mention honorable de ce discours, inspiré par le patriotisme, sera faite dans le procès-verbal de la séance.

M. Moreton. — Toutes les questions qui intéressent la chose publique sont du ressort de cette Société. Son institution est de discuter les lois que le corps législatif doit faire. D'après ce principe, je me présente pour vous proposer de mettre en délibération s'il est plus avantageux que nuisible au bien de la chose publique et au succès des travaux de législature d'avoir dans son sein un aussi grand nombre de comités permanents que l'Assemblée constituante en a eu. On ne peut nier qu'ils n'aient rendu de grands services aux travaux dont cette Assemblée était environnée à son ouverture, mais aussi c'est à eux que sont dues les fautes sans nombre dont elle s'est souillée, surtout vers sa fin. Je demande que cette question soit mise à l'ordre du jour pour une des prochaines séances de la Société.

M... — Nos séances sont destinées à préparer les objets qui doivent être discutés à l'Assemblée nationale; sans doute cette question sera une des premières dont s'occuperont les nouveaux législateurs, mais enfin il n'en est pas encore question, et je ne crois pas que la Société doive s'occuper de discuter aucun point de discipline relative à l'Assemblée nationale avant que celle-ci ait résolu de le traiter. Je ne crois donc pas que nous puissions, pour le moment, indiquer cet objet pour l'ordre du jour.

M... — Les motifs que vient d'indiquer le préopinant pour ne pas mettre à l'ordre du jour la proposition de M. de Moreton sont précisément ceux que je croirais les plus propres à déterminer la Société à l'adopter. Il est très certain qu'une des premières opérations que MM. les députés auront à faire étant de se décider sur la forme à donner aux comités, il est bon, il est utile, qu'ils soient préparés pour le moment où cette question devra être traitée : j'appuie donc la motion de M. de Moreton, et je prie M. le Président de vouloir bien la mettre aux voix.

M. *Mangins*, auteur d'un projet de monument à ériger sur le sol du Jeu de paume de Versailles, dans lequel fut prêté le fameux serment auquel la constitution française doit peut-être son établissement, monte à la tribune et lit son projet. L'étendue de son mémoire et la multitude des détails qu'il renferme engagent la Société à en faire le renvoi à des commissaires pour en rendre compte.

[*M. Corroller* se félicite de l'acceptation de la constitution par le roi, et dit que c'est aux anciens membres de l'Assemblée nationale à « propager la constitution aux quatre coins de l'empire français ». — *M. Rœderer* ayant proposé de donner la parole « sur l'objet des comités, proposé par M. de Moreton », *M. Dubois de Crancé* présente quelques observations sur ce sujet.]

MM. *Anthoine* et *Rœderer* ont combattu avec succès le projet d'établir des comités permanents. Le dernier surtout a démontré qu'il n'était besoin de comités que pour l'administration des finances, et peut-être pour les relations avec les puissances étrangères. Il a fait sentir tous les dangers de ces comités permanents, qui, établis sous le prétexte de procurer un travail plus facile à raison du petit nombre de leurs membres, ont toujours été réunis toutes les fois qu'il a été question d'en imposer par la masse à l'Assemblée nationale. Telle fut, par exemple, la marche que l'on employa lorsqu'il fut question de savoir si Louis XVI devait être jugé. On réunit alors sept comités, parce qu'il n'y en avait pas davantage. Il eût sans doute mieux valu discuter l'affaire en assemblée générale que de la préparer dans un comité de soixante-dix personnes. Mais alors l'influence de ces soixante-dix personnes sur l'Assemblée eût été nulle, mais alors l'influence de la liste civile eût été bien moins forte.

Sur la dénonciation qui a été faite qu'un membre signataire de la *Déclaration contre la Société* s'était introduit à la séance avec un diplôme des Sociétés affiliées, la Société a arrêté que toute personne qui, après avoir été exclue de la Société, soit par le scrutin épuratoire, soit de toute autre manière, ou qui aurait signé la déclaration faite contre elle, se présenterait avec un diplôme de Société affiliée, ne pourra être admise à ses séances, même avec ce certificat. — La Société arrête, de plus, que son Comité de correspondance instruira les Sociétés affiliées de cette détermination. — L'article des admissions après avoir été fixé (*sic*), la Société a arrêté qu'il serait fait tous les trois mois un scrutin épuratoire, et qu'on y procéderait toujours quinze jours avant la fin du trimestre.

La séance a été levée à dix heures et demie [1].

1. Voir un compte rendu de cette séance dans le *Journal de la Révolution* du 2 octobre 1791.

LXII

Octobre 1791

SÉANCE DU DIMANCHE 2 OCTOBRE 1791

PRÉSIDENCE DE M. RŒDERER

Quelques étrangers ayant été introduits dans la salle de l'Assemblée sans avoir de diplômes, et quelques autres avec des diplômes qui ne paraissaient pas en règle, M. *Regnier* demande que la Société prenne des mesures sur cet abus. On lui représente l'arrêté pris à ce sujet dans la dernière séance.

[Correspondance : les Sociétés de Damazan, Limoges, Coutras, Monflanquin, Montauban et Fontenay-le-Comte, protestent de leur fidélité à la Société-mère. — Les émigrations continuelles des ci-devant gentilshommes attirent l'attention des Sociétés de Luçon, Saint-Servan et Limoges. — M. Cointet, officier du 53e régiment, en garnison à Givet, vient d'être délivré après quelques jours de détention pour avoir signé une adresse de la Société de cette ville.

On introduit une députation de la Société des amis de la liberté, dont l'orateur prononce un discours; de même pour une députation de la section de Mauconseil et « d'une collection de citoyens qui n'appartiennent à aucune Société ». — On ordonne l'impression des discours de ces trois députations, ainsi que des réponses que *M. le Président* a faites à chacun d'eux [1].

On passe à l'ordre du jour : la question de savoir si l'Assemblée nationale suivra l'usage établi des comités permanents. — M. *Teillard* prononce un long discours pour prouver que « l'affirmative lui paraît ne devoir souffrir aucune difficulté ». — MM. *Chabot*, *Rœderer* et *Moreton* parlent également sur cette même matière, mais le *Journal* ne donne pas leurs discours.]

---

1. *Société des amis de la constitution, séante aux Jacobins, à Paris.* — S. l. n. d., in-8 de 7 p. — Bibl. nat., Lb 40/639. — C'est la reproduction des discours des députations et des réponses du Président.

LXIII.

SÉANCE DU LUNDI 3 OCTOBRE 1791

PRÉSIDENCE DE M. BRISSOT

[M. *Brissot* remercie l'Assemblée de l'avoir porté à la présidence. — On accorde l'entrée de la séance à plusieurs personnes qui en ont fait la demande conformément aux règlements.

Correspondance : lettre de la Société d'Arras sur « la défense arbitraire faite par M. Delony, commandant le 56e régiment, à un soldat membre de la Société de jamais y reparaître ». — Lettre d'un citoyen de la section de Mauconseil exprimant la reconnaissance des ouvriers pour les députés vraiment Français de l'Assemblée nationale.]

M. *Lanthenas* donne lecture d'une lettre à lui adressée par une Société qui lui dépeint l'agitation où elle se trouve relativement à l'interprétation du décret sur les Sociétés [1] ; elle témoigne ses inquiétudes sur la crainte de voir rompre les affiliations, qui sont les liens et la seule base qui rendent les Sociétés vraiment utiles.

Avant la lecture de cette lettre, M. Brissot fait remarquer qu'avant que le décret fût rendu, l'administration avait tellement compté sur lui que M. Duportail avait envoyé à l'avance à tous les commandants l'ordre de faire arrêter tous les paquets venant des Sociétés, et de les brûler sans les lire.

M. GRÉGOIRE. — On ne peut trop engager tous les journalistes à rendre public le fait que vient de dénoncer M. le Président. Il faut qu'on sache enfin que les ministres sont des sots ou des fripons. Il est temps que l'on sache qu'il est dans l'esprit des Amis de la constitution de ne pas céder facilement aux obstacles, et qu'ils emploieront avec énergie toutes les forces qu'ajoute cette constitution aux droits naturels et imprescriptibles de l'homme libre.

M. POLVEREL. — La lecture de la correspondance m'a présenté trois objets de réflexion qui me semblent mériter la plus grande attention de la part des législateurs :

1° L'état souffrant de nos frères chez l'étranger ;

2° L'état souffrant chez nous de nos frères détenus contre la loi ;

---

1. C'est le décret des 29 et 30 septembre 1791, dont nous avons donné le texte tome I, Introduction, p. xciv.

3° L'état de la correspondance de nos Sociétés populaires.

Le premier de ces objets ne demande pas une longue discussion; il me paraît si clair, qu'il suffit de le présenter aux yeux de nos législateurs pour être assuré non pas qu'ils le feront cesser sur-le-champ, cela est hors de leur possibilité, mais qu'ils emploieront les moyens les plus efficaces pour que le pouvoir exécutif y interpose son autorité le plus tôt possible.

Quant à nos frères souffrants chez nous, et ici je parle plus particulièrement des soldats détenus du régiment de Beauce, je ne conçois pas comment la loi portant amnistie n'a pas encore été mise en vigueur à leur égard. Il est vrai qu'on a employé dans l'envoi de cette loi aux divers tribunaux des différences bien remarquables. Des courriers extraordinaires ont été la porter à Orléans, et il y a des tribunaux dans Paris qui ne l'avaient pas encore reçue ce matin. On s'est empressé de faire jouir du bénéfice de cette loi ceux pour qui elle avait été faite, et vraisemblablement le tribunal d'Arras ne l'a pas encore reçue.

Comme homme, comme citoyen, je recommande à M. le Président le sort de ces malheureux soldats, contre lesquels, quels que soient leurs prétendus délits, il n'existe aucune charge depuis l'amnistie. Je les lui recommande, afin que, dans une de ses premières séances, l'Assemblée législative prenne en considération le sort de ces infortunés. (*On applaudit.*)

M. TALLIEN. — J'ai demandé la parole pour appuyer la proposition faite par M. Mendouze d'engager MM. Petion et Robespierre de hâter l'adresse qu'ils nous ont promise pour éclairer nos Sociétés affiliées sur notre état politique. J'ai fait quelques observations sur cet objet, et, si la Société le désire, lors de l'envoi qu'elle fera de son adresse, elle pourra y ajouter ces réflexions, qui trouveront place dans un nouveau journal que je me propose de publier incessamment sous le titre d'*Ami des citoyens*.

M... — Trop longtemps la tribune de cette Société a retenti de dénonciations vagues; aujourd'hui il vient de vous en être fait une bien précise contre M. Duportail.

Il y a dans la constitution un article qui porte que quiconque donnera ou exécutera des ordres arbitraires sera puni suivant la loi. L'article du code pénal correspondant à celui-ci porte, je crois, dans ce cas-là, dix ans de chaînes contre un ministre. (*On applaudit.*)

Si quelqu'un peut administrer les preuves suffisantes et légales du délit qu'on impute à M. Duportail, je me charge, moi, de me porter son dénonciateur à la barre de l'Assemblée nationale.

M. Collot d'Herbois. — Je viens vous dire, Messieurs, des choses qui sûrement vous seront agréables, car je ne vous flatterai point; mais, Messieurs, il ne faut pas être des géants, mais aussi il ne faut pas être des nains; soyons des hommes. Vous parlez de vos Sociétés affiliées, vous parlez d'instructions à leur envoyer. En ont-elles besoin? Quelle instruction donnerez-vous à celle de Brest? Celle d'avoir du courage. En donnerez-vous une semblable à celle de Toulon, qui, écrasée sous trente décrets de prise de corps, a encore l'énergie de vous indiquer les gens dont vous devez vous méfier? Quant aux intrigues qui ont été tramées contre vous, laissez arriver le flot de l'opinion publique pour abîmer dans le mépris ceux qui auraient voulu vous engloutir.

Ceux-là ont avancé une grande vérité, qui ont dit que Paris avait commencé la Révolution et que les départements la finiraient. Comptez avec confiance sur l'énergie de ces citoyens qui viennent de nous envoyer les législateurs qui, maintenant, sont toute notre espérance. (*Applaudi*.)

Sur la proposition de M. *Perrochel*, la Société arrête : 1° que les commissaires chargés de l'examen du compte du Comité d'administration seront autorisés à en arrêter toutes les parties, pour le présenter en masse à la Société, à sa séance du mercredi 12 du courant, et n'y souffrir aucune nouvelle discussion; 2° que les vingt membres nommés pour former le Comité de présentation se réuniront demain à cinq heures pour commencer le travail de ce Comité, sans être obligés d'attendre que ce nombre soit porté à trente, et cela vu l'urgence du cas, et sans tirer à conséquence.

On passe à l'ordre du jour : la question des comités.

[*MM. Billaud-Varenne, Dechaux, Tournon, Robespierre*, ont parlé tour à tour sur le même sujet.]

On a ensuite introduit deux députations : l'une de la Société des amis des droits de l'homme, chargée d'offrir l'hommage de cette Société aux députés de l'Assemblée constituante, et de demander qu'on adjoigne M. *Collot d'Herbois* à M. *Rutledge*, comme défenseur officieux d'un prisonnier détenu à l'Abbaye depuis quatre mois sans avoir encore subi d'interrogatoire. L'orateur de la députation a intéressé la Société au malheur de M. *Virchaux*, son client, qui assure avoir été volé, lors de son arrestation, par le sieur de La Borde, employé à la police, d'une somme de cent et quelques mille livres, contenue dans un portefeuille, qui a disparu, ajoute-t-il, sous les doigts de ce porteur d'ordres. — L'autre députation, qui venait également complimenter MM. les députés à la dernière législature qui sont restés fidèles à la cause de la liberté, était celle de la Société fraternelle des Halles défenseurs de la liberté. M. *le Président* a fait à ces deux députations des réponses dignes d'elles, de la Société qu'il présidait, et de lui.

Un de MM. les secrétaires a lu ensuite la liste suivante des députés à la nouvelle législature qui se sont fait recevoir dans la Société :

MM. **Chabot, Courtin, Oudot, Coupé (de l'Oise), Teillard, Calvet, Mascenet, Lefebvre** [1], **Becquey, de Varaigne, Bassal, Cartier-Douineau, Valdruche, Carnot l'aîné, Carnot, Duhem, Blanchon, Coustard, André** [2], **Basire, Thuriot, Boisrot, Gasparin, Lejosne, Journet, Coubé, Esperon, Brisson, Lucy, Gobillard, Rudler, Ritter, Monneron, Ducos, Saladin, Girardin, Thierriot, Gaudin, Gaudin** [3], **Vergniaud, Morisson, Musset, Cambon, Reboul, Grangeneuve, Pellicot, Romme, Archier, Fauchet, Broussonnet, Goujon, de La Porte, Bonnet de Mautry, Lejeune, Ballet, Dubois, Vosgien, Voisin, Huguet, Le Vasseur, Laumond, Carez, Faye, Rivoalland, Morand, Le Brun, de Houlières, Gélin, Gréau, Calon, Delaunay, Merlet, Frecine, Jay, Granet, Vernerey, Lasource, Bonnier, Lambert, Foissey, Haudouart, Maignet, Soubrany, Choudieu, Menuau, Brival, Rivery, Tronchon, Audrein, Rougier, Fillassier, Brissot, Cornudet.**

En tout quatre-vingt-quinze jusqu'à ce jour.

La séance a été levée à dix heures.

LXIV

SÉANCE DU MERCREDI 5 OCTOBRE 1791

PRÉSIDENCE DE M. BRISSOT

Après la lecture du procès-verbal de la dernière séance, M. *le Secrétaire* donne communication d'une lettre écrite par M. Kellermann,

---

1. Il y eut deux Lefebvre à l'Assemblée législative : Charles Lefebvre, député du Nord, et Jean-René Lefebvre, député d'Eure-et-Loir. Nous ne savons duquel des deux il s'agit ici.
2. Nous ne savons si c'est Charles-Michel André (de l'Orne) ou Laurent-Yves-Antoine André (des Vosges).
3. Il y eut, en effet, deux Gaudin à la Législative, tous deux députés de la Vendée : l'abbé Maurice Gaudin (1735-1810) et Joseph-Marie-Jacques-François Gaudin, futur conventionnel (1754-1818).

qui respire les sentiments du civisme et du patriotisme le plus pur.

M. CORROLLER. — Messieurs, les sentiments et les actes de civisme sont fort ordinaires de la part des soldats; mais il n'en est pas précisément ainsi de celle des officiers, et surtout des officiers généraux. C'est sur cette raison que je demande que la lettre de M. Kellermann soit distinguée, et qu'il en soit fait mention honorable et insertion au procès-verbal, et qu'un extrait en forme du procès-verbal soit adressé à M. Kellermann, comme à un frère et à un ami.

Cette proposition, appuyée et mise aux voix, est adoptée à l'unanimité.

On propose d'admettre quelques membres dans la Société par acclamation; cette motion est rejetée, et le renvoi au Comité est ordonné.

Les députés à la nouvelle législature qui sont reçus dans cette séance sont : MM. Bourzès, Ramel, Lemaître, Castel, Guittard, Gensonné, Sers, Haussmann, Bassal et Le Cointre; en tout cent cinq.

[*M. Robespierre* lit le « décret du 29 septembre, sur les Sociétés patriotiques », puis les « éclaircissements sur le décret du 29 septembre, relatif aux Sociétés patriotiques [1] ».]

Un membre de la Société se plaint de l'enceinte que l'on a fabriquée dans l'intérieur de l'Assemblée nationale, pour réserver des places aux anciens législateurs. Il demande encore que l'on éloigne de la salle tous les gens armés.

M... — Il doit paraître demain, ou après au plus tard, dans les journaux patriotes, un écrit parfaitement bien fait à ce sujet. On y a joint la bonne plaisanterie au raisonnement; je crois que la Société en sera satisfaite : c'est l'ouvrage de M. Grouvelle.

M. PRIEUR. — Il est inconcevable, Messieurs, qu'il soit entré dans la tête de quelques personnes de conserver une sorte de privilège pour les citoyens qui les ont tous abolis. Je désire que cette nouvelle enceinte soit destinée au public. La publicité seule, les journaux, l'impression des débats, conserveront la constitution et préserveront l'Assemblée nationale de la corruption dont on tâchera toujours de l'infecter.

M. DUBOIS DE CRANCÉ. — Ce n'est certainement pas l'Assemblée constituante qui a ordonné cette enceinte; car où est le décret? Ce n'est pas non plus la nouvelle législature; car, avant d'exister, elle n'avait sûrement pas donné d'ordre : cet ouvrage des ténèbres a donc été ordonné par des personnes qui avaient médité sur ses conséquences.

1. Voir la pièce suivante.

Ces ordonnateurs n'ont pas cherché à flatter les membres de la législature expirante; ils ont pensé que ceux qui resteraient seraient aussi ceux qui pourraient être proposés à influencer. Il était donc utile de leur laisser une place d'où ils pussent glisser un billet, parler à l'oreille. Législateurs, prenez bien garde à vous laisser surprendre; supprimez ces places insidieuses; supprimez également celles des députés extraordinaires, des députés du commerce, celles des communes, qui n'ont là aucun droit. Rendez ces places au peuple, qui certes aura bien, pour entendre vos débats, autant de lumières que la municipalité.

Je crois en outre qu'il est de la plus grande importance de disposer ces places de manière qu'il ne puisse y avoir aucune communication entre elles et MM. les députés.

M... — Ces observations me paraissent d'autant plus justes que ce matin, pendant la discussion, j'ai vu le sieur Chapelier parler à plusieurs de nos collègues les uns après les autres. Je n'ajoute aucune réflexion sur le fait, je le dénonce simplement.

M. BRISSOT. — Il paraît que la discussion peut se réduire à ces trois points : demander à l'Assemblée nationale :

1° Qu'elle exclue de son intérieur la foule d'hommes à épaulettes qui l'inondent;

2° Qu'elle éloigne les places privilégiées. Je crois sur cela pouvoir tranquilliser M. Dubois de Crancé, et l'assurer qu'une Assemblée où le patriotisme s'est montré aussi à découvert qu'il a paru à la séance de ce matin n'est pas dans l'intention de conserver des privilèges;

3° Enfin, qu'à l'avenir les actes du corps législatif soient datés de l'année de la liberté française.

MM. *Corroller, Rœderer* et *Robespierre*, parlent sur le même sujet, dans le même sens, à quelques différences près, sur l'usage des billets que M. Robespierre voudrait supprimer. On passe à l'ordre du jour.

[*M. Chabot* parle sur les comités, et conclut que, « du moment que les comités sont inutiles, ils deviennent dangereux, et les seuls qui, suivant moi, sont nécessaires, sont, comme je l'ai dit, ceux de diplomatie et de surveillance ». (*On applaudit.*) — *M. Roussillon* « présente une députation des citoyens patriotes habitués au café Procope Zoppy », dont le doyen « lit une adresse de remerciements aux députés patriotes de l'Assemblée constituante ». — Une députation d'une portion du corps électoral vient lire une pétition contre l'enceinte construite dans l'Assemblée nationale. *M. le Président* répond à ces deux députations.]

La séance a été levée à dix heures [1].

1. On lit dans *le Babillard* du 6 octobre 1791 : « Malgré le zèle de quelques

LXV

SOCIÉTÉ DES AMIS DE LA CONSTITUTION

SÉANTE AUX JACOBINS, A PARIS

ÉCLAIRCISSEMENTS SUR LE DÉCRET DU 29 SEPTEMBRE,

RELATIF AUX SOCIÉTÉS PATRIOTIQUES

(Imp. du *Patriote français*, s. d., in-8 de 8 pages.)

[5 octobre 1791.]

FRÈRES ET AMIS,

L'Assemblée nationale a rendu, le 29 septembre, un décret que plusieurs papiers publics rapportent d'une manière très infidèle, que d'autres interprètent avec moins d'inexactitude : l'opinion s'est égarée par ces faux récits ; il est bon de l'éclairer.

Depuis longtemps les Sociétés patriotiques étaient menacées ; destinées à répandre la lumière, elles ont effrayé ceux qui aiment les ténèbres. Il semble qu'on eût déjà préparé les coups qu'on voulait leur porter dans le manifeste envoyé à l'Assemblée au moment du départ du roi ; et, depuis ce moment, il n'est point d'efforts que les intrigants et les ministériels n'aient fait pour les anéantir. Nous ne vous rappellerons pas tous ces écrits calomnieux, répandus avec profusion dans la capitale et dans les provinces, ces placards affichés à tous les coins de rue contre les Sociétés : elles ont heureusement échappé à ces dangers. Un instant sur le bord du précipice, elles se

nouveaux députés, le club des Jacobins est à peu près détruit. On avait publié que le scrutin épuratoire avait rendu cette assemblée moins dangereuse pour les amis de la patrie, et moins étrangère aux principes de la constitution. « Si
« quelqu'un, disait un citoyen sur la terrasse des Feuillants, avait pu croire à
« cette déclaration, il serait bien surpris en apprenant que le sabbat est au-
« jourd'hui présidé par Brissot. Heureusement, cette élection a dissipé tous les
« doutes, et les honnêtes gens s'éloignent avec effroi de ce repaire odieux.
« Quelques ombres enragées viennent encore se promener sur ces ruines ; mais
« plus elles s'agitent, plus elles effrayent le passant timide et l'honnête citoyen.
« Si les clubs sont abandonnés, les Sociétés fraternelles dispersées, et les Cor-
« deliers anéantis, la paix régnera bientôt dans le royaume, et ramènera le
« luxe, l'aisance et le travail. Les familles opulentes, que la crainte des troubles
« retient encore chez l'étranger, n'attendent que ce moment pour revenir à
« Paris. »

sont relevées plus grandes qu'auparavant. Le Comité de constitution vient de faire une nouvelle tentative pour les renverser; mais il a échoué; c'est du moins ce qu'il nous paraît et facile et nécessaire d'établir.

Le Comité de constitution avait imaginé de joindre à son projet de décret sur les clubs une instruction, et d'en faire un tout inséparable et indivisible. L'instruction eût servi d'interprétation au décret, et le décret, à son tour, eût fortifié l'instruction.

Pour bien sentir cette vérité, il faut savoir ce qu'est une instruction dans le sens admis et consacré par les usages de l'Assemblée : c'est une pièce revêtue d'un caractère imposant, quoiqu'elle n'ait point celui d'une loi positive; elle renferme des principes avoués, recommandés à l'opinion et à la confiance du peuple; elle devient l'ouvrage de l'Assemblée, qui l'adopte après une mûre discussion.

Or, que portait l'instruction que le Comité de constitution voulait incorporer au décret? Elle interdisait la correspondance des Sociétés entre elles, leur affiliation, l'impression de leurs débats, la publicité de leurs séances; c'est-à-dire qu'elle proscrivait tous les moyens conservateurs des Sociétés.

Cette instruction, d'après une discussion assez vive, a été convertie en un simple rapport, et ce changement mérite d'être remarqué. Un rapport, quoique l'impression en soit votée par l'Assemblée, n'est que l'opinion de son moteur : l'Assemblée ne garantit point, n'adopte point toutes les maximes qu'il renferme. L'Assemblée a fréquemment décrété l'impression d'opinions opposées; ainsi un rapport, non seulement aux yeux de la loi, mais aux yeux du public, est une pièce sans caractère; c'est un discours bon ou mauvais.

Lorsqu'on y réfléchit, il est même avantageux pour les Sociétés que le rapporteur ait présenté son travail sous la forme d'une instruction, et que l'Assemblée ait rejeté cette forme, parce qu'il en résulte évidemment que l'Assemblée n'a voulu revêtir d'aucun caractère légal les idées qu'il contient.

Ainsi le décret reste seul et isolé. Quelle espèce de changement apporte-t-il dans l'existence des Sociétés patriotiques? Nous disons avec confiance qu'il n'en apporte aucun qui puisse répondre aux vues de leurs ennemis.

Nous ne nous arrêtons pas au considérant, parce qu'un préambule n'est pas une loi, et qu'il n'y a que des articles clairs et précis qui aient cette force et ce caractère. Au surplus, il n'y a dans le considérant qu'un passage vague qui pourrait donner lieu à l'arbitraire, si un considérant était une loi; le voici : « Les Sociétés ne peuvent paraître sous un nom collectif, soit pour former des pétitions, *soit pour tout autre objet.* »

Ce dernier membre de phrase a donné lieu à quelques interpellations dans la discussion même. Entendez-vous, a-t-on dit au rapporteur, empêcher les Sociétés de correspondre entre elles, de s'affilier, de fraterniser? Non, non, a-t-il répondu à plusieurs reprises; non, non, répondait avec lui la majeure partie de l'Assemblée. C'est, a-t-il dit, qu'il est impossible de prévoir tous les cas où des Sociétés pourraient faire encore des actes extérieurs; et, ne pouvant pas les distinguer tous, il faut les exprimer par des termes généraux.

Au surplus, nous ne pouvons trop le répéter, un préambule n'est pas une loi; passons aux articles.

Le premier contient deux dispositions; il défend aux Sociétés : 1° de mander devant elles des fonctionnaires publics, même de simples citoyens, pour rendre compte sans doute de leur conduite; 2° d'apporter obstacle à l'exécution d'un acte de quelque autorité légale.

Il nous sera facile sans doute, frères et amis, d'observer cette loi. Aucune Société ne prétend avoir le droit d'expédier des mandats pour faire comparaître devant elle les fonctionnaires publics qui s'écartent de leur mission et les mauvais citoyens qui troublent l'ordre public; les Sociétés se contentent d'exercer une surveillance salutaire, de prêcher l'obéissance aux lois et l'amour de la liberté. Ce ministère sacré appartient à tous les citoyens; comment pourrait-on le leur contester?

Nulle Société ne peut aussi mettre obstacle à l'exécution d'un acte émané d'une autorité légitime. Les Sociétés qui ne cessent de prêcher la soumission aux lois ne sont pas celles qui les enfreignent. Le mot *obstacle* pourrait peut-être faire naître des difficultés; et des hommes animés d'un esprit de persécution pourraient faire envisager l'examen et la critique d'un acte comme un *obstacle* mis à son exécution; mais ce serait un abus tyrannique, une violation du droit de publier ses pensées. Il est reconnu qu'il est libre à tout homme d'exprimer son opinion sur une loi, d'en faire connaître les abus, d'en solliciter la réformation. D'ailleurs, c'est ici le lieu de placer une réflexion qui a été faite lors de la discussion du préambule de la loi. Le mot d'*influence* se trouvait dans le préambule, et il était dit que nulle Société ne pouvait exercer aucune influence sur les actes des pouvoirs constitués. On observa que ce mot était vague; qu'il était possible, par une interprétation insidieuse, d'alléguer que la discussion d'une loi trouvée mauvaise en affaiblissait le respect et provoquait à la résistance.

Là-dessus des murmures, des clameurs. La supposition n'est pas vraisemblable, s'écriait-on; jamais on ne peut empêcher des citoyens de s'expliquer sur les lois qui les gouvernent. En ce cas, répondirent ceux qui avaient fait la réflexion, qu'on retranche le mot d'influence, et il fut supprimé.

L'article II interdit les pétitions en nom collectif, les députations au nom des Sociétés, et tous actes où elles paraîtraient sous les formes de l'existence politique.

Les pétitions en nom collectif étaient déjà prohibées par un article de la constitution; ainsi, rien de nouveau à cet égard. Quant aux actes qui n'appartiennent qu'à des associations politiques, les Sociétés savent bien qu'elles ne doivent pas se les permettre; elles n'ont jamais réclamé, et elles ne réclament point une existence politique; elles se bornent à avoir une existence morale et publique, afin que leurs occupations soient à la fois plus utiles et plus à l'abri de la calomnie : c'est ce que leur avait refusé le Comité de constitution, qui a été obligé de substituer le mot *politique* à celui de *publique* qu'il avait mis d'abord.

Nous ne parlons pas des autres dispositions; elles sont pénales; elles supposent l'infraction aux articles que nous avons cités.

Ce que le décret consacre bien positivement, c'est l'existence des Sociétés; et il ne leur enlève rien de leurs droits légitimes, des seuls droits que ces Sociétés soient jalouses d'exercer.

Leurs plaintes, leurs alarmes, les observations qu'elles croiront utiles à la chose publique, elles les feront toujours entendre : ce ne seront point les Sociétés qui parleront, ce seront les citoyens qui les composent.

Ainsi, frères et amis, continuons notre sainte entreprise; montrons-nous toujours les fermes soutiens de la constitution; laissons l'intrigue serpenter, la calomnie s'agiter; restons fermes, inébranlables : nous serons invincibles, et la postérité nous vengera des tracasseries et des persécutions des mauvais citoyens de notre temps.

[Suit le texte du décret du 29 septembre 1791, que nous avons déjà reproduit à la page XCIV de l'introduction placée en tête du tome premier.]

La Société a arrêté l'impression dans sa séance du 5 octobre.

Signé : J.-P. Brissot, *président ;*

Royer, évêque du département de l'Ain, Sergent, Mendouze, Louis-Philippe-Joseph, F. Lanthenas, Collot d'Herbois, *secrétaires.*

LXVI

SÉANCE DU VENDREDI 7 OCTOBRE 1791

PRÉSIDENCE DE M. BRISSOT

[*M. Camille Desmoulins* lit le procès-verbal et la correspondance. « Celle-ci apporte de tous côtés la nouvelle d'une émigration générale, tant de tous les anciens gardes du corps du roi que des officiers des troupes de ligne. » — « Un citoyen de Montélimart envoie à la Société la déclaration des droits de l'homme, qu'il a mise en vers. » — La Société de Grandvilliers se justifie de l'inculpation de vexations commises dans cette ville au sujet de la prestation du droit de champart.]

M. *Mendouze* prend la parole pour faire quelques observations sur l'article du règlement qui concerne les présentations, et qui ont paru inexécutables au Comité; il a présenté à cet égard des amendements qui ont tous été adoptés.

Il s'élève un doute, d'après les mêmes règlements, sur la manière dont seraient communiquées à l'assemblée les lettres qui arriveraient pendant sa séance. Le règlement ayant décidé que toutes ces lettres seraient ouvertes par le Comité de correspondance, messieurs les secrétaires ne se croyaient pas autorisés à ouvrir plus que les autres les paquets que l'on déposait sur le bureau. Après diverses propositions, on adopte celle de M. *Collot d'Herbois*, qui demande que deux commissaires de ce Comité soient tenus d'être présents à la séance pour faire l'ouverture de ces lettres.

M. *Grégoire* recommande aux pères de famille de la Société l'établissement patriotique projeté par M. Bourdon de la Crosnière, pour procurer aux jeunes citoyens une éducation nationale. Il engage la Société à faire passer cette même recommandation aux Sociétés affiliées [1].

[*M. Ballet* rapporte un incident survenu à l'Assemblée nationale [2], qui tend à prouver qu'il y a des députés suspects, comme il y a des membres suspects dans le sein même de la Société.]

1. Voir la pièce suivante.
2. Voir dans Buchez et Roux, t. XII, p. 68, le récit de la séance de la Législative qui donna lieu à ce discours.

M. Goupilleau. — Je crois que, pour éviter cet inconvénient, il serait bon d'imprimer la liste des membres de la nouvelle législature qui se sont fait recevoir dans cette Société, de ne laisser entrer aux séances que les membres qui en seront, et de n'accorder à l'avenir les entrées extraordinaires que pour un seul jour.

M. Thuriot. — J'ajouterai, comme amendement à cette motion, que cette liste imprimée soit envoyée à toutes les Sociétés affiliées, parce que, ceux qui ont été promus à la législature l'ayant été sur la recommandation des Sociétés, il est bon qu'elles soient instruites de la conduite de ceux qu'elles ont cru devoir honorer de leur confiance.

M... — J'ai demandé la parole pour m'opposer à ce qu'on imprimât cette liste dans ce moment, parce que plusieurs départements qui n'ont pas encore envoyé leurs députés pourraient voir cette impression comme une réjection de leurs membres, et parce que beaucoup de députés qui sont arrivés ici ne se sont pas encore présentés faute de connaître et les moyens d'y venir et les agents de la capitale. Je demande donc l'ajournement à huitaine sur ce projet.

[*M. Rœderer* appuie l'ajournement, faisant valoir « que les intrigants de l'ancienne législature ont ajourné à ce soir la résurrection des Feuillants ».]

M. Goupilleau. — Les détails dans lesquels vient d'entrer M. Rœderer ne sont que trop vrais. La seule erreur que j'aie à relever, c'est que ce fait s'est passé non hier, mais ce matin.

J'étais entré dans la salle quelques moments avant l'ouverture de la séance; j'étais auprès du poêle avec quelques-uns de mes collègues à discuter paisiblement sur le décret d'hier; alors, un officier de la garde nationale s'est avancé vers moi avec des gestes menaçants et me dit : « Nous vous connaissons bien, nous savons comme vous vous êtes exprimé sur le compte du roi, nous savons que vous avez blâmé la conduite respectueuse de M. Thouret à son égard. Si vous n'y prenez garde et si vous continuez dans de tels sentiments, je vous ferai hacher avec mes baïonnettes. »

C'est donc au sein de l'Assemblée nationale, au milieu de ce sanctuaire où les opinions doivent avoir la plus grande liberté, que je me vois menacé par un homme revêtu d'un habit respectable. Cette réflexion me fit frémir; plusieurs de mes collègues s'en aperçurent, des huissiers même, indignés, vinrent me dire : « Il faut dénoncer cet homme, c'est M. l'Herminier. »

Dans la séance, plusieurs de mes collègues ont demandé la parole pour parler à ce sujet; l'un d'eux s'est servi d'une expression impropre ; on est passé à l'ordre du jour. J'ai demandé moi-même la parole pour un fait particulier : M. le président m'a répondu qu'un fait particulier n'était pas à l'ordre du jour.

M... — L'homme à épaulettes, après avoir fait cette incartade, a cru encore devoir propager dans l'Assemblée son opinion sur M. Goupilleau ; il est venu du côté de la tribune où j'étais avec M. Basire ; il nous a dit encore qu'il avait des baïonnettes toutes prêtes contre ceux qui feraient de pareilles motions. « Si vous avez des baïonnettes, lui répondis-je, nous avons du courage, et le premier usage que nous en devons faire est de conserver ici la plus grande liberté dans les opinions. »

M... — Nous n'en sommes pas encore, heureusement, au point déplorable de voir l'Assemblée nationale passer à l'ordre du jour sur l'insulte faite à M. Goupilleau ; c'est M. le président seul qui y a fait passer, et voici comment : l'ordre du jour a été ordonné sur toutes les motions subséquentes faites à la suite de la première motion ; c'est ce qui a été cause que celle-ci a été englobée dans l'ordre du jour.

M. COUTHON. — C'est moi qui, le premier, ai fait la motion du décret que je croyais conservateur de la majesté du peuple[1]. C'est moi qui, le premier, ai témoigné ces sentiments que l'on se plaît maintenant à qualifier de factieux. C'est aussi moi qui ai été insulté le premier, non par un officier de la garde nationale, mais par un homme mal vêtu, mal tourné, que j'ai peine à croire un représentant du peuple. Cet homme vint à moi dans l'Assemblée nationale et me dit : « Va-nu-pieds, c'est donc vous qui apportez du fond de vos provinces le trouble et la dissension dans Paris ; c'est donc vous qui venez mal parler de la majesté du roi. Nous vous reconnaîtrons, et bientôt vous vous repentirez de votre esprit de faction. »

J'avais résolu de parler de ce fait particulier à la Société des amis de la constitution, pour les engager à venir nous entourer de leur présence, lors de nos séances, à faire des adresses au peuple de Paris pour le ramener au vrai esprit de patriotisme, dont il paraît être étrangement détourné. Ne nous décourageons pas néanmoins, aidez-nous surtout de vos conseils : car, il faut en convenir, nous avons à l'Assemblée nationale beaucoup de patriotisme, mais fort peu de lumières.

M. BASIRE. — On a exigé que je montasse à la tribune, et j'en suis fâché, car je n'ai que des choses affligeantes à vous dire. Un des préo-

---

1. Voir le *Moniteur*, X, 63.

pinants a voulu vous faire entendre que cet ordre du jour était l'effet de la perfidie du président, et non la faute de l'Assemblée. Je voudrais pouvoir le croire, mais voici comment le fait est arrivé. Un membre, indigné de l'insulte faite à M. Goupilleau, se sert, dans la chaleur de la dénonciation, d'une expression impropre : en parlant de l'insulteur, il le nomme *satellite;* à ce mot, on crie à l'ordre. Je monte à la tribune, on m'écoute avec attention tant que je rends à la garde nationale la justice qui lui est due ; mais, lorsque je veux rentrer au fait, il s'élève de nouveaux murmures; on fait mille motions indécentes ; enfin, sur le tout, on passe à l'ordre du jour.

La Société ayant résolu de fermer la discussion, MM. les députés ont été engagés à se réunir demain après la lecture du procès-verbal, pour obtenir la réparation due à M. Goupilleau.

[Une députation de la section de la Bibliothèque complimente les députés à l'Assemblée constituante qui ont bien mérité de la patrie. — L'orateur d'une députation des Nomophiles fait un discours dans le même sens. *M. Brissot* le remercie. Il répond ensuite à une députation de la Société fraternelle des Halles.]

La séance a été levée à dix heures et demie[1].

1. On lit dans *le Babillard* du 8 octobre 1791 : « Le décret du 6 a totalement changé la scène dans les cafés et dans les jardins publics... La veille, une morne consternation, une inquiétude cruelle, étaient peintes sur le visage des citoyens; quelques factieux triomphants applaudissaient à leurs succès, et déclamaient contre le roi. Les journalistes jacobins chantaient leur victoire, célébraient la nouvelle législature, injuriaient les membres les plus distingués du corps constituant, et se livraient aux plaisirs les plus doux pour leur cœur gangrené : le mensonge et l'ingratitude... Le lendemain, une joie vive animait les amis de la patrie et de la constitution. Les aboyeurs à gages s'éloignaient des lieux publics et se réunissaient dans la caverne de la rue Saint-Honoré; les écrivassiers jacobites, écumant de rage et gonflés de poison, s'acharnaient sur les membres de la nouvelle législature qui ont fait rapporter le décret du 5, accusaient M. Vosgien d'aristocratie, et prodiguaient leurs éloges déshonorants aux Robespierre et aux Petion. Ceux qui, pendant ces deux jours, ont observé la capitale avec des yeux attentifs ont appris à connaître le sentiment qui domine dans le cœur des Français, et à ne pas les confondre avec cet amas de vils factieux, écume de toutes les provinces et de toutes les nations, réunis à Paris par l'espoir du pillage et de l'impunité. »

LXVII

ÉDUCATION PUBLIQUE

LA SOCIÉTÉ DES AMIS DE LA CONSTITUTION DE PARIS AUX SOCIÉTÉS AFFILIÉES

COMITÉ DE CORRESPONDANCE

(Imp. du *Patriote français*, s. d., in-8 de 12 pages.)

[Paris, 7 octobre 1791.]

FRÈRES ET AMIS,

Nous vous envoyons ci-joint le prospectus de la *Société des jeunes Français*[1] et l'arrêté que notre Société a pris, sur le rapport qui lui a été fait par ses commissaires du plan de cette institution.

Outre les grands points de vue que présente cet établissement considéré comme école d'expériences, il en est un non moins intéressant pour les Amis de la constitution et de la liberté : c'est celui d'une institution qui puisse devenir pour les autres écoles de l'empire ce que la Société-mère est pour les Sociétés affiliées: le point central de correspondance, le foyer général du patriotisme, des lumières et des vrais principes, qu'il est si nécessaire de propager uniformément parmi la génération naissante. Tel est le but auquel nous vous invitons à concourir.

Vous voudrez bien, en conséquence, frères et amis, donner, dans une assemblée générale de vos membres, lecture du prospectus et de l'arrêté de la Société, recevoir les inscriptions des pères de famille qui auront l'intention de placer leurs enfants dans la Société des jeunes Français, et les faire passer directement au bureau d'administration de cette Société.

Vous voudrez bien faire insérer l'annonce de cet établissement utile dans les journaux de votre département.

Nous sommes, avec des sentiments fraternels, les membres du Comité de correspondance.

Signé : COLLOT D'HERBOIS, *vice-président ;* PÉTION, CORROLLER, QUERTIN, F. LANTHENAS, BILLAUD-VARENNE, ROBESPIERRE, ROYER, BOSC, SIMONNE, THERMES.

1. Il s'agit du pensionnat de jeunes gens dirigé par Léonard Bourdon.

SOCIÉTÉ DES JEUNES GENS FRANÇAIS
BASE D'UNE ÉCOLE CENTRALE D'EXPÉRIENCES
ÉTABLIE AU CI-DEVANT PRIEURÉ DE SAINT-MARTIN-DES-CHAMPS
RUE SAINT-MARTIN, A PARIS

Nous grandissons pour la patrie.

Pressée par la nécessité d'achever des travaux commencés, pressée par le terme fatal qu'elle a prescrit elle-même à sa session, l'Assemblée nationale a renvoyé à la nouvelle législature l'organisation de l'instruction publique. Cet ajournement, qui laisse encore, cette année, les collèges livrés à l'inactivité qui résulte de l'attente certaine d'une grande révolution et de l'incertitude des maîtres et des élèves sur le nouveau mode de leur existence, a décidé la Société des jeunes Français à ne pas différer plus longtemps à se réunir.

La formation de cette Société avait été déterminée par la conviction que, malgré les salutaires réformes que produiraient dans les écoles publiques les décrets de l'Assemblée, l'esprit de routine, l'habitude des vieux préjugés, la disette même d'instituteurs, retiendraient longtemps encore dans les sentiers battus et opposeraient de grands obstacles aux progrès des lumières; que le régime oppressif et arbitraire qui tue l'énergie et l'activité de la jeunesse, qui est la source funeste de la dépravation des mœurs, et qui la façonne à l'esclavage, continuerait d'exercer dans les écoles ses funestes influences, tant que le régime légal qui lui convient n'aurait pas été déterminé par l'expérience.

L'ordre dans lequel les diverses connaissances doivent être classées entre elles, la manière dont chacune doit être présentée à l'esprit, la méthode de rendre la jeunesse *libre* et *docile*, de concilier son instruction et son bonheur actuel, ont été inconnus jusqu'ici, et ne seront que le résultat d'expériences et d'observations faites avec soin.

Ce sont ces expériences qu'on se propose de faire sous les yeux des législateurs, et avec le concours de toutes les lumières que la Révolution a fait éclore ou développées[1]. Ces expériences nous instruiront, si la mesure des passions d'un individu peut devenir la mesure nécessaire de ses vertus et de son patriotisme; si l'on peut habituer l'homme, dès son enfance, au bonheur qui résulte du bonheur

---

1. Quiconque aura découvert une méthode utile d'instruction pourra se présenter à la Société. Il sera mis à même d'en prouver les avantages par l'expérience, et sa propriété sera religieusement respectée. (*Note de l'original.*)

général; si la perfectibilité de l'espèce humaine peut être soumise au calcul; enfin si, à dater de l'époque mémorable de la Révolution française, chaque génération fera un pas en avant ou rétrogradera.

De cet essai, dirigé par des citoyens dont les uns ont été membres de l'Assemblée nationale ou honorés d'autres fonctions publiques, les autres connus par des ouvrages utiles, réunis tous par leur zèle pour le progrès des lumières et de l'esprit public, résultera un corps d'observations suivies sur la manière de mettre en jeu tous les ressorts de la machine humaine, pour le plus grand bonheur du corps social; sur l'action et la réaction réciproques du moral et du physique de l'homme, qui, au milieu de tant de bizarres institutions qui nous éloignaient sans cesse de la nature, ne sont que très imparfaitement connues, même par la théorie. Avec ces données, l'éducation publique peut arriver successivement à un grand degré de perfection, et former dans peu d'années un système mathématique.

L'organisation sociale la plus propre à conserver à la jeunesse ses formes naturelles et primitives, en lui imprimant progressivement et par habitude les formes nationales et constitutionnelles, la manière de procurer aux facultés morales, intellectuelles et physiques de chaque individu, tout le développement et l'énergie dont elles sont susceptibles, voilà le but de cet établissement. Le plan sur lequel il est dirigé [1], antérieur à la Révolution, a pour bases les droits de l'homme, la *liberté* et l'*égalité*. Son exécution avait été autorisée par lettres patentes de 1788, sous le titre de *Société royale d'émulation;* et elle eût eu lieu si les ministres d'alors, par un retour naturel à leurs principes, n'eussent pas cru devoir y mettre obstacle, en refusant de remplir les engagements qui avaient été pris avec l'auteur.

Par arrêté du 29 mars 1790, la municipalité de Paris a jugé « qu'il était de l'intérêt de la ville et de tous les pères de famille de seconder l'exécution d'un plan dont l'objet était de familiariser la jeunesse avec les principes de la constitution française; elle invite en conséquence les Amis de cette constitution à se réunir, pour assurer le succès de ces expériences patriotiques, et préparer ainsi la régéné-

---

1. *Plan d'un établissement d'éducation nationale*, Paris, 1788, Prault, quai des Augustins; *Mémoire sur l'éducation et sur l'instruction publiques*, 1789, Desenne, au Palais-Royal; par M. Léonard Bourdon, jurisconsulte, électeur de 1789, ancien représentant de la Commune de Paris. — Les bases de ce second mémoire ont été adoptées par l'acte constitutionnel; et, en général, entre ces deux ouvrages et le rapport sur l'instruction publique fait au nom du Comité de constitution par M. Talleyrand, et dont la réimpression a été ordonnée, il y a identité de principes et analogie dans quelques développements. (*Note de l'original.*)

ration de l'éducation publique et l'établissement d'écoles où les enfants des citoyens, goûtant de bonne heure les avantages de la vraie liberté et de l'égalité civile, apprennent à en connaître le prix, à en défendre les droits, etc. ».

Dans son avis du mois de janvier dernier, « le Comité de constitution, en reconnaissant que les principes présentés avant la Révolution par l'auteur se rapprochent absolument de ceux qui ont été décrétés *depuis* par la constitution, applaudit à son zèle et à son plan ».

Enfin, la Société des amis de la constitution de Paris, sur le rapport qui lui en a été fait au mois de mars dernier par M. Alexandre Beauharnais, ancien président de l'Assemblée nationale, au nom de ses commissaires, a jugé unanimement que « ce système, dont les vues étaient neuves, ingénieuses et profondes, conformes à la loi naturelle et aux principes de la constitution, méritait de recevoir la plus prompte sanction de l'expérience; que cette expérience était d'autant plus nécessaire que, sans l'admission des principes régénérateurs développés dans ce système, nous n'aurions pas d'éducation vraiment nationale ».

L'objet principal de la Société est de mettre ses membres au milieu de toutes les connaissances, afin que chacun puisse choisir celles pour lesquelles il aura de véritables dispositions, et s'y attacher avec fruit.

Elle est divisée en deux sections. Dans la première, on reçoit les enfants depuis l'âge de quatre ans jusqu'à douze. La seconde comprend les enfants au-dessus de cet âge.

INSTRUCTION

PREMIÈRE SECTION

Histoire naturelle et la manière d'employer les productions de la nature; le dessin, qui les représente; la géographie, qui indique l'endroit où elles croissent; l'arithmétique, qui apprend à en calculer les quantités; la géométrie, qui mesure leurs surfaces; l'anatomie, qui découvre leur mécanisme intérieur; la chimie, qui les analyse; la mécanique, qui les façonne à notre usage, etc., forment un cours encyclopédique de connaissances dont les éléments sont propres à exercer les sens, à les rendre plus actifs, et à préparer la maturité du jugement. On y réunit tous les exercices propres à développer les formes des corps, à apprendre à se servir de ses yeux, de ses oreilles, de ses mains, de ses jambes, de tous ses instruments naturels en général.

En entrant dans la seconde section, chacun de ces enfants saura pourvoir à presque tous ses besoins : ils liront déjà couramment dans le grand livre de la nature; les propriétés des éléments, l'état du ciel, l'organisation physique de l'homme, leur seront familiers; ils auront vécu libres, égaux et heureux, sous l'empire de la nécessité; ils n'auront que des idées simples et sensibles, mais ils en auront beaucoup; ils auront plus d'intelligence que d'imagination; ils seront exempts des préjugés, sains de jugement, habitués à l'ordre et riches de tout le domaine de la nature, dont ils auront fait la découverte.

SECONDE SECTION

La continuation des objets d'instruction de la première section et les travaux d'industrie vers lesquels chacun aura été dirigé par son goût sont les récréations de la seconde section.

Les études, jusqu'à quinze ou seize ans, sont communes à tous : la logique; l'étude de l'histoire, base de l'étude de la morale, de la constitution, des lois et des cultes religieux; les éléments des mathématiques; la langue française et la rhétorique.

Pendant ce cours d'études, chacun sera mis à portée de distinguer le genre de connaissances auquel il est le plus propre, dans les quatre rapports généraux qui suivent, et qui seront réunis dans l'école française :

1° Agriculture, industrie et commerce;

2° Administration, négociations et jurisprudence;

3° Science militaire;

4° Sciences, langues et beaux-arts.

A l'âge de douze ans, époque à laquelle la sensibilité et la raison commencent à se développer, les élèves seront libres, sous l'empire de la loi, toujours dépendants des *choses* et jamais des *personnes* [1].

---

[1] La réunion des jeunes gens dans de grands pensionnats, qui a été regardée faussement jusqu'ici comme un principe de corruption, est le principe le plus actif d'une éducation vraiment nationale. La dépravation des mœurs est, dans les collèges, comme elle l'est dans la société des hommes, le résultat et l'effet nécessaires des vices du gouvernement; elle est la conséquence de l'état passif dans lequel la jeunesse a langui jusqu'ici sous un régime oppressif et vexatoire, où elle n'avait que des devoirs pénibles et ennuyeux; les esclaves n'ont point de mœurs. A ce régime arbitraire substituez un régime légal; rendez la jeunesse à son activité naturelle; donnez, en un mot, à cette société d'hommes jeunes, mais qui ont les mêmes principes de sensibilité, d'intelligence, que les hommes

Au mois d'octobre 1793, cette seconde section sera fermée, et il ne sera plus reçu dans la Société que des enfants au-dessous de sept ans.

La Société est administrée par trois Comités :

Le premier, chargé de la direction des études ;

Le second, de la surveillance de la police intérieure ;

Le troisième, de la correspondance, soit avec les parents, soit avec les autres écoles de l'empire.

Les parents des élèves auront séance dans ces Comités.

La Société va travailler en même temps à préparer un bon modèle pour ces écoles primaires gratuites, dans lesquelles les enfants de la patrie, *de tout sexe,* doivent apprendre leurs droits et leurs devoirs, et recevoir le pain de l'instruction, cette dette si sacrée, et dont nos premiers législateurs ont regretté de n'avoir pas eu le loisir de faire les fonds.

Nous prouverons, par le fait, la possibilité de joindre à chacune un atelier de travail, moyen efficace pour façonner en même temps les enfants pauvres à l'industrie, aux bonnes mœurs et à la liberté ; seul moyen peut-être de les attirer à l'instruction par l'appât du salaire légitime de leurs travaux, et de jeter les bases d'une éducation qui ne sera vraiment nationale qu'autant qu'elle deviendra commune.

La Société prouvera encore la possibilité de faire circuler dans toutes les veines du corps politique, et jusque dans les plus petits vaisseaux, un sang pur, une instruction bienfaisante et uniforme : elle va établir, à cet effet, une chaire de morale et de constitution, à l'usage spécialement de cette portion si respectable et si précieuse de citoyens, les artisans, les journaliers et les habitants des campagnes. Les leçons, en forme de conférences, seront copiées par un logographe, et imprimées ; elles pourront ensuite être envoyées, à un prix très-modique, dans les Sociétés patriotiques, dans toutes les

---

faits, et qui sont susceptibles d'être conduits par les mêmes motifs, une bonne organisation sociale, une constitution régulière ; alors vous verrez la jeunesse sentir le besoin moral de l'amitié et de l'estime publiques, s'attacher à ses devoirs, parce qu'elle aura la jouissance de ses droits ; vous la verrez, fière de la séparation des pouvoirs entre elle et ses instituteurs, chérir et respecter ceux-ci, qui n'exerceront plus, auprès d'elle, d'autres fonctions que celles qu'elle ne pourrait exercer elle-même. Ce nouvel ordre de choses offre à l'imagination la perspective d'une société de jeunes gens libres, dociles, heureux, et marchant déjà d'un pas ferme et sûr dans le sentier étroit de l'ordre et de l'harmonie générale (voyez le plan imprimé). Ces vues de morale pratique ont également mérité le suffrage du Comité de constitution et ont été présentées, pages 106 et 107, dans son rapport sur l'éducation. (*Note de l'original.*)

écoles primaires du royaume, où elles seront lues au milieu de tous les habitants du voisinage réunis à cet effet [1].

L'auteur du célèbre rapport du Comité de constitution, M. Talleyrand-Périgord, a reconnu par écrit que « l'exécution de ces vues serait utile à la législature, quel que fût le plan qu'elle adoptât, et qu'elles étaient fort d'accord avec les siennes ». C'est sur cette déclaration et le rapport de ses commissaires que le département de Paris s'est empressé de seconder des efforts qui peuvent contribuer à préparer la régénération de l'éducation publique, en accordant à la Société la jouissance du superbe local de Saint-Martin, le plus propre à ce vaste établissement d'éducation.

LÉONARD BOURDON, *électeur de 1789, vainqueur de la Bastille, ancien représentant de la commune de Paris, et fondateur de la Société.*

CONDITIONS DE LA SOUSCRIPTION

La pension des élèves comprend tout, absolument tout : le droit à toute espèce d'instruction, l'entretien d'habits, de linge, etc., les menus plaisirs et toutes autres dépenses prévues ou imprévues, même de maladie; elle sera de 1,000 livres par an, *sans aucun mémoire*, pendant toute l'éducation, pour les enfants qui seront reçus dans la Société avant l'âge de douze ans.

Ceux qui n'y entreront qu'au-dessus de cet âge payeront 1,200 livres.

De plus, on paye, en entrant seulement, pour tenir lieu de trousseau, comme lit, couverts, habits, linge, etc., une somme de 250 livres pour les premiers et de 300 livres pour les seconds.

Les personnes domiciliées dans les départements ou chez l'étran-

---

1. Les conférences de morale et de constitution seront faites par douze citoyens :

MM. PÉTION,
ROBESPIERRE,
SILLERY,   } Membres de l'Assemblée constituante.
ROEDERER,
VOIDEL.
BRISSOT, député.
COLLOT, auteur de l'*Almanach du père Gérard*.
LANTHENAS,
BILLAUD,   } Auteurs patriotes.
MACHENAUD.
TALLIEN, auteur de l'*Ami des citoyens*.
LÉONARD BOURDON.

(*Note de l'original.*)

ger, à défaut d'occasion particulière, pourront confier leurs enfants aux conducteurs des voitures publiques, qui ont une recommandation expresse à ce sujet, et, en prévenant quelques jours d'avance le bureau d'administration de la Société, on enverra des personnes sûres pour les recevoir à leur arrivée.

EXTRAIT DES PROCÈS-VERBAUX DE LA SOCIÉTÉ DES AMIS DE LA CONSTITUTION DE PARIS DU 7 OCTOBRE.

La Société des amis de la constitution, instruite par le rapport qui lui a été fait, au nom de ses commissaires, par M. Grégoire, député à l'Assemblée constituante, du prospectus de la *Société des Jeunes Français,* base d'une école centrale d'expériences, que le vœu qu'elle avait exprimé précédemment, et par deux arrêtés différents, pour l'exécution du plan général d'éducation de M. Léonard Bourdon, l'un de ses membres, allait enfin se réaliser, et que plusieurs de ceux-ci, distingués par leur civisme et leurs lumières, s'étaient réunis à ce citoyen pour donner le sceau de l'expérience à des méthodes qui seraient inutiles au progrès des lumières si elles n'étaient avouées que par la théorie; considérant combien cet établissement peut contribuer à la régénération de l'éducation publique, a arrêté qu'il serait fait invitation à tous les pères de famille membres de la Société de concourir à son succès, et que la même invitation serait adressée aux Sociétés affiliées.

Signé : J.-P. BRISSOT, *président, député;*

LOUIS-PHILIPPE-JOSEPH, GRÉGOIRE, *députés à l'Assemblée constituante;* LANTHENAS, COLLOT D'HERBOIS, *secrétaires.*

LXVIII

SÉANCE DU DIMANCHE 9 OCTOBRE 1791

PRÉSIDENCE DE M. BRISSOT

Avant la lecture du procès-verbal, M. le président fait lecture de la liste des membres de la législature qui se sont fait recevoir dans la Société depuis la dernière séance; ce sont : MM. Rudler, Thevenet, Deydier, Goupilleau, Lolivier, Tocquot, Manchand, Moreau, Taillefer, Calvet, Ritter, Dieudonné, Coupé, Brun, Sébire, Dizes [1], Lonnet. Lucat, Baffoigne, Mericamp, Giradet [2], Niou, Bellegarde, Antonelle et Ingrand.

M. CAMILLE [3]. — En me faisant l'honneur de me nommer votre secrétaire, Messieurs, et en me chargeant de faire le procès-verbal de vos séances, vous n'avez pas entendu que je pourrais le faire comme un huissier. Je demande pardon à la Société si je me suis permis de le faire un peu dans le genre de mon journal, mais c'est un défaut d'habitude.

La lecture de ce procès-verbal, fait d'une manière très piquante, excite plusieurs réclamations; enfin, sur la motion de M. *Mendouze*, on arrête que MM. les secrétaires s'en tiendront à l'arrêté strict de la Société sur cet article, et que le présent procès-verbal sera refait.

Sur la proposition de M. *Moreton*, on arrête que le Comité de correspondance sera renouvelé en entier, et que les membres de la Société qui voudront y contribuer de leurs travaux s'inscriront sur une liste de candidats.

M. *Dufourny* annonce à la Société la résolution prise par l'Assemblée nationale de détruire, ce soir, les barrières qui ont été l'objet d'une pétition; il engage de prendre en considération l'objet d'une autre pétition, qui doit être présentée demain par la classe des citoyens soldats connus sous la dénomination de chasseurs volontaires.

On reçoit une invitation de la part de la Société des amis des droits de l'homme, qui engage la Société à envoyer des commissaires à la séance extraordinaire qu'elle tiendra mardi, pour traiter de l'affaire importante de la circulation des espèces. Après quelques légères discussions, on procède à la nomination des commissaires.

M... dénonce M. Dubut de Lonchamp de la Tanneray comme l'auteur ou le colporteur des affiches incendiaires dont tous les murs de Paris ont été couverts à la fin de l'Assemblée nationale pour lui demander des comptes. Ce même personnage avait préparé une nouvelle affiche pour engager la garde nationale à demander justice et vengeance du membre de la législature qui avait eu l'audace de traiter de satellite l'individu de cette garde qui avait menacé de ses baïonnettes un représentant du peuple.

On passe à l'ordre du jour : la question sur la position politique de la France avec les puissances étrangères.

1. Je ne trouve aucun membre de la Législative de ce nom.
2. Même remarque.
3. C'est Camille Desmoulins.

[*M. Carra* prononce, à ce sujet, un discours très applaudi. — *M. Morisson* parle ensuite sur les émigrés.]

Plusieurs membres font des observations sur la décadence du patriotisme dans le cœur des Parisiens, et les moyens de le faire renaître dans cette ville.

La Société des indigents et la Société fraternelle des deux sexes de Sainte-Geneviève viennent rendre hommage aux députés patriotes de l'Assemblée nationale constituante. — Une députation de la Société des amis des droits de l'homme, jointe à une de la Société fraternelle, vient intéresser la Société au malheur d'une femme détenue depuis la journée du 5 octobre dans les prisons du Châtelet, d'où l'amnistie l'a fait sortir, en lui ôtant les moyens de demander des dédommagements.

La séance a été levée à neuf heures et demie [1].

1. On lit dans *le Babillard* du 10 octobre 1791 : « Une pétition anonyme adressée au roi, à l'Assemblée nationale, aux corps administratifs et au peuple français, pour demander la suppression de tous les clubs, et notamment du club des Jacobins, excite l'emportement des factieux, dont la main invisible dirige tous les mouvements de ces tripots obscurs. Des émissaires soldés parcourent toutes les rues de la capitale pour arracher la véridique affiche, tandis que les aboyeurs, répandus dans les cafés et dans les groupes, s'efforcent d'armer le peuple contre la garde nationale et contre les membres de l'Assemblée constituante. Mais leurs conseils perfides, leurs cris séditieux, n'égarent qu'un très petit nombre de citoyens. Ceux mêmes à qui l'indigence n'a pas permis d'acquérir des lumières reconnaissent à leur misère le danger des troubles et le besoin de la paix, abandonnent au mépris ces Sociétés tumultueuses, et ne demandent aux arbitres de leur sort que le travail et la sécurité. » — Et plus bas : « *Club des Jacobins*. Les honorables frères sont si fort au-dessous du ridicule qu'ils payent un journaliste pour leur en donner. Le chroniqueur de la compagnie rapporte tout au long une adresse ironique de je ne sais quel attroupement où l'on a voté des couronnes à l'*intrépide* Robespierre, au *courageux* Pétion (dont les noms, inconnus pendant les dangers de la Révolution, ne rappellent aujourd'hui que l'idée de l'exagération et de la folie), au *fameux* Rœderer (*famosus*), au *vaillant* Anthoine (interroger ses épaules), au *célèbre* Grégoire (célèbre aux Antilles, comme Érostrate dans l'Asie), au *vertueux* Gobel (consulter les registres des cours de justice, dans l'évêché de Porentruy), au *digne* évêque Royer (digne des Jacobins), à l'*ardent* Buzot (le pédant le plus froid qui ait jamais endormi l'Assemblée constituante), au *brave* Dubois décrassé (ci-devant mousquetaire à cheval et ci-derrière mousquetaire à genoux), au *zélé* Sillery (ci-devant comte de Genlis : interroger M. de la Mothe-Piquet et les marins témoins du combat d'Ouessant), au *patriote* Durand de Maillane (ne fouillez pas dans le greffe du ci-devant parlement d'Aix), aux etc., etc... Il n'y a pas jusqu'au législateur *Bis-sot* qui ne s'amuse à chamarrer les honorables membres : il a la cruauté de leur donner la devise qu'il a flétrie et de les associer à son éclatante réputation. »

LXIX

SÉANCE DU LUNDI 10 OCTOBRE 1791

PRÉSIDENCE DE M. BRISSOT

[M. *le Secrétaire* lit les procès-verbaux des deux dernières séances. — On communique une lettre de remerciements de M. *Priestley*. — Les secrétaires se plaignent que le Comité de correspondance n'a pas fait d'extrait de la correspondance. — Sur la motion de M. *Perrochel,* on arrête que, jusqu'à la rénovation de ce Comité, messieurs les secrétaires seront chargés, comme par le passé, d'ouvrir les lettres et paquets, et d'en faire l'extrait pour les Sociétés. — Plusieurs lettres annonçant de nouvelles émigrations d'officiers, M. *Bourdon* insiste pour que l'Assemblée nationale exige du ministre un état des officiers des troupes de ligne, et le remplacement de tous les émigrés. — Une députation de la Société fraternelle des Minimes vient complimenter les membres patriotes de l'Assemblée constituante.]

Plusieurs personnes font la motion d'engager la Société, et même l'Assemblée nationale, à répandre des adresses pour déjouer les manœuvres des prêtres réfractaires. Après une assez longue discussion, on prononce l'ajournement au 20 de ce mois.

On passe à l'ordre du jour : la question des comités.

[M... présente quelques observations sur ce sujet.]

MM. *Basire, Moreton, Carra, Clavière* et plusieurs autres membres, ont prolongé la discussion sur le plan de comités proposé, le matin, dans l'Assemblée nationale, par M. Ramond. Tous ont conclu à ce qu'il fallait s'attacher à combattre ce projet, d'autant plus dangereux qu'il leur était présenté avec toute l'astuce et le talent imaginables.

[Une députation de la Société fraternelle vient féliciter les députés patriotes de l'Assemblée nationale constituante [1].]

1. On lit dans *le Babillard* du 12 octobre 1791 : « Depuis le 1ᵉʳ octobre, les émissaires jacobites s'assemblent fréquemment au café Hotot, et vomissent des horreurs contre le roi, les membres de l'Assemblée constituante et les magistrats. Hier, deux de ces énergumènes rappelaient la malheureuse affaire du Champ de Mars, et soutenaient que les *royalistes* (c'est le nom qu'on donne à ceux qui sont attachés aux lois constitutionnelles de l'État) avaient provoqué

LXX

SÉANCE DU MERCREDI 12 OCTOBRE 1791

PRÉSIDENCE DE M. BRISSOT

[Correspondance : Les Sociétés de Sainte-Marie-aux-Mines, Limoux, Saint-Quentin et Château-du-Loir, donnent des assurances de fraternité et d'union. — Plusieurs Sociétés engagent les membres de l'Assemblée nationale à s'occuper de faire répartir la nouvelle monnaie dans les départements où on n'en a pas encore aperçu, quoique les décrets soient formels à ce sujet. — Le décret du 29 septembre contre les Sociétés patriotiques « ne paraît pas avoir diminué l'ardeur de la plupart de ces Sociétés ». — La Société d'Auray s'occupe « d'un plan d'organisation générale pour toutes les Sociétés ». — Les émigrations continuent de tous côtés avec un zèle qui tient de la fureur. — Un procès-verbal de la municipalité de Sierck, district de Thionville, prouve le patriotisme de ce corps. — La Société de Metz écrit qu'à Sarrelouis les hussards de Berchény sont en querelle ouverte avec les volontaires nationaux.]

M. *Collot d'Herbois,* secrétaire, fait la motion d'écrire une lettre à la municipalité de Sierck, qui a envoyé son procès-verbal à la Société. Quelques membres observent que la loi s'oppose à ce que le Comité écrive une lettre en nom collectif. Cette objection tombe d'elle-même sur l'observation que cette loi n'est faite que pour les pétitions, mais qu'il n'en n'existe aucune pour des lettres de remerciements. La motion de M. Collot d'Herbois est arrêtée.

M. *Regnier* fait la motion d'inviter messieurs les commissaires qui

cette émeute pour égorger les *patriotes* (c'est ainsi que s'appellent entre eux les factieux ennemis de la monarchie, de la constitution et de l'ordre public). On remarque dans les déclamations incendiaires de tous ces aboyeurs soldés l'intention perfide de diviser les citoyens et d'armer le peuple contre la garde nationale. Cinq ou six mercenaires apostés applaudissaient à leurs discours. Ils ont fait tomber la conversation sur les travaux de la législature, et prodigué les éloges au décret qui supprime les places que la reconnaissance avait accordées aux membres de l'Assemblée constituante. Décret ridicule, provoqué par une pétition ridicule, rendu sur des motifs excessivement ridicules, d'après la motion faite aux Jacobins par M. Grouvelle, patriote petit-maître, encore plus ridicule. Ces orateurs ont, au contraire, blâmé très vivement la faiblesse du corps législatif, qui lui a fait révoquer son décret du 5 de ce mois, sur le cérémonial à observer quand le roi viendrait à l'Assemblée. « Ce décret, disent-ils, était « digne des beaux jours de 1789. » Remarquez, de grâce, que, dans ces beaux jours de 1789, le peuple, égaré par les soupçons moins affreux que les hommes qui le faisaient agir, égorgeait, avec le fer de la vengeance, des citoyens peut-être coupables, mais dont la loi la plus sacrée protégeait les personnes et les propriétés : voilà les beaux jours de 1789 que le journalier *Bis-sol* regrette dans toutes ses feuilles, et qu'il espère sans doute de renouveler. »

sont chargés du soin de vérifier les comptes du Comité d'administration à instruire incessamment la Société du résultat de leurs travaux. On arrête, sur cette motion, que messieurs les membres du Comité d'administration seront tenus de remettre, sous trois jours, aux commissaires nommés, toutes les pièces et renseignements qui pourront être nécessaires à la confection de leur travail.

Trois nouveaux paquets ayant été adressés au Comité pour avoir part au concours proposé par la Société pour le meilleur almanach patriotique, la Société arrête, sur la motion de M. *Clavière*, d'inviter le rédacteur du *Journal des débats de la Société* à annoncer que le concours était irrévocablement fermé.

M. *Clavière* annonce en même temps qu'il sait, par des personnes dignes de foi, qu'à Coblentz et à Bruxelles les émigrés sont très malheureux; qu'ils n'attendent plus rien des puissances étrangères; que le bruit qu'on avait affecté de répandre sur le retour prochain de Monsieur était dénué de tout fondement, puisqu'il était certain que ce prince venait de faire venir tous les chevaux de ses écuries. « Il paraît, ajoute-t-il, que les projets actuels des émigrés se bornent à semer autant qu'ils le pourront la division dans toutes les parties du royaume; ils cherchent à exciter le peuple contre les Sociétés patriotiques, parce qu'ils savent que ces Sociétés entretiendront toujours parmi les citoyens qui les fréquentent cet esprit de fraternité et de patriotisme qui est si contraire à leurs projets. Les moyens donc que je crois les plus propres à déjouer leurs artifices à cet égard seraient, premièrement, de rendre les séances de la Société publiques, autant que faire se pourrait, en construisant des tribunes *ad hoc*, et, en second lieu, de faire une adresse au peuple dans laquelle on lui démontrerait la pureté des principes de la Société, le but de son établissement et l'utilité dont elle est à la chose publique.

M. CORROLLER. — J'appuie de toutes mes forces la motion de M. Clavière, quant à la publicité des séances; mais je désirerais que l'adresse qu'il propose fût réduite dans la forme d'une espèce de catéchisme, où l'on expliquerait ce que c'est qu'une Société patriotique, quel est le but de son institution, de quelle utilité elle peut être à la liberté, etc.

M. MORETON. — Partout l'expérience parle en faveur du système de la publicité des séances. Dans les villes où ces Sociétés étaient le plus calomniées, la publicité des séances a fermé la bouche à la calomnie et attiré l'estime des citoyens aux membres de ces Sociétés. Je donne donc mon plein et entier assentiment à ce projet, que je prie la Société de vouloir bien prendre en considération.

M. *Botidoux* embrasse le même avis, mais il ajoute que, dans la capitale, où la très grande majorité du peuple sait lire, un placard suffira et remplira parfaitement le but qu'on s'était proposé par une adresse.

M. BALLET. — Je ne puis me persuader que les auteurs du placard dont la capitale a été infectée dimanche aient eu pour but de soulever le peuple contre les Sociétés. Je crois que leur seule intention était d'empêcher les députés d'y venir. Un de mes collègues m'a assuré que, le premier jour que vous avez prêté votre salle aux députés, il avait été question dans un autre Comité de députés aussi. Il avait été agité, dis-je, s'il ne serait pas convenable de prendre les mesures nécessaires pour dissoudre les Clubs et les Sociétés. Je crois, d'après ces renseignements, qu'une adresse n'est pas suffisante, mais que le meilleur moyen serait de faire distribuer pendant quinze jours à tous les députés le *Journal des débats* de cette Société.

M. DASSEAU (*sic*). — La publicité des séances est un moyen victorieux pour repousser la calomnie, je l'appuie donc de toutes mes forces. Quant à l'autre moyen, fera-t-on une adresse? Se contentera-t-on d'un placard? Ce dernier moyen, dont vos ennemis se servent avec beaucoup de profusion, sans en obtenir de grands succès, me semble par là même absolument déshonoré : je préférerais le moyen d'une adresse. Une adresse rédigée par des philosophes, c'est-à-dire des patriotes, car il n'est pas de philosophie sans patriotisme, une adresse dans laquelle nous nous montrerions tels que nous sommes, est le seul moyen qui convienne à la Société.

Le catéchisme que vous propose M. Corroller est inutile. Parmi les ouvrages dont vous m'avez fait l'honneur de me nommer examinateur, il y en a d'excellents. J'en ai lu un qui m'a arraché les larmes des yeux; je suis persuadé que mes collègues en ont aussi de très bons entre leurs mains. Je conclus donc à la nomination de commissaires qui s'occuperont le plus promptement possible des moyens de rendre nos séances publiques, et à celle d'autres commissaires qui s'occuperont de leur côté à rédiger l'adresse proposée.

Plusieurs personnes demandent que la discussion soit fermée.

M. DUFOURNY. — Je propose à la Société de se procurer sur-le-champ des tribunes, en descendant de trois bancs celles qui existent déjà. (*Aux voix la proposition de M. Dufourny, aux voix!*)

Après quelques discussions, on a arrêté, sur la proposition de M. *Mendouze,* que la tribune du chœur sera provisoirement réservée aux dames, et que celle des orgues sera augmentée de quelques bancs, et qu'enfin tout cet ouvrage sera prêt pour vendredi.

On procède à la nomination des commissaires chargés d'aviser aux moyens d'arranger d'une manière définitive les tribunes pour le public.

On introduit une députation de la Société du faubourg Saint-Antoine, qui vient témoigner sa reconnaissance aux Petion, aux Robespierre et autres députés patriotes, et vouer à l'ignominie les Cazalès, les Lameth, les Barnave, les Chapelier, les Thouret, les Maury, etc.

Dans sa réponse, M. *le Président* annonce à cette députation que la Société vient d'arrêter la publicité de ses séances, et l'invite à dire à leur concitoyens de venir assister vendredi à la séance. (*Cet à-propos est fort applaudi.*)

M. CHABOT. — M. Ramond donne pour un des motifs de sa réjection des Comités diplomatique et militaire que les pouvoirs se corrompent l'un l'autre. Comment M. Ramond peut-il dire que le corps législatif corrompra le pouvoir exécutif? On ne corrompt qu'avec de l'argent; et comment la législature, qui n'a pas un sol à sa disposition, corromprait-elle le pouvoir exécutif, qui a trente millions de revenu? M. Ramond craint la corruption; pourquoi ne craint-il pas celle du Comité d'institution, bien plus à craindre sans doute, puisqu'il peut influer sur les idées de la postérité?

Il existe un assez grand respect, ce me semble, pour les membres de l'Assemblée constituante, dans l'Assemblée nationale; je crois donc, comme beaucoup de députés l'ont déjà proposé, que nous devons nous en tenir à demander la priorité pour le règlement de l'ancienne Assemblée, pour écarter le projet de M. Ramond; mais, avant cette priorité, je voudrais qu'il fût décrété que les ministres n'auront aucune relation avec les comités.

M. *la Poype* renouvelle le projet, déjà présenté, de diviser l'Assemblée en six grands comités, qui se subdiviseraient en sections, dont chacune s'occuperait d'objets particuliers et en ferait le rapport au grand Comité, où il serait décidé à la majorité. Ce rapport de la majorité serait rapporté ensuite à l'Assemblée nationale; mais, pour contre-balancer ce rapport, la minorité ferait aussi le sien, et alors l'Assemblée nationale se trouverait, par cette discussion ouverte, à même de juger avec connaissance de cause.

M... — Puisqu'il faut des comités, je crois qu'il en faut un de surveillance ou de conservation; ce Comité serait composé des membres les plus patriotes, qui seraient comme les gardiens de la constitution. Quant au projet de M. Ramond, je crois qu'il est bon de le combattre, pour toutes sortes de raisons.

M. Dufourny. — Le projet de M. Ramond n'est que le résultat d'un ouvrage qu'il a lu au mois de janvier, dans le club de Quatre-vingt-neuf, dans lequel cet auteur disait que le roi fait la loi et que le corps législatif la rédige. Le roi, disait-il, est donc le représentant de la volonté nationale, et le corps législatif le représentant de l'intelligence nationale; d'où il résulte que, dans son sens du mois de janvier, le corps législatif n'était que le conseil, et le roi le législateur. Il dit, dans un autre endroit, qu'il faudrait que les ministres eussent plus d'éclat et qu'il y eût un corps intermédiaire entre le roi et le peuple.

En ma qualité d'électeur, j'ai tâché de faire tomber mon choix sur les citoyens que j'ai crus les plus capables; mais il est de mon devoir de chercher à écarter de M. Ramond la confiance publique, à moins qu'il ne rétracte formellement les propositions que je viens de vous annoncer.

M. *Dufourny* termine son opinion par le rapport sur l'état des canonniers de la garde nationale.

Plusieurs membres proposent diverses vues pour la formation des comités.

La séance a été levée à neuf heures et demie.

LXXI

SÉANCE DU VENDREDI 14 OCTOBRE 1791

PRÉSIDENCE DE M. BRISSOT

Avant l'ouverture de la séance, un de MM. les Secrétaires, prenant le fauteuil en l'absence de M. le Président, lit une liste de plusieurs personnes qui, appuyées par divers membres de la Société, demandent à être admises à la séance.

M. Regnier. — Lorsque vos séances n'étaient pas publiques, vous n'aviez pas d'autre moyen de satisfaire nos frères des départements qu'en leur accordant l'entrée de vos séances. Maintenant que vous avez une tribune pour le public, je demande que les membres des Sociétés...

A l'ordre du jour, à l'ordre du jour. — Plusieurs personnes appuient la proposition; plusieurs demandent l'ordre du jour.

M. LE PRÉSIDENT. — Le règlement a prévu tous ces cas. Je crois qu'il faut s'en tenir à son exécution. (*Oui, oui. A l'ordre du jour!*)

M... — Je ne crois pas, Messieurs, que la demande de M. Regnier ait pu être prévue par le règlement, puisqu'il n'y avait pas de tribunes publiques lorsqu'il fut fait. Je crois donc qu'il est à propos d'arrêter que personne ne sera admis dans l'intérieur de la Société, à moins qu'il n'en soit membre, ou membre d'une Société affiliée. (*Aux voix, aux voix!*)

L'article est enfin mis aux voix, d'après cette rédaction, et arrêté à la majorité.

[Correspondance : M. *Lambry*, président de la Société de Saint-Mihiel, communique le discours qu'il prononça lors de l'acceptation de la constitution par le roi. — M. *l'abbé de Vienne* envoie deux imprimés ayant pour titre : *Moyens d'achever promptement le bonheur de la France*. — M. *Tallien* envoie les n°s 3 et 13 de *l'Ami des citoyens*. — La Société de Saint-Marcellin demande pour M. Chasarit père, bon patriote, une place de visiteur des rôles. — Les Sociétés de Château-Renaud, Sèvres, Poitiers, adressent des félicitations « aux députés restés fidèles à la cause du peuple ». — Celle de Bourges s'alarme du grand nombre des émigrations. — Celle de Condé-sur-Noireau se plaint des accaparements de la monnaie et des petits assignats de cinq livres. — Celle d'Arlonne redoute « les suites funestes » de « la révocation du décret du 15 mai, sur le sort des hommes de couleur dans les colonies ». — La Société de Niort communique les mesures qu'elle a prises pour empêcher que « les conseils des officiers n'entraînent quelques soldats à déserter ».]

Cette séance étant la première à laquelle la Société ait pu admettre le public, M. *Manuel* fait à ce sujet un discours fort éloquent, dans lequel il expose les grands avantages qui peuvent résulter, et pour le peuple et pour la Société, de la publicité de ces séances.

Un membre propose à la Société d'agiter la question de savoir si l'Assemblée constituante a cessé d'être constituante le 3 septembre, après la lecture de l'acte constitutionnel, ou le 30 du même mois, à la clôture de ses séances.

Il allait émettre son opinion sur cet objet, lorsqu'il lui a été observé que cette matière, n'étant point à l'ordre du jour, ne pouvait être discutée. D'ailleurs, ajouta M. *le Président,* c'est une question décidée par le décret rendu le 3 septembre, après la lecture de l'acte constitutionnel, puisque ce décret porte que l'Assemblée, à cette époque, ne pouvait plus rien changer à la constitution. (*On applaudit.*)

M. *Boisguyon* demande que, conformément à l'arrêté pris par la Société d'exposer la constitution dans le lieu le plus apparent de la salle, le Comité d'administration soit chargé de faire l'emplette d'un tableau sur lequel elle se trouverait en entier, et dont il avait vu plusieurs exemplaires au Palais-Royal.

Cette motion, appuyée et mise aux voix, est adoptée.

M. Grégoire. — Il existe un *Journal des débats* de cette Société, mais je désirerais que la Société se chargeât d'en faire faire un qui serait réuni ou non au *Journal des débats,* et dans lequel on rendrait compte de sa correspondance. J'y vois trois avantages : le premier de faire connaître à toutes nos Sociétés notre correspondance réciproque, et d'établir par là une unité de sentiments ; le second de diminuer les frais d'envois, qui sont souvent considérables pour des Sociétés éloignées ; le troisième, enfin, de repousser la calomnie de ceux qui prétendent que, dans nos Sociétés, il y a un directoire qui connaît seul le secret, qui n'est réellement que le bien public. Je désirerais que ce journal fût rédigé par des gens instruits dans ce genre.

M. Dufourny. — La Société ne peut ni ne doit se charger ni se rendre responsable d'aucun journal. Vous avez arrêté, il y a quelques jours, que l'extrait de votre correspondance serait remis au rédacteur du journal de vos débats, qui en fait régulièrement usage. Voilà tout ce que vous pouvez faire, car vous ne pouvez répondre que de votre correspondance. Quant aux débats, discussions ou opinions, je crois que la Société ne doit s'en rendre responsable en rien, qu'elle doit laisser cette partie entièrement à la charge du rédacteur.

Sur ces observations, le tout est renvoyé au Comité de correspondance.

M. Dubois de Crancé. — Les circonstances m'ont forcé de présenter une pétition à l'Assemblée nationale, dont l'objet a rapport à l'organisation de la garde soldée de Paris. Les places en sont données moitié à l'ancienneté, moitié à la nomination du roi. Parmi celles données à l'ancienneté, moitié est due à l'état-major et moitié aux chefs de divisions, commandants de bataillons, capitaines soldés, ou officiers ayant grade de capitaine.

Comme commandant de bataillon, et ayant plus de trente ans de service, j'ai cru avoir droit à cette nomination. Je me suis adressé au ministre de la guerre, qui m'a répondu que je n'avais aucun droit, n'ayant point servi dans la garde nationale depuis le commencement de la Révolution.

L'objet de ma pétition a été de représenter qu'étant à Versailles je croyais que le service que j'y faisais comme député pouvait bien compenser celui que je n'ai pu faire à cette époque dans la garde nationale, et qu'au moment où l'Assemblée nationale est venue se fixer à Paris, je me suis fait enrôler dans le bataillon des Enfants-Rouges, où j'ai servi jusqu'à celui où on m'a fait l'honneur de me nommer commandant de bataillon. Je remercie les députés patriotes qui ont accueilli ma pétition, mais je les prie de ne point permettre de changer le décret au moyen de l'amendement qui paraît y avoir été malignement ajouté par quelques personnes qui peuvent m'en vouloir. Je désirerais encore que, s'il y a ici quelques-uns de mes frères d'armes du bataillon des Enfants-Rouges qui m'ont connu dans ce bataillon, ils veuillent bien le certifier ici.

M... — J'avais l'honneur d'être grenadier dans la compagnie du bataillon des Enfants-Rouges lorsque M. Dubois de Crancé s'y est présenté. Je trouvai même étonnant alors qu'un député s'enrôlât n'y étant point obligé. Je le certifie hautement, et promets d'engager mes frères d'armes à en donner un certificat à M. Dubois de Crancé.

M... — Je désirerais qu'au moment, où nous sommes, de nous occuper de la nomination de nouveaux membres pour les comités de la Société, nous ne fussions pas tenus de choisir seulement parmi les noms inscrits sur les listes de candidats, mais que nous eussions la faculté de nommer tout autre membre.

On passe à l'ordre du jour.

M. *Corroller* demande que MM. les députés à la législature membres de cette Société suivent l'exemple de leurs prédécesseurs pour procéder entre eux à la nomination des officiers de l'Assemblée nationale; mais, sur l'observation que fait M. *Brissot* que ces messieurs ne sont pas instruits de cette opération, on passe à l'ordre du jour.

M. *Dufourny* commence la lecture d'un rapport sur les canonniers de la garde parisienne, mais elle est ajournée à l'époque de la création du Comité militaire.

M. *Brissot* lit un projet d'organisation pour les comités de l'Assemblée nationale; mais, cet objet ayant été terminé le matin, la Société se contente d'applaudir aux vues lumineuses qu'il renferme, et exprime son regret de ne pouvoir le faire imprimer. L'auteur annonce qu'il dédommagera le public de cette perte en l'insérant dans son *Patriote français*[1].

---

1. *Discours sur l'organisation des comités*, destiné à être prononcé à l'Assemblée nationale le 12 octobre 1791, prononcé aux Jacobins le 14 octobre, par J.-P. Brissot, député. — S. l. n. d., in-8 de 20 p. — Bibl. nat., Lb 40/642.

[*M. Dechaux* examine les questions suivantes : « L'Assemblée nationale législative établira-t-elle des comités? Seront-ils permanents ou amovibles? Seront-ils secrets ou publics? De combien de membres seront ils composés? De quelle manière seront-ils élus? Quel sera le nombre de ces comités? »]

L'Assemblée générale de la section du Théâtre-Français, ayant entendu lecture d'une opinion de M. *Vincent* sur le sort de MM. les gardes-françaises et autres compagnies du centre, a nommé MM. Saint-Sauveur et Verrières commissaires, à l'effet de rédiger, avec M. Vincent, une pétition à l'Assemblée nationale à ce sujet, et d'après ses principes. L'Assemblée a cru aussi qu'il convenait de donner, dès aujourd'hui et sur-le-champ, communication de cette opinion intéressante à la Société des amis de la constitution, et a nommé commissaires, pour y accompagner M. Vincent, MM. Verrières, Berger, Momoro, Favannes, Moulin et Colibeau. — Cette députation s'étant présentée à la Société, la parole lui a été accordée pour dimanche, l'intérêt dont est l'objet cette pétition ayant fait désirer à la Société qu'avertis de ce délai par son journal le public et ses membres pussent s'y trouver en plus grand nombre.

La séance a été levée à dix heures [1].

1. *Babillard* du 14 octobre 1791 : « *Café Mirabeau*. Les habitués de ce café blâment vivement l'indécence tumultueuse qui règne dans les séances du corps législatif, la lenteur de ses travaux, l'empressement de plusieurs de ses membres à s'enrôler dans l'armée des *républicoquins*, l'impudeur de ceux qui ne rougissent pas de paraître dans un attroupement présidé par *Bis-sot*, etc., etc., etc. On invoque l'autorité royale contre ces assemblées séditieuses, où deux mille imbéciles, rendus furieux par une vingtaine d'intrigants et d'ambitieux, attaquent ce qu'il y a de plus respectable dans l'administration, méditent la ruine de la constitution française, et calomnient sans relâche le roi, l'Assemblée constituante, les membres honnêtes du corps législatif, les juges et les magistrats. Il n'existe pas dans la capitale un seul homme sage, un seul véritable patriote, qui ne place la tranquillité publique, l'aisance générale et le bonheur des citoyens, dans la destruction totale de la jacobinière mère et de sa monstrueuse famille. » — Même journal, 15 octobre 1791 : « *Tuileries, café Hotot*. Deux pensionnaires du club de la rue Saint-Honoré, ci-devant frotteurs, déclamaient contre MM. de La Fayette et Bailly. L'un des deux a dit que, dans l'affaire du 17 juillet, le général fit répandre le bruit de sa mort, pour enflammer l'indignation de la garde nationale, et que, dans l'instant où les Parisiens trompés croyaient venger son malheur, il mangeait tranquillement un poulet chez M. Larive. « Le scé-« lérat est parti, ont ajouté les deux orateurs; il va jouir en paix des bienfaits « de la cour, et les malheureux qu'il a fait assassiner ne sont pas vengés! » Il y avait des citoyens honnêtes dans le café, et ces misérables n'ont pas été saisis! — Cependant les Jacobins et les Cordeliers publient que l'on étouffe partout la liberté des opinions. »

LXXII

SÉANCE DU DIMANCHE 16 OCTOBRE 1791

PRÉSIDENCE DE M. BRISSOT

Un de MM. les secrétaires annonce que M. Brissot, ne pouvant assister à la séance, engage M. Fauchet à vouloir bien présider à sa place.

Cette proposition est applaudie. M. Fauchet prend le fauteuil.

M. POLVEREL. — Personne assurément ne voit avec plus de plaisir que moi M. Fauchet occuper le fauteuil, mais il existe un règlement, il faut l'exécuter. (*A l'ordre du jour, l'ordre du jour.*)

M. FAUCHET. — J'ai pris le fauteuil, Messieurs, parce que l'Assemblée paraissait me le commander; mais dès qu'un membre réclame, je dois le quitter.

Il descend du fauteuil.

Plusieurs voix. — Non, non, non!

M. le SECRÉTAIRE. — MM. les inspecteurs me disent que M. Polverel demande à parler : voulez-vous lui accorder la parole, oui ou non?

Oui, oui, oui!

M. POLVEREL. — Je le répète, Messieurs, personne ne voit avec plus de plaisir que moi M. Fauchet présider; mais il faut exécuter les règlements, puisque nous en avons. Ces règlements portent qu'en l'absence du président ce sera le vice-président qui occupera le fauteuil, et qu'en l'absence de celui-ci un ex-président, ou un de MM. les secrétaires, présideront; je demande que cet article soit exécuté, pour maintenir le règlement. (*On applaudit.*)

M. *Biauzat* prend le fauteuil comme ex-président; il demande la lecture de cet article du règlement, mais on passe à l'ordre du jour sur cette demande.

[Correspondance : la Société de Beauvais a adressé des félicitations aux « gardes nationales qui sont aux frontières ». — Plusieurs Sociétés, entre autres celles de Tourmer (*sic*)[1], se plaignent de la révocation du décret du 15 mai, sur les colonies. — La Société de Narbonne demande à être réhabilitée par

---

1. Je ne trouve pas de localité de ce nom.

les Jacobins. — La Société populaire de Lyon annonce qu'elle compte trente Sociétés nouvelles, et demande qu'on appuie une pétition à l'Assemblée nationale, pour que le ministre de la guerre ne mette point de garnison dans cette ville. — La Société de Landau demande une rectification pour une expression que M. Lavie a prêtée au général Kellermann. — Celle du Beausset se plaint de la négligence qui fait retenir dans les prisons de Toulon le patriote Vidal, malgré le décret d'amnistie. — La Société de Ligny remercie « les députés restés fidèles à la cause du peuple dans l'Assemblée constituante ». — Celle de Saint-Omer se plaint « que le tribunal de discipline, toujours composé d'officiers, ait le droit de renvoyer les soldats dont la conduite lui paraît répréhensible ». — Le Sociétés de Saint-Servan, Béziers et Fécamp, se plaignent de l'émigration, et surtout des manœuvres des prêtres réfractaires.]

M... — Je demande qu'à l'avenir, dans la rédaction du procès-verbal on substitue à ces mots : *Accorder les honneurs de la séance,* ceux-ci : *Inviter à assister à la séance,* tous les hommes libres étant égaux aux yeux de la Société.

Un commissaire du Comité de présentation lit la liste des candidats et propose, au nom du Comité, le projet d'arrêté suivant :

« Les députés de l'Assemblée nationale constituante qui étaient de cette Société, et les membres qui n'ont point signé le registre pour passer au scrutin épuratoire, et même les candidats qui étaient sur les dernières listes du mois de juillet, seront obligés, pour rentrer dans la Société, de suivre les formes prescrites par le règlement pour les présentations. »

Ce projet, mis aux voix, est adopté.

[M. *Fauchet* donne quelques renseignements sur les émigrés en Angleterre, et M. *Machenaud* prononce un discours sur le même sujet.]

M. *de Moreton* annonce que le lieutenant-colonel du premier régiment de cavalerie a non seulement emporté en désertant la cravate blanche du régiment, mais en outre une somme de vingt-six mille livres en espèces, qu'il a tirée de la caisse du régiment, et que plusieurs soldats se sont mis à sa poursuite sans avoir pu l'atteindre.

M... — Je crois qu'il importe que l'Assemblée nationale ordonne au ministre de la justice de faire les démarches nécessaires pour obtenir la punition de ce délit.

Une députation des soldats du régiment de Dauphiné est introduite ; elle vient demander à la Société lumières et appui dans les démarches qu'ils ont à faire pour obtenir, au nom de leurs compatriotes, leur réintégration.

Une députation de la section du Théâtre-Français vient lire à la Société la pétition qu'elle destine à l'Assemblée nationale, pour les gardes-françaises et autres compagnies du centre de la garde nationale parisienne.

On nomme quatre commissaires pour examiner l'objet de ces deux députations.

Une troisième, de la Société de l'Égalité, vient lire une pétition que cette Société a dressée pour demander à l'Assemblée nationale la suppression de la loi martiale.

La séance à été levée à dix heures [1].

LXXIII

SÉANCE DU LUNDI 17 OCTOBRE 1791

PRÉSIDENCE DE M. BRISSOT

[Le compte rendu de cette séance, dans le *Journal des Jacobins*, est consacré tout entier à la suite du discours de Machenaud, dont la conclusion fut imprimée à part. Voir le *Projet de décret présenté à la Société des amis de la constitution, séante aux Jacobins, le 17 octobre 1791, contre l'émigration combinée, la désertion des militaires, surtout à l'étranger, et les chefs des conspirations qui se continuent contre les Français, tant au dedans qu'au dehors du royaume.* — S. l. n. d., in-8 de 8 pages. — Bibl. nat., Lb 40/644. — Il faut rapporter aussi à la même séance le *Discours sur la loi à faire contre les émigrations, prononcé, le 17 octobre 1791, à la Société des amis de la constitution, séante aux Jacobins, et imprimé par son ordre; par Jean-Claude Simonne, ancien ingénieur des ponts et chaussées de la ci-devant Bourgogne.* — S. l. n. d., in-8 de 4 pages. — Bibl. nat., Lb 40/2244. — A cette date du 17 octobre 1791, on lit dans *le Babillard* le récit d'une prétendue conversation tenue la veille au café Hotot : « Messieurs, contre tant d'ennemis, auxquels il faut encore ajouter les prêtres dissidents et les fanatiques des quatre-vingt-trois départements, il nous reste des ressources certaines. Il faut pendre le roi qui nous a trompé, les ministres qui nous trahissent, les membres de l'Assemblée constituante qui nous ont asservis, la moitié de l'Assemblée législative qui veut river nos fers, les magistrats qui font exécuter des lois qui nous déplaisent, les modérés qui s'avisent de ne pas penser comme nous, et tous ceux enfin qui s'éloignent du Club des Jacobins, hommes froids, ministériels, ennemis de la véritable liberté, en un mot gens à pendre par excès de fa-

---

1. Il faut rapporter à la même séance le *Discours sur les émigrations, par M. Billaud-Varenne, prononcé à la Société des amis de la constitution, séante aux Jacobins de Paris, et imprimé par son ordre* (séance du 16 octobre 1791), *pour être distribué aux députés de l'Assemblée nationale et envoyé aux Sociétés affiliées.* — S. l. n. d., in-8 de 19 p. — Bibl. nat., Lb 40/643.

veur. « A la bonne heure ! a repris un jeune homme avec un sourire amer. « Pendez tous ces messieurs-là : j'y consens. Mais prenez garde. Vous allez rester « tout seul dans la capitale, et, si les ennemis s'en emparent, comme il leur fau- « dra des victimes, il est clair qu'ils ne pendront que des Jacobins. » Cette objection a déconcerté le pendeur. Il a promis de la rapporter à *MM. Condor..., Bis-sot, Bazil..., Chab..., Robesp..., Pet...*, et de rapporter le lendemain le résultat de leur consultation. » Enfin, on lit dans le même journal, n° du 18 octobre : « *Café Manoury.* Un jacobite, annonçant que la contre-révolution serait incessamment opérée par les armes des émigrants, la perfidie des ministres et l'impéritie du corps législatif, a été chassé du café. — *Club des Jacobins.* Bêtises et méchancetés. »]

LXXIV

SÉANCE DU MERCREDI 19 OCTOBRE 1791 [1]

PRÉSIDENCE DE M. FAUCHET

[Correspondance : De Pontoise, on demande des lumières sur l'adhésion à une pétition de la Société de Besançon relative aux moyens d'instruire l'armée de ligne. — « La conduite scandaleuse des deux régiments Royal-Liégeois et chasseurs de Bretagne » excite les plaintes de la Société de Strasbourg. — Celle de Morlaix rend compte des efforts qu'elle fait pour « l'instruction des campagnes ». — Celle de Dinant communique ses observations sur l'insulte faite à M. Goupilleau. — Celle de Montfaucon (Haute-Loire) témoigne ses regrets d'avoir été dupe des Feuillants.]

Après une légère discussion sur la manière dont on remplira les lacunes qui se trouvent dans les procès-verbaux de la Société depuis le 20 juin, il est arrêté que les membres de la Société qui, depuis le 12 juin, ont été nommés secrétaires ou en ont fait les fonctions seront invités à se réunir samedi prochain, pour arrêter et signer ceux qui ne le sont pas, et réparer le vide qui pourra se trouver à remplir sur les notes particulières qu'ils pourraient avoir par devers eux.

[M. *Chabot* donne des renseignements sur les mauvais traitements auxquels sont exposés les soldats patriotes.]

M. LEGENDRE. — Personne ne rend plus que moi justice au zèle et au patriotisme de M. Chabot, à qui je succède à la tribune; mais, j'en

---

1. On lit dans la *Chronique de Paris* du même jour, 19 octobre : « Les députés de la législature accourent à la Société des Jacobins, qui se félicite, comme le peuple lui-même, de ses séances publiques. »

appelle aux lumières des personnes plus éclairées que moi, il me semble que la mesure que propose M. Chabot est impraticable, parce qu'il est clair que le ministre, ne se souciant pas de s'expliquer devant témoin, éludera. Il me semble que M. Chabot et les autres patriotes de l'Assemblée nationale devraient plutôt s'occuper à faire adresser à l'Assemblée nationale une pétition au nom de ce soldat, et il n'y a pas de doute que, d'après cette pétition, l'Assemblée nationale, qui jusqu'ici a montré beaucoup de patriotisme, ne mande le ministre et ne le force à s'expliquer devant elle.

M. Chabot. — Je demande, Messieurs, que le brave Orosmane, qui est ici, se montre, et que la Société ait égard à la position peu aisée de ce soldat patriote, en attendant l'issue de cette discussion.

Le soldat passe au bureau au milieu des acclamations de toute la Société et des tribunes.

M. Broussonnet. — J'observe avec M. Goupilleau, Messieurs, que cette affaire, ayant été traitée ce matin à l'Assemblée nationale, a été renvoyée au Comité militaire, et qu'il me semble convenable d'attendre, sur ce point, le rapport de ce Comité et la décision de l'Assemblée nationale, dont l'intention est non seulement de s'occuper des trois soldats incarcérés, mais aussi du retour de celui-ci dans son régiment. (*On applaudit.*)

M. Faucнет. — Il paraît, d'après vos dispositions, Messieurs, qu'il ne reste plus à délibérer que sur la dernière partie de la proposition de M. Chabot, relative au sort à faire aux soldats; je vais la mettre aux voix.

M. Manuel. — La Société a entendu le rapport de M. Chabot; elle a vu le soldat qui est l'objet de sa demande : je crois donc qu'il est parfaitement inutile d'en faire un objet de délibération.

On applaudit à cette motion, et la plupart des membres de la Société et un grand nombre des personnes placées dans les tribunes s'empressent à faire passer à M. le Président le tribut qu'ils offrent au soldat patriote.

Sur la demande de M. *Bécourt,* MM. Collot d'Herbois et Bourdon de la Crosnière sont nommés commissaires pour entendre un habitant de Sarrelouis, qui dit avoir des choses importantes à communiquer.

M. Faucнет. — Messieurs, les membres de cette Société qui sont députés à l'Assemblée nationale sont invités de passer dans la salle du Comité de correspondance, où on a quelque chose à leur communiquer.

Le grand nombre de ces députés, qui sortent en ce moment, excite les plus vifs applaudissements des tribunes.

M. *Mendouze* fait un rapport sur la construction des tribunes à donner au public. Il résulte de ses observations, qui sont adoptées, que des tribunes disposées aux deux extrémités de la salle rempliront le but qu'on se propose, d'admettre la plus grande quantité de personnes possible, infiniment mieux que des tribunes circulaires, qui d'ailleurs seraient beaucoup plus dispendieuses.

M. Manuel. — Je vous demande, Messieurs, la permission de faire une motion d'ordre pour votre Comité de correspondance. Vous avez des Sociétés affiliées qui ont partagé vos chagrins et vos peines : il est juste qu'elles partagent aussi vos plaisirs et vos espérances. Je demanderais donc que le Comité de correspondance fût autorisé à écrire une lettre d'amitié, pleine de ces détails domestiques, qui leur fasse partager les espérances que vous donnent le patriotisme de la législature et le zèle du peuple, dont l'esprit public semble depuis quelques jours prendre le dessus. (*Cette motion est adoptée avec applaudissements.*)

[Une députation de la Société fraternelle des Droits de l'homme et des ennemis du despotisme expose « sa profession de foi ». — *M. Dusaulx*, auteur de la motion contre les jeux présentée le matin à l'Assemblée nationale, la communique à la Société. — On passe à l'ordre du jour : les prêtres réfractaires et les émigrants. *M. Lambert* présente un projet de décret contre ces derniers. — *M...* communique deux lettres, l'une de Bordeaux et l'autre de Bâle, sur l'émigration.]

Une députation de la Société fraternelle, séante aux Jacobins, est introduite. Elle vient demander la révocation du décret du 28 septembre, qui permet la libre sortie des personnes et des choses. Elle demande encore un décret qui prononce la peine de mort contre les Français qui seraient pris les armes à la main contre la France, ou qui intrigueraient contre elle dans les cours étrangères. (*On applaudit.*)

M. Chabot. — Une des grandes difficultés que nous ayons à surmonter dans l'affaire qui nous occupe, et que beaucoup de patriotes craignent, c'est que, si l'on fait une loi trop sévère, le pouvoir exécutif n'y refuse sa sanction. En cela je crois qu'ils se trompent, le pouvoir exécutif est conseillé par des gens plus fins que nous. Le roi a fait une proclamation contre les émigrants, il ne peut se démentir.

M. Sillery. — Je crois, Messieurs, que la circonstance présente est celle où nous pouvons rétorquer avec avantage le grand argument employé si souvent contre nous par la cour, les fameux États de 1614. Ces États condamnèrent, en 1615, le prince de Condé, qui certes alors n'était pas contre les intérêts du peuple. Ils confisquèrent ses biens comme rebelle. Certes, ce que le despotisme a fait injustement, nous pouvons bien le faire avec justice dans ce moment-ci, où il importe plus que jamais que la France quitte cette conduite, que j'ose qualifier de platitude, vis-à-vis de tous ces petits princes qu'elle eût menacés avec hauteur dans le temps du despotisme.

M... — Je demande à répondre un mot à la crainte que vient de témoigner M. Chabot. Et depuis quand nous croirons-nous obligés à consulter le pouvoir exécutif sur les lois que nous aurons à rendre? Si l'Assemblée constituante eût usé de pareil ménagement, où en serait la constitution? L'honneur, l'intérêt de nos commettants et notre conscience, voilà les conseils que nous devons prendre, et non de savoir si le pouvoir exécutif sanctionnera ou non. (*On applaudit*.)

La séance a été levée à dix heures un quart [1].

1. On lit dans *le Babillard* du 20 octobre : « *Café de Foy*. On se plaint vivement dans ce café du peu d'intérêt que présentent les séances du corps législatif. « Cent cinquante députés, disait un particulier en habit rouge, vont rece« voir leur leçon aux Jacobins. Ils y contractent l'habitude de crier tous à la « fois, et d'aboyer sans cesse contre les agents du pouvoir exécutif. La salle re« tentit des absurdes motions du R. P. Chabot et de ses acolytes. Les hommes « à talents, étourdis par ce tumulte indécent, gardent le silence,

« *Et la scène française est en proie aux Pradons.* »

— Et dans le n° 53 du journal-affiche le *Chant du Coq*, réimprimé à la suite du *Babillard* du même jour, après l'exposé des ressources dont la France dispose au moment de commencer la guerre : « ... Des moyens pareils seront invincibles, si nous les fortifions par le concert de toutes nos volontés, si nous étouffons les discussions intestines, si nous condamnons au silence les ennemis du repos public. Mais la constitution peut-elle compter parmi ses amis et ses défenseurs des hommes qui veulent la modifier ou la détruire? Le roi s'attachera-t-il à des lois qui laissent impunis les calomniateurs qui ne cessent de l'outrager? Les ministres dirigeront-ils utilement des soldats qui leur contestent leur autorité, ou qui leur en reprochent tous les jours l'usage? Enfin, les véritables amis de la patrie se consacreront-ils à sa défense, tant qu'ils seront insultés et noircis par des énergumènes et des factieux?... Que le peuple français réfléchisse sur ces importantes questions. Il verra bientôt qu'il ne peut conserver sa gloire et la liberté qu'en abandonnant au plus profond mépris une secte séditieuse, qui semble n'affecter le patriotisme que pour en dégoûter les bons citoyens. »

LXXV

SÉANCE DU VENDREDI 21 OCTOBRE 1791

PRÉSIDENCE DE M. FAUCHET

[*M. Regnier* fait quelques observations sur le procès-verbal. — Correspondance : La Société de Tourcoing dénonce « les intrigues » des prêtres réfractaires « et de la horde monastique ». Elle propose en outre « de fermer les églises des maisons religieuses, et de supprimer les pensions à ceux qui continueraient à se montrer les perturbateurs du repos public ». Elle demande encore « qu'il soit distribué à la garde nationale cent trente-quatre fusils, attendu que les aristocrates seuls sont armés ». — MM. *Mérard* et *Chenaux*, « l'un et l'autre signataires par surprise de la protestation des Feuillants », demandent à rentrer dans la Société. — La Société de Saint-Amand se plaint de ne plus recevoir la correspondance des « frères de Paris ».

Sur la demande de voter des remerciements à *M. Brissot*, « pour le courage avec lequel il a parlé à l'Assemblée nationale », on passe à l'ordre du jour, d'après les observations de *M. Legendre*. — *M. Camille Desmoulins* lit un discours [1], « qui est interrompu par les applaudissements réitérés des tribunes, d'une partie de l'Assemblée, et par les signes les moins équivoques de désapprobation d'une autre portion de la Société ». Au nom du bon sens, il dit que « la constitution est inconstitutionnelle », et, « comme politique », il ne craint « point d'en assigner le terme prochain ». — *M. Mendouze*, « au nom du Comité de présentation », dénonce les manœuvres de certains Feuillants pour rentrer dans le sein de la Société, et propose un arrêté qui préviendra ces abus.]

M. *Hion* invite tous les citoyens membres de la Société à se rendre dans leurs sections, pour demander qu'on y délibère sur les subsistances et sur les comptes à rendre par la municipalité avant son renouvellement.

La séance a été levée à dix heures [2].

1. C'est la pièce suivante.
2. Disons ici que les numéros du *Babillard* des 21, 22 et 23 octobre, contiennent d'intéressantes réflexions sur la politique des Jacobins.

LXXVI

DISCOURS

SUR LA SITUATION POLITIQUE DE LA NATION
A L'OUVERTURE DE LA SECONDE SESSION DE L'ASSEMBLÉE NATIONALE
PRONONCÉ A LA SOCIÉTÉ DES AMIS DE LA CONSTITUTION
DANS LA SÉANCE DU 21 OCTOBRE
PAR CAMILLE DESMOULINS [1]

(Paris, 1791, in-8 de 44 pages.)

Je les ai appelés CITOYENS PASSIFS, *et ils se sont crus* MORTS [2].

Machiavel dit quelque part : « Si un peuple accoutumé au joug vient à le briser, il ressemble à une bête brute qui, échappée à travers champs, quelque sauvage qu'elle soit, ne manque pas de redevenir la proie de son maître ou du premier qui cherche à s'en emparer. »

Si Machiavel désespérait ainsi qu'un peuple, qui avait voulu la liberté et l'avait conquise, pût en jouir longtemps, qu'eût-il dit d'une nation dont un enchaînement de circonstances a plutôt détaché les fers qu'elle ne les a brisés elle-même? Nous avons pu chercher à persuader au peuple qu'il avait voulu être libre, et pour lui faire chérir la liberté comme son ouvrage, et parce que, pour une nation, se persuader à elle-même qu'elle avait voulu la liberté, c'était com-

---

1. Bien que nous nous bornions en général à mentionner les discours imprimés à part et dont le *Journal des Jacobins* ne donne pas le texte intégral, nous avons cru devoir faire une exception pour ce discours de Camille Desmoulins, qui est intéressant et peu connu.

2. Ce discours est précédé de l'*Avis aux tribunes* qu'on va lire : « Après avoir concouru pendant deux ans, avec les écrivains patriotes, à faire une grande expérience sur l'entendement du peuple français, fatigué d'une si longue opération, découragé par l'accroissement de la surdité nationale, et faisant réflexion à la fin tragique, sous Ponce-Pilate, de celui-là même à qui il suffisait de toucher du bout du doigt une oreille pour la faire entendre, j'avais cessé d'écrire depuis trois mois, lorsque, appelé à la place de secrétaire de la Société, j'ai regardé ce choix comme une invitation à rompre mon silence; et le nombre de près de trois cents députés que j'ai vus là parmi nous m'a fait croire que je pouvais le rompre utilement. Mais, comme il m'est plus facile de me taire que de ne point parler avec franchise et liberté, si cette liberté paraissait licence à quelques personnes je dois prévenir les tribunes que ce sont mes idées que j'expose, et non celles de la Société, qui ne saurait être responsable des opinions individuelles de ses membres. »

mencer à vouloir. Mais devant ce grand nombre de législateurs qui m'écoutent, et en présence des médecins, ce n'est pas le moment de parler comme en présence du malade, et il importe de ne rien dissimuler de son état pour vous mettre à portée d'appliquer les remèdes les plus propres. Il m'est difficile d'être court en si beau sujet de parler; mais je paraîtrai bien moins long si je ne suis point interrompu.

Oui, Messieurs, pour ceux qui, ainsi que moi, ont consacré, depuis trois ans, toutes leurs pensées à la Révolution, qui ont suivi celle qui s'est faite aux lieux où elle s'est faite, ce n'est point un paradoxe que le peuple ne la demandait point, qu'il n'est point allé au-devant de la liberté, mais qu'on l'y a conduit. L'après-dîner du 12 juillet, et mieux encore toute la nuit suivante, j'ai été à la source de l'insurrection, et je l'ai bien observée. Les véritables patriotes se sont servis des premiers instruments qui leur tombaient sous la main, comme le Ciel se servait d'Attila; et la liberté avait alors, parmi ses restaurateurs, des hommes à qui il était facile, à l'aide des progrès de l'instruction et du ferment de la philosophie, de faire des révolutions qu'ils eussent faites dans les siècles d'ignorance par la seule force de leur génie. Mais il n'est pas temps encore de rendre gloire à tous ceux à qui il appartient, et de venger les *machinistes* de la Révolution de ce que j'appellerais l'ingratitude de la nation, si la nation avait voulu ce nouvel ordre de choses. Ce que vous ne devez pas perdre de vue pour juger sainement notre état politique, c'est que, quelque obligation qu'on ait à ces fondateurs de la liberté, l'impéritie et les lourdes méprises des aristocrates en avaient si fort avancé les fondements qu'ils n'avaient laissé presque rien à faire à l'habileté des patriotes. Rappelez-vous ici, Messieurs, et l'ineptie de ce visir Vergennes, oppresseur de Genève et libérateur d'Amérique, qui fait traverser les mers à nos soldats, passez-moi cette expression, pour leur mettre le nez sur la déclaration des droits; et ce vizir Calonne, si délié pourtant, ce pivot sur lequel tourne aujourd'hui la contre-révolution, au milieu des clameurs universelles contre ses brigandages, donnant à la nation un point de ralliement dans l'Assemblée des notables; et ce visir Brienne, sur une motion stupide dans la bouche de d'Éprémesnil, le plus fougueux des aristocrates qui ont conduit, comme par la main, à l'insurrection un peuple indifférent. Enfin, c'est cet autre arc-boutant de l'aristocratie, ce fou du blason, ce baron de Coppet, qui, par la double représentation du Tiers, avance si fort l'œuvre de la liberté, dans un moment où le *Contrat social* était entre les mains de tout le monde, qu'il laissait bien moins de peine aux Pétion et aux Robespierre à faire le reste qu'aux Chapelier et aux d'André à le défaire.

Vous voyez, Messieurs, que la nation n'a été révolutionnaire que par contre-coup ; que le mouvement vers la liberté lui a été imprimé par des aristocrates, et je vous laisse à juger si, lorsque l'impulsion lui avait été donnée si fortement sur un chemin frayé par les Mably et les Rousseau, et que cependant des hommes médiocres, tels que les d'André, les Chapelier, les Barnave, les Démeunier, s'attelant derrière le char de la constitution, ont réussi à le tirer en sens inverse et à le faire incessamment rétrograder, je vous laisse juges si ce char roulait sur la pente de l'opinion. Premier résultat des méditations de l'observateur ; première base des travaux du législateur patriote qui veut consolider la Révolution. Les racines de notre liberté sont aristocratiques ; le peuple de Paris n'a été qu'un instrument de la Révolution : l'histoire nous dira quels en furent les ingénieurs. Et celui qui a ébloui tant de gens par son mot favori : « Pour qu'un peuple soit libre, il suffit qu'il le veuille », n'a eu si souvent à la bouche cette sentence que parce que, plus à portée que personne de savoir si Paris voulait la liberté, par cette expression du Normand il contentait tout le monde et se montrait le général, et de ceux qui voulaient la liberté, et de ceux qui ne la voulaient pas.

Ce n'est point faire de notre Révolution une révolution à part, c'est, au contraire, la faire semblable à presque toutes les autres que de dire que ce n'est point le peuple qui l'a voulue, qui l'a faite. Partout c'est le petit nombre, deux ou trois citoyens, qui ont fait les révolutions. Un Pélopidas à Thèbes, un Harmodius et un Aristogiton, ou un Thrasybule, à Athènes ; et, comme le peuple parisien affamé, allant chercher à Versailles celui qu'il appelait le boulanger, le peuple romain ne se retire sur le mont sacré que pour se soustraire aux usures des marchands d'argent, et quand son hôtel de la Force regorge d'un tiers de sa population, détenue pour dettes. Partout beaucoup sont affranchis par peu ; mais l'art du législateur qui veut maintenir cet affranchissement est d'intéresser la multitude à maintenir l'ouvrage du petit nombre. C'est la marche que suivit l'Assemblée nationale tant qu'elle fut environnée de dangers. Voyez comme, après l'insurrection du 14 juillet, ces représentants, depuis si avares envers la nation, s'empressèrent de l'intéresser à la Révolution par les prodigalités de la nuit du 4 août, et d'épuiser en un moment leur corne d'abondance sur toute l'étendue de l'empire. De ce moment, la contre-révolution devint impossible. Le despotisme fut atterré, et tous les efforts qu'il pourrait faire pour se relever ne devaient tourner que contre lui-même, comme il arriva la nuit du 5 au 6 octobre ; mais aussi, de ce moment où les meneurs de l'Assemblée nationale n'ont plus craint la victoire du despotisme et l'ont tenu en échec, ils ne se sont appliqués qu'à faire rétrograder la Révolution ; les toiles qu'ils avaient faites en un jour, et où ils avaient enlacé le despotisme, ils n'ont fait ensuite que consumer vingt-quatre mois à les défaire, ou du moins à y ménager des défauts pour qu'il passât au travers ; et il a été facile à l'observateur attentif de reconnaître que tous ces ministériels, tous ces modérés, tous ces 89, tous ces Feuillants, n'étaient que d'ambitieux aristocrates qui, éloignés par leur naissance ou repoussés par une disgrâce des honneurs et des places auxquels ils aspiraient, n'avaient voulu que faire peur de la nation au despotisme, comme une mère fait peur du loup à son enfant, afin de s'en faire caresser.

Mais qu'est-il arrivé? Le peuple étant accoutumé au joug, pour le faire sortir de l'ornière de l'habitude, creusée par tant de siècles, et où il était enfoncé si avant, il avait fallu le séduire par tous les charmes de la liberté et ne lui rien cacher de ses droits primitifs ; il avait fallu en rassembler sous un verre étroit et en offrir à ses regards l'enivrante perspective, et la déclaration des droits avait été publiée et distribuée à vingt millions d'hommes. Or, cette déclaration des droits n'étant autre chose que les principes que Dieu a gravés dans tous les cœurs, et ayant à la fois force de loi décrétée et innée, ce fut une démence inconcevable dans les ambitieux meneurs de l'Assemblée que l'espoir de réussir dans leur projet de n'en faire ensuite qu'une simple préface de la constitution, qu'ils contrediraient à leur fantaisie dans le corps de l'ouvrage. Il était évident que, quoiqu'on fît une dépense royale en affiches et en journaux pour élever jusqu'aux nues ce corps d'ouvrage ; quoiqu'il fût enchâssé dans l'or et les pierreries ; quoique ceux qui l'avaient fait s'agenouillassent modestement devant leur chef-d'œuvre, et qu'il ne parût en public que porté processionnellement, et aussi entouré de gardes et de superstitions que l'Alccran ; il était évident, dis-je, que si l'ouvrage était contradictoire à son introduction, l'autorité de l'ouvrage de Chapelier-Biribi, et de quelques hommes aussi décriés et corrompus, ne résisterait pas longtemps à l'autorité d'une préface divine, d'une charte décrétée à la fois par Dieu et par les hommes, et à des principes que chacun trouvait au fond de sa conscience.

Ajoutez que ces hommes corrompus ne l'étaient pas assez. Je m'explique. Mirabeau répétait souvent cette maxime, qu'il tenait de Machiavel, sur laquelle il paraît avoir réglé sa conduite, et dont il pourrait bien avoir été la dupe et la victime (car il y a exception à tout) ; il avait, dis-je, pour maxime : « que le défaut des hommes est de n'être ni assez bons, ni assez méchants ». Ainsi, par exemple, je dis que des hommes, pour qui je ne trouve point d'expression qui rende toute l'horreur qu'ils m'inspirent, n'étaient point assez corrompus, qui, après avoir voté des remerciements pour le massacre de Nancy et celui du Champ de Mars, devenus tout à coup scrupuleux, s'écriaient que jusqu'à la dernière goutte de leur sang serait versée plutôt que de souffrir qu'il y eût en France des ducs, et cela après avoir décrété, le moment d'avant, qu'il y aurait des princes. Quoi de plus ridicule que d'entendre monsieur d'André saluer monsieur d'Artois du nom de prince, mais déclarer qu'il se ferait plutôt tuer que de l'appeler monsieur le comte? A ce reste de vergogne, qui a retenu parfois les ministériels, ajoutez les explosions du patriotisme dans les tribunes et sur la terrasse, qui ont donné quelques commotions salutaires à la majorité corrompue de la législature, et l'ont forcée de dériver un peu au cours de l'opinion. De tout cela il est résulté une constitution destructive, il est vrai, de sa préface, mais qui n'a pas laissé d'emprunter de cette préface tant de choses destructives d'elles-mêmes qu'en même temps que, comme citoyen, j'adhère à cette constitution, comme citoyen libre de manifester mon opinion, et qui n'ai point renoncé à l'usage du sens commun, à la faculté de comparer les objets, je dis que cette constitution est inconstitutionnelle, et je me moque du secrétaire Cérutti, ce législateur Pangloss qui propose gravement de la déclarer, par arrêt ou par un décret, *la meilleure constitution possible;* enfin, comme politique, je ne crains point d'en assigner le terme prochain. Je pense qu'elle est composée d'éléments si destructeurs l'un de l'autre qu'on peut la comparer à une montagne de glace qui serait assise sur le cratère d'un volcan. C'est une nécessité que le brasier fasse fondre et se dissiper en fumée les glaces, ou que les glaces éteignent le brasier. Ce n'est point là protester contre la constitution. Je me soumets à m'embarquer sur le fameux vaisseau construit par les Chapelier, d'André et compagnie; mais quelle liberté reste-t-il aux passagers, s'ils ne peuvent vous faire remarquer à vous, Messieurs, qui en êtes aujourd'hui les pilotes, qu'il fait eau de toutes parts, afin que, s'il vous est défendu de le calfeutrer, vous puissiez du moins tenir prête la chaloupe pour le moment du naufrage? Pour moi, je soutiens qu'il n'y a que deux sortes de gens qui, dans la Révolution, aient suivi un système possible : d'un côté, les Maury et les Malouet; de l'autre, les Petion et les Robespierre. Quant aux modérés, je parle de ceux qui ont eu un système autre que celui de traire la liste civile, dans leur système de chercher un milieu entre la liberté et l'esclavage ils ont été aussi ridicules que ce philosophe de nos jours faisant creuser un grand trou à la terre pour chercher le milieu entre les antipodes.

Ne croyez pas, Messieurs, que j'annonce le changement dont je parle en charlatan qui prédit un avenir lointain, sans nulle responsabilité. Je regarde la veille les nuages, et je prédis l'orage du lendemain; je ne crains pas d'avancer que le changement de cette constitution, dont M. Lavie ajournait le moindre amendement, après la grande révolution de Pythagore, de trente-six mille ans, il n'est pas même possible à l'Assemblée nationale, actuellement régnante, de le prévenir; mais il n'y a point à s'alarmer : car, s'il ne dépend pas de vous d'empêcher le choc, il dépend de vous si nous aurons à en gémir.

L'Assemblée nationale de 1789, si pure à sa source et en sortant de dessous de terre, puis corrompue dans la capitale, enfin si fangeuse et en si mauvaise odeur au moment où elle allait rentrer dans le sein de la nation et se perdre parmi le peuple français, vient de finir comme la rivière des Gobelins, qui, après avoir traversé les immondices de Paris, n'est plus qu'un égout, comme on sait, en arrivant à la Seine, au-dessous de la Gare. Je ne consumerai pas vos moments à suivre le cours de cette Assemblée; il suffira de vous présenter rapidement ici quelques-unes de ses opérations, celles qui se lient aux grands événements qui approchent, et qui ont préparé et amené ces événements.

A Dieu ne plaise que j'accuse tous vos devanciers de ce système que je vais vous développer! J'aime à croire que nous n'avons à reprocher à la plupart que la faiblesse de leur vue et leur confiance dans quelques noms qui en imposaient. De tout temps, en ce pays, le peuple (si on peut se servir d'une expression de l'ancien régime) a été esclave de l'autorité et des autorités, et dans tous les corps il y a le peuple; mais ce peuple, dans le premier corps législatif, a été quelquefois si ignorant, si aveugle, que l'histoire pourra bien dire la populace de l'Assemblée constituante : car l'histoire juge les hommes non sur ce qu'ils ont fait, mais sur ce qu'ils pouvaient faire.

Ce n'est pas faute, du moins, qu'on ne le leur ait montré. La déclaration des droits était un signal donné à toute l'Europe; les despotes, occupés d'ailleurs la plupart à des guerres au dehors, pâlissaient tous sur leur trône, et alors surtout redoutaient bien plus, comme on l'a dit, l'invasion de nos principes que nous ne craignons aujourd'hui l'invasion de leurs armées; toute la France était en armes et debout, dans l'attente des magnifiques promesses de la préface de la constitution; l'imagination ne s'était pas encore refroidie en voyant dans le corps de l'ouvrage l'illusion de ses espérances; nous avions et de l'argent et de nombreux otages de notre repos ; il ne fallait pas laisser aux tyrans le temps de se reconnaître. Nous ne manquions pas de Popilius qui leur auraient fait craindre la première ardeur de l'impétuosité française et d'une attente qui n'avait point encore été trompée; il fallait suivre la maxime de César : « Ne croire rien fait tant qu'il restait quelque chose à faire. » Dès le 17 juin, du moment où les États généraux étaient devenus Assemblée nationale, j'avais dit et imprimé : *Puisque la bête est dans le piège, qu'on l'assomme;* et qu'on ne me calomnie point encore, qu'on ne dise point que je prêche la République, et qu'il fallait chasser les rois. Ceux qui nous ont appelés dans les derniers temps des républicains et des ennemis des rois, pour nous diffamer auprès des imbéciles, n'étaient pas de bonne foi; ils savaient bien que nous ne sommes pas assez ignorants pour faire consister la liberté à n'avoir point de roi. Nous reconnaissons trop bien la vérité de ce que disait Tib. Gracchus aux Romains : « On vous fait accroire, depuis les Tarquins, leur disait-il, que vous êtes libres, parce que vous n'avez plus de rois; mais qu'importe de n'avoir plus de rois, si vous avez partagé le faste et l'orgueil, et l'inviolabilité et la souveraineté royales, et tous ses vices, entre vos consuls et une poignée de faquins. *Regum quidem nomen, sed non regia potestas Roma fuit sublata.* » Nous ne demandions donc pas que la royauté fût éteinte, mais qu'on n'établît point à sa place une tyrannie pire que la royauté; car je demande : quel fut jamais l'individu royal assez inviolable pour oser contre des sujets ce qu'on a osé contre des citoyens à Nancy et au Champ de Mars, sans s'exposer à périr tragiquement comme les Néron et les Caligula? Oh! la belle constitution, qui vote des remerciements aux magistrats pour des crimes qui eussent fait égorger les tyrans eux-mêmes !

Mais réprimons ces mouvements d'indignation sur ce que l'Assemblée constituante aurait dû faire; renvoyons-la à Mably et à Rousseau, qui lui avaient fait son thème mot à mot. Je ne veux ici que parcourir de sang-froid ce qu'elle a fait, développer le système de ses guides, et vous montrer le piège qu'ils vous ont tendu, et le mécanisme du trébuchet où ils vous attendent.

J'ai expliqué ce qui avait nécessité de leur part la déclaration des droits et précipité les bienfaits de la nuit du 4 août. Dès lors, il n'y avait plus moyen de s'en dédire. Il avait bien fallu reconnaître que la nation était le souverain. Et, comme avec tous les publicistes et tous les dictionnaires, Montesquieu, en son chapitre de la Démocratie, en donne cette définition : « C'est une démocratie, lorsque la nation est le souverain »; il semblait difficile de ne pas tirer de cette conséquence que la France, puisque la nation était le souverain, pouvait s'appeler une démocratie, et nous nous étions appelés républicains dans ce sens; mais nos députés d'alors, à qui rien n'était impossible, et qui se métamorphosaient comme par enchantement et d'un coup de baguette, d'États généraux en Assemblée constituante, et d'Assemblée nationale constituante en Assemblée législative, croyaient que toute puissance leur avait été donnée sur les mots comme sur les choses; en conséquence, M. Bailly s'est chargé de refaire notre éducation. Les idées que nos précepteurs, dans l'enfance, nous avaient fait entrer dans la tête, avec la férule, sur la signification des mots, l'académicien, le philosophe en écharpe, a entrepris de les en faire sortir avec le drapeau rouge, et il nous a prouvé, par des baïonnettes et des décrets de prise de corps, que le législateur savait mieux que nous ce qu'il avait voulu faire, et que, puisque le législateur avait voulu faire une monarchie, nous devions dorénavant appeler monarchie ce qui, chez tous les peuples, s'était appelé jusqu'alors démocratie.

Monarchie, soit; aussi bien je ne veux pas discuter sur les mots, comme un docteur de Sorbonne. Mais, quoi! vous avez aboli les privilèges de la noblesse, du clergé et des parlements, et vous prétendez avoir fait une constitution monarchique? On vous avait pourtant rappelé cette maxime de Montesquieu, dont l'évidence est sensible : *Abolissez*, dit-il, *dans une monarchie les prérogatives des seigneurs, du clergé, de la noblesse et des villes, et bientôt vous aurez un état populaire ou un état despotique.* Cette citation n'empêcha point les faiseurs d'aller en avant; et ce qui est remarquable, c'est que ces mêmes faiseurs, lorsqu'ils ont dépouillé les hommes de couleur du droit de citoyen actif, pour pallier cette injustice révoltante ne se sont appuyés que de ce même raisonnement, et ils ont dit comme Montesquieu : si vous ôtez les distinctions politiques tirées de la peau et la classe intermédiaire des hommes de couleur, la royauté du blanc sur le nègre ne peut pas durer; tant ils étaient convaincus de la vérité de cette maxime de Montesquieu!

Je prie la Société de soutenir son attention, car ici est la clef du système. Je suis entré tard en matière; mais aussi elle a été si avancée par l'introduction que je vais arriver rapidement aux résultats. Vous venez de voir que, dans leurs principes mêmes, ils ne se sont pas dissimulé qu'ils faisaient une constitution impossible, qu'ils plaçaient leur monarchie entre l'état populaire et l'état despotique, comme la roue d'Ixion entre deux pentes rapides, de manière que la moindre inclinaison devait la précipiter d'un côté ou de l'autre. Et, en conséquence, ils ont arrangé non pas une constitution définitive, mais des pierres d'attente pour une constitution. Encore une fois, je sais très bien que ce n'était pas là la pensée de la plupart de nos députés constituants, qui, au contraire, s'imaginaient avoir posé la dernière pierre à la grande pyramide; mais, dans cet atelier de constitution, il y avait les maîtres et les compagnons législateurs, et il est facile de vous prouver que c'était la pensée des principaux architectes, quoique à vrai dire il y ait eu une telle confusion de plans, et que tant de gens y aient travaillé en sens contraire, que c'était une vraie tour de Babel.

Il eût été bien plus court, pour les maîtres de l'atelier dont je parle, de faire tout de suite la monarchie de Montesquieu, la monarchie possible. Mais voici le fin mot. Ces messieurs avaient jeté la sonde, et ils avaient reconnu que la nation, que d'abord il avait fallu conduire comme par la main à une insurrection à laquelle elle ne pensait pas, selon sa coutume de tout commencer à pas de géants, avait fait plus de chemin que ses conducteurs ne voulaient, et avait tellement mordu au système d'égalité que ceux qui disaient haïr le plus les républicains l'étaient eux-mêmes sans le savoir : car c'est l'égalité qui est le principe des républiques, comme tout le monde sait, et qui en fait la seule différence d'avec les monarchies, dont le fondement est l'inégalité. Montesquieu, par ménagement et pour ne pas dire aussi crûment le mot propre, bâtit la monarchie sur le mot honneur. Mais tout son ouvrage prouve que le mot qu'il avait à la pensée et sur les lèvres est le mot inégalité. Nos constituants donc, ayant sondé l'opinion et reconnu que le peuple français était devenu républicain sans le savoir, en prenant si fort à cœur l'égalité des droits ont compris qu'ils ne pourraient reproduire avec succès le système décrié des Mounier, des Lally et des Clermont-Tonnerre, et ils se sont dit : plutôt que de nous exposer à tout perdre, donnons-leur pour le moment la monarchie qu'ils demandent, cette monarchie impossible et sans intermédiaire, et attendons de meilleurs temps, ou plutôt sachons les faire naître. Ne pouvant faire la constitution que nous voulons, nous empêcherons du moins les autres de faire la constitution que nous ne voulons pas; et puisque, maîtrisés par l'opinion, nous sommes obligés de leur faire une constitution tellement suspendue entre l'état populaire et l'état despotique que c'est une nécessité qu'elle se précipite d'un côté ou de l'autre à la première impulsion, lorsque la force de l'opinion la fait pencher vers l'état populaire, inclinons-la vers l'état despotique par la force de nos institutions. Peut-être, entre ces deux extrêmes, parviendrons-nous à la fixer sur l'équilibre de la *chambre haute* et de la *cour des pairs*, qui est le terme commun de notre ambition; et, si notre constitution retombe dans l'état despotique, comme ce sera nous qui l'y aurons poussée, nous sommes bien plus sûrs encore de la reconnaissance du despotisme.

C'est vers ce but qu'ils ont dirigé toute leur manœuvre aussi constamment que savamment; il ne vous sera pas permis d'en douter après l'analyse rapide que je vais faire et que je vous prie de suivre.

Supposons ensemble qu'après la fameuse nuit du 5 au 6 octobre, supposons que dans la salle de l'Assemblée nationale, à la place du côté gauche, que l'histoire distinguera peu du côté droit, il n'y ait eu que des aristocrates, des ennemis de la nation, des contre-révolutionnaires, mais politiques, mais reconnaissant l'impossibilité d'une contre-révolution à main armée, et convaincus qu'on pouvait bien tromper, mais non pas braver vingt-cinq millions d'hommes, voici le discours qu'aurait tenu dans cette Assemblée le démon de l'aristocratie lui-même :

« La lutte corps à corps nous devient impossible, et vous voyez bien que c'est une nécessité de plier, si nous ne voulons pas rompre; n'est-il pas vrai que nous serions trop heureux d'accorder aux insurgeants la constitution d'Angleterre, pour éviter celle d'Amérique, dont nous nous rapprochons furieusement depuis deux mois, et de terminer là cette Révolution? Eh bien, laissez-moi faire, et je vous réponds de vous ramener, sous trois ans, à la constitution anglaise ou à l'ancien régime, qui est encore bien meilleur. Voici mon plan.

« D'abord, il faut qu'il y ait un certain nombre d'entre nous qui demeurent aristocrates énergumènes, ne voulant entendre parler que du despotisme pur et simple; ceux-là nous contrediront sans cesse, s'écrieront que nous sommes des démocrates enragés, iront jusqu'à protester et déclarer qu'ils ne prennent plus part à nos séances, ce qui nous fera paraître patriotes en comparaison de ces aristocrates.

« Pour nous, nous nous ferons patriotes modérés, même Jacobins; il nous sera aisé de surprendre la confiance des nombreux badauds des quatre-vingt-trois départements, et voici comme je parviens à découdre ce que nous n'aurions pu déchirer.

« C'est l'insurrection surtout qu'il faut craindre. La plaisanterie sur le mot lanterne nous a fait bien du mal; mais jusqu'ici il n'y avait qu'à rire pour eux de la fin tragique des Foulon et Launey. D'abord il faut rendre ce mot lanterne abominable, et l'insurrection, le plus saint des devoirs, impossible à remplir, ou c'en est fait de nous. Pour cela, j'excite une émeute; il y a une tactique sûre, et il n'en coûtera pas même une forte somme : je fais pendre un innocent; je le fais pendre à notre porte. Ce peuple est bon; il est consterné de ce meurtre; on lui dit que ses représentants ne sont plus en sûreté; dans ce moment l'un de nous tire de sa poche le projet de loi qu'il a préparé, et voilà la loi martiale décrétée d'emblée, et déjà la Révolution est enrayée; et avant peu je vous aurai vengés, dans l'étendue du royaume, de cinq à six mille des plus ardents patriotes fusillés. C'est toujours autant de moins.

« Ensuite, c'est l'égalité proclamée par la déclaration des droits qui a attaché à la Révolution vingt-cinq millions d'hommes. Si la raison des contraires est bonne, c'est donc en introduisant l'inégalité que nous les détacherons de la Révolution. « Chez un peuple qui veut con-
« server sa liberté, dit Mably, tous les citoyens naissent et demeurent
« gardes nationales, plus ou moins exercées; pour tuer la liberté, il
« faut donc prendre le contre-pied. » Je divise d'abord les citoyens en troupes de ligne et gardes nationales, première distinction; je donne un uniforme aux gardes nationales, et voilà les citoyens distingués en citoyens armés et non armés : par là, je fais tomber les fatales piques, et je désarme les redoutables sans-culottes, qui ne peuvent se procurer un uniforme complet à 32 livres l'aune. J'établis l'épaulette d'or, afin qu'il n'y ait que les riches, nos amis en général, qui puissent être officiers. J'établis des grenadiers, des chasseurs et des fusiliers, nouvelles distinctions, nouveau moyen d'écarter des compagnies privilégiées, à grands bonnets et à élégante chaussure, les citoyens moins aisés. D'abord la vanité leur fait faire des sacrifices pour faire valoir leur taille dans ces compagnies; mais bientôt les frais de l'équipement les éloignent. Si les pauvres s'obstinent à être gardes nationales, je les tiens sans cesse sur pied, comme si l'ennemi faisait le siège de Paris. Ou il faut qu'ils montent sans cesse leur garde, et leur journée est perdue, ou il faut qu'ils la fassent monter, et c'est un impôt qui n'existait pas. C'est ainsi que je m'arrange de loin pour substituer à la démocratie royale une aristocratie royale.

« Voulez-vous tuer la liberté à coup sûr, dit Mably, établissez les
« distinctions entre les citoyens armés et non armés, entre les ci-
« toyens à grands bonnets, et surtout les citoyens à épaulettes;
« établissez entre les troupes de ligne et les gardes nationales une
« distinction autre que celle de l'habitude et de la supériorité du
« maniement des armes. »

« Mais si, par ces distinctions, je ne réussis pas à tuer la liberté et l'esprit d'égalité, je lui prépare une plaie bien plus large; je fais des citoyens actifs et des citoyens passifs : par là, je tire une ligne de démarcation, et je mets tout à coup hors de la Révolution douze à quinze millions d'hommes, qui se demandent où est cette égalité des droits politiques qu'on leur promettait ; et, voyant bien que ce n'est pas pour eux que la Révolution est faite, se promettent de rester les bras croisés et de laisser messieurs les citoyens actifs défendre leurs privilèges quand je ferai jouer, dans deux ans, sur les bords du Rhin, mon cinquième acte et la grande machine que je garde pour le dénouement.

« Cependant, ceux que cette dégradation civique n'irriterait pas, je les soulèverai par le grand levier de tous les hommes, par leur intérêt. Plus les promesses faites par la déclaration des droits à cette partie des citoyens ont été magnifiques, plus je veux qu'ils soient des nôtres en en reconnaissant l'illusion. Je m'applique donc surtout à ce que le peuple puisse se dire : que m'est-il revenu de cette Révolution? et qu'il se réponde : zéro. Le seul décret qu'on m'arrache en sa faveur, celui de la suppression des entrées, je saurai le rendre nul, en faisant qu'il paye tout plus cher, et l'égoïsme mercantile seconde bien mes vues. Ainsi, en même temps que je prive le peuple des droits communs et des douceurs de l'égalité, le premier des biens, le plus grand plaisir de la vallée de Josaphat, le seul bien qu'il pût recueillir sur le champ de la Révolution, j'en appesantis sur lui tout le poids. Nous aurons un maire qui, j'espère, ne sera pas moins habile que ses devanciers, les lieutenants de police, à faire renchérir le pain à propos, et même à nous donner par ordre une famine, quand il en sera temps. Les aristocrates ont cessé de faire travailler les journaliers, mais ce n'est pas assez ; ils consomment encore dans le pays, je les fais tous émigrer ; le pouvoir exécutif ne peut pas précisément leur commander d'émigrer, mais il fait partir ses frères, ses tantes, tout ce qui l'environne, et sa famille donne l'exemple du chemin qu'il faut prendre, jusqu'à ce qu'il le puisse prendre lui-même. Le clergé répond aux indigents qu'on l'a dépouillé de ses biens ; s'ils s'adressent à l'Assemblée, riche de trois milliards des biens de l'Église, dont un quart était affecté au soulagement des malheureux, pour lui demander seulement du pain et de l'ouvrage, la municipalité répond, au nom de la nation, en suspendant le drapeau rouge, et, en même temps, on corne à leurs oreilles : « Pauvre peuple, quand tu n'avais qu'un roi « tu n'étais pas si à plaindre. » Et on affiche partout que le roi prend sur ses revenus, qu'on a si fort rognés, 50,000 livres qu'il donne aux pauvres. Je fais dire dans tous les papiers : pauvre peuple ! pour que ce peuple dise à son tour : pauvre roi ! et par là je prépare le renouvellement de ce que nous avons vu arriver en Hollande, il y a quelques années, où le peuple, distingué des citoyens et écarté des affaires publiques, n'a pas manqué, à la première occasion, et pour quelques largesses, de prendre la cocarde orange, et de faire triompher la femme du stathouder des écharpes et des citoyens actifs.

« Reste dix à douze millions de citoyens actifs dont j'ai à lever l'opposition à mon plan.

« Mais de ce nombre il faut d'abord retrancher cent mille aristocrates nés, qui aujourd'hui, 6 octobre 89, ont encore toutes les places, toutes les fortunes de l'État, et qui vont s'agiter de tous côtés dans le sens de la contre-révolution, enfouir ou emporter tout le numéraire, entraver le commerce et entraîner dans leur opinion un million d'individus, ou créanciers à qui ils font banqueroute, ou marchands et journaliers que leur luxe entretenait, ou chanoines en livrées qu'ils nourrissaient à ne rien faire et dont ils étalaient la superfluité dans leur antichambre ou derrière leur carrosse.

« Il faut retrancher cinquante mille prêtres, qui vont jeter les hauts cris (bien inutilement, il est vrai, car ce sont eux que la Providence appelle à payer la façon de la constitution, soit qu'elle devienne anglaise ou américaine), mais qui ne laisseront pas de fortifier prodigieusement le nombre des mécontents, de tous les béats et de toutes les dévotes, par leurs mysticités, neuvaines, jubilés, et tous leurs tours de gobelets.

« Jusque-là, nous n'avons encore que la minorité. Mais, voyez ici, je ne dis pas la profondeur de mon génie qui invente, mais la stupidité de cette nation qui me laisse faire. Les nobles ont encore tous les commandements, toutes les grandes places, et je n'élève que d'autres nobles à celles qui ont été abandonnées. Au lieu de mettre la royauté en séquestre jusqu'à l'achèvement de la constitution, je laisse le roi disposer encore du trésor; j'accorde au ministre tous les mois vingt et trente millions, et je décrète de confiance une contribution patriotique qui s'élève à des sommes immenses. Le pouvoir exécutif ne perd point de temps, car avec son or il corrompra, et avec la corruption il aura de l'or; il sème de tous côtés l'argent, surtout les promesses. Bientôt, pour le mettre en état de tenir ses promesses infinies, c'est une émulation dans le corps législatif à qui fera du roi la source de toutes les grâces. Bientôt je proclame Louis XVI le pouvoir exécutif suprême, le législateur suprême qui a le *veto*, le juge suprême au nom de qui se rendent tous les jugements, le chef suprême de l'armée et des gardes nationales, et jusqu'à l'archiviste suprême. Pour soutenir le rang de toutes ces suprématies, je lui donne trente à quarante millions de revenus, tandis que l'entretien du corps législatif tout entier ne va pas à sept millions. Par cette seule mesure, j'efface le corps législatif devant le pouvoir exécutif : car, aux yeux du vulgaire, celui-là vaut un milion à qui on donne un million. Puisqu'on donne au roi huit fois plus de revenus qu'à l'Assemblée nationale entière, il pèse donc lui seul dans la balance politique huit fois plus que la nation et ses représentants. La femme du roi avec ses quatre millions de douaire, les deux frères du roi avec leurs quatre millions, ces trois individus, entretenus plus richement que le pouvoir législatif tout entier, ne peuvent le regarder qu'en pitié ; et le ministre des affaires étrangères, par exemple, avec ses cinquante mille écus de rente, lorsque l'argent est le représentatif de toutes les valeurs, doit s'estimer vingt-cinq fois plus que le président de l'Assemblée nationale avec ses deux mille écus de traitement. Bientôt, le président de l'Assemblée nationale lui-même, le président Pastoret, dira naïvement au roi : *Sire, et nous aussi nous éprouvons le besoin d'aimer un roi.* Vraiment, comment la plupart des hommes, qui ne sont mus que par l'intérêt, n'éprouveraient-il pas le besoin d'aimer un homme qui donne à ses amis cent cinquante mille écus à dépenser? Comment ne pas mieux aimer être le subdélégué d'un délégué de la nation avec cinquante mille écus de rentes, que le premier délégué de cette nation avec six à sept mille livres pendant deux ans? Et, dès lors, ne voyez-vous pas que tous les ambitieux, tous les intrigants, tous ceux qui ne suivent d'autre parti que celui qui enrichit, désertent les Jacobins pour courir à 89, aux Feuillants, chez les ministres, et partout où j'établis les nouveaux robinets de la liste civile. Tous ces gens-là sont saisis, comme Pastoret, du même besoin d'aimer le roi. Pour qu'il puisse acheter tant de monde, je ne cesse de garnir ses mains de places et de dignités à conférer, de remplir ses poches d'or, de billets rouges, noirs. Comme Louis XIV, je fais ressource des croix de Saint-Louis ; j'abandonne à la nomination du roi toutes les ganses d'or, tout le ministère, toute la diplomatie, tous les bureaux, toutes les places de l'armée, c'est-à-dire cent mille récompenses pour les traîtres à la nation, cent mille moyens de corruption et de triomphe sur la fragilité humaine ; et, de peur que tant de récompenses ne suffisent pas encore au grand nombre de toutes les bouches béantes et de toutes les consciences sur la place, je déclare que c'est au roi qu'appartiendra de nommer le ministre du trésor national et de dire à celui-ci : Je vous donne la clef du coffre-fort, mais vous sentez bien que vous ne pouvez reconnaître d'autre maître du coffre-fort que celui qui vous en remet la clef.

« Toute nation peut se diviser en deux sortes de gens : l'une, que vous appellerez comme il vous plaira, mais que, moi, j'appellerai les imbéciles; l'autre, que le pouvoir exécutif appelle les gens qui ont des moyens. Quant aux premiers, quoique incomparablement le plus grand nombre, ce sont ceux dont on aura le meilleur marché. Vous avez vu avec quelle facilité j'en ai paralysé déjà douze à quinze millions, sans qu'il m'en ait coûté d'autres frais que d'inventer un mot vraiment magique. JE LES AI APPELÉS CITOYENS PASSIFS, ET ILS SE SONT CRUS MORTS. Je vous expliquerai tout à l'heure comment, dans les dix millions de citoyens actifs, il ne me sera guère plus difficile de vous débarrasser de ceux qui appartiennent à cette première classe.

« Quant à ceux qui ont des moyens, la plupart, loin de s'opposer à mon plan, mettront tout en œuvre, et se disputeront l'infamie pour le faire réussir. Les uns, à qui il faut des distinctions et des honneurs, voudront, comme les Mounier, les Lally, les du Port, les Lameth, les Clermont-Tonnerre, les La Fayette, la cour des pairs et une chambre haute; les autres, à qui il faut de l'argent, comme les Chapelier, les Beaumetz, les d'André, les Démeunier, les Barnave, éprouveront le même besoin que Pastoret d'aimer un roi qui donne 100,000 livres de rentes. Et ne voyez-vous pas que, dans mon système, le coup de l'art, c'est de faire de ma royauté un coffre pour tous les gens qui ont quelque influence; c'est de n'avoir fait du roi, avec ces quarante millions, que leur receveur, à qui ils afferment la nation pour deux ans? Ne voyez-vous pas qu'avec la trésorerie, dont il a la clef, et la liste civile, qui n'est que la bourse commune de tous les mauvais citoyens, nous ne pouvons jamais en manquer? Bientôt Louis XVI dira, comme le roi Georges dans son voyage à Cheltenham : « Le grand nombre « d'amis du roi me ruine; le Parlement est un gouffre, un abîme sans « fond; je ne dîne plus en public; je me suis mis en pension avec la « reine. » Et, pour tout dire en un mot, Mirabeau, si tu as le bonheur de vivre encore quelque temps, je veux que Louis XVI aille te demander à dîner. Telle est la royauté constitutionnelle.

« Parmi les hommes qui ont de l'influence, il ne reste plus à combattre que le bien petit nombre de ceux à qui il ne faut que le témoignage de leur conscience, le petit nombre d'hommes à caractère, de ces citoyens incorruptibles, qui, à la lettre de Xerxès : *Si tu veux te soumettre, je te donnerai l'empire de la Grèce*, répondent comme Léonidas : *J'aime mieux mourir pour ma patrie que de l'asservir*. Il ne reste que le petit nombre de ces philanthropes vertueux, de ces vrais Jacobins. Fénelon en faisait le portrait quand il disait de lui-même : *J'aime mieux ma famille que moi, ma patrie que ma famille, et l'univers que ma patrie*. Il ne faut pas se dissimuler que, malgré leur petit nombre, ces patriotes, par l'ascendant de leur probité, par l'assentiment de tous les citoyens actifs ou passifs, éclairés et honnêtes gens, et forts de la déclaration des droits, ne parviennent à semer notre route d'obstacles; mais je vous réponds de l'aplanir : j'ai pour moi l'expérience de l'histoire de toutes les nations, et surtout de la nôtre, et j'écrase ce petit nombre par l'immense majorité des imbéciles. Voici comment.

« D'abord, ce petit nombre de patriotes ne sera point soutenu de cette multitude d'hommes indifférents à l'égalité, pour laquelle ils ne se sentent pas faits. Comment la libre circulation des pensées pourrait-elle être un besoin pour tant de gens qui ne pensent pas, ou qui ont bien d'autre chose à faire qu'à penser? Le gouvernement ne change jamais pour cette sorte de gens; ils gardent toujours la neutralité de l'âne de la fable, qui dit : *Je ne saurais porter deux bâts*, mais qui ne se doute point qu'il puisse n'en pas porter du tout, et qu'en Amérique, par exemple, tous les impôts ne montent qu'à douze sous par tête.

« Il ne sera point soutenu non plus par cette multitude de gens timides, circonspects, qui se rangent toujours du côté du plus fort. A peine respiré-je de la journée du 6 octobre que j'en impose à ceux-ci : je fais jeter en prison ou décréter les héroïnes de cette journée, et Reine Audu languira au cachot vingt-un mois, tandis que j'absous insolemment les Broglie, les Bezenval, les d'Autichamp, les Barentin, et jusqu'à Lambesc. Les Belges se soulèvent et nous offrent une alliance désirée par les deux peuples. Un homme est assez hardi et assez puissant pour faire renvoyer au congrès de Belgique ses lettres sans les ouvrir, de peur qu'à l'imitation des Belges les autres peuples, dans l'espoir de cette alliance, ne tentent une insurrection et ne fassent avorter mon plan.

« Comme l'armée de ligne, en général, est composée d'hommes à caractère, c'est surtout l'armée que je travaille en mille manières, pour l'empêcher de soutenir les patriotes. Je jette dans les fers le patriote Muscar, et je l'y retiens deux ans, malgré les cris de toute la France; je licencie jusqu'à quarante mille soldats trop patriotes, et des régiments entiers, comme celui de Vivarais, afin de mettre les officiers plus à l'aise pour débaucher, s'ils peuvent, à la patrie le reste de l'armée. Je ne laisse aucun doute aux soldats que, tôt ou tard, ma vengeance les atteindra s'ils se montrent citoyens. Le régiment de Château-Vieux avait déclaré qu'il ne marcherait point contre l'Assemblée nationale : je le fais fusiller tout entier, ou envoyer aux galères par l'Assemblée nationale elle-même, qui ne rougit pas de voter des remerciments au traître Bouillé, pour avoir massacré ceux à qui elle devait son salut. Les gardes-françaises ont pris la Bastille : ce nom glorieux de gardes-françaises, qui aurait dû devenir la récompense des régiments qui se seraient signalés par quelque exploit fameux, je l'efface des noms de l'armée; je me hâte d'en abolir la mémoire, comme Rome abolissait le nom de Manlius, et défendait de le porter, en haine de son crime. Dès les premiers jours de son généralat, La Fayette, au lieu de retenir ces héros, ne cherche qu'à se débarrasser de leur courage et de leur patriotisme incommode; il les engage à prendre des congés; il ne peut cacher la haine secrète qu'il leur porte; il licencie; il dégrade arbitrairement la compagnie de l'Oratoire : la vengeance de la cour poursuit sans relâche les restes de ce brave régiment. Et fiez-vous à elle pour lui faire expier la conquête de la Bastille : elle se souvient comment les décemvirs, pour se défaire du tribun Sicinius Dentatus et des vétérans patriotes, les envoient sur les frontières et chargent le général de les faire périr tous dans une embuscade.

« Mais c'est Paris qui a fait la Révolution, c'est à Paris qu'il est réservé de la défaire; tandis qu'à mesure que l'espérance des patriotes s'éloigne, et qu'ils en reconnaissent la chimère, leur première ardeur se refroidit et leur parti s'affaiblit tous les jours. La seule douleur dont le temps ne se console point et qu'il ne fait qu'aigrir, la douleur de la perte des biens, accroît sans cesse le ressentiment de toutes les sangsues de l'ancien régime. Je fortifie leur parti de la *cupidité* de tous les boutiquiers, de tous les marchands qui soupirent après leurs créanciers ou leurs acheteurs émigrés; je le fortifie des *craintes* de tous les rentiers, dont la peur de la banqueroute a si puissamment aidé la Révolution, et qui, ne voyant que du papier et point de comptes au-dedans, et au dehors des préparatifs de guerre, s'effrayent d'une banqueroute; je le fortifie surtout, ce parti de la *lassitude*, des gardes nationales parisiennes. Depuis deux ans, j'ai soin de tapoter le tambour du matin au soir, de les tenir, autant que possible, hors de leur comptoir, de leur cheminée et de leur lit. Au milieu de la plus profonde paix, la face de la capitale est aussi hérissée de baïonnettes depuis deux ans que si Paris était assiégé par deux cent mille Autrichiens. Le Parisien, arraché sans cesse de chez lui pour des patrouilles, pour des revues, pour des exercices, lassé d'être transformé en Prussien, commence à préférer son chevet ou son comptoir au corps de garde; il croit bonnement (pour adoucir le mot) que l'Assemblée nationale n'aurait pu faire ses décrets sans les soixante bataillons; que c'est seulement après la Révolution que finira l'achèvement de sa campagne, plus fatigante que la guerre de Sept ans. Quand finira cette

Révolution? Quand commencera la constitution? Nous étions moins las dans l'ancien régime! C'est là que je les attendais tous. Deux ans de libelles ont préparé l'opinion; j'ai commencé par acheter tous les orateurs, tous les journalistes à vendre; à défaut d'en trouver un assez grand nombre à mon gré, des hommes qui m'étaient déjà vendus j'en ai fait des orateurs et des journalistes, et j'en ai même fait venir d'outre-mer. Ne pouvant exaucer la prière comique de Foucaut : « Que le peuple ne sache jamais lire », j'ai empoisonné la source de ses lectures; il fallait qu'il achetât les papiers patriotes : j'ai fait pleuvoir tous les matins une manne de papiers aristocrates. Pendant deux ans, j'ai dit aux marchands : « Ce sont les Jacobins incendiaires qui « empêchent le retour de l'abondance »; aux rentiers : « Ce sont les Ja« cobins qui empêchent le rétablissement de la paix et de l'ordre dans « les finances »; aux patrouilles : « Ce sont les Jacobins qui prolon« gent, qui éternisent la Révolution, pour essayer l'automatie et la « mauvaise humeur de l'armée parisienne contre les patriotes. » J'excite ceux-ci sous main à aller démolir Vincennes, et je traîne l'armée à une expédition contre les patriotes; puis je prends d'elle le serment d'une obéissance aveugle; alors je vois que le grain de la calomnie a levé suffisamment. On avait fait la Révolution avec ces trois mots : *calotin, lanterne* et *aristocrates*; je prends ma revanche, et je ferai la contre-révolution avec ces deux mots : *factieux* et *républicains*. Ce mot, souillé par les brigands de Rome, le beau mot de *républicain*, qui, dans son sens propre, signifie *celui qui n'est heureux que du bonheur public*, ce nom d'une vertu sublime, de la vertu opposée au vice de l'égoïsme, je réussis à le diffamer, après avoir, pendant deux ans, attisé le royalisme par tous les soufflets de la liste civile. Comme quelques républicains ont chassé les rois, je présente ce mot *républicain* comme synonyme de *factieux*, de *régicide*, de *Ravaillac*. Chez un peuple naturellement bon, cette idée achève d'égarer. Les esprits sont préparés; les Jacobins sont mûrs; le roi part : c'est le signal donné à tous les émigrants de s'avancer vers les frontières, à toutes les puissances de l'Europe d'inonder de leurs esclaves enrégimentés les bords du Rhin; alors, je publie un manifeste : Louis XVI, d'Artois, Condé, tous les Bourbons, tous les despotes, offrent de ratifier la constitution des Chapelier et des d'André, avec quelques amendements, tels que le rétablissement de la chambre haute, de la noblesse, etc.; en un mot, la constitution anglaise. La majorité de l'Assemblée nationale, Bailly, La Fayette, Bouillé, Montmorin, tous les généraux (on pense bien que j'en excepte un ou deux), sont dans le complot. Tous les orateurs, journalistes, libellistes, barbouilleurs, afficheurs de la liste civile, de s'écrier aussitôt : « Les Français ne sont-ils pas bien « heureux d'arriver, sans une seule goutte de sang, à cette constitution « admirable, qui a coûté aux Anglais dix-sept guerres civiles? » L'Assemblée nationale bataille pour le décorum, et pour se faire payer un peu plus cher l'expédition de la charte constitutionnelle ; les pairies pleuvent à droite et à gauche dans le corps constituant ; enfin, le décret est rendu aux acclamations et aux illuminations. Alors, ou bien les départements conservent pour le décret ce saint *respect* pour la loi que je me suis tant efforcé de leur prêcher depuis deux ans, ou quelques départements se soulèvent ; mais tous les chefs de l'armée, Bouillé, Rochambeau, La Fayette, trahissent : que dis-je? ils obéissent à la loi ; ils marchent contre les départements rebelles ; ils introduisent cent mille Autrichiens, Prussiens, et il n'en faut pas tant, alors, pour les soumettre : et puis, quand quelques départements seraient démembrés de la France, en coûte-t-il rien aux rois pour parvenir à leurs fins? Charles Ier, outre le pillage de Londres, ne promit-il pas à l'armée écossaise d'annexer au royaume d'Écosse quatre comtés du nord?

« Mais je suppose que le roi soit arrêté dans sa fuite; eh bien! la partie n'est que remise ; et c'est alors que je fais voir à tous les despotes que je l'avais bien liée. Après une arrestation obligée et des arrêts concertés et de bienséance, je ne crains pas de laisser voir à ceux qui ne sont pas aveugles que c'est moi qui ai fait partir le roi, puisqu'au lieu de le punir je choisis ce moment pour augmenter la prérogative royale, pour châtrer la constitution. En même temps que j'absous, que je récompense le roi fugitif, je mande à la barre de l'Assemblée nationale un de ces tribunaux dont le gouvernement n'a jamais manqué quand il a voulu faire périr Socrate, ou le grand pensionnaire de Witt, ou crucifier votre Dieu, et je lui enjoins de condamner les patriotes. D'un bout de la France à l'autre je fais calomnier et décréter les hommes dont je redoute le plus l'énergie et les lumières; j'avais fait pendre un homme pour avoir la loi martiale : j'en fais pendre deux pour la mettre à exécution ; je massacre les meilleurs patriotes jusque sur l'autel de la patrie [1]; enfin je couronne

---

[1]. Le massacre du Champ de Mars a cela de bien plus odieux que le massacre de Nancy que Bouillé du moins livrait un combat à des citoyens armés, au lieu que le héros des deux mondes et le philosophe Bailly assassinaient lâchement des femmes, des enfants, et une multitude sans armes et sans défiance. Ce sont ces modérés, avec leurs baïonnettes sanglantes, qui appelaient ma plume incendiaire. Abominables hypocrites! S'il y avait des coupables, ils étaient sans armes; vous aviez une armée pour vous assurer de leur personne, et vous les fusillez pour vous épargnez l'embarras de les juger et de reconnaître leur inno-

mes trahisons par un dernier décret qui ouvre à tous les contre-révolutionnaires la libre sortie du royaume. Allez rejoindre, leur dit l'Assemblée nationale, allez rejoindre, avec armes et bagages, l'armée des conjurés. Je prouve ainsi à toute l'Europe, ou que le peuple parisien est le plus stupide de tous, ou qu'il demande à grands cris la contre-révolution, du moins la constitution anglaise, que demandent aussi d'Artois, Condé, comme ils s'en sont expliqués. »

Messieurs, je viens de vous développer le plan de la plus horrible conjuration qui ait jamais été faite contre la liberté, et tel que je n'ai pu mettre ce plan que dans la bouche du démon de l'aristocratie. Eh bien! ce plan, je ne dis pas a été proposé par les d'André, les Chapelier, les Barnave, les Lameth, les La Fayette, mais il a été décrété, exécuté d'un bout à l'autre par vos représentants, à l'exception d'un ou deux faits dont je n'ai pas la preuve matérielle, mais seulement de fortes présomptions; ce sont leurs procès-verbaux que je viens de parcourir. Prosternez-vous donc devant l'Assemblée nationale de 89, et décernez à l'heureux Sylla des remerciements, des épées d'or, des médailles et des statues [1].

LXXVII

SÉANCE DU DIMANCHE 23 OCTOBRE 1791

PRÉSIDENCE DE M. FAUCHET

Avant la lecture du procès-verbal, M. *Gineste*, au nom du Comité de présentation, fait lecture de la liste des candidats admis par ce Comité dans sa dernière séance. — M. *Basire*, secrétaire, fait lecture du procès-verbal de la dernière séance. Il avait cru devoir y insérer une note sur le discours prononcé dans cette séance par M. *Desmoulins*, et des objections ou interruptions faites à ce discours par M. *Voidel* et plusieurs autres membres de la Société [2]. Cette rédaction excite la

---

cence. Un citoyen échappé de cette boucherie m'a assuré avoir marché, pour sa part, sur près de deux cents morts ou mourants. Quelle horrible loi que cette loi martiale qui tue arbitrairement des citoyens qu'elle pouvait arrêter et faire juger! Non, il n'y a que des anthropophages, des cannibales en écharpe, qui puissent aller ainsi à la chasse des hommes! (*Note de l'original.*)

1. *N. B.* Instruits par la journée du 21 juin, les nouveaux cochers du pouvoir exécutif ont *sagement* tourné sur la gauche et changé un peu de route, mais non de but. (*Note de l'original.*)

2. On trouvera dans le n° 35 du tome VIII de *l'Orateur du peuple* une appréciation du discours de Camille Desmoulins. Voir aussi *le Patriote français* du 6 novembre 1791.

réclamation de plusieurs membres, sur les observations desquels on arrête que, conformément aux précédents arrêtés de la Société, les noms des diverses personnes qui ont parlé dans cette circonstance seront retranchés du procès-verbal.

M. DESMOULINS. — Il paraît que l'opinion généralement répandue dans la Société est que, dans mon discours, j'ai voulu attaquer la constitution. Je déclare, Messieurs, que ce n'a jamais été mon intention, puisque j'ai commencé en disant que, comme citoyen, j'adhérais à la constitution. Il est possible qu'ayant la voix naturellement voilée, on n'ait pas bien entendu mon discours.

On m'a crié de toutes parts, à la dernière séance : *Faites-nous grâce du récit de nos maux, et montrez-nous le remède.* Dès que j'étais monté à la tribune, Messieurs, je vous l'ai dit, c'était une preuve que je ne regardais pas ces maux comme désespérés, car je ne serais pas venu brutalement entretenir un malade de maux incurables.

Maintenant, si on me demande quel est positivement mon remède, je vais le dire. Mais, avant de satisfaire leur curiosité, j'observe en deux mots aux deux frères questionneurs qui m'ont si fort serré le bouton à la dernière séance que, puisqu'ils ont dit que je plaçais le siège du mal dans la constitution, c'est que bien certainement ils ne veulent pas toucher à cette constitution. Il suit que, si c'est un mal, ils ne veulent pas être guéris, et je pourrais leur demander à mon tour : pourquoi me pressez-vous tant à donner un remède, quand vous ne voulez pas de guérison ? Mais je veux bien répondre à leurs questions insidieuses et pharisaïques, et ils vont être bien attrapés.

J'avais dit : on peut bien tromper vingt-cinq millions d'hommes, mais non pas les contraindre. Donc, quand on parle à vingt-cinq millions d'hommes, on n'a besoin que de les empêcher d'être trompés, que de les éclairer, que de leur montrer le mal. Le remède est entre leurs mains. Car, que signifient toutes ces métaphores de remèdes et de maladies désespérées en parlant des nations ? A un malade, il ne suffit pas, pour être guéri, d'en avoir la volonté, au lieu que vous reconnaissez tous, avec M. La Fayette, *qu'il suffit à une nation, pour être libre, de le vouloir.* A la différence des maladies du corps humain, dans les maux politiques et à une nation paralysée par le despotisme ou l'aristocratie, pour la guérir il suffit de lui dire, comme au paralytique de la porte du temple de Jérusalem : *Levez-vous et marchez.* C'est à elle à se lever ou à ne pas se lever. Car, encore une fois, c'est vous qui l'avez dit : *Pour qu'un peuple soit libre, pour qu'il soit guéri, il suffit qu'il le veuille.*

J'ai répondu à ceux qui demandaient le remède. A ceux qui disent que je conseille de changer la constitution, je réponds : Non, car j'ai commencé par dire que j'adhère à cette constitution. Dans [ma] manière de voir, nous avoir mis dans l'impuissance d'y proposer aucun changement est le chef-d'œuvre du plan que j'ai développé. Mais j'ai dit que leur habileté avait été en défaut, et j'ai prédit que, sans votre concours, et même malgré vos efforts, ce changement était inévitable, et que Chapelier finirait pas perdre sa partie, comme qui dirait par la force des cartes.

Pour suivre la comparaison de ceux qui se sont élevés avec tant de violence contre mon discours, dire à un malade : Vous ne pouvez recourir à ce remède; mais ne vous alarmez pas, j'ai étudié vos maux, je connais bien aussi votre tempérament, et sa force vous sauvera sans le concours du médecin; la nature va opérer; — est-ce donc désespérer un malade ou lui prescrire un remède défendu? Eh bien, j'ai dit en termes exprès : Les éléments de la constitution me paraissent si disparates, si destructeurs l'un de l'autre, que les principes de la science du législateur ne sont que les rêves de Montesquieu, de Machiavel, de Mably et de Rousseau, ou bien c'est une nécessité qu'il s'opère un changement dans la constitution. Mais ne vous alarmez pas : car, s'il n'est pas même au pouvoir de l'Assemblée nationale actuellement régnante de s'opposer à la crise, il dépendra d'elle que ce soit une crise de santé.

On m'accuse d'avoir causé le *découragement;* mais j'ai dit au contraire que ç'avait été une démence inconcevable de nos ennemis que d'espérer réussir. Depuis quand est-ce seconder l'ennemi que de publier son plan d'attaque? Je fais des vœux bien sincères pour que ceux qui ont attaqué mon opinion avec si peu de ménagement aient raison. Mais, ou le fait que j'ai annoncé est faux, et alors de quoi vous inquiétez-vous? Je ne vous ajourne pas indéfiniment; vous pouvez alors m'appeler visionnaire, ce qui n'est pas un grand mal. Mais, s'ils sont vrais (*sic*), prenez garde que, le remède consistant à éclairer le peuple, on ne puisse reprocher à cette Société d'avoir manqué de courage en ne suivant pas l'exemple de l'Assemblée nationale, qui, sans entendre approuver l'opinion contre les Sociétés d'amis de la constitution, n'a pas laissé d'en ordonner l'impression. Tous les peuples ont péri par la sécurité, mais l'excès même de la défiance n'a jamais été funeste.

[Correspondance : Plaintes de la Société d'Orange sur « la proclamation signée *Delessart,* relative aux troubles d'Arles ». — La municipalité de Saint-Marcellin désapprouve « formellement toutes déclarations, réserves et protestations d'aucun député à l'Assemblée nationale, qui seraient contraires à la constitution et aux lois décrétées par les représentants de la nation ». — Lettre de Bordeaux, sur l'utilité des Sociétés ; — d'Alet, sur le danger que courent les patriotes de cette ville de la part des ennemis de la Révolution ; — de Strasbourg, sur des violences commises contre deux patriotes par quatre officiers du régiment de Berwick.]

M. *le Président* lit une lettre de M. *de Paradon,* qui témoigne des inquiétudes sur les transports de grains qui se font en quantité sur la route d'Orléans, et qu'il croit s'embarquer pour Nantes et passer à l'étranger. — Plusieurs membres observent qu'effectivement il passe une quantité assez considérable de grains sur la Loire, mais que ce n'est pas pour les faire sortir du royaume, mais pour fournir à l'approvisionnement de Nantes, qui en manque et en demande.

M. *Fauchet,* obligé de se rendre à l'Assemblée nationale, cède le fauteuil à M. *Rœderer,* que toute l'Assemblée y appelle par ses applaudissements.

[M. *de Moreton* dit qu'il faut attendre de mieux connaître les faits avant de porter un jugement sur l'affaire de M. *l'abbé Mulot*, à Avignon.]

M. *Lemaire* lit un discours sur l'avantage de la publicité des séances de la Société. Les membres, en grand nombre, qui avaient désapprouvé hautement le discours que M. Desmoulins avait prononcé dans la dernière séance, applaudissent avec transport aux portions du discours de M. Lemaire qui paraissent en être la critique. L'impression est demandée. M. *Desmoulins* demande qu'on l'imprime avec le sien. Sur toutes ces demandes, la Société passe à l'ordre du jour, d'après l'observation de M. *Manuel,* qui rappelle l'arrêté pris de ne rien faire imprimer jusqu'à ce que la reddition des comptes ait mis la Société à même de connaître au juste la position de ses finances.

[M. *Dusaulx* rend compte du concours pour l'almanach. Le prix a été adjugé par les commissaires à M. Collot d'Herbois. « Toute la salle retentit des plus vifs applaudissements. » M. *le Président* embrasse M. Collot d'Herbois, qui monte à la tribune et remercie l'Assemblée.]

M. COLLOT D'HERBOIS. — Messieurs, je n'afficherai point une modestie qui serait en moi aussi fausse qu'elle serait humiliante pour mes concurrents. Puisque les juges du concours ont décidé que j'étais arrivé plus près du but que les autres, il faut que mon ouvrage ne soit pas sans mérite. Il en a un sans doute : c'est d'avoir choisi, pour parler aux gens de la campagne, un organe qui doit avoir sur eux beaucoup d'autorité, celui d'un homme vertueux qui a siégé parmi nous, et dont l'absence excite nos regrets, celui du père Gérard. Mon almanach est intitulé *l'Almanach du Père Gérard* [1]. C'est sans doute cette sorte de prestige qui m'a procuré la faveur et le titre glorieux qui m'est si cher que je n'en obtiendrai jamais de plus doux à mon cœur.

[Sur la demande de la Société, Collot d'Herbois donne lecture de son almanach.]

M. *Collot d'Herbois* annonce que son intention est d'appliquer cent livres, sur la valeur du prix, à la fondation d'une caisse de bienfaisance pour la Société, deux cent livres aux malheureux soldats de Château-Vieux détenus sur les galères de Brest, et de consacrer les trois autres cent livres à une édition soignée de cet ouvrage, qui sera vendu au profit de ces mêmes victimes de l'oppression ministérielle.

Ces dispositions généreuses, où la sensibilité et le patriotisme de l'auteur se disputent le mérite de les lui avoir inspirées, sont couvertes d'applaudissements de toutes les parties de la salle.

[*Sillery* lit un discours pour détruire dans l'esprit du peuple les impressions décourageantes qui émanent du récent discours de Camille Desmoulins.]

La séance a été levée à dix heures [2].

LXXVIII

SÉANCE DU LUNDI 24 OCTOBRE 1791

PRÉSIDENCE DE M. FAUCHET

Après la lecture du procès-verbal, M. *le Secrétaire* communique à la Société quelques pièces de la correspondance. Une députation de

1. Cet almanach, qui fut célèbre, eut plusieurs éditions. Il a été réimprimé pour la dernière fois dans *la Révolution française, revue d'histoire moderne et contemporaine*, t. XVIII, p. 434 et suiv.
2. On lit dans la *Chronique de Paris* du 24 octobre : « Depuis que la Société des amis de la constitution, séante aux Jacobins Saint-Honoré, a rendu ses séances publiques, l'affluence du peuple est si grande qu'il y a plusieurs centaines de personnes qui ne peuvent y entrer. » — Il y a, dans *le Babillard* du 24 octobre 1791, un article sur *les Clubs et les Clubistes*, et en particulier sur les Jacobins.

citoyens, habitués aux tribunes, demande à être introduite, et monte à la tribune.

[*M. Favrot-Dospainville,* orateur de la députation, remercie la Société de tout ce qu'elle a fait pour la liberté.]

M. LE PRÉSIDENT. — La Société des amis de la constitution a pour objet la liberté, pour moyen l'amour des lois, pour fin le bien public. C'est avec une entière confiance et un fraternel empressement qu'elle appelle à ses séances tous les citoyens. Ils y voient combien ses principes sont purs et son zèle sincère. Le témoignage solennel que vous lui rendez au nom du public nombreux qui remplit les tribunes est la meilleure réponse aux calomnies et la preuve la plus évidente du patriotisme de la Société. Vous goûtez ses maximes, vous adoptez ses sentiments, vous les répandrez ; le plus grand avantage de la patrie résultera de nos communications mutuelles et de notre intime fraternité.

Après un discours prononcé par M. *Manuel* sur la liberté des opinions et les prêtres réfractaires, M. *Carra,* commissaire dans l'affaire des soldats du 38e régiment, monte à la tribune, où il fait le rapport suivant.

[Suit ce rapport.]

M. LEGENDRE. — Il est important, Messieurs, que les commissaires, qui se sont parfaitement mis au fait de cette affaire, donnent les renseignements qui sont en leur pouvoir au Comité militaire ; je les prie en conséquence de vouloir bien se charger de cette tâche.

M. DE MORETON. — J'accepte volontiers cette commission, et j'invite tous mes collègues à se joindre à moi.

M. CHABOT. — Pour avoir des bons juges dans le Comité, il faut choisir des hommes qui soient plus soldats qu'officiers ; je voudrais qu'on n'en prît dans la liste qu'un tiers, parce que cette liste est toute composée de chevaliers de Saint-Louis et d'officiers généraux, et qu'on prît les deux tiers parmi les députés patriotes éclairés : car, sans doute, les officiers ont beaucoup d'honneur, mais ils tiennent à des préjugés ; et, si quelques-uns sont patriotes, il y en a beaucoup qui sont dans des principes contraires à la Révolution. J'ai des preuves en mains qu'il existe entre plusieurs officiers de régiments, avec lesquels j'ai des liaisons, et le ministère une correspondance criminelle.

M. LE PRÉSIDENT. — Si vous avez des preuves en mains, Monsieur, il faut les donner à l'Assemblée nationale.

M. CHABOT. — Je ne le peux, puisque les patriotes eux-mêmes m'ont fermé la bouche quand j'ai dénoncé les ministres.

[*M. Rœderer* donne quelques renseignements sur les affaires militaires. — On passe à l'ordre du jour : la lecture de l'*Almanach du père Gérard*, par M. Collot d'Herbois, qu'interrompent souvent les applaudissements des tribunes et de l'Assemblée.]

La séance est levée à dix heures.

LXXIX

SÉANCE DU MERCREDI 26 OCTOBRE 1791

PRÉSIDENCE DE M. FAUCHET

[En l'absence de *M. Fauchet*, *M. Prieur* prend le fauteuil. — *M. Manuel*, secrétaire, lit la correspondance : la Société de Saint-Laron (*sic*) communique ses hommages à MM. Petion et Robespierre. — Une lettre de Marseille dénonce l'incivisme de l'ex-législateur d'André. — *M. Mendouze*, au nom du Comité, propose un arrêté contre l'admission à la faveur des diplômes : renvoyé au Comité de présentation. — D'après le rapport des « commissaires nommés pour l'examen des comptes du trésorier et du Comité d'administration », au 28 août la Société était arriérée de 9,187 livres. — Une députation de la Société fraternelle séante aux Jacobins communique une lettre du Haut-Rhin, « sur les menées des prêtres réfractaires dans ce département ». — Une députation de la Société fraternelle des Amis des droits de l'homme et du citoyen et des Ennemis du despotisme, séante au faubourg Saint-Antoine, veut réclamer « contre l'arrêté pris par le conseil général de la commune de Paris, au sujet des honneurs à rendre à M. La Fayette ».]

Cette annonce excite quelques rumeurs. M. *Thuriot,* entre autres, s'oppose fortement à ce que cette députation soit entendue, « parce que, dit-il, la Société ne doit rien entendre contre les autorités constituées, puisqu'il y a d'autres autorités supérieures, telles que le département, auxquelles elle peut s'adresser ». *Un membre,* député à l'Assemblée nationale, s'élève avec vigueur contre l'opinion de M. Thuriot, en observant que, sans doute, la Société n'a aucune autorité à exercer ni sur la municipalité ni sur toute autre autorité constituée, mais qu'il n'existe aucune loi qui défende à des citoyens de venir verser dans le sein de leurs concitoyens les inquiétudes qu'ils peuvent avoir conçues à raison de quelques démarches faites par des corps administratifs, et les consulter sur les moyens d'en obtenir le redressement. — M. *Thuriot* s'obstine à prétendre que cette démarche est inconstitutionnelle, et qu'il existe une loi formelle. Enfin, malgré ses réclamations, la députation est entendue.

[Elle expose ses vues, et *M. le Président* l'engage « à employer les moyens que la constitution donne à tous les citoyens français ».]

La séance a été levée à dix heures [1].

LXXX

SÉANCE DU VENDREDI 28 OCTOBRE 1791

PRÉSIDENCE DE M. FAUCHET

Un de MM. *les Secrétaires* fait lecture du procès-verbal de la dernière séance, et annonce que la Société des amis des droits de l'homme et du citoyen invite la Société à nommer des commissaires à la séance qu'elle tiendra mardi prochain, pour discuter l'objet important de la circulation des espèces. M. *Rœderer* est nommé pour remplacer dans cette commission M. *Clavière*, qui ne peut s'y rendre. — Les personnes habituées aux tribunes invitent la Société à agrandir les tribunes, qui ne peuvent suffire à l'agrandissement du public. « On ne saurait trop agrandir, disent-ils, les lieux qui doivent contenir les Amis de la constitution. »

[Correspondance : De Bordeaux, on envoie communication d'un discours « prononcé dans la Société des dames réunies sous le noms d'Amies de la constitution », et copie d'une lettre de Tournai sur l'émigration. — *M. Steen*, réfugié hollandais, « fait passer à la Société le tableau touchant des malheurs et des persécutions qu'il vient d'essuyer ».]

M... — Je demande un instant la parole pour présenter deux observations à la Société : la première, c'est qu'au nombre des objets d'économie à prendre en considération par le nouveau Comité d'administration, on a oublié celui de l'imprimerie. On avait fixé l'adju-

---

1. Lire dans *le Babillard* des 27 et 28 octobre 1791 des anecdotes sur l'attitude et les propos des Jacobins au café Hotot.

dication au rabais de cette fourniture au 1er septembre; sur la demande d'un membre de la Société, cette date fut reculée au 20, en faveur des imprimeurs alors détenus pour cause de patriotisme. Nous sommes à la fin d'octobre, et il n'en a pas été question. Je demande que cet important objet soit un des premiers dont s'occupe le Comité. — Le second objet est relatif à la caisse de bienfaisance dont M. Collot d'Herbois a donné le premier l'idée, en y versant les premiers fonds. Je désirerais que ce digne citoyen fût invité à présenter à la Société, dans le plus court délai possible, le plan qu'il aura conçu pour cet objet intéressant.

Ces deux motions, appuyées et mises aux voix, ont été adoptées à l'unanimité. — M. *Mendouze* propose de faire renvoyer par MM. les Secrétaires à chacun des Comités chargés de leur exécution les divers arrêtés pris dans la Société, qui, faute de cette mesure, restent sans exécution.

On passe à l'ordre du jour : la question sur les prêtres réfractaires.

[*M. Machenaud* expose comment « la réponse à toutes les questions à faire sur cet objet consiste en ces deux mots : *instruction, tolérance* ». — *M. Albert Legendre* prononce un autre discours, et *M. Chépy fils* propose un décret sur le même objet.]

La séance a été levée à neuf heures.

LXXXI

SÉANCE DU DIMANCHE 30 OCTOBRE 1791

PRÉSIDENCE DE M. FAUCHET

[Correspondance : La Société de Lyon, au lieu de se réunir à la Société populaire, annonce qu'elle regarde maintenant les Sociétés des amis de la constitution comme inutiles. — *M. Fauchet* lit « un discours qu'il a préparé en réponse à celui de M. l'évêque du Cher, sur les prêtres réfractaires ». *M. Isnard* prononce aussi un discours sur le même objet, et obtient de nouveau la parole sur l'émigration ; il conclut par un projet de mesures à prendre pour y remédier.]

M..., citoyen du département du *Haut-Rhin,* vient rendre à l'Assemblée un compte détaillé des dispositions des émigrants. Ce compte, semblable à tout ce qu'en avait rapporté M. Rœderer, il y a quelques séances, a acquis le plus grand intérêt par la présence de la personne qui a été témoin de tous les faits racontés. — *Plusieurs membres* invitent le citoyen à se présenter le lendemain à l'Assemblée nationale, pour y rendre compte de tous ces détails. Il en prend l'engagement, et l'on propose encore plusieurs moyens de s'assurer de l'état des places frontières, d'y envoyer des commissaires. Cette proposition est élargie par l'observation que l'on fait que cette mesure a déjà été rejetée. Enfin on adopte de proposer à l'Assemblée nationale la motion que fait M. *Dubois de Crancé* de faire demander sur-le-champ aux officiers généraux employés dans différentes places l'état de ces mêmes places, constaté par les officiers municipaux, afin de pouvoir livrer ces états à l'impression et à la circulation.

La séance a été levée à dix heures.

LXXXII

SÉANCE DU LUNDI 31 OCTOBRE 1791

PRÉSIDENCE DE M. FAUCHET

[Correspondance : De Gournay, on demande « que le culte payé soit confié à un prêtre assermenté ». — M. *Collot d'Herbois* rend « compte de l'état où se trouve l'affaire des soldats de Château-Vieux ».]

M. MORETON. — Vous vous rappelez sans doute encore, Messieurs, que, dans le temps où le patriotisme semblait encore animer des membres de cette Société, qui depuis nous ont abandonnés lâchement, un des membres du Comité diplomatique vous déclara que, tant que M. Montmorin serait en place, il n'y aurait rien à espérer pour les patriotes. Je demanderais donc que, vu toutes les inculpations portées contre ce ministre, on ne se contentât pas de ces mesures timides.

(Il s'élève quelque tumulte dans les tribunes ; l'orateur veut reprendre, le bruit recommence. M. *Manuel* prie la Société de faire silence pour laisser aux tribunes le temps de faire elles-mêmes leur police. Effectivement, l'auteur du bruit ne peut résister à l'intimation précise que lui font ses voisins d'en sortir. Il sort.)

M. MORETON. — J'ai trop bonne opinion du patriotisme des citoyens que leur zèle amène ici pour ne pas croire que, si mes expressions ne méritent pas leur approbation, au moins mes sentiments ne sont pas faits pour leur déplaire.

Plusieurs voix des tribunes. — Non, non, non. (*On applaudit.*)

M. MORETON. — Je continuerai donc, avec la franchise d'un homme libre, à dire qu'il ne faut pas que la loi de la responsabilité soit plus longtemps une chimère.

J'ai maintenant à tourner votre attention sur des objets plus agréables, Messieurs : c'est sur la conduite généreuse et le zèle de MM. Rabit et Collot d'Herbois. Je demande expressément qu'il en soit fait mention honorable dans votre procès-verbal.

La motion, appuyée et mise aux voix, est adoptée.

M. LEGENDRE. — Je demande que MM. les députés soient invités à se rendre ici demain, avant la séance, afin que M. Collot d'Herbois puisse leur fournir tous les renseignements qui peuvent leur être utiles pour acquérir les preuves nécessaires contre le ministre.

M. LEQUINIO. — J'ai l'honneur de vous observer, Messieurs, que, quoique je voie bien clairement dans l'exposé des faits que vous venez d'entendre de nouvelles preuves de l'incivisme du ministre, je n'y aperçois pas des faits assez constatés pour entraîner sa condamnation; et, comme vous l'a déjà observé M. Rœderer, à moins d'avoir, pour convaincre un ministre, des preuves plus claires que le jour, une dénonciation contre lui devient toujours inutile, et par là même dangereuse.

M... — Je demande, moi, comme un des préopinants, que tout ce qui pourra se rassembler ici, demain, de membres de l'Assemblée nationale s'y réunissent, et que M. Collot d'Herbois nous communique tout ce qu'il peut savoir, en nous indiquant la marche qu'il croit la meilleure à tenir dans cette affaire.

M. COUTHON. — Sans doute je ne vois pas non plus dans l'exposé des faits que nous venons d'entendre des preuves suffisantes pour dénoncer le ministre, mais je ne doute pas que des détails que nous fournira M. Collot il n'en résulte quelques-unes. Permettez, Messieurs, que je prenne ici devant vous un engagement bien doux à mon cœur, c'est celui de remplir près l'Assemblée nationale la tâche qu'avait prise M. d'Expilly dans l'Assemblée nationale constituante d'être le défenseur des malheureux soldats de Château-Vieux. Oui, Messieurs, je serai leur avocat, et, s'ils perdent beaucoup du côté du talent, soyez persuadés qu'ils n'auront rien à regretter du côté du zèle.

M. MANUEL. — Je crois qu'il est instant que l'on prenne contre les ministres des mesures de rigueur, et j'invite les membres de l'Assemblée nationale à se pénétrer de cette nécessité. Ce matin encore

M. Ségur a remercié le roi de sa confiance, parce qu'il trouve très étonnant que le souverain s'arroge le droit d'interroger les ministres du roi.

M. Carra. — On demande des preuves contre M. Montmorin, mais elles me semblent claires. M. Rabit a fait par son ordre un voyage pour porter des dépêches ministérielles à un homme qui n'avait pas de caractère pour les recevoir. Il est donc tout simple que M. Rabit, qui par là a été exposé aux plus grands dangers, fasse sur cela sa déclaration par écrit. Cette déclaration, bien circonstanciée, sera déjà une pièce par écrit. M. Collot d'Herbois, qui était présent au départ de M. Rabit, peut également faire sa déclaration comme témoin de la remise de la lettre de M. de Montmorin pour M. Beker faite entre ses mains. Ce serait, ce me semble, une seconde preuve contre lui.

M. *Virchaux* obtient la parole pour une petite dénonciation, dit-il, contre un ministre; mais, comme il annonce que ce qu'il va lire est imprimé et sera distribué demain aux membres de la Société, on passe à l'ordre du jour.

Un membre monte à la tribune en annonçant qu'il a à donner sur les colonies, d'où il arrive, des nouvelles un peu différentes de celles qui se répandaient depuis quelques jours. Les renseignements qu'il donne se bornent à annoncer qu'étant parti du Cap le 10 août, il n'y était alors question d'aucun des bruits fâcheux qu'on cherche à accréditer, et qu'avant cette époque les hommes de couleur ayant été désarmés, il lui paraît impossible qu'ils aient pu être armés, comme on affecte de le répandre.

M. *Forestier* fait un rapport intéressant sur un soldat des chasseurs soldés qui a été la victime de ses supérieurs; il conclut en demandant : 1° un secours pécuniaire de la Société; 2° que le Comité militaire s'intéresse en faveur de ce soldat pour lui faire avoir du remplacement.

Sur le premier objet on observe que la Société, ayant pris l'arrêté de ne faire aucun don jusqu'à ce qu'elle ait un état satisfaisant de ses finances, ne peut qu'engager chacun de ses membres à faire au soldat des offrandes personnelles.

Sur le second, M. *Lequinio* observe que le Comité militaire de l'Assemblée nationale, ne devant s'occuper que de rapports, n'avait la disposition d'aucune place, et qu'ainsi, la seconde partie de la demande de M. le commissaire étant inconstitutionnelle, on ne doit y avoir aucun égard.

M. *le Président* annonce que le résultat des scrutins pour le choix

[31 oct. 1791]

de trois secrétaires et d'un trésorier a donné, pour secrétaires, MM. Isnard, Simonne et Machenaud, et, pour trésorier, M. Savi.

On passe à l'ordre du jour : la proposition faite hier par M. Dubois de Crancé.

[*Dubois-Crancé* développe sa proposition, qui est combattue par *Millin*. Lecture d'un projet de décret sur les émigrants, proposé par *Lequinio*. — *Grangeneuve* se plaint de la conduite indécente du ministre Duportail à l'Assemblée nationale. — Une députation des marchands étaleurs de Paris vient se plaindre, par l'organe de Tallien, de la détresse où les a réduits une récente ordonnance de la municipalité; la Société leur conseille de s'adresser au département.]

La séance a été levée à 10 heures.

LXXXIII

Novembre 1791

SÉANCE EXTRAORDINAIRE DU MARDI 1ᵉʳ NOVEMBRE 1791

PRÉSIDENCE DE M. FAUCHET

Après la lecture du procès-verbal de la dernière séance, on admet à la tribune une députation de la section des Thermes de Julien, qui vient communiquer à la Société l'arrêté qu'elle a pris de rendre ses séances publiques et d'y admettre avec voix délibérative tout citoyen actif pendant tout le temps qu'elle s'occupera de la discussion des personnes à porter à la place importante de maire de Paris.

M. *Dusaulx* fait lecture d'une adresse pour les vainqueurs de la Bastille; son intention est qu'elle soit présentée à l'Assemblée nationale pour ces soldats à qui la Révolution a dû ses premiers succès.

M. REGNIER. — Au nom des inspecteurs des tribunes, je demande, Messieurs, qu'aucun membre de la Société ne se croie autorisé à y introduire des personnes lorsque le nombre des citoyens qu'elles doivent contenir est complet. J'ajoute même, comme amendement à cette proposition, qu'en aucun temps les membres de la Société n'y présentent personne.

L'ajournement est arrêté jusqu'à l'achèvement des tribunes.

M. REGNIER. — Au nom du Comité d'administration, je demande à la Société que le Comité soit autorisé à délivrer à M. Desenne, auteur du buste de Mirabeau, le tiers de la somme adjugée, l'autre tiers dans un mois, et le dernier lors de la livraison du buste.

Cette proposition, appuyée et mise aux voix, est adoptée.

M. Collot d'Herbois. — Je ne puis m'empêcher, Messieurs, de vous témoigner le plaisir que m'a fait éprouver le décret par lequel l'Assemblée nationale a demandé à son Comité militaire le rapport de l'affaire des malheureux soldats de Château-Vieux [1]. Mais, Messieurs, un point dont il est important, selon moi, que MM. les députés se pénètrent, c'est que, lors du renouvellement de la capitulation avec la nation suisse, on n'accorde pas à cette nation le droit, qui ne lui appartient pas, de juger les délits qui ne regardent que la nation française, droit auquel [on] n'attache pas une grande importance, puisque M. Besenval a été jugé par le Châtelet de Paris. J'engage encore de nouveau la Société à ouvrir une souscription pour aider celle de Brest dans les secours qu'elle prodigue à ces soldats.

M... — On a rendu ce matin à l'Assemblée nationale un décret dont un des articles porte que les assignats de 5 livres, dont il ordonne une émission de cent millions, ne seront échangés que contre des assignats de 500, de 1,000 et de 2,000 livres. Je vous avoue, Messieurs, que cette répartition me paraît impolitique, et qu'il doit être arrêté que tous les assignats de toutes valeurs seront échangés contre les petits.

M... — En appuyant la réclamation du préopinant, j'ajouterai à sa demande celle de joindre aux assignats de 5 livres des coupons de 10 sols qui en faciliteront l'échange.

M... — L'agiotage étant le fléau que l'Assemblée nationale cherche à détruire par ces moyens, il me semble qu'une des mesures les plus certaines pour y réussir serait de déclarer infâme quiconque se livrerait au trafic de l'argent.

M. Roederer. — Je pense aussi que celui qui a de l'argent et qui le serre, pour le vendre plus cher, est un mauvais citoyen. Je suis cependant bien éloigné de penser, comme le préopinant, que le meilleur moyen de détruire l'agiotage soit de déclarer la vente de l'argent crime contre la nation. La loi ferait alors ce qu'ont fait illégalement les citoyens qui ont chassé du Perron les vendeurs d'argent. Cette

---

1. Le 1er novembre 1791, Goupilleau avait attiré l'attention de l'Assemblée législative sur le malheureux sort des soldats de Château-Vieux et demandé « que le Comité diplomatique, dans le plus bref délai possible, fît un rapport qui fixât l'état de ces malheureux, dont le patriotisme était le seul crime ». L'Assemblée ordonna le renvoi au Comité diplomatique.

persécution en a fait doubler le prix. Je crois que c'est dans les grands principes qu'il faut chercher les remèdes à ces désordres. La seule cause du désavantage que du papier éprouve contre de l'argent vient de ce que le papier n'est pas divisible à volonté. Rendez-le divisible, et vous remédierez au mal. Dans ce moment où les manufactures sont dans la plus grande vigueur, il est certain que l'argent rentre en France. Mais alors il devient inutile, si aux assignats de 5 livres vous n'en ajoutez de 10 sols pour les diviser. Alors vous n'aurez plus besoin de monnaie, et les gros sols suffiront aux échanges. La preuve en est dans les petits billets de confiance, qui suffisent à presque tous les usages. Je termine donc en disant que le plus sûr moyen est de supprimer tous les gros assignats, et de ne laisser dans la circulation que ceux de 5 livres et au-dessous.

M. *Prieur*, en renforçant l'avis de M. Rœderer, ajoute que les monnaies sont dans la plus grande activité.

On annonce que le résultat du scrutin a donné pour président M. *Condorcet*, et M. *Dubois de Crancé* pour vice-président.

Après quelques réflexions sur les assignats proposés par divers membres, une députation du canton d'Issy vient demander ce qu'elle doit répondre au département de Paris, qui lui redemande les fusils que les habitants de ce canton avaient arrêtés. — M. *le Président* répond que la Société ne peut que leur conseiller l'obéissance à la loi et la remise des fusils, attendu qu'on les leur avait donnés.

La séance a été levée à neuf heures.

LXXXIV

SÉANCE DU MERCREDI 2 NOVEMBRE 1791

PRÉSIDENCE DE M. CONDORCET

[Correspondance : Les Sociétés de Libourne et de Bordeaux demandent qu'il soit élevé, au milieu du royaume, une pyramide où les événements de la Révolution seraient gravés, avec les noms des députés et des patriotes qui y ont le plus contribué. — La Société de Toulon annonce que l'amnistie ne s'est pas encore étendue sur toutes les personnes qui avaient été persécutées au moment des élections. — Une fête civique a été donnée au général Kellermann par les citoyens de Landau. — La Société de Commercy demande à rentrer au nombre des affiliées. — On reçoit d'Avignon un mémoire des faits arrivés dans cette ville depuis le 5 mars 1790 jusqu'à la mort fatale du patriote Lécuyer.]

M. *le Secrétaire* annonce pour demain une séance de la Société en Comité général, pour s'occuper des détails d'administration intérieure. Cette séance ne devant pas être publique, par le peu d'intérêt qu'elle serait pour les assistants, on a prévenu que les tribunes ne seraient pas ouvertes.

[Les « députés extraordinaires de Brest » proposent d'ouvrir une souscription en faveur des soldats de Château-Vieux. — M. *le Président* annonce que l'arrêté a été pris la veille.]

M. *Manuel* fait lecture d'une pétition qu'il propose à la signature de la Société; cette pétition a pour but de faire déclarer par l'Assemblée nationale que les personnes élues par le peuple pour remplir les diverses fonctions publiques ne pourront être portées à d'autres places.

Cette motion, combattue successivement par MM. *Bourdon de la Crosnière, Corroller, Savi* et plusieurs autres, est appuyée par un seul membre. Enfin la Société passe à l'ordre du jour.

M... — Beaucoup de citoyens, tant à Paris que dans plusieurs villes des départements, ont des inquiétudes sur l'augmentation du prix des grains; je désirerais que l'on écrivît à toutes les Sociétés affiliées pour savoir d'elles l'état des récoltes dans leurs divers cantons, et être à même, d'après leurs réponses, de tranquilliser les citoyens sur leurs inquiétudes.

M... — L'ordre du jour est sur les moyens de détruire l'agiotage. Or, le seul moyen de l'arrêter est de faciliter l'échange de gros assignats contre les petits, et le change de ceux-ci contre de la petite monnaie, car, n'y ayant plus de gain à le faire, il n'y aura plus d'agiotage. Ce matin, un soldat citoyen a proposé un moyen de faire de la monnaie avec la matière des cloches et une portion de cuivre infiniment moindre que celle qu'on emploie dans la fabrication actuelle. J'engage tous les membres de l'Assemblée nationale qui sont ici présents, et qui se trouveront demain à la lecture du procès-verbal, de faire la plus grande attention à ce qu'il n'y ait rien de changé à cet égard dans la rédaction.

Quant à l'émission d'une plus grande quantité de petits assignats, je crois qu'on en a dit tout ce qu'il est possible d'en dire, mais il serait peut-être nécessaire de prendre quelques autres mesures pour empêcher que le numéraire ne s'enfuit. Car la cause de disette du numéraire dans les départements tient moins au manque de fabrication qu'à la manie de renfermer jusqu'aux gros sols, et je connais des agriculteurs qui en ont leurs coffres pleins.

M. *Biauzat* annonce que le Liégeois qui s'est présenté ce matin à l'Assemblée nationale est le même qui a offert sans succès un moyen qui n'a pas réussi à l'Assemblée constituante; il avertit les députés d'y prêter toute leur attention.

M. *Mendouze* ajoute à ces réflexions des observations que l'ont mis à même de faire différentes commissions dont il a été chargé par la Société pour l'examen de cet objet, et les dispositions qu'il avait faites lui-même pour le présenter au concours qui devait avoir lieu, mais qui a été changé en soumission. Il annonce sur tout cela avoir connaissance d'une multitude d'abus dont il se propose de faire part au Comité des monnaies, aussitôt qu'il sera en exercice. — Les applaudissements des tribunes et de l'Assemblée l'assurent de l'intérêt qu'on a mis à l'entendre. — M. *Broussonnet* représente que la meilleure monnaie à faire était une monnaie de cuivre pur, qui ne perdrait point au moment où l'abondance des matières monnayées rendrait de nulle valeur celle des cloches. Il annonce que plusieurs compagnies sont prêtes à faire des offres avantageuses à ce sujet. — M. *de Ferrières* demande huit commissaires pour examiner un projet simple, par le moyen duquel on échangerait, dans Paris, tous les jours, et au pair, neuf mille six cents assignats de 100 sols contre des écus. (*Accordé.*) — M. *Lanthenas* ajoute à ces observations plusieurs réflexions tendant à prouver la nécessité de remplacer les billets de confiance émis par des particuliers par de petits assignats. « Alors, disait-il, la France aurait résolu un grand problème. Elle aurait démontré que l'or et l'argent sont inutiles à la circulation d'un grand peuple; alors seulement l'argent pourrait être regardé comme marchandise. Car je ne puis dissimuler que je regarde comme une très grande faute, en administration, de déclarer l'argent marchandise quand il est la mesure avec laquelle on apprécie et les talents et la valeur des hommes.

M. *Lanthenas*, qui se trouva à Lyon lors de la formation des petits mandats qui se fabriquèrent dans cette ville, rend compte de cette administration, qui sut résister à l'instigation des agioteurs et garde en nature dans ses coffres les assignats pour lesquels elle a donné les valeurs.

Une députation de la Société fraternelle vient faire part à la Société de toutes les précautions dont elle croit que doivent s'entourer tous les bons citoyens dans l'élection d'un maire, qui peut devenir bientôt, dit-elle, plus dangereuse (*sic*) que le furent autrefois les maires du palais.

La séance a été levée à dix heures.

LXXXV

SÉANCE DU JEUDI 3 NOVEMBRE 1791

PRÉSIDENCE DE M. CONDORCET

Cette séance n'ayant été qu'une assemblée de Comité général pour régler différents objets relatifs à l'administration intérieure de la Société, nous ne rapporterons de ses résultats que le rapport et l'arrêté suivants, qui intéressent toutes les Sociétés affiliées et correspondantes.

M. Mendouze. — Je viens, au nom du Comité de présentation, vous dénoncer un abus à la faveur duquel une infinité d'étrangers assistent à vos séances, au milieu de vous, sans être membres de votre Société.

Cet abus prend sa source dans les diplômes, et se propage à la faveur des prolongations que vous leur accordez; les ennemis de cette Société en tirent deux avantages : le premier est de venir au milieu de vous avec des diplômes qui leur sont abandonnés par ceux qui les ont obtenus, mais dont le terme, n'étant point encore expiré quand ils quittent Paris, leur laisse quelquefois jusqu'à quinze jours la faculté d'assister à vos séances; ensuite ils en demandent le renouvellement pour une autre quinzaine, parce qu'ils trouvent facilement parmi vous des personnes qui se prêtent à en faire la demande; et c'est ainsi que, de quinzaine en quinzaine, ils trouvent le secret de se perpétuer dans votre Société. Je ne crains pas de vous avancer que j'en connais ici plusieurs qui, à la faveur des renouvellements, sont ici depuis plus de six mois. Un plus grand abus naît encore des diplômes.

Un individu quelconque, désirant devenir membre de votre Société, est-il présenté à votre Comité. S'il n'obtient pas son admission, il se fait présenter dans une de vos Sociétés affiliées la plus voisine, et quelquefois, quinze jours après qu'il a été rejeté par votre Comité de présentation, on le voit se présenter à vos séances avec un diplôme de Société affiliée; et c'est ainsi que vous avez au milieu de vous, et malgré vous, des hommes qui n'ont pas été jugés dignes de siéger à vos côtés. Il est temps, Messieurs, de mettre fin à ce désordre; les moyens sont dans vos mains, je viens vous les faire connaître.

Les tribunes ouvertes au public vous ont déjà fait prendre l'arrêté de n'accorder aucune entrée à des étrangers pour un délai trop long; je viens vous proposer d'en restreindre encore la latitude.

Vous faites délivrer les diplômes par le trésorier et les secrétaires commis, je viens vous proposer de déléguer ce pouvoir à votre Comité de présentation, qui en fera usage avec des formes qui n'ont pas encore été pratiquées et qui géneront, bien certainement, tous les intrigants. Voici, en conséquence, l'arrêté que je vous propose :

La Société, après avoir entendu le rapport de son Comité de présentation sur l'abus des diplômes et sur la Commission des entrées aux séances, arrête ce qui suit :

I. Nul étranger ne pourra obtenir l'admission aux séances pour plus d'un jour; nul membre de la Société ne pourra la demander pour un terme plus long; et, lorsque la Société aura accordé la séance, il sera délivré au présentant, par un des secrétaires, un *laisser-passer*, daté du jour et signé de lui, portant le nom du présenté; les commissaires introducteurs n'accorderont l'entrée qu'après avoir vérifié le *laisser-passer*, qu'ils retiendront et déchireront.

II. Aucun membre de Société affiliée ne pourra être admis aux séances qu'après avoir obtenu du Comité de présentation une contre-marque qui sera signée de son président et d'un secrétaire.

La contre-marque ne portera l'admission aux séances que pour trois semaines; il en sera pris note sur un registre qu'on fera signer de celui à qui la contre-marque sera délivrée; si, après l'expiration de ce terme, le membre désirait une prorogation, elle ne pourra lui être accordée que pour huit jours, et il sera tenu de se représenter au Comité de présentation pour faire viser et signer sa contre-marque par son président et un secrétaire, et pour la signer lui-même sur le registre comme la première fois. Ces deux délais expirés, si le membre redemandait encore une prorogation, la demande n'en pourra être faite qu'au Comité de présentation, et, lorsque celui-ci en aura bien reconnu la justice, il pourra, en observant toujours la formalité de la signature ci-dessus énoncée, porter une nouvelle et dernière prorogation jusqu'à quinze jours, lequel temps passé il ne sera plus accordé de prorogation sous tel prétexte que ce soit : et nul membre de la Société n'en pourra faire la demande sans s'exposer à être rappelé à l'ordre.

V. Tout membre de Société affiliée qui, après l'expiration du délai qui lui aura été accordé pour assister aux séances, désirera devenir membre de la Société pourra se faire présenter dans les formes prescrites pour les présentations, et, dans le cas où il n'y aurait personne dans la Société qui le connût assez pour le présenter et l'appuyer, il pourra suppléer à cette formalité en présentant au Comité un nouveau certificat de sa Société, signé de son président et des secrétaires, certificat qui devra faire mention de la demande du candidat et attestera son patriotisme, et, lorsque cette formalité sera reconnue parfaitement remplie, le Comité de présentation fera signer le registre des réceptions au candidat et lui délivrera sa carte d'admission.

VI. Les Sociétés correspondantes de Paris n'entreront plus avec des diplômes : il leur sera délivré une contre-marque particulière qui sera renouvelée à chaque trimestre; ces Sociétés seront invitées à recommander aux membres de leur Société de ne prêter leur contre-marque à aucun individu étranger à leur Société.

VII. S'il se présentait au Comité, avec un certificat de Société affiliée, un membre qui aurait été rejeté de la Société par le Comité de revision, soit comme signataire de la déclaration calomnieuse faite contre elle, soit de toute autre manière, ou qui, présenté comme candidat, n'aurait pas été admis par le Comité de présentation, celui-ci ne délivrera pas de contre-marque, retiendra le certificat et le fera passer au Comité de correspondance, afin qu'il l'envoie à la Société affiliée avec l'explication du motif de l'envoi. Pour cet effet, le Comité ne délivrera jamais de contre-marque sans s'être assuré, par le registre des rejections, que celui qui la demande n'est dans aucun des cas ci-dessus énoncés.

VIII. Si les commissaires introducteurs, ou quelque autre membre de la Société, s'apercevait qu'à la faveur des contre-marques ou des cartes d'entrée prêtées ou trouvées il s'est introduit dans la séance des membres rejetés de la Société, ou qui lui sont étrangers, il en sera donné avis particulier au président de la Société, qui fera proclamer à l'instant, par un secrétaire, l'invitation au particulier de se retirer.

IX. Tous les membres présents aux séances seront tenus d'avoir leurs cartes à la boutonnière : les commissaires introducteurs, censeurs et inspecteurs, sont chargés d'y tenir exactement la main.

X. Tous les diplômes délivrés antérieurement au présent arrêté continueront d'avoir leur effet jusqu'à l'expiration de leur terme, mais ceux qui seront susceptibles d'une prorogation ne pourront l'obtenir, à compter de ce jour, que dans les formes indiquées dans le présent règlement.

XI. Comme c'est de l'exacte observation de ce règlement que dépend la tranquillité, l'ordre et la pureté des séances, et comme il appartient plus particulièrement aux membres du Comité de présentation d'en surveiller l'exécution, ces derniers, sans excepter néanmoins tous les membres de la Société, sont invités de demander la parole pour avertir la Société chaque fois qu'on l'écartera du règlement et pour inviter M. le Président à l'y faire rentrer.

LXXXVI

SÉANCE DU VENDREDI 4 NOVEMBRE 1791

[Correspondance : Communication d'un arrêté pris par la Société de Montpellier. — Demandes diverses de la Société des Nomophiles. — On donne l'affiliation aux Sociétés de Duras, Granville, Tournai, Laval, Montdidier et Belleville. — MM. Delplanque, Rose et Assenet, huissiers de l'Assemblée nationale, demandent à rentrer aux Jacobins. (*Accordé.*) — Quelques citoyens souscrivent pour les soldats de Château-Vieux.]

M. *le Président* annonce qu'on vient de lui remettre une dénonciation signée contre un des membres de la Société. On arrête à l'unanimité de ne pas la lire, mais de la remettre à deux commissaires qui en conféreront avec M. le Président. — On passe à l'ordre du jour : la question des émigrants.

[M... conclut « à ce que l'Assemblée nationale décrète de suite l'établissement de la Haute-Cour nationale, la convocation des jurés, etc. ». — M. *Blancheneuve* propose diverses mesures, applicables les unes aux princes en particulier, les autres aux émigrants en général.]

Une députation du Club électoral, séant à l'Évêché, vient communiquer à la Société une pétition que les membres de ce club doivent présenter demain à l'Assemblée nationale, tendante à demander que la nomination de M. Bailly au département soit suspendue jusqu'à ce qu'il ait rendu les comptes qu'il doit au département comme administrateur en chef de la municipalité. Ils se fondent sur le principe qu'un administrateur comptable, avant d'avoir apuré les comptes qu'il doit à raison de son administration, ne peut être admis au nombre des juges qui doivent examiner ces comptes. — On apprend avec le plus vif intérêt que M. Dubois-Crancé, orateur de la députation, a été lui-même nommé au département. — Une députation de la commune des Arcs vient porter ses plaintes contre divers procédés de l'Académie. Elle communique à la Société l'arrêté qu'elle a pris à cet égard. — Une autre députation de la Société fraternelle, séante aux Jacobins, vient faire part de l'arrêté qu'elle propose de prendre au sujet des églises prêtées aux prêtres non assermentés.

La séance a été levée à dix heures.

LXXXVII

SÉANCE DU DIMANCHE 6 NOVEMBRE 1791

PRÉSIDENCE DE M. CONDORCET

[Correspondance : Lettre de Rennes, sur l'accueil fait à M. le Chapelier ; — de Lyon, sur le projet de déclarer Lyon ville frontière.]

M. le commissaire communique l'adresse rédigée par le Comité pour les Sociétés affiliées, au sujet de la publication donnée à ses séances par la Société-mère. MM. Gentil et Drouet, qui ont arrêté le roi à Varennes, demandent à assister à la séance. Ils sont introduits au milieu des acclamations.

M. Dufourny. — Je prie la Société de renvoyer à son Comité d'administration l'exécution de l'arrêté qu'elle a pris lorsque les citoyens de Varennes sont venus recevoir l'expression de la reconnaissance et de l'enthousiasme de la Société. Cet arrêté portait que leurs noms seraient inscrits sur un marbre et placés dans la salle de la Société. Je demande l'exécution de cet arrêté.

[*M. Rœderer* expose « la situation des émigrants français en Allemagne ». — Les tribunes envoient une nouvelle contribution pour les soldats de Château-Vieux. — *M. Thomas* donne quelques détails sur l'arrestation du jeune Bosredon. — *M. Legendre* demande en vain le nom du commissaire qui a procédé à l'arrestation. — *M. Carra* demande qu'on suspende toute correspondance avec la Société de Rennes, à cause de la lettre citée plus haut. (*Adopté.*) — *M...* donne des renseignements sur l'état des nobles du midi. — *Le Président* lit une lettre d'un soldat français, engagé dans les gardes wallonnes, qui demande à reprendre du service en France. — *M...* donne des renseignements sur les secours que la Russie pourrait fournir à l'émigration. — *M...* annonce que « Perpignan n'a pour sa défense que deux compagnies du régiment de... ». — Le député extraordinaire de Brest fait un nouvel exposé de l'affaire des soldats de Château-Vieux. — On passe à l'ordre du jour : les prêtres non assermentés. — *M. Audouin* présente un projet de décret à ce sujet. — Plusieurs autres membres parlent sur cette matière. — Ensuite on admet les députations.]

Celle de la Société fraternelle parle la première, pour engager les membres de l'Assemblée nationale, qui le sont de la Société, de faire leurs efforts pour suspendre l'exécution du décret rendu pour les compagnies du centre et les gardes-françaises jusqu'au rapport que doit rendre le Comité militaire à leur sujet. — M. *Verrières* vient faire la même demande au nom de la section des Thermes de Julien. — Une députation de la Société des amis des droits de l'homme et du citoyen vient également réclamer la même chose.

On arrête les dispositions à prendre pour la construction de deux nouvelles tribunes, aux extrémités de la salle, pour le public.

La séance a été levée à dix heures.

LXXXVIII

SÉANCE DU LUNDI 7 NOVEMBRE 1791

PRÉSIDENCE DE M. CONDORCET

Après la lecture du procès-verbal, M. *Legendre* demanda que M. le Président, ou un de MM. les membres de l'Assemblée nationale, voulût bien rendre compte à la Société du décret qui avait été rendu ce matin au sujet des troupes du centre de la ville de Paris. — Un de MM. les députés remplit cette tâche, aux applaudissements de toute l'Assemblée.

[Correspondance : La Société de Saint-Pol-de-Léon proteste contre un décret du ministre de la guerre. — On communique de Lyon une lettre d'un des prêtres non assermentés, se félicitant de la position de leurs affaires. — L'entrée de la séance est accordée aux commissaires de la municipalité. — *M. le Président* lit une lettre de M. Lambert, contenant une pétition aux membres du département pour que « les comptes du maire et des administrateurs soient rendus publics par la voie de l'impression ».]

M. MANUEL. — Je crois, Messieurs, qu'il ne vous a manqué que de connaître cette pétition pour y mettre vos signatures. Je demande donc qu'il en soit fait mention honorable dans votre procès-verbal. Car il est de la plus grande importance d'accoutumer les magistrats à rendre les comptes les plus sérieux de leur gestion, et le peuple à se méfier même de la réputation d'intégrité de ses administrateurs.

M. *Le Maire,* nommé commissaire pour examiner la demande et la position d'un chevalier de Saint-Louis qui s'était adressé, il y a quelques jours, à la Société, en fait son rapport, et demande qu'on nomme à ce militaire infortuné un défenseur officieux dont il a besoin. — M. *Verrières,* présent à ce rapport, offre de lui en servir. Cette proposition est universellement applaudie. On arrête qu'il en sera fait mention honorable au procès-verbal.

M. *Manuel* propose de procéder, mercredi prochain, à l'élection d'un archiviste pour la Société. Cette proposition est adoptée. On passe à l'ordre du jour : les prêtres non assermentés.

[*M. Jean de Bry* conclut à la répression sévère des prêtres réfractaires, et propose un décret à présenter à l'Assemblée nationale. — *M. Brival,* député de la Corrèze, communique une lettre sur l'incivisme des prêtres non assermentés. — *M. Biauzat* est d'avis qu'il faut assimiler les prêtres réfractaires aux émigrants, et rejeter également les uns et les autres. — *M...* communique une lettre de Caen sur une rixe survenue dans une église de cette ville. — *M. le Président* communique deux lettres du maire de Huningue sur la désertion des troupes, et un incident occasionné à Berne par le chant du *Ça ira*.]

M. BROUSSONNET. — Cet air patriotique fait un tel effet sur les aristocrates que je crois qu'il serait d'une bonne politique, et j'en fais la motion expresse, de l'adopter pour le pas de charge dans toutes les troupes françaises, afin que, si elles ont à donner sur nos aristocrates, leur musique seule les terrasse.

Cette motion est applaudie.

La séance a été levée à dix heures.

LXXXIX

SÉANCE DU MERCREDI 9 NOVEMBRE 1791

PRÉSIDENCE DE M. CONDORCET

Après la lecture du procès-verbal de la dernière séance, on annonce que c'est demain que se fait l'élection du procureur général syndic du département. Les habitants de la Sainte-Chapelle portent à cette place importante M. d'André; les patriotes de l'Évêché y portent M. Rœderer.

[Correspondance : Lettre de Strasbourg, sur le mauvais état des gardes nationales. — La Société de Mortain se plaint de M. Duportail.]

M... — Il vient de s'élever, dans des parties du royaume de Pologne, des Sociétés des amis de la constitution. C'est à l'exemple de la Société des amis de la constitution de Paris que ces Sociétés s'élèvent. Ne conviendrait-il pas d'écrire une lettre de félicitations à la Société des amis de la constitution de Varsovie?

M. DUSAULX. — Je suis persuadé que cette nouvelle a produit dans vos cœurs autant de joie que dans le mien. On a proposé d'écrire une lettre de félicitations à la Société de Varsovie. Il n'est point question de vanité ni d'orgueil, mais je crois que la nation française doit tenir à sa propre dignité. Assurément, nous applaudissons à la nouvelle constitution des Polonais; mais est-il bien désigné que ce soit précisément à notre exemple qu'ils l'aient faite? Nous devons nous féliciter de ce qu'ils ont fait, mais nous ne devons point les féliciter de l'exemple que nous leur avons donné.

Des citoyens de toutes les sections de Paris viennent faire part à l'Assemblée d'un projet d'adresse qui doit être présentée à l'Assemblée nationale, et engagent tous les députés à l'Assemblée nationale d'être favorables à leurs demandes.

[Suivent les motifs de cette adresse et la réponse favorable du Président. — On adopte la proposition d'établir une bibliothèque, et on accepte les manuscrits que M. Dubois-Senty a conservés de la dernière session de l'Assemblée nationale. — Un membre lit les articles « arrêtés dans le Comité de constitution du projet de décret concernant les prêtres non assermentés ». — On passe ensuite à l'ordre du jour : la lecture de divers projets de décrets sur les prêtres réfractaires. — Le projet de *M. Biauzat* est vivement applaudi, et « on arrête qu'il sera communiqué demain au Comité de constitution ». — *M. Albert Legendre* présente quelques observations sur la loi à porter contre les prêtres réfractaires, qu'il divise en deux classes, ceux de bonne et ceux de mauvaise foi.]

Une députation de citoyens vient solliciter la justice des membres de l'Assemblée nationale en faveur de trois gardes-françaises incarcérés à l'Abbaye. — M. *Duhem*, député, fait lecture d'une adresse du second bataillon de la garde soldée du département du Nord, par laquelle ces braves volontaires demandent à partir sur-le-champ pour Saint-Domingue, « afin d'y faire respecter, disent-ils, les lois nationales et l'autorité suprême de la nation ». Cette adresse doit être lue demain à l'Assemblée nationale.

La séance a été levée à dix heures.

XC

SÉANCE DU VENDREDI 11 NOVEMBRE 1791

PRÉSIDENCE DE M. CONDORCET

Un de MM. *les Secrétaires* fait lecture du procès-verbal. — Aucun des membres du Comité de correspondance n'étant présent, on ne donne point l'extrait de la correspondance.

M. *Manuel* fait part à la Société de la nomination de M. Rœderer à la place de procureur-syndic[1] du département. « Je ne vous propose

---

1. Il faut lire : *procureur général syndic*.

pas, a-t-il dit, de faire des félicitations à M. Rœderer, car cette place exige beaucoup de peine; mais nous devons nous féliciter que ce choix se soit fait dans notre sein. Je demande donc que l'on en fasse mention honorable au procès-verbal. Vous savez que M. Rœderer a toujours été attaché à M. Petion, et j'espère que votre patriotisme ne séparera point ces deux hommes qui nous ont toujours si bien servis. (*Applaudi.*) Je vous annonce encore un triomphe pour les patriotes : M. Prieur est nommé président du tribunal criminel. » (*Applaudi.*)

M. Legendre. — Messieurs, les citoyens composant les tribunes m'ont chargé de faire part à la Société de l'enthousiasme qu'a excité en eux la nomination de ce patriote. (*Applaudi.*)

M. le Président. — Je propose, pour qu'aucun citoyen n'ait de prétexte pour ne pas aller à sa section le jour des élections, je propose, dis-je, que vous arrêtiez qu'il n'y aura pas de séance tout le temps que durera l'élection.

M... — Dimanche prochain on procédera à la nomination des officiers du bureau, et l'élection ne commencera que lundi.

M. Thomas. — Il est vrai, Messieurs, que dimanche on ne nommera que les officiers de bureau ; mais, Messieurs, je puis vous assurer que cette assemblée est la plus importante, car j'ai vu que de l'élection des officiers du bureau dérivent les nominations subséquentes : car il est beaucoup de bons citoyens qui arrivent sans savoir qui nommer, et qui s'adressent toujours aux scrutateurs, qui peuvent les induire en erreur s'ils ne sont pas bons citoyens. Je dis donc que tous les bons citoyens doivent assister dimanche à leurs sections, et je demande la question préalable sur la motion du préopinant.

M. Mendouze. — J'appuie la proposition de M. Thomas ; mais, comme les séances ne peuvent être assez multipliées d'ici à dimanche, je demande qu'il y ait demain séance extraordinaire.

La Société, en adoptant la proposition de M. Mendouze, arrête qu'il n'y aura point de séances tout le temps que durera l'élection.

M. le Président. — Messieurs, je prie tous les députés de l'Assemblée nationale qui sont de cette Société de vouloir bien assister aux élections, chacun dans leurs sections, et je pense que messieurs les députés sont trop pénétrés de l'amour du bien public pour ne pas se rendre à mon invitation.

M... — Il est arrivé de Caen des nouvelles très intéressantes, qui ont occasionné beaucoup de tumulte ce matin à l'Assemblée nationale. Je demande donc que l'on prie un de MM. les députés de vouloir bien faire à la Société le récit de ce qui s'y est passé.

[*M. Lasource,* député, fait ce récit.]

M. Manuel. — Je demande qu'un de MM. les députés veuille bien dire à la Société si le roi sanctionnera bientôt le décret sur les émigrés. Cette question me paraît d'autant plus intéressante que, si le pouvoir exécutif l'oubliait, il faudrait le lui rappeler, ou bien nous en appellerions à l'opinion publique, qui est plus forte que les rois.

M... — J'ai demandé la parole pour répondre à l'opinant que l'Assemblée nationale n'est pas encore instruite si le roi sanctionnera bientôt ce décret, mais que tous les bons patriotes s'y intéressent beaucoup. Cette nouvelle se manifestera bientôt.

M. *Rœderer* entre au milieu des plus vifs applaudissements.

M. Rœderer. — Messieurs, je suis charmé que la Société m'autorise à lui témoigner ma reconnaissance et à lui parler de moi. On a affecté de répandre depuis longtemps que les Sociétés des amis de la constitution étaient les ennemies des pouvoirs constitués : j'espère prouver, Messieurs, que, quand cela a été, c'est que c'était la faute des pouvoirs constitués et de leurs dépositaires. C'est au milieu de vous, Messieurs, que je vous demande la permission de venir chercher, comme je l'ai fait quand j'étais membre de l'Assemblée nationale, les conseils dont j'avais besoin. Je n'ai plus qu'un vœu à former, c'est que les suffrages de Paris m'unissent à un membre de cette Société, que nous nous trouvions l'un et l'autre coopérateurs de la liberté et du bien public; et j'espère qu'il ne se refusera pas à être ma caution comme je serai la sienne. (*Applaudissements.*)

On a présenté à la Société plusieurs ouvrages patriotiques, et nommément les *Lettres* de M. Manuel sur la Révolution [1].

M. *Carra* avait demandé la parole pour lire un discours sur les dispositions à prendre à l'égard des émigrants, mais M. *le Président* a observé que la Société n'avait plus que cette séance pour s'occuper des prêtres, vu que l'Assemblée nationale rendait demain le décret. On est passé à l'ordre du jour, en renvoyant la lecture du discours de M. Carra à la première séance [2].

On passe à l'ordre du jour : la question des prêtres réfractaires.

---

1. Au sujet des *Lettres sur la Révolution* de Manuel, voir le *Moniteur,* XII, 500.
2. *Discours sur la conspiration d'outre-Rhin et sur les moyens les plus efficaces à employer relativement aux puissances étrangères qui accueillent et soutiennent cette conspiration,* prononcé par M. Carra, dans la séance de la Société des amis de la constitution, séante aux Jacobins de Paris, le 11 novembre 1791. — S. l. n. d., in-8 de 34 p. — Bibl. nat., Lb 40/2245.

[*M. Ballet* présente quelques observations sur ce sujet. — Une députation de grenadiers des ci-devant gardes-françaises de la cinquième division fait part à la Société « d'une lettre par laquelle on voit que l'on voudrait rendre les vainqueurs de la Bastille soutiens du despotisme ».]

M. LE PRÉSIDENT. — Messieurs, vous avez rendu tant de services importants à la patrie que vous devez compter autant d'amis qu'il y a d'amis de la constitution. La Société s'empressera toujours de vous donner des preuves de son attachement, et elle examinera avec attention l'objet de votre demande. Elle vous invite à assister à sa séance.

Une députation de la Société des droits de l'homme et du citoyen vient entretenir la Société de l'objet important des subsistances.

Sur la demande d'un membre de la Société, un député a fait le rapport suivant du Comité de législation : « Messieurs, j'ai l'honneur de vous assurer que le Comité de législation est dans ce moment assemblé, car j'en sors à l'instant. Hier au soir, MM. du Comité de législation avaient chargé des commissaires d'un projet de loi qui devait être présenté à l'Assemblée. Ce projet de loi a été lu. Il contenait quatorze articles, qui n'ont pas été approuvés, et MM. du Comité de législation ont déterminé de passer la nuit entière au Comité, afin d'être à portée, demain matin, d'en rendre compte à l'Assemblée. »

La séance a été levée à dix heures.

XCI

SÉANCE DU SAMEDI 12 NOVEMBRE 1791

PRÉSIDENCE DE M. CONDORCET

[Correspondance : Pétition envoyée à l'Assemblée nationale par la Société de Verdun, sur « un moyen sûr pour faire parvenir les assignats par la poste ».]

M... — Quand la Société sera instruite de ce que M. Basire a fait ce matin à l'Assemblée, dont il voudra sans doute l'instruire, j'espère qu'elle voudra bien lui voter des remerciements.

M. MANUEL. — Vous savez que le roi a refusé de sanctionner le décret sur les émigrants [1]. Cela ne punira que les amis du roi. Car il per-

1. Il s'agit du décret du 9 novembre 1791, au sujet duquel le ministre de la justice avait annoncé à l'Assemblée législative, dans la séance du 12 novembre, que « Sa Majesté examinerait ». Le même jour, le roi avait fait une proclamation pour engager les émigrés à rentrer. Sur ce *veto*, voir les articles des *An-*

dra un peu de cette popularité qui n'est pas dans le genre qu'il mérite. Au surplus, je crois que, si nous ne pouvons pas aimer le roi autant qu'on le voudrait, nous nous en attacherons d'autant plus à la loi, et la loi est la seule idole d'un peuple libre.

[M. *Moreton* rapporte une anecdote relative « aux clubs monarchiques qui sont sur le point de s'établir dans Paris ». — M. *Basire* rapporte comment il a dénoncé à l'Assemblée nationale un plan de conspiration, et propose des mesures à prendre contre ces menées. — M. *Billaud-Varenne* fait hommage à la Société de plusieurs ouvrages patriotiques de sa composition. — « Un sergent du 38e régiment est chargé de la commission, avec quelques autres soldats du même régiment, de demander la parole pour démentir le contenu d'une lettre de M. Duportail contenant l'annonce d'une insubordination de la part du 38e régiment. »]

M. LASOURCE. — Il y a, Messieurs, au sujet du refus de la sanction du roi, une grande mesure à prononcer, contre laquelle personne ne peut se récrier. Le roi des Français refuse sa sanction à un décret rendu contre des traîtres, et, parce qu'il refuse sa sanction, il ne peut avoir de force, et les traîtres continueront leurs complots et viendront nous égorger. Le remède à ce mal, c'est de porter le décret d'accusation contre les deux frères du roi, et le décret d'accusation n'a pas besoin d'être sanctionné par le roi. (*Applaudi.*) Et, en dépit de tous les tyrans de l'univers, l'accusation aura lieu quand l'Assemblée nationale aura prononcé ; malgré les clameurs des méchants, ils mordront la poussière et seront vaincus. (*Applaudissements universels.*)

M. MORETON. — Il me semble que, sur la question importante qui vous occupe, M. Lasource a posé les vrais principes. Le roi ne peut plus paraître avoir accepté la constitution malgré lui, et je crois que l'Assemblée nationale prendrait plus d'énergie et des mesures plus fortes si le roi venait à nous trahir une seconde fois. Alors il n'aurait aucune excuse ni envers les puissances étrangères ni envers les Français. Car, une preuve qu'il a accepté librement la constitution, c'est qu'il a fait, très impolitiquement, mais cependant très librement, usage de son *veto*.

[M. *Carra* expose, par le détail, toutes les preuves qu'on a d'une « conspiration tramée contre la liberté, les droits, la constitution et le repos du peuple français ».]

nales patriotiques, n° 773; du *Patriote français* du 15 novembre 1791; des *Révolutions de Paris*, n° 123; de *l'Ami du Roi* du 14 novembre, et de la *Gazette de Paris* du même jour.

La Société fraternelle envoie une députation pour communiquer à la Société ses vues sur le refus fait par le roi de sanctionner le décret sur les émigrés.

La séance a été levée à dix heures.

XCII

SÉANCE DU DIMANCHE 16 NOVEMBRE 1791

PRÉSIDENCE DE M. COUTHON

[Correspondance : Lettre de Strasbourg, sur les gardes nationales envoyées aux frontières. — M. *Barbaroux* offre un ouvrage sur les termes de *Sire* et de *Majesté*. — M. *Robespierre* réclame contre une lettre qu'on lui attribue. — La Société de Toul engage l'Assemblée nationale à se prononcer sur un incident relatif aux prêtres non conformistes. — Nouvelles de Coblentz sur les émigrés. — « On annonce que les chefs du ci-devant parlement travaillent à un mémoire contre l'Assemblée nationale et la nouvelle constitution. » — La Société de Nancy fait l'éloge de M. Grégoire. — La Société de Saint-Germain témoigne une vive inquiétude « sur le dégarnissement de ses marchés ».]

M. *Manuel* annonce à la Société que M. Petion a été nommé maire: cette nouvelle a excité le plus grand enthousiasme, et la salle a retenti des applaudissements redoublés.

M. *Basire* a proposé que Paris célébrât cet heureux événement par une illumination générale.

M. Dufourny. — J'ai été devancé par M. le Secrétaire ; je puis cependant rapporter à la Société quelques circonstances qui la flatteront. Dix mille six cent trente-deux votants ont produit pour M. Petion six mille six cent huit suffrages [1], trois mille pour M. de la Fayette et soixante-dix-sept pour M. d'André. On dit que les Jacobins ont fait ce choix : ils y ont concouru sans doute, mais ce sont les citoyens qui l'ont fait, et nous n'avons fait que les suivre ; nous pouvons encore attribuer une partie du succès que vient de remporter la chose publique aux discussions faites à l'archevêché par les électeurs amis du bien public. Demain, MM. les citoyens se rassemblent, nous procédons à l'élection d'un procureur-syndic [2] ; les commissaires as-

---

1. Petion obtint non pas 6,708, mais 6,728 suffrages. — Cf. P. Robiquet, *Le Personnel municipal de Paris*, p. 468.

2. Il faut lire : *procureur de la commune*.

semblés à la ville ont cherché quel pouvait être le vœu des citoyens, et presque tous désignent M. Manuel.

On lit une lettre de M. Lambert, de la section de la Croix-Rouge, qui annonce que, dans cette section, sur quatre cents votants, M. Petion a eu trois cent quatre-vingts voix; il dit que, dans cette section, pour la place de procureur-syndic [1], les suffrages se fixent sur la même personne dont on vient de parler.

M. Réal. — Monsieur le président, quand je vous ai demandé la parole, vous ne saviez pas que c'était contre vous. Vous avez, Monsieur le président, fait une adresse; elle a été adoptée par le club électoral et répandue dans les sections; il faut que je vous dise le mal qu'elle a fait; je n'hésite pas à prononcer que cette adresse a en partie causé l'élection de M. Petion à la mairie. Un des effets de cette adresse a été d'arracher le masque à ces modérés. Je dis qu'elle a produit un effet considérable, celui de donner un démenti à ces prétendus défenseurs des droits de la nation. Enfin, le peuple a paru être encore aujourd'hui ce qu'il était le 14 juillet 1789. C'est de ce grand mal dont ont tant à se plaindre ces ministériels et qui a donné tant d'énergie aux patriotes et aux sans-culottes de l'évêché, c'est du bien que cette adresse a produit, que je viens ici, au nom des patriotes de ma section, faire des remerciements à M. Dubois de Crancé, qui vous préside.

M. de Sillery. — Messieurs, je vais vous rapporter un trait qui vous fera voir les petits moyens que les aristocrates emploient pour prouver que le roi n'est pas libre.

On a gagné un caporal de la garde nationale, et ce caporal a consigné le roi dans son château. Le roi a été consigné dans les Tuileries samedi dernier, depuis neuf heures du soir jusqu'au lendemain matin, On a fait venir les officiers supérieurs : personne ne s'est trouvé avoir donné cette consigne. Enfin ce matin je puis vous certifier ce fait, car il y a un grenadier de la garde nationale qui demeure dans ma maison, et ce même grenadier a arrêté ce matin le caporal qui avait donné cette consigne. Il a dit qu'il l'avait reçue d'un autre. Sur-le-champ on a fait toutes les diligences possibles pour retrouver l'autre, et ce soir on n'en avait pas encore de nouvelles. Il est évident que, dans cette circonstance, ces messieurs auraient pu prétexter que le roi n'était pas libre, puisque jusqu'à cette heure il avait été consigné.

M. Chabot. — J'ai reçu des nouvelles de Saint-Domingue, mais il faut, avant d'en faire part à la Société, que je l'instruise de la manière

1. Même remarque qu'à la page précédente.

dont elles me sont parvenues. Ce matin, un huissier de l'Assemblée nationale s'est approché de moi et m'a demandé si je ne connaissais point un certain M. Ferrolet¹, membre de l'Assemblée nationale, du département de la ci-devant Provence, et en son absence, m'a-t-il dit, ce paquet est adressé à M. Chabot. Je suis le seul membre de l'Assemblée nationale qui s'appelle Chabot, et je devais croire que c'était à moi que ce paquet s'adressait. Si vous désirez, Messieurs, je vous donnerai communication de ces pièces.

Un membre a engagé M. Chabot à garder ces lettres en secret jusqu'à ce que la députation qui doit arriver des Bouches-du-Rhône ait donné des éclaircissements sur cet objet.

M. *Lasource* a demandé que la Société voulût bien entendre une personne qui était dans la Société et qui pouvait donner des éclaircissements vrais sur les désordres qui règnent dans le comtat Venaissin; la Société l'a entendue avec le plus vif intérêt, tels que nous les avons donnés plusieurs fois ².

M. *Mendouze*, au nom du Comité de présentation, a dit que M. de Laclos avait été croisé sur les feuilles qui avaient été présentées; après une légère discussion, on a renvoyé cet objet à la prochaine séance.

On est ensuite passé à l'ordre du jour : la discussion sur les prêtres non assermentés.

Plusieurs membres, entre autres M. *Chabot*, ont pris successivement la parole et ont présenté des vues très philosophiques sur cet objet, sur lequel on a pris le parti de n'entendre que des projets de décrets.

Enfin on a admis une députation envoyée par la Société des amis des droits de l'homme pour proposer de porter M. Danton à la place de procureur-syndic (sic).

M. *Dubois de Crancé,* faisant les fonctions de président, leur a répondu :

« Je rends justice, Messieurs, au patriotisme de M. Danton, il s'est bien montré dans la Révolution ; mais la liberté des suffrages est le droit le plus précieux des citoyens; demain, notre conscience seule décidera de notre choix. »

La séance été levée à dix heures.

1. Je ne trouve aucun député de ce nom.
2. L'incorrection de cette phrase est textuelle.

XCIII

LA SOCIÉTÉ DES AMIS DE LA CONSTITUTION

SÉANTE AUX JACOBINS, A PARIS

AUX SOCIÉTÉS AFFILIÉES

(S. l. n. d., in-4 de 4 pages.)

Comité de correspondance, Paris, le 16 novembre 1791.

Frères et Amis,

Les Sociétés des amis de la constitution n'ont cessé d'être en butte aux attaques des ennemis de la liberté. Après avoir vainement cherché à les désunir entre elles, après avoir fait d'inutiles efforts auprès de l'Assemblée constituante pour qu'il leur fût interdit d'exprimer leurs vœux, de se communiquer leurs pensées et de travailler à l'instruction publique, on a essayé de les rendre odieuses et suspectes, et d'en imposer au peuple sur le véritable caractère de ses plus fidèles amis.

La Société de Paris, qui, par l'avantage de sa position, par son union intime avec les membres patriotes de l'Assemblée nationale qu'elle réunit dans son sein, présentait le plus d'obstacles aux desseins pervers des faux amis de la constitution, est aussi celle que la calomnie a attaquée avec le plus de fureur. Mais l'opinion publique n'a pas été longtemps abusée, et nos concitoyens, indignés, ont fait justice des libelles et des placards dont on voulait se servir pour les soulever contre nous. Pour les confirmer dans la juste idée qu'ils avaient de nos principes, nous avons jugé utile de les admettre dans le plus grand nombre possible à nos séances : les bons effets qui résultent de cette publicité nous engagent à inviter toutes nos Sociétés affiliées à suivre notre exemple.

Frères et amis, c'est un grand spectacle à donner à l'Europe que celui d'une multitude de Sociétés où des citoyens réunis par l'amour de la liberté, de l'égalité, de la justice, animés du désir d'en propager les principes et d'assurer le bonheur de leurs semblables, consacrent leurs talents et leurs veilles à l'éducation politique des classes les moins fortunées du peuple, et à les rendre chaque jour, par l'instruction, plus mûres à la jouissance de leurs droits.

Remplissons, frères et amis, avec un zèle infatigable cette honorable tâche que nous nous sommes imposée à nous-mêmes; continuons de parcourir avec gloire la carrière que l'amour de la patrie nous a ouverte; et surtout ne regardons jamais en arrière. La confiance et l'estime des hommes vertueux seront toujours le prix des efforts que nous ferons pour assurer de plus en plus le triomphe de la Révolution. Redoublons donc de courage; laissons ces hommes dégradés, qui préfèrent un esclavage tranquille aux inquiétudes de la liberté, s'endormir dans une lâche indifférence. Quant à nous, veillons sans cesse; il sera temps de goûter le repos quand nous aurons la possession assurée et imperturbable de nos droits.

Nous vous invitons, frères et amis, à vous tenir en garde contre certains journalistes qui ont réclamé au nom de la Société, auprès de plusieurs de nos affiliées, une correspondance directe avec elles; nous n'avons autorisé personne à vous faire cette demande, et nous désavouons notamment le *Journal des Clubs*[1], dont les auteurs professent des principes absolument différents des nôtres.

Nous vous annonçons en même temps que la Société vient d'adjuger le prix du concours qu'elle avait proposé pour l'almanach qui remplirait le mieux le but de faire connaître et chérir la constitution dans les campagnes au mémoire de M. Collot d'Herbois. Cet ouvrage intéressant suppose le respectable Gérard, député du Finistère à l'Assemblée constituante, de retour dans son hameau et satisfaisant aux questions que lui font à l'envi ses voisins. Quand cet ouvrage sera imprimé, nous vous en ferons passer un exemplaire.

Nous vous invitons, frères et amis, à nous donner le plus tôt possible des renseignements sûrs et précis sur la situation de votre département, soit à l'égard des prêtres séditieux, soit enfin à l'égard des troupes en garnison ou en quartier, tant de l'armée de ligne que de la garde nationale, soit enfin sur l'état des villes de guerre, des munitions, et en général sur tout ce qui intéresse la sûreté et la tranquillité publiques. Le peu de confiance qu'inspirent les agents du pouvoir exécutif, l'incertitude qui résulte de leurs rapports, nous ont décidés à vous demander ces détails; et vous rendriez un grand service à la chose publique si vous pouviez leur donner assez d'authenticité pour que nous puissions en faire efficacement usage auprès des Comités de l'Assemblée.

Nous vous enverrons incessamment la liste de toutes nos Sociétés

---

1. Sur ce journal, voir tome Ier, Introduction, p. cviii.

affiliées et celle des membres de l'Assemblée qui sont dans notre sein.

Nous sommes, avec des sentiments fraternels, les membres du Comité de correspondance :

LÉONARD BOURDON, *président;*

AL. MÉCHIN, *secrétaire;*

BASIRE, CHABOT, CARRA, SERGENT, VERGNIAUD, LUCAS, ALQUIER, BOSC, JAUME, FAUCHET, BRISSOT, GRANGENEUVE, ANTONELLE, BARRY, CAMILLE DESMOULINS, DUFOURNY, BONNEVILLE, BOISGUYON, LABORNE, FOURNIER, LANTHENAS, SIMONNE, LOUVET, MAUBOCH, GUADET, AUG. BROUSSONNET, député [1].

P. S. La Société des amis de la constitution, séante aux Jacobins, a donné hier son approbation à l'adresse populaire de M. Lequinio, député du Morbihan, aux habitants des campagnes, sur la liberté des opinions religieuses et des cultes; elle a cru qu'il serait utile, surtout dans les circonstances où se trouvent un grand nombre de départements dans lesquels des prêtres séditieux agitent les torches du fanatisme, que cette adresse fût réimprimée et répandue dans tous les hameaux, si c'était possible.

Dans cette vue, frères et amis, la Société vous en fait passer un exemplaire et le recommande à votre amour pour le bien général, et aux sacrifices que vous pouvez faire pour l'éducation de nos frères des campagnes.

N. B. La manière la plus sûre de triompher sans persécution des aristocrates et des prêtres, c'est de répandre dans toutes les classes du peuple les bons ouvrages; et nous vous recommandons spécialement la *Lettre* de Creuzé la Touche, l'*Esprit des religions,* par M. Bonneville [2], et la *Chronique du mois* [3].

---

1. Parmi ces signatures, celles de Bourdon, Méchin, Gaillard et Broussonnet sont autographes, les autres sont imprimées, dans l'exemplaire de la Bibliothèque nationale, Lb 40/2246.

2. Sur cet ouvrage, voir le *Moniteur,* IX, 92, et XIII, 572.

3. Ce dernier paragraphe est manuscrit dans l'exemplaire de la Bibliothèque nationale.

XCIV

SÉANCE DU VENDREDI 18 NOVEMBRE 1791

PRÉSIDENCE DE M. COUTHON

M. *le Président* fait lecture d'un assez grand nombre de demandes d'entrée à la Société pour une séance. Plusieurs sont écartées par la question préalable. — Il donne ensuite connaissance d'un billet de M. Petion, qui le prie de faire part à la Société du désir qu'il a de se présenter au milieu d'elle, et annonce que, si la séance se prolonge assez pour le lui permettre, il viendra lui témoigner sa sensibilité aussitôt après son installation. (*Applaudissements.*)

M. Moreton. — La Société n'apprendra sûrement pas sans intérêt que, dans la section de la Croix-Rouge, dont je suis membre, sur cent vingt-trois votants, M. Pierre Manuel a réuni cent deux voix pour la place de procureur-syndic [1].

M. *Machenaud,* secrétaire, fait lecture du procès-verbal de la séance de mardi dernier, qui avait été en retard, ainsi que celui de la séance de mercredi, que lit ensuite M. *Simonne.* — *Un membre* observe que, dans la rédaction de ces procès-verbaux, on dit simplement que telle ou telle députation a été entendue. Il s'élève contre cette concision, et demande qu'on fasse au moins mention de l'objet de la députation. Cette motion est adoptée, et MM. les secrétaires invités à faire usage de cette observation.

[Correspondance : Lettre de la Société de Saint-Jean-de-Luz, demandant l'affiliation. — De Santes, présentant la même demande. — La Société d'Allay (sic) dénonce *le Conciliateur d'outre-Rhin.*]

M... offre de donner lecture d'une lettre écrite par un capitaine français à Saint-Domingue. Les détails qui commencent cette lettre ne présentant rien de neuf, et le récit des horreurs exercées dans cette colonie paraissant y être fait par une main intéressée à les grossir encore, la lecture en est discontinuée.

M. *le Président* annonce qu'avant l'ordre du jour il a été arrêté, à la

---

[1]. Il faut lire : *procureur de la commune.*

dernière séance, qu'on terminerait la discussion sur l'admission ou la réjection de M. de Laclos. Un grand nombre de voix demandent la question préalable, plusieurs l'ajournent. Une autre portion réclame l'ordre du jour, auquel on passe sur la motion de M. Basire. — L'ordre du jour était la discussion sur les prêtres réfractaires. Mais la question des troubles d'Avignon, paraissant plus urgente, est mise à l'ordre, et M. Lasource, inscrit pour la parole sur ce sujet, monte à la tribune.

[Il propose d'assurer les parents des victimes d'Avignon « de la vengeance et de la protection du peuple français ». — M... raconte l'installation de Petion.]

M... monte à la tribune, et, après avoir exposé de nouveau les malheurs d'Avignon et les différents partis qui les ont occasionnés, il a proposé, pour les faire cesser, le projet de décret suivant : « Article 1er. Des commissaires seront envoyés à Avignon pour prendre une connaissance exacte des événements et des causes qui les ont produits, afin que, d'après le rapport, on puisse statuer ce qu'il appartiendra. — Art. 2. Les citoyens constitués prisonniers par les ordres des commissaires civils demeureront en état d'arrestation jusqu'à ce que l'Assemblée nationale ait pris un parti. — Art. 3. Les commissaires seront chargés de sonder les esprits des Avignonnais et des habitants du Comtat sur leur situation politique. »

M. BIAUZAT. — Je m'élève de toutes mes forces, Messieurs, contre le troisième article de ce projet de décret, qui fournirait, ce me semble, les plus grands moyens à nos ennemis, en laissant en doute ce qui est bien décidé, savoir : que la réunion d'Avignon et du Comtat a été opérée par le décret rendu par l'Assemblée constituante. — Pourquoi, en effet, sonder les esprits des Avignonnais sur leur situation politique, si cette situation politique est fixée invariablement par le décret que cet article attaque directement? Je demande donc, en concluant à l'envoi des commissaires, je demande, dis-je, la question préalable sur le troisième article de ce décret. (*Applaudi*.)

M. BASIRE. — Il me semble que M. Biauzat a totalement déplacé la question ; alors il n'est pas difficile de combattre l'opinant. Il ne s'agit pas aujourd'hui d'envoyer des commissaires pour retourner à Avignon et contrarier les opérations de l'Assemblée constituante. Il ne faut qu'envoyer des commissaires pour constater l'état politique actuel du peuple avignonnais, pour vérifier toutes les plaintes qui ont été faites par les différents partis les uns contre les autres, et de s'assurer si les commissaires envoyés sont coupables; et, après cela, il n'y a rien à ajouter au projet de décret. (*Murmures*.)

[M. *Collot d'Herbois* parle dans le même sens. — M. *Thisset* fait remarquer que le plus sûr moyen de faire cesser les troubles serait de donner du pain aux Avignonnais. — M. *Corroller* appuie l'opinion de M. Collot d'Herbois. — M. *Carra*, après avoir montré qu' « à Avignon ce sont des patriotes qui se sont égarés entre eux », demande que « l'Assemblée nationale envoie des commissaires, non nommés dans son sein, dont les instructions seraient publiques et connues, et qui auraient les moyens de rétablir la paix dans ce pays, et non d'y perpétuer le désordre ».]

M. *le maire* entre dans la salle au milieu des applaudissements de l'Assemblée et des tribunes, qui se lèvent pour sa réception.

M. LE PRÉSIDENT. — J'ai cru, Messieurs, devoir laisser prendre un libre essor à votre enthousiasme. Je n'ai pu, en conséquence, donner la parole à M. le maire, qui me l'a demandée en entrant; je la lui donne maintenant, et vous prie de faire silence.

M. PETION. — Je profite du premier moment de liberté pour me réunir à vous et pour me rendre au milieu de mes frères. Je ne vous parlerai point de mes sentiments : ils vous sont connus, et, dans quelque position que je me trouve, vous pouvez croire que je resterai toujours invariable. Je n'ai qu'une grâce à demander à mes frères : lorsque je ferai tout ce qui dépendra de moi pour poursuivre les ennemis de la chose publique, lorsque je la défendrai contre les attaques qui pourraient lui être portées, je demande qu'ils aient la bonté de me défendre contre celles auxquelles je pourrais être en butte.

M. LE PRÉSIDENT. — En vous élevant à la place importante de maire de cette grande cité, les citoyens de Paris ont acquis un nouveau droit à la reconnaissance publique. Il leur fallait pour premier magistrat un ami de l'humanité. Eh! qui mieux que vous, Monsieur, pouvait remplir cette fonction? Qui plus que vous, Monsieur, en était digne? Qui mieux que vous pouvait nous faire chérir le système régénérateur de nos lois et de nos mœurs? — Vivez, Monsieur, vivez pour vos frères, vivez pour ces braves citoyens qui vous chérissent, vivez pour tout l'empire, qui, tout influencé de votre administration paternelle, et la communiquant à toutes ses parties, contribuera à la gloire et au bonheur du royaume entier.

M. *Dubois de Crancé* monte à la tribune et exprime en peu de mots les sentiments dont tous les assistants sont animés. — L'impression des trois discours et la distribution aux citoyens des tribunes sont arrêtées. (*On applaudit* [1].)

M. Dusaulx. — Ce n'est pas l'envie qui monte à cette tribune, c'est la reconnaissance. Je suis fort attaché à M. Petion : c'est mon compatriote. Et, sans lui avoir parlé, je crois être son interprète dans cette tribune. Point d'éloges prématurés : l'amour est la récompense des hommes vivants, les statues et les couronnes le prix des morts. Je regarde M. Petion comme mon fils ; c'est bien hardi, sans doute !

Il descend de la tribune, et M. Petion s'élance dans ses bras. Ce triomphe du sentiment a fait éprouver la plus douce sensation à tous les cœurs. — Plusieurs membres invitent M. Petion à donner quelques détails de la réception qu'il a eue à la Société des amis de la Révolution à Londres.

[Il donne ces détails, et le « récit est couvert d'applaudissements ».]

La séance a été levée à dix heures.

XCV

SÉANCE DU DIMANCHE 20 NOVEMBRE 1791

PRÉSIDENCE DE M. COUTHON

En l'absence de M. le président, M. *Collot d'Herbois*, vice-président, prend le fauteuil et lit la liste des personnes qui demandent l'entrée de la séance pour un jour seulement.

M. *Réal*, secrétaire, fait lecture du procès-verbal, à l'occasion duquel M. *Dubois de Crancé* demande qu'à l'imitation de la Société des amis de la Révolution de Londres on suspende aux voûtes de la salle les drapeaux réunis d'Angleterre et de France.

Cette motion, appuyée par les plus vives acclamations, est adoptée avec l'amendement, proposé par M. *Simonne*, d'unir à ce faisceau le drapeau américain, et celui, proposé par M. *Mendouze*, d'envoyer copie de cet arrêté à la Société de Londres et aux États-Unis d'Amérique.

---

1. *Société des amis de la constitution, séante aux Jacobins, à Paris. — Discours prononcé par M. Petion à la Société, le jour de son installation à la place de maire; réponse de M. le Président et discours de M. Dubois de Crancé.* — S. l. n. d., in-8 de 4 p. — Bibl. nat., Lb 40/2247.

avec une lettre que le Comité de correspondance communiquera à la Société avant de la faire partir [1].

Un grand nombre de membres demandent qu'on ajoute à cet envoi l'*Almanach du père Gérard*. M. *le Président* élude la motion pendant quelque temps; enfin, pressé par de nouvelles instances : « Comme président, dit-il, Messieurs, ma modestie souffre, mais je vous assure que vous me faites grand plaisir. »

Cette franchise de sentiments est couverte d'applaudissements, et la motion, mise aux voix, est adoptée à l'unanimité.

M. *Couthon* reprend le fauteuil et accorde la parole à une députation de la Société fraternelle, qui vient exprimer les plus vives alarmes sur les dispositions de la municipalité au sujet de l'arrêté pris par le département pour les boutiquiers.

Un membre de la Société rassure les esprits en relevant l'erreur dans laquelle se trouve l'orateur de la députation au sujet de ce fait, et assure que la municipalité marche sur les traces du département et se conforme aux lois.

Un membre du Comité de correspondance donne connaissance de cette correspondance, dont l'article le plus intéressant est la lettre de la Société de Brest qui annonce la réception de cinq cents livres qui lui ont été envoyées par M. Collot d'Herbois et les offrandes pour les soldats de Château-Vieux, dont on espère obtenir bientôt la liberté.

M... annonce qu'il se fait dans les Pays-Bas autrichiens une coalition de patriotes, au nombre de plus de vingt mille, prêts à voler au secours de la France si elle était attaquée; de sorte que, si les princes nous attaquent, Léopold sera attaqué dans son pays.

M. *le Président* annonce qu'à la demande de plusieurs membres l'ordre du jour de demain sera sur les mesures à prendre sur le *veto* mis par le roi au décret contre les émigrants.

[Lecture d'une lettre de Bordeaux à l'Assemblée nationale, contenant des nouvelles de Saint-Domingue. — *M. Rœderer* expose le contenu de trois lettres qu'il a reçues d'Allemagne, et fait quelques réflexions sur les faits qu'elle rapporte [2]. — *M...* rapporte comment M. Tourville, colonel du 38ᵉ régiment,

---

1. On trouvera dans *le Patriote français* du 24 novembre 1791 un article sur cette installation d'un drapeau anglais et d'un drapeau américain à la voûte de la salle des Jacobins.

2. *Société des amis de la constitution, séante aux Jacobins, à Paris. — Réflexions de M. ROEDERER sur les projets des rebelles, lues à la Société le 20 novembre 1791, et imprimées par son ordre.* — Imp. du *Patriote français*, s. d., in-8 de 8 p. — Bibl. nat., Lb 40/647. — Ces *Réflexions* furent reproduites dans *le Patriote français* des 23 et 24 novembre 1791.

a fait prêter le serment civique à ses officiers. — *M. Machenaud* lit une lettre de Coblentz, contenant des renseignements sur les émigrés.]

Plusieurs citoyens viennent prier la Société de leur permettre de demander à M. le maire de former près d'elle un corps de volontaires pour la défendre contre les attaques des malveillants. En les remerciant de leur zèle, M. *le Président* leur témoigne l'inutilité de cette demande pour la Société, qui, voulant toujours agir sous les yeux du public, n'a besoin que de sa sauvegarde pour n'avoir rien à craindre.

On passe à l'ordre du jour : les prêtres réfractaires.

Plusieurs membres, entre autres M. *Saladin*, parlent sur cette matière. Tous s'attachent à démontrer le danger du Comité général proposé par le Comité, et se proposent de le combattre à l'Assemblée nationale.

La séance a été levée à dix heures.

XCVI

SÉANCE DU LUNDI 21 NOVEMBRE 1791 [1]

PRÉSIDENCE DE M. COUTHON

[M. Georges Kaener, Suédois, a fait hommage à la Société des sentiments patriotiques qu'il dit lui avoir été inspirés par la Révolution française.]

Un de MM. les secrétaires fait lecture du procès-verbal de la dernière séance, qui fournit quelques observations à MM. Legendre et Dufourny, auxquelles la Société ayant égard, elle ordonne les changements indiqués par ces membres.

Un membre du Comité de correspondance fait hommage à la Société du portrait de M. Fauchet, gravé par M. Bonneville, parent d'un membre de la Société; il demande l'insertion de cette offre au procès-verbal, et que le portrait soit suspendu dans la salle de la Société.

Cette seconde partie de sa motion excite les plus grands murmures et allait être rejetée en étant mise aux voix, au moment où ce membre retira sa motion et fut applaudi. La première partie seulement a été arrêtée.

M. *Clavière* demande à parler quelques moments sur les finances, avant l'ordre du jour. Cette demande est accordée avec applaudisse-

---

1. Dans le *Journal*, cette séance est datée, par suite d'une faute d'impression, du lundi 22 novembre 1791.

ments, mais on entend auparavant le compte que rend M. *Dufourny* de l'état des scrutins dans le moment actuel, pour la nomination du procureur-syndic (*sic*) de la commune. « Les commissaires des sections, rassemblés à la ville, n'ont encore que quarante-sept procès-verbaux, dit ce citoyen; le plus grand nombre des voix jusqu'ici est pour M. Manuel; M. Cahier de Gerville en réunit ensuite la plus grande quantité, et les autres sont à M. Danton. Il n'y a point de majorité : il s'ensuit donc que M. Manuel sera ballotté avec M. Cahier de Gerville. Il s'est élevé, dans la section du Louvre, quelques objections sur la non éligibilité de M. Manuel, que l'on dit avoir perdu son droit de citoyen actif par son changement de domicile. »

M. *Manuel* lève les doutes que l'on pourrait avoir à cet égard.

[M. *Clavière* présente quelques observations sur le remboursement de la dette publique.]

On passe à l'ordre du jour : le décret à faire contre les émigrés conspirateurs, et le *veto* appliqué par le roi au décret rendu.

MM. *Machenaud*[1] et *Dubois de Crancé*[2] parlent sur cette matière; l'impression du discours de M. Dubois de Crancé est ordonnée.

Une députation des commissaires des sections vient demander, sur M. Manuel, les renseignements dont ils croient avoir besoin pour s'assurer de son éligibilité. Il leur répète ce qu'il avait dit au commencement de la séance.

La séance a été levée à dix heures.

XCVII

SÉANCE DU MERCREDI 23 NOVEMBRE 1791

PRÉSIDENCE DE M. COUTHON

[Correspondance : La plupart des Sociétés affiliées engagent « à repousser par l'instruction les funestes effets que produit le fanatisme dans les départe-

1. *Discours sur le veto apposé par le roi au décret contre les princes français et leurs complices et sur les mesures que nécessitent les circonstances, prononcé le 21 novembre 1791 à la Société des amis de la constitution, séante aux Jacobins, par F.* MACHENAUD, *homme de loi, membre de cette Société.* — A Paris, l'an IIIe de la liberté, in-8 de 30 p. — Bibl. nat., Lb 40/648.

2. *Société des amis de la constitution, séante aux Jacobins, à Paris.* — *Discours de M.* DUBOIS DE CRANCÉ *sur le veto appliqué par le roi au décret du 9 novembre 1791, contre les émigrés.* — S. l. n. d., in-8 de 6 p. — Bibl. nat., Lb 40/646.

[23 nov. 1791]   SOCIÉTÉ DES JACOBINS   261

ments ». — La Société d'Artonne communique ses sentiments sur « le veto mis par le roi au décret rendu contre les émigrants ». — Le club de Bordeaux écrit « une lettre rigoureuse au sujet de la réception de M. le Chapelier dans la Société des amis de la constitution de Brest ». — *M. Santerre* communique les renseignements qu'il a pris dans « un voyage sur les frontières ». — *M. Lostalot* « rend compte des troubles dont les prêtres réfractaires se rendent coupables dans son département ». — On passe à l'ordre du jour : les troubles d'Avignon. — *M. Lostalot* propose les mesures à prendre pour sévir contre les coupables et leurs complices. — *M. Méchin* propose au contraire des mesures à prendre pour faire cesser ces troubles.]

Les sections du Louvre, des Lombards, de Grenelle, de la Croix-Rouge, du Palais-Royal, des Gravilliers, du Ponceau, de la Halle aux Blés, envoient annoncer à la Société qu'elles reconnaissent l'éligibilité de P. Manuel à la place de procureur-syndic (*sic*).

La séance a été levée à dix heures.

XCVIII

SÉANCE DU VENDREDI 25 NOVEMBRE 1791

PRÉSIDENCE DE M. COUTHON

[Correspondance : Réponse de la Société de Londres « à l'adresse qui lui avait été envoyée à l'occasion de la mort du docteur Price ». — Communication d'une adresse « envoyée à toutes les sections de Paris par la Société de Versailles ». — Un membre du club d'Arras demande ce qu'il faut penser des *Annales patriotiques*. — La Société de Strasbourg envoie ses félicitations pour la nomination de M. Petion comme maire. — Celle de Barbentanne fait savoir « qu'elle est toujours en butte à la persécution ».]

On passe à l'ordre du jour : la discussion sur les moyens à prendre pour remédier aux troubles arrivés dans le comtat d'Avignon.

M. LE PRÉSIDENT. — Messieurs, il ne faut plus douter des mauvaises intentions du roi. Car il a protégé ouvertement les contre-révolutionnaires, et il y a plusieurs projets formés contre nous. Je pense donc que l'ordre du jour qui convient le mieux à la Société, c'est la discussion sur les moyens à prendre pour s'opposer aux maux que l'on prépare à la France. (*Les tribunes de la Société applaudissent.*)

[*M...* donne des renseignements sur les rapports des émigrants avec le roi d'Espagne. — *M. Lostalot* dit que le meilleur moyen de maintenir l'ordre à l'intérieur et la paix au dehors est de punir les infractions à la loi. — *M. Lasource* montre qu'il faut d'abord se procurer des armes, attendu qu'on n'en a pas. — *M. Carra* présente quelques idées sur le moyen de défense offensive et défensive.]

La Société de Belleville envoie une députation pour remercier la Société de l'affiliation qu'elle lui a accordée.

M. LE PRÉSIDENT. — Messieurs, la Société des Amis de la constitution, en accordant l'affiliation à celle de Belleville, n'a fait que rendre justice au patriotisme qui la distingue. C'est un devoir pour tous les amis de la liberté publique de se rapprocher et de réunir leurs efforts pour affermir l'édifice majestueux qui épouvante autant les despotes qu'il console les amis de la liberté.

On entend une députation de la Société des droits de l'homme et du citoyen qui vient annoncer qu'elle a expulsé de son sein M. James Rutledge, qui tenait, dit cette députation, des propos outrageants contre les Jacobins, et avait fait distribuer un ouvrage séditieux. — Sur la demande de M. *Verrières,* les commissaires nommés par la Société pour prendre connaissance de l'affaire de M. Prévost de Beaumont conviennent de se réunir à ceux qu'a nommés, pour le même objet, la Société des droits de l'homme et du citoyen.

La séance a été levée à dix heures.

XCIX

SÉANCE DU DIMANCHE 27 NOVEMBRE 1791

PRÉSIDENCE DE M. COUTHON

[Correspondance : Des nouvelles du Havre et de Port-Louis annoncent que la paix se rétablit à Saint-Domingue. — On lit une adresse envoyée à la Législature par la Société de Givet.]

M. DUSAULX. — Messieurs, un artiste propose de joindre des gravures analogues à l'ouvrage de M. Collot d'Herbois. Je vous prie d'agréer l'hommage que je suis chargé de vous en faire. Je vais vous faire part de quelques considérations : c'est que cet artiste a en vue de faire une édition ornée, comme je viens de vous le dire, de gravures; mais il n'a pas de souscripteurs. J'ai jugé convenable de prévenir les membres de cette Société qui veulent encourager les talents de souscrire, parce que les artistes et les auteurs méritent les plus grands encouragements.

M. Collot d'Herbois. — Je crois devoir faire quelques réflexions. Je n'entrerai dans aucun détail. Je crois que l'édition à six sols sera la plus utile. Mais, si je pouvais rendre éloge pour éloge, je dirais que l'édition à douze sols sera la meilleure, parce que le rapport de M. Dusaulx y sera joint. J'ai vu avec une sorte de satisfaction l'empressement avec lequel on désire cet ouvrage, et j'espère que l'on le distribuera mercredi aux souscripteurs.

M. Lequinio. — Ce que vient de nous dire M. Dusaulx m'engage à vous proposer d'agréer son offre avec empressement. Vous savez tout ce que le fanatisme a causé de maux, en répandant des images dans les campagnes. Je propose à la Société de vouloir bien engager tous les artistes à travailler en sens contraire, en faisant des images analogues à la Révolution.

[M. *Manuel* demande « que des membres de la Société se chargent de l'honorable fonction d'aller dans les campagnes et les sections de Paris faire aux enfants le catéchisme de la liberté ».]

L'ajournement de la discussion et de la demande de M. Manuel a été renvoyé à mercredi. — M. Petion est entré au milieu des applaudissements universels. — M. *Lasource* fait ensuite lecture des réflexions d'une dame sur les finances.

M. Manuel. — Je demande que l'on envoie une copie de ces réflexions au Comité des finances, à l'Assemblée nationale, ne fût-ce que pour lui apprendre que les dames ne se forment plus qu'à nos plaisirs, mais qu'elles peuvent encore nous donner des leçons.

La Société a arrêté cette proposition, ainsi que la mention honorable au procès-verbal. — On a passé à l'ordre du jour.

[M. *Lequinio* présente quelques observations sur ce qu'on attend des décisions de l'Assemblée nationale dans les circonstances présentes. — MM. *Duchasal* et *Albitte* parlent dans le même sens, en insistant sur les mesures à prendre contre les émigrants.]

M. *Burté*, que la Société devait entendre demain sur les finances, l'a été aujourd'hui. Il a dévoilé, dans un ouvrage qu'il a lu, toutes les turpitudes ministérielles, et fait connaître quels sont les commissaires que les ministres veulent nommer pour les finances, entre autres MM. Bouché, secrétaire à la mairie, et Parisot, ci-devant aide de camp du général. — La Société a arrêté l'impression de cet ouvrage et l'envoi au Comité de finances[1]. — On admet une députation des employés aux Fermes qui viennent se plaindre des passe-droits qu'on leur fait en accumulant trois et quatre places au même individu, tandis que, faute d'emploi, des pères de famille se trouvent réduits à la plus extrême détresse.

La séance a été levée à dix heures.

C

SÉANCE DU LUNDI 28 NOVEMBRE 1791

PRÉSIDENCE DE M. COUTHON

Après la lecture du procès-verbal, un des membres du Comité de présentation proclame la liste des candidats admis par ce Comité, dans laquelle on remarque le nom de M. de Saint-Huruge, que l'on avait cru rejeté, quoiqu'il se fût présenté à la Société, parce que l'ancien Comité de revision ne lui avait pas adressé de lettre d'invitation pour se présenter. — M. *Robespierre* entre au milieu des plus vifs applaudissements. M. *Collot d'Herbois*, qui occupait le fauteuil comme vice-président, demande que ce membre de l'Assemblée constituante, justement surnommé *l'incorruptible,* préside la Société. « Le règlement de cette Société, dit-il, est pour cette motion. Il faut que les bons généraux visitent les postes. » Cette motion, appuyée et mise aux voix, est adoptée à l'unanimité, et M. Collot d'Herbois engage M. Robespierre à monter au fauteuil.

M. ROBESPIERRE. — Messieurs, en m'appelant à la place que j'occupe en ce moment, vous m'avez mis à portée de prouver le profond respect que j'ai pour cette assemblée. Vous m'avez donné une tâche bien difficile à remplir, celle de vous témoigner ma gratitude. Car les témoignages qu'elle m'a donnés sont bien au-dessus de mes forces, et j'espère que vous voudrez bien prendre mon impuissance pour l'acquit de cette dette. (*On applaudit.*)

[M. *Dubois de Crancé* exprime une série d'observations sur les limites de l'inviolabilité royale, et présente un projet de décret contre les « coupables de

---

1. *Observations sur la nomination des commissaires de la comptabilité, lues à la Société des amis de la constitution le dimanche* 27 *novembre* 1791. — Imp. du *Patriote français.* s. d., in-8 de 15 p. — Bibl. nat., Lb 40/2248.

lèse-nation ». La Société ordonne l'impression de ce projet de décret, afin que « la distribution en soit faite ce matin à MM. les députés de l'Assemblée nationale ». — *M...* examine « quelles mesures l'Assemblée nationale peut prendre pour tirer de son indolence le pouvoir exécutif, s'il le faut pour le forcer à agir ». — *M. Lasource* parle dans le même sens. — *M. Robespierre* adopte, sauf une expression, le projet de décret de M. Dubois de Crancé, et critique le décret rendu le matin même par l'Assemblée nationale. — *M. Albitte* parle dans le même sens.]

La Société fraternelle séante aux Minimes vient exciter l'intérêt de la Société pour M. Wiel, de Varennes, qui, malgré ses sollicitations, se trouve privé de la juste récompense qu'il croyait devoir obtenir de l'Assemblée nationale constituante.

M. LE PRÉSIDENT. — Messieurs, la Société s'aperçoit avec quelque inquiétude qu'il n'y a point ici, pour l'instant, de membres de l'Assemblée nationale. Elle prend tout l'intérêt possible au civisme du citoyen dont vous l'entretenez. Elle sait que le mérite n'a pas toujours été récompensé. C'est peut-être pour lui un titre de dédommagement. Mais cela ne diminue rien de l'intérêt que l'Assemblée nationale prendra à lui rendre justice. Elle vous invite à assister à sa séance.

La séance a été levée à dix heures.

CI

SÉANCE DU MERCREDI 29 NOVEMBRE 1791

PRÉSIDENCE DE M. COUTHON

[Un membre de la Société rapporte une rixe survenue au Palais-Royal, à propos des Jacobins.]

M. MANUEL. — Je crois devoir observer au public, qui pourrait s'étonner et se scandaliser de voir si peu de membres dans cette Société, que les Amis de la constitution remplissent le devoir le plus sacré, qui est de concourir aux affaires du peuple. Un arrêté nous dispensait d'une séance aujourd'hui, et nous ne la tenons que pour remplir les vues du public qui y assiste.

[*M...* fait hommage à la Société d'un poème sur le pape. — *M. Bourdon* communique la correspondance, et, entre autres, une lettre de Strasbourg sur les menées des ennemis. — On entend une députation de Versailles.]

M. COLLOT D'HERBOIS. — Messieurs, les résolutions de l'Assemblée nationale relatives aux émigrants sont celles que la nation entière, si elle pouvait s'assembler, aurait prises. Tous les bons citoyens ont approuvé ces résolutions. La meilleure réponse à faire à ces citoyens traîtres et parjures à leur patrie est celle que vous avez faite : celle de jurer de consacrer ses biens, son sang et son épée, au maintien de la constitution. La seconde sera toujours de les repousser. Tels sont les sentiments des Amis de la constitution; vous l'êtes, Messieurs, et votre place est marquée ici. La Société vous invite à assister à sa séance.

Le *veto* mis par le roi sur le décret des émigrants excite la réclamation de la Société d'Héricourt, qui fait à ce sujet le dilemme suivant : « Si celui qui vient d'être appliqué, dit-elle, est dans la constitution, c'est un vice; s'il est hors de la constitution, l'appliquer est encore un vice. »

M. *James Rutledge* réclame contre une prétendue députation de la Société des droits de l'homme et du citoyen qui est venue dire qu'il avait été exclu de cette Société. Il demande la parole pour M. Boucher de Saint-Sauveur, président de cette Société, qui s'offre pour le justifier.

On est passé, sur cette demande, à l'ordre du jour.

[*M. Bourdon* donne quelques renseignements relatifs au procès de M. d'André, et sur les officiers de marine dénoncés comme déserteurs.]

M. *Palissot,* à qui on avait accordé la séance, a demandé la parole pour faire part à la Société d'un ouvrage qu'il veut publier sur les affaires du temps et les opinions religieuses. Il retrace dans cet ouvrage, avec le talent qui lui est propre, les dangers de la confession. La philosophie profonde qui caractérise ce discours fait le plus grand honneur à son auteur; quelques détails en ont cependant fait interrompre la lecture, sur les observations de M. *Robespierre.*

« Nous ne devons pas, dit le législateur incorruptible, sortir de la ligne de démarcation que nous a prescrite l'Assemblée constituante. Je crois donc que la Société ne peut pas entendre cet ouvrage sans danger. Il ne faut pas heurter de front les préjugés religieux que le peuple adore; il faut que le temps mûrisse ce peuple et le mette insensiblement au-dessus des préjugés; je demande donc que la Société passe à l'ordre du jour, et qu'elle s'occupe des objets que les circonstances rendent plus pressants. »

M. Manuel. — Messieurs, j'ai toujours eu, et j'ai le pressentiment que c'est dans cette Société, à cette tribune, que tomberont peu à peu les préjugés, parce que les préjugés sont au nombre de ces tyrans que vous avez juré d'abattre. Nous ne pouvons donc pas trop accueillir ceux qui veulent commencer avec nous cette croisade philosophique. Le temps est venu où nous pouvons parler des rois et des prêtres, car il a été un temps où les rois défendaient de parler des prêtres, et où les prêtres défendaient de parler des rois. Je demande que M. Palissot soit entendu.

La Société, consultée sur ces deux motions, arrête que l'on passera à l'ordre du jour, en témoignant à M. Palissot sa reconnaissance pour les réflexions philosophiques qu'il avait communiquées.

L'ordre du jour amenait la suite de la discussion sur les malheurs arrivés à Saint-Domingue.

[*M. Clavière*, après quelques observations sur ce sujet, fait des remarques sur l'inviolabilité du roi. — *M. Rœderer* lui répond, et représente à la Société tous les dangers dont elle est entourée.]

M. *Machenaud* a fait lecture à la Société de la liste des membres qui entreprennent la noble fonction d'instruire les enfants et de leur faire le catéchisme de la constitution.

Ce sont MM. Petion, Robespierre, Lanthenas, Rœderer, Collot d'Herbois et Bourdon.

Tous les citoyens sont invités à se réunir mardi, dans la salle des séances de la Société, à neuf heures du matin, pour prendre connaissance de cette entreprise patriotique.

La séance a été levée à dix heures.

CII

SEANCE DU JEUDI 30 NOVEMBRE 1791

[Le *Journal des Jacobins* ne mentionne pas de séance à cette date, et pourtant il existe un discours prononcé par Rœderer aux Jacobins le 30 novembre : *Société des amis de la constitution, séante aux Jacobins, à Paris. Réflexions nouvelles sur les projets des ennemis de la constitution*, par P.-L. Rœderer, lues à la Société le 30 novembre 1791. — Imp. du *Patriote français*, s. d., in-8 de 11 p. — Bibl. nat., Lb 40/649. — Les *Annales patriotiques* du 4 décembre 1791 donnèrent un extrait de ce discours.]

CIII

Décembre 1791

SÉANCE DU VENDREDI 2 DÉCEMBRE 1791

PRÉSIDENCE DE M. ISNARD

[On communique la copie d'une lettre écrite par M. Girardot, émigré, et adressée à M. Renard. — Lettre d'une Société d'agriculteurs d'Ampuis (Rhône-et-Loire).]

M. *Manuel,* nommé procureur général de la commune[1], reçoit des applaudissements en entrant dans la salle.

M. MANUEL. — Messieurs, le peuple, que j'ai déjà servi, veut encore que je le serve. Que la volonté du peuple soit faite! Les nominations de MM. Pétion, Rœderer, Prieur et plusieurs autres, m'avaient prouvé qu'il était juste, et la mienne me prouve qu'il est reconnaissant; je la dois sans doute au zèle et à l'exactitude que j'ai apportés dans mon administration provisoire; mais, Messieurs, il me faut des lumières, et je demande les vôtres. J'espère qu'après vous être occupés du bien général, vous vous occuperez du bien de la commune. Pour ne pas perdre de vue vos principes et vos sentiments, je vous promets de toujours porter avec moi la constitution et l'*Almanach du père Gérard*.

M. CHABOT, *faisant les fonctions de président.* — La Société applaudit de tout son cœur à votre nomination; elle y a sans doute contribué, parce qu'elle a reconnu en vous un patriote éclairé; elle attend le salut de la ville de Paris de votre vigilance et de votre activité.

La Société de Royan communique une pétition qu'elle doit faire à l'Assemblée nationale sur l'agiotage, car c'est surtout dans son département qu'il fait des ravages. Elle propose une mesure, déjà présentée par plusieurs départements, c'est de multiplier les assignats de cinq livres et au-dessous, au préjudice de ceux de deux mille, de mille et

---

1. *Sic;* il faut lire : *procureur de la commune.*

[2 déc. 1791] SOCIÉTÉ DES JACOBINS

de cent francs. Elle appuie la demande de la Société de Carvin pour l'affiliation.

Une nouvelle Société des amis de la constitution, qui paraît pénétrée des meilleurs principes, s'est formée à Sarrelouis ; elle demande l'affiliation. La Société de Tourcoing dénonce l'illégalité des nominations qui viennent de se faire chez elle pour la municipalité. Au lieu de les faire dans l'église, comme il convenait, on a annoncé qu'elles se feraient dans quatre auberges, et, là, douze gardes du corps avec quelques prêtres non conformistes ont fait nommer des municipaux contre lesquels il y a une réclamation de plus de la majorité de la commune.

M. LOSTALOT. — Messieurs, M. Duportail, ministre de la guerre, a fait ce matin ses adieux à l'Assemblée nationale. (*Applaudissements.*) M. Duportail a dit qu'il donnerait volontiers des renseignements et des instructions à ses successeurs, mais il n'a pas parlé de rendre ses comptes. Nous sommes menacés des plus grands malheurs, si cette responsabilité est sans effet, si elle demeure morte sur le papier. M. Montmorin est parti, M. Duportail a remercié ce matin ; nous ne savons pas ce qu'ils vont devenir. J'engage donc tous les membres de l'Assemblée nationale mes collègues à se réunir à moi, afin de demander à l'Assemblée nationale que M. Duportail soit tenu de rendre compte de l'administration de son département avant de quitter Paris.

M. COUTHON. — Je suis bien aise de rendre compte à l'assemblée des dispositions de l'Assemblée nationale à cet égard : ce matin, en apprenant cette nouvelle, le premier cri des patriotes a été de demander qu'il ne puisse sortir sans rendre ses comptes... Quelques personnes, qui avaient intérêt à parler ainsi, ont dit qu'il y avait un décret sur cet objet ; on a ajourné la question jusqu'à ce que le décret soit représenté, mais il est sûr qu'elle sera produite demain.

M. GRANGENEUVE. — Je demande la parole pour faire part d'une lettre écrite de Bordeaux ; elle prouve combien M. Duportail est coupable. Nous avions à Bordeaux un bataillon sans armes, et qui n'est pas même vêtu. Il a passé à deux fois par notre ville une grande quantité de fusils qui n'étaient point pour Bordeaux ; le bataillon n'a pas eu la même sagesse, et il s'est emparé des fusils... L'ordre est bientôt venu de faire rendre ces armes ; mais quelle joie nous avons eue à notre tour, à la Société des amis de la constitution, le jour que nous avons armé nos soldats ! Les aristocrates enrageaient, mais nous avons versé des larmes de joie. Nous les avons empêchés d'être licenciés. Ils ont rendu avec joie d'une main les armes dont ils s'étaient emparés, et de l'autre ils ont reçu les armes des Amis de la constitution. Les tribunes, hommes, femmes, enfants, signalaient à l'envi leur désir de concourir à l'armement de ces braves soldats... Quelle joie!... Il paraît que ces sensations ne sont pas de l'ancien régime. On ne pouvait les éprouver, parce que nous ne pensions pas comme aujourd'hui. Je désirais que nos braves députés de Bordeaux fussent présents à cette scène. Tous nos braves défenseurs sont armés, et demain il y a exercice au Champ de la Fédération; il reste encore des armes et de l'argent pour en faire fabriquer.

[*M. Carra* présente quelques observations sur la « démission subite du ministre de la guerre ». — *M. Dubois de Crancé* lit une adresse à l'Assemblée nationale « tendant à faire connaître les principes des Jacobins ».]

La scission qui s'est opérée dans la Société des droits de l'homme et du citoyen, à l'occasion de M. Rutledge, a entraîné une vingtaine de personnes à la suite de ce membre, pour former une nouvelle Société. La majorité est restée au Musée, rue Dauphine. — Ces deux sections envoient chacune une députation. Celle de la majorité est entendue la première, et a fait lecture à la Société d'une pétition destinée à être présentée à l'Assemblée nationale, et dont l'objet est de demander que les princes soient mis en état d'accusation. Elle prévient qu'elle continue de tenir ses séances rue Dauphine, faubourg Saint-Germain.

M. LE PRÉSIDENT. — Messieurs, la Société des amis de la constitution remarque avec plaisir, dans la pétition dont vous venez de lui faire part, l'énergie et les sentiments du patriotisme qui vous ont toujours distingués, et elle vous invite à assister à la séance.

L'autre députation est ensuite montée à la tribune et s'est plaint avec amertume de la conduite tenue à l'égard de M. Rutledge, conduite qu'elle a taxée d'injustice.

M. LE PRÉSIDENT. — La Société des amis de la constitution voit avec peine qu'au moment où la discorde fait siffler ses serpents pour diviser les amis du bien public, il se soit élevé un différend dans votre Société; elle fera tout ce qui dépendra d'elle pour rétablir l'union parmi vous; elle vous invite à assister à sa séance.

M. *Dulaure* a présenté à la Société un ouvrage ayant pour titre :

Histoire critique de la Noblesse, depuis le commencement de la monarchie jusqu'à nos jours.

La séance a été levée à dix heures.

CIV

SÉANCE DU DIMANCHE 4 DÉCEMBRE 1791

PRÉSIDENCE DE M. ISNARD

[Une députation du café de Foy vient donner des renseignements sur les scènes qui s'y sont passées depuis plusieurs jours. Le Président remercie la députation et l'invite à assister à la séance. — Correspondance : la Société d'Orléans annonce qu'elle a engagé toutes les Sociétés qui l'entourent à ouvrir leurs séances au public; — celle de Baulle (Loiret) dénonce « la conduite inconstitutionnelle du sieur La Pierre, curé de Baulle »; — celle d'Arsy communique son adresse au roi sur le veto.]

En lisant l'extrait de la correspondance, M. *Bourdon* avait prié la Société de s'intéresser au sort d'un infortuné, victime de son patriotisme, et qui a été chassé de son corps pour avoir professé des principes conformes à la constitution. Cet homme demande à servir soit aux frontières, soit dans la gendarmerie. — L'état de détresse où se trouve ce malheureux avait engagé M. Bourdon à exciter en sa faveur la générosité des citoyens. Les tribunes des deux extrémités de la salle ont fait une quête dont le produit, montant à cent cinquante-six livres quatorze sols, a été offert à cet infortuné.

[M. *Brival* présente une série d'observations tendant à s'opposer au départ des troupes avant le rapport du Comité colonial. — Une députation du fort Saint-Pierre vient exposer les persécutions exercées contre les patriotes de la Martinique.]

M. BURTÉ. — Je vous demande également la parole pour demain, afin de donner des renseignements sur les commissaires du roi. (*Accordé.*)

Vers la fin de la séance on fait parvenir une lettre à M. le Président, qui en donne lecture sur la demande de plusieurs membres de la Société; elle contient le fait suivant :

« A l'instant, au milieu du Palais-Royal, un particulier, dont on ignore encore le nom, entend partir à ses côtés un coup de sifflet, et à l'instant il voit venir à lui un garde national, le fusil sur l'épaule, pour l'arrêter. Se voyant saisir par ce garde, il lève sur lui la badine qu'il avait à la main, et, avec cette arme innocente, il se dégage de son arrêteur. Mais bientôt celui-ci, apercevant plusieurs gardes nationaux, court, le sabre levé, sur la proie qui venait de lui échapper, se joint à eux, et pourchasse, le sabre à la main, ce malheureux, qui a été atteint de plusieurs coups sur la tête et est maintenant à demi-mort dans le corps de garde.

« Il est à présumer, continue l'auteur de la lettre, que ces brigands sont payés par les ennemis de la chose publique pour assassiner sous l'habit de garde national et le rendre odieux au peuple. »

Cette lecture excite les plus vifs murmures.

La séance a été levée à dix heures.

CV

SÉANCE DU MERCREDI 6 DÉCEMBRE 1791

PRÉSIDENCE DE M. ISNARD

Un de MM. les secrétaires fait lecture du procès-verbal de la dernière séance, dans lequel se trouvent quelques détails sur le renvoi fait par l'Assemblée au Comité de présentation de l'admission de MM. Bonjour et de la Salle.

Un membre de ce Comité annonce que, d'après les renseignements pris sur M. Bonjour et les explications données par M. de la Salle aux diverses inculpations portées contre lui par un membre de la Société qui a refusé de venir au Comité appuyer de nouveau ses inculpations, le Comité a cru pouvoir de nouveau présenter ces deux candidats à la Société.

M. *Robespierre* s'élève contre l'admission subite de ces deux membres, et, après une assez longue discussion, on met aux voix la motion qu'il a proposée à leur égard, savoir : l'ajournement à la huitaine pour M. Bonjour, et l'ajournement indéfini pour M. de la Salle. (*Adopté à l'unanimité.*)

Parmi les demandes de plusieurs personnes pour obtenir l'entrée de la séance on distingue celle de l'envoyé des whigs constitutionnels d'Angleterre, qui avait présenté, quelques jours avant, la lettre de cette portion patriote du peuple anglais à l'Assemblée nationale.

A son entrée, la salle retentit d'applaudissements redoublés, tant de la Société que des tribunes; on engage cet honorable étranger à prendre place au bureau, à côté de M. le Président.

M. RÉAL. — Lorsque je vois entrer dans cette salle un des députés de la nation anglaise, je suis étonné de n'y pas voir les trois pavillons que la Société avait arrêté d'y suspendre. Je demande donc que le Comité chargé de cet objet réalise le plus incessamment possible le vœu de l'Assemblée.

Un membre du Comité d'administration assure que l'on travaille à force à ces pavillons, et que sous peu de jours ils seront en place.

M. LE PRÉSIDENT. — Lorsque je vois se rendre dans votre Société un des généreux porteurs d'une lettre aussi patriotique et qui caractérise des sentiments aussi fraternels que celle qui a été adressée à l'Assemblée nationale par la nation anglaise, je crois, Messieurs, que votre président peut prendre sur lui, malgré l'usage contraire, de lui adresser la parole. — Puis se tournant vers le député anglais, avec l'élan sublime d'une éloquence patriotique : «Monsieur, ce n'est point par des paroles que je chercherai à vous peindre nos sentiments, ils sont tels que toutes les expressions ne sauraient les rendre; mais c'est dans cette ivresse générale, c'est dans ces transports dont la voûte a retenti, que vous devez reconnaître l'enthousiasme d'une nation qui connaît tout le prix de la liberté. Quand vous serez de retour dans votre patrie, dites que vous avez vu les Français vivement pénétrés des sentiments de la liberté; dites que la nation française fera dans l'univers la plus grande des révolutions. Monsieur, si un ciel nouveau semble rire pour les habitants de ce royaume, si les jours de la philosophie s'élèvent pour dissiper les préjugés de l'erreur, ce sera vous, peuple anglais, ce seront les Français qui auront tourné cette heureuse page du livre des destins. Voilà, Monsieur, ce que les Français me chargent de vous dire ; puissent nos cœurs être unis de la plus douce fraternité! »

Les applaudissements universels qui suivent cette harangue laissent entendre l'expression du désir de voir M. le Président embrasser le député.

M. LE PRÉSIDENT. — Eh bien! je sens encore un besoin qui presse mon cœur : celui de vous embrasser.

Ces deux illustres membres se donnent l'accolade, qui semble le présage de l'union intime des deux nations libres de l'Europe.

M. le Député. — Monsieur le président et toute l'Assemblée en général, je ne m'attendais pas à une pareille réception; si je l'avais prévue, je me serais arrangé de façon à m'exprimer; je ne puis que vous dire que je ferai récit de la réception agréable que j'ai reçue ici à tous mes compatriotes, et ils partageront sans doute l'émotion qu'elle me fait éprouver.

M. *le Président* demande que le Comité de présentation soit autorisé à donner un diplôme à M. le député pour tout le temps de son séjour à Paris. (*Accordé à l'unanimité.*)

M. *Misnard*, membre de la Société, respectable par son âge et son patriotisme, monte vers M. Isnard et l'embrasse avec transport, en versant des larmes.

M. Biauzat. — Je demande qu'il soit fait un extrait détaché de ce qui vient de se passer pour être remis à cet honorable étranger, et, en outre, qu'il soit voté des remerciements à M. le président.

M. Isnard. — J'ai été assez récompensé par les sentiments que j'ai vus se manifester dans toute l'Assemblée, et surtout par les larmes de joie que ce bon et respectable vieillard vient de verser en m'embrassant. Je ne mettrai donc que la première partie de la proposition de M. Biauzat aux voix.

Plusieurs voix. — Non, non, point de division !

M. *le Président,* cédant à la volonté générale, met aux voix la proposition de M. Biauzat. Elle est adoptée à l'unanimité.

[Un dragon du 6e régiment lit le discours « de M. Gouy d'Arsy, lors de sa réception au grade de colonel, au régiment assemblé », et une dénonciation que l'on renvoie au Comité militaire, et sur laquelle *M. Carra* présente quelques observations. — *M. Manuel* dénonce les menées hypocrites du juge de paix M. Bosquillon à son égard. — *M. Dufourny* annonce la nomination de Danton à la place de procureur-syndic (*sic*) de la commune[1]. — Correspondance : on communique du Havre la « copie des procès-verbaux des séances les plus remarquables de l'assemblée coloniale du Cap ». — La Société de Castries (île Saint-Louis) demande l'affiliation ; — celle de Saint-Diez-sur-Loire[2] dénonce les forfaits des prêtres réfractaires ; — celles de Neuf-Brisach et du Faouët félicitent la ville de Paris de la nomination de M. Petion. — On se plaint, de Besançon, de l'incivisme du sieur Gaspard.]

1. Danton avait été élu deuxième substitut du procureur de la commune par 1,162 voix, contre 654 à Collot d'Herbois, 399 à Gérard de Buzy, 279 à Hardy. Thouret et d'autres avaient aussi obtenu quelques voix. On voit que cette élection eut lieu le 6 décembre 1791, et non le 7, comme on le dit généralement.

2. Nous n'avons pas pu identifier ce nom de lieu.

M. Dubois de Crancé. — Messieurs, je viens vous parler de l'ordre du jour, je ne serai pas long : l'Assemblée ne se doute pas, sans doute, que l'ordre du jour pour demain sera un second *veto;* je ne préjuge rien, mais je ne crois pas que la démarche d'hier soir ait un objet avantageux. Je vous dénonce que MM. du directoire du département ont pris, hier, un arrêté entre eux de demander au roi, par une pétition, qu'il veuille bien apposer son *veto* au décret sur les prêtres non conformistes[1].

M. *Robespierre,* en développant toute l'énormité de la faute dont se rendent coupables les membres du directoire du département, observe qu'il n'y a cependant aucun moyen légal de s'opposer à cette démarche peu respectueuse pour l'Assemblée nationale, puisqu'ils ont pris la forme de pétition, qui est le droit commun à tous les citoyens ; il conclut en démontrant que le mépris et l'indignation publics peuvent seuls en faire justice.

Vers la fin de la séance, un membre de la Société fait lecture de cette pièce vraiment curieuse, à laquelle se trouvent apposées les signatures de tous les membres du directoire, excepté celle de M. Bœderer. Ce que l'on peut dire de plus propre à caractériser ce chef-d'œuvre, c'est que M. Demeunier est un des premiers signataires.

La séance a été levée à dix heures.

CVI

SÉANCE EXTRAORDINAIRE DU JEUDI 8 DÉCEMBRE 1791

SÉANCE DU MATIN

Dans cette séance, annoncée au public pour soumettre au jugement des pères et mères de famille le plan d'éducation nationale proposé par M. Bourdon à la municipalité provisoire, et qu'il avait déjà exposé dans une des séances de la Société, M. *Collot d'Herbois,* vice-président de la Société, prend le fauteuil.

Le public étant entré dans l'intérieur de la salle, M. Collot d'Herbois

---

1. Il s'agit de la pétition du directoire du département de Paris au roi, en date du 5 décembre 1791, dont on trouvera le texte dans le *Moniteur,* t. X, p. 570. Le 9 décembre suivant, les membres du directoire écrivirent au *Moniteur* pour protester contre l'intitulé de cette pétition, qui n'était pas, selon eux, un acte du directoire, mais « seulement l'expression de l'opinion des personnes qui l'ont signée ». Cette lettre parut dans le *Moniteur* du 14 décembre 1791.

observe que, cette séance n'étant pas particulière à la Société, il n'a aucun droit à la présider.

L'acclamation générale assure à M. le président que personne n'est jugé plus digne que lui de remplir le fauteuil.

M. *Bourdon* fait lecture de l'exposition de son plan d'éducation, sur lequel nous reviendrons dans un de nos prochains suppléments, quoiqu'il se trouve déjà dans une de nos feuilles, mais à la rédaction de laquelle les circonstances des 17 et 20 juillet nous avaient empêché de prendre part.

Plusieurs orateurs montent à la tribune, entre autres MM. *Simonne, Billaud-Varenne, Manuel,* pour faire l'éloge de ce plan d'éducation, qui réunit les suffrages de l'Assemblée; le peu d'espace ne nous permettra d'insérer aujourd'hui que le discours de M. Collot d'Herbois à cette occasion.

[Suit ce discours.]

SÉANCE DU SOIR

A l'ouverture de la séance, M. *Gerdret* a rendu compte à la Société d'un petit voyage qu'il vient de faire aux environs de Beauvais, pendant lequel il a assisté à plusieurs séances de la Société des amis de la constitution, qui lui a paru animée du feu de la liberté et désirer avoir la correspondance la plus active avec la Société-mère. Elle se plaint de l'ignorance où elle est de ce qui se passe dans cette Société. — Nous profitons de cette circonstance pour annoncer que, dans sa séance de lundi dernier, la Société a pris l'arrêté de remettre sa correspondance au rédacteur du journal de ses débats, qui en insérera un extrait dans les feuilles de ce journal, qui fera parvenir par ce moyen, quatre fois la semaine, aux Sociétés affiliées, qui presque toutes y ont souscrit, les détails de la correspondance de toutes les Sociétés et les débats des séances de la Société-mère. — On est passé à l'ordre du jour : la discussion de la pétition du directoire du département de Paris [1].

[*M. Clavière* regarde cette pétition « comme une démarche véritablement contraire à l'esprit public et au patriotisme ». — *M. Robespierre* examine, à ce propos, « la conduite du département de Paris, et la conduite que les citoyens pourraient tenir ».]

1. Voir plus haut, p. 275.

M. *Desmoulins* a considéré cette pétition du directoire comme le premier feuillet d'un vaste registre de guerre civile envoyé à la souscription et à la signature des aristocrates des quatre-vingt-trois départements. « Car, a-t-il dit, je suis persuadé que le roi ne mettra son *veto* que dans quinze jours, et qu'il ne l'apposera que quand il verra que cette pétition, signée dans tous les départements, lui présentera beaucoup de prosélytes. »

La Société annonce une commission pour lui présenter, à la première séance, un projet d'adresse à l'Assemblée nationale contre la pétition du département.

La séance a été levée à dix heures.

CVII

SÉANCE DU VENDREDI 9 DÉCEMBRE 1791

PRÉSIDENCE DE M. ISNARD

[M. *Patris* lit une adresse de la section de l'Observatoire sur le projet de veto contre le décret des prêtres non assermentés.]

La matière traitée dans cette adresse paraissant trop importante à la Société pour en interrompre la discussion, on n'a pas fait lecture de la correspondance, et M. Robespierre est monté à la tribune pour faire, au nom de la commission nommée à cet effet, lecture de l'adresse rédigée à cette occasion.

[Suit un extrait de cette adresse, dont la Société arrête l'impression et l'envoi aux Sociétés affiliées [1].]

M. BOURDON. — Messieurs, la Société d'Alençon fait part de ses inquiétudes sur la coalition que M. Delessart, ci-devant ministre de l'intérieur, avait dessein de former entre les corps administratifs de tout l'empire, et dont Paris serait le centre.

M. *Dubois de Crancé* a demandé que l'extrait de la lettre de cette Société fût joint à l'adresse de M. Robespierre, et que l'on ajoutât au bas, en forme de remarque, que la Société d'Alençon n'était pas instruite des intentions du directoire de Paris.

1. Voir la pièce suivante.

M. *Carra* annonce que l'empereur avait fait savoir au roi, par une lettre qu'il reçut mardi soir, que les puissances étaient dans l'intention de se livrer à son soutien et à celui de la monarchie française. Il ajoute qu'avant de recevoir ces nouvelles, le roi était presque déterminé à venir à l'Assemblée nationale proposer des mesures contre les émigrants, mais que l'adresse du directoire l'avait fait changer de sentiment, puisqu'il n'a pas été à l'Assemblée nationale. — Il conclut en disant qu'il était de toute nécessité de commencer l'attaque par Liège, et de ne pas attendre que la coalition entre les puissances étrangères fût entièrement formée. — M. *Robespierre* dit que M. Carra donnait peut-être avec un peu trop de confiance dans cette prétendue coalition, qu'il était bon de se tenir sur la défensive, mais qu'il croyait que les puissances étrangères avaient plus l'intention de nous effrayer que de nous attaquer.

M. *Desmoulins* fait part à la Société d'une adresse de la section du Théâtre-Français à l'Assemblée nationale contre la pétition du directoire tendant à faire mettre ces administrateurs en état d'accusation.

M. Couthon. — Je pense qu'il n'y a pas de délit au-dessus de celui-là. Je le regarde comme la plus grande infraction à la loi, et je pense que l'Assemblée nationale faiblirait si elle ne suspendait le directoire de ses fonctions. Ou ils avoueront la pétition et s'en déclareront auteurs, alors il faut les punir; ou ils la désavoueront, alors ils seront punis par ce désaveu.

La séance a été levée à dix heures [1].

1. Voir en outre : *Société des amis de la constitution, séante aux Jacobins, à Paris. — Opinion de* M. J.-M. Collot d'Herbois *sur notre situation actuelle, et sur la pétition présentée au roi par les membres du directoire du département de Paris lue à la Société dans la séance du 9 décembre* 1791. — Imp. du Patriote français, s. d., in-8 de 8 p. — Bibl. nat., Lb 40/651.

CVIII

LA SOCIÉTÉ DES AMIS DE LA CONSTITUTION

SÉANTE AUX JACOBINS, A PARIS

AUX SOCIÉTÉS AFFILIÉES [1]

(Imp. du *Patriote français,* s. d., in-8 de 6 pages.)

[9 décembre 1791.]

Frères et Amis,

Le directoire du département de Paris vient de donner à la nation un spectacle aussi nouveau qu'alarmant pour l'ordre public, celui d'un corps administratif provoquant le veto royal contre le décret que l'Assemblée nationale a rendu pour terminer les troubles religieux. A la première nouvelle de cette étonnante démarche, les citoyens ont refusé de la croire; ensuite ils se sont demandé : comment des administrateurs que le peuple a créés ont-ils pu seconder le projet formé par les ennemis de la constitution d'avilir le caractère de l'Assemblée nationale, de discréditer sa sagesse, de paralyser son activité, d'anéantir son pouvoir? comment ont-ils choisi pour premier objet de leur censure et de leurs attaques une loi jugée nécessaire pour éteindre le plus dangereux de tous les foyers du désordre et de la sédition? comment ont-ils choisi le moment où la ligue des prêtres réfractaires avec les ennemis extérieurs de la patrie semble lui annoncer des crimes prêts à éclater? Ont-ils voulu achever d'égarer l'ignorance, fortifier les scrupules des faibles, encourager l'audace des méchants, allumer le fanatisme, autoriser la révolte? Ont-ils voulu donner aux corps administratifs l'exemple criminel de se rallier autour du ministère pour combattre l'Assemblée nationale et enhardir la cour à mépriser une seconde fois le vœu de la nation? Ont-ils voulu élever le signal de la guerre civile et religieuse, et préparer le succès de la conspiration tramée depuis si longtemps contre notre liberté?

Telles sont les premières réflexions qu'a fait naître l'objet même de la démarche des administrateurs de Paris; la forme et le fond de leur adresse y ont ajouté une nouvelle importance.

---

1. Dans son rapport du 4 février 1792 à la Législative, Goguereau rappela que, comme on l'a vu plus haut, cette circulaire était l'œuvre de Robespierre.

On a remarqué d'abord qu'ils s'annoncent comme de simples citoyens pétitionnaires, pour se mettre à couvert de la loi qui interdit la pétition aux corps administratifs, et cependant ils ont soin de rappeler leur qualité d'administrateurs ; ils l'ajoutent même à leur signature. Ils parlent de la puissance d'opinion attachée à un corps imposant, en protestant que ce n'est pas cette puissance dont ils veulent se prévaloir ; enfin, ils vont jusqu'à se souvenir que l'exécution du décret les regarderait, s'il était exécuté ; et, après avoir fait la censure la plus violente, ils ne craignent pas de déclarer qu'aucun d'eux ne se sentirait ce genre de dévouement. En séparant ainsi sa qualité d'administrateur de celle de citoyen, on peut bien échapper peut-être à la sévérité de la loi, qui, chez un peuple libre, ne peut être étendue au delà des termes précis de ses dispositions ; mais échappe-t-on aussi aisément au jugement de l'opinion publique, qui, chez un peuple libre, est plus puissante que la loi même? Ces tristes subterfuges, cette artificieuse politique épargne-t-elle aux citoyens le sentiment de douleur qu'ils ne manquent jamais d'éprouver lorsqu'ils aperçoivent la duplicité des courtisans dans des magistrats qui devraient être sincères comme la probité, purs comme la vertu, incorruptibles comme la loi?

Cependant il faut en convenir, la précaution même qu'ont prise les pétitionnaires publics nous donne au moins l'avantage de nous expliquer plus librement sur les dangers de cette inconcevable pétition ; ce n'est point le corps imposant du directoire que nous avons à réfuter, mais simplement MM. Beaumetz, Démeunier, Anson, Garnier, Davous, Talleyrand, Brousse... C'est donc à eux qu'appartient le blâme ou le mérite du beau préambule de la pétition où, à une teinte près de flagornerie et d'idolâtrie, ils donnent au roi d'assez sages conseils, et même parlent constitution, liberté, égalité, comme les amis de l'égalité même. Il n'est pas jusqu'à l'Assemblée nationale à qui ils ne paraissent rendre un hommage. Cette partie de l'adresse mériterait des éloges, si elle n'avait pour but de préparer les esprits à la pétition condamnable qui en est l'unique objet. Mais nous avons deviné dès longtemps le secret de cette espèce de tactique ; les préambules des édits ministériels avaient déjà bien avancé l'éducation des Français à cet égard, et l'expérience de la Révolution l'a à peu près achevée. On commence à juger les hommes non par les maximes qu'ils étalent, mais par la fidélité avec laquelle ils les observent, ou par la bonne foi avec laquelle ils les appliquent ; et dans les plus beaux discours on cherche d'abord les conséquences et le résultat. La nation commence à être fatiguée de ce charlatanisme éternel qui, après avoir trahi tant de brillantes espérances, ne lui laisse apercevoir que des troubles après des troubles, des injustices après des injustices, des intrigues après des intrigues, des conspirations après des conspirations, des parjures après des parjures; elle sent le besoin de se reposer dans une législation pure, et dans une administration intègre, et dans un gouvernement loyal. On ne la trompera plus longtemps. C'est en vain qu'à une profession de foi stérile on joindrait son propre éloge pour accréditer des discours imposteurs; en vain annoncerait-on d'avance que l'on a l'honneur d'être inscrit sur des tables de proscription : on ne croira jamais que les ennemis de la liberté puissent proscrire ceux qui les servent si bien. On soupçonnerait plutôt des rapports assez intimes entre des hommes qui vont au même but par des routes différentes, et, si les vrais amis de la liberté daignaient parler de listes de proscription, ce sont eux qui auraient droit de penser que leurs noms pourraient bien y être inscrits, et par ses ennemis déclarés, et par ses ennemis hypocrites. C'est en vain qu'ils vanteraient encore l'invariabilité de leurs principes pendant le cours de la Révolution : on appellerait de leur témoignage à leur conduite; on examinerait si, placés sur un grand théâtre, ils ont été les serviteurs de la cour ou ceux du peuple, s'ils ont été passionnés pour la justice ou pour la fortune, s'ils ont eu une horreur invincible pour la tyrannie ou pour l'égalité. Que si, par hasard, appelés à poser les bases de la constitution dans le premier congrès de la nation, ils avaient donné l'exemple de cet odieux machiavélisme qui ne cesse de troubler l'ordre et la paix, au nom de l'ordre et de la paix; s'ils ne s'étaient prosternés comme les autres devant la liberté que pour la poignarder plus à leur aise; si, par des lois contradictoires et destructives des premiers principes de la constitution, ils avaient étouffé le germe de la prospérité de la génération présente, et préparé de nouveaux combats à celle qui la suit, qu'ils ne se flattent pas de tromper encore la nation dans d'autres emplois : ils sont jugés; ils n'échapperont pas plus au jugement de leur siècle et de la postérité qu'aux regards du grand Être qui voit naître la première pensée du crime dans le cœur des tyrans.

Les auteurs de la pétition ont soin de recommander au roi de prendre des mesures sévères contre les émigrants. Eh! qu'importe votre recommandation? Quelle force ajoute-t-elle au dernier décret de l'Assemblée nationale qui lui recommande ces mêmes mesures? Voulez-vous qu'on pense que votre intention a été de donner au roi un nouveau moyen d'avilir l'Assemblée nationale en paraissant céder aux pétitions plutôt qu'à son décret? Ou bien voulez-vous qu'on regarde ce décret, même si faible, comme surpris par une intrigue ministérielle, en voyant que vous l'appuyez avec intérêt auprès du ministère? Eh! que nous importe que la cour substitue de stériles proclamations ou des mesures actives plus dangereuses encore à la sage volonté de la nation exprimée par le premier décret de l'Assemblée législative? Venez au fait : que voulez-vous? que demandez-vous? Précisément ce que veulent les ennemis déclarés que vous semblez poursuivre avec une affectation trop suspecte : la nullité du décret si longtemps désiré pour déconcerter les projets du despotisme et de l'aristocratie, la liberté pour les prêtres réfractaires de conspirer impunément au dedans, en même temps que leurs alliés conspirent au dehors.

Vos objections de détail contre le décret ne méritent pas d'être réfutées. D'abord vous deviez vous les interdire ; non que tout citoyen n'ait le droit de censurer les actes du corps législatif, mais parce que jamais un bon citoyen n'usera de ce droit, surtout dans des circonstances semblables à celles où nous sommes, pour énerver son autorité et pour donner sur elle au pouvoir exécutif un dangereux ascendant. Eh! quelle est la loi qui ne sera anéantie par le veto, s'il suffit de pouvoir faire quelque objection plus ou moins spécieuse contre quelqu'une de ses dispositions? Quelle espèce de pouvoir resterait-il au corps législatif, si tous les corps administratifs, se transformant en citoyens pétitionnaires, se chargeaient de censurer ses décrets pour encourager la cour à les frapper du veto? C'est donc bien vainement que vous épuisez toutes les subtilités de la chicane pour prouver que la constitution ne permet pas d'exiger des citoyens le serment civique pour recevoir le salaire que l'État leur paye sans leur demander aucun travail ; que vous gémissiez sur la cruelle nécessité que leur impose la nation de jurer d'obéir aux lois de l'État pour jouir de leur protection et de leurs bienfaits. Qu'ils sont édifiants, ces scrupules que vous témoignez sur la liberté des cultes, et tous ces lieux communs de philosophie que vous débitez avec tant d'éloquence! Quelle philosophie que celle qui sacrifie le salut du peuple à l'intérêt d'une poignée de factieux! Quels philosophes que ceux qui ne l'invoquent que pour assurer la perte de la liberté et de la patrie! Quels philosophes que ceux qui, après avoir ridiculisé ses maximes dans la bouche des défenseurs du peuple, lorsqu'ils réclamaient les droits les plus sacrés de l'humanité et de la justice, ne se piquent de les respecter qu'au moment où il est question de favoriser les complots des absurdes ennemis de la raison et de l'humanité! Mais comment osez-vous parler de la liberté des cultes pour protéger une secte persécutrice du culte et des ministres salariés par l'État? Que dis-je, lorsqu'il ne s'agit pas d'une querelle religieuse, mais de la cause de la Révolution attaquée par une faction ennemie, avec des armes aussi dangereuses que ridicules? Comment avez-vous osé comparer la conduite des législateurs français, soumettant au serment civique et à des précautions de police une portion de citoyens qui troublent l'État au nom du Ciel, à ce despote fanatique qui condamna à l'exil des citoyens paisibles dont le seul crime était d'avoir une opinion différente de celle de ses ministres et de ses maîtresses? Avec une telle logique, comment espérez-vous que la nation ou le monarque mette plus de confiance dans votre sagesse que dans celle des représentants de la nation? Mais est-il bien vrai que ce soit une tendre sollicitude pour l'intérêt de la philosophie et des prêtres réfractaires qui les engage à désirer la suspension, ou plutôt l'anéantissement de la loi? S'il en était ainsi, il leur suffisait de présenter au monarque les puissantes raisons qui tourmentaient leur patriotisme; on ne peut pas même soupçonner qu'ils fussent sans accès ou sans crédit auprès de lui ou de ses ministres. Mais non, ce qu'ils voulaient, c'était la publicité la plus éclatante de leur censure; ils l'ont fait circuler avec autant de célérité que de profusion, et l'on peut croire, sans témérité, que les papiers ministériels et tous les autres canaux du gouvernement la répandront dans toutes les parties de l'empire. Ils voulaient donc tous les maux que la nature et la publicité de cette adresse devaient naturellement entraîner, et que j'ai décrits. Ne voulaient-ils pas encore préparer les esprits à l'exercice d'un second veto, combiné avec le premier, et que la cour n'aurait osé hasarder d'elle-même? Leur pétition n'était-elle pas concertée avec le ministère pour donner le signal aux autres corps administratifs et à tous les citoyens malintentionnés ou égarés de solliciter cet acte de l'autorité royale et de se rallier sous l'étendard des prêtres séditieux?

Ainsi donc, si, dans ce moment critique où des ennemis étrangers osent nous menacer, la nation se divisait en deux partis; si le trouble et l'anarchie désolaient la France; si le flambeau de la guerre civile s'allumait, pétitionnaires administrateurs, ces maux seraient en grande partie votre ouvrage. Ainsi, des hommes qui parlent le langage du civisme et de la constitution seraient convaincus de n'être que des étrangers à la ligue de ceux qui les insultent hautement. Ainsi se développerait à vos yeux cette grande conspiration dont on aurait dû plus tôt découvrir l'étendue, les ressorts et les acteurs. Craignez encore que votre conduite actuelle ne nous invite à nous souvenir du passé. Craignez qu'on ne se rappelle que ce sont les membres du directoire de Paris qui, les premiers, ont rendu cet arrêté perfide qui, sous le prétexte d'une fausse philosophie, a offert des églises particulières aux prêtres réfractaires et divisé le peuple des campagnes entre les anciens et les nouveaux pasteurs. Craignez qu'on ne se rappelle que les membres de ce même directoire, tantôt parlant à la barre de l'Assemblée comme pétitionnaires, tantôt au Comité de constitution et dans l'Assemblée comme législateurs, ont fait convertir en loi ce fatal arrêté qui a été la première source des troubles actuels, qui a ensanglanté plusieurs contrées de l'empire et fait triompher dans plus d'un lieu la cause du fanatisme et de l'aristocratie. Craignez enfin que, rapprochant cette époque de votre dernier attentat, on ne devine la trame profonde que l'intrigue et l'hypocrisie ont ourdie pour nous ramener au despotisme par l'anarchie. Mais non. Le despotisme est mort ; il est mort pour toujours ; l'anarchie même ne le ressusciterait pas.

Le monarque, sans doute, rejettera votre coupable adresse ; la nation la proscrira avec indignation. Au reste, ce serait en vain que nos ennemis voudraient s'en prévaloir. Ce serait en vain qu'ils auraient conçu l'affreux projet de couvrir la terre de la liberté de sang et de ruines ; la liberté s'élèverait sur ces ruines mêmes, elle surnagerait sur ces fleuves de sang, elle irait chercher un asile dans le cœur de tous les hommes échappés au carnage. Tremblez, perfides : les peuples sont plus forts que les tyrans !

Max. Isnard, *député de l'Assemblée nationale, président ;*

Lasource, Grangeneuve, Ph.-Ch. Goupilleau, *députés à l'Assemblée nationale ;* Réal, L. Perrochel, T. Rousseau, *secrétaires.*

« C'est ici le lieu de vous communiquer un sujet de crainte que nous partageons avec tous les amis de la liberté. Nous soupçonnons une correspondance secrète entre tous les corps administratifs, dont celui de Paris doit être le centre. Il serait bien important d'éclaircir un fait dont la réalité pourrait avoir les suites les plus dangereuses. »

(Extrait d'une lettre de la Société des amis de la constitution d'Alençon, en date du 4 décembre 1791.)

La Société des amis de la constitution de Paris, séante aux Jacobins, a arrêté que cet extrait serait mis en note au bas de l'adresse de M. Robespierre, adoptée par la Société.

CIX

SÉANCE DU DIMANCHE 11 DÉCEMBRE 1791

M. *Dusaulx* fait hommage à la Société des trois ouvrages suivants de sa composition : *la Passion du jeu, l'Insurrection parisienne, la Prise de la Bastille.* La mention honorable au procès-verbal est arrêtée. — M. *Lostalot* donne communication d'une lettre qui lui a été adressée par le procureur-syndic du département des Basses-Pyrénées. — Sur la demande que fait un particulier étranger à la Société d'y être admis pour faire une dénonciation sur un objet très important, on lui nomme MM. Chambon et Sergent pour commissaires chargés de l'entendre. Un instant après, M. Chambon annonce que ce particulier doit lui montrer les originaux de pièces dont il n'avait que les copies, et qui portent, dit-il, des preuves de malversation dans la vente des biens nationaux. (*Ajourné.*)

[MM. *Carra* et *Réal* ont eu successivement la parole sur les moyens à prendre au sujet de la proclamation de l'empereur. « L'un et l'autre pensent que le plus sûr moyen de résister aux efforts de nos ennemis est de les aller attaquer dans leurs foyers ». — M. *Robespierre* combat l'opinion présentée par M. Réal, que l'Assemblée nationale devait consulter les départements sur la question de la guerre.]

La Société a demandé, au milieu des applaudissements, que la discussion sur cet objet fût continuée demain. — La section du Palais-Royal envoie une députation pour faire part à la Société d'une adresse qu'elle destine à être présentée à l'Assemblée nationale, au sujet de la pétition des membres du directoire de Paris. — M. *Lasource*, présidant à défaut de M. Isnard, répond à cette députation :

« Messieurs, aujourd'hui, la voûte de l'Assemblée nationale a retenti de réclamations d'un peuple qui, montrant qu'il connaît ses droits, est digne de conserver la liberté qu'il a conquise. Vous avez fort bien jugé que la tribune des Amis de la constitution pouvait retentir des mêmes accents. La Société voit avec la même indignation que vous l'abus que font ses magistrats de votre confiance. L'indignation publique les poursuit, et, quand l'indignation publique poursuit des coupables, le glaive de la loi est près de les frapper. La Société reconnaît en vous des frères ; elle vous invite à assister à la séance. »

Une députation de la section des Innocents vient parler sur le même sujet.

La séance a été levée à dix heures.

CX

SÉANCE DU LUNDI 12 DÉCEMBRE 1791

PRÉSIDENCE DE M. ISNARD

A l'ouverture de la séance, un courrier s'est présenté, portant un paquet adressé de Bordeaux à M. le Président. Ce paquet était pour M. le président de l'Assemblée nationale. La Société nomme commissaires, pour accompagner ce courrier chez M. Lemontey, président actuel, MM. Lostalot et Sergent. — M. *Lanthenas* fait quelques observations sur le respect que chaque citoyen doit à l'assemblée, et le silence nécessaire pour la discussion. Il annonce que l'on continue à préparer à Lyon les logements pour les troupes de ligne, que l'on dégarnit les frontières d'Espagne, et que l'on vient de répandre, dans divers départements, le décret sur les Sociétés patriotiques, avec l'instruction de M. Chapelier que l'Assemblée constituante n'avait pas voulu admettre dans le décret.

[Correspondance : Lettre de... « qui annonce avoir suspendu toute correspondance avec la Société de Rennes »; — de M. Bois, curé de l'Hérault, qui « attend un décret qui l'autorise à avouer son mariage ». — La Société de Gravaude[1] annonce que, dans son département, les municipalités ont besoin d'être réformées; — celle de Carjoy[2] (Vienne) annonce que, lors de la revue, il s'est présenté onze cents volontaires au lieu de cinq cents. — M. *Lostalot* rend compte de la mission sus-énoncée. — M. *Dubois de Crancé* recherche les moyens de sortir des difficultés existantes.]

M. *Saladin* annonce que demain il doit être question à l'Assemblée nationale des décrets d'accusation à rendre contre les sieurs Varnier et Delastre[3]; il observe qu'il serait ridicule de porter des décrets d'ac-

1. Nous n'avons pas pu identifier ce nom de lieu.
2. Même remarque.
3. Varnier, receveur général des finances, et Delastre, professeur de droit, furent accusés de complicité avec les émigrés et traduits devant la Haute-Cour d'Orléans, qui les acquitta. — Cf. *Moniteur*, XIII, 323, 367. — C'est Basire qui, dans la séance de la Législative du 12 novembre 1792, avait dénoncé cette conspiration, et sa dénonciation eut un grand retentissement. Elle amena, le 25 novembre, l'établissement du Comité de surveillance.

cusation contre ces personnes, qui ne sont que complices, avant d'avoir rendu le décret contre les principaux coupables, qui sont les émigrés d'outre-Rhin ; il conclut à ce que ce décret soit proposé avant tout. (*Applaudissements universels.*)

M. *Carra* est ensuite monté à la tribune pour appuyer de nouveaux motifs les opinions de MM. Robespierre et Dubois de Crancé, qui pensent qu'il n'y a pas lieu à attaquer les émigrés.

M... soutient l'avis contraire, et propose d'investir l'Assemblée législative du pouvoir dictatorial; il s'appuie, pour prouver la possibilité de ce changement, sur les autorités de Jean-Jacques et de Montesquieu.

Cet opinant, accueilli avec beaucoup de murmures et d'applaudissements, réunit toute l'attention à l'annonce d'un projet de décret relatif à cette mesure. Mais M. Isnard, président, l'interrompt, en lui faisant observer que cette matière est trop délicate pour être agitée dans le moment, et qu'on n'y doit toucher qu'avec la précaution avec laquelle on s'approche du feu. (*Applaudi.*)

[*M. Robespierre* examine le caractère de la guerre qu'on va entreprendre.]

La séance a été levée à dix heures.

CXI

SÉANCE DU MERCREDI 14 DÉCEMBRE 1791 [1]

PRÉSIDENCE DE M. ISNARD

[Correspondance : Nouvelles de Bourges sur des tentatives de contre-révolution. — La Société des jeunes et fidèles amis de la constitution fait forger des piques « pour réprimer les brigands qui nous menacent ». — Les habitants du bourg Saint-Andéol ont réussi à élire des patriotes. — Cent vingt-six membres se sont séparés de la Société de Rennes, après la réception de M. Chapelier. — Bonnes nouvelles de Saint-Fargeau sur l'administration départementale. — La Société de Vic se plaint de l'incivisme des tribunaux; — celles de Périer, Port-Louis de l'île de France, Saint-Ambroix (Gard) et Selles (Cher), obtiennent l'affiliation ; — celle d'Autun envoie ses félicitations à M. Petion. — A Avesnes, « les citoyens se plaignent de ce que les ministres violent la loi ». — *M. le Président* lit une lettre du Club patriote Savoisien. Elle est très applaudie. Plusieurs membres demandent successivement l'en-

---

1. Voir dans *le Patriote français* du même jour, 14 décembre 1791, un article sur la pétition du directoire de Paris.

[voi aux journalistes patriotes, la mention honorable au procès-verbal, enfin une réponse à ce Club par le Président de la Société. M. *Lanthenas* le premier, M. *Robespierre* ensuite, et enfin M. *Biauzat*, font sur ce sujet des réflexions qui ramènent la Société à passer à l'ordre du jour sur ce sujet. M. Biauzat insiste même pour que cette lettre ne soit pas insérée dans le *Journal des débats* de la Société. La Société, consultée, adopte ces matières, et on passe à l'ordre du jour sur cette lettre. — M. *Bruat* rend « compte à la Société de ce qui vient de se passer à l'Assemblée nationale ». — M. *Ballet* ajoute à ce récit « ce qu'avait dit à l'Assemblée nationale le ministre de la guerre ». — M. *Chambon* rapporte certaines indiscrétions de quelques aristocrates. — M. *Biauzat* engage la Société à ne pas montrer trop de méfiance. — M. *Robespierre* prétend au contraire qu'on ne saurait prêter trop d'attention à tout ce qui peut menacer la liberté.]

M. DANTON. — Je dirai, comme M. Robespierre, que l'on ne doit accorder aucune considération à ce que vient de dire l'insignifiant M. Biauzat. Oui, Messieurs, nous avons cette grande question à discuter, et nous devons la discuter ; et c'est pour demander que la discussion soit continuée à la première séance que j'ai demandé la parole. Je vous peindrai les dangers de cette guerre. Je vous donnerai les développements de la coalition. Je vous ferai voir ce La Fayette, que j'ai démasqué en votre présence ; je prévois qu'il a calculé d'arriver au rôle de ce Theurvel, qui perdit la liberté brabançonne. Je vous démontrerai que cette envie de se faire nommer maire de Paris était une feinte ; que son véritable rôle, il le joue maintenant ; et qu'il était le point de réunion de toute cette faction qui veut nous donner la constitution anglaise, avec l'espérance ultérieure de nous donner bientôt celle de Constantinople. Que ceux qui se complaisent dans une confiance stupide se préparent à entrer en lice avec moi à la prochaine séance. Je prie M. le Président de consulter l'assemblée, pour savoir si son intention est de donner à cette question toute la solennité qu'elle mérite.

La Société, consultée, adopte à l'unanimité la motion de M. Danton. — M. *Bus* lit un discours qu'il avait préparé pour les séances précédentes, sur la pétition présentée au roi par les membres du directoire du département de Paris.

La séance a été levée à neuf heures.

CXII

SÉANCE DU VENDREDI 16 DÉCEMBRE 1791

PRÉSIDENCE DE M. ISNARD

[La séance a commencé par la lecture de la liste des personnes qui demandent l'entrée de la séance pour un jour. — L'affluence du peuple qui se présente journellement pour assister à la séance était si considérable que, les tribunes remplies, il restait encore une très grande quantité de personnes qui, n'ayant pu monter, exprimèrent leur mécontentement avec plus ou moins d'énergie. Quelques malveillants sans doute profitaient de cette circonstance pour jeter des torts sur l'administration, lorsque la Société envoie MM. Legendre et Saint-Huruge pour engager ces citoyens à nommer des commissaires pour examiner dans l'intérieur de la salle l'impossibilité de les recevoir. Convaincus par cette offre du regret de la Société, ces citoyens refusent de nommer des commissaires, et témoignent pour la Société les sentiments les plus fraternels.]

M. COLLOT D'HERBOIS. — Beaucoup de citoyennes, ayant cherché de la place dans les tribunes, n'ont pu entrer. Ce sont des mères de famille : elles sont dignes de l'ancienne Rome. Je demande donc que vous leur accordiez deux ou trois banquettes pour assister à la séance.

Cette proposition a été adoptée à l'unanimité.

M. LASOURCE. — Plus les circonstances où nous sommes sont importantes, plus il faut, plus nous devons ranimer l'esprit public. J'engage donc la Société, par sa contenance majestueuse, à se montrer digne de concourir au bien public.

M. *le Président* lit une lettre des citoyennes habituées aux tribunes, qui, étant instruites que le faisceau des drapeaux des trois nations libres de l'Europe doit être suspendu dimanche prochain, demandent que la cérémonie soit différée jusqu'à l'arrivée du whig constitutionnel, et que l'on admette une députation de leur part. (*Accordé.*)

On passe à l'ordre du jour.

[*M. Brissot* présente quelques observations sur la question « de savoir si on doit attaquer les princes allemands qui soutiennent les émigrants, ou s'il faut attendre leur invasion » [1].]

---

1. *Société des amis de la constitution, séante aux Jacobins, à Paris. — Discours sur la nécessité de déclarer la guerre aux princes allemands qui protègent les émigrés, prononcé le 16 décembre à la Société par* J.-P. BRISSOT, *député.* — Imp. du *Patriote français*, 1791, in-8 de 24 p. — Bibl. nat., Lb 40/652.

CXIII

SÉANCE DU DIMANCHE 18 DÉCEMBRE 1791 [1]

PRÉSIDENCE DE M. ISNARD

Après la lecture du procès-verbal de la dernière séance, M. *Lasource*, faisant les fonctions de président en l'absence de M. Isnard, propose à la Société les demandes de différentes personnes, qui demandent l'entrée de la séance. — L'affluence du public était si grande qu'outre une des nouvelles tribunes, qui était remplie, la portion de la salle qu'on lui avait destinée l'était encore, ainsi que la partie opposée, et néanmoins une multitude de citoyens n'a pu parvenir à se placer dans la salle. — La lecture des annonces et de l'extrait de la correspondance était à peine commencée que la salle retentit d'applaudissements à l'entrée des drapeaux des nations anglaise, américaine et française, qui devaient être placés dans la salle, à l'imitation de la Société des amis de la révolution de Londres. — Les cris de *Vive la liberté! Vive la nation! Vivent les trois peuples libres de l'univers!* répétés avec enthousiasme par les tribunes et tous les assistants, sont l'expression aussi vive que vraie de l'ardeur pour l'égalité et la fraternité que la nature a gravée dans le cœur de tous les hommes, et que les efforts seuls des despotes de toutes les classes sont parvenus à effacer plus ou moins. — On introduit une députation des dames habituées des tribunes, qui avaient demandé à présenter un gage de leur enthousiasme pour la liberté au whig constitutionnel qui avait apporté à l'Assemblée nationale l'expression des sentiments de cette classe d'Anglais libres. La députation entre au milieu des applaudissements de l'Assemblée.

[Une jeune citoyenne prononce un discours, souvent interrompu par des applaudissements, et suivi de la réponse du Président. Puis vient un discours du whig, auquel répond M. *Bourdon*, qui propose « que les bustes du docteur

---

1. *Société des amis de la constitution, séante aux Jacobins, à Paris. — Extrait du procès-verbal des séances de la Société des amis de la constitution. — De la séance du dimanche 18 décembre 1791, l'an IIIe de la liberté. — De l'imprimerie du Patriote français*, place du Théâtre-Italien, s. d., in-8 de 7 p. — Bibl. nat., Lb 40/635. (N'ajoute rien au compte rendu du journal, le résumé sur quelques points.) — Cf. dans Buchez et Roux, t. XII, p. 359-376, une appréciation de cette séance.

Price et du docteur Franklin soient placés auprès de celui de Mirabeau, et qu'il soit ouvert à cet effet une souscription volontaire »[1].]

M... — Je crois que M. le préopinant a oublié de demander place pour le buste du père de la liberté, de l'écrivain philosophe qui, le premier, a écrit pour faire connaître aux peuples les droits imprescriptibles qu'ils ont à la souveraineté, à la liberté : Jean-Jacques Rousseau.

M... — Si cette séance est consacrée à rendre hommage aux fondateurs de la liberté, je demande que cet honneur soit accordé à celui qui, le premier, a fait trembler les tyrans, et qui, après avoir consacré ses travaux à la défense de la liberté, y a encore sacrifié sa vie sur un échafaud : Sidney. Je demande qu'on fasse venir son buste d'Angleterre, pour le placer avec les trois autres.

M. DUFOURNY. — Par vénération pour la mémoire du docteur Franklin, je demande à la Société la permission de lui offrir un buste de ce grand homme que j'ai fait d'après lui. Ce sera pour moi une occasion de lui rendre hommage pour l'amitié dont il a bien voulu m'honorer pendant sa vie.

Cette proposition a été agréée avec applaudissements, et on arrête qu'il en sera fait mention honorable au procès-verbal. M. *le Président* veut, à cette occasion, faire une réponse à M. Dufourny, dans laquelle il le loue de ce qu'il a fait pour la Révolution. M. *Dufourny* rejette ces louanges, en disant qu'il n'a fait que ce que tout bon citoyen eût fait à sa place. — Les différentes motions sur les bustes mises aux voix, on arrête que ceux de Jean-Jacques, de l'abbé de Mably et de Sidney, seront joints à ceux de Price, de Franklin et de Mirabeau.

M. *le Secrétaire* fait lecture d'une lettre écrite à la Société par M. Virchaux, en lui adressant une lame d'épée de Damas, qu'il la prie de destiner au premier général français qui terrassera un ennemi de la Révolution.

M. ISNARD, *brandissant cette épée*. — La voilà, Messieurs, cette épée, elle sera toujours victorieuse. Le peuple français poussera un grand cri, et tous les autres peuples répondront à sa voix. La terre se couvrira de combattants, et tous les ennemis de la liberté seront effacés de la liste des hommes libres.

M. *Robespierre* supplie l'Assemblée de supprimer tous ces mouve-

1. *Discours des citoyennes françaises, prononcé à la Société des amis de la constitution, séante aux Jacobins, à Paris.* — De l'imprimerie du *Patriote français*, place du Théâtre-Italien, s. d., in-8 de 3 p. — Bibl. nat., Lb 40/653.

ments d'éloquence matérielle qui peuvent entraîner l'opinion dans un moment où elle doit être dirigée par la discussion la plus tranquille. Enfin, sur la motion de M. *Couthon*, on a passé à l'ordre du jour.

[M. *Rœderer* présente quelques observations « sur le caractère très particulier de la prochaine guerre »[1].]

M. *Robespierre* a donné de nouveaux développements aux motifs qu'il avait déjà exposés pour ne pas déclarer la guerre. Son discours, plein de cet amour de la patrie qui entraîne tous les cœurs, a été souvent interrompu par des applaudissements universels. Lorsqu'il parlait de la défiance qu'on devait avoir du ministère, il était facile de s'apercevoir qu'il en parlait en homme pénétré de cette maxime qui se trouve dans son discours : que la défiance est au sentiment intime de la liberté ce que la jalousie est à l'amour[2]. — M. *de Sillery* est ensuite monté à la tribune pour soutenir l'opinion de la guerre et éclairer cette importante discussion. — M. *Brissot* a demandé et obtenu la parole pour demain, et combattre les objections de M. Robespierre. — MM. *Carra, Desmoulins, Machenaud,* se sont également inscrits sur la liste pour la parole.

La séance a été levée à dix heures[3].

1. *Société des amis de la constitution, séante aux Jacobins, à Paris. — Discours de* P.-L. Rœderer, *prononcé à la Société le 18 décembre* 1791. — De l'imprimerie du *Patriote français*, place du Théâtre-Italien, s. d., in-8 de 10 p. — Bibl. nat., Lb 40/657.

2. *Société des amis de la constitution, séante aux Jacobins de Paris. — Discours de* Maximilien Robespierre, *sur le parti que l'Assemblée nationale doit prendre relativement à la proposition de guerre annoncée par le pouvoir exécutif, prononcé à la Société le* 18 *décembre* 1791. — De l'imprimerie du *Patriote français*, place du Théâtre-Italien, s. d., in-8 de 28 p. — Bibl. nat., Lb 40/656.

3. *Société des amis de la constitution, séante aux Jacobins, à Paris. — Adresse au roi des Français, par des citoyens membres de la Société des amis de la constitution de Versailles, lue à la séance de la Société de Paris le* 18 *décembre* 1791, *et imprimée par son ordre.* — De l'imprimerie du *Patriote français*, place du Théâtre-Italien, s. d., in-8 de 16 p. — Bibl. nat., Lb 40/654. (Contre la pétition du directoire du département de Paris.) — On trouvera dans *le Patriote français* du 20 décembre 1791 un article sur cette séance du 18.

CXIV

SÉANCE DU LUNDI 19 DÉCEMBRE 1791

PRÉSIDENCE DE M. ISNARD

Après la lecture du procès-verbal de la dernière séance, un membre fait la proposition de faire imprimer la liste de toutes les personnes qui composent la Société. Il s'élève à ce sujet une discussion fort vive pour savoir si on ajoutera ou non aux noms des membres de la Société leurs qualifications, et principalement celle de député à l'Assemblée nationale. Les uns veulent qu'il n'y ait aucune distinction sur la liste; d'autres demandent que cette dénomination soit employée, pour montrer aux départements, à toute la France, quels sont ceux des représentants de la nation qui, attachés réellement aux droits du peuple, au maintien de la constitution, se sont inscrits dans la Société, et qui sont ceux qui, s'étant étayés du crédit des Sociétés affiliées pour se faire nommer députés, n'osent pas, par des considérations timides, s'y faire présenter, ou bien, après s'y être fait inscrire, s'en sont éloignés. On remarque que le nombre de ceux-ci est infiniment peu considérable. Enfin, après de longs débats, la question est ajournée, et on passe à la lecture de l'extrait de la correspondance.

[Correspondance de Perpignan, « sur la température des esprits de l'autre côté des Pyrénées ». — M. *Lostalot* communique quelques nouvelles qu'il tient de la Société de Saint-Jean-de-Luz, du procureur-syndic des Basses-Pyrénées et du président du tribunal de Pau. — On passe à l'ordre du jour : sur la guerre. M. *Billaud-Varenne* engage l'assemblée à se défier très fortement du roi et des ministres [1].]

La séance a été levée à dix heures.

1. *Société des amis de la constitution, séante aux Jacobins, à Paris. — Discours sur cette question : « Comment doit-on faire la guerre, au cas qu'il faille la déclarer ? » prononcé à la Société, dans la séance du lundi* 19 *décembre* 1791, *par* M. BILLAUD-VARENNE. — De l'imprimerie du *Patriote français*, place du Théâtre-Italien, s. d., in-8 de 32 p. — Bibl. nat., Lb 40/658.

CXV

SÉANCE DU MERCREDI 21 DÉCEMBRE 1791

PRÉSIDENCE DE M. GRANGENEUVE

Après la lecture du procès-verbal des précédentes séances, M. Saint-Huruge fait part à la Société de l'acte d'alliance suivant, signé par les patriotes et alliés de la nouvelle constitution française, tant en Hollande que dans les Pays-Bas, le margraviat de Baden, l'Autriche intérieure et la Suisse :

« Respectables amis de la constitution, généreux citoyens français! Nous nous empressons, braves citoyens, de vous faire part du pacte d'alliance que nous avons conclu dans nos cœurs, et qui nous unit à vous pour le bien général de l'humanité et pour le rétablissement de l'égalité et des droits primitifs de l'homme.

« La confédération que nous vous annonçons repose sur des fondements solides; elle n'est pas chancelante, comme les traités de ces prétendus grands de la terre qui, au détriment des peuples, n'ont d'autre but que celui de satisfaire à leur cupidité, et sont dictés par leur ambition.

« Jusqu'à quand vous laisserez-vous braver par vos émigrés, princes nobles et prêtres (qui sont indignes de ce nom)? Il est temps, grand temps, que vous mettiez fin à ces désordres, et que vous les éloigniez à main armée de vos frontières.

« Venez, mais faites-vous précéder d'un manifeste répandu avec profusion, qui déclare que vous êtes de nos amis, que vous ne voulez point faire de conquêtes et que vous n'entrerez sur notre territoire que pour éloigner du vôtre ces émigrés qui les menacent, que vous n'agirez enfin hostilement que contre ceux qui s'opposeront à vos desseins, et qui auraient à s'attribuer à eux-mêmes les maux qui pourraient leur en arriver.

« La sincérité de nos vœux vous promet que nos voix se réuniront aux vôtres pour faire retentir dans les airs les cris de joie : *Vive la nation! vive la loi!* »

Suit un nombre considérable de signatures qui s'intitulent les alliés[1] de la nouvelle constitution française en Hollande, dans les Pays-Bas,

1. Textuel.

dans celui de Liège, dans les électorats de Cologne, Trèves, Mayence et du Palatinat, dans la Hesse, dans le duché de Wurtemberg, dans le margraviat de Baden, dans l'Autriche intérieure et en Suisse.

M. *Le Maire*, l'honnête citoyen cordonnier qui avait concouru pour le prix proposé pour l'Almanach, adresse à la Société son opinion sur la question de la guerre. « Il faut, dit-il, chasser et non combattre les émigrants, parce qu'ils n'ont pour armes que la peur. Je crains, ajoute-t-il, que le miel de Narbonne que l'on donne à l'Assemblée depuis quelques jours ne soit mêlé de quelque poison, et je pense que l'Assemblée nationale doit nommer un compagnon au ministre pour son voyage sur les frontières. »

Une voix. — Il en a cinq : MM. d'Arblay, Desmottes, Montmorency, Dellay d'Agier et d'Arçon.

M... — Dans la nuit du 19 au 20, l'administration municipale a commis un forfait, car c'en est un que de violer les domiciles, surtout pour elle, qui doit protéger jusqu'au sommeil des citoyens.

Dix personnes se sont présentées chez M. Didot et de là chez M. Garnéry, qui impriment des lettres de Mirabeau, et il y avait dans cette patrouille civile quatre ou cinq hommes de loi ! C'était pour saisir, au nom des créanciers de Riquetti, sans titres préalablement reconnus par la loi, ce qu'il écrivait, il y a quinze ans, à la marquise de Monnier, dont les créanciers, si elle en avait, pourraient encore mieux réclamer ce *portefeuille* de l'amour. Les lettres de Gabriel ont été trouvées, plusieurs sous les débris de la Bastille, quelques-unes à la *mairie*, et beaucoup ont été données par les amis de Sophie.

Une voix. — Ce Maugis, apparemment, croit la contre-révolution déjà faite.

M. MANUEL. — Je crois devoir vous rassurer, Messieurs, en vous annonçant que ce délit a été dénoncé au tribunal, qui va en connaître. Certes, il faut que cet administrateur soit puni, ou il ne faut croire à aucune espèce de liberté, car sans doute le laboratoire d'un imprimeur doit être inviolable, puisqu'il est l'asile des pensées ; il doit l'être autant que l'est la tête de celui qui pense, et sans doute je me donnerai bien de garde de dire à M. Maugis ce qui se passe dans la mienne à cette occasion, car peut-être il la ferait saisir aussi.

On passe à l'ordre du jour : la question de la guerre.

[M. *Carra* explique « à quoi on jugera bientôt la nécessité de la guerre, comment il faut la déclarer, à qui la nation doit la faire, et quand il faut la commencer ». — M. *Machenaud* fait, sur le même sujet, un discours fort applaudi.]

La Société des droits de l'homme vient solliciter la générosité des Amis de la constitution en faveur de malheureux opprimés. — Plusieurs membres s'empressent à contribuer à leur soulagement, ainsi qu'on l'avait fait, au commencement de la séance, en faveur d'un charpentier qui s'était blessé en travaillant aux tribunes : il a recueilli cent et quelques livres.

La séance a été levée à dix heures.

CXVI

SÉANCE DU VENDREDI 23 DÉCEMBRE 1791

PRÉSIDENCE DE M. GRANGENEUVE

M. *Rousseau*, secrétaire, faisant les fonctions de président, en l'absence de M. Grangeneuve, lit la liste des étrangers qui demandent l'entrée de la séance, et à qui elle est accordée. Il propose ensuite de faire lecture d'une lettre de la Société de Metz, dont M. Anthoine, député à l'Assemblée constituante, est porteur. Cette lecture est renvoyée après celle du procès-verbal, pour qu'elle soit faite en présence d'un plus grand nombre de membres. — Un de MM. les secrétaires fait lecture des procès-verbaux de la séance de mercredi dernier et de la séance extraordinaire tenue jeudi pour l'administration. Dans cette séance, le projet de suppression d'employés et de diminution des gages de quelques-uns, proposé par le Comité, a été rejeté par la question préalable. On a arrêté, au contraire, une augmentation d'appointements pour ceux des commis qui étaient portés au-dessous de 600 livres. Pour parvenir plus promptement à l'acquittement des engagements pris par la Société, on arrête que, pour les trimestres de janvier et d'avril prochain, la contribution de chaque membre sera portée à 9 livres par personne. On arrête encore que les tribunes ne seront, à l'avenir, ouvertes qu'à cinq heures précises, et qu'aucune femme ne pourra être admise aux tribunes particulières qu'en se faisant présenter par un membre de la Société, qui ne pourra user de cet avantage que pour deux personnes seulement dans une séance. Enfin, pour effacer toutes traces des impressions défavorables que de faux exposés de la discussion sur l'administration avaient pu jeter sur quelques membres de la Société, et pour témoigner d'une manière plus particulière la satisfaction qu'elle a de ses administrateurs, la

Société a arrêté de voter des remerciements à son ancien Comité d'administration, et en particulier à M. Hion, secrétaire de ce Comité, pour leur gestion, et au nouveau Comité pour le zèle qu'il annonce dans l'exercice de ses fonctions.

M... — Nous ne devons jamais couvrir d'infamie un homme qui ne le mérite pas. On vient de lire dans le procès-verbal que la Société des droits de l'homme avait sollicité votre bienveillance pour un malheureux envoyé aux galères pour un liard. Voler un liard, Messieurs, est une infamie comme se rendre coupable d'un vol plus considérable. Je n'ai pas dit que c'eût été pour un liard volé, mais pour un liard d'erreur, et qui n'avait pas été volé; je demande que l'on réforme cet article du procès-verbal.

Cette motion, mise aux voix, est adoptée.

M. *le Secrétaire* fait lecture de la lettre envoyée par la Société de Metz, et apportée par M. Anthoine, député de cette Société vers l'Assemblée nationale, pour repousser l'inculpation faite aux habitants de Metz d'avoir le dessein de livrer leur ville aux émigrés.

M. Anthoine est vivement applaudi par la Société, qui lui témoigne le plaisir qu'elle a de revoir dans son sein un de ses membres les plus fidèles.

M. *Méchin,* secrétaire du Comité de correspondance, fait lecture de l'extrait des annonces et de diverses pièces de la correspondance, parmi lesquelles l'énergique adresse de la Société de Strasbourg est vivement applaudie. Dans cette adresse, les citoyens de cette ville frontière crient aux armes et engagent la France à se réveiller pour disperser les rebelles d'outre-Rhin.

M. LEGENDRE. — Je vous demande la parole pour vous faire observer, Messieurs, qu'en criant aux armes, les citoyens de Strasbourg vous disent qu'ils n'en ont pas. Soit qu'on attaque, soit qu'on se défende, des armes sont toujours nécessaires. Tous les jours, à l'Assemblée nationale, on vous dit que vos frontières sont en bon état; je ne sais lesquels sont plus croyables, ou des ministres qui vous disent que les gardes nationales sont armées, ou des gardes nationales qui vous disent qu'elles n'ont point d'armes. Il faut donc y mettre la plus grande surveillance, et, si l'Assemblée nationale veut donner des étrennes agréables au peuple, il faut qu'elle lui donne pour cette époque le décret d'accusation.

M. *Collot d'Herbois* obtient la parole avant l'ordre du jour, et fait un nouvel exposé de l'affaire des malheureux soldats de Château-

Vieux, qui est à l'ordre du jour de demain à l'Assemblée nationale. La Société, pénétrée de l'utilité dont peut être cet intéressant exposé à la cause de ces victimes de Bouillé, en ordonne l'impression pendant la nuit, et sa distribution aux membres de l'Assemblée nationale à leur entrée [1].

M. DUBOIS DE CRANCÉ. — Je demanderai qu'aux mesures proposées par M. Collot d'Herbois l'Assemblée nationale ajoute celle de donner aux ministres l'ordre de faire venir sous quinzaine ces soldats à la barre de l'Assemblée nationale.

On passe à l'ordre du jour : la question de la guerre.

[M. *Réal* essaye « de prouver que, pour le maintien de la liberté, de la constitution, de l'égalité, il faut la guerre; que, parmi les dangers auxquels elle paraît exposer et la liberté et la constitution, les uns sont exagérés, qu'on peut remédier aux autres, que tous sont plus menaçants dans le système purement défensif ».]

Une députation de la Société fraternelle vient recommander au zèle des membres de l'Assemblée nationale des victimes opprimées dans l'Inde par l'ancien gouvernement. La Société nomme commissaires, pour examiner la pétition de ces infortunés, MM. Albitte et Collot d'Herbois. — On propose la discussion d'un projet de journal à adopter par la Société; mais, la Société étant trop peu nombreuse pour s'occuper de cet objet, il est ajourné.

La séance a été levée à dix heures.

CXVII

SÉANCE DU DIMANCHE 25 DÉCEMBRE 1791

PRÉSIDENCE DE M. GRANGENEUVE

Après la lecture du procès-verbal et des annonces, MM. les députés extraordinaires du département de la Corrèze, qui étaient venus pré-

---

1. *Société des amis de la constitution, séante aux Jacobins, à Paris. — Opinion sur les moyens qui parlent en faveur des soldats de Château-Vieux, moyens puisés dans les décrets de l'Assemblée nationale constituante, lue à la Société des amis de la constitution, séante aux Jacobins, le 23 décembre 1791.* — De l'imprimerie du *Patriote français*, place du Théâtre-Italien, 1791, in-8 de 6 p. — Bibl. nat., Lb 40/639.

senter une adresse au roi pour lui demander la sanction du décret sur les prêtres, expriment leurs regrets de n'avoir à reporter dans leur département que la nouvelle du *veto*.

[*M. Collot d'Herbois* rend compte « du succès de l'affaire des malheureux soldats de Château-Vieux ». — *M. Robespierre* donne quelques détails sur les manœuvres des Feuillants contre les Jacobins. — On passe à l'ordre du jour : la question de la guerre. *M. Doppet* examine la situation de la France sur le point de déclarer la guerre¹. — *M. Simonne* lit un discours en faveur du parti de la guerre².]

La séance a été levée à dix heures ³.

CXVIII

SÉANCE DU LUNDI 26 DÉCEMBRE 1791

PRÉSIDENCE DE M. GRANGENEUVE

[Correspondance : « une partie très intéressante pour le moment est le tableau de la situation politique des lieux où sont répandues les Sociétés affiliées, que toutes s'empressent d'adresser à la Société-mère, pour répondre à la circulaire qu'elle leur avait adressée pour leur demander ces renseignements ». — La Société d'Antibes demande l'appui de la Société pour le 72ᵉ régiment ; — celle de Bergerac réclame un décret contre les prêtres fanatiques ; — celle de Langres « tonne contre le veto » ; — celle de Mézidon fait part des manœuvres des prêtres ennemis de la constitution.]

1. *Société des amis de la constitution, séante aux Jacobins, à Paris. — Discours de M.* Doppet, *médecin, prononcé à la Société dans la séance du 25 décembre* 1791. — S. l. n. d., in-8 de 20 p. — Bibl. nat., Lb 40/660.
2. *Société des amis de la constitution, séante aux Jacobins, à Paris. — Discours de* Jean-Claude Simonne, *ancien ingénieur de la ci-devant province de Bourgogne, prononcé à la Société le 25 décembre 1791, l'an IIIᵉ de la liberté.* — S. l. n. d., in-8 de 12 p. — Bibl. nat., Lb 40/663.
3. *Société des amis de la constitution, séante aux Jacobins, à Paris. — Discours de M.* Camille Desmoulins, *sur le parti que l'Assemblée nationale doit prendre relativement à la proposition de guerre annoncée par le pouvoir exécutif, prononcé à la Société le 25 décembre* 1791. — De l'imprimerie du *Patriote français*, place du Théâtre-Italien, s. d., in-8 de 23 p. — Bibl. nat., Lb 40/664.
Société des amis de la constitution, séante aux Jacobins, à Paris. — Discours de M. Dubois de Crancé, *sur la situation présente des affaires, prononcé à la Société le 25 décembre 1791, l'an IIIᵉ de la liberté.* — De l'imprimerie du *Patriote français*, place du Théâtre-Italien, s. d., in-8 de 31 p. — Bibl. nat., Lb 40/662. — On trouve dans cet imprimé, p. 27, une *Historiette à l'ordre du jour*, où Dubois-Crancé raconte, sous forme d'allégorie, la querelle des Jacobins et des Feuillants.

Un membre du Comité de correspondance demande la parole, au nom de ce Comité, pour mettre sous les yeux de la Société, mercredi prochain, un projet de journal.

M. Réal. — Il y a sur le bureau, Monsieur le Président, une lettre de M. Deflers, qui, je crois, terminerait sur-le-champ la question, si on en faisait lecture.

[M. *Méchin* lit cette lettre, dans laquelle M. Deflers demande qu'on lui communique la correspondance, pour qu'il puisse la publier.]

M. Polverel. — Sans prétendre infirmer en rien la justice de la demande formée par M. Deflers, il me semble que, puisque le Comité de correspondance a demandé à nous présenter un plan mercredi, ce serait nous rendre coupables de précipitation que de ne pas attendre à ce moment. Je demande donc l'ajournement pour mercredi, après le rapport du Comité.

Après d'assez longs débats, la motion de M. Polverel, appuyée et mise aux voix, est adoptée.

M. Robespierre. — Les électeurs de Paris s'occupent mercredi prochain de l'élection importante de deux membres du tribunal criminel. Je crois devoir rappeler au souvenir des bons patriotes deux anciens députés qui, dans tous les temps, ont bien servi la chose publique : MM. Anthoine et Buzot. (*Applaudi.*)

M. *Anthoine* monte à la tribune, et, après avoir de nouveau rendu justice au zèle et au patriotisme des tribunaux du département de la Moselle, il expose le besoin d'armes où le laisse l'indifférence des ministres.

M. Clavière. — Messieurs, je viens demander la parole pour une motion qui, sans doute, vous intéressera. Les habitants de la Moselle, exposés au premier feu des ennemis, sont sans armes. La Société des amis de la constitution de Bordeaux, en armant à ses frais un bataillon de gardes nationales, nous a donné…

Plusieurs voix. — Oui, oui !

Les plus grandes acclamations couvrent la voix de M. Clavière ; enfin le silence renaît.

M. Clavière. — Vous m'avez compris avant que j'eusse achevé. Je fais donc la motion pour qu'une souscription soit ouverte dans cette

Société, pour être remplie par les membres et par les citoyens qui voudront y contribuer.

Une voix des tribunes. — Et par les citoyennes aussi. (*Grands applaudissements.*)

M. *Clavière*, faisant les fonctions de président, met la motion aux voix. Toute la salle se lève, ainsi que le public des tribunes, que le zèle patriotique entraine à prendre part à la délibération, qui avait été l'objet d'une assez longue discussion, dans laquelle MM. Dubois de Crancé et de Sillery présentaient divers modes d'exécution qui sont renvoyés à une autre séance.

On passe à l'ordre du jour : la question sur la guerre. — M. *Desmoulins* lit un très intéressant discours, où il passe en revue les raisons alléguées par les partisans du système offensif, et les motifs de défiance qui se trouvent militer pour le système défensif, pour lequel il conclut. — L'impression de ce discours est arrêtée à l'unanimité[1].

M. *Albitte* rend compte de l'espèce de commotion qu'avait portée dans l'Assemblée nationale le tumulte occasionné de nouveau par la Société des Feuillants. Quelques ennemis des Sociétés patriotiques, et surtout des Jacobins, ont profité de cette occasion pour tâcher d'amener un décret de mort contre ces Sociétés, en défendant aux membres de l'Assemblée nationale d'assister aux séances d'aucune de ces Sociétés. Mais cette tentative inconstitutionnelle, puisqu'elle est contraire à la déclaration des droits, n'a eu d'autre suite que de mettre à nu les principes de ceux qui en étaient les auteurs.

La séance a été levée à dix heures.

CXIX

SÉANCE EXTRAORDINAIRE DU MARDI 27 DÉCEMBRE 1791

PRÉSIDENCE DE M. GRANGENEUVE

Un de MM. les secrétaires a fait lecture du procès-verbal de la dernière séance.

M. LEGENDRE. — Demain, Messieurs, les citoyens s'assemblent dans les sections pour un objet très important; il me paraîtrait convenable

1. Ce doit être le même discours que celui dont nous avons rapporté le titre plus haut, p. 299, et qui est daté du 25 décembre 1791. Peut-être le rédacteur du *Journal* a-t-il confondu ici deux séances, celle du 25 et celle du 26.

que nous ne tinssions pas de séance ici, afin de n'en détourner aucun. Dans les dernières élections, on a fait beaucoup de choix pour les notables parmi les électeurs du club de la Sainte-Chapelle ; j'en ai la liste, je vais en faire lecture si la Société l'ordonne.

M. *Robespierre* observe que, surtout dans les circonstances critiques où se trouve la chose publique, il n'était pas convenable d'entendre cette lecture.

La Société, en se rendant aux observations de M. Robespierre, ordonne la proposition de M. Legendre, et arrête qu'elle ne tiendra de séance que vendredi prochain.

M. *Merlin* rend compte de ce qui lui était arrivé la veille en se rendant à l'Assemblée nationale par le passage où étaient les sentinelles des Feuillants. Nous passerons sur ces détails affligeants pour de véritables patriotes.

On a passé à l'ordre du jour : la discussion sur la guerre.

[M. *Manuel* conclut à la guerre, mais précédée de toutes les précautions nécessaires pour prévenir tous les malentendus et toutes les trahisons. — M. *Dubois de Crancé* donne quelques explications sur le décret d'accusation présenté le matin à l'Assemblée nationale. — MM. *Lasource*[1] et *Bancal* prononcent chacun un discours sur la question de la guerre.]

La séance a été levée à dix heures.

CXX

SÉANCE DU VENDREDI 30 DÉCEMBRE 1791

PRÉSIDENCE DE M. GRANGENEUVE

[Correspondance : « Les Sociétés d'Albi et de Châlon-sur-Saône envoient les renseignements demandés par la Société-mère sur la situation politique des lieux où elles sont situées. » — « L'émulation a paru à la Société de Saint-Gengoux un moyen à employer pour propager la connaissance et l'amour de la constitution. » — « La ville de Cahors semble prendre un nouveau degré de patriotisme ; on peut le dire doublé dans ce pays, puisque les femmes s'y mon-

---

1. *Société des amis de la constitution, séante aux Jacobins, à Paris. — Discours tendant à réfuter les orateurs qui ont parlé contre la nécessité d'une attaque pour dissiper les rassemblements d'outre-Rhin, prononcé à la Société dans sa séance du 27 décembre 1791, par* M. MARC-DAVID ALBA LASOURCE, *député à l'Assemblée nationale. — De l'imprimerie du Patriote français*, place du Théâtre-Italien, s. d., in-8 de 16 p. — Bibl. nat., Lb 40/664. — Cf., sur toute la discussion relative à la guerre, Buchez et Roux, t. XII, p. 402-413.

trent patriotes. » — « Les privilèges et l'aristocratie semblent vouloir se reproduire dans quelques départements », comme le Bas-Rhin. — « Les circonstances actuelles semblent être pour le corps politique une de ces crises que la nature emploie tous les jours pour la guérison des corps », comme en témoigne une lettre de Lisieux.

M. *Lanthenas* expose « les malversations auxquelles se livrent de toutes parts nos nouveaux administrateurs », et propose, comme remède, que la salle des Jacobins soit consacrée, tout le temps qu'elle sera libre, à des lectures et des conférences. Ces propositions sont adoptées, et les commissaires nommés sont MM. Lanthenas, Tournon, Bancal, Bosc. — M. *Lostalot* communique une dénonciation contre M. Duchilleau, commandant des troupes de ligne dans les Basses-Pyrénées.]

Cette dénonciation excite l'indignation de toute l'Assemblée. Un membre soutient que M. Lostalot n'eût pas dû publier ces faits, pour ne pas donner le moyen au coupable de fuir. — On passe sur cette discussion à l'ordre du jour : la question de la guerre. En vertu de l'arrêté pris dans la dernière séance, M. *Dubois de Crancé,* qui avait été prié de répéter dans celle-ci le discours qu'il y avait prononcé sur les circonstances actuelles, monte à la tribune, et à ce qu'il avait déjà dit ajoute quelques nouveaux développements.

[Suivent ces développements.]

M. *Brissot* lit un très long discours, et qui est fréquemment interrompu par des applaudissements, sur la nécessité de la guerre d'attaque. Il le termine par une exhortation aux vrais patriotes de se soumettre à la loi et de ne jamais se permettre d'attaquer en rien la constitution. — Cette exhortation paraît à MM. Robespierre et Danton une critique et une inculpation faite aux orateurs et écrivains de la Société, à cause de l'espèce d'affectation qui leur paraît y être. Ils s'élèvent pour demander le changement de ce passage dans l'impression que l'on arrête du discours. La plus vive chaleur se répand dans toute la Société pendant cette discussion, au milieu de laquelle M. *Brissot,* rendant le plus éclatant témoignage à l'attachement de la Société et de M. Robespierre pour la constitution, s'engage à corriger la fin de son discours de manière à ce qu'elle ne laisse aucun doute sur ses intentions [1].

La séance a été levée à onze heures.

---

1. *Société des amis de la constitution, séance aux Jacobins, à Paris. — Second discours de J.-P.* Brissot, *député, sur la nécessité de faire la guerre aux princes allemands, prononcé à la Société dans sa séance du vendredi 30 décembre* 1791. — Imp. du *Patriote français,* s. d., in-8 de 23 p. — Bibl. nat., Lb 40/666.

CXXI

Janvier 1792

SÉANCE DU DIMANCHE 1er JANVIER 1792 [1]

PRÉSIDENCE DE M. GRANGENEUVE

En entrant dans l'Assemblée, M. *Collot d'Herbois* rend compte à la Société du décret rendu le matin par l'Assemblée nationale en faveur des malheureux soldats de Château-Vieux [2]; toute l'Assemblée partage la sensibilité et la joie du défenseur de ces opprimés, qui rend compte en même temps du décret d'accusation contre les princes rendu également le matin par l'Assemblée nationale. Les tribunes, à la nouvelle de ces deux décrets, font retentir la salle des plus vifs applaudissements.

M. *le Secrétaire* du Comité fait lecture de l'extrait de la correspondance. — De toutes parts les nouvelles commencent à être plus satisfaisantes pour les patriotes. La Société de Béthune annonce que les désordres diminuent de jour en jour; elle ajoute à cette annonce une adresse qu'elle fait passer à l'Assemblée nationale; elle demande encore la publicité des séances des corps administratifs, et elle joint à cet envoi un excellent discours sur la Révolution française, prononcé par M. Deschamps, son président. Celle de Dijon donne également des nouvelles satisfaisantes, dans une lettre datée du 18 décembre. « A Dijon, dit cette lettre, le thermomètre de l'esprit public marque 32 degrés : constitution, liberté... Nous n'avons point d'autre cri de ralliement. » — Les départements du midi ne sont pas dans une situation aussi satisfaisante. La Société d'Aigues-Vives, département du Gard, en remerciant de l'affiliation qui lui a été accordée, annonce que le fanatisme exerce les plus affreux ravages dans son canton. La ville de Lunel tient les protestants sous l'oppression la plus dure. L'agiotage, de son côté, y ruine les citoyens et décourage les cultivateurs. — La famille si connue des Polignac pousse l'aristocratie au point de refuser

---

1. On trouvera dans *les Sabbats jacobites*, t. III, p. 17, n° 52, une parodie de cette séance.

2. L'Assemblée législative avait décrété, sur la motion de Pastoret, que les quarante et un soldats de Château-Vieux étaient compris dans l'amnistie, qui leur serait immédiatement appliquée.

les secours les plus nécessaires à un de ses membres indigent, parce qu'il n'a pas témoigné dans la Révolution des sentiments conformes aux siens. La Société de Montpellier recommande aux soins et à la générosité de la Société M. Auguste Polignac, ce membre accablé et persécuté par sa famille. — Un membre de la Société fait lecture d'une lettre qui lui est parvenue le matin, datée de Valenciennes. On y dit que M. de Rochambeau fils y a arrêté un convoi destiné pour les émigrés et portant vingt-cinq millions. A ces mots, les tribunes et la Société applaudissent à la fois; on entend quelques voix s'écrier : « C'est une année de la liste civile. » Enfin, lorsque la tranquillité renaît un peu, un de MM. les députés de ce département prend la parole pour faire remarquer que, si cette nouvelle était vraie, il paraîtrait surprenant qu'un particulier l'eût reçue par la poste avant qu'elle fût parvenue à aucun député, ou que M. de Rochambeau lui-même ne l'eût adressée à l'Assemblée nationale.

M. MORETON. — Je dois, Messieurs, appuyer encore sur l'observation du préopinant en annonçant à la Société que j'ai reçu avant-hier des lettres de M. de Rochambeau fils, datées de Maubeuge, et il me paraîtrait étonnant que depuis cette date il se fût rendu à Valenciennes. Je profite de cette occasion, Messieurs, pour vous témoigner de nouveau mon attachement, au moment où je vous quitte pour aller rejoindre M. de Rochambeau, dans la division duquel je suis employé. Je jure de nouveau de rester fidèle à la constitution, de la défendre au péril de ma vie et de ma fortune. (*On applaudit.*)

M... monte à la tribune pour y lire une dénonciation contre divers membres des corps administratifs de Lyon. Après avoir obtenu l'attention de l'audience (*sic*) pendant un temps assez long, les détails minutieux que contient cette longue dénonciation excitent l'impatience de plusieurs personnes qui veulent invoquer l'ordre du jour. M. *Robespierre*, qui faisait, en l'absence de M. Grangeneuve, les fonctions de président, croit devoir maintenir à l'orateur la parole qu'il lui avait accordée, et déclare qu'il regarde comme mauvais citoyens tous ceux qui...

A ces mots, le plus grand tumulte s'élève; plusieurs personnes, pour ramener le calme, demandent à faire des motions d'ordre.

M. *Lasource* insiste fortement pour obtenir la parole.

M. ROBESPIERRE. — Je vous rappelle à l'ordre, Monsieur.

M. MORETON. — Et moi, je vous rappelle à l'honnêteté, Monsieur le Président.

Cette altercation allait encore durer, lorsque tout un côté de la salle, pour en arrêter le cours, se lève et demande fortement l'ordre du jour, qui est arrêté à la grande majorité. — Enfin, on nomme deux commissaires pour examiner la dénonciation de l'orateur lyonnais.

M. *Collot d'Herbois* rend compte à la Société de l'emploi qu'il a fait du produit de la souscription de l'*Almanach du père Gérard*. Quinze cents livres ont été appliquées aux soldats de Château-Vieux, pareille somme à la Caisse de bienfaisance. On arrête, sur la motion de M. Collot d'Herbois, qu'il y aura mardi une séance extraordinaire pour entendre le rapport des commissaires sur l'organisation de cette caisse.

M. *Robespierre* annonce que le résultat du scrutin a donné pour président M. Antonelle, et pour vice-président M. Danton. Il invite M. Antonelle à venir occuper le fauteuil. Celui-ci se rend à son invitation aux acclamations générales.

On passe à l'ordre du jour : la question de la guerre.

M. *Gouget-Deslandres* lit un projet de décret tendant à ce que les ministres présentent un état des ressources dont pourront disposer leurs départements respectifs en vue de la guerre, que cette guerre soit annoncée au monde entier, et qu'on invite à y prendre part « tous les guerriers dignes de cet honneur, et nommément l'illustre Washington ».

M. *Bancal* essaye de prouver que la France a été provoquée par les émigrés, qu'il faut donc les déclarer rebelles et marcher contre eux [1].

MM. *Cloots*[2] et *Boisguyon* exposent, au milieu des applaudissements, leurs opinions sur le même sujet.

M. *Lasource* fait parvenir à la Société l'expression du chagrin que lui cause l'espèce d'inculpation que lui a faite M. Robespierre. Celui-ci s'empresse de rendre à M. Lasource le témoignage le plus éclatant de la haute idée qu'il a de son civisme et de son amour pour le bien et la tranquillité publics. — La Société se joint à lui pour exprimer à M. Lasource l'estime profonde qu'elle a pour lui; il rentre au milieu des applaudissements. Quelques membres demandent l'insertion de

---

1. Cf. dans *le Patriote français* du 15 janvier 1792 : *Extrait du discours prononcé à la Société des amis de la constitution*, par M. Henri Bancal, sur la question de la guerre.

2. *Société des amis de la constitution, séante aux Jacobins, à Paris.* — Discours d'Anacharsis Cloots, *orateur du genre humain, prononcé à la Société dans la séance du 1ᵉʳ janvier* 1792. — Imp. du *Patriote français*, s. d., in-8 de 6 p. — Bibl. nat., Lb 40/669. — Ce discours fut reproduit par la *Chronique de Paris* du 16 janvier 1792.

cette déclaration au procès-verbal; mais on observe que, M. Lasource n'ayant jamais troublé l'ordre de la Société, ce serait lui faire injure que d'insérer au procès-verbal une mention de cette nature, et on passe à l'ordre du jour sur cette demande.

Un membre de la Société des droits de l'homme et du citoyen vient dénoncer, dit-il, les membres du Comité des pétitions et offrir des réflexions sur les citoyens actifs et non actifs. M. *le Président* l'engage à renouveler sa pétition et lui témoigne son regret d'avoir entendu sortir de sa bouche le mot dénonciation.

La séance a été levée à dix heures [1].

CXXII

SÉANCE DU LUNDI 2 JANVIER 1792

PRÉSIDENCE DE M. ANTONELLE

Après la lecture du procès-verbal, un membre du Comité communique à l'Assemblée la correspondance, dont une des pièces, qui excite le plus grand intérêt, est une lettre de M. Gaspard Noisetti, de Strasbourg, qui communique à la Société de cette ville des observations sur le discours de M. Louis Narbonne. Il s'étonne que ce ministre appelle sur lui la plus sévère responsabilité, et qu'au même instant il propose une violation à la loi, en demandant le bâton de maréchal de France pour deux généraux. — A Bergerac, la Société a fait l'inauguration des drapeaux des nations qui se fédèrent pour la liberté; elle a réuni ceux des nations anglaise, française, américaine et polonaise. Cette fête patriotique a répandu l'allégresse parmi les citoyens de la ville, et a fait naître dans toutes les âmes l'enthousiasme que doit inspirer l'idée sublime d'une confédération de tous les peuples contre la tyrannie.

M. Lasource [2]. — Messieurs, je crois devoir rendre compte au peuple d'un décret rendu ce matin à l'Assemblée nationale; ce décret lui fera sans doute beaucoup de plaisir. On a donné aujourd'hui au

---

1. Il y eut aussi, dans la même séance, un discours de Sillery : *Société des amis de la constitution, séante aux Jacobins, à Paris. — Discours de M.* Sillery, *prononcé à la Société dans sa séance du 1ᵉʳ janvier* 1792. — Imp. du *Patriote français*, s. d., in-8 de 8 p. — Bibl. nat., Lb 40/670.

2. Ici et en plus d'un endroit, le *Journal* défigure le nom de ce député en celui de *M. de la Souze*.

peuple des étrennes bien satisfaisantes : on a décrété que tous les actes publics et les actes diplomatiques porteraient, après l'ère chrétienne, l'année de la liberté [1]. Sans doute les citoyens n'auraient jamais perdu de vue qu'ils étaient libres ; mais, toutes les fois qu'ils feront des actes, ils se rappelleront de (*sic*) l'époque à laquelle ils ont recouvré leur liberté ; les peuples auront un grand exemple à imiter, et les rois une grande leçon à méditer.

[M. *Anthoine* demande qu'on écrive « aux Sociétés des départements frontières pour les inviter à surveiller l'emploi et la marche des troupes, et que les régiments patriotes ne soient pas transportés dans le centre du royaume et remplacés par des aristocrates ».]

Plusieurs membres de la Société font diverses motions pour parvenir au but proposé par M. Anthoine. — On propose entre autres de publier le procès-verbal de la séance de la Société du 24 juin dernier, séance dans laquelle M. La Fayette fut interpellé par M. Danton d'une manière si précise, sans qu'il pût faire aucune réponse. — M. Desmou-

---

1. C'est le décret portant que l'ère de la liberté sera au 1er janvier 1789, qui fut rendu après une intéressante discussion que le *Procès-verbal de la Législative*, t. IV, p. 13, relate en ces termes :

« Un secrétaire a rendu compte d'une légère discussion qui s'est élevée lors de la lecture du procès-verbal. Il s'agissait de savoir si le procès-verbal serait daté de l'an IIIe ou de l'an IVe de la liberté.

« La discussion est ouverte. Des membres ont demandé que l'on fît remonter l'ère de la liberté française à l'époque du 1er janvier 1789, parce que, disaient-ils, dès les premiers jours de janvier les Français avaient rédigé leurs cahiers, avaient obtenu pour ce qu'on appelait alors Tiers-État la double représentation ; parce qu'ils avaient déjà donné des preuves de cette énergie et de cet ardent amour pour la liberté qui les a depuis caractérisés, et principalement parce que les merveilles opérées pendant les six derniers mois de 1789 peuvent bien les faire regarder comme une année entière. D'autres prétendaient que le 14 juillet était le jour où nos fers ont été brisés, et qu'il doit par conséquent être l'ère de notre liberté ; que l'on risque, en adoptant un autre jour, d'affaiblir le souvenir de la victoire que les Français remportèrent alors sur le despotisme.

« On a demandé que la discussion soit fermée. L'Assemblée, consultée, a adopté cette proposition et décrété que l'ère de la liberté sera au 1er janvier 1789.

« Un membre a proposé que tous les actes publics portent à l'avenir, et immédiatement après la date de l'ère vulgaire, celle de notre liberté. Cette proposition a été adoptée.

« Un autre membre a fait la motion que tous les actes officiels de diplomatie portent aussi les deux dates.

« Un troisième a demandé le renvoi de cette proposition aux Comités diplomatique et de législation, qui, dans la séance de demain, en feront leur rapport et présenteront un projet de rédaction du décret entier. L'Assemblée, consultée, adopte cette proposition. »

lins offre à la Société mille exemplaires de son numéro de ce temps-là, qui lui restent encore, pour les distribuer dans le département de la Moselle. Cette offre est accueillie avec applaudissements, et on arrête la mention au procès-verbal.

M. *Robespierre* monte à la tribune pour réfuter l'opinion que M. Brissot avait énoncée sur la guerre; son discours, interrompu par les plus vifs applaudissements, est envoyé à l'impression [1]. — M. *Carra* allait prononcer un discours sur le même sujet, lorsque, sur la motion de M. *Broussonnet,* on a tourné la discussion sur la question du séquestre du bien des émigrés. Cette question est traitée par quelques membres qui n'étaient pas assez préparés pour lui donner toute l'importance qu'elle mérite, de sorte qu'on l'ajourne à la prochaine séance.

La Société des droits de l'homme envoie une députation pour recommander aux soins de la Société-mère une victime du despotisme. — M. *le Président* fait à cette députation une réponse au nom de la Société, et l'objet de sa demande est renvoyé à la prochaine séance. — On arrête, de plus, qu'à raison de l'absence des membres de l'Assemblée nationale la séance extraordinaire annoncée pour mardi n'aura pas lieu.

La séance a été levée à dix heures.

CXXIII

SÉANCE DU MERCREDI 4 JANVIER 1792

PRÉSIDENCE DE M. ANTONELLE

Après la lecture du procès-verbal de la dernière séance, un membre du Comité de correspondance lit l'extrait de celle de la veille.

[Lettre de Montflanquin, département de Lot-et-Garonne : le district, la municipalité, le tribunal et les troupes, ne cessent de donner des preuves de civisme; plaintes sur la négligence du ministre de la guerre Duportail. — Lettre de Béthune : les bureaux de change n'ont pas encore été établis dans les chefs-lieux de districts. — Lettre de Marmande : on demande à être éclairé sur

---

1. *Société des amis de la constitution, séante aux Jacobins, à Paris. — Discours de* Maximilien Robespierre, *sur la guerre, prononcé à la Société des amis de la constitution le 2 janvier 1792, l'an IV° de la Révolution.* — S. l. n. d., in-8 de 76 p. — Bibl. nat., Lb 40/671. — Ce discours se trouve reproduit dans Buchez et Roux, t. XIII, p. 122 et suiv., d'après le n° cxx des *Révolutions de Paris.*

l'adresse du département de Paris. — Lettre de Vesoul : récit d'un exemple remarquable de civisme.]

M. *Bancal,* au nom du Comité de correspondance, fait le rapport sur le journal. Les conclusions du Comité sont qu'en se conformant à son arrêté du 25 juillet dernier la Société charge de publier sa correspondance M. Deflers, rédacteur du journal de ses débats, à la charge d'insérer gratuitement dans cette correspondance les circulaires que la Société jugera convenable de faire parvenir par cette voie aux Sociétés qui lui sont affiliées. Le Comité croit également contraire à la dignité de la Société et au droit de propriété de fixer aucune forme particulière à ce journal, ni d'indiquer les matières dont il sera rempli, la Société ne pouvant avouer de ce journal rien autre chose que sa correspondance. Le Comité propose, de plus, que l'arrêté mis en tête du journal de M. Laclos soit également répété au commencement de chacun des numéros de celui-ci [1].

Après quelques propositions d'ajournement, rejetées par la question préalable, l'avis du Comité est mis aux voix et adopté à l'unanimité.

[M. *Lostalot* rend compte d'un trait d'énergie du directoire des Basses-Pyrénées.]

Plusieurs voix demandent des nouvelles d'Avignon. Un membre du Comité dit qu'il est dans l'impossibilité de donner connaissance des lettres qu'il a reçues hier, parce qu'on les a remises sur-le-champ aux membres du Comité de surveillance de l'Assemblée nationale. (*Murmures d'improbation.*)

Après plusieurs motions faites pour qu'on aille au Comité de surveillance retirer les paquets pour en donner connaissance à la Société, M. *le Président* propose d'entendre les détails que pourra, sans doute, donner le courrier qui a apporté ces dépêches. Cette proposition est adoptée, et le courrier monte à la tribune.

[Le courrier donne ces détails. — M. *Merlin* annonce que le Comité de surveillance s'occupe activement de cette affaire et « de demander à l'Assemblée nationale le rappel des commissaires civils, celui des troupes étrangères, et d'y substituer des troupes nationales ».]

M. *Carra* monte à la tribune, où il prononce un discours sur l'ob-

---

1. On trouvera cet arrêté plus haut, t. Ier, Introduction, p. cx.

jet de la guerre, que nous renvoyons à notre prochain numéro[1]. Quelques propositions qui ne paraissent pas d'accord avec les principes de la constitution éveillent l'attention de M. *Danton,* et, sur sa motion, l'orateur est rappelé à l'ordre au nom de la constitution et de la Société.

M. ALBITTE. — Messieurs, je demande que vous intervertissiez seulement pour une séance la question qui vous agite dans ce moment, pour une question non moins importante. On a mis à l'ordre du jour à l'Assemblée nationale la question de savoir si les décrets concernant la nomination des membres composant la Haute-Cour nationale seront soumis à la sanction. Vous voyez, Messieurs, que cette matière devient importante, que de cette question dépend la nullité ou la force de votre Haute-Cour nationale. Si votre Haute-Cour nationale est nulle, tous vos décrets d'accusation et toutes les mesures que vous avez prises pour punir les rebelles deviennent nuls aussi.

M. *Bourdon* a ensuite témoigné combien il était pénétré que l'on ait mis à l'ordre du jour à l'Assemblée nationale la question de savoir si le roi influencera la nomination de ceux qui doivent juger ses agents et même le juger lui-même dans certains cas : d'autant plus encore que ce sont cas prévus par la constitution même.

Après une assez longue discussion on a arrêté que cette matière serait à l'ordre du jour à la première séance.

La séance a été levée à dix heures.

CXXIV

SÉANCE DU VENDREDI 6 JANVIER 1792

PRÉSIDENCE DE M. ANTONELLE

Après la lecture du procès-verbal de la dernière séance et de l'extrait

---

1. *Annales patriotiques* du 14 janvier 1792 : *Discours de* M. CARRA, *prononcé à la Société des amis de la constitution, à la séance du 4 janvier.* — Ce discours imprimé ne reproduit pas la proposition que Carra avait faite, le 4 janvier 1792, à la tribune des Jacobins, d'appeler un prince anglais au trône de France. C'est pour cette proposition que Danton le fit rappeler à l'ordre. Lui-même avoua et expliqua sa motion dans un article des *Annales patriotiques* du 9 janvier, intitulé : *Explication claire et positive sur une circonstance qui me concerne, et que la sottise et la calomnie se sont hâtées de dénaturer et de noircir dans quelques journaux feuillantins et ministériels.*

de la correspondance, M. *le Président* propose et met aux voix la demande en affiliation de la Société de Sarrazac.

L'affiliation est accordée à l'unanimité.

M... — Depuis quelques jours, j'attends à trouver dans la correspondance une lettre que j'ai eu l'honneur de remettre sur le bureau, par laquelle je vous annonçais que M. Girardin avait été rayé de la liste des membres de la Société des droits de l'homme et du citoyen, pour avoir été convaincu d'avoir été aux Feuillants. Il me semble que MM. les secrétaires devraient lire tout ce qui leur est remis, et que rien de ce qui est porté au bureau ne devrait rester dans l'oubli.

M. ROUSSELLE, *secrétaire*. — Précédemment à la réception de cette lettre, un membre de la Société avait déjà fait cette annonce, et, sur sa dénonciation, on avait passé à l'ordre du jour; j'ai donc cru qu'il était parfaitement inutile de lire cette lettre.

M. RICORD. — C'est moi, Messieurs, qui annonçai ici le fait dont l'auteur de la lettre vous faisait part; je fis en même temps la motion de rayer également M. Girardin de cette Société, parce qu'après ce qui s'est passé aux Feuillants je déclare que tout citoyen qui s'est présenté pour en être est indigne de rentrer dans celle-ci; je renouvelle donc ma motion, et je vous prie, Monsieur le Président, de vouloir bien la mettre aux voix. (*Grands applaudissements.*)

M... — Un membre de cette Société peut n'être pas calomniateur, et cependant avancer des faits qui soient inexacts, parce qu'il aura été mal informé, et, dans ce cas, la personne accusée n'en est pas moins victime de la calomnie; c'est précisément ce qui arrive ici : je vous atteste, moi, que M. Girardin n'a jamais été Feuillant.

M. RÉAL. — Messieurs, pour trancher une discussion qui porte sur un fait, et que nous ne pouvons discuter ici, je vous proposerai de renvoyer cette affaire à votre Comité de présentation, qui, après avoir pris les renseignements nécessaires, vous en rendra compte. (*L'ordre du jour, l'ordre du jour!*)

M. COLLOT D'HERBOIS. — Je demande à dire un mot aux personnes qui demandent l'ordre du jour, sans doute pour épargner notre temps en terminant la question. Je leur observerai qu'ils manquent leur but : car, si nous ne traitons pas cette question aujourd'hui, elle reparaîtra un autre jour, et nous fera perdre de nouveau notre temps. J'observerai ensuite que le témoignage d'un seul individu ne peut avoir de force contre celui d'une Société qui vient vous dire avoir acquis la certitude d'un fait. Mais, Messieurs, il est important de savoir, d'une manière fixe et invariable, le parti que doit prendre le Comité de présentation sur les personnes qui ont été aux Feuillants. Parmi ces personnes, il en est un grand nombre qui sont très repentants, et qui voudraient pouvoir effacer des jours de leur vie les jours qu'ils ont passés aux Feuillants. D'ailleurs ceux qui, y ayant été, disent qu'ils n'y ont pas été, prouvent bien par là qu'ils sont honteux de leur démarche, puisqu'ils n'osent pas l'avouer. Je crois donc qu'il pourrait être parfaitement d'accord avec vos principes que votre Comité de présentation ne fût pas tenu à approfondir trop des faits de cette nature, et qu'il pût, en prenant sur leur compte tous les renseignements qu'il prend pour tous les autres citoyens, vous présenter également les citoyens qui ont été aux Feuillants.

M. *Robespierre* combat cette proposition avec toute l'énergie possible, et il insiste fortement pour qu'aucun des membres qui se sont présentés aux Feuillants puisse jamais être admis dans la Société. Cette proposition, qui obtient les plus vifs applaudissements, cause beaucoup de tumulte dans une partie de l'assemblée.

M. *Collot d'Herbois* représente sa motion sous la forme d'un amendement, et il propose de déterminer une époque après laquelle le Comité de présentation ne pourrait proposer aucun membre qui aurait été aux Feuillants; mais il demande que, jusqu'à cette époque, tous les citoyens puissent être présentés, quitte à la Société à les rejeter si le Comité lui en présentait qu'elle ne crût pas dignes d'être admis dans son sein.

M. *Robespierre* combat de nouveau cet amendement, et insiste pour que sa proposition tout entière soit mise aux voix.

M. *Lasource* propose un second amendement en faveur des membres de l'Assemblée nationale. Il demande qu'en raison des pièges qui peuvent avoir été tendus à leur patriotisme, ceux d'entre eux qui ne sont pas de Paris puissent être admis à se présenter pendant l'espace d'un mois.

M. *Isnard* appuie la motion de M. Lasource; la discussion se prolonge. MM. *Robespierre* et *Danton* tiennent pour l'exclusion totale; MM. *Thuriot, Lasource, Lanthenas* et *Isnard*, parlent pour l'amendement proposé par M. Lasource.

[M. *Guadet* demande « que l'on mette aux voix, sans aucun amendement, la motion pure et simple de M. Robespierre ».]

Enfin, après un long tumulte, la motion de M. Robespierre est mise aux voix et adoptée à l'unanimité.

Les tribunes, que cette longue discussion avait intéressées fortement, se lèvent à la fois et font retentir la salle d'applaudissements.

M. *le Secrétaire* fait l'annonce de l'hommage fait à la Société par M. Osselin de l'*Almanach du juré français,* dont il est l'auteur; il annonce en même temps que ce citoyen va ouvrir dimanche prochain un cours public et gratuit d'instruction sur cette importante matière.

On passe à l'ordre du jour : la question de savoir si le roi doit influencer la formation de la Haute-Cour nationale.

MM. *Dubois de Crancé* et *Danton* prennent successivement la parole pour prouver l'inconséquence de la mesure qui accorderait au roi quelque influence sur la formation de ce tribunal.

[*M. Simonne* démontre que, d'après le texte même de la constitution, le roi ne peut en aucune façon « influencer la formation de la Haute-Cour nationale ».]

M. *de Sillery,* après un discours sur le même objet, dévoile les projets du Comité des Tuileries sur son peu de désir de faire la guerre.

Deux députations sont admises : une, de la garde nationale de Chantilly, qui fait part de ses inquiétudes sur le mélange des valets de M. Condé avec les bons citoyens qui la composent; l'autre, de la Société des droits de l'homme, dont l'orateur (M. Anthoine, député de 89) lit une pétition qu'il doit présenter à l'Assemblée nationale en faveur de deux citoyens tués à l'affaire de La Chapelle.

La séance a été levée à onze heures.

CXXV

SÉANCE DU DIMANCHE 8 JANVIER 1792

PRÉSIDENCE DE M. ANTONELLE

A l'ouverture de la séance, M. *de Sillery* monte à la tribune : « C'est à cette Société, dit cet orateur, qui, en aucun temps, ne s'est écartée des vrais principes, que je viens aujourd'hui parler d'une affaire qui m'intéresse. Je viens lui demander ses conseils. J'ai longtemps été la victime du pouvoir arbitraire. On m'a constamment refusé un grade qui m'était dû à juste titre. Lorsque mes commettants m'ont envoyé à l'Assemblée nationale, j'ai cru devoir suspendre. Maintenant, Messieurs, après avoir défendu le bien public au sein de l'Assemblée nationale, je dois encore aller répandre pour ma patrie le peu de sang qui me reste. Je n'abuserai pas plus longtemps de vos instants. Je vous prie de me nommer quatre commissaires, à qui je ferai part des détails de ma demande. » La Société a accédé à la demande de M. Sillery, et a nommé pour commissaires MM. Couthon, Dubois de Crancé, Calon et Rouyer.

M. le *Secrétaire* lit le procès-verbal de la dernière séance, et un des membres du Comité de correspondance communique la correspondance de la veille.

La Société passe à l'ordre du jour : la question de savoir si les décrets de complément relatifs à l'organisation de la Haute-Cour nationale doivent être soumis à la sanction royale.

MM. *Anthoine, Réal, Albitte,* prennent successivement la parole. Ils tendent à prouver en général que, la Haute-Cour nationale n'étant instituée que pour juger des faits dans lesquels les ministres peuvent avoir une grande part, et les décrets relatifs à la responsabilité des ministres ne devant pas être sujets à la sanction, les décrets relatifs à l'établissement de la Haute-Cour nationale ne doivent pas y être soumis non plus.

La discussion est interrompue par l'introduction d'une députation des hommes du 14 juillet, qui viennent faire part à la Société d'une pétition qu'ils doivent présenter à l'Assemblée nationale au sujet du projet formé de corrompre les tribunes et de les faire applaudir contre le décret de la Haute-Cour nationale.

M. Antonelle, *président.* — Généreux citoyens, dites à ceux qui vous ont députés vers nous que nous savons apprécier quels sont les hommes du 14 juillet; de ces hommes, il y en a beaucoup en France; ils composent les bataillons parisiens. S'il nous était possible d'oublier la dignité de notre caractère, assurément nous sentirons (*sic*) bien ce jour où vous viendrez dans l'Assemblée nationale présenter cette pétition. Le peuple, qui fut invincible dans les travaux, sera invincible dans la persévérance.

M. *Rœderer* propose, pour obvier à tous les inconvénients qui peuvent résulter de la question sur la sanction royale, de se contenter du décret du 15 mai, relatif à l'organisation de la Haute-Cour nationale. « Faute de quelques décrets réglementaires, dit cet orateur, un tribunal ne doit pas moins marcher; les autres tribunaux, les corps administratifs, les municipalités, ont bien été établis, et tous les règlements nécessaires pour leur parfaite organisation ne sont pas encore faits. » Il a conclu à ce qu'on ne fît aucun nouveau décret à ce sujet, mais que l'on organisât sur-le-champ cette Cour, qui pourvoirait d'elle-même ensuite aux règlements dont elle pourrait avoir besoin.

[*M. Bancal* pense que tous les actes relatifs à l'accusation des conspirateurs et la punition de leurs crimes ne sont pas sujets à l'examen et au consentement du pouvoir exécutif. — Sans cela, le droit d'accuser, qu'a l'Assemblée nationale, et le droit de juger, qu'a la Haute-Cour, ne seraient que des droits illusoires.]

La séance a été levée à neuf heures.

CXXVI

SÉANCE DU LUNDI 9 JANVIER 1792

PRÉSIDENCE DE M. ANTONELLE

Après la lecture du procès-verbal, M. *Girardin* demande la parole, et nie jamais avoir été rayé de la liste de la Société des droits de l'homme, « puisque, dit-il, je n'ai jamais été de cette Société. Je nie également avoir jamais été de la Société des Feuillants, et sans doute que le membre qui a avancé ce fait à mon égard voudra bien en reconnaître la fausseté, ou bien j'espère que la Société voudra bien me permettre de lui prouver qu'il est un calomniateur ». (*Brouhahas.*)

M. Ricord. — C'est moi, Messieurs, qui vous ai dénoncé ce fait, et je ne sais si je dois être regardé comme calomniateur ; j'étais présent à la délibération prise au sujet de M. Girardin que voilà, et la Société voulait aussitôt vous envoyer une députation pour vous en instruire. (*Plusieurs personnes attestent ce fait.*)

On préféra de vous écrire ; je vins à la séance et je fis la dénonciation, sur laquelle on passa à l'ordre du jour. La lettre arriva ; M. le Président la mit vraisemblablement dans sa poche : car vous savez que, deux jours après, le membre qui l'avait apportée se plaignit de ce qu'elle n'avait pas été lue. (*A l'ordre du jour, à l'ordre du jour!*)

M. *Méchin*, secrétaire, veut expliquer l'invraisemblance de l'accusation faite à M. le Président, le tumulte couvre sa voix.

Enfin, au milieu des cris *A l'ordre du jour!* la motion de l'ordre du jour est mise aux voix et adoptée.

M... expose la conduite civique d'un juge de paix qui a réussi à faire respecter et écouter un curé constitutionnel.

On applaudit à ce récit, et on le recommande aux journalistes patriotes pour le publier.

Un des membres du Comité fait lecture de la correspondance.

Sur la motion de M. *Lanthenas*, la Société accorde à M. Carrier [1], journaliste de Lyon, 600 livres pour l'aider à sortir du procès qu'il va terminer dans son pays.

M. *Merlin* lit une lettre qu'il a reçue de M. Merlin, député à l'Assemblée constituante, qui lui marque que les rassemblements des émigrés continuent toujours à Ath sur le même pied.

M. *Carra* confirme les nouvelles données par M. Merlin; enfin on passe à l'ordre du jour, que l'on fixe sur la responsabilité des ministres.

[M. *Doppet* expose comment, au point de vue de la responsabilité ministérielle, il y a certains crimes ou délits que la loi ne peut pas prévoir, et pour lesquels il est facile aux intéressés de commettre de graves abus.]

M. *Simonne* fait un rapport intéressant sur les infortunés de Pondichéry, qui se trouvent dans la position la plus affligeante; la Société arrête qu'il leur sera avancé, à titre de prêt, une somme de 600 livres.

M. *Louvet* prononce un discours sur la nécessité de déclarer promptement la guerre à l'empereur [2].

La séance a été levée à dix heures.

CXXVII

SÉANCE DU MERCREDI 11 JANVIER 1792

PRÉSIDENCE DE M. ANTONELLE

Après la lecture du procès-verbal, M. *Méchin* donne lecture de la correspondance.

---

1. Le *Journal des Jacobins* imprime par erreur *Carnier*. Il s'agit d'un certain Carrier, rédacteur du *Journal de Lyon, ou Moniteur du département de Rhône-et-Loire, dédié aux sections et aux bataillons de la ville de Lyon*, 1791-1793, in-4. Il ne faut pas confondre ce Carrier lyonnais avec le fameux Carrier d'Aurillac, comme l'ont fait Buchez et Roux, t. XIII, p. 144. Le *Journal de Lyon* avait été fondé en avril 1791 par Laussel, sous le nom de Prudhomme aîné, éditeur. À partir du 18 juin, il ne porta plus que le nom de Carrier, qui resta placé entre parenthèses à la suite du titre jusqu'à la fin. M. Vingtrinier, dans son *Histoire des journaux de Lyon* (Lyon, 1852, in-8, p. 25), dit que le dernier numéro du journal de Carrier est daté du 6 août 1793. C'est une erreur : l'exemplaire de la Bibliothèque nationale (Lc 11/491), d'ailleurs incomplet au commencement, se termine par un numéro 129, daté du mardi 13 août 1793.

2. *Société des amis de la constitution, séante aux Jacobins, à Paris. — Discours de* JEAN-BAPTISTE LOUVET, *sur la guerre, prononcé à la Société le 9 janvier 1792*. — Imp. du *Patriote français*, s. d., in-8 de 12 p. — Bibl. nat., Lb 40/672. — Brissot fit l'éloge de ce discours dans le *Patriote français* du 11 janvier 1792. — Cf. Buchez et Roux, XIII, 145.

M. *Lostalot* rend compte à la Société du rapport que M. de Narbonne a fait à l'Assemblée nationale de son voyage aux frontières. Le rapport de M. de Narbonne serait bien consolant pour la nation, s'il disait la vérité ; mais, ajoute l'orateur, il faut le croire pour le moment. L'Assemblée nationale a ordonné l'impression du rapport du ministre. Nous l'aurons tous dans les mains, et le temps nous apprendra si le ministre ne nous en pas imposé.

M. *Albitte* a prié MM. les députés de prendre en considération et de bien méditer l'astuce qui règne dans le discours du ministre, surtout à l'égard des volontaires.

On passe à l'ordre du jour : la question de la guerre.

[M. *Robespierre* montre que la constitution n'est, « dans les mains du pouvoir exécutif, qu'une arme dont il se sert pour détruire la constitution elle-même et pour favoriser les projets de guerre. C'est donc mal servir la cause de la liberté que de se laisser aller à ses impulsions [1]. »]

L'impression est demandée de toutes parts.

La motion, mise aux voix, est adoptée à l'unanimité, ainsi que l'envoi aux Sociétés affiliées et la distribution aux citoyens des tribunes et aux sections de Paris.

Un membre propose d'envoyer également ce discours aux troupes de ligne.

M. *Danton* représente qu'il existe un décret qui défend toute communication avec les troupes de ligne, et que les Sociétés des départements peuvent seules remplir ce devoir.

D'après cette observation, on passe à l'ordre du jour sur la motion du préopinant.

M. *Anthoine* monte à la tribune, où il prononce, contre la guerre d'attaque, un discours qui a réuni les suffrages de la Société, et dont elle arrête l'impression [2].

La séance a été levée à dix heures.

1. Ce discours fut reproduit par *les Révolutions de Paris*, n° CXXI. On le trouvera aussi dans Buchez et Roux, t. XIII, p. 146 et suiv., avec des extraits des commentaires élogieux qu'il inspira aux journaux.

2. *Société des amis de la constitution, séante aux Jacobins, à Paris. — Discours sur cette question : Que doivent faire les amis de la liberté dans les circonstances présentes? prononcé à la Société le 11 janvier 1792, par F.-P.-N.* ANTHOINE. — Imp. du *Patriote français*, s. d., in-8 de 15 p. — Bibl. nat., Lb 40/673.

CXXVIII

SÉANCE DU VENDREDI 13 JANVIER 1792

PRÉSIDENCE DE M. ANTONELLE

En l'absence de M. Antonelle, M. Dubois-Crancé prend le fauteuil.

M. BÉCOURT. — Je demande à faire une motion d'ordre : c'est au sujet de M. Feuillant, directeur du *Journal du soir* et membre de cette Société. Ce journaliste s'est permis, dans un de ses derniers numéros, en parlant du bruit qui avait eu lieu aux Feuillants, de dire qu'il avait été occasionné par les Jacobins. Je demande que, pour raison de cette insigne calomnie, M. Feuillant soit rayé de la liste des membres de cette Société. (*Grands applaudissements.*)

M. RÉAL. — Il est possible que M. Feuillant se soit rendu coupable de cette calomnie. Elle paraît moins prouvée, puisqu'il s'agit d'un délit matériel. Cependant, comme il est de toute justice de ne pas condamner un coupable sans l'entendre, je demande que cette affaire soit envoyée à votre Comité de présentation, qui prendra sur cet objet les mesures convenables.

Après quelques discussions, la motion de M. Réal est adoptée, et le renvoi au Comité de présentation est arrêté. — M. *le Secrétaire* fait lecture du procès-verbal de la dernière séance. — Une députation des invalides restés à l'Hôtel demande à être introduite. L'orateur monte à la tribune, où il fait lecture de la pétition que ces braves guerriers doivent présenter à l'Assemblée nationale pour lui exposer de nouveau les demandes qu'ils avaient présentées à l'Assemblée nationale constituante vers la fin de sa session, temps auquel il lui avait été impossible de s'en occuper. — M. *le Président*, dans sa réponse, assure cette députation de toute la bienveillance de l'Assemblée nationale et du Comité militaire en particulier, auprès duquel il se charge d'être leur médiateur et leur avocat.

On passe à l'ordre du jour : la question de savoir si l'on doit conserver ou non les chasseurs volontaires de la garde nationale parisienne, soit sous cette dénomination, soit sous telle autre dénomination nouvelle. — Plusieurs orateurs prononcent des discours sur cette question, la plupart contre la conservation d'un corps particulier sous telle dénomination que ce puisse être.

[*M. Robespierre* expose que l'existence d'un corps armé quelconque, qui est distinct du corps des citoyens, est un danger pour la liberté. — *M. Carra* annonce qu'on a l'intention de placer la moitié des troupes de la maison du roi à l'Arsenal, et voit là un danger pour la liberté. — *M. Desmoulins* demande à M. Dubois-Crancé pourquoi ce qu'il a dit à la tribune sur les intrigues des Tuileries ne se retrouve pas dans son discours imprimé. — *M. Dubois-Crancé* répond que, n'ayant pas les preuves matérielles de ce qu'il avait avancé, il n'a pas voulu s'exposer à un procès criminel. (*Brouhahas, murmures.*) — *M. Billaud-Varenne :* « On ne doit pas prononcer ici, à la tribune, des choses que l'on ne croit pas pouvoir faire imprimer. » — *M. Merlin* demande qu'on proclame « le décret qui déclare Monsieur déchu de la régence ». (*On applaudit.*) — M... déplore la quantité d'étrangers et de gens sans aveu qui habitent autour du Palais-Royal, et les progrès du jeu. — « La Société des droits de l'homme et du citoyen vient faire part à la Société des prévarications exercées à Mennecy par M. de Villeroy. »]

La séance a été levée à dix heures.

CXXIX

SÉANCE DU DIMANCHE 15 JANVIER 1792

[Un des membres du Comité lit la correspondance. — *M. le Secrétaire* lit le procès-verbal de la séance précédente. — *M. Albitte* annonce que « le Comité militaire était convenu qu'il n'y aurait pas de chasseurs ». — *M. Collot d'Herbois* communique une lettre des soldats de Château-Vieux, « écrite sur les bancs des galères ». — *M. Robespierre* montre que le ministère cherche à payer l'Assemblée de paroles, tandis qu'en fait il persécute les amis de la liberté. — *M. Rouyer* essaye de protester et demande qu'on s'occupe de la déchéance de Monsieur à la régence. — *M. Lasource* réplique que la question ne se posait pas, attendu que Monsieur était sorti du royaume depuis plus de deux mois, et était déchu par ce fait. — *M. Doppet* lit un discours tendant à réfuter la proposition du ministre[1]. — *M. Broussonnet* lit une lettre de M. Lemaire, qui implore l'assistance de la Société. — Une députation de la Société fraternelle vient dire qu'il se trouve « à Paris la moitié de troupes de plus qu'il n'en faut pour composer la maison du roi ». — Une députation des veuves de patriotes victimes de l'affaire de La Chapelle « a témoigné la reconnaissance de ces dames ».]

La séance a été levée à dix heures.

1. Cf. *Société des amis de la constitution, séante aux Jacobins, à Paris.* — Discours de M. DOPPET, *médecin, sur le moyen de remplacer les cinquante mille hommes qui manquent dans les troupes de ligne, prononcé à la Société dans la séance du 15 janvier* 1792. — Paris, imp. du *Patriote français*, 1792, in-8 de 5 p. — Bibl. nat., Lb 40/2249.

CXXX

SÉANCE DU LUNDI 16 JANVIER 1792

PRÉSIDENCE DE M. GUADET

En l'absence du président, M. *Merlin* occupe le fauteuil et lit à la Société la liste des personnes qui demandent l'entrée de la séance.

On fait lecture du procès-verbal de la dernière séance.

M. *Réal* lit l'extrait de la correspondance.

M. MANUEL. — Messieurs, je crois devoir prévenir la Société que la municipalité vient enfin d'appeler M. Danton à la place de substitut du procureur-syndic[1] de la Commune, vacante par une démission. C'est vendredi, au conseil général, qu'il reçoit son congé. Je crois qu'il serait peut-être intéressant, pour ranimer l'opinion publique, que quelques patriotes voulussent rallumer ce feu presque éteint sous le drapeau rouge. Il n'en est de même du procureur de la Commune, qui attend, pour occuper sa place, que les sections aient choisi leurs notables. Il est charmé d'avoir M. Danton pour précurseur.

M. *Saladin* demande que MM. les députés à l'Assemblée nationale veuillent bien s'occuper de l'affaire du directoire du département de Paris, et d'ordonner à son Comité de législation de lui en faire le rapport[2], parce qu'elle intéresse beaucoup la liberté.

M. *Rouyer* observe qu'il y a de grandes précautions à prendre : car, dit-il, il vaudrait mieux laisser cette affaire dans l'oubli que de provoquer le rapport, et qu'ensuite l'Assemblée nationale décrétât qu'il n'y a pas lieu à délibérer ou passât à l'ordre du jour, ce qui serait un grand triomphe pour les ennemis de la liberté.

M. LEGENDRE. — Je demande que le Comité de pétition fasse l'extrait de toutes les pétitions que les sections de Paris ont présentées à l'Assemblée nationale sur cet objet; elles viendront à l'appui des députés patriotes qui voudront punir les membres du directoire du département de Paris. Je prie les patriotes de prendre en considération cet

---

1. Il faut lire : *procureur*, et non : *procureur-syndic*. Il y avait dans chaque municipalité un *procureur de la commune*, dans chaque district un *procureur-syndic*, dans chaque département un *procureur-général-syndic*. — Voir les lois du 14 et du 22 décembre 1789.

2. Cette phrase est textuelle.

objet, afin que les citoyens de Paris qui ont présenté des pétitions en entendent parler, et qu'on leur fasse droit.

Plusieurs personnes parlent successivement sur cet objet.

M. *Réal* prononce un discours sur les mesures à prendre pour que le commerce de France ne souffre point du commerce de la république de Mulhausen.

M. *Clavière* fait quelques observations sur le même objet.

M. ROBESPIERRE. — Messieurs, malgré l'importance de cette question, je crois que vous devez quelque considération à un patriote qui est dans le sein de votre Société, qui s'en retourne demain à Metz, et qui veut entretenir la Société d'objets importants. Je demande donc que M. Anthoine soit entendu.

[M. *Anthoine* expose que les maux les plus à craindre ont trois causes : « 1° la contradiction dans laquelle les lois sont avec les droits de l'homme ; 2° c'est que le gouvernement est en contradiction avec les bases de la constitution, c'est-à-dire avec la déclaration des droits ; 3° c'est que l'on a placé à la tête du pouvoir ceux contre qui la Révolution s'est faite. »]

M. LASOURCE. — Messieurs, je ne puis pas approfondir la question que je vais soumettre à votre discussion. Vous savez que le premier mobile du gouvernement est la réception des contributions publiques. Eh bien ! Messieurs, les six derniers mois de 1791 ne sont pas encore perçus. J'invite tous les membres de cette assemblée, et messieurs de l'Assemblée nationale, de mettre cette question à la discussion, afin de savoir s'il faut confier le soin des perceptions aux municipalités, ou nommer de nouveaux receveurs qui jetteraient beaucoup de louche dans les affaires.

M. *Collot d'Herbois* rend compte à la Société de la démarche dont elle l'avait chargé pour porter à M. Le Maire les secours qui lui sont nécessaires. Il a eu beaucoup de peine à le décider à les recevoir; mais il lui a dit qu'entre des frères l'amour-propre ne pouvait être blessé, et, quand il l'a quitté, il était beaucoup mieux qu'il ne l'avait trouvé en arrivant chez lui, dit cet orateur. « M. Le Maire m'a remis sa carte, et, si vous voulez lui procurer l'avantage de se rendre bientôt ici, je vous prie d'autoriser M. le trésorier à la renouveler sans qu'il paye de contribution. »

M. SANTERRE. — Messieurs, je m'aperçois que l'on veut ôter aux citoyens volontaires la garde du trésor royal. J'ai vu hier remplacer le poste par la gendarmerie à pied et à cheval. A la vérité, j'ai eu la satisfaction de voir dans le nombre quelques ci-devant gardes-françaises, décorés de la médaille. Je crois aussi, Messieurs, que l'on a l'intention d'ôter aux volontaires la garde de l'Arsenal; je prie tous les citoyens de vouloir bien en faire part à leurs bataillons, et, comme ce dernier poste est dans mon quartier, je promets de m'y opposer : car vous voyez, Messieurs, que ces deux postes intéressent le bien général et la liberté publique.

La séance a été levée à neuf heures.

CXXXI

LA SOCIÉTÉ DES AMIS DE LA CONSTITUTION

SÉANTE AUX JACOBINS, A PARIS

AUX SOCIÉTÉS AFFILIÉES

Imp. du *Patriote français*, s. d., in-8 de 14 pages.

Comité de correspondance, Paris, le 17 janvier 1792,
l'an IV de la Liberté.

Frères et Amis,

La situation actuelle de l'État exigeant une plus grande activité dans nos correspondances, la Société a arrêté que son Comité écrirait tous les quinze jours une circulaire aux Sociétés affiliées. Nous vous adressons celle-ci, en conséquence, pour vous informer de l'état des choses en ce moment, et vous communiquer nos idées sur les moyens les plus propres à prévenir les dangers qui menacent la patrie.

Le grand objet qui occupe en ce moment tous les esprits, c'est la guerre. Devons-nous la faire? Devons-nous l'attendre? Telle est la question que, depuis trois semaines, nous agitons dans notre sein, et la nécessité d'une attaque de notre part est le résultat de l'opinion de presque tous nos orateurs. Elle a été combattue par plusieurs; mais quelques-uns d'entre eux ont abandonné leur système, dont le principal fondement était que, le pouvoir exécutif désirant la guerre, c'était un motif suffisant pour nous la faire redouter. Ils ont reconnu depuis que le pouvoir exécutif avait feint de la provoquer dans l'espérance de prévenir le décret d'accusation contre les chefs des rebelles. Ils ont réfléchi d'ailleurs qu'il y avait été forcé par le message de l'Assemblée nationale et par la crainte d'une responsabilité que la constitution établit contre le roi lui-même, s'il ne s'opposait pas, par un acte formel, à des hostilités imminentes, etc... Il leur a été démontré, par une suite d'actes bien authentiques, qu'une guerre offensive de notre part est tout ce que craignent nos ennemis, et l'opinion presque unanime des vrais amis de la liberté la provoque fortement. Personne ne s'en dissimule les inconvénients, mais ils disparaissent devant les considérations majeures que nous allons vous exposer.

Il est certain d'abord qu'elle est inévitable, et alors tout ce qui tendrait à en reculer l'époque nous serait funeste et ne tournerait qu'à l'avantage de nos ennemis. Nous ne craignons pas que la lassitude et le découragement des bons citoyens remplissent leur attente. Ils ne sont pas capables de sentir ce que l'amour de la liberté inspire de courage et donne de constance. Leur espoir est donc vain à cet égard. Nous ne craignons pas la trahison, quoiqu'il y ait lieu de supposer qu'il en sera tenté de plus d'une espèce. Nous nous reposons sur le patriotisme des soldats, dont la masse en général mérite notre confiance et saura résister à toutes les suggestions et se garantir de tous les pièges. Leur union avec les gardes nationales les préservera encore du danger des insinuations perfides par lesquelles on tâcherait d'égarer leur patriotisme. Il règnera dans nos armées une opinion publique à laquelle les traîtres seraient obligés de céder, et qu'ils n'oseraient au moins contrarier ouvertement. Rassurés sur ce point important, nous ne voyons plus que des avantages dans la guerre offensive, qui, au reste, présente moins de chances favorables à la trahison que la défensive.

Si nous attaquons, et surtout promptement, nous tirons un grand avantage de la terreur qu'une simple menace a produite sur l'esprit des tyrans qui secondent les rebelles; de l'impétuosité naturelle au Français, et qui est son caractère distinctif parmi les autres peuples belliqueux; de la disposition des nations voisines, qui nous appellent, nous invoquent, nous pressent, et n'attendent que de nous les unes la conquête, les autres le recouvrement de leur liberté. Et croyez, frères et amis, que la Révolution française a plus de partisans chez l'étranger qu'il n'y en a qui osent se montrer : les Liégeois, les Belges, n'attendent qu'un signal pour se soustraire au joug nouveau qui s'appesantit sur ces malheureux pays, et ce signal, c'est à nous à le donner.

Cette considération de la délivrance de plusieurs peuples serait assez puissante sur une nation généreuse pour la déterminer, quand même elle ne se trouverait pas liée à notre intérêt particulier; et cet intérêt se trouve ici en harmonie avec les sentiments de magnanimité que des Français, nouvellement épris des charmes de la liberté, ne peuvent manquer d'éprouver en faveur de voisins opprimés qui gémissent sous le glaive de la tyrannie, qui sentent tout le poids de leurs chaînes, qui brûlent du désir de les voir briser, et ne voient de terme à leur servitude que dans notre utile assistance. Hâtons-nous donc de voler au secours de ces victimes du despotisme; plantons la liberté dans tous les pays qui nous avoisinent; formons une barrière de peuples libres entre nous et les tyrans; faisons-les trembler sur leurs trônes chancelants, et rentrons ensuite dans nos foyers, dont la tranquillité ne sera plus troublée par de fausses alarmes, pires que le danger même.

Bientôt la confiance renaît dans l'empire, le crédit se rétablit, le change reprend son équilibre, nos assignats inondent l'Europe, et intéressent ainsi nos voisins au succès de la Révolution, qui dès lors n'a plus d'ennemis redoutables. Bientôt nous concevons l'espoir de voir l'ordre s'établir dans les finances, le déficit disparaître, les forces immenses que les circonstances actuelles mettent entre les mains du pouvoir exécutif réduites à leur juste proportion, des réformes économiques ramener les dépenses au niveau des recettes; les ennemis intérieurs, et surtout les prêtres séditieux, qui n'ont de force que par la confiance chimérique que leur inspirent les ridicules fanfaronnades de nos rebelles, réduits au silence, déplorant en secret l'impuissance de leur rage. Le pouvoir exécutif lui-même perd tout espoir de succès dans ses vues tyranniques, et se voit forcé d'obéir à la volonté nationale; la France, en un mot, reprend en Europe l'attitude qui lui convient, et jouit, dans le calme et la sécurité, des biens que la Révolution lui promet.

Il le faut avouer cependant, lorsqu'on réfléchit que la conduite de la guerre est confiée par la constitution au roi, lorsqu'on songe qu'en cette querelle des rois et des nobles contre la liberté et l'égalité, c'est un roi qui doit diriger les forces de la nation, que ces forces sont commandées presque en totalité par des nobles, on se demande avec effroi s'il est de la sagesse d'un peuple d'attendre son salut de pareils êtres, s'il est bien possible que jamais ils consentent à confondre leur intérêt avec celui du peuple, s'ils se détermineront jamais à combattre des ennemis de la liberté et de l'égalité, et s'il est une révolution qui puisse tellement changer le cœur humain qu'on voie ces deux divinités des vrais citoyens compter parmi leurs défenseurs des patriciens et des despotes. Une telle métamorphose n'est pas dans la nature de l'homme, et la croire possible, c'est s'attacher à une chimère, c'est se laisser entraîner à une dangereuse illusion. Toutes les idées de trahison qu'on se plaît à écarter reviennent alors en foule, et l'on se voit forcé à ne voir le salut du peuple que dans sa propre force, dans l'impulsion spontanée que la présence d'un danger peut exciter en lui, dans cette mâle énergie qui, dans les premiers jours de la Révolution, lui fit tenter de hautes entreprises et lui valut de si brillants succès. Cette guerre, en effet, doit être une guerre nationale, et ne doit ressembler à aucune de celles qui l'ont précédée. Elle n'a point pour objet un intérêt local et particulier, un intérêt du moment, mais un intérêt général, et, de tous temps, le plus sensible, le plus pressant de tous les intérêts. C'est donc au peuple lui-même à pourvoir à son salut; et, pour en faire sentir la nécessité, nous ne croyons pouvoir mieux faire que de vous renvoyer à la lecture des discours qui ont été prononcés dans notre Société, et qui doivent vous être parvenus. Mais, il faut le dire, sans le payement des contributions il n'y a que des malheurs à prévoir, et ils sont incalculables; vous le sentez assez pour que nous ne soyons pas dans le cas de vous engager à en accélérer, autant qu'il est en vous, le recouvrement.

Les ministres continuent, à la faveur de leur inviolabilité (car la responsabilité n'est qu'un mot vide de sens jusqu'à présent), d'entraver la marche de la machine politique. Celui des affaires étrangères se contente de changer de place les agents diplomatiques, et ne change rien à l'esprit de la vieille diplomatie. Au lieu de nous chercher des alliés, au lieu de rompre avec ceux qui nous trompent, au lieu de faire observer les traités à notre égard et de renouveler, au nom de la nation, ceux dont la durée est expirée, il nous suscite des ennemis, il entretient les haines de ceux qui se sont déclarés, il n'exige aucune réparation des outrages qui nous ont été prodigués depuis le commencement de la Révolution; il fait, en un mot, tout le contraire de ce qu'il devrait faire, et l'influence autrichienne dirige visiblement toutes ses démarches contre-révolutionnaires.

Le ministre de la justice, après avoir infecté d'aristocratie un grand nombre de tribunaux, ce qui nous est attesté par nos informations, a l'audace de proposer la prorogation de l'institution des jurés, qui auraient dû être en activité au 1ᵉʳ janvier. Tantôt il fait sanctionner et expédier avec une incroyable célérité les décrets échappés à la précipitation inévitable avec laquelle l'Assemblée nationale se voit quelquefois forcée de délibérer; tantôt il suspend la sanction et l'envoi des décrets les plus urgents, et retarde, autant qu'il est en lui, la marche déjà trop embarrassée de l'administration.

Le ministre de la marine se trouve en ce moment sous le coup d'un décret d'accusation prêt à le frapper. L'ajournement est prononcé, et lui fournira peut-être les moyens d'inventer de nouvelles impostures pour se disculper de celles dont il est déjà convaincu.

Le ministre de la guerre, au retour d'un voyage dont les effets ne peuvent être que d'une extrême importance, soit en bien, soit en mal, a fait à l'Assemblée nationale un rapport très brillant de ce qu'il a vu, de ce qu'il a fait, dit et entendu. Nous ne sommes pas à portée de juger les effets qu'a pu produire ce voyage, dans lequel des actes ostensibles ont pu être accompagnés de démarches secrètes; mais nous ne pouvons nous empêcher de fixer notre attention sur le danger des mesures qu'il propose, et en particulier sur celle de l'incorporation de cinquante mille gardes nationales dans les troupes de ligne. Nous espérons que l'Assemblée nationale ne se laissera pas séduire par de belles paroles, et ne réalisera pas un projet dont les conséquences seraient fatales à la liberté.

Les Feuillants ont une existence très précaire, et ne perdent cependant point de vue leurs grands projets. Ils sont errants depuis quelque temps, et ne se rassemblent qu'en petit comité. Ils se proposent d'acquérir un vaste local, et d'attirer une grande affluence à leurs discussions; mais il se passera quelque temps avant que ce bel établissement se réalise, et nous croyons qu'ils ne sont point pressés d'avoir le peuple de Paris pour témoin de leurs délibérations. Leur devise fastueuse n'en impose à personne : *La constitution, la constitution, rien que la constitution;* c'est comme s'ils disaient : La liste civile, toute la liste civile, rien que la liste civile.

Tel est, pour le moment, frères et amis, tout ce que nous pouvons vous donner de renseignements sur l'état de la chose publique. Elle est véritablement entourée de dangers. Il se trame quelque chose de sinistre. L'installation de la garde du roi se fait ces jours-ci; et en même temps on retarde, sous divers prétextes, celle de la nouvelle moitié du corps municipal, qui doit remplacer la moitié de l'ancienne et ramener l'esprit public dans cette importante magistrature. Le vertueux Pétion se trouve, en attendant, comme isolé au milieu du corps municipal, et n'y est soutenu dans ses fonctions délicates que par un très petit nombre de patriotes. Le roi a enfin sanctionné le décret portant création de petits assignats, mais non celui qui comprend dans l'amnistie les soldats de Château-Vieux. Les intrigants du corps constituant exercent toujours la plus grande influence dans le gouvernement, et ils sont l'âme de tous les complots. Nous espérons triompher de tous les obstacles qu'on oppose à l'établissement de la liberté, et renverser tous les projets. Nous nous reposons sur vous du soin de servir avec le même zèle la chose publique dans vos départements respectifs. Nous vous engageons spécialement à entretenir les soldats dans leur amour pour la liberté, et à réchauffer au besoin leur patriotisme en resserrant leur union avec les citoyens. Ceci s'adresse plus particulièrement aux habitants des frontières. Il n'est pas moins important de les préserver d'un engouement funeste pour tel ou tel homme. Les hommes libres estiment celui qui le mérite, mais n'idolâtrent personne.

Enfin, nous vous recommandons, frères et amis, de garder une attitude calme et fière, quels que soient les événements qui se préparent. Nous saurons ainsi faire face à tous les ennemis du peuple et assurer le triomphe de sa cause.

L'usage des piques est adopté dans plusieurs cantons de la France, et mérite de l'être universellement. Les armes sont, pour un peuple libre, une denrée de première nécessité, et leur fabrication peut occuper honorablement plusieurs manufactures. Cette branche de commerce a été jusqu'ici le monopole des tyrans; ils ont déjà perdu quelques privilèges; il faut encore leur ôter celui-ci. C'est le meilleur moyen de les empêcher de reprendre les autres.

La Société a ouvert une souscription où tous les citoyens sont invités à concourir pour fournir des armes aux citoyens des frontières non armés par l'État. Nous vous invitons à en établir une semblable chez vous, où chacun concourra selon ses facultés. Il est très important de multiplier les Sociétés patriotiques dans les villes et dans les campagnes, et d'établir entre elles et les principales Sociétés, dans chaque département, une active correspondance. L'instruction, surtout l'instruction, c'est la base de l'esprit public et le boulevard de la liberté.

L'Assemblée nationale, par son décret de samedi 14, qui déclare infâme et traître à la patrie quiconque proposerait la plus légère transaction avec les rebelles et les tyrans qui les secondent, a déjoué bien des projets, et a pris aussi l'engagement de soutenir par des mesures énergiques sa généreuse résolution. Elle sera fidèle au devoir qu'elle s'est imposé, et les représentants du peuple français seront dignes de lui.

Avec cette assurance, nous voyons sans alarmes les trames des ennemis de la liberté. Ils courent à leur perte, et ne peuvent manquer de la trouver dans les démarches mêmes par lesquelles ils préparent la nôtre. Si quelque grand événement vous était annoncé, souvenez-vous, frères et amis, du 21 juin dernier, et de la conduite sage et ferme du peuple à cette époque.

Nous sommes à la veille, frères et amis, de jouir de la sublime institution des jurés, connue en France avant le règne de la féodalité. Cette institution, établie depuis longtemps chez les Anglais, et à laquelle ils ont dû la jouissance de leur liberté civile longtemps avant la possession de leur liberté politique, cette institution salutaire, qui met l'honneur et la vie des citoyens sous la sauvegarde de leur pays, va nous être rendue, et compléter, pour tous les Français, les bienfaits de la Révolution. Elle va être la pierre de touche à laquelle nous pourrons reconnaître si nous sommes faits pour la liberté; et tels sont les avantages inestimables de ce précieux établissement qu'il nous donnera, dans peu de temps, ce qui peut nous manquer pour en jouir.

C'est ici que s'agrandit la sphère des droits et des devoirs du citoyen. Dans l'ordre civil, le plus beau droit dont un citoyen puisse jouir est, sans contredit, celui de n'être jugé que par ses pairs, par ses égaux, par ses concitoyens. Il n'est pas de garantie plus assurée de la liberté individuelle, et l'honneur et la vie des accusés ne peuvent reposer sous une meilleure sauvegarde. Le jugement par jurés est véritablement le jugement du pays. Lorsqu'un certain nombre de citoyens prononce sur un fait particulier auquel ils n'ont aucun intérêt personnel, lorsque l'accusé, en vertu de sa faculté de récusation, a écarté ceux dans lesquels il peut supposer quelque prévention contre lui, on peut dire que les autres prononcent de la même manière que l'aurait fait le peuple entier s'il eût été juge.

Mais quels devoirs austères n'impose pas un ministère aussi redoutable que celui de juger ses concitoyens! De quelle probité, de quel courage, de quelle impartialité ne faut-il pas être doué pour prononcer sur le sort d'un accusé, quelquefois innocent et odieux à tout un pays, quelquefois coupable et cher à toute une ville! Dans un temps de révolution surtout, au milieu des haines de parti qui divisent les citoyens, l'impartialité des jurés ne peut manquer d'être mise plus d'une fois à de rudes épreuves, et ceux qui ne se sentiraient pas la force de rester impassibles et d'imposer silence à la voix des passions qui s'élèveraient en eux, et troubleraient la liberté de leur conscience et l'indépendance de leurs opinions, ceux-là devraient se récuser eux-mêmes.

Tout doit faire espérer que les Français, régénérés par la liberté, se rendront dignes d'exercer le plus beau de leurs droits. Notre attention doit se borner à écarter des jurés toute influence capable de dominer leurs jugements. Nous ne vous inviterons point, frères et amis, à vous abstenir d'en exercer aucune; les vrais patriotes sont amis de la justice, et ce n'est pas à eux qu'on pourra faire le reproche de corrompre à son berceau la plus belle des institutions.

La Société vient de rétablir son journal tel à peu près qu'il était avant la scission du mois de juillet dernier, lorsqu'il était rédigé par Choderlos La Clos.

La rédaction en est actuellement confiée à M. Deflers, qui en est propriétaire. La Société ne garantit que l'authenticité des extraits de la correspondance et des autres objets qui y seront insérés par un arrêté formel. Nous vous invitons à vous y abonner. C'est un moyen de simplifier la correspondance et d'en diminuer les frais.

Nous vous recommandons aussi particulièrement le *Courrier de Strasbourg*, qui deviendra chaque jour plus intéressant par la nature des événements dont son voisinage sera le théâtre. La Société de cette ville nous l'a recommandé, et son patriotisme, qui nous est connu, nous a déterminés à le faire venir.

Notre Société a arrêté que, les dimanches et fêtes, il serait fait, dans le lieu des séances, une lecture publique des meilleurs journaux et des bons ouvrages de morale et de politique. Des conférences en expliqueront les passages qui ne seraient pas à portée des citoyens peu instruits. Nous ne négligeons rien pour dissiper l'ignorance et étendre les progrès des lumières. Nous vous invitons, frères et amis, à faire tout ce qui est en vous pour établir partout le règne de la raison : c'est le plus sûr moyen de désarmer le fanatisme et de le réduire à une impuissance absolue. Entre les ouvrages propres à produire cet effet nous distinguons celui de M. Lejeune aîné, du district de Troyes, intitulé *le Publiciste chrétien*. Il se trouve à l'imprimerie du *Cercle social*, rue du Théâtre-Français, n° 4.

Parmi les journaux propres à alimenter le patriotisme, à propager l'esprit public, à étendre les lumières, à entretenir l'activité de la surveillance, nous distinguons :

Le Patriote français,

Les Annales patriotiques,

Le Courrier des 83 départements,

Le Cosmopolite[1],

Le Journal universel.

FEUILLES HEBDOMADAIRES :

La Semaine politique et littéraire[2],

---

1. *Le Cosmopolite, ou Journal historique, politique et littéraire.* in-4. — Proly passait pour être le rédacteur de cette feuille. L'exemplaire de la Bibliothèque nationale (Lc 2/651) va du 15 décembre 1791 au 31 mars 1792. A partir du numéro du 16 mars 1792, ce journal s'appela *le Cosmopolite, ou le Diplomate universel, journal historique, politique et littéraire.*

2. *La Semaine politique et littéraire*, faisant suite aux *Révolutions de France*, par Joseph-F.-N. Dusaulchoy, 19 décembre 1791-14 mai 1792, in-8.

Les Révolutions de Paris,

Mémoires de législation, de politique et de littérature[1], faisant suite au *Courrier de Provence*[2];

Enfin, la *Chronique du mois,* qui paraît douze fois l'an, et qui est rédigée par une société d'hommes distingués.

Dans ce nombre, chaque Société peut choisir.

Nous vous les indiquons tous comme étant les meilleurs.

Nous nous proposons de faire un tableau de l'état du royaume d'après les renseignements que vous nous aviez fournis, et, pour le compléter, nous prions les Sociétés qui ne nous en ont pas encore fait parvenir de nous les envoyer.

Nous sommes fraternellement,

Les membres du Comité de correspondance :

Signé : LÉONARD BOURDON, *président;*

AL. MÉCHIN, JAUME, *secrétaires;*

BAZIRE, CHABOT, DESMOULINS, CARRA, LANTHENAS, GAILLARD, BROUSSONNET, BOSC, DUHEM, BRISSOT, SIMONNE, BOISGUYON, ANTONELLE, BARRY, DUFOURNY, BONNEVILLE, COUTHON, LASOURCE, MERLIN, DUCHOSAL, BANCAL, MACHENAUD, DEFLERS, VALADI, BONTEMS, RÉAL, LOUVET, membres du Comité de correspondance.

CXXXII

SÉANCE DU MERCREDI 18 JANVIER 1792[3]

PRÉSIDENCE DE M. GUADET

Après la lecture du procès-verbal, un membre de la Société demande à lui faire part d'une lettre qu'il a reçue du Comtat d'Avignon, concernant le peu de patriotisme qui y règne. « Car les patriotes, dit cet orateur, qui sont en très petit nombre, n'osent rien dire. »

1. Nous complétons le titre de cette feuille, qui est un peu abrégé dans l'original. Elle paraissait chaque semaine en deux cahiers, dont l'un était consacré à la législation, l'autre à la politique et à la littérature. La Bibliothèque nationale n'en possède que quelques numéros, datés de janvier 1792.

2. On s'abonne, ainsi que pour *le Patriote français,* rue Favart, n° 4. *(Note de l'original.)*

3. Par suite d'une faute d'impression, cette séance est datée, dans le *Journal des Jacobins,* du mercredi 16 janvier 1792.

[M. *Robespierre* expose comment la cause du Comtat est celle de la France entière. Il faut prendre des précautions contre les ennemis de l'intérieur comme contre ceux du dehors, et se défier surtout des intrigues de la cour. Il s'étonne d'avoir vu dans un journal patriote, *le Patriote français*, émettre des doutes sur le patriotisme des habitants de Metz, et faire l'éloge de La Fayette[1].]

Un membre demande à faire une motion d'ordre, et a observé que cette lettre avait été insérée la veille dans le *Moniteur*.

Plusieurs voix. — Vous attaquez le patriotisme de M. Brissot.

M. BRISSOT. — Je déclare à l'assemblée que je n'avais point connaissance de la lettre qui a été insérée dans *le Patriote français* par mon collaborateur. M. Robespierre a paru jeter des doutes sur l'authenticité de cette lettre. Je viens de voir à l'instant M. Rœderer, qui m'a assuré avoir touché l'original, et qui la garantit véritable. M. Robespierre a paru attaquer mon silence. La tâche pénible que je me suis imposée m'empêche de venir assidûment; j'ai encore parlé hier pendant une heure à l'Assemblée nationale, et le peuple peut juger si j'abandonne sa cause.

M. ROUYER. — Messieurs, je rends justice au patriotisme de M. Robespierre et de M. Brissot; je suis fâché que nous nous occupions de personnalités quand le bien public nous presse. Je suis garant de l'un et de l'autre; je prie la Société de passer à l'ordre du jour.

M. ROBESPIERRE. — Je déclare, en mon particulier, que je suis très charmé que M. Brissot ait ignoré que cette lettre ait été insérée dans son journal; je suis loin de penser qu'il l'ait imaginée, puisque le titre porte qu'elle était insérée dans *le Moniteur* : c'est parce qu'elle est dans un journal qui jouit d'une grande réputation que j'ai cru devoir en parler; je n'ai jamais attaqué M. Brissot, nos principes sont les mêmes; mais je n'ai réfuté que son opinion. Je reviens à ma question : je dis qu'il faut que l'Assemblée nationale déploie un grand caractère, qu'elle mette l'ordre dans le royaume, qu'elle ne protège jamais l'impunité des ministres, qu'elle épuise tout le bien que peuvent faire des législateurs, qu'ensuite elle déclare la guerre.

M. *Rouyer* monte à la tribune, et fait quelques observations en faveur de la guerre.

M. *Louvet* reproche à Robespierre de ne pas voir le péril là où il

---

1. Cette lettre, qui est anonyme, se trouve dans *le Patriote français* du même jour, 18 janvier 1792, p. 70.

est, de le montrer ailleurs, et d'encourir par là une très grande responsabilité¹.

La séance a été levée à dix heures.

CXXXIII

SÉANCE DU VENDREDI 20 JANVIER 1792

PRÉSIDENCE DE M. GUADET

Après la lecture du procès-verbal, M. *Réal* a fait celle de la correspondance.

[M. *Lostalot* rapporte qu'un vaisseau chargé de recrues par l'Espagne ou par les émigrés a échoué sur les côtes de Bayonne.

M. *Brissot* se justifie des insinuations jetées sur lui par Robespierre dans une séance précédente, et l'adjure de terminer un différend qui ne peut qu'être agréable aux ennemis du bien public.]

M. DUSAULX. —Tous les patriotes de cette Société ont été longtemps en suspens dans le cours d'une discussion qui semblait compromettre deux bons patriotes qui doivent s'aimer et s'estimer; il manquerait quelque chose après ce qu'a dit M. Brissot avant de sortir de cette assemblée, c'est de voir ces deux hommes généreux s'embrasser.

A peine avait-il fini que MM. Robespierre et Brissot étaient dans les bras l'un de l'autre, au milieu des applaudissements unanimes de la Société, attendrie par ce spectacle touchant.

M. ROBESPIERRE. — En cédant à l'invitation de M. Dusaulx, je n'ai fait que me livrer à l'impulsion de mon cœur, j'ai donné ce que je devais à l'aveu et à la fraternité et au sentiment profond que j'ai d'un homme qui jouit de la plus grande considération et qui doit rendre les plus grands services à la patrie; je prouverai à M. Brissot combien je lui suis attaché. Ceci ne doit rien changer à l'opinion que tout homme doit avoir du bien public; c'est pour faire tout ce qui sera en moi, et ce que je crois nécessaire au salut public, que je demanderai à répondre dans une autre séance au discours de M. Brissot².

1. *Société des amis de la constitution, séante aux Jacobins, à Paris.* — Second discours de JEAN-BAPTISTE LOUVET, *sur la guerre, prononcé à la Société le 18 janvier 1792, en réponse à celui de Maximilien Robespierre, prononcé le 11 du même mois.* — Imp. du *Patriote français*, s. d., in-8 de 19 p. — Bibl. nat., Lb 40/674.

2. Il y a dans *le Patriote français* du 21 janvier 1792 un compte rendu de

M. ROEDERER. — Je demande la parole pour relever un oubli qui, sans doute, a échappé à M. Robespierre, c'est de demander l'impression du discours de M. Brissot; je la demande en son nom.

M. ROUYER. — Je voulais répondre au discours de M. Robespierre; je n'ai rien à dire après celui de M. Brissot; mais je prie la Société de s'occuper d'une question qui est intimement liée à celle de la guerre : dans le cas de la guerre, vous ne pouvez vivre sur les terres de l'empereur et l'Espagne qu'avec de l'argent. Alors vous le faites monter à quatre-vingts livres pour cent, et vous ruinez le royaume. Malgré les murmures, ce que je dis est vrai. Je demande donc que la Société nomme dans son sein un Comité composé de personnes qui auront quelque connaissance de la guerre et de la diplomatie, pour statuer sur les raisons et sur les doutes qui se sont élevés dans mon esprit.

La Société a arrêté cette proposition.

[M. *Doppet* dit qu'au lieu d'aller chercher et combattre les ennemis au loin, il serait peut-être plus sage de se délivrer d'abord des ennemis intérieurs.]

Il s'est ensuite élevé une discussion sur l'impression du discours de M. Brissot. Les opinions paraissaient partagées.

M. SIMONNE. — Messieurs, je suis surpris que vous vous occupiez d'une pareille discussion. Vous avez arrêté l'impression du discours de M. Robespierre. Pourquoi voudriez-vous faire prévaloir son opinion seule dans les départements? Vous devez la même justice à M. Brissot, et je demande l'impression de son discours.

La Société a arrêté l'impression [1].

La séance a été levée à dix heures.

---

cette réconciliation. Voir aussi, dans le *Courrier des 83 départements* du 23 janvier, une lettre de Robespierre à Gorsas, où il explique son attitude dans la séance des Jacobins du 20 janvier. Cette lettre se trouve aussi dans Buchez et Roux, t. XIII, p. 168.

1. *Société des amis de la constitution, séante aux Jacobins, à Paris. — Troisième discours de J.-P.* BRISSOT, *député, sur la nécessité de la guerre, prononcé à la Société le 20 janvier* 1792. — Imp. du *Patriote français*, s. d., in-8 de 18 p. — Bibl. nat., Lb 40/675. — *Le Patriote français* du 2 février 1792 donne un extrait de ce discours.

CXXXIV

SÉANCE DU DIMANCHE 22 JANVIER 1792
PRÉSIDENCE DE M. GUADET

Après la lecture du procès-verbal et de la correspondance :

M. MANUEL. — Messieurs, je viens offrir aux amis de la liberté une conquête faite sur le despotisme. Ce sont enfin les *Lettres originales de Mirabeau*[1], ce qu'il a pensé et ce qu'il a senti pendant sa longue détention au donjon de Vincennes, qui existe encore. Tout le monde connaît son génie, mais personne peut-être ne connaît son âme de feu, que l'on voit briller dans cet ouvrage. Je dépose ces lettres sous son buste, sous les lauriers mêmes que vous lui avez décernés. Ces lettres ont été mises sous verre dans la boutique des frères Desenne, au Palais-Royal. La peine qu'il m'a fallu prendre pour les lire, et je ferais mieux de dire pour les deviner, est une preuve de mon patriotisme. Mirabeau est le premier heureux que la liberté ait fait. C'est servir la nation que de lui donner les pièces justificatives de son immortalité. Puisque je vous parle de celui qui fut victime d'une lettre de cachet, et qui dénonça au peuple les lettres de cachet du roi, en voici une que je vous offre : elle est signée *Louis*, et plus bas *baron de Breteuil*. Il n'y a pas d'autre nom, parce que c'était au lieutenant de police à choisir les victimes. Je demande que cette lettre soit encadrée dans cette salle, comme une preuve du despotisme qui a longtemps pesé sur nos têtes, et comme un garant éternel de la liberté que nous avons conquise.

L'amendement proposé, qu'il y fût joint une pierre de la Bastille, a été adopté.

M. DUBOIS DE CRANCÉ. — Quoique la Société ait mis à l'ordre du jour la question de la guerre, j'ai à lui rappeler une de ses anciennes habi-

---

1. *Lettres originales de Mirabeau, écrites du donjon de Vincennes pendant les années 1777, 78, 79 et 80, contenant tous les détails sur sa vie privée, ses malheurs et ses amours avec Sophie Ruffei, marquise de Monnier, recueillies par* P. MANUEL, *citoyen français*. — Paris, Garnery, 1792, 4 vol. in-8. — Manuel plaça en tête de cette publication un *Discours préliminaire* qui a été rendu célèbre par les railleries d'André Chénier.

tudes, celle de mettre à l'ordre du jour la question que l'on doit traiter le lendemain à l'Assemblée nationale, surtout quand un membre de l'assemblée demande la parole. M. Grangeneuve m'avait demandé la parole lorsque j'occupais le fauteuil, j'en préviens M. Guadet. On traite demain à l'Assemblée nationale l'affaire du ministre de la marine; elle est importante : je demande que la Société s'en occupe.

[*M. Grangeneuve* met la Société au courant de l'affaire du ministre de la marine, qui doit être traitée le lendemain à l'Assemblée nationale.

M... annonce que les commissaires du roi ont reçu, avec leur commission, l'ordre de prêter un serment particulier au roi.

M. Guadet expose comment il faut convaincre le ministre de la marine de mensonge sur ce qu'il a prétendu que les officiers de marine seraient prêts à partir au premier signal, alors que plusieurs avaient émigré, et de négligence sur ce qu'il n'a pas continué l'application de la loi sur l'organisation de la marine commencée par son prédécesseur.]

M. SANTERRE. — Messieurs, je suis bien aise de vous apprendre comment est conçu le serment que l'on fait prêter à la nouvelle garde : « Vous reconnaissez, au nom du roi, MM. tels et tels pour vos officiers. » Autrefois MM. Bailly et La Fayette faisaient prêter le serment : « Vous reconnaissez MM. pour vos officiers. » M. Petion l'a conçu ainsi : « Vous reconnaissez, au nom de la loi, MM. pour vos officiers. » — Je vois avec peine que la cavalerie s'est comportée avec peu de civisme dans le bruit qui a eu lieu dans la rue Saint-Antoine. J'en ai vu qui ont porté l'inhumanité jusqu'à courir sur les citoyens, et empêcher d'aller chez eux ceux qui ont leur demeure près l'hôtel de la Force; il est bien étonnant qu'ils ne mettent pas de différences entre la police civile qu'ils exercent et des expéditions militaires.

M. *Desenne* a fait hommage à la Société du buste de J.-J. Rousseau; la Société lui a témoigné sa satisfaction et sa reconnaissance par l'organe de son président, qui l'embrasse.

On annonce une députation de la Société fraternelle de Sainte-Geneviève, qui vient faire part à la Société des Jacobins d'un pamphlet affiché contre elle et les Sociétés patriotiques dans Paris, et soi-disant au nom de la garde nationale.

M. LE PRÉSIDENT. — C'est toujours avec un nouvel intérêt que la Société des Jacobins voit dans son sein des hommes qui, comme elle, se sont spécialement dévoués au culte de la liberté. Nous triompherons de la rage de nos ennemis. Nous sommes entrés en lice avec les d'André et les Chapelier; comment pourraient-ils craindre que les armes émoussées de la calomnie puissent vous atteindre? Calmez vos soupçons, si toutefois il a pu s'en élever dans vos cœurs, et, tant qu'il y aura un souffle de liberté en France, il y aura des Sociétés patriotiques pour le ranimer.

M. Joseau. — La meilleure manière de nous venger de ce pamphlet, qui paraît sortir des cavernes les plus noires de l'aristocratie pour nous animer ou du moins nous prévenir les uns contre les autres, c'est de le dénoncer à la garde nationale elle-même, pour qu'elle en fasse justice : nous présumons trop bien de son civisme pour qu'elle agisse autrement. On afficha, il y a quelques jours, un pamphlet contre M. Petion; le peuple le vit avec surprise; un particulier fit la motion de l'arracher, tout le peuple y consentit, et ils (*sic*) le portèrent à M. Petion lui-même, comme une preuve de la confiance mutuelle que des patriotes se doivent les uns aux autres.

La séance a été levée à dix heures.

CXXXV

CIRCULAIRE DE LA SOCIÉTÉ A SES MEMBRES

(S. l. n. d., in-8 de 1 page.)

Paris, 23 janvier 1792.

Frère et Ami,

Nous vous adressons deux exemplaires de la déclaration adoptée par la Société des amis de la constitution, dont vous êtes membre. La Société a arrêté que cette déclaration serait signée par tous les membres qui voudraient continuer de rester dans son sein.

Vous voudrez bien, frère et ami, venir dans un bref délai manifester par votre signature l'adhésion que vous donnez à la profession de foi civique publiée par la Société.

Nous sommes vos frères et amis.

Les membres qui n'ont pas échangé leurs cartes ne pourront entrer sans en avoir pris de nouvelles au secrétariat, hôtel de Richelieu[1].

---

1. L'exemplaire de la Bibliothèque nationale (Lb 40/2251) porte cette suscription manuscrite : « A M. Emmery, ex-député, rue Saint-Honoré, de la section (*sic*), n° 63. »

CXXXVI

SÉANCE DU LUNDI 24 JANVIER 1792

PRÉSIDENCE DE M. GUADET

Après la lecture du procès-verbal :

M. COLLOT D'HERBOIS. — Messieurs, je désire vous entretenir de deux dénonciations contre le ministre de la marine, pour lesquelles je veux présenter une pétition à l'Assemblée nationale, si M. le Président me le permet; voici le fait.

Un membre observe que cette pétition pourra occasionner un ajournement sur l'affaire du ministre.

[M. *Collot* expose sa dénonciation, et demande que la Société se joigne à lui pour que justice soit faite.]

M. THURIOT. — Je ne suis point de l'avis du préopinant : les faits que vient de rapporter M. Collot d'Herbois ne feront que nous appuyer pour provoquer le décret d'accusation contre le ministre. J'invite M. Collot à venir à l'Assemblée nationale et à y développer, avec l'énergie qui lui est naturelle, les faits dont il vient de rendre compte à la Société.

M. *Merlin* fait lecture de la lettre suivante :

Le 20 janvier.

Les Brabançons arrivés hier à Douai y ont apporté la nouvelle d'un événement qui, très sûrement, accélérera la révolution de ce peuple.

Ces jours derniers, l'archiduchesse a donné l'ordre de visiter deux cent cinquante-deux maisons de Bruxelles, suspectes au gouvernement autrichien. On n'ose pas croire qu'à cet ordre s'est joint celui de piller ces maisons quand on ne trouverait rien de répréhensible, de massacrer les hommes, de violer les femmes.

Cependant tout cela s'est fait, au moins dans une partie des maisons désignées, car les fugitifs n'ont pu parler ici que de ce qui s'était passé dans une dizaine de ces maisons. On attend aujourd'hui ou demain de nouveaux détails de ces horreurs; il faut observer que ces atrocités ont été commises la nuit par des troupes ayant leurs officiers à leur tête.

[M. *Lasource* annonce qu'on se plaint de l'accaparement des denrées, et principalement du sucre et du café. Il faut à tout prix que le peuple soit assuré de sa subsistance.]

M. DE SAINT-AUBIN. — Messieurs, je vous ai dénoncé il y a quatre jours M. d'André comme un accapareur, aujourd'hui je vous dénonce M. Boscary.

M. BURILLOT. — J'ai constamment suivi la Révolution depuis son origine, et je vois que ce plan d'accaparement est insinué par ceux que vous devez regarder comme les auteurs de vos maux. On veut enlever le roi, massacrer l'Assemblée nationale et réduire les citoyens à s'entr'égorger. Je prie la Société de s'occuper des moyens d'empêcher que le peuple ne se serve d'autre force que de celle de la loi et de l'Assemblée nationale. Je demande que la Société entende tous les faits qui peuvent convenir à la formation d'une loi salutaire, mais qu'elle n'entende plus d'indications qui pourraient devenir des points de ralliement pour faire inculper la Société, lorsqu'elle ne veut que le bien.

M. LASOURCE. — Messieurs, je demande à poser la question ainsi : quels sont les moyens à prendre pour que, d'un côté, le commerce soit libre, et que, de l'autre, le peuple ne soit pas affamé par les accaparements? (*On applaudit.*)

[M. *Gabriel Boisguyon* propose de combattre l'accaparement par « la plus prompte émission possible de petits assignats au-dessous de 5 liv. et des assignats intermédiaires entre ceux de 5 et de 50 livres ».

M. *Réal* démontre qu'on ne peut pas trouver de « moyen de laisser le commerce libre, et cependant de détruire les accaparements ».

Plusieurs orateurs parlent tour à tour sur le même objet.

M. *Manuel* dit qu'on a tort d'accuser la Société de vouloir détruire la constitution. Il faut seulement que le peuple s'habitue « à cette idée que le roi a le droit de s'en aller, qu'il a le droit d'abdiquer ». Pour lui, il donnerait volontiers au roi un passeport.]

On a annoncé une députation des ci-devant gardes-françaises, qui viennent faire part à la Société de la pétition qu'ils doivent présenter à l'Assemblée nationale concernant les difficultés qu'ils éprouvent pour le payement de leur traitement. M. *Lostalot* leur a promis d'être leur interprète.

M. LANTHENAS, *vice-président*. — Messieurs, braves soldats, citoyens, la Société des amis de la constitution est très flattée de la confiance que vous lui témoignez; elle saisira avec empressement l'occasion de marquer son attachement pour les premiers sauveurs de la patrie et les fondateurs de la liberté; elle prendra en considération la demande que vous lui faites, et elle vous prie d'assister à sa séance.

La séance a été levée à dix heures[1].

CXXXVII

SÉANCE DU MARDI 25 JANVIER 1792

On fait lecture du procès-verbal :

M. LOSTALOT. — Messieurs, l'Assemblée nationale a renvoyé par un décret la demande des braves gardes-françaises à son Comité extraordinaire des finances, pour qu'il lui en soit fait un rapport demain au soir.

M. SERGENT. — Messieurs, les gardes-françaises sont maintenant persécutés; beaucoup sont remerciés journellement et se trouvent dans la nécessité d'abandonner la capitale. Nous avons tous juré avec eux la liberté ou la mort; il faut qu'ils périssent avec nous à nos côtés. Si on venait vous dire qu'un garde-française souffre tout ce que la tyrannie peut inventer, n'auriez-vous pas à vous reprocher de ne l'avoir pas tenu toujours par la main et de ne lui avoir pas servi de bouclier? Nous devons prendre le plus grand intérêt à leur situation.

M. COLLOT D'HERBOIS. — Messieurs, vous ne devez pas abandonner cette discussion, vous y êtes invités par un bon patriote. M. Pétion vous a dit de l'avertir toutes les fois que le patriotisme serait persécuté : les gardes-françaises sont persécutés; on nous dit que beaucoup d'entre eux ne savent où coucher; n'est-ce pas le moment où tout citoyen doit partager avec eux sa table, son lit, sa maison? Dans le moment où le ministre vient entretenir l'Assemblée de la difficulté du recrutement pour l'armée, ils ont demandé à s'engager : ils ont été refusés; et les ministres n'ont pas honte de demander comment on fera un recrutement pour compléter l'armée de ligne, comme si la liberté pouvait manquer de soutiens. Ils sont persécutés par l'infâme Charton, que nous avons vu au Champ de Mars comme un tigre assouvir sa rage dans le sang des amis de la liberté. Je ne connais pas de gens plus vertueux que les gardes-françaises, et, si nous avons

---

1. Dans la même séance du 24 janvier 1792, la Société prit un arrêté relatif aux frais d'impression des discours. On en trouvera le texte plus bas, dans la seconde des deux circulaires que la Société envoya à la date du 30 janvier 1792.

le bonheur de voir les soldats de Château-Vieux délivrés, il faudra les mettre à côté des gardes-françaises. Pour en venir à des raisons positives, je demande que plusieurs membres de la Société se fassent inscrire pour prévenir M. Petion de tout ce qui se passe à l'égard des ci-devant gardes-françaises, et je demande qu'on m'inscrive le premier.

La proposition d'envoyer une députation à M. le maire, appuyée et mise aux voix, a été adoptée.

M. Manuel. — Messieurs, un des plus beaux jours de la Révolution est celui où vous avez exercé l'hospitalité envers les confédérés des départements, et les gardes-françaises sont aussi des frères; je demande que les citoyens qui peuvent offrir un lit et leur table à ces braves soldats se fassent inscrire et que l'on en rende la liste publique : c'est le moyen d'apprendre à l'Assemblée nationale les dispositions des Parisiens pour les gardes-françaises. J'insiste d'autant plus pour que cette motion soit mise aux voix que j'entends déjà murmurer la bienfaisance des tribunes; je demande qu'elles soient admises à cet acte de fraternité.

M. Réal. — Je pense que beaucoup de citoyens ne peuvent offrir ni leur lit ni leur table, mais qu'ils peuvent contribuer de leur bourse; je demande qu'il soit ouvert à l'instant une souscription à l'égard des gardes-françaises.

La Société a arrêté la proposition de M. Manuel avec l'amendement de M. Réal, et, sur une seconde proposition de M. Manuel, on a nommé des commissaires chargés de recevoir les contributions.

Aussitôt, l'empressement à s'inscrire est devenu général dans la Société et les tribunes.

Le résultat de la contribution a été de 430 livres.

M. *Mendouze* rend compte à la Société de plusieurs anecdotes qui, en montrant combien les malveillants s'agitent pour exciter des troubles, font voir l'attachement du peuple aux principes de liberté et de la loi, et à la Société des amis de la constitution.

[M. *Manuel* dit que la garde nationale n'a pas démérité, bien qu'on l'ait compromise au Champ de Mars. Mais il faudra l'instruire, lui apprendre surtout qu'elle doit respecter l'homme même qu'elle arrête, parce qu'elle n'a pas le droit de le juger.]

On annonce une députation des ci-devant gardes-françaises, qui vient faire part à la Société d'une pétition relative aux persécutions qu'ils éprouvent, et pour l'instruire en même temps que plusieurs d'entre eux ont été congédiés sans raison avec des cartouches datés du mois de janvier, et signés de MM. Bailly, avec des traits de plume en signe d'improbation.

M. GUADET, *président*, à l'orateur de la députation. — Messieurs, l'intérêt que vous prenez aux gardes-françaises et aux invalides ne saurait étonner la Société. Elle partage vos sentiments. Et vous, braves gardes-françaises (car je dois encore vous donner un nom que vous avez rendu si célèbre), vous avez étonné l'aristocratie et ses suppôts; vous les faites trembler encore. Ces vexations que vous souffrez font votre éloge. Jamais, au retour d'une bataille, vous n'avez pu montrer des cicatrices plus honorables : ces cicatrices sont celles de la liberté. Ici, tous les cœurs sont pour vous. A l'Assemblée nationale, vous jouissez du même avantage : les amis de la liberté ne verront pas sans intérêt les victimes du despotisme. La Société vous invite à la séance.

M. COLLOT D'HERBOIS. — Messieurs, à la sollicitation des gardes-françaises, je vais observer qu'ils assurent n'avoir d'autre besoin que celui de servir la patrie, et qu'ils ne veulent pas paraître avoir sollicité le secours qu'on leur destine.

M. DANTON. — La Société des amis de la constitution vient d'arrêter tout ce qu'elle pouvait faire relativement aux gardes-françaises; mais, dans les circonstances où nous sommes, je dois lui proposer des mesures plus grandes encore. Ici j'aperçois tous les symptômes des vexations qui eurent lieu quelque temps après les premiers jours de la Révolution. Je propose donc que, dans toutes les sections de la capitale, on fasse une pétition qui provoque le zèle des bons députés en faveur des gardes-françaises; que, dans l'orage qui est prêt à éclater, nous voyions ces braves soldats guider nos bataillons. La nation entière marchera sous eux, surtout restant bien unis, et que tous les ennemis de la nation française périssent dans ce grand jour!

[*M. Robespierre* dit qu'il faut se défier de la cour, qui trahira ou ne trahira pas, selon son intérêt. A ceux qui veulent la guerre il demande des arguments qu'on puisse discuter [1].]

La séance a été levée à dix heures.

1. *Société des amis de la constitution, séance aux Jacobins, à Paris. — Troisième discours de* MAXIMILIEN ROBESPIERRE, *sur la guerre, prononcé dans la séance du 26 janvier* 1792, *l'an IV*^{e} *de la liberté.* — Duplain, 1792, in-8 de 35 p. — Bibl. nat., Lb 40/676. — Bien que ce discours soit daté du 26 janvier, et non du 25, nous croyons devoir le rapporter à cette séance, puisque, dans celle du 26, il ne fut pas question de la guerre.

CXXXVIII

SÉANCE DU MERCREDI 26 JANVIER 1792

PRÉSIDENCE DE M. GUADET

Après la lecture du procès-verbal, M. *Lostalot* fait part à la Société du manuscrit d'un Anglais qui propose une tactique d'exercice très facile à apprendre, puisque six semaines suffisent pour exercer aussi bien que les troupes de l'Europe les plus habiles, et que, par la simplicité de ses mouvements, elle pourra être très utile au peuple dans le cas où il serait obligé de défendre lui-même sa liberté. Il a aussi proposé d'apprendre l'exercice des piques. La Société a nommé commissaires, pour examiner cette tactique, MM. Dubois de Crancé et Sillery.

On accorde la séance à cinquante soldats du régiment d'Aunis qui arrivent de l'Amérique et qui ont été renvoyés par leurs officiers sans certificats, sans cartouches, sans aucune marque d'improbation (*sic*), pour n'avoir pas voulu seconder les vues anticiviques de ces officiers.

M. *Collot*, l'un des commissaires nommés pour aller rendre compte à M. le maire de Paris de ce qui se passe à l'égard des ci-devant gardes-françaises, monte à la tribune.

[Il rapporte que M. Petion les a assurés qu'il était des meilleurs amis les gardes-françaises.
M. *Hion* propose qu'on invite l'Assemblée nationale à envoyer les bataillons de Paris aux frontières ou dans les départements, et à les remplacer par les gardes-françaises et les soldats de la Révolution.]

M. Hion a été invité à rédiger son opinion par écrit et à la remettre à un de MM. les députés de l'Assemblée nationale.

M. Manuel. — Messieurs, les soldats de la garde nationale n'auraient jamais dû composer qu'une même famille, mais elle a été troublée par les corporations que l'Assemblée nationale proscrira sans doute; je ne vois rien de mieux que ce que propose M. Hion : c'est la transfusion des gardes-françaises dans les bataillons parisiens.

[M. *Doppet* rappelle que la souveraineté appartient à la nation; que, cette souveraineté étant représentée par le corps législatif et le roi, du moment que le roi travaille à se former une maison militaire, les représentants doivent aussi se donner une garde. Il propose donc « à la nation de faire élever un bâtiment en forme de tente, sur le terrain même de la Bastille. C'est là que logera toute la garde nationale. Et cet espace, qui servit longtemps d'asile à l'aristocratie et à la persécution, sera purifié par ce temple national, qui servira d'asile aux braves ci-devant gardes-françaises. L'installation de ces hommes libres sera le plus éloquent monument qu'on puisse élever aux ombres gémissantes. »]

M. DANTON. — Messieurs, le régiment des gardes-françaises s'est couvert d'une gloire immortelle. Si nous n'eussions pas mis à la tête des gardes nationales un courtisan dès les premiers jours de la Révolution[1]. J'ai combattu de toutes mes forces le projet perfide de la dissolution des gardes-françaises, et je crois à cet égard pouvoir invoquer le suffrage de beaucoup de citoyens qui m'entendent. Malgré le désir que nous avons de les voir récompenser, nous ne devons cependant pas, dans l'enthousiasme, oublier les principes. Quel est le résultat de ce qu'on vous propose? C'est de donner une garde particulière à l'Assemblée nationale. Quels furent les gardes-françaises? Ils gardèrent la nation entière, et la gardèrent bien ; et, parce que le pouvoir exécutif a su gagner un décret qui lui assure des gardes, tandis qu'il ne devait avoir que des valets, parce que le pouvoir exécutif a su acheter ce décret dans la décrépitude du corps constituant, devons-nous, nous Français, hommes libres, qui devons plutôt penser au salut public qu'à aucun avantage particulier, devons-nous adopter de pareilles mesures? Je suis surpris que cette Société s'égare au point de désirer une garde particulière pour l'Assemblée nationale ; il viendra un temps où les baïonnettes n'éblouiront point les yeux des citoyens : car, Messieurs, en parcourant l'Angleterre, on ne voit des baïonnettes que dans le lieu qu'habite le pouvoir exécutif de ce pays. Voilà ce que peut la liberté, c'est que tout citoyen puisse commander sans armes, au nom de la loi : voilà le terme de la liberté. L'Assemblée nationale ne peut pas avoir une garde particulière ; il ne doit entrer dans l'Assemblée nationale aucun corps armé, excepté dans des circonstances de nécessité. Mais, Messieurs, il faut nous renfermer dans la proposition de M. Ilion, il faut que les citoyens fassent une insurrection d'opinion en faveur des gardes-françaises, il faut qu'ils soient rappelés au centre des bataillons ; leur vœu et le nôtre seront remplis : ils appartiendront à la nation entière, ce qui vaut mieux que d'appartenir à ses représentants.

1. Cette phrase est ainsi inachevée dans l'original.

M. Lasource. — C'est en vain que nous faisons des phrases, c'est en vain que nous entamons de belles discussions: sans contributions nous ne ferons rien. Le ministre a dit au Comité que le seul moyen de les faire rentrer était d'augmenter le nombre des visiteurs de rôle; si l'Assemblée n'y prend pas garde, on ressuscitera la fiscalité, et les visiteurs de rôle, nommés par le pouvoir exécutif, répandus dans les départements, seront autant de despotes qui se croiront autorisés à commettre des injustices. Je réitère donc la motion que j'ai faite d'ouvrir la discussion sur la perception des contributions publiques.

[M. *Robespierre* expose que la question des contributions publiques « a toujours été mise en avant pour distraire l'opinion publique d'objets plus importants ».]

M. Lasource. — Je ne suis point d'accord avec M. Robespierre quand il dit que le pouvoir exécutif a intérêt à ce que les contributions publiques soient payées; il n'y a point intérêt, car il désire voir le moment où l'on ne pourra plus payer les troupes de ligne ni les gardes nationales, et où le discrédit sera général. Je rappelle, d'un autre côté, à la Société son règlement : il porte que l'on mettra à l'ordre du jour ce que l'on doit traiter le lendemain à l'Assemblée nationale, et l'Assemblée nationale s'occupe demain des finances. Je demande donc que l'on mette cet objet à l'ordre du jour.

M... — Je demande la parole pour rappeler un fait qui va mettre fin à la discussion et fixer les esprits : la recette se monte à trente millions, et nous en dépensons soixante; voyez si nous devons nous occuper des finances.

Les opinions sont tellement partagées, il règne dans la Société un désordre et un tumulte si considérables, que le président, pour rétablir le calme, est obligé de se couvrir; enfin, quand le calme est rétabli, on demande la priorité pour la motion de M. Lasource, et la Société met cette question à l'ordre du jour.

M. Manuel. — C'est une grande autorité pour la chose publique que les raisons d'un prêtre, que les raisons d'un noble : le curé de Saint-Laurent vient de publier l'ouvrage que je crois le plus nécessaire à la Révolution; il a pour titre : *Accord de la religion et des cultes chez une nation libre.* Cet ouvrage n'a point été écrit sous la dictée du Saint-Esprit, mais bien sous celle de la philosophie; il est digne de vous, je le dépose sur le bureau.

La Société en a arrêté la mention honorable au procès-verbal.

M. *Lasource* prend la parole sur la nécessité de payer les contributions publiques, après avoir démontré tous les inconvénients qu'il y aurait à multiplier les visiteurs de rôle et les dangers de rétablir la fiscalité sous une autre forme. « Un seul exemple, dit cet orateur, suffit pour vous convaincre : la motte de terre qui tombe d'une montagne grossit en roulant, et, en arrivant dans le gouffre, elle devient une masse considérable. Appliquez cet exemple. »

Une députation de la Société fraternelle vient pour communiquer une pétition qu'elle doit présenter à l'Assemblée nationale pour demander que les nouvelles tribunes qui sont fabriquées dans la salle de l'Assemblée nationale, et où l'on n'entre que par faveur, soient réservées au public comme les autres.

M. LOSTALOT, *faisant les fonctions de président*. — Messieurs, les faits que vous dénoncez à la Société paraissent souverainement fondés ; elle fera tout ce qui dépendra d'elle auprès des patriotes de l'Assemblée nationale qui la composent afin que vous ayez toute la satisfaction qui dépendra d'eux.

M. DUFOURNY. — Messieurs, je dois vous annoncer un triomphe pour le patriotisme : Mlle Théroigne, célèbre par son civisme et les persécutions qu'elle a éprouvées de la part de la tyrannie pendant son séjour en Allemagne, est ici, dans la tribune des dames.

A l'instant, plusieurs membres de la Société s'y transportent et font descendre cette demoiselle dans la salle, où elle est reçue avec tout l'intérêt que peut exciter son sexe et ses malheurs. A l'invitation de la Société, elle s'est engagée à rédiger par écrit l'exposé de ses persécutions et à lui en faire part à la prochaine séance.

La séance a été levée à dix heures.

CXXXIX

SÉANCE DU DIMANCHE 29 JANVIER 1792

PRÉSIDENCE DE M. GUADET

Après la lecture du procès-verbal, M. *Lostalot* annonce que Mlle Théroigne, qui avait promis à la Société de lui faire le tableau de ses infortunes pendant son séjour en Allemagne, ne peut avoir cet honneur aujourd'hui, mais qu'elle se propose de venir s'acquitter mercredi de l'obligation qu'elle a contractée envers la Société.

M. *Sergent* demande que la note donnée sur M. Barruel et compagnie soit envoyée à M. le maire, afin qu'il soit instruit des personnes qui arrivent dans la capitale pour faciliter l'évasion du roi et jeter du trouble parmi les citoyens, et demande en outre que le buste de Jean-Jacques soit mis à la place de celui de Mirabeau.

M. MANUEL. — Je ne sais pas trop si la Société des amis de la constitution pourrait se permettre de déplacer de ligne Mirabeau, à qui la nation elle-même a d'éternelles obligations; mais je veux concilier et les principes et les procédés. C'est au nom de Mirabeau lui-même que je demande que J.-J. Rousseau ait ici la droite, parce que Mirabeau la lui aurait accordée de son vivant. Messieurs, le procès-verbal doit toujours réfléchir vos actions bonnes et mauvaises, il doit en être l'image fidèle. Vous vous rappelez sans doute que la séance d'avant-hier a été marquée par un de ces accès, par une de ces crises qui, si elles duraient et étaient plus fréquentes, perdraient la Société. Je demande que cette scène, toute pénible, tout affligeante qu'elle est, soit mise dans le procès-verbal; qu'il y soit dit : « Ici M. le Président s'est couvert. » Voudriez-vous être comme l'histoire complaisante, qui déchire les pages quand elles ternissent un héros? J'espère, Messieurs, que cette ligne sera effacée aujourd'hui par l'ordre que vous mettrez dans votre délibération.

Après la lecture de la correspondance, on est passé à l'ordre du jour.

M. MÉCHIN. — Messieurs, l'Assemblée nationale doit prononcer dans deux jours sur l'affaire d'Avignon, et je prie la Société de vouloir bien s'en occuper.

Les avis étaient partagés sur l'ordre du jour; les uns voulaient que l'on traitât l'affaire d'Avignon, et les autres la question de la guerre.

Après quelques débats, la Société s'est déterminée en faveur de la question de la guerre.

[M. *Billaud-Varenne* essaye de justifier le parti qu'il a pris de se montrer hostile aux projets de guerre. Il prétend qu'en la déclarant on fait le jeu de la cour, tandis qu'il faut se défier d'elle et des généraux [1].

---

1. *Société des amis de la constitution, séante aux Jacobins Saint-Honoré, à Paris. — Second discours de* M. BILLAUD-VARENNE, *sur la guerre, prononcé à la Société le* 29 *janvier* 1792, *l'an* IVe *de la liberté*. — Imp. du *Patriote français*. s. d., in-8 de 29 p. — Bibl. nat., Lb 40/677.

M. Manuel lit une lettre qu'il a écrite au roi pour lui rappeler ses devoirs de citoyen et de roi d'un peuple libre ¹.]

M. Machenaud prononce contre le système de la guerre offensive un discours qui réunit tous les applaudissements de la Société, et dont l'impression est arrêtée ².

M. Santerre vient, à la tête d'une députation de chasseurs soldés, lire une pétition qu'ils se proposent de présenter à l'Assemblée nationale.

La séance a été levée à dix heures.

CXL

SÉANCE DU LUNDI 30 JANVIER 1792 ³

PRÉSIDENCE DE M. GUADET

[« Après la lecture du procès-verbal, *M. Réal* fait part de la correspondance. » — *M. Manuel* fait l'éloge de la section de la Croix-Rouge, qui « a pris l'engagement devant l'Assemblée nationale de se sevrer de sucre ». — *M...* demande qu'on entende « les soldats du régiment d'Aunis ». — *M. Anthoine* fait le rapport concernant ces soldats. — *M. Lanthenas* leur promet l'assistance de la Société. — *M. Hion* demande qu'on les envoie aux Invalides. — *M. Louvet* demande que tous les membres de la Société s'engagent à ne plus se servir de sucre. « A l'instant, tous les membres de la Société se lèvent, et font le serment au milieu des plus vifs applaudissements⁴. » — *M. Manuel* demande qu'on ne prenne ni café ni sucre. (*Applaudi.*) — *M. Collot d'Herbois* observe que « les personnes qui travaillent de cabinet ne peuvent passer la nuit nuit qu'avec des tasses de café ». — *M. Louvet* pardonnera volontiers à l'auteur de l'*Almanach du père Gérard*. — *M. Dubois-Crancé* propose que les tri-

---

1. *Discours sur la guerre, prononcé aux Amis de la constitution, par* PIERRE MANUEL. — Imp. de Momoro, s. d., in-8 de 6 p. — Bibl. nat., Lb 40/679.
2. *Société des amis de la constitution, séante aux Jacobins, à Paris. — Second discours de F.* MACHENAUD, *homme de loi, sur la guerre et les moyens de sauver l'État, prononcé à la Société dans sa séance du* 29 *janvier* 1792, *l'an* IV° *de la liberté.* — Imp. du *Patriote français*, s. d., in-8 de 31 p. — Bibl. nat., Lb 40/678.
3. Il y a dans *les Sabbats jacobites*, t. III, p. 87, un compte rendu de cette séance.
4. Les *Révolutions de Paris*, n° CXXIV, publièrent sur cet incident des réflexions moqueuses. Cf. Buchez et Roux, t. XIII, p. 171. — On afficha sur les murs de Paris, le 4 février 1792, une parodie de l'arrêté des Jacobins, sous ce titre : *Supplément à l'avis sur le sucre et le café, par la Société des amis de la constitution, séante aux Jacobins, sur la motion de M.* LOUVET, *signée Taschereau, Polverel, etc.* — Imp. des *Bons patriotes*, s. d., placard in-4. — Bibl. nat., Lb 40/683.

bunes aussi prennent le même engagement que la Société. « Alors tous les citoyens, impatients d'en faire le serment, ont interrompu l'orateur à plusieurs reprises, et contracté avec la Société cet engagement solennel, au milieu des plus vives acclamations de « Vive la liberté! » et « Vive la nation française! »

« *M. Burté* fait part de quelques observations sur les finances. » — La Société des amis des droits de l'homme et du citoyen, section de Montreuil, demande l'affiliation et l'entrée d'un commissaire de cette Société dans les séances des Jacobins. — *M. le Président* les remercie de cette preuve de civisme, et leur demande est accordée sur-le-champ.]

La séance a été levée à dix heures.

CXLI

SOCIÉTÉ DES AMIS DE LA CONSTITUTION

SÉANTE AUX JACOBINS SAINT-HONORÉ, A PARIS

EXTRAIT DU PROCÈS-VERBAL DE LA SÉANCE DU LUNDI 30 JANVIER 1792

L'AN IV DE LA LIBERTÉ

(Imp. du *Patriote français*, s. d., in-8 de 6 pages.)

Un membre a rappelé aux citoyens présents, comme un exemple de sacrifice civique, la résolution prise par les citoyens de la section de la Croix-Rouge de renoncer à l'usage du sucre.

M. *J.-B. Louvet*, parlant sur cette proposition, a dit :

« MESSIEURS,

« Lorsqu'il est à craindre qu'on ne puisse que très difficilement opposer aux accapareurs une loi générale, ne faut-il pas se hâter de combattre leur avarice ou leur perfidie par des mesures particulières? Celle que M. Manuel vous rappelait tout à l'heure, je vous en fais la proposition formelle. Je vous la recommande avec d'autant plus de confiance qu'elle doit, en vous appelant à une sorte d'épreuve, plaire à votre courageux patriotisme, et que d'ailleurs je la crois faite pour frapper directement les infâmes qui n'ont point rougi de fonder sur un malheur public l'espoir de leur fortune impie, et ces monstres, plus haïssables encore, qui tourmentent le peuple afin de l'asservir. Messieurs, chaque jour nous le prouve : une foule de traîtres nous environnent; ils ont juré la ruine de la nation française, et, pour l'obtenir, on les voit, en même temps qu'ils préparent les grands forfaits, commettre les crimes abjects. Cependant, il est temps de le dire, les plus redoutables ennemis d'un peuple qui veut être libre, ce sont les habitudes molles et efféminées. Voulez-vous affaiblir les ressources de vos ennemis? Attachez-vous à diminuer la somme de vos besoins. Quand les Américains eurent reconnu que leurs oppresseurs espéraient encore les retenir, par l'appât du thé, sous un joug tyrannique, ils renoncèrent à cette boisson accoutumée et chérie : femmes, enfants, vieillards, tous, dans un saint enthousiasme, coururent au port; on brisa les caisses redoutables, et la denrée traîtresse fut à l'instant précipitée, avec l'esclavage, dans l'immensité des mers; et sur ce rivage, honoré par une action civique qui en promettait tant d'autres, la liberté vint aussitôt s'établir, pour ne s'en éloigner jamais.

« Je sais bien que la privation dont je vais parler doit retomber particulièrement sur nos compagnes; mais je sais aussi qu'il n'y a point de privations auxquelles elles ne soient prêtes à se soumettre par la considération de l'intérêt général. Tout nous parle déjà de leurs efforts et de leurs sacrifices. A Versailles, la France ne peut l'oublier, elles se pressèrent autour du bureau de la constitution pour y déposer à l'envi leurs bijoux, leurs diamants, ornements si chers à la beauté; au Champ de Mars, elles vinrent en foule soulever, d'un bras déjà plus victorieux, une terre alors sacrée; dans la mémorable journée du 14 juillet 1790, elles sourirent aux intempéries d'un ciel nébuleux; des torrents d'eau les inondèrent, et ne purent les chasser : nous les entendions chanter persévéramment avec nous l'hymne de la fédération. A nos fêtes nationales, j'ai vu des citoyennes, commençant à repousser loin d'elles un luxe destructeur, environnées de leurs grâces modestes, vêtues d'un habit simple, les cheveux seulement noués du ruban tricolore, emblème de leurs vertus civiques, plus belles enfin de leurs attraits que de leur parure, paraître désormais s'embarrasser bien moins de plaire par la coquetterie que d'attacher par l'estime, de charmer les regards que de toucher les cœurs. J'ai vu, j'ai admiré les progrès des lumières, les heureux effets de la liberté; j'ai pleuré de joie et je me suis dit : la Révolution, qui doit régénérer nos mœurs, a déjà puissamment influé sur celles de nos compagnes. J'ajoute : maintenant un effort de plus ne coûtera guère à celles qui nous ont déjà secondés de tant de généreux efforts; certainement elles fortifieront de leur résolution la résolution que nous devons prendre, mais qui ne peut devenir efficace qu'autant qu'elles la partageront avec nous. Certainement elles se feront un devoir de répéter sans cesse et de prouver, par leur exemple, à leurs maris et à leurs enfants, qu'à Sybaris le sucre peut être réputé de nécessité première, mais que, dans Sparte encore menacée, menacée plus que jamais par une foule d'ennemis également audacieux et perfides, on doit s'accoutumer d'avance à se réduire aux aliments les plus communs.

« Messieurs, je demande que nous prenions l'engagement solennel de n'employer le sucre dans aucun de nos aliments, si ce n'est en cas de maladie, jusqu'à ce qu'il soit redescendu, je ne dis pas à un terme moyen auquel la fortune de la plupart d'entre nous pourrait atteindre, mais à un prix assez médiocre pour que les citoyens moins fortunés puissent aussi l'acquérir. Car je vous prie de remarquer qu'il pourrait peut-être s'écouler beaucoup de temps avant que les patriotes les moins aisés eussent le sucre à vingt-cinq sols, si les citoyens plus riches consentaient à le payer même quarante. Eh! qui d'entre nous pourrait trouver quelque douceur dans une jouissance dont il saurait que la portion du peuple la plus considérable et la plus précieuse est privée? Je demande que nous nous abstenions de sucre jusqu'à ce qu'il ne vale plus que vingt ou vingt-cinq sols tout au plus; qu'on ne voie plus sur la table du patriote, même le plus riche, cette denrée proscrite; que, par ce trait nouveau, le peuple soit encore averti que ces Jacobins tant calomniés sont de vrais amis. Messieurs, faisons-en, dans chacune de nos sections, la motion expresse. Cet exemple, déjà donné par des citoyens de la Croix-Rouge, aussitôt suivi par nos fidèles amis de la Société fraternelle et par les généreuses citoyennes des Halles; cet exemple, aujourd'hui fortifié par nos résolutions, sera, n'en doutez pas, imité dans la capitale entière, et bientôt par tous les départements de l'empire. Que la nouvelle s'en répande au delà de l'Europe; qu'en la recevant, le grand Washington et ses magnanimes compagnons d'armes se félicitent de leurs alliés; qu'avec un vif sentiment de joie, mêlé de quelque orgueil, ils se disent : Le peuple français commence, comme nous, par remporter des triomphes sur lui-même ; comme nous, il finira par obtenir, dans des combats plus sérieux, de plus éclatantes victoires. »

Alors, les citoyens qui remplissaient la salle se sont levés avec transport, ont manifesté le plus vif enthousiasme, et tous se sont engagés à s'abstenir de sucre jusqu'à ce que des circonstances plus heureuses aient permis à la Société de prendre une nouvelle détermination qui les relève de cet engagement.

M. *Manuel* a demandé alors qu'on fît le sacrifice tout entier, et qu'on s'abstînt non seulement de sucre, mais aussi de café; M. *Lou-*

vel l'a fortement appuyé. La Société a pris, avec le même transport, cet engagement nouveau.

Un autre membre a demandé que le discours de M. Louvet, sur la nécessité de faire ce sacrifice civique pour le maintien de la liberté, fût imprimé avec l'extrait du procès-verbal, affiché et envoyé aux Sociétés affiliées.

Ces différentes propositions, successivement mises aux voix, ont été toutes adoptées à l'unanimité.

Un autre membre a demandé que les citoyens et citoyennes qui assistent aux séances de la Société fussent admis à participer à la discussion, et à donner ce nouvel exemple à la France et à l'Europe des sacrifices généreux que les Parisiens n'ont cessé de faire pour conquérir et maintenir la liberté. A l'instant, les citoyens et citoyennes des tribunes se sont levés, en s'écriant unanimement : « Oui, oui, nous prenons le même engagement ! »

Quelqu'un a annoncé que déjà plusieurs citoyens et citoyennes des Halles avaient pris la résolution civique de se priver du café et du sucre, et y avaient substitué d'autres aliments.

La Société a arrêté qu'il serait fait mention honorable sur le procès-verbal de cet acte patriotique.

Certifié conforme au procès-verbal.

J.-Henri Bancal, *secrétaire*.

La Société a arrêté l'impression de ce discours, la distribution aux tribunes et l'envoi aux Sociétés affiliées, dans sa séance du 30 janvier 1792.

Signé : Guadet, *président ;*

F. Lanthenas, *vice-président ;*

Lostalot, Boisguyon, H. Bancal, Louvet, Broussonnet, F. Polverel fils, *secrétaires*.

CXLII

LA SOCIÉTÉ DES AMIS DE LA CONSTITUTION

SÉANTE AUX JACOBINS SAINT-HONORÉ, A PARIS

AUX SOCIÉTÉS AFFILIÉES

(Imp. du *Patriote français*, s. d., in-4 de 4 pages.)

Paris, le 30 janvier de l'an IVe de la liberté.

FRÈRES ET AMIS,

Les ennemis de la liberté et de l'égalité ont prouvé l'utilité des Sociétés patriotiques par l'acharnement même qu'ils ont mis à solliciter leur destruction ; aussi notre zèle pour soutenir la nôtre et pour la rendre utile à toutes celles de l'empire a-t-il redoublé à chaque persécution. La publicité de nos séances, l'étendue, l'activité et la publication de notre correspondance et des meilleurs discours prononcés à notre tribune, nous ont paru les moyens les plus propres à déjouer l'intrigue et la malveillance, et nous n'avons rien épargné pour atteindre ce but, par ces moyens dignes de la liberté et des hommes probes qui la soutiennent.

Malgré le tort fait à nos finances par la scission opérée dans notre Société, et les dépenses extraordinaires que cette crise et la situation des affaires publiques ont occasionnées, la contribution ordinaire que nos membres se sont imposée, avec ce qu'ils y ont volontairement ajouté à diverses reprises, eût suffi à tout, si l'intérêt de la chose publique ne nous avait fait prendre des moyens plus dispendieux pour l'entretien de notre correspondance, et si ce même intérêt ne nous portait à désirer de donner encore plus de développement à nos travaux.

Déjà, frères et amis, vous avez dû recevoir deux paquets sous bande, numérotés 1 et 2, que nous vous avons adressés. Nous en avons payé ici le port, et il n'a dû vous être rien demandé. Vous y aurez trouvé tout ce qui a été dit à notre tribune de plus intéressant sur la question de la guerre, qui tient tous les esprits en suspens. La lenteur essuyée jusqu'à présent, le hasard que nos paquets couraient d'être arrêtés et de ne point vous parvenir par les moyens que nous employons, le désir de mettre dans ces envois plus de célérité et de les multiplier, afin de répandre davantage l'instruction, tout nous a engagés à prendre ce nouveau mode, infiniment préférable, de vous faire passer ce que nous vous envoyons d'imprimé. Mais à la fréquence plus grande, depuis quelque temps, de ces envois, aux frais d'impression plus considérables, se joint, dans ce moment, un autre objet de dépense : c'est le prix du port, qu'il faut nécessairement payer ici d'avance à l'administration générale des postes, afin d'user de l'abonnement que la nation a offert pour le transport, par la poste, de tout ce qui est imprimé. Nous ne nous sommes cependant pas arrêtés pour ces frais nouveaux, car nous trouvons à ce changement l'avantage d'assurer l'arrivée de nos envois, parce qu'étant affranchis on les inscrit sur des feuilles ; si les envois étaient arrêtés, on trouverait nécessairement un responsable. Il en résulte, en outre, une économie considérable pour toutes les Sociétés affiliées, prises en masse, à cause des ports très dispendieux qu'elles avaient souvent à payer, malgré notre désir de les leur faire parvenir francs. Et, si ce surcroît de dépense, frères et amis, est au-dessus de nos moyens, si nous désirons, en outre, développer davantage ceux de nos travaux qui en sont susceptibles, nous avons cru que nous pouvions compter sur vos secours, dans ce moment surtout où il importe plus que jamais à la chose publique de soutenir le zèle et la vigilance de toutes les Sociétés patriotiques, et principalement de la nôtre. Nous ne balançons donc pas de vous proposer une mesure nécessaire, que sans doute vous approuverez.

Elle consiste à vous engager, par les considérations précédentes, à faire consentir vos membres, comme ont consenti les nôtres, à une contribution extraordinaire d'un sol par mois, douze sols par an, par chaque individu, laquelle soit versée dans la caisse de notre administration par trimestres, payés d'avance, à compter du 1er janvier.

Nous espérons que cette contribution, modique pour chaque individu, suffira, par le nombre qui y concourra, à mettre dans nos opérations la facilité qui leur est nécessaire. Elle servira même à lier plus que jamais, s'il est possible, tous les Amis de la constitution, confédérés par la plus sainte des affiliations. Nous pourrons donner quelque étendue de plus à la caisse de bienfaisance qui s'est formée dans notre sein pour les besoins urgents de tous nos frères des départements que des affaires attirent dans la capitale, et c'est pour toutes ces raisons et autres, qui vous seront sensibles comme à nous, que nous avons cru conforme à tous vos principes, et surtout à ceux de l'égalité, qui est la base de notre union éternelle, de vous proposer la mesure dont il s'agit, plutôt que de nous arrêter à toute autre qui, en sollicitant la générosité de vos membres, aurait peut-être satisfait pour quelque temps aux circonstances.

Nous vous prions, frères et amis, de nous répondre sur cette proposition le plus tôt qu'il vous sera possible, et de nous donner l'adresse de celui de vos membres à qui nous devrions adresser nos paquets, s'il ne vous convenait pas que nous vous les adressassions directement.

Nous sommes, avec les sentiments les plus fraternels, les membres de la Société des amis de la constitution, séante rue Sainte-Honoré, au ci-devant couvent des Jacobins.

Signé : Guadet, *président;*

F. Lanthenas, *vice-président;*

Lostalot, Boisguyon, H. Bancal, Broussonnet, Louvet, F. Polverel fils, *secrétaires.*

EXTRAIT DU PROCÈS-VERBAL

DE LA SOCIÉTÉ DES AMIS DE LA CONSTITUTION SÉANTE RUE SAINT-HONORÉ

AU CI-DEVANT COUVENT DES JACOBINS, A PARIS

SÉANCE DU MARDI 24 JANVIER 1792, L'AN IVe DE LA LIBERTÉ [1]

Un membre du Comité d'administration propose, au nom de ce Comité, d'inviter tous les membres des Sociétés affiliées de se soumettre à la modique contribution de douze sols par année, pour chacun d'eux, afin de subvenir aux frais extraordinaires d'impression et d'envoi des discours imprimés. Il présente les avantages que les Sociétés affiliées trouveront dans cette mesure peu dispendieuse, au moyen de laquelle et des arrangements pris avec la poste elles recevront exactement et francs de port tous les discours dont la Société ordonnera l'impression.

Quelques membres parlent sur cette proposition, et la Société arrête qu'elle invitera, par une circulaire, toutes les Sociétés affiliées à contribuer pour la somme de douze sols par an, par chacun de leurs membres, pour fournir aux dépenses d'impression et d'envoi des imprimés, et le surplus être versé dans la caisse de bienfaisance ; que cette contribution se payera par trimestre, à commencer du premier du présent mois, et toujours au commencement de chaque trimestre ;

---

1. Voir plus haut, p. 340.

et que M. le président F. Lanthenas présentera demain un projet d'adresse sur cet objet.

Pour copie conforme à l'original.

P. S. — Nous vous envoyons ci-joint un exemplaire [1] d'un plan de caisse nationale de crédit et de secours présenté par le citoyen Daudibert-Caille, membre de notre Société. Il en a envoyé des exemplaires à MM. les administrateurs de tous les départements, et il nous paraît convenable qu'il soit connu. Les commissaires nommés par la Société pour l'examiner lui en ont fait un rapport très avantageux, et sont d'avis que son exécution remédierait à de grands maux et assurerait de grands avantages à la nation.

M. Guiraut, un de nos frères, auteur de *l'Art logographique*, et à qui l'Assemblée vient d'accorder une tribune, sans préjudicier aux droits qu'il se propose d'exercer contre les personnes qui se sont emparées de ses procédés, et qui font le *Logographe*, se dispose à faire un vrai journal logographique des séances de l'Assemblée nationale, que tous les bons citoyens désirent ardemment, à cause de la vérité et de la pureté qui doit y régner.

La Société a aussi fait construire une tribune à M. Guiraut, afin qu'elle puisse jouir des effets de cette heureuse invention et d'en faire jouir les Sociétés affiliées.

Ce zélé citoyen va former une école logographique, afin de répandre ses procédés dans tout le royaume, sous les auspices du brevet qu'il a obtenu en conformité de la loi sur la propriété des auteurs des inventions et découvertes.

Nous vous ferons passer son prospectus, et nous vous engageons, au nom du bien public, de vous attacher un de ses logographes, afin que, vos séances rendues publiques mot à mot, et nous parvenant réciproquement, nous puissions juger du progrès de la liberté, ainsi que de l'avancement de l'esprit public.

Nous vous recommandons encore un ouvrage périodique de peu de dépense aux souscripteurs, et qui pourra être très utile au patriotisme. Il est intitulé : *Les Chants du patriotisme, avec des notes, dédiés à la jeunesse citoyenne*, par M. T. Rousseau, citoyen français. On s'abonne pour cet ouvrage, moyennant 7 livres 10 sols, chez l'auteur, cour d'Henri IV, n° 28, marché d'Aguesseau, rue Saint-Honoré. Cet auteur, déjà connu par des noëls civiques et patriotiques qui ont eu du succès, mérite d'être encouragé, à cause du genre utile auquel il se consacre. Nous vous recommandons surtout le numéro de la *Chronique du mois*,

---

1. « Envoyé en novembre dernier. » (*Note manuscrite de l'original.*)

qui doit paraître le premier février. Vous y lirez avec satisfaction un article de M. Condorcet : *Ce que c'est qu'un cultivateur et un artisan français;* en outre : *Des émigrés,* par M. Bonneville, ainsi que d'autres sujets, tous très intéressants dans ce moment actuel, et bien propres à éclairer l'opinion et à concourir à la fixer dans ce moment où tant de choses, ménagées par l'intrigue la plus perverse, concourent à la laisser flottante sur les grands intérêts de la chose publique.

CXLIII

Février 1792

SÉANCE DU MERCREDI 1ᵉʳ FÉVRIER 1792[1]

PRÉSIDENCE DE M. GUADET

[Après la lecture du procès-verbal, *M. Dufourny* réitère une motion qu'il a déjà faite. — « Sur la demande réitérée de M. Charles Bourbon de Montmorency de l'entrée de la séance pour lui et pour plusieurs personnes qu'il appelait sa suite, la Société passe à l'ordre du jour. » — *M. Laugier* rapporte les vexations exercées contre un garde-française du nom de Lebrun. — *M...* demande qu'on lui donne des fonds pour qu'il puisse encore en distribuer aux gardes-françaises. — *M. Collot d'Herbois* invite les membres de la Société à souscrire ; *M. le Président* se joint à lui.

Sur la demande d'un député, Mˡˡᵉ Théroigne a lu « un précis de ce qui lui est arrivé depuis son départ de Paris[2] ». — *M. Lanthenas* l'a remerciée, au nom de la Société. — *M. Manuel* expose comment les femmes sont capables de vertus viriles.

M. Baumier rapporte le traitement indigne infligé lors du massacre du Champ de Mars à un jeune homme de vingt-deux ans par un aide de camp de La Fayette.

La Société passe à l'ordre du jour : l'affaire d'Avignon. Mais, aucun député n'étant présent, on passe à une autre question. — *M. Carra* parle longuement sur les intrigues de la cour et les dangers que court la liberté[3]. — *M. Manuel* félicite la Société de l'assurance qu'elle montre.

« Le résultat du scrutin pour le choix du président et du vice-président a

---

1. Il y a dans *les Sabbats jacobites*, t. III, p. 149, un compte rendu de cette séance.
2. On trouvera dans *le Patriote français* du 4 février 1792 une analyse de ce récit.
3. *Annales patriotiques* du 8 février 1792 : *Discours prononcé à la Société des amis de la constitution, séante aux Jacobins, à Paris, le* 1ᵉʳ *février, par* M. CARRA.

donné M. Broussonnet pour président et M. Dusaulx pour vice-président. » — La Société fraternelle de l'un et l'autre sexe, séante à la bibliothèque des Jacobins, communique une pétition sur la publicité des séances des corps administratifs. *M. Lanthenas* la remercie. — Une députation de la section du Palais-Royal communique un de ses arrêtés demandant la convocation générale de la commune de Paris.]

La séance a été levée à dix heures.

CXLIV

SÉANCE DU JEUDI 2 FÉVRIER 1792

PRÉSIDENCE DE M. BROUSSONNET

[Après la lecture du procès-verbal, *M. Coupé* s'est plaint de ce que son nom avait été oublié sur la liste de ceux qui ont voté contre le ministre de la marine. — Plusieurs députés se lèvent pour rendre justice à son civisme.

M. Legendre regrette que, dans l'Assemblée nationale, les ennemis de la patrie l'aient emporté, et veut qu'on prononce l'exclusion d'un certain Girardin, qui a voté pour le ministre. — « La Société a décrété qu'il n'y avait pas lieu de délibérer sur cette proposition. »

M... engage ses collègues de l'Assemblée nationale à y venir de bonne heure, et à ne jamais manquer une séance.

M. Abitte se plaint « que l'on confonde toujours quelques individus avec l'Assemblée nationale, qui doit être l'espoir de la France ». Tous les Jacobins ont fait leur devoir.]

M. DUBOIS DE CRANCÉ. — Messieurs, je suis désigné comme celui qui a fait imprimer la liste des ministériels et des patriotes qui circule. La raison est bien simple : c'est que l'on m'a vu dans la tribune, notant avec beaucoup d'exactitude ceux qui disaient *oui* ou *non*. J'avais un but; ce n'est pas celui qu'on me prête. Ce n'est pas moi qui ai fait la liste qui est publique, car elle est infidèle. Je n'ai fait, sans la communiquer, que la liste de ceux qui ont voté pour et contre, et je n'ai pas fait mention des absents; je ne crois pas que nous devions exclure personne de la Société pour avoir voté en faveur du ministre. Mais nous avons un devoir à remplir; depuis longtemps, les Sociétés affiliées nous demandent la liste des députés, je ne crois pas que nous devions leur envoyer la liste des députés qui sont ici; mais je demande que l'opinion de M. Grangeneuve, qu'il a développée hier à l'Assemblée nationale avec autant d'énergie, soit imprimée avec cette liste en deux colonnes, et qu'on envoie cette opinion et la liste aux Sociétés affiliées. (*Oui, oui, aux voix!*)

M. Bellegarde. — Je propose, par amendement, que l'on fasse une troisième colonne de ceux qui se sont retirés au moment de l'appel nominal.

M. Réal. — Si la Société adopte cet amendement, il doit y avoir une quatrième colonne : car, si les absents ont tort, ceux qui se sont absentés exprès ont un plus grand tort.

M. Dubois de Crancé. — Je crois, Messieurs, qu'il suffira de mettre en note que ceux qui ne sont pas désignés étaient absents, afin de ne pas multiplier les frais de poste et d'impression.

M. de Sillery. — J'observe à la Société que tous les ministériels qui sont dans l'Assemblée nationale s'y sont rendus hier avec beaucoup d'exactitude, et cependant, Messieurs, il n'y a eu que deux cent douze membres qui aient voté en faveur du ministre; en conséquence, si tous les députés patriotes s'étaient rendus à l'Assemblée nationale, il est certain que nous n'aurions pas perdu cette cause. Mais, Messieurs, engageons nos frères de l'Assemblée nationale à être assidus à leur devoir, et nous sommes sûrs de triompher. Je demande que nous ne flétrissions pas dans les départements nos frères qui ont commis une faute en ne se trouvant pas à l'Assemblée nationale, et ils sont avertis aujourd'hui de la conséquence (*murmures*) de se trouver à leur devoir. Je demande que nous passions à l'ordre du jour[1]. (*Murmures.*)

M. Grangeneuve. — C'est en nous représentant sans cesse les ménagements qu'on doit à des hommes chargés des affaires du pouvoir exécutif, c'est en nous faisant entrevoir qu'ils feront mieux, qu'on nous empêche de porter contre les ministres et leurs adhérents les peines qu'ils méritent. C'est ainsi qu'on nous détourne des voies de la justice. La proposition que l'on vient de vous faire est très admissible. On ne vous a pas proposé d'émettre une opinion quelconque. Que vous a-t-on proposé d'impossible? Rien; on vous a proposé de rendre toutes les Sociétés des amis de la constitution présentes à l'Assemblée nationale autant que le peut la Société de Paris : car, Messieurs, s'il était possible que tout le peuple français pût assister à l'Assemblée nationale, il faudrait que l'Assemblée nationale se tînt en présence du peuple français; tout le royaume doit être présent à l'Assemblée nationale. Ce qui vous a été proposé n'est rien de plus, et, dans la crainte

---

1. *Société des amis de la constitution, séante aux Jacobins Saint-Honoré, à Paris.* — *Discours de* M. Sillery, *sur la guerre, prononcé à la Société dans sa séance du 2 février 1792, l'an IVe de la liberté.* — Imp. du *Patriote français*, s. d., in-8 de 13 p. — Bibl. nat., Lb 40/682.

que la liste qui est faite ne soit pas très juste, M. Dubois de Crancé vous offre la sienne, dont il vous garantit la fidélité. C'est une mesure de plus en faveur de cette proposition. La Société doit dire : Voilà ce qui s'est passé à l'Assemblée nationale, voilà la question, tant de membres étaient présents, voilà ceux qui ont voté contre le ministre, voilà ceux qui ont voté pour ; les excuses viendront à ceux qui les ont méritées ; mais si, sans connaître ces excuses, car vous ne les connaissez pas, et par cette seule raison d'épargner quelques députés, et par l'intérêt que pourraient inspirer quatre ou cinq d'entre eux qui auraient peut-être des excuses légitimes, vous allez, par ces considérations, faire grâce à toute la troupe, vous vous établissez juges, et vous ne pouvez pas plus être juges pour absoudre que pour condamner. Voulez-vous quitter cette qualité de juge qu'on voudrait vous donner en adoptant les excuses ? Ne jugez rien, envoyez dans les départements. (*Applaudi*.)

La Société a arrêté, au milieu des applaudissements, les deux motions présentées par M. Dubois de Crancé : 1° que l'opinion de M. Grangeneuve sera imprimée [1] ; 2° qu'elle sera envoyée dans tous les départements avec la liste en deux colonnes des députés qui ont voté contre, et de ceux qui ont voté en faveur du ministre Bertrand [2].

M... — Le premier devoir des législateurs est d'assister à la séance de l'Assemblée nationale, et, toutes les fois qu'un législateur, sous quelque prétexte que ce puisse être, manque d'aller à l'Assemblée nationale, il est aussi coupable que celui qui émet un vœu contraire à la liberté. Hier, si huit patriotes de plus s'y fussent trouvés, les Feuillants ne l'auraient pas emporté, et le ministre était perdu. Je demande qu'il y ait une troisième colonne sur laquelle seront portés les noms de ceux qui ont manqué à l'Assemblée nationale.

M. CAMBON. — Je suis d'accord avec M. Merlin que le devoir des législateurs est d'être à leur poste ; mais les députés qui sont dans les Comités et ceux qui sont nommés commissaires pour les assignats ne peuvent s'y trouver, et vous les compromettez dans la disgrâce commune.

Un membre. — Ils se justifieront par les journaux, si leurs commettants leur font des reproches. (*Aux voix, aux voix, aux voix!*)

1. *Société des amis de la constitution, séante aux Jacobins, à Paris. — Opinion énoncée le 1er février 1792, par M. GRANGENEUVE, député à l'Assemblée nationale, dans la séance du soir, imprimée par ordre de la Société.* — Imp. du *Patriote français*, s. d., in-8 de 22 p. — Bibl. nat., Lb 40/681.

2. En effet, l'imprimé que nous venons de citer se termine par le tableau de l'appel nominal au sujet de Bertrand de Moleville.

M. Merlin. — M. Grangeneuve a excité tout à l'heure l'enthousiasme, et vous étiez près de mettre aux voix la proposition de M. Grangeneuve, et M. Cambon l'a détruite entièrement. Sans la troisième liste, vous ne donnez au peuple français, qui doit être présent à l'Assemblée nationale, qu'un résultat inexact. On doit lui apprendre que cent quatre-vingt-sept députés ont voté pour le ministre, et cent soixante-sept contre, et ensuite lui mettre sous les yeux la liste de ceux qui ne s'y sont pas trouvés, et qui ont préféré le plaisir d'aller à l'Opéra ou à tout autre amusement au plaisir de remplir leur devoir.

La Société a arrêté que la colonne des absents serait ajoutée à la liste.

M. *Henry-Larivière* [1] proteste de son civisme, et fait connaître à la Société combien il est affligé que son nom soit inscrit sur la colonne des ministériels, quoiqu'il ait voté contre le ministre.

M. Dubois de Crancé. — Messieurs, le nom de M. Henry-Larivière est sur ma liste du côté des patriotes.

La Société a ensuite nommé des commissaires, pris dans les députés de l'Assemblée nationale, pour vérifier la liste de M. Dubois de Crancé.

[*M. Sillery* rapporte le suicide de l'ambassadeur français à Berlin, M. de Ségur, qui s'est tué à la suite d'une insolence du roi de Prusse à son égard [2].]

M. *Rovère* lit un discours sur les affaires d'Avignon, et il conclut à ce que le sieur Mulot soit mis en état d'accusation, que les prisonniers injustement détenus soient mis en liberté, que les troupes étrangères soient retirées et remplacées par des gardes nationales, et que l'Assemblée nationale nomme des commissaires pour recueillir les plaintes des patriotes.

La séance a été levée à dix heures.

1. Dans le *Journal,* ce nom est imprimé par erreur *Henri de la Rivière.* Il s'agit de Pierre-François-Joachim Henry-Larivière (1761-1838), député du Calvados à la Législative, qui fit partie de la Convention et du Conseil des Cinq-Cents, et qui devint un ardent royaliste.
2. Cette nouvelle était fausse. Mais M. de Ségur, dégoûté par les avanies qu'il essuyait à la cour de Berlin, demanda et obtint son rappel en mars 1792.

CXLV

SÉANCE DU VENDREDI 3 FÉVRIER 1792

PRÉSIDENCE DE M. BROUSSONNET

[Après la lecture du procès-verbal, *M. Collot d'Herbois* se plaint qu'on ait inscrit dans le procès-verbal l'affaire relative à l'ambassadeur de Ségur, et on vote que la motion le concernant sera supprimée.

« *MM. Basire* et *Chabot* témoignent leurs regrets de ne s'être pas trouvés à l'Assemblée nationale pour l'affaire du ministre, et protestent que leur mauvaise santé en a été la cause. »

M. Legendre réplique que l'excuse n'est pas valable.]

M. *Manuel* demande à faire une motion d'ordre : « Messieurs, Cérutti est mort. »

Une voix. — Tant mieux !

M. LE PRÉSIDENT. — J'observe à la personne qui vient de faire une réflexion aussi indécente que Cérutti était l'auteur de *la Feuille villageoise*.

M. MANUEL. — Cérutti est mort ; il a servi la Révolution, et, comme l'observe M. le président, il est l'auteur de *la Feuille villageoise ;* les hommes des campagnes le pleureront, et c'est un bel éloge que les larmes des bonnes gens. Je demande que la Société envoie quatre commissaires à ses obsèques, qui se feront sans doute dans une église : car nous sommes si libres que la philosophie n'a pas encore de cimetière. J'observe à ceux qui ne regrettent pas M. Cérutti qu'il sera remplacé par M. Alleaume, ancien notaire [1].

M. ROBESPIERRE. — Messieurs, c'est à regret que je suis obligé de dire quelques mots sur M. Cérutti ; mais, puisqu'on a fait une motion à cet égard, l'idée de la mort inspire toujours quelques regrets et quelque respect. Il est des morts qui méritent indulgence, et d'ailleurs la mort seule la réclame pour tous ceux qu'elle a frappés. C'est pour cette raison que je crois que la Société me dispensera de développer ce que je pense à cet égard ; je crois d'abord que, comme Société, nous ne devons rien à celui qui n'était pas de la nôtre, et, comme il faut attendre que le temps ait justifié celui à qui on nous offre de rendre

---

1. En effet, Augustin-Pierre-Joseph Alleaume, député suppléant de Paris à la Législative, fut admis à siéger, le 9 février 1792, en remplacement de Cérutti.

des hommages, la Société des amis de la constitution ne lui en doit pas. Je demande que l'on passe à l'ordre du jour.

La Société passe à l'ordre du jour.

M. LOSTALOT. — Messieurs, M. Mulot, ayant appris que la discussion s'ouvrait dans cette Société sur l'affaire d'Avignon, a envoyé une lettre à la Société ; voulez-vous qu'on en fasse lecture. (*Oui, oui.*)

On lit la lettre de M. Mulot, dans laquelle il proteste de son attachement à la constitution. (*Murmures.*)

M. *Lostalot* lit un discours sur Avignon, et il conclut à ce que M. Mulot soit mis en état d'accusation.

M. *Collot d'Herbois* annonce que Léonard des Fontaines, ce jeune matelot qui avait été mis aux galères par infraction à la loi la plus criante, est mis en liberté.

La Société des amis de la constitution l'a reçu dans son sein, lui a délivré un diplôme et lui a donné de l'argent pour retourner à Cherbourg, au sein de sa famille. « C'est, dit cet orateur, un heureux présage pour les soldats de Château-Vieux ; mais je crains que nous ne soyons toujours dans l'attente, car le décret rendu avant-hier prouve que les ministres peuvent prévariquer la loi injustement. »

M. *Sillery* lit un discours sur la guerre. « Comment, dit cet orateur, le mot d'adversaire a-t-il pu sortir de la bouche des Amis de la constitution en parlant de ceux qui soutiennent un système opposé? Tous les canonniers qui sont à une pièce, tous tirent du même côté, un seul d'eux enlève le ponton, tous l'embrassent, et ils demeurent amis. » Il demande que la Société s'occupe pendant quelques jours des moyens de sûreté pour la capitale.

M. *Doppet* présente à la Société un citoyen de Saint-Domingue, victime de l'hôtel de Massiac, et qui a été arraché de ses foyers pour avoir voulu, à l'exemple de plusieurs paroisses, protéger les gens de couleur. Il a prié MM. les députés de l'appuyer auprès de l'Assemblée nationale.

Il a demandé que l'on nomme des commissaires pour entendre des éclaircissements qui pourront jeter beaucoup de lumière sur ce qui se passe dans les colonies.

Les commissaires sont MM. Doppet et Ramond.

La séance a été levée à dix heures.

CXLVI

SÉANCE DU DIMANCHE 5 FÉVRIER 1792

Après la lecture du procès-verbal, M. *Mendouze,* au nom du Comité de présentation, lit la liste des candidats qui désirent être admis dans la Société. M. *Réal* fait lecture de la correspondance.

[*M. Muller* donne des nouvelles satisfaisantes du patriotisme des Messins.]

On a ensuite fait lecture de plusieurs lettres qui prouvent l'incivisme du ministère. M. *Lostalot* dénonce un fait qui vient à l'appui de ces lettres. Il dit que M. Duchilleau a fait mettre en prison un officier qui lui représentait que Bayonne ne pourrait pas résister, si douze cents hommes l'attaquaient. M. *Lostalot* dit que les pièces concernant M. Duchilleau, qui avaient été déposées au Comité, s'y étaient égarées.

M. ALBITTE. — J'invite M. Lostalot à se rendre au Comité afin que la vérité se découvre, et que l'on sache qui a pu détourner ces pièces. Je reviens à M. Narbonne. Il a les vingt millions; c'est ce qu'il désirait. On ne le voit plus à l'Assemblée nationale ni au Comité militaire. Il ne veut plus donner l'initiative. Ces vingt millions étaient destinés à faire la guerre, et la guerre ne se fait pas. Cette action doit nous prévenir contre tous les ministres.

M. LEGENDRE. — Je m'adresse aux législateurs. Vous voyez que, tous les jours, les ministres viennent vous faire de fausses révélations sur l'état actuel du royaume. Je demande que l'Assemblée nationale nomme dans son sein des commissaires chargés de s'assurer par eux-mêmes de la situation du royaume. On me dira peut-être que cette proposition est contraire à la loi. Mais le salut du peuple est la suprême loi. Si l'on trouve les ministres en contravention, qu'ils soient poursuivis, et, quand vous aurez traîné un ministre sur l'échafaud, vous verrez que la loi s'exécutera. Quant aux pièces probantes contre un infracteur à la loi, pour en assurer le dépôt je demande que tous les membres d'un Comité où elles seront déposées en soient responsables sur leur tête.

[*M. Manuel* lit une lettre qu'il a écrite aux ministres, pour leur reprocher leur perfidie et les menacer de la vengeance du peuple.]

Le membre que la Société avait chargé de distribuer aux gardes-françaises ce qu'elle leur avait destiné lui rend compte de sa conduite, engage MM. les députés à presser cette affaire, et la Société à vouloir bien lui fournir les moyens d'exercer sa bienfaisance.

On a proposé d'ouvrir une souscription en leur faveur, ne fût-elle que de dix sols par membre.

La Société a arrêté cette proposition. Le produit de la souscription a été de 318 livres 13 sols.

M. *Hion* observe qu'il serait inutile que l'Assemblée nationale prononçât avant que la commune ait porté son vœu.

On a passé à l'ordre du jour; M. Lulier voulait parler sur la guerre, et la Société avait arrêté que l'on traiterait des moyens propres à garantir la capitale et l'Assemblée nationale des malheurs dont ils sont menacés.

M. LOUVET. — Messieurs, je demande que l'on consulte la Société pour savoir si l'objet à l'ordre du jour n'est pas celui que l'on doit traiter.

La Société persiste dans son arrêté.

[M. *Bancal* démontre que, la cour ayant formé contre l'Assemblée nationale un système d'attaque, il convient aux « spartiates jacobins » de former pour elle un système de défense.]

M. *Baumier* lit un discours, qui a été très applaudi, sur les moyens d'assurer la tranquillité. Ses conclusions sont : que l'Assemblée nationale ordonne que la garde du roi ne sera composée que du nombre des soldats prescrits par la loi, sans surnuméraires, qu'elle tiercera, et qu'elle sera dispersée dans les garnisons qu'occupait autrefois la garde du roi à Châlons, à Amiens, à Troyes et à Beauvais; que les corps administratifs tiennent leurs séances publiques; que la garde de la plate-forme du Pont-Neuf cessera d'être confiée à un seul bataillon, mais à un détachement pris indistinctement dans tous les bataillons; que la poudre, les munitions et les canons, seront distribués en parties égales à tous les bataillons, et qu'il sera fabriqué un grand nombre de piques pour les citoyens qui ne peuvent se procurer des armes.

La Société a arrêté l'impression de ce discours et l'envoi aux quarante-huit sections de la capitale [1].

---

1. *Société des amis de la constitution, séante aux Jacobins Saint-Honoré, à Paris. — Discours de M.* BAUMIER, *sur les moyens de garantir Paris des dangers qui le*

Une députation de la Société fraternelle du faubourg Saint-Antoine, ennemie du despotisme, vient faire part d'une adresse, qu'elle destine à l'Assemblée nationale, sur les calamités qui sont prêtes à fondre sur elle.

M. LE PRÉSIDENT. — Ils ne connaissent pas nos sentiments, ceux qui ont osé comploter contre notre Révolution; ils avaient oublié que ceux qui renversèrent le despotisme avec des piques sauront maintenir la constitution. Les Amis de la constitution voient toujours avec plaisir dans leur sein les défenseurs des droits de l'homme; ils savent que, si la liberté était bannie de tous les départements de l'empire, on la retrouverait au faubourg Saint-Antoine, au milieu de ses défenseurs. Faites part de vos justes appréhensions aux représentants du peuple. Leur sollicitude pour le maintien de la chose publique vous est un sûr garant de l'attention qu'ils apporteront à la voix des vainqueurs de la Bastille. La Société vous invite à sa séance.

La séance a été levée à dix heures [1].

CXLVII

SÉANCE DU LUNDI 6 FÉVRIER 1792

PRÉSIDENCE DE M. BROUSSONNET

Après la lecture du procès-verbal, on a fait diverses observations sur la rédaction.

M. LOUVET. — Messieurs, vous avez arrêté, dans votre dernière séance, que le discours de M. Baumier, écrit avec autant d'énergie que de vérité, serait imprimé et envoyé aux quarante-huit sections de la capitale; vous pouvez être persuadés que, si vous envoyez ce discours aux comités des sections qui sont aristocratiquement et feuillantiquement organisées, ils y resteront ensevelis. Je demande donc que cet imprimé et tous les autres que vous voudrez faire parvenir aux sec-

---

menacent, prononcé à la Société dans sa séance du 5 février 1792, l'an IV° de la liberté. — Imp. du *Patriote français*, s. d., in-8 de 10 p. — Bibl. nat., Lb 40/684.

1. *Société des amis de la constitution.* — Discours prononcé par MAXIMILIEN ROBESPIERRE à la Société, le jour de l'installation du tribunal criminel du département de Paris, imprimé par arrêté de la Société du 5 février 1792. — Imp. du *Patriote français*, s. d., in-8 de 10 p. — Bibl. nat., Lb 40/2253.

tions soient envoyés aux présidents des assemblées primaires, dont le plus grand nombre est patriote.

M. Lequinio. — Je demande qu'il y ait un tableau composé des membres de chacune des sections de la capitale, qui feront quarante-huit [1], parce que, quand la Société voudra faire passer quelque chose aux sections, on le remettra à chacun d'eux, ils les communiqueront aux sections assemblées : c'est le moyen de les (sic) empêcher de tomber pour toujours dans l'obscurité des comités.

On fait la lecture de la correspondance.

M. *Duplain*, membre de la Société, lui fait hommage d'un ouvrage intitulé *la Chasteté du clergé dévoilée* [2].

MM. les députés sont priés de se rendre à l'Assemblée nationale pour un objet important.

M. Le Grai. — Je demande à rendre compte de ce qui se passe à l'Assemblée nationale. Messieurs, une députation de Brest va être admise à la barre; elle y sera admise pour une dénonciation régulière contre M. Bertrand, ministre de la marine, et la dénonciation qui va avoir lieu donne aux députés patriotes l'espérance de rappeler la question du ministre à l'ordre du jour.

Un député de Clermont-Ferrand demande à faire part à la Société d'une pétition qu'il doit présenter à l'Assemblée nationale au nom de cette ville; mais, observant qu'il n'y a pas de députés à l'Assemblée nationale dans la Société, il demande la parole pour la séance prochaine, et, comme à la lecture de la correspondance on a remarqué que, dans plusieurs villes du royaume, plusieurs personnes sont sans respect pour les morts, qui dans toutes les religions, chez tous les peuples et dans tous les temps, ont été honorés : « A Arles, dit-il, j'ai été témoin d'un fait pareil à celui que vous avez entendu lire; la mère d'un négociant très riche, dont je ne veux pas citer le nom, étant venue à décéder, ce fils dénaturé, sans respect pour l'auteur de ses jours, eut l'impudeur de la faire exposer à sa porte sans drap et sans flambeaux, et sans aucun cérémonial avec lequel on honore les morts. »

M. Collot d'Herbois. — Messieurs, cet objet est de la plus grande importance; c'est sur cette question qu'il faut solliciter un décret; pour moi, je le provoque de toutes mes forces, car il y a dans le royaume un grand nombre de corps inactifs. Beaucoup de départements et de municipalités qui pourraient concourir à la corruption,

1. Textuel.
2. Cet ouvrage n'est pas mentionné dans Quérard.

il n'y a pas de corps plus corrompus que ceux-là, c'est ceux-là dont il faut ordonner l'exhumation [1].

La Société passe à l'ordre du jour : les moyens de maintenir l'ordre et la tranquillité dans la capitale.

[*M. Manuel* dit qu' « il est un moyen de pourvoir à la sûreté de Paris : ce serait de placer les fonctionnaires que le peuple a nommés à leur poste », entre autres Robespierre et lui-même Manuel.

M. Robespierre propose de développer cette idée « en rendant de plus en plus sensible le fil de la conspiration contre la liberté ».

M. Laugier demande que la Société indique une séance extraordinaire pour cet objet, parce que le mercredi suivant il y a assemblée générale de la Commune.

« La Société a arrêté qu'elle entendrait vendredi M. Robespierre. — Sur la proposition de M. Legendre, la Société arrête qu'il n'y aura point de séance mercredi, et, sur la motion de M. Bancal, que la séance aura lieu demain soir. »

M. Carra expose le système de corruption pratiqué par la cour et les ministres dans l'Assemblée nationale.]

Une députation de la section du Palais-Royal annonce qu'elle a arrêté qu'elle ne livrerait aucun de ses postes aux troupes qui sont aux ordres du pouvoir exécutif, et qu'elle communiquerait son arrêté aux quarante-sept sections, avec invitation d'en faire autant.

La Société arrête l'impression des notes de M. Carra et l'invite à donner un résumé de ce qui lui est arrivé, pour être aussi imprimé et envoyé à toutes les Sociétés affiliées [2].

La séance a été levée à dix heures.

1. L'incorrection de cette phrase est textuelle.
2. *Annales patriotiques* du 16 février 1792 : *Discours de L. Carra, sur le danger des circonstances présentes et sur le système de corruption employé par la cour, avec des observations, prononcé à la Société des amis de la constitution, séante aux Jacobins, à Paris, dans sa séance du 6 février 1792, l'an IV*e *de la liberté.* — Voir aussi Bibl. nat., Lb 40/685, in-8 de 18 p. — Enfin, on trouvera dans les *Révolutions de Paris,* n° CXXXV, un compte rendu très intéressant de toute la fin de cette séance. Buchez et Roux, t. XIII, p. 261, reproduisent ce compte rendu des *Révolutions*, mais reportent, par erreur, le discours de Carra au 8 février 1792.

CXLVIII

SÉANCE DU MARDI 7 FÉVRIER 1792

PRÉSIDENCE DE M. BROUSSONNET

On a ouvert la séance par la lecture du procès-verbal.

Un membre demande que, si quelqu'un a la *Chronique*, il veuille bien faire lecture d'un article de ce journal concernant le ministre de la guerre[1]. On a observé aussi que, quand le département présenta une pétition au roi pour provoquer le *veto* royal sur le décret des prêtres fanatiques, la *Chronique*, et par conséquent ses auteurs, avaient pris la défense du département et de sa pétition. On propose l'exclusion de M. Millin.

M. RÉAL. — Messieurs, je crois qu'il y aurait injustice de prononcer sur-le-champ l'exclusion, parce que cet article n'est pas signé et que nous ne savons pas si M. Millin y a participé. Je demande donc que la Société arrête que, si dans trois séances les auteurs de la *Chronique* ne viennent pas désavouer cet article, ils soient tous exclus.

M. *Legendre* appuie la même proposition. On demande la question préalable sur cette proposition; mais, comme elle est appuyée, M. le Président met aux voix la proposition de M. Réal, qui est adoptée, ainsi que l'envoi de la délibération aux auteurs de la *Chronique*.

M. DOPPET. — Un citoyen qui désire concourir à la souscription pour les armes, qui se remplit si courageusement, demande à faire hommage à la Société de quatre piques qu'il a fabriquées lui-même; je vous prie de lui accorder la séance, et je demande à être son introducteur.

La Société adopte cette proposition.

On apporte les piques dans la salle au milieu des plus vifs applaudissements.

M. DOPPET. — Messieurs, ce citoyen est serrurier; ne vous attendez pas à de magnifiques discours de sa part : il sait faire des piques, il sait

---

1. Cet article, où Narbonne et Delessart étaient ardemment défendus, parut dans la *Chronique de Paris* du 6 février. On en trouvera le texte dans Buchez et Roux, t. XIII, p. 265.

fabriquer, et certainement, Messieurs, ces quatre piques que nous vous présentons valent mieux que tous les discours des Feuillants et des ministériels.

M. LE PRÉSIDENT. — Concitoyen, la Société des amis de la constitution est très sensible à votre zèle ; elle souhaite qu'il soit imité par tous nos concitoyens, et que chacun soit jaloux d'offrir à la patrie un certain nombre de ces armes précieuses, afin que nos frères qui ne peuvent s'en procurer, et qui ont autant de patriotisme que nous, puissent défendre la patrie avec tout le zèle qui les anime.

M. RÉAL. — Messieurs, il m'a semblé être au 14 juillet quand j'ai vu ces piques ; il m'a semblé voir ces piques forgées à la hâte dans la nuit du 14 juillet, et montées sur ces bâtons blancs. Je demande que ces piques soient déposées dans vos archives.

Un officier d'artillerie donne des avis sur la formation des piques. La Société nomme des commissaires pour aviser à la meilleure manière de les fabriquer, et y adjoint cet officier d'artillerie.

La Société passe à l'ordre du jour.

[*M. Bancal* fait diverses propositions tendant à créer partout des comités permanents, à obliger tous les Français au service actif, à choisir entre l'Assemblée nationale et le roi, etc.

M. Réal s'élève contre certaines de ces propositions, par la raison qu'il est plus facile de combattre les ennemis de la liberté tant qu'ils font bande à part qu'il ne le serait quand on ne les distinguerait plus dans la masse des citoyens.

M. Sergent essaye de montrer qu'on s'exagère beaucoup le danger, et que le peuple saura bien se défendre.]

Les hommes du 14 juillet viennent présenter à la Société des piques ornées de petites bannières tricolores sur lesquelles sont les trois mots : *constitution, liberté, mort*.

M. LE PRÉSIDENT. — Braves citoyens du 14 juillet, la Société des amis de la constitution voit avec plaisir les armes que vous lui présentez ; les mots de *constitution, de liberté ou la mort*, que vous y avez inscrits, désignent parfaitement l'usage que nous prétendons faire des nôtres, la *constitution* et la *liberté*, si elles sont attaquées ; elles réveilleront tous ces hommes valeureux du 14 juillet, qui n'ont fait la Révolution que pour rétablir l'humanité dans ses droits, et avec eux il est impossible que la liberté périsse ; la Société partage vos sentiments, et vous invite à sa séance.

La séance a été levée à dix heures.

CXLIX

SÉANCE DU VENDREDI 10 FÉVRIER 1792

PRÉSIDENCE DE M. BROUSSONNET

Après la lecture du procès-verbal, on annonce une députation de la Société des Nomophiles, composée des deux sexes. Et, comme la salle était remplie, on a fait quelques observations tendantes à ce que cette députation ne soit pas admise; mais la députation, apprenant la difficulté, offre de se réduire à quatre personnes, deux hommes et deux femmes, et, sur la motion de M. Grangeneuve, la Société permet l'entrée à cette députation.

Beaucoup de dames, qui n'avaient pas trouvé de places dans les tribunes, demandent à entrer dans la salle.

Cette demande occasionne quelques débats, et les avis étaient partagés sur cet objet.

M. Louvet. — Messieurs, comme le tumulte vient de la condescendance trop facile avec laquelle vous avez admis les dames dans votre sein, ce qui pourrait devenir fatal à l'ordre qui doit régner dans votre Société et à la sagesse de vos délibérations, je demande que la Société n'admette plus de dames, sous quelque prétexte que ce soit.

M. *Lanthenas* demande à faire un amendement en faveur des députations dans lesquelles il peut se trouver des dames. La Société arrête sur-le-champ la proposition de M. Louvet avec l'amendement de M. Lanthenas, et un sous-amendement, proposé par un autre membre, portant que les députations ne seront composées que de quatre personnes.

Un membre observe qu'à la preuve d'attachement à ses principes et d'incorruptibilité que M. Carra a donnée dans une des précédentes séances il manque la dénomination de la personne qui a fait les fonctions d'intermédiaire entre le ministre et lui.

M. Carra. — Messieurs, je n'ai pas besoin des observations de la *Chronique de Paris*, ni des invitations de quelques autres journaux, pour connaître les obligations que j'avais contractées ici en dénonçant un plan de corruption, en vous en donnant une preuve; je savais que j'avais des obligations ultérieures à remplir, mais j'ai craint, en donnant des explications, qu'on ne les interprétât en sens inverse. Les pièces sont maintenant chez M. Le Page, imprimeur. Je donne à ces explications toute la latitude possible. J'ai cru devoir annoncer au public qu'ayant intention de dénoncer tous les faits et de les mettre au plus grand jour, j'ai cru que cela devait s'envoyer dans un écrit, parce qu'ainsi l'on s'explique positivement. Quand les explications sont écrites, il n'y a plus rien à dire. C'est à ceux qui sont inculpés à se défendre. La *Chronique*, qui écrit que l'argent présenté était soi-disant un argent corrupteur, y trouvera de quoi se convaincre. J'y nomme le ministre qui m'a fait demander mes notes et qui en a pris copie. Quant à l'agent intermédiaire, des considérations m'empêchent de le nommer encore. Je le ferais cependant si la Société l'ordonnait.

M. *Legendre* demande à faire lecture d'un libelle infamant contre la Société, que l'on a distribué dans les maisons. « S'il n'y avait ici, dit cet orateur, que les membres de la Société, je ne vous aurais pas interrompu, mais c'est pour tous les citoyens qui sont ici. J'espère que les calomnies répandues dans cet imprimé contre les Jacobins ne feront rien sur le peuple.

Les tribunes crient : *Non, non!* et accompagnent ces cris de vifs applaudissements.

M. MANUEL. — Je crois que la Société doit se rire de la haine impuissante des méchants. Ils sont forcés d'imaginer des noirceurs. La première réponse que nous avons à faire aux calomnies, c'est la publicité de nos séances, et la dernière, que nous retarderons le plus que nous pourrons, c'est le peuple qui la fera ; mais, dans ce moment-ci, le concours des citoyens nous appelle à l'ordre du jour ; je demande que l'on y passe.

La Société passe à l'ordre du jour.

[M. *Robespierre* expose les moyens qui lui « paraissent nécessaires pour sauver la patrie, et propose d'étouffer la guerre extérieure et intérieure ».]

La Société arrête l'impression du discours de M. Robespierre [1].

M. MANUEL. — Ce ne serait point assez pour nous d'avoir entendu le héros de la Révolution, il faut nous pénétrer de ses principes et de ses sentiments, qui sont ceux de la liberté. Le peuple vient de connaître

---

1. *Société des amis de la constitution, séante aux Jacobins Saint-Honoré, à Paris.* — *Discours de* MAXIMILIEN ROBESPIERRE, *sur les moyens de sauver l'État et la liberté, prononcé à la Société le 10 février 1792, l'an IV*e *de la liberté.* — Imp. du *Patriote français*, s. d., in-8 de 45 p. — Bibl. nat., Lb 40/686.

tous ses maux : ils sont grands, mais ses ressources sont plus grandes encore. Le discours de M. Robespierre doit avoir beaucoup d'influence sur l'opinion publique ; je demande qu'il soit envoyé, avec une lettre fraternelle, dans toutes les sections de Paris, afin qu'elles sachent ce qu'elles peuvent espérer des Jacobins, et ce que les Jacobins peuvent espérer d'elles.

M. *Broussonnet,* président, observe que M. Robespierre a parlé contre la constitution en disant qu'il demande que la Haute-Cour nationale soit transportée à Paris. « Nous avons tous juré, dit cet orateur, de maintenir la constitution, nous serons fidèles à notre serment. »

M. ROBESPIERRE. — Je profite de l'observation de M. le Président, et c'est une occasion de prouver mon attachement à la constitution. Je ne savais pas, ou plutôt j'avais oublié, que ce décret était un article constitutionnel. C'est ma faute, j'en fais ma confession.

Sur la motion de M. *Basire,* que la Société ne peut communiquer directement avec les sections, M. Manuel dit que sa proposition est dans le sens d'un arrêté de la Société de remettre les discours à un membre de chaque section.

La proposition de M. Manuel est adoptée.

On annonce une députation du 3ᵉ bataillon du département de Paris, en garnison à Laon, département de l'Aisne, qui a été désarmé par l'incivisme de ses chefs.

M. le Président leur a promis que l'Assemblée nationale prendrait en considération la justice de leur cause, qui est celle de la liberté.

L'orateur de la députation prie la Société de nommer des commissaires pour s'instruire des faits. La Société nomme MM. Robespierre et Collot d'Herbois.

La séance a été levée à onze heures.

CL

SÉANCE DU DIMANCHE 12 FÉVRIER 1792

PRÉSIDENCE DE M. BROUSSONNET

[*M. le Secrétaire* lit le procès-verbal. — *M. Mendouze* rappelle qu'il ne doit contenir « que l'énoncé des propositions faites et acceptées ». Cette motion est adoptée. — *M. le Président* fait la nomination des commissaires chargés de l'inauguration des statues de Jean-Jacques, de Voltaire, de Mably et de Mirabeau.

— *M. Legendre* demande qu'on prenne des mesures pour contrôler les rapports des ministres sur « l'état au vrai du royaume ». (*On applaudit.*) — *M. Lostalot* appuie la motion, en citant l'exemple des départements du Midi, menacés par l'Espagne, et négligés par le ministre.

Une députation du Club central vient instruire la Société qu'il s'est organisé pour « discuter les personnes à porter aux diverses places ». — Le Président remercie, et la correspondance est accordée au Club central.

M. Albitte voudrait donner plus d'extension à la loi sur la responsabilité ministérielle. — *M. Collot d'Herbois* annonce que le ministre refuse de sanctionner le décret relatif aux soldats de Château-Vieux, tandis qu'il gracie cinquante forçats. — *M. Albitte* accuse le ministre de la justice d'être « le bouteteu entre le roi et l'Assemblée nationale ». — *M...* assure que le ministre a gracié un assassin. — *M. Collot d'Herbois* demande que la plus grande publicité soit donnée à tous ces faits par les journalistes. (*Applaudissements.*) — *M. Manuel* voudrait qu'on tire au sort parmi les ministres pour en envoyer un à l'échafaud. « *Une voix des tribunes :* Tous, tous ! » — *M...* demande qu'on engage l'Assemblée nationale à rappeler au roi qu'il n'a pas « le droit de mettre un veto contraire à la justice et à l'humanité ». — *M. Robespierre* rappelle que, par suite de certaines omissions dans l'acte constitutionnel, « le roi peut encore prétendre être, à l'égard du droit de faire grâce, dans le même état où il était avant la constitution ». — *M...* dit que le pouvoir exécutif n'a pas le droit de dispenser qui que ce soit de l'exécution des lois. — On demande que l'on traite la question de la responsabilité des ministres. — *M. le Président* dit qu'on ne fera rien tant qu'on n'aura pas fixé d'une manière précise le mode de responsabilité des ministres. *M. de Sillery*, qui voulait lire un discours sur ce sujet, remet cette lecture à la première séance, par suite de l'absence de plusieurs députés.

« Sur l'observation faite à la Société que, lundi, les sections s'assemblent pour des objets importants, elle arrête de remettre à mardi la séance qu'elle devait tenir lundi. »]

La séance a été levée à dix heures.

CLI

SÉANCE DU MARDI 14 FÉVRIER 1792

PRÉSIDENCE DE M. BROUSSONNET

[M. Louvet préside en l'absence du président. — *M. Collot d'Herbois* annonce, au milieu des applaudissements, la sanction du décret relatif aux soldats de Château-Vieux. — Des députés de Marseille sont admis à la séance et seront entendus mercredi. — *M. Manuel* recommande le livre du curé de Saint-Laurent, intitulé : *Accord de la religion et des cultes chez une nation libre*.

« *M. Boisset* monte à la tribune, et, au lieu de donner le moyen qu'il avait promis pour assurer la tranquillité, il débite une tirade de vers. On le rappelle à l'ordre, et la Société arrête qu'il ne continuera pas. »

[14 fév. 1792]

M. Roussel propose qu'à chaque fois qu'un ouvrage sera présenté, on nomme des commissaires pour l'examiner. (*Arrêté.*) — *M...* annonce que l'Assemblée nationale a décrété que les gardes-françaises licenciées arbitrairement seraient provisoirement payées de leur solde. — On présente un soldat du régiment de Rouergue maltraité par ses supérieurs pour son civisme. — *M...* rappelle qu'un soldat du régiment d'Aunis a été estropié pour la même raison. — *M. Louvet* félicite les gardes-françaises admis à la séance du décret rendu en leur faveur. — *M. Hion* rend « compte de la manière dont on renvoie arbitrairement les soldats des troupes de ligne et les ci-devant gardes-françaises ».]

La séance a été levée à neuf heures.

CLII

SÉANCE DU MERCREDI 15 FÉVRIER 1792

[*M. Boisset* proteste contre la nomination des commissaires chargés d'examiner son ouvrage. Sur une observation de *M. Sergent*, la Société passe à l'ordre du jour. — *M. Réal* lit la correspondance. On est vivement affecté de la scission arrivée à Strasbourg. — *M. Robespierre* fait adopter d'attendre des nouvelles plus sûres avant d'agir. — *M. Thuriot* rapporte ce qui s'est passé à l'Assemblée nationale le matin. — *M. Robespierre* instruit la Société de la conduite qu'il croit devoir tenir au tribunal criminel de Paris. — *M. Manuel* conseille, en présence des bruits alarmants qui arrivent, de calmer autant que possible l'humeur des Parisiens. — *M. Billaud-Varenne* demande qu'on donne la plus grande publicité possible à la liste des députés qui ont voté pour ou contre le ministre Bertrand de Moleville [1].

Une députation de Marseille fait un rapport sur « les complots qui se trament dans les Bouches-du-Rhône ». — *M. Denizot* expose un plan d'éducation des jeunes gens.]

La séance a été levée à dix heures.

1. Voir plus haut, p. 360.

CLIII

LA SOCIÉTÉ DES AMIS DE LA CONSTITUTION

SÉANTE AUX JACOBINS SAINT-HONORÉ, A PARIS

AUX SOCIÉTÉS AFFILIÉES

(Imp. du *Patriote français*, s. d., in-4 de 4 pages.)

Comité de correspondance, Paris, le 15 février 1792,
l'an IV° de la liberté.

FRÈRES ET AMIS,

Les mouvements excités dans la capitale à l'occasion des accaparements de sucre et de café ont produit un effet tout contraire à celui que s'en promettaient les ennemis de la chose publique. C'est en vain qu'on a voulu diriger le ressentiment de la multitude contre les Petion, les Robespierre, les Grégoire, en les accusant hautement d'avoir causé, par le célèbre décret du 15 mai, les désastres qui affligent nos colonies; c'est en vain qu'on a essayé de l'exciter contre l'Assemblée nationale, dont on médite depuis longtemps la dispersion : le peuple n'a point pris le change; il s'est porté autour des entrepôts établis par M. d'André et ses dignes confrères, et peu s'en est fallu que cet ex-député, et avec lui tous les instigateurs de l'émeute, n'en aient été les victimes.

Cette agitation n'était que factice : aussi a-t-elle été bientôt apaisée. Les sections se sont assemblées, et celle de la Croix-Rouge a donné un grand exemple en arrêtant de s'abstenir de sucre et de café jusqu'à ce que ces denrées fussent descendues à un prix si modique que les facultés du journalier y pussent atteindre. Les Jacobins ont pris la même délibération, qui a été ensuite imitée et exécutée par toutes les Sociétés de Paris. Déjà les habitants de la Halle et des marchés, à qui l'habitude du café en rendait la privation plus difficile, s'empressent d'y renoncer; tant il est vrai qu'il suffit d'indiquer au peuple des sentiments généreux pour les lui voir adopter avec enthousiasme!

Frères et amis, grâces soient rendues aux accapareurs, dont l'insatiable cupidité nous fournit l'occasion de nous montrer plus dignes d'être libres en développant de nouvelles vertus.

Cependant une nouvelle fermentation, sourde et prolongée, a succédé à l'agitation des esprits ; une inquiétude générale, causée par l'embarras des affaires et les machinations perfides des agents du pouvoir exécutif, semble annoncer de nouveaux orages, et nous touchons indubitablement au dénouement de quelque grande intrigue. Les Feuillants ne s'assemblent plus, à la vérité, mais leur esprit domine les corps administratifs et le ministère ; ils ne se cachent plus du projet des deux chambres, et, s'ils réussissaient à avoir la majorité dans l'Assemblée nationale, la contre-révolution serait bientôt faite.

En attendant, ils ne perdent aucune occasion d'avilir les représentants de la nation en leur faisant chaque jour de nouvelles insultes. Des valets apostés persiflent la députation dans les antichambres du pouvoir exécutif ; les ministres se moquent publiquement de la responsabilité ; tantôt, pour mieux les tromper, ils feignent de vouloir marcher de concert et ne lui donnent que des renseignements faux, vagues ou insignifiants. Louis XVI, de son côté, assure-t-on, fait passer aux émigrés les produits de son énorme liste civile, et croit être quitte envers les patriotes en leur donnant des proclamations.

Sans doute, vous n'aurez pas appris sans surprise que le ministre de la marine ait échappé au décret d'accusation que sa perfidie lui avait si bien mérité. La liste des votants pour et contre, que nous venons de faire imprimer, sera pour vous un moyen de connaître d'un coup d'œil les défenseurs du peuple et ses ennemis. D'autres députés étaient absents lors de la discussion. Vous jugerez, frères et amis, si ceux qui n'étaient pas malades méritent d'être excusés.

Que cette défaite du patriotisme ne vous fasse pas désespérer du salut public. La majorité de l'Assemblée nationale n'est pas corrompue ; son courage est toujours le même ; les patriotes l'animent, le peuple la soutient, et tôt ou tard elle obtiendra les triomphes qui n'appartiennent qu'à la vertu persévérante. Au moment où nous écrivons, on vient de rouvrir la discussion sur les émigrants. Leurs bons amis les ministériels les défendaient avec chaleur ; mais, pour cette fois, les patriotes l'ont emporté : il a été décrété, aux acclamations de la majorité et des tribunes, que les biens des émigrés étaient sous la main de la nation.

Tel est, frères et amis, l'état des choses dans la capitale.

A l'égard des départements, les renseignements que nous avons recueillis ne nous ne permettent pas de vous donner des témoignages bien satisfaisants sur les dépositaires de l'autorité publique. Si l'on excepte les municipalités, dont la majorité est composée de patriotes, presque tous les corps administratifs marchent en sens inverse de la Révolution. Les ministres leur donnent de grandes louanges dans leurs rapports à l'Assemblée, et les louanges des ministres ne sont pas pour les patriotes. Les tribunaux ne valent pas mieux que les administrations ; ceux qui les composent sont pour la plupart des suppôts de l'ancien régime, regrettant sans cesse leurs vieilles prérogatives et soupirant après la contre-révolution. Ne croyez pas cependant que le mal soit universel : il est quelques exceptions honorables à ces tristes vérités ; mais, malheureusement, elles ne sont pas très nombreuses.

Les prêtres constitutionnels sont peut-être les seuls fonctionnaires publics qui aiment sincèrement la Révolution, et il est bien à craindre que les persécutions que leur suscitent les non-conformistes, protégés ouvertement par les agents du pouvoir exécutif, ne finissent par les dégoûter de leur pénible et rebutant ministère. Soutenez-les, frères et amis, de tout votre crédit sur l'esprit des peuples ; éclairez les fanatiques qui se trompent de bonne foi, et n'oubliez rien pour attirer le châtiment sur la tête des scélérats, qui égarent les autres.

Au milieu de tous ces désordres, il reste une consolation aux amis de la liberté : d'un bout de la France à l'autre le peuple se montre partout digne de la Révolution et au niveau de ses principes. S'il est une vérité démontrée par l'expérience, c'est qu'il vaut beaucoup mieux que ceux qui le gouvernent.

Les volontaires nationaux qui sont aux frontières se distinguent par leur courage ; ils y joignent un esprit public qui leur fait surmonter tous les obstacles qu'on oppose à leur organisation. Plusieurs bataillons ne sont pas payés, d'autres ne sont pas habillés ; un plus grand nombre manque d'armes. Tous les dégoûts suscités par la malveillance des ministres et la négligence des corps administratifs ne sauraient les rebuter : ce sont des motifs de vengeance particulière qui ne feront qu'accroître en eux le désir de sauver la patrie.

Le salut de la patrie, frères et amis, dépend d'une seule mesure, d'une mesure vigoureuse : c'est la guerre. Il nous la faut pour consolider la constitution, pour affermir notre existence nationale ; il faut la guerre pour imprimer à notre Révolution ce caractère imposant qui convient aux mouvements d'un grand peuple, pour la dépouiller enfin de cet esprit d'intrigue, reste impur de nos vieilles habitudes, et qui empoisonne la source de la liberté publique.

La guerre offensive convient à un État lorsqu'une plus longue paix mettrait en danger sa conservation ; or, c'est précisément le cas où la France se trouve. Obérée par les énormes dépenses de sa Révolution et par les préparatifs dispendieux qu'exigent les rassemblements de ses ennemis près des frontières, une prompte attaque, une invasion du territoire étranger peut seule la sauver. Si une simple menace a déjà dispersé nos émigrés, que sera-ce donc quand nos légions iront demander raison aux princes allemands des insultes faites dans toutes les cours à ceux qui se sont montrés les amis de la constitution française? N'en doutons pas : les tyrans de la terre, qui nous ont lâchement opprimés quand ils nous croyaient faibles, s'humilieront devant un peuple libre lorsqu'ils lui verront montrer de l'énergie. Eh! qu'aurions-nous à espérer d'une plus longue tolérance de l'injure nationale? L'avantage, si c'en est un, de faire une guerre défensive et de l'avoir dans nos foyers. Mais, si nos ennemis veulent sincèrement la guerre, s'ils doivent nous attaquer, peut-on croire qu'ils choisiront le moment où l'enthousiasme de la liberté est encore dans toute sa force, où nos moyens de finances sont en raison directe de notre puissance militaire? Non, sans doute; ils attendront que la mine des biens du clergé soit épuisée par les levées de troupes et les préparatifs de toute espèce; ils attendront que l'esprit public soit usé par le frottement des partis et des factions; ils nous fatigueront par des terreurs paniques sans cesse renouvelées; et quand, lassés par des efforts trop violents, nous n'offrirons plus à l'Europe qu'un fantôme de grandeur, ils viendront nous écraser du poids de leurs armes.

Voilà le sort qui nous attend si nous n'attaquons pas les premiers, si nous restons plus longtemps dans cette fatale inertie qui consume lentement le corps politique. Sortons donc de cette longue et ignominieuse léthargie, à laquelle l'influence de la maison d'Autriche sur le cabinet de Versailles avait trop accoutumé la nation. Rappelons-nous que Frédéric II déconcerta les projets d'une ligue puissante et prépara les triomphes d'une guerre heureuse en commençant les hostilités. Une nation libre ne doit pas rougir d'imiter un grand homme. Oui, a-t-on répondu; mais Frédéric y était. Eh bien! frères et amis, le peuple français est là; ce peuple du 14 juillet qui, par sa constance et son courage, s'est montré si digne de vaincre. Du sein de cette caste, trop longtemps méprisée, s'élèvera l'homme qui doit soutenir et faire triompher la Révolution : cet homme est encore dans la foule; une guerre véritablement nationale l'en fera sortir.

Ceux qui veulent temporiser et attendre paisiblement que les tyrans de l'Europe aient pris le temps de consommer notre ruine ne nous parlent que de la mauvaise composition des officiers et de leurs dispositions à trahir. Mais, si nous devons être trahis, ne vaut-il pas mieux encore courir les événements en pays ennemi que dans nos foyers? Si le crime d'un chef nous fait perdre nos avantages sur le territoire étranger, nous nous replierons sur nos frontières, et là, après avoir puni les traîtres, nous prendrons les dernières mesures pour nous garantir de la trahison.

D'ailleurs, un chef ne peut pas trahir seul : il lui faut des complices ; et ces complices, dans l'état où sont les choses, seront-ils faciles à trouver? Malheur à l'insensé qui laissera percer des vues criminelles ! Une justice sanglante et prompte effrayera à jamais ceux qui seraient tentés de l'imiter. Ce système de la guerre est celui qui domine le plus dans notre Société; il est d'autant plus raisonnable qu'il est directement en opposition avec les véritables intentions du pouvoir exécutif : car la cour ne veut pas la guerre, et les dernières proclamations du roi et le langage des ministres ne laissent pas de doute à cet égard.

Cependant, la nation la désire avec ardeur ; elle brûle de voir s'approcher le moment où les soldats de la liberté se mesureront avec les satellites du despotisme, où ce grand procès des peuples et des rois se décidera par le sort des combats. Tous les esprits sont tendus vers cette crise heureuse, et il ne s'agit plus que d'en préparer l'issue, et de forcer la fortune à seconder la bonne cause.

C'est à vous, frères et amis, c'est aux Amis de la constitution qu'une si glorieuse tâche est réservée; c'est à vous qu'il appartient de créer et de conserver l'esprit public dans le peuple et dans l'armée; c'est à vous de surveiller, dans les villes et dans les campagnes, les agents civils et militaires. N'oubliez ni peine ni démarche pour procurer des armes à vos bataillons, et même, s'il est possible, à tous les citoyens domiciliés. Dans la dernière circulaire, nous avons conseillé la fabrication et l'usage des piques; cette espèce d'arme est très utile pour le peuple, mais elle est insuffisante. Nous avons ouvert une souscription pour des fusils ; nous vous recommandons particulièrement cette mesure. A quelque somme que se montent les offrandes du patriotisme, nous avons des moyens de remplir les demandes. Plusieurs négociants, dont le ministre Duportail a refusé les propositions, par une suite de l'affreux système de tenir le peuple désarmé, nous fourniront au delà des besoins.

Il est encore une mesure que vous ne négligerez sûrement pas, c'est celle des jeux et exercices militaires. Aux approches de la guerre, tous les citoyens en état de servir doivent devenir soldats. Que la jeunesse de nos villes, que nos gardes nationaux, fassent le service en personne, qu'ils s'exercent aux évolutions et au maniement des armes; encouragez-les par vos applaudissements, et que le plus adroit obtienne des couronnes. C'est ainsi que les Romains employaient le temps de la paix; c'est ainsi qu'ils prétendaient à la conquête du monde. A la vérité, la France a renoncé aux conquêtes; mais elle veut être libre, et la liberté ne se conserve que par les combats.

Oui, frères et amis, il faut vous le dire sans déguisement, pour longtemps encore la vie politique de l'empire sera semée d'écueils et de dangers. Tant qu'il existera des nobles et des tyrans, vous aurez à lutter contre les efforts qu'ils feront pour ramener le despotisme et ruiner la constitution. Mais cet état de guerre et de vigilance ne vous rebutera pas; vous ne préférerez point la paix honteuse de l'esclavage aux salutaires agitations de la liberté. Le règne du despotisme est tranquille; mais cette tranquillité est celle de l'anéantissement et de la mort.

Nous sommes fraternellement
Les membres du Comité de correspondance :

Joseph Gaillard, *président;*

Louis Bosc, Gabriel Boisguyon, *secrétaires;*

Santhonax, Carra, Al. Méchin, Jaume, Duchasal, Basire, Chabot, Brissot, Duhem, Lanthenas, Antonelle, Barry, Dufourny, Bonneville, Couthon, Lasource, Merlin, Machenaud, Bancal, Deflers, Valadi, Roland, Xavier Audouin, Doppet, S. Polverel fils, Louvet, Réal, *membres du Comité de correspondance.*

P. S. Nous vous recommandons très instamment de ne point joindre aux lettres que vous nous écrivez des lettres pour des individus.

CLIV

SÉANCE DU VENDREDI 17 FÉVRIER 1792

PRÉSIDENCE DE M. BASIRE

[Après la lecture du procès-verbal, M. *Chabot* lit une lettre de Perpignan, dans laquelle on se plaint de la profonde léthargie où les habitants de la capitale sont ensevelis. — M. *Réal* a fait lecture de la correspondance. — M... rend compte des dispositions des habitants des Pays-Bas en faveur de la France.

La Société passe à l'ordre du jour : la responsabilité des ministres. — M. *Sillery* prononce un discours à ce sujet et « lit un projet de décret, qui n'a pas été généralement accueilli ». — M. *Dufourny* rapporte un incident tendant à prouver que, « dans le moment où l'on blâme les piques, on fabrique des poignards ».]

Une députation des aspirants aux Quinze-Vingts vient faire part des injustices qu'on leur fait et d'une pétition qu'ils désirent présenter à ce sujet à l'Assemblée nationale. — Sur leur demande, la Société nomme des commissaires pour s'intéresser à ce qui les regarde, et M. le Président leur promet tout le succès que doit espérer de l'Assemblée nationale l'humanité souffrante.

La séance a été levée à dix heures.

CLV

SÉANCE DU DIMANCHE 19 FÉVRIER 1792 [1]

PRÉSIDENCE DE M. BASIRE

[Une dame envoie un assignat de 5 livres pour soulager les infortunés. — M. *Réal* lit la correspondance et réclame la nomination de commissaires « pour la question des dîmes inféodées ».]

On voit entrer à l'instant plusieurs personnes avec des piques.

M. LE PRÉSIDENT. — Messieurs, la loi ne nous permettant pas d'entrer en armes dans la séance, je crois devoir prier ces messieurs de déposer leurs piques à l'entrée de la salle.

M... — La députation n'a point été annoncée : il ne doit pas entrer ici de députation qu'elle ne soit annoncée, et l'observation de M. le Président est très juste.

M. LE PRÉSIDENT. — Je dois prévenir la Société que j'étais averti de la députation; mais je ne savais pas qu'elle dût entrer avec des piques. Je prie ces messieurs, en se conformant à la loi, de déposer les piques dans le secrétariat.

M. MANUEL. — Messieurs, pour concilier les principes avec les procédés, je demande que ces piques, les mêmes peut-être qui ont été reçues dans l'Assemblée nationale, soient déposées à côté de M. le Président, et que les personnes qui les apportent soient entendues. (*Oui, oui; non, non.*) Alors M. le Président, en louant les bonnes intentions de ces citoyens, qui connaissent la loi, les invitera à engager leurs concitoyens de ne se plus présenter à la Société avec des piques, que nous inaugurerons ce soir. Il est beaucoup plus intéressant que

---

1. Il y a dans *les Sabbats jacobites*, t. III, p. 177, un compte rendu de cette séance.

vous ne croyez, Messieurs, de ne pas renvoyer mécontents ces citoyens. (*Applaudi.*)

M. DANTON. — Messieurs, pour répondre à ce qu'a dit le préopinant, sans doute nous savons qu'il y a beaucoup de Cahiers de Gerville qui calomnient la Société; sans doute, nous voulons observer la loi, qui veut que les citoyens, en discutant soit les opinions, soit les intérêts publics, ne soient point armés; mais regardez ces drapeaux : ils sont surmontés de lances. Personne n'a contesté qu'ils ne pussent être ici. Je demande qu'en signe d'une alliance indissoluble entre la force armée constituée et la force populaire, c'est-à-dire entre les citoyens qui portent les baïonnettes et les citoyens qui portent les piques, il y ait une pique ajoutée à chacun de ces drapeaux.

[On applaudit. Des piques sont placées de chaque côté du président, qui remercie les citoyens qui les portaient. — *M. Sergent* fait admettre une députation de Chartres. — Sur l'observation de *M. Hion*, qu'il y a dans la salle des personnes d'une conduite très incivique, ces dernières sont priées de se rendre au Comité de présentation pour s'expliquer. — L'orateur de la députation de Marseille « peint l'incivisme qui règne à Arles ». M. Barbaroux, membre de la députation, « peint la situation du département et fait lecture de plusieurs pièces qui attestent toutes les prévarications des commissaires civils envoyés à Avignon ». — *M. Fauchet* propose un projet de décret concluant à la mise en accusation des ministres [1].]

La séance a été levée à dix heures.

CLVI

SÉANCE DU LUNDI 20 FÉVRIER 1792

PRÉSIDENCE DE M. BASIRE

Après la lecture du procès-verbal, M. *Réal* fait celle de la correspondance.

A l'occasion d'une lettre de Strasbourg, un membre rappelle la proposition faite par M. *Boisguyon* d'écrire à la Société de cette ville et

---

1. *Société des amis de la constitution, séante aux Jacobins Saint-Honoré, à Paris. — Confirmation et développement de la dénonciation faite à l'Assemblée nationale contre M. Delessart, ministre*, par CLAUDE FAUCHET, *évêque du Calvados, imprimé par ordre de la Société des amis de la constitution.* — Imp. du *Patriote français*, 1792, in-8 de 32 p. — British Museum, F. R. 335, 14.

de lui remettre une lettre qu'elle fera passer, si elle le juge à propos, à la partie dissidente.

Cette proposition excite quelques débats.

Un membre de la Société de Strasbourg, qui se trouve présent à la séance, dit que M. Victor Broglie est regardé comme l'auteur de la scission, et que la portion de la Société qui reste ne veut recevoir les autres qu'au scrutin épuratoire.

On invoque la question préalable sur la motion de M. Boisguyon; cette proposition, appuyée et mise aux voix, est adoptée.

M. Legendre. — Un patriote zélé de la section de la Croix-Rouge désirerait soumettre à la Société des amis de la constitution un projet d'adresse à l'Assemblée nationale sur un plan de régénération de l'administration des finances et sur un certain ordre de comptabilité jusqu'ici inconnu, au moyen desquels il se flatte de couper le germe de la conspiration, d'anéantir l'agiotage, l'usure publique, les brigandages du monopole et des accaparements, en faisant renaître de ses cendres le numéraire et en le rappelant incessamment à la circulation.

La Société a arrêté que ce citoyen serait entendu mercredi.

M... — On lit dans un papier public de Londres, intitulé le *Morning Chronicle*, l'annonce suivante en date du 2 février :

« Ce soir on discutera dans la Société la question suivante :

« Combien s'honorerait la nation de l'Europe qui refuserait d'obéir aux princes qui tenteraient d'attaquer la liberté de la France? » (*On applaudit.*)

M. le Président. — Voici une lettre qu'on me remet à l'instant; elle m'est adressée par des citoyens patriotes du *Café des prêcheurs* qui demandent l'entrée de la séance pour déposer sur le bureau le montant d'une contribution pour les soldats de Château-Vieux.

La lettre est applaudie et la demande accordée à l'unanimité.

M... — Messieurs, dans un instant où la rivière n'est pas navigable, il y a soixante mille sacs de blé à Rouen pour la capitale, et il n'y en a encore que vingt d'arrivés. Comme la municipalité va se former, et que nous avons ici le procureur-syndic (sic) de la commune, je le prie de s'informer de l'état des subsistances.

M... — Quand on a Petion à la tête de la municipalité, on doit être tranquille.

M. Réal. — J'ai vu les magasins de la municipalité actuelle; les habitants de la capitale ne doivent pas s'inquiéter.

La députation du *Café des prêcheurs* monte à la tribune :

« Messieurs, les patriotes habitués au *Café des prêcheurs* vous apportent le montant d'une souscription en faveur des soldats de Château-Vieux. Vous avez donné, les premiers, l'exemple de l'humanité et de la bienfaisance à leur égard. Que ne nous est-il permis de rendre la vie à leurs malheureux compagnons qui ont été immolés par la même perfidie que nos infortunés frères au Champ de Mars! »

M. le Président. — Depuis que nos amis de Château-Vieux gémissent dans les fers, les bons patriotes n'ont cessé de solliciter pour eux la justice de l'Assemblée nationale. Ils sont libres aujourd'hui, mais les bons citoyens se demandent avec inquiétude s'ils n'éprouveront pas les horreurs du besoin. Mais la lumière que vous venez de jeter sur leur sort peut faire espérer que votre exemple sera suivi par beaucoup de citoyens. La Société voit votre zèle avec plaisir et vous invite à sa séance.

La contribution des patriotes du *Café des prêcheurs* est de 100 livres 10 sols.

M. Mendouze. — Messieurs, quelques malveillants ont cherché, ce matin, à attaquer l'existence de la Société des amis de la constitution à l'Assemblée nationale. Comme il est bon que cette Société connaisse ses amis et ses ennemis, je prie M. le Président de vouloir bien rendre compte à la Société de ce qui s'est passé à cet égard, car j'ai appris que des membres de l'Assemblée nationale qui sont de cette Société ont parlé contre elle.

M. Rouyer. — Messieurs, je n'ai entendu personne de cette Société attaquer, à l'Assemblée nationale, les Sociétés patriotiques.

Une voix. — M. Crestin.

M. Rouyer. — Cela est vrai; mais je ne croyais pas que M. Crestin fût membre de cette Société.

[Il voudrait lire une adresse sur les troubles du Midi. Mais *M. Merlin* observe qu'il importe plus d'éclaircir l'incident de l'Assemblée nationale. — *M. Lostalot* déplore que « le parti ministériel augmente de jour en jour, et que le parti patriote diminue ». — *M. Legendre* se plaint que les députés à l'Assemblée nationale ne montrent pas assez d'énergie.

« Plusieurs personnes demandent qu'on rende compte de la séance de l'Assemblée nationale. » — *M...* fait ce compte rendu.]

M... — Je demande la parole pour un fait. — La femme du roi a été aujourd'hui aux Italiens : on l'a beaucoup applaudie. Plusieurs citoyens marquèrent leur mécontentement de ces applaudissements hors de saison. Alors on s'est écrié : « Il y a ici des Jacobins, il faut les pendre », et l'on a beaucoup applaudi. (*Murmures.*)

La séance a été levée à dix heures.

CLVII

MÊME SÉANCE

D'APRÈS LE « JOURNAL LOGOTACHYGRAPHIQUE » DU 29 FÉVRIER 1792[1]

PRÉSIDENCE DE M. BASIRE

Un secrétaire a fait lecture du procès-verbal de la dernière séance.

M. LEGENDRE. — Messieurs, je crois qu'il ne serait pas indifférent d'insérer dans le procès-verbal la motion qu'a faite M. Danton dans la séance d'hier, en demandant que trois piques fussent mariées aux trois drapeaux qui sont ici en signe de l'union fraternelle, indissoluble, du peuple et de la garde nationale. Souvenez-vous, Messieurs, que les ennemis de la chose publique voudraient tâcher de répandre de la défaveur non pas dans le peuple, mais dans certains individus, et leur faire croire que les citoyens de l'armée de ligne seraient en contradiction de principe avec la garde nationale. Je demande s'il ne serait pas nécessaire que la Société pesât, dans sa sagesse, s'il ne serait pas à propos de faire insérer cette mention dans le procès-verbal, en signe de l'union fraternelle du peuple et de la garde nationale. (*Applaudi.*)

M. BOURDON. — Messieurs, il est certain que la garde nationale et le peuple ne font qu'un, et on ne doit point les séparer. On sait encore que, si quelques personnes se sont rendues criminelles de telle ou telle faute, ce n'est pas à la garde nationale en général qu'appartiennent ces torts.

---

1. *Journal logotachygraphique de la Société des amis de la constitution, séante aux Jacobins, d'après les procédés inventés par* F.-E. GUIRAUT (de Bordeaux), *et exécutés par l'auteur.* — Imp. du *Patriote français*, s. d., in-4 de 12 p. à 2 colonnes. — Bibl. nat., Lc 2/673. — Nous ne connaissons que ce numéro de cette feuille, et nous le reproduisons en entier, parce que c'est un intéressant et unique essai de reproduction sténographique des débats des Jacobins. — Cf. Maurice Tourneux, *Bibliographie de Paris*, t. II, n° 9054.

Nous ne pouvons nous dissimuler, Messieurs, que la plupart du temps des citoyens qui sont entre la garde nationale et le peuple veulent faire accroire à la garde nationale qu'elle n'est pas le peuple. Je demande donc, Messieurs, puisque ce sont des citoyens qui ne sont point armés qui ont fait fabriquer des piques, vu que la constitution est absolument sous la protection du peuple, je demande, dis-je, si la Société le trouve bon, que ces mots soient insérés dans le procès-verbal, afin de clore la bouche à tous les ennemis du peuple et à tous ceux de la garde nationale, qui n'en font qu'un. (*Applaudi*.)

M... — M. Bourdon a très fort raison de demander que les termes proposés par M. Legendre ne soient pas ceux à insérer dans le procès-verbal : il faut mettre l'esprit, et non pas la chose. Aussi j'observe que M. Danton ne s'est point servi des mêmes termes que M. Legendre lorsqu'il a fait sa motion. C'est la motion de M. Danton qu'il faut y mettre : car j'observe, comme l'a très bien dit M. Bourdon, que ce serait mettre une différence entre le peuple et la garde nationale; et point du tout, car la garde nationale est formée du peuple.

M. LE PRÉSIDENT. — Messieurs, la proposition sortant des termes de votre règlement, je dois la mettre aux voix.

La Société adopte la proposition. Elle décide que les piques qui sont suspendues au-dessus du président y resteront en signe de l'union de tous les citoyens armés et des citoyens non armés.

Le même orateur, M. *Danton*, a dit positivement que tous les citoyens français soient armés de piques, de sabres ou de fusils : « Je ne mets point de différence entre les uns et les autres. Que les piques restent donc unies aux étendards, en signe de l'union qui doit exister entre les citoyens. »

CORRESPONDANCE

Saint-Affrique, février. — Notre ville est un petit Coblentz.

Tulle, 11 février. — La Société a reçu les différents imprimés qui lui ont été envoyés; elle a fait une adresse à l'Assemblée nationale pour lui demander la guerre.

Soissons, 12 février. — La Société fait parvenir copie d'une adresse à l'Assemblée nationale, dans laquelle elle l'invite de s'occuper sans délai d'organiser l'éducation nationale, les maisons de secours publics, les maisons de sûreté et les prisons.

Felletin, département de la Creuse, 1er février. — Nous nous servons des armes que la constitution nous donne; nos efforts ne sont pas sans succès. Le cultivateur ouvre aujourd'hui les yeux : il sait apprécier ses vrais amis. Encore un décret vigoureux, dit cette Société, et tout ira bien. Que les frais de la guerre soient supportés par les Français rebelles.

Lure, 12 février. — Notre petite ville est en général peuplée de citoyens déterminés à vivre libres. L'esprit public n'a pas encore pénétré dans les campagnes, mais le peuple y aime la liberté ; il a en horreur la féodalité et les seigneurs ; il périra plutôt que de voir renaître ces deux fléaux ; les fanatiques partagent même ces sentiments.

Dijon, 14 février. — La Société envoie copie d'une lettre à l'Assemblée nationale relativement au ministre Bertrand. « L'indignation, dit-elle, contre les agents du pouvoir exécutif est à son comble. Que le Comité de surveillance continue de prendre connaissance des nouvelles plaintes qui s'élèveront contre le ministre Bertrand, et qu'il en soit fait un rapport. Qu'il soit fait un examen sévère de la conduite du sieur Duchilleau et du sieur Narbonne, et que l'Assemblée rétablisse le décret qui ordonne l'inscription au procès-verbal des membres négligents à se rendre aux séances. »

Besançon, 10 février. — Un soldat, canonnier au deuxième régiment d'artillerie, M. Périn, s'est occupé, depuis trois ans, des sciences relatives à son état ; il a acquis beaucoup de connaissances, et demande au ministre de la guerre une lettre pour être admis parmi les élèves du corps ; cette lettre lui est refusée parce qu'il ne justifie pas d'un certificat de bonnes vie et mœurs, que ses chefs n'accorderont jamais à un soldat patriote qui a présidé une Société des amis de la constitution.

Saint-Jean-de-Losne, 12 février. — La Société s'est occupée de la question de la guerre ; elle est entièrement de l'avis de M. Robespierre ; elle demande le prompt séquestrement des biens de tous les émigrés.

Tours, 14 février. — La Société a reçu le prospectus d'une collection périodique des procès-verbaux, adresses, discours et délibérations de toutes les Sociétés des amis de la constitution. Elle demande si cette entreprise émane de votre sein ou de la faction feuillantine.

Le Beausset, 4 février. — On exporte de ces contrées une immense quantité de numéraire. Dernièrement, les gendarmes en détachement ont escorté un envoi de cent douze mille livres ; ce train-là dure depuis neuf mois.

M. Narbonne a-t-il connaissance de ce service extraordinaire? Les prêtres réfractaires continuent à fanatiser nos contrées. Au Castellet, petit bourg à une lieue du nôtre, ils sont parvenus à armer une partie des citoyens contre l'autre. Le curé constitutionnel et la municipalité ont été obligés de se sauver. Le directoire de département a envoyé des troupes et deux de ses membres, qui ont réintégré le curé, les officiers municipaux, et chassé du pays les prêtres réfractaires.

Si on ne prend des mesures générales pour le département entier, à coup sûr nos contrées éprouveront tous les maux de la guerre civile, dont l'origine et la cause sont le *veto*.

Il doit se tramer à Paris quelque chose de sinistre. Un certain Lambert, qui était contrôleur ici, et qui se trouve aujourd'hui à Paris, où il cherche une place, a écrit à nos aristocrates que la contre-révolution y était assurée; qu'ils se tinssent prêts.

Mer, 14 février. — La Société accuse la réception des différents discours qui lui ont été adressés; elle pense que la guerre offensive convient seule à la circonstance où nous nous trouvons.

Valognes, 13 février. — Les places de professeur de notre collège étant vacantes, M. Revel, maire, s'est empressé d'occuper la chaire de rhétorique. Le département a accordé 105 livres par trimestre à chacun des instituteurs publics. Hier, dans l'instant où nous discutions la question de la guerre, M. Revel a déposé sur le bureau les 105 livres qu'il avait reçues, et a consacré cette somme à la fabrication des piques.

Aix, département des Bouches-du-Rhône, 9 février. — La Société fait passer copie d'une pétition individuelle présentée par des citoyens de la ville d'Aix à l'Assemblée nationale. « Les régiments suisses, disent les pétitionnaires, ayant été exceptés de l'organisation générale de l'armée, continuent de reconnaître pour leur généralissime M. le comte d'Artois. C'est en son nom que nos concitoyens ont vu, avec autant d'étonnement que d'indignation, installer le nouveau major du régiment d'Ernest, en garnison dans notre ville. Ils ne peuvent voir sans une criminelle indifférence que le traître Charles-Philippe, chef des rebelles, ait encore le commandement d'une partie de la force publique, et qu'en cette qualité il perçoive du trésor national les émoluments affectés au grade de colonel-général des Suisses et des Grisons. »

Givry, 3 février. — La Société a reçu les deux paquets qui lui ont été adressés. Malgré les efforts des ennemis de la constitution, l'esprit de patriotisme se propage et s'affermit dans ces cantons. Une adresse à l'Assemblée nationale est jointe à cette lettre.

Ampuis, 11 février. — Au moment que nous vous faisons connaître la négligence et l'incivisme de deux Sociétés voisines, nous avons appris avec une joie inexprimable que la Société de Vienne avait rejeté de son sein tous les Feuillants qui voulaient l'aristocratiser.

Villeneuve-l'Archevêque. — La Société fait passer copie d'une lettre du sieur Bourgeois, commissaire des guerres, par laquelle il prévient l'administration du département de l'Yonne qu'il fait partir de Vesoul pour Fontainebleau douze cents chevaux. Nous ne savons que penser de ce mouvement.

Agen, département de Lot-et-Garonne, 12 février. — La Société, dans une discussion sur la question de la guerre, s'est décidée pour la guerre offensive et prompte. Il y a dans le département trente mille gardes nationaux en activité. Il peut fournir, à la première réquisition, quatre cents hommes jeunes, forts et capables de supporter les fatigues d'une campagne patriotique. Une réconciliation entre Royal-Pologne et les citoyens a été ménagée par les Amis de la constitution et a réussi. La paix et la tranquillité règnent à Agen.

Bergues-Saint-Vinox, 11 février. — La Société présente le tableau sommaire des deux districts de Bergues et Hazebrouck. Places de guerre : — *Gravelines*. Il y a en garnison deux bataillons de gardes nationales : l'un du département de la Somme, l'autre du département du Nord. Les deux bataillons manœuvrent très bien, ils sont remplis de patriotisme. Les fortifications sont en bon état. M. Lauweregnes, ingénieur en chef, commande la ville. C'est un homme sûr, dont nous garantissons le patriotisme. — *Dunkerque*. Il s'y trouve en garnison deux régiments de troupes de ligne, savoir : le 1er et le 78e, un escadron du régiment Royal-Cravate et une compagnie et demie de canonniers du régiment de Besançon. Depuis que les officiers sont partis, le patriotisme de ces deux régiments est à toute épreuve. — *Bergues*. Le régiment d'infanterie n° 19 (ci-devant Flandre) y est en garnison. Il s'est fait connaître à Versailles. Il n'y manque plus que 17 à 18 officiers. Ce régiment n'est maintenant composé que d'environ huit cents hommes. Nos canonniers travaillent avec un zèle infatigable. Vingt-huit bouches à feu sont maintenant placées sur nos remparts, et huit autres sont prêtes à l'être. Celles que nous attendons doivent venir de Douai. La poudre ne nous manque pas. Il y a fort peu d'émigrants dans nos deux districts. Nous désirerions cependant que cette maladie pût prendre ici comme ailleurs : ce serait le moyen d'être délivré de beaucoup de mauvais sujets. Il faut que ceux de nos aristocrates qui sont initiés aient reçu quelques avis importants : depuis deux jours, ils vont et viennent plus que jamais. Quelques-uns ont dit que les premiers jours de mars feront époque pour Bergues et Dunkerque.

Londres, 2 février 1792. — Ce soir on discutera la question suivante : « Combien s'honorerait la nation de l'Europe qui désobéirait à son roi, s'il voulait attaquer la liberté de la France ? »

Ici plusieurs membres ont invité la Société à vouloir bien apporter ses bons offices fraternels pour faire cesser la division affligeante qui existe dans la Société de Strasbourg.

M. Boisguyon. — Messieurs, sans préjuger la décision que va porter la Société sur la demande d'un des préopinants, je crois devoir observer que M. Robespierre, dans une des dernières séances, ne s'opposa à l'envoi d'une adresse à la Société des amis de la constitution que parce qu'il avait été proposé d'écrire directement à M. Dietrich, maire de Strasbourg et l'un des scissionnaires, et que M. Robespierre a dit, à cette époque, qu'il avait une pièce à communiquer à la Société qui pourrait lui donner d'autres détails que ceux qu'elle avait en ce moment sous les yeux.

M. Ducloisel. — Messieurs, on vous a dit qu'il n'y aurait rien de plus dangereux que l'alliance d'un tel homme, que l'alliage de l'or faux avec le vrai. Ces moyens ont toujours produit des agioteurs et des accapareurs pour tromper le peuple. Eh! qu'il me soit permis, Messieurs, de vous rappeler ici un exemple frappant. Lorsque le roi prit honteusement la fuite, que vîtes-vous dans cette Société? Tous les gens qui étaient vos ennemis venir se réunir sous vos drapeaux. Pourquoi? Était-ce pour vous défendre? Non; c'était pour vous tromper. Ils feignaient de venir accroître vos forces; mais ils n'étaient que des traîtres, qui bientôt vous firent égorger au Champ de Mars. (*Applaudi*.) Ainsi, Messieurs, tout ce que peuvent faire mes concitoyens, c'est de se réunir, de se rallier, c'est de se connaître; mais ils ne doivent se connaître qu'au signe du véritable patriotisme. Ils ne doivent pas songer à rappeler dans leur sein ceux qui s'en sont retirés avec d'aussi mauvaises intentions; ils doivent, au contraire, les en laisser éloignés, parce qu'ils se serviraient de nouveau de ce mot de constitution, et que, sous ce prétexte, qu'ils rappelleraient sans cesse, ils pourraient réussir à introduire leur esprit de feuillantisme, leur esprit ministériel. Je vous y invite, Messieurs, car je suis persuadé que la Société de Strasbourg est animée des mêmes principes que vous. Méfiez-vous donc, Messieurs, de l'esprit contraire, je vous en prie au nom de la Société de Clermont-Ferrand. Qu'il me soit permis après cette observation de vous rappeler qu'à la dernière séance vous aviez arrêté de nommer des commissaires pour la pétition des dîmes inféodées.

Plusieurs voix. — Oh! oh! vous sortez de la question.

L'orateur continue :

Il paraît, Messieurs, que, dans ce moment, on cherche partout à diviser les patriotes et à les travailler en sens contraire. Tous ceux qui se disent Amis de la constitution ne le sont pas, et il faut avouer qu'il y a bien des mauvais sujets qui se glissent parmi eux. Cherchons donc les moyens de réunir les patriotes. Si la Société des amis de la constitution engageait celle de Strasbourg à se réunir, qu'arriverait-il? Que peut-être la Société qui est restée fidèle ferait quelques pas en avant pour tâcher d'engager l'autre à se réunir. Il est nécessaire, Messieurs, de tirer entre elles une ligne de démarcation. Laissez d'un côté les bons citoyens et les mauvais de l'autre, et ne faites pas, par cette réunion dangereuse, une Société mixte, de même qu'eût été celle-ci si vous eussiez admis les Feuillants le 21 juin; ce qui serait parfaitement opposé à vos principes, et dangereux pour la liberté. Je demande donc la question préalable sur la proposition qui a été faite de faire intervenir cette Société dans la division de celle de Strasbourg.

M. Réal. — J'observe à la Société que la question présentée par M. Boisguyon n'a pas été entendue par aucun de ceux qui traitent maintenant cette question. M. Boisguyon ne propose pas seulement d'écrire à la Société dissidente de Strasbourg, il ne propose pas surtout d'écrire à M. Victor Broglie; mais il propose d'engager la Société jacobine de Strasbourg à faire à l'égard de la Société dissidente ce que nous avons fait nous-mêmes trois fois lors de la scission des Feuillants, et de leur remettre une lettre dont ils useront s'ils le jugent à propos. Nous avons tous reconnu que cette Société avait bien fait de faire des démarches auprès des Feuillants pour éviter une scission. Il en arrivera de même à Strasbourg qu'il est arrivé ici, et vous vous en (*sic*) rappelez. Lorsque l'on fit la scission des Feuillants, c'est-à-dire que tous les Lameth et les Barnave employèrent tous les moyens pour rentrer dans notre sein, que fîmes-nous? Nous tînmes ferme alors; nous voulûmes recevoir seulement ceux qui avaient été égarés, et il en revint un grand nombre. Nous fermâmes notre porte aux scélérats qui avaient trop régné parmi nous, et ils n'y sont pas rentrés. Je demande donc qu'on mette la Société à portée de faire à Strasbourg ce que nous avons fait à Paris. J'observe à ce sujet que nous ne faisons rien que d'utile. Nous leur mettrons entre les mains une arme dont ils useront s'ils veulent, mais dont ils n'useront pas s'ils ne le veulent pas. (*Applaudi.*)

Plusieurs voix. — A l'ordre du jour! à l'ordre du jour!

M. le Président. — Il y a ici un membre de la Société de Strasbourg qui demande à vous donner des renseignements sur cet objet.

Il obtient la parole :

« Messieurs, j'ai l'honneur d'être membre de la Société de Strasbourg ; voilà près d'un an que nous luttons contre les factieux et les malintentionnés. On a voulu plusieurs fois faire cette scission dans notre Société : M. de Broglie et M. de Salsemann, dont on a parlé du patriotisme. J'en parle ici parce que nous le regardons principalement comme l'auteur de cette scission. » (*Murmures.*)

On demande la question préalable sur toutes les propositions faites ; elle est mise aux voix et adoptée.

Il a été arrêté simplement que des commissaires prendraient ensemble les mesures les plus convenables pour satisfaire la Société sur ce point.

Plusieurs voix. — L'ordre du jour ! l'ordre du jour !
La Société y passe.

M. LE PRÉSIDENT. — Je reçois à l'instant une lettre de Mme Salonet et de Mlle Gay, citoyennes habituées des tribunes ; elles vous envoient 7 livres pour la fabrication de piques. (*Applaudi.*)

La Société arrête la mention honorable de cette lettre au procès-verbal.

M. LE PRÉSIDENT. — Une députation de citoyens patriotes du café des Prêcheurs demande à la Société de vouloir bien lui accorder l'entrée de la séance, pour déposer sur le bureau le montant d'une souscription patriotique en faveur des braves Suisses de Château-Vieux. (*Applaudi.*)

La Société lui accorde l'entrée.

M. LE PRÉSIDENT. — Jugez-vous à propos d'entendre à l'instant même cette députation ? (*Applaudi.*)

On introduit la députation

M. MAYEUR. — Messieurs, il est parti ce matin un bataillon de volontaires nationaux pour Noyon ; je crois qu'il serait essentiel, pour éclairer le peuple et retenir les malintentionnés, que, parmi ceux qui doivent partir, il y eût beaucoup de vrais Amis de la constitution ; j'espère que j'en serai un. Je pense également qu'il serait essentiel de prendre au Comité de correspondance une analyse exacte des événements dont la Société de Noyon vous a fait le récit ; enfin, de tout ce qui est relatif à la véritable cause de cette affaire. Par là on parviendra plus facilement à remettre l'ordre dans le pays et à y maintenir la loi.

M. SAINT-AUBIN. — J'observe à la Société que, dans l'instant où nous

nous trouvons, la rivière n'est point navigable, et que les chemins sont interceptés ; qu'il y a encore quarante mille sacs de farine à Rouen ; la municipalité, qui les a achetés, a donné contre-ordre pour le transport à Paris pendant deux mois. Des soixante mille sacs, il n'en est encore arrivé que vingt à Paris. Comme la nouvelle municipalité de Paris va s'organiser, que nous avons ici M. le procureur de la Commune, je l'invite à prendre la connaissance la plus exacte des subsistances qui doivent nous arriver. Je ne sais pas, et je ne dissimule pas que je ne suis pas bien tranquille dans ce moment-ci pour la subsistance de cette ville : il se peut que les froids ne durent pas ; mais au moins, dès qu'il y en a à Rouen qui nous appartiennent, il faut les faire venir.

M. Réal. — Je demande à rétablir les faits. (On crie : A l'ordre!) Messieurs, ce n'est pas le cas de vous effrayer sur l'état des subsistances ; on veut vous faire entendre que les approvisionnements sont insuffisants dans ce moment-ci ; vous n'avez rien à craindre, je puis vous l'assurer, car je connais l'état des magasins de la municipalité actuelle pour les avoir vus par moi-même : soyez tranquilles.

M. Hion. — Je demande la parole sur ce que vient de dire M. Réal. (A l'ordre!)

M. Gineste. — Messieurs, nous devons nous en rapporter aux soins et à la surveillance de M. le maire de Paris. Je demande qu'on passe à l'ordre du jour.

Plusieurs voix. — La députation ! la députation !

M. le Président. — La députation a la parole :

« Messieurs, vous avez les premiers donné des marques d'une générosité compatissante, à laquelle tous les bons citoyens ont applaudi ; c'est un hommage de la nôtre. Que n'est-il en notre pouvoir de rendre à la vie les infortunés camarades de ces braves soldats ! (*Applaudi.*) Les tyrans respirent, tandis que les Nancéens sont morts. Les horreurs du trépas couvrent de même les malheureux du Champ de Mars, et nous n'avons pu les arracher à la rage des bourreaux qui les a précipités dans la tombe. Pour toutes ces victimes égorgées, nous vous offrons des regrets et des larmes ; daignez agréer pour les autres une faible contribution. Puisse le patriotisme ardent qui marche sur vos traces donner comme nous des secours à l'infortune, des consolations à la douleur, et des remords à la tyrannie ! » (*Applaudi.*)

M. le Président, en s'adressant à la députation. — Messieurs, tant que nos amis de Château-Vieux ont gémi dans les fers, les bons patriotes n'ont cessé de solliciter pour eux la justice de l'Assemblée nationale ; mais les bons citoyens se demandent encore avec inquiétude s'ils n'éprouvent pas les horreurs du besoin, s'ils sont heureux enfin. Et le jour que vous venez de jeter sur leur situation ne permet pas de craindre qu'ils y restent longtemps. Vous trouverez sans doute la récompense de votre généreuse action dans le grand nombre de vos imitateurs. La Société applaudit à votre zèle, et vous invite à sa séance. (*Applaudissements universels.*)

Un Secrétaire. — La contribution pour les soldats de Château-Vieux déposée sur le bureau par la députation se monte à 100 livres 10 sols.

La Société arrête la mention honorable, dans son procès-verbal, du discours de la députation et de la réponse du président.

M. Mendouze. — Messieurs, on publie que ce matin quelques malveillants ont encore cherché à attaquer l'existence des Sociétés des amis de la constitution à l'Assemblée nationale. Comme il est bon que cette Société connaisse ses amis et ses ennemis, et que les papiers publics ne font que des rapports très inexacts sur cet objet, je prie M. le Président de vouloir bien rendre compte à la Société de ce qui s'est passé à cet égard à l'Assemblée nationale. Il n'y a pas de doute de l'intérêt que prendra la Société à connaître ses véritables amis : car j'ai appris que des membres de l'Assemblée nationale, et qui le sont aussi de cette Société, ont parlé contre elle.

M. Rouyer. — Je ne pouvais pas prévoir la motion que vient de faire le préopinant; mais, comme j'ai été un de ceux qui ont parlé sur cet objet ce matin à l'Assemblée nationale, et que ce que j'ai dit est dans un sens bien contraire à celui que vient de dire le préopinant, je vous avoue que je n'ai entendu aucun membre de cette Assemblée qui ait parlé. — (*Plusieurs voix* : M. Crestin, cela est vrai.) Mais je conviens que je ne savais pas que M. Crestin pût être membre de cette Société, car je ne lui connais pas assez de civisme pour cela. (*Applaudi.*) Je reviens à présent au sujet qui m'a amené à cette tribune : c'était pour dire à cette Société que j'avais reçu différentes adresses d'une des villes les plus considérables du Midi et des frontières d'Espagne. Parmi ces différentes adresses, que je suis chargé de présenter à cette Société, il y en a une qui frappe singulièrement sur les éloges bien justement mérités par notre respectable maire de Paris. Je demande à la Société la permission de lui en faire lecture, car je crois que cette adresse sera bonne à être connue et à être insérée dans les journaux, afin de détromper les malveillants qui affligent les départements du Midi.

M. Merlin. — M. Rouyer demande à donner connaissance à la

Société d'une adresse. Je ne crois pas que M. Rouyer soit capable de vouloir écarter la discussion qui nous occupe. Je demande à la Société un instant pour m'appesantir, avec les amis de la liberté, sur la question qui a navré l'âme de tous les patriotes ce matin à l'Assemblée nationale. (*Applaudi.*)

On accorde la parole à M. *Merlin*. Il dit : « Amis de la patrie, quand on a l'âme vivement affectée, on n'a pas besoin de préparation. Où en est actuellement l'Assemblée nationale? Où en est la chose publique? Dumas est président, Bigot de Préameneu secrétaire, Quatremère est secrétaire. Et les patriotes!... Quel en est le nombre? Je n'ose pas me le demander. D'où vient?... Puis-je me demander ce que je n'ose pas dire, que, même parmi les patriotes, on exerce le grand art des tyrans, celui de semer les défiances et les scissions? On a vu ceux qui, dans la Révolution, avaient allumé le flambeau de la liberté par toute la France se déchirer exécrablement aujourd'hui, et diviser les patriotes eux-mêmes. Mais revenons, Messieurs, au sujet qui occupe la Société. Ne faut-il pas que les ministériels, ne faut-il pas que les mauvais citoyens soient bien sûrs de leurs succès, pour présenter à l'Assemblée nationale la proposition inconstitutionnelle de supprimer les Sociétés patriotiques? Ce sont eux qui crient : « La constitution, toute la constitution, rien que la constitution »; ce sont eux, qui ont pris cette devise, qui aujourd'hui déchirent la constitution, qui ont osé demander l'anéantissement des Sociétés patriotiques; ils ont été jusqu'à demander, pour ainsi dire, la suppression de la liberté de la presse. (*Murmures d'indignation.*)

« Ne faut-il pas, je le répète, que ces mauvais citoyens croient le parti patriote absolument anéanti, pour oser former de pareilles prétentions? Ne faut-il pas qu'ils croient qu'il n'existe plus un seul homme qui, pour sauver la patrie, courrait à la tribune, la constitution d'une main et le poignard de l'autre, pour y défier, à la vue de la France entière, tous les mauvais citoyens. (*Applaudi.*) — Je les interpelle, les patriotes, je les conjure de se réunir et de faire cesser, au nom de la patrie, toutes les dissensions qui peuvent les diviser; enfin, de se réunir contre ceux qui veulent anéantir la liberté naissante. Les généraux, Messieurs!... il ne faut pas s'y fier : ils ont à Paris des correspondances, et ces correspondances sont en grand nombre dans l'Assemblée nationale. Tous les jours on vient nous faire des propositions insidieuses, abominables; tous les jours on en éloigne quelques-unes; mais d'autres ont déjà passé. La présidence de Dumas va être le signal des ralliements et des complots; c'est sous cette présidence que l'on va vous faire passer toutes les propositions les plus insidieuses. Ralliez-vous donc, et que celui qui manquera aux séances de l'Assemblée, que celui qui ne sacrifiera pas tout son temps, ses veilles, enfin tous ses instants, dans les circonstances où nous nous trouvons, soit regardé comme un citoyen dangereux et suspect. Oui, je le dis, tous ceux qui ne se rallieront pas seront plus pervers que les pervers eux-mêmes. » (*Applaudi.*)

M. LOSTALOT. — Je vois avec la plus grande peine que le parti ministériel s'augmente tous les jours dans l'Assemblée nationale, et que le parti patriote s'affaiblit. Hier, Messieurs, hier, il n'y eut que 400 votants pour l'élection du président, sur 742 députés que nous sommes ; M. Dumas eut une majorité de 25 voix sur M. Gensonné. Ce matin, il n'y a eu non plus que 407 votants ; M. Gensonné en a eu 190, et M. Guyton de Morveau a eu le reste : il n'y a point eu de majorité. Les secrétaires ont été élus au premier tour de scrutin. Cependant, il en avait été arrêté autrement par les députés patriotes qui composent l'Assemblée nationale. D'où cela vient-il? Je n'en sais rien. Doit-on imputer cette froideur aux députés de l'Assemblée ou de la liste civile? Je ne le crois pas... (*Murmures.*)

Une voix. — Il y en a 92 que la liste civile...

L'orateur continue :

Messieurs, tous les bons citoyens doivent gémir de voir que, sur les 742 députés qui composent l'Assemblée nationale, il n'y en ait jamais plus de 400 qui votent lorsqu'il s'agit d'une élection de président ou de secrétaire. Je dis donc, Messieurs, que, dans ce moment, si les vrais patriotes ne se réunissent pas autour de l'autel de la patrie, je dis que le parti ministériel va triompher dans l'Assemblée nationale; et alors je ne sais pas ce que deviendra la constitution. (*Plusieurs voix :* L'appel au peuple! l'appel au peuple! — *Bruit.*)

L'orateur continue :

Dans le temps où l'on vous parle, où l'on vous dit que la chose publique est en danger, j'entends crier de toutes parts, comme si nous étions des ministériels. Je demande que les Amis de la constitution soient entendus avec toute la tranquillité possible. J'ajoute que M. Ramond est monté à la tribune; il s'est porté dénonciateur du discours de M. Machenaud, discours que la Société avait honoré de son suffrage, puisqu'elle en a ordonné l'impression. Il l'a dénoncé, et il a voulu qu'on délibérât sur sa dénonciation. Sa motion a été écartée par la question préalable, et l'indignation s'est généralement manifestée... Mais il s'agit de la chose publique, qui réside en particulier dans les soins que vous en prenez. Je crois devoir vous proposer de nommer des commissaires et d'envoyer des missionnaires patriotes dans les campagnes, pour faire lecture des décrets à leurs habitants et leur inspirer leurs devoirs. Il y a peut-être deux cents imprimés dans vos archives. C'est la seule réponse que l'on doive opposer aux partisans du ministère et de ceux qui osent attaquer les Sociétés patriotiques. (*Applaudi*.)

M. CHABOT. — Messieurs, et moi, quand j'appellerai les députés au scrutin pour nommer des présidents et des secrétaires, il faut que tous les patriotes qui composent l'Assemblée nationale, et qui sont en même temps membres de cette Société, se réunissent en foule pour en écarter tous les consorts du ministère et tous ceux qui participent à la liste civile; ou bien les Ramond, les Cahier de Gerville, les Duport, aboliront les Sociétés populaires. Dans ce cas, c'en est fait de la constitution. Mais réveillez-vous, citoyens, réveillez-vous!

La constitution garantit à tous les citoyens le droit de s'assembler paisiblement et sans armes pour délibérer sur les intérêts de la chose publique, et, quand la constitution ne nous garantirait pas ce droit, la nature, qui est avant toute constitution; les lois sacrées de la justice, qui nous permettent d'inspecter et de surveiller nos mandataires; les droits qui sont consacrés dans le livre immortel de la déclaration des droits, que nous avons jurée, aussi bien que la constitution, — car la constitution en est, pour ainsi dire, la base fondamentale, — eh bien, tous ces principes nous garantissent et nous permettent de nous assembler. Si donc la tyrannie, si donc le machiavélisme de la cour, si donc les aristocrates nombreux de l'Assemblée nationale, formant l'écho de la protestation de Louis XVI dans sa fuite, venaient à détruire les Sociétés populaires, oui, j'ose le dire, la constitution est mise au feu, et ce sera à nous à en faire une nouvelle. C'est à nous à prendre les armes contre nos ennemis. Aux armes! aux armes, citoyens!!!

Les traîtres! Qu'ils n'osent pas déchirer ce livre! Nos armes serviront à le défendre, ou, je le répète, elles serviront à en créer une autre...

Ici on applaudit, et il se fait un mouvement universel des chapeaux et des mains dans la salle et aux tribunes, et toutes les voix s'accordent pour dire : *Oui! oui! oui! oui!...* — L'orateur continue :

Si, au contraire, nos ennemis nous portent le coup de la scélératesse ; s'ils déchirent ce livre immortel de la déclaration des droits, et cette constitution avec laquelle ils veulent faire la contre-révolution (et ils la feront, si les citoyens ne surveillent) ; si, dis-je, ils n'ont pas toute l'énergie de la scélératesse pour opérer cette contre-révolution en dispersant les Sociétés populaires, notre conduite vraiment civique, vraiment amie de l'ordre, des lois et de la liberté, est la seule réponse que nous devions faire à ceux qui ne peuvent pas même mordre la poussière de nos pieds. Ce qu'il importe le plus à la Société, c'est, j'ose le dire, d'inscrire même dans vos livres la conduite des députés qui se font admettre dans cette Société, où tout bon citoyen s'honorera de trouver son nom, et qui sera, pour ainsi dire, le calendrier du véritable citoyen, lorsque la Révolution sera parfaite. Et, Messieurs, je fais, dès aujourd'hui, la motion expresse que vous suspendiez, dans vos règlements, l'article qui vous fait admettre les députés sur nos simples représentations ; qu'ils passent le scrutin épuratoire comme les autres citoyens.

Il est possible, Messieurs, que les députés vraiment amis de la constitution et des amis de la constitution soient réduits à une centaine, peut-être même à une cinquantaine. Oui, cela est possible. Y en a-t-il cent cinquante dans tous les députés qui sont au nombre de cette Société ? Mais je puis faire individuellement cette question : Y en a-t-il cent cinquante qui en vaillent la peine ? Y en a-t-il cent cinquante qui aient soutenu l'abbé Fauchet, qui lui aient maintenu la parole lorsqu'il a dénoncé un ministre qui est la clef de la contre-révolution ? Et n'y en a-t-il pas cent cinquante de ceux qui sont membres de cette Société qui ont maintenu la parole à un ministre lorsqu'il a ravalé la constitution, les Sociétés populaires et la déclaration des droits ; qui l'ont maintenue à un Ramond et à quelques autres soutenus par tous ces mauvais députés de Paris, semblables à Gorguereau, qui foulent la constitution aux pieds ? Je ne le crois pas... (*Applaudi.*) Mais je suppose que nous soyons réduits à une cinquantaine de députés patriotes amis du peuple, de véritables adorateurs de la déclaration des droits ; eh bien, Messieurs, ces cinquante même feront frémir le côté ministériel avec tout l'appareil, avec toute l'artillerie des bas-côtés, c'est-à-dire des cris : *A l'ordre!* Mais quel est le moyen ? Le voici : c'est que nous soyons calmes et modérés, pour répondre à toutes les objections que la malveillance peut inspirer au parti opposé par des discours vigoureux prononcés dans toute l'énergie du patriotisme et de la liberté ; que cette cinquantaine d'hommes se prépare dans le cabinet, avec la trompette de Carra, avec la trompette du *Père Duchesne,* avec la trompette du patriote Gorsas ; qu'un orateur patriote arrive à la tribune au milieu des applaudissements de tout le peuple...

Applaudissements des tribunes, qui crient : *Oui! oui!*
L'orateur continue :

Malgré tous les papiers ministériels, malgré toutes les *Gazettes universelles,* malgré tous les Mallet du Pan, malgré tous les vendus, malgré les grands mots de la constitution, toute la constitution, rien que la constitution, et les cris de tous les aristocrates, que rien ne l'effraye, il les confondra facilement. Je conclus donc, Messieurs, par vous proposer un scrutin épuratoire; soit qu'il tombe sur les députés à l'Assemblée nationale ou non, qu'ils soient chassés honteusement et qu'ils ne reviennent plus ici. (*Applaudissements universels.*)

M. LEGENDRE. — Messieurs, plusieurs législateurs qui m'ont devancé à cette tribune nous ont dit qu'ils n'avaient pas osé vous demander le nombre des vrais amis de la liberté qui siégeaient à l'Assemblée nationale. J'invite ces législateurs à se ressouvenir que dans l'Assemblée constituante, au moment des grands dangers pour la chose publique, il n'en existait que cinq ou six qui pouvaient défendre à la tribune la liberté. Il existait à l'Assemblée constituante de bons citoyens qui ne montaient pas à la tribune, mais qui étaient toujours dans la liste de ceux qui défendaient avec courage la liberté et la constitution. On vous a dit plusieurs fois à cette même tribune : « Si tel ou tel vous trahit, le peuple est là. » Eh! je déclare, moi, que, si j'étais à la tribune de l'Assemblée nationale, je dirais à ceux qui ont filé la chaîne de nos malheurs : « Apprenez, scélérats, que le peuple est là. » (*Applaudi.*) Je leur dirais : « Oui, le peuple est là, et c'est par l'appel aux quatre-vingt-trois départements que je ferai abonder le peuple ici. » Je leur dirais : « Non, il n'est pas en votre pouvoir d'anéantir la constitution et cette déclaration immortelle des droits de l'homme. Législateurs, souvenez-vous qu'il ne suffit pas de monter à la tribune pour balbutier quelques mots; quand on monte à celle de l'Assemblée nationale, et que la chose publique est en danger, il ne faut la quitter que lorsque la résolution est prise de la sauver; il faut dire : Oui, je suis aussi le Maury patriote. » (*On rit.*) Oui, Messieurs, il faut un Maury patriote, qui se tienne à la tribune et qui ne cède pas aux cris de ces indignes ministériels; électrisé du feu sacré du patriotisme, il ne doit pas compter combien de patriotes sont autour de lui; qu'il se souvienne seulement que c'est là qu'il faut défendre la liberté, ou mourir. (*Applaudi.*) Hélas! Messieurs, avec une cause aussi belle que celle que vous avez à défendre, quoi, avec la cause du peuple, pourriez-vous ne pas paraître inébranlables? Tonnez, tonnez sur ces monstres! Que l'organe du patriotisme les fasse pâlir. (*Applaudi*.) Appliquez-leur le cachet de l'ignominie sur le front, et dites-leur : « Si vous bougez, monstres, n'oubliez pas que le peuple est là! » C'est dans les grands dangers qu'il faut que l'énergie se fasse sentir. Ne vous inquiétez pas d'une poignée d'aristocrates : vous en viendrez à bout, n'importe le nombre. (*Applaudi*.)

M. RÉAL. — C'est dans le danger qu'il faut avoir du courage. Depuis trop longtemps on menace la constitution. Les bons citoyens ne souffriront pas qu'on y porte atteinte. J'ai juré de la maintenir; je déclare que je la défendrai de tout mon pouvoir, et que, s'il faut périr, je périrai, mais ce ne sera pas seul. Je demande, Messieurs, que vous fassiez ici le même serment.

Tout le monde se lève, et on jure avec le peuple au milieu des acclamations.

M. DEPRÉ. — On vous a rendu compte très imparfaitement (d'après mon opinion, du moins) de la séance de ce matin. Le plan de tactique adopté par messieurs les ministériels a besoin d'être mis au grand jour. J'arrêterai d'abord vos regards sur le mémoire du ministre de l'intérieur.

L'Assemblée nationale lui avait demandé quelle était la situation des départements. Le ministre de l'intérieur, loin de répondre à cette question, y a placé son opinion personnelle et a développé de grands systèmes. Quelle était et quelle devait en être la conséquence? C'était un acte d'accusation dirigé contre les Sociétés des amis de la constitution. (*Bruit*.) Messieurs, je crois que je ne suis point dans l'erreur. (*Applaudi*.) Voilà ce que j'appellerai la grosse artillerie, car, ce matin, j'en ai vu les petits canons. Le ministre de l'intérieur, au lieu de répondre à l'Assemblée nationale, a donc accusé les Sociétés des amis de la constitution, Sociétés qu'il n'a jamais aimées, Sociétés qu'il n'a jamais protégées à la municipalité de Paris.

MM. les députés de la commune de Marseille se présentent à la barre; ils y font la peinture très vraie des malheurs qui agitent les départements méridionaux; ils démontrent d'une manière très claire que les contre-révolutionnaires marchent la tête levée dans leur département. M. Dumas, président, très respectable par son système modéré et aristocratique, leur répond d'une manière peu flatteuse pour des patriotes qui ont fait cent soixante lieues, pour des patriotes qui viennent dénoncer cet ennemi de la constitution; très peu consolante pour un frère qui a eu le courage, le patriotisme de venir dénoncer son frère. Il leur répond que l'Assemblée nationale avait prévu les malheurs de la ville d'Arles, qu'elle avait mis cette question à l'ordre du jour, et que, si la France était attaquée, on opposerait la ligue insurmontable des lois. Il me semble qu'à des patriotes qui ont fait cent soixante lieues on pouvait faire une réponse toute différente; mais cela, à mon opinion, semblait présager la scène qui allait se passer.

On a demandé, et on s'est trouvé fort étonné que M. le ministre de l'intérieur, qui devait rendre compte de ces troubles à l'Assemblée nationale, ne l'ait pas fait. Alors M. Vaublanc, s'élançant du côté ministériel, arrive à la tribune, et, dans un discours très merveilleusement fait, mais très mauvais en principe, il se plaint de la désorganisation totale du gouvernement; il fait l'éloge de la constitution, que tous les patriotes aiment, et après cela il finit par dire que, si, malheureusement, notre gouvernement ne marche pas, on peut en accuser les Sociétés. Il développe ensuite son opinion avec un triomphe étonnant et avec toute l'éloquence qu'on lui connait. On a demandé alors que la discussion fût fermée; mais, grâce au patriote M. Guadet, à qui il faut que je paye un juste tribut d'éloges (*Applaudi*), M. Guadet, dis-je, voulant rentrer dans la discussion, a dit que ce n'était pas les Sociétés des amis de la constitution qui s'opposaient à sa marche, puisque jusqu'alors elles l'avaient soutenue avec tant d'énergie. Il a cherché la racine du mal, et il a démontré que l'inaction volontaire du pouvoir exécutif était la seule chose capable de la faire rétrograder. Après avoir terrassé M. Vaublanc et ses vils adhérents, après avoir démasqué tous ses fauteurs, la discussion en serait restée là, lorsque le furibond Ramond, tenant à la main, je crois, le discours de M. Machenaud, a essayé d'attaquer les réflexions de M. Guadet avec la tactique ordinaire des ministériels, et l'a accusé d'avoir lui-même signé le discours de M. Machenaud; il a fait de vains efforts: on est passé à l'ordre du jour. J'invite donc tous les bons patriotes de l'Assemblée nationale de recourir eux-mêmes à une tactique capable de démonter celle des Dumas, des Ramond, et de tous les ministériels dont le gros corps d'artillerie est aux Tuileries.

M. ROUYER. — Une motion très importante occupe en ce moment la Société. On vous a rendu un compte assez exact de tout ce qui s'est passé ce matin; je ne reviendrai donc pas sur tout ce que vous ont dit les préopinants; mais j'ajouterai seulement que tous les ministériels n'ont pu venir à bout d'étouffer la motion qui a été faite de forcer le ministre de l'intérieur non pas à développer son opinion à l'Assemblée nationale, mais à rendre un compte pur et simple des troubles qui agitent les départements du Midi, et dont il n'avait pas dit un mot. Cette motion a été appuyée et adoptée par un décret de l'Assemblée nationale. Ainsi, suivant ce que prescrit la constitution, cette motion devant être présentée une seconde fois, j'invite tous mes collègues à y faire la plus grande attention, et surtout à observer une tactique, non pas précisément dans le genre du côté droit, parce qu'elle est contraire au bien public, mais une tactique de justice parmi eux. M. Chabot vous disait tout à l'heure qu'il n'y avait pas cent cinquante hommes dans cette Société qui eussent soutenu M. Fauchet jusqu'à la fin de son discours. Eh bien, Messieurs! je fus un de ceux qui demandèrent la parole pour soutenir M. Fauchet, et je ne pus malgré cela l'obtenir; je ne pense pas même que M. Fauchet fût parvenu jusqu'à la fin, parce qu'il eut la maladresse de faire un discours qui ne finissait plus. Sans doute que, si nous eussions été de vrais Jacobins, nous l'eussions entendu parler dix heures d'horloge, s'il eût fallu, et avec un nouveau plaisir. Je dirai cependant que, si M. Fauchet se fût scrupuleusement renfermé dans la question, c'est-à-dire à présenter tous les points sur lesquels il pouvait mordre le ministre Delessart, et qu'à mesure qu'il portait quelques griefs il en eût en même temps administré la preuve, il se fût en ce moment concilié tous les esprits; mais il commença par des diatribes, il indisposa les esprits du côté droit, qui le sont naturellement en entendant parler mal du ministre; et ce côté cria sans ménagement : A l'ordre du jour! Si M. Fauchet fût venu directement au fait, l'Assemblée l'aurait entendu jusqu'à la fin, et, au lieu de renvoyer à un de ses Comités, comme elle l'a fait, elle aurait pris peut-être une mesure plus sévère dans le moment. Ainsi je n'appuie pas de ce côté l'observation de M. Chabot, parce qu'il faut encore que les patriotes sachent se connaître et se juger. Il est encore une question plus importante à observer par les patriotes de l'Assemblée : il faut qu'ils se mettent de notre côté, qui est sans contredit le côté le plus pur, mais aussi le plus effervescent. Il ne faut pas que ce côté se lève à la fois, que dix à douze parlent ensemble, qu'ils étouffent la voix d'un député qui pourrait bien parler et défendre avec énergie la cause du peuple. Ce matin, quand M. Guadet a obtenu la parole, comment l'a-t-il obtenue? Il était étouffé par mille voix que la fougue empêchait de distinguer. J'ai été obligé de faire une motion d'ordre et de demander la parole à M. le Président, même contre lui, et par ce moyen je suis venu à bout de faire parler M. Guadet. J'avais même la parole avant lui, mais j'ai senti que M. Guadet était plus en état que moi de développer ses moyens, et j'ai consenti qu'il parlât avant moi. (*Applaudi.*) Que les députés qui m'entendent se rappellent la tactique du côté droit ; ils filent l'un après l'autre ; vous voyez sortir tantôt le Veaunoir, tantôt le Veaublanc, car je crois que c'est plutôt Veaunoir que Veaublanc. (*Applaudi.*) C'est une tactique qu'ils observent; ils ont un grand soin de se soutenir mutuellement pour faire entendre le membre qui a la parole; et par ce moyen ils trompent quelquefois, et malheureusement trop souvent, les esprits faibles qui se laissent entraîner sans savoir où on les mène. On pourrait faire de même lorsque M. Guadet ou tout autre patriote chaud, zélé et bon défenseur, a obtenu la parole. Si, dis-je, au lieu de se lever trois ou quatre à la fois, on se soutenait, on imposait silence à ses voisins, alors nous viendrions bien mieux à bout des malveillants; et, malgré toute la science feuillantine, les patriotes doivent nécessairement triompher. Il faut donc qu'on apporte toutes ces précautions. Je fais dès aujourd'hui non pas la motion, mais l'invitation à tous mes collègues de vouloir bien faire attention à ce que j'ai l'honneur de leur dire, et, si par mégarde ou par un mouvement involontaire il m'échappe quelquefois de ne pas suivre moi-même ce conseil, ils m'obligeront infiniment de me rappeler à ma conscience; ils la trouveront toujours pure, et je me soumettrai facilement à ce qu'ils me prescriront. (*Applaudi.*)

M. MENDOUZE. — J'avais eu raison de vous dire que les papiers publics avaient rendu un compte très inexact de la séance de l'Assemblée nationale. Il serait bon de faire part de ce qu'on vient de vous dire par le moyen du *Logographe*[1], qui, je crois, a pris aujourd'hui la séance mot à mot.

Je fais en conséquence la motion que vous fassiez imprimer cette séance, et qu'elle soit envoyée à vos Sociétés affiliées. (*Arrêté, applaudi.*)

Un membre. — Messieurs, les Sociétés sont les plus fermes remparts de la liberté. Je vous demande la parole pour vous proposer une mesure qui doit multiplier les Sociétés; la nouvelle attaque qui leur a été portée ce matin m'inspire encore plus le devoir de vous faire cette proposition : elle ne tiendra pas plus de dix minutes; je vous prie de vouloir bien m'entendre. (*A l'ordre du jour!*)

M. GUIRAUT. — La tribune que vous avez bien voulu m'accorder pour exercer non pas l'art logographique, car cette dénomination est mauvaise, mais l'art logotachygraphique, a été ouverte hier. Le premier exercice n'a pas été très parfait, mais celui d'aujourd'hui peut

1. Il veut parler du *Logotachygraphe*.

vous offrir la séance, je l'ai dans la main ; et, lorsque M. Chabot vous a dit qu'il fallait se servir des trompettes du *Père Duchesne* et de Carra, je viens vous offrir le résultat d'un travail dont vous venez d'arrêter l'impression. (*Applaudi.*)

M. CHABOT. — Quand j'ai dit qu'il fallait se servir des trompettes de Carra et du *Père Duchesne*, je n'avais pas exclu celles de Prudhomme, du *Patriote français*, du *Logographe* de la Société, que je ne veux pas appeler *Logographe*, mais bien *Logotachygraphe,* comme dit parfaitement M. Guiraut, car le *Logographe* de l'Assemblée nationale est aussi ministériel, et je le dénonce à tous les patriotes et à la Société. Il est étonnant que M. Baudouin, imprimeur de l'Assemblée nationale, s'applique, depuis l'Assemblée actuelle, à déprimer les patriotes du côté gauche, je ne dis point en rappelant les sottises que nous pouvons dire, car enfin je ne blâme point ceux qui disent la vérité, mais je dis nous en imputant et en mettant sur le compte des patriotes du côté gauche les bêtises du côté droit. Je l'en ai convaincu. Je dénonce cet homme, et je prie tous les journalistes patriotes de le dénoncer à tous les départements, parce que le journal de Baudouin, appelé aussi *Journal des Débats et des Décrets,* a été présenté comme le seul impartial, et que, sous ce titre, il trompe la confiance publique.

M. DUCLOISEL. — Messieurs, dans le moment critique où nous nous trouvons, qu'il me soit permis de vous rappeler ici un trait de la tragédie de Caïus Gracchus, avant de mourir. Ce zélé défenseur de sa patrie s'écrie : « Amis, serrez-vous autour de moi ! je rends les derniers soupirs de la liberté. » — Il serait bon aussi d'insérer cela dans les journaux.

Un membre. — Je demande que l'on fasse distribuer le *Logographe* dans la ville. (*Plusieurs voix :* Oui, oui ! — *Arrêté.*)

M. CHABOT. — Messieurs, je doute s'il y a beaucoup de membres dans cette Société qui soient préparés. (*On n'entend pas!*) Comme c'est moi qui ait fait la motion du scrutin épuratoire, j'en demande l'ajournement à la quinzaine qui précédera le trimestre prochain. (*Arrêté.*)

M. LA FAYE. — La reine, la femme du roi, est allée aux Italiens: on a beaucoup crié : « Vive le roi! vive la reine! » On a beaucoup applaudi. Les patriotes ont murmuré et on s'est écrié : « S'il y a quelques Jacobins ici, il faut les égorger. » (*Murmures d'indignation.*)

M. ROUYER. — Messieurs, je vais vous faire lecture d'une adresse des citoyens de Béziers à M. Petion, maire de Paris ; elle ainsi conçue :

« Brave Petion, quand un peuple bon et trop souvent trompé te chargea de sa sûreté, de sa tranquillité, de sa défense, il te donna sa confiance entière, bien persuadé qu'il était que rien ne te ferait dévier de tes principes, et que le législateur qui avait eu le courage d'être constamment patriote au milieu des dangers, des orages et de la corruption de l'Assemblée constituante, resterait citoyen incorruptible dans une place où l'on peut faire tant de bien ou tant de maux... Mais prends-tu les meilleurs moyens, dans les circonstances où nous sommes, pour diminuer les peines, les travaux, les anxiétés et les dangers du peuple qui t'environne? Permets à des hommes libres, jaloux de la gloire et du bonheur de leur frère, de déposer dans ton cœur leurs idées et leurs réflexions... Dévoués à la chose publique par goût, par intérêt, par passion, nous faisons souvent des vœux pour nos frères de Paris, qui, placés au centre de la machine, sont exposés à de plus grands frottements... C'est donc avec peine que nous avons appris l'incendie de l'hôtel de la Force, et les infractions contre les droits sacrés de la propriété par des tentatives pour enfoncer les magasins... Quelles sont donc les causes de ces événements?... Si on les rapproche de tout ce qui se passe dans les Tuileries, de tous les mouvements que se donne la cour au dedans et au dehors, des émigrations qui se continuent encore, des bruits sourds, des placards incendiaires, des achats de numéraire et des rassemblements dans la capitale, des nouvelles du Brabant et des bords du Rhin, de l'insolence des fanatiques, des tentatives qui recommencent pour fomenter des troubles à Jalès, tout semble concourir à convaincre d'un second départ du roi... Mais, si cela est, pourquoi s'alarmer, se tourmenter, s'agiter, se fatiguer, doubler les gardes et les patrouilles? Ne serait-il pas plus sage, brave Petion, d'arborer l'écharpe aux trois couleurs, de marcher aux Tuileries, et d'y tenir à peu près ce langage au roi:

« **Monarque malheureux et infortuné**, trop bon pour avoir jamais ni désiré ni ordonné le malheur d'aucun individu du peuple français, mais trop faible, trop confiant pour avoir jamais arrêté les maux dont il a été accablé en ton nom depuis que tu règnes, pourquoi te précipites-tu si aveuglément dans l'abîme où tes prétendus amis te poussent avec tant d'imprudence?... Pourquoi veux-tu fuir un peuple au milieu duquel seul tu peux espérer du bonheur, de la tranquillité, des jouissances?... Avant la Révolution, tu n'étais que le prête-nom de la royauté; le peuple t'a confié la souveraine magistrature .. Au milieu des trésors immenses qu'arrachaient au peuple les déprédateurs qui t'entouraient, ils avaient su te persuader l'importance de l'économie et des privations pour toi, tandis qu'ils multipliaient pour eux la jouissance jusqu'à la satiété... Le peuple te donne une énorme liste civile entièrement à ta disposition... Tu étais continuellement fatigué par l'insatiable cupidité des ecclésiastiques, des nobles, des magistrats, des financiers, qui t'entouraient, et de tous les valets qu'ils traînaient à leur suite.... Le peuple a fait disparaître tous ces êtres voraces qui ne tenaient à l'humanité que par leur forme... Tu avais des frères qui auraient dû partager tes travaux et s'honorer de contribuer au bonheur des Français, qui les comblaient de leurs biens ; et ceux-ci, excités par leurs courtisans, avaient élevé autel contre autel, et, dans leurs projets impies, au moment où tu consentis de si bonne foi à la convocation des États..., ils avaient dit : « Notre père est trop bon ; encore quelques jours, et il consentira au bonheur du peuple ; il n'est plus digne de régner, mettons-nous à sa place. » Et ils firent marcher cinquante mille hommes autour de Paris, et ils projetèrent de dissoudre l'Assemblée, et ils te firent la séance du 23 juin... Mais la Bastille fut prise... Les soldats se vouèrent à la constitution, le peuple s'arma, et tu ne fus roi que dès ce moment, puisque tu le fus du consentement du peuple... Dès lors, tes frères allèrent mendier auprès des despotes une ligue contre la liberté... Mais leurs paroles ne suffisaient pas, on avait besoin de ta personne. Le peuple de Paris t'arracha de leurs mains régicides le 4 octobre... et celui de Varennes dans le mois de juin... Tu rentres à Paris, on te pardonne des fautes qu'on t'avait fait commettre ; on te présente la constitution, tu l'acceptes, et tu jures de la maintenir... Cependant tes frères étaient au delà du Rhin, et, au lieu de les faire rentrer dans le devoir, tu t'opposes par un veto aux vœux du peuple qui les rappelait au milieu de lui ; et c'est sous tes yeux, c'est dans ton conseil, que l'on forme les projets infâmes de se coaliser avec nos ennemis du dedans et du dehors pour bouleverser la constitution... Tu le quitteras donc encore une fois, ce peuple bon et aimant, qui s'agite pour te conserver la couronne et qui travaille jour et nuit pour te payer des ministres et une liste civile énorme... Tu le quitteras pour aller te mettre au milieu de tes plus cruels ennemis... Tu le quitteras, mais pour ne plus revenir parmi nous... Mais, en le quittant, tu exposeras à la colère d'un peuple poussé à bout les parents, les femmes, les enfants, les propriétés et les fauteurs de ces insensés fugitifs... Mais tu t'apercevras trop tard que toi, tes enfants, aurez été les véritables victimes de l'ambition de ces hommes de boue, que tu n'as pas encore eu la sagesse d'éloigner de toi... Il n'est donc plus temps de se contraindre ni de dissimuler... Ou cours avec ta famille te jeter dans les bras de ces mangeurs de peuple qui se jouent de l'humanité et de toi..., ou hâte-toi de chasser de ton conseil tous ces ministres, ces courtisans, et surtout ces prétendus modérés qui ne cessent de crier : « Point de monarchie, point d'armée, sans noblesse !

point de représentation sans deux chambres ! » ces factieux, trop longtemps l'idole d'un peuple qu'ils ne trompaient que pour l'enchaîner..., ces chefs d'une cabale qui nomme les ministres, les fait mouvoir, les déplace au gré de son caprice ou de ses intérêts, et le fait exécuter tous les jours ses volontés... Dès ce moment plus d'obstacles, plus de surveillance ; occupés de nos législateurs patriotes, après avoir poussé l'Assemblée de déclarer la guerre à tous nos ennemis du dedans et du dehors, nous la prierons de prévoir le moment où le souverain pourrait avoir besoin de constituer différemment le pouvoir exécutif. »

« Respectable maire de Paris, est-il donc de ton honneur que le roi ne sorte pas des murs de la capitale? N'a-t-il pas accepté la constitution? Que nous importent ses vacillations, ses faux serments, sa conduite? N'est-ce pas assez, n'est-ce pas trop que Dieu nous ait donné des rois dans sa colère? faut-il encore que nous retardions le moment marqué par la Providence où nous ne devons plus en avoir?

« Laisse donc, brave Petion, les scélérats te calomnier, les rois marcher à leur perte, les intrigants tenter le moment qui dévoilera leurs trames, et, uniquement occupé du bonheur des braves Parisiens, continue de marcher d'un pas ferme dans le chemin du patriotisme et de la vertu. »

Suivent les signatures en très grand nombre.

M. HION. — Je viens vous parler pour nos braves soldats, les gardes-françaises, qui, depuis le décret rendu en leur faveur, ne savent à quoi attribuer la lenteur qu'on apporte à présenter à l'Assemblée nationale le mode à observer pour leur faire toucher ce qui leur est dû. Je prie Messieurs les députés de s'intéresser en leur faveur, et de hâter le décret qui doit les envoyer vers la municipalité pour les faire jouir promptement de ce qui leur revient.

M. DAUBIGNY. — J'apprends à l'instant que les aristocrates se sont comportés si mal aux Italiens qu'ils ont révolté les patriotes. Ils ont crié : « A bas la nation ! » Aussitôt on s'est porté sur eux, et on leur a donné une leçon patriotique à coups de pieds et à coups de poings ; on les a chassés hors de la salle.

La séance a été levée à dix heures.

La Société a arrêté que sa séance du 20 février, écrite mot à mot par les logotachygraphes, serait imprimée, distribuée et envoyée à toutes les Sociétés affiliées.

BASIRE, député à l'Assemblée nationale, *président;*
L. BOSC, J.-M. ROLAND, ISAMBERT, *secrétaires.*

Avis. — Cette séance est un résultat mot à mot, écrit aussi vite que la parole. L'Assemblée nationale m'ayant accordé, le 29 janvier dernier, une tribune, je vais faire le journal de ses séances, ainsi que celui de la Société des amis de la constitution, à compter du 1er avril prochain. Il sera distribué un prospectus.

Pendant cet intervalle, je vais traduire devant les tribunaux quelques personnes qui se servent de mes procédés pour le journal du sieur Baudouin appelé *Logographe,* et qui, au mépris d'un brevet qui m'a été accordé conformément à la loi des inventions et découvertes, prétendent jouir malgré moi de ma propriété.

Pour répondre aux vues générales qui animent les amis du bien public, je vais établir, sous peu, une institution logotachygraphe où tous les citoyens seront admis. Les personnes qui voudront exercer cet art ou avoir des logotachygraphes pour les départements pourront s'adresser à cette institution, qui sera annoncée à la faveur de mon brevet. Je ferai tout ce qui dépendra de moi pour prouver à mes concitoyens combien je désire leur être utile.

F.-E. GUIRAUT, *membre du Bureau de consultation des arts et métiers.*

CLVIII

SÉANCE DU MERCREDI 22 FÉVRIER 1792

PRÉSIDENCE DE M. BASIRE

[A la lecture de la correspondance *M. Collot d'Herbois* ajoute une lettre de Brest exprimant l'allégresse des habitants à la délivrance des soldats de Château-Vieux. (*On applaudit*). — *M. Baumier* fait décider qu'une partie des fers portés par ces soldats sera placée dans la salle des séances. — *M. Réal* demande qu'on nomme des défenseurs officieux aux infortunés et étrangers chargés de recourir aux tribunaux. — *M. Chabot* rapporte ce qui s'est passé à l'Assemblée nationale. — *M. Grangeneuve* se félicite plus qu'il ne s'inquiète du discours prononcé par M. Vaublanc, qui fournira aux patriotes les meilleurs arguments contre les ministériels. — *M. Robespierre* communique une lettre de Strasbourg « sur les causes et les suites de la scission arrivée dans cette ville », et propose de donner à cette affaire une grande publicité.

Après quelques observations, on admet une députation composée de plus de quatre personnes.

M. le Président annonce qu'on prépare une motion pour défendre à aucun député d'appartenir à aucune Société. — *M. Chabot* dit que cette motion pourrait bien passer, si on n'y prenait garde. — *M. Merlin* engage ses collègues à jurer avec lui qu'ils ne sortiront pas malgré tout des Jacobins. — M. *Robespierre* prononce un discours dans le même sens.]

La séance a été levée à dix heures.

CLIX

SÉANCE DU VENDREDI 24 FÉVRIER 1792 [1]

PRÉSIDENCE DE M. BASIRE

A peine M. le Président avait ouvert la séance que des cris de *Vive la nation!* se font entendre des tribunes, et tous les citoyens qui les composent élèvent en l'air leurs chapeaux, en signe d'alliance et d'union avec la Société.

[M. *Grangeneuve* fait « le récit de la séance qui a eu lieu hier à l'Assemblée nationale ». — M. *Chabot* ajoute quelques détails complémentaires à son récit. — M. *Gourson* annonce pour le lendemain, au théâtre de Molière, une représentation au bénéfice des soldats de Château-Vieux. — M. *Robespierre* accuse le Comité de correspondance « d'avoir, dans une adresse, interprété le vœu de la Société sans le connaître, en disant que l'opinion de la Société était en faveur de la guerre » [2].

Plusieurs députations viennent à la tribune. — « Deux orphelins, âgés de sept ans, apportent à la Société une contribution pour les armes. » Le Président les félicite et les remercie, en les embrassant.]

La séance a été levée à dix heures.

CLX

SÉANCE DU DIMANCHE 26 FÉVRIER 1792

PRÉSIDENCE DE M. BASIRE

[M. *Bancal* lit « la circulaire de quinzaine » que la Société envoie aux Sociétés affiliées. — M. *Robespierre* propose, pour éviter tout malentendu, de ne jamais employer le mot de Jacobin seul. — M. *Collot d'Herbois* combat cette

---

1. Il y a dans la *Chronique de Paris* du 23 février 1792 un article contre le club des Jacobins. Cf. Buchez et Roux, XIII, 238.

2. Il s'agit de l'adresse du 15 février 1792. Voir plus haut, p. 376.

proposition, par la raison que ce nom « paraît être un titre de persécution » en ce moment. *M. Réal* cite à l'appui l'exemple des *Gueux* de Hollande. — *M. Robespierre* veut défendre sa motion. L'ajournement est prononcé.

Plusieurs propositions se croisent à propos de la circulaire relative au sentiment de la Société sur la question de la guerre. Enfin la discussion demeure ouverte, et *M. Robespierre* demande qu'on adresse aux Sociétés affiliées le tableau des raisons données par les divers orateurs pour ou contre la guerre.

— Comme le bruit et le tumulte recommencent sur cette proposition, *M. Broussonnet* demande qu'à chaque séance on passe à l'ordre du jour de l'objet que l'on traitera le lendemain à l'assemblée.

M. de Sillery confesse son erreur sur le « fatal rapport de Nancy qui, depuis l'exécrable défection de M. Bouillé, a fait le tourment de sa vie ».]

La séance a été levée à onze heures [1].

CLXI

SÉANCE DU LUNDI 27 FÉVRIER 1792

PRÉSIDENCE DE M. BASIRE

[Après la lecture du procès-verbal, *M. Réal* fait celle de la correspondance. — On annonce que M. Anthoine a été nommé ce matin juge suppléant du tribunal du 3º arrondissement.

M. Carra annonce qu'on fait imprimer et distribuer aux troupes « le fameux règlement militaire de 88 », aboli par la constitution. — *M. le Président* fait certaines remarques sur ce règlement. — *M. Bourdon* demande qu'on nomme des commissaires pour l'examiner. On nomme MM. Bourdon et Carra. — *M. Lostalot* lit une lettre du capitaine Ferrier, de Mauléon, à l'appui de ces faits.]

On passe à l'ordre du jour : l'envoi de la circulaire et les troubles d'Avignon.

M. Bancal insiste sur l'envoi de la lettre et la formation de comités composés des députés des diverses Sociétés patriotiques.

M. GINESTE. — Je suis entièrement de l'avis du préopinant; je crois, comme lui, qu'il est temps de resserrer le plus possible les liens de la

---

1. Dans cette séance, la Société des Jacobins vota l'impression du récit de la séance de la Législative du 23 février 1792, avec l'appel nominal sur la motion de Merlin (de Thionville). *Société des amis de la constitution, séante aux Jacobins Saint-Honoré, à Paris. Assemblée nationale : précis historique et impartial de la séance du 23 février, l'an IVᵉ de la liberté française.* — Imp. du *Patriote français*, s. d., in-8 de 13 p. — Bibl. nat., Lb 40/687. — On trouvera un *errata* à la liste nominale dans Lb 40/2258.

fraternité entre tous les citoyens, mais la mesure qu'il propose est contraire au décret qui défend aux Sociétés d'envoyer aucune députation. (*Murmures.*)

M... — J'arrête le préopinant pour l'empêcher de continuer son opinion hérésiarque. Le décret dont il parle porte que les Sociétés patriotiques ne pourront envoyer aucune députation aux corps administratifs. Mais il n'en est aucun qui leur défende de communiquer entre elles. Il est vraiment étonnant qu'en se disant ami de la constitution on avance de pareilles hérésies en constitution.

On ferme la discussion; l'envoi de la circulaire est arrêté et l'on passe au second sujet de l'ordre du jour : les troubles d'Avignon. On arrête l'envoi de la circulaire [1].

[*M. Lostalot* fait l'historique des troubles d'Avignon.]

Un membre a fait des observations et lit un projet de décret sur l'affaire d'Avignon.

M. Boisguyon. — Messieurs, d'après le résultat de mes lectures, le cours des événements, l'insolence des aristocrates, je crois qu'il est près de se passer quelque chose. Les aristocrates disent hautement que le 29 février doit arriver la fin du monde, c'est sûrement un cri de ralliement pour eux; nous voyons d'ailleurs que l'absence de nos généraux est méditée, et la lettre de Strasbourg annonce que l'on craint que l'on ne profite de l'absence du général Luckner pour faire quelques tentatives.

J'ai cru devoir faire part de ces réflexions à nos concitoyens, parce qu'il vaut mieux que nous soyons toujours prêts à tous les événements.

On annonce une députation des Droits de l'homme qui vient faire part à la Société d'une affiche qu'elle se propose de faire pour éclairer le peuple, et prier la Société de vouloir bien aider à la rédaction.

La séance a été levée à dix heures.

1. Voir la pièce suivante.

CLXII

LA SOCIÉTÉ DES AMIS DE LA CONSTITUTION

SÉANTE AUX JACOBINS SAINT-HONORÉ, A PARIS

AUX SOCIÉTÉS AFFILIÉES

(Imp. du *Patriote français*, s. d., in-8 de 8 pages.)

Paris, le 27 février 1792, l'an IV° de la liberté.

Frères et Amis,

La patrie réclame de votre zèle civique le service le plus important. Nous vous l'avons déjà demandé, ce service, dans des temps plus calmes. Vos soins ont produit quelques bons effets; plusieurs nouvelles Sociétés populaires se sont formées, et nous les avons affiliées. Mais aujourd'hui que les circonstances sont impérieuses, que la guerre civile semble nous menacer et nous presser, il faut une mesure générale, délibérée avec sagesse et exécutée avec toute l'ardeur et le dévouement du patriotisme. Il faut nous hâter de nous faire partout des abris, si nous ne voulons pas être surpris et écrasés par l'orage qui gronde.

Vous savez, frères et amis, que ces hommes pervers, qui paraissent ne vouloir que la constitution, ont attaqué les Sociétés patriotiques, qu'ils ont tenté de les dissoudre et d'enlever aux Français ce droit si précieux des hommes libres de s'assembler paisiblement et sans armes, qui nous est expressément garanti par la constitution. Eh bien! pendant que ces vils esclaves se tourmentent pour arracher, s'il était possible, à l'Assemblée nationale et à la liberté leur plus ferme appui, employons notre zèle et nos soins à multiplier les Sociétés patriotiques et à en couvrir toute la France.

Frères et amis, suspendez un moment vos travaux et prêtez une oreille attentive aux accents de la patrie, que ses enfants sont prêts à déchirer, et qui vous avertit par notre organe.

Il est trop vrai qu'une division funeste d'opinions règne parmi les Français, et nous devons dire en gémissant, en versant des larmes amères, que cette contagion n'a pas épargné les patriotes. Ce mal, l'un des plus cruels sortis de la boîte de Pandore, va faisant partout des ravages; il peut infecter, énerver et perdre la France, si les vrais amis de la constitution n'en arrêtent les progrès.

La division des opinions produit la haine, le mépris, les factions et les discussions, qui entraînent la guerre civile.

Cette guerre cause l'anarchie, l'oubli et la violation des lois; et l'anarchie amène bientôt le retour du despotisme.

Tel est le cercle sanglant et infortuné dans lequel les Français ont si souvent roulé depuis l'établissement de leur empire dans les Gaules. Tels furent la marche et la fin de leurs événements politiques. La guerre civile fut presque toujours favorable au pouvoir exécutif. Elle fut aussi très utile à ces deux castes insolentes et perverses de ci-devant privilégiés qui se séparèrent de la nation dans des temps de barbarie et d'ignorance, qui veulent nous faire la guerre parce que la constitution les a fait rentrer dans le grand corps du peuple et leur a ôté les moyens de nous humilier et nous opprimer. En un mot, la cour, le clergé, la noblesse, ne cesseront d'intriguer, de manœuvrer et de conspirer, pour exciter des troubles et se partager les dépouilles du peuple. Les mêmes phénomènes, les mêmes événements, qui firent le malheur des générations précédentes, frappent encore nos regards et sont prêts à fondre sur nous. Le peuple en sera-t-il encore une fois la victime, et ne profiterons-nous pas de l'histoire des temps passés, ne tirerons-nous pas quelques leçons utiles des fautes et des erreurs de nos pères?

C'est un fait constant, généralement reconnu, que les divers ennemis du peuple dont nous avons parlé s'agitent et semblent agir de concert pour établir la guerre civile. Sans cet horrible fléau, et ses suites souvent plus horribles, ils savent qu'ils n'ont aucun succès à espérer, et que tous les efforts viendront se briser contre la constitution, qu'ils feignent de vouloir maintenir. Mais un autre fait, un phénomène nouveau, qui ne fut point remarqué en France dans les siècles et les révolutions qui ont précédé les nôtres, c'est qu'il existe dans tout l'empire des Sociétés d'hommes libres, qui ne capituleront jamais sur les droits de la liberté et de l'égalité, et qui ont juré de ne pas survivre à leur perte. Une vérité incontestable est l'utilité des Sociétés patriotiques. Oui, nous avons entendu même des hommes déclarés contre les clubs avouer que les Jacobins avaient jusqu'à ce moment préservé la France de la guerre civile, en déjouant par une surveillance continuelle les innombrables complots tramés contre la patrie.

Malgré cette surveillance toujours active, les ennemis de l'égalité, loin de cesser leurs infernales manœuvres, semblent s'être aigris par les obstacles. Ils ont fait de nouveaux efforts, employé de nouveaux moyens, et sont parvenus à faire circuler l'idée d'une contre-révolution prochaine, et à exciter des troubles partiels qui peuvent conduire à une commotion et à un bouleversement universels.

Frères et amis, plus ils font d'efforts pour allumer la guerre civile, plus nous devons leur opposer de résistance.

Pour que cette résistance soit réelle, solide, victorieuse, elle doit être dans l'opinion; c'est là l'empire unique et si envié des Jacobins. Mais l'opinion n'éclaire pas également toute la terre des Francs; elle existe dans les villes, elle a peu pénétré dans les campagnes. Voici, frères et amis, ce que nous vous proposons pour les appeler au bienfait des lumières et du bonheur. La France a plus de six mille cantons chefs-lieux où les peuples se rassemblent pour l'exercice de leurs droits politiques. Portons le feu sacré du patriotisme dans les six mille cantons, et nous donnons à tout le corps politique l'unité des principes et des sentiments, et nous éteignons le feu de la guerre civile.

Comment s'est établie la religion chrétienne? Par les missions des apôtres de l'Évangile.

Comment pouvons-nous établir solidement la constitution? Par les missions des apôtres de la liberté et de l'égalité.

Nous vous invitons donc, frères et amis, au nom de la patrie, qui nous est si chère, au nom de l'auguste liberté que nous avons conquise, et que nous ne devons plus perdre, au nom de la sainte et douce égalité qui excite la rage de nos ennemis et doit faire notre bonheur, nous vous conjurons d'entreprendre au plus tôt cette mission honorable; nous espérons que, plus les temps où nous sommes sont malheureux et critiques, plus vous vous empresserez de la remplir. Chaque Société pourrait se charger des cantons de son arrondissement, et, pour que cette institution sainte soit faite avec solennité, avec célérité, avec ordre, nous vous indiquons une mesure qui a déjà été employée avec succès dans quelques départements : c'est une assemblée générale par députés dans les quatre-vingt-trois chefs-lieux, où seraient discutés et arrêtés la forme et les moyens de l'institution.

Quant à nous, s'il nous est permis de vous dire d'avance notre avis, nous pensons que ces moyens sont fort simples, et qu'il suffirait d'envoyer un patriote ayant des lumières et du zèle, avec un règlement qu'il pourrait adapter à chaque lieu, la déclaration des droits, la constitution, l'*Almanach du Père Gérard*, un bon écrit contre le fanatisme, tel que la *Lettre* de M. Creuzé la Touche, un bon journal et un bon modèle de pique.

Ces écrits seraient lus matin et soir les jours de fêtes; et nous pensons que, la plupart des habitants des campagnes ayant été malheureusement privés jusqu'à présent des avantages de l'éducation, et les écrits étant bien choisis et reconnus bons par l'assemblée générale, il faudrait s'en tenir à des lectures, à des conférences, et éviter, au moins pendant les premiers temps de l'institution, les discussions qui pourraient aigrir et former dans les assemblées ce qu'on appelle l'esprit de parti... Il faut faire ses efforts pour tout ramener à l'esprit public, qui crée des hommes, des citoyens, des frères et des amis. Bientôt les habitants de nos campagnes, instruits et touchés par ces institutions fraternelles, prendraient en horreur tous les êtres malfaisants qui soufflent le feu de la discorde et de la guerre civile; ils sentiraient mieux la nécessité de payer exactement les contributions publiques; ils contracteraient une plus grande énergie, et l'on verrait le génie de la liberté, armé de son bonnet et de sa pique, marcher fièrement dans les plus petits hameaux de la France, et menacer incessamment les ennemis du dedans et du dehors.

Ces missionnaires envoyés par vous, frères et amis, contracteraient l'alliance la plus auguste et la plus formidable qui eût jamais existé, l'alliance morale de tout le peuple français; ils seraient les précurseurs des maîtres qu'enverra un jour l'Assemblée nationale pour la nouvelle éducation publique; ils prépareraient à de plus grandes lumières les esprits non exercés de nos cultivateurs; ils ouvriraient leurs cœurs bons et sensibles au sentiment doux et sublime de l'amour de la patrie.

Nous pensons, frères et amis, que cette première instruction serait, dans la crise qui se prépare, un remède efficace à nos maux; elle suppléerait à l'institution que l'Assemblée nationale n'a pas encore eu le temps d'établir, institution sans laquelle il n'y a point de bonnes mœurs, d'amour de la patrie, de respect pour les lois, et par conséquent ni constitution, ni liberté.

C'est cette espèce de loi qui est, suivant Rousseau, la plus importante de toutes. « Elle ne se grave, dit-il, ni sur le marbre, ni sur l'airain, mais dans le cœur des citoyens; c'est celle qui fait la véritable constitution de l'État ». C'est elle, nous ajouterons, qui divise et détruit les factions toujours créées par des intérêts particuliers, et qui établit le règne de la volonté générale, toujours d'accord avec l'intérêt public.

Nous ne pouvons assez vous recommander, frères et amis, de répéter sans cesse aux habitants des campagnes cette vérité si ancienne et si sensible, que la division affaiblit et perd les peuples, que l'union les fortifie, les rend invincibles et les sauve. Dites-leur que le but des ennemis de la liberté est d'allumer la guerre civile, afin d'avoir bon marché de nous lorsqu'ils nous feront la guerre étrangère ; invitez-les à fermer l'oreille à toutes les insinuations perfides des prêtres fanatiques, à s'aimer comme des frères malgré la différence de leurs opinions, et à se rallier autour de la constitution pour s'assurer à jamais les avantages qu'elle a établis.

Frères et amis, nous vous dirons en vérité que, si vous vous acquittez généreusement de cette mission, la plus belle et la plus utile à l'humanité et à la liberté, si vous parvenez à maintenir les campagnes et les villes dans la plus étroite union, cette année ne se passera pas sans que les tyrans de la France soient vaincus.

Nous sommes très cordialement,

   Frères et amis,

Les membres composant la Société des amis de la constitution séante aux Jacobins, à Paris.

   Basire, député à l'Assemblée nationale, *président ;*
Louvet, *vice-président ;*

 Cambon et Rouyer, députés à l'Assemblée nationale; L. Bosc, J.-M. Roland, Isambert, *secrétaires.*

EXTRAITS DE DEUX PROCÈS-VERBAUX
DE L'ASSEMBLÉE DE LA SOCIÉTÉ DES AMIS DE LA CONSTITUTION
SÉANTE AUX JACOBINS DE PARIS

DU DIMANCHE 26 FÉVRIER 1792, L'AN IV DE LA LIBERTÉ

Un membre du Comité de correspondance a, au nom de ce Comité, proposé à l'assemblée une lettre circulaire, dont il a fait lecture, tendant à inviter toutes les Sociétés affiliées à former des Sociétés patriotiques dans tous les chefs-lieux de canton.

La discussion sur cet objet a été ouverte et ajournée à la séance de demain.

DU LUNDI 27 FÉVRIER 1792, L'AN IV DE LA LIBERTÉ

La discussion sur l'établissement de nouvelles Sociétés patriotiques a été reprise, et la lettre circulaire proposée par le Comité a été adoptée par la Société. Elle en a ordonné l'impression et l'envoi à toutes les Sociétés affiliées.

BASIRE, député à l'Assemblée nationale, *président;*
LOUVET, *vice-président;*
CAMBON et ROUYER, députés à l'Assemblée nationale; L. BOSC, J.-M. ROLAND, ISAMBERT, *secrétaires.*

CLXIII

SÉANCE DU MERCREDI 29 FÉVRIER 1792

PRÉSIDENCE DE M. BASIRE

[*M. le Secrétaire* rapporte ce qui s'est passé à l'Assemblée nationale « concernant les Sociétés patriotiques».—*M. le Président* recommande le calme à la Société. — *M. Daudibert-Caille* lit, au milieu du plus grand tumulte, un rapport sur la situation financière de la Société. *M. Collot d'Herbois* proteste contre la lecture de ce rapport, qui n'était pas à l'ordre du jour. Puis il prend la parole sur l'affaire d'Avignon, et continue après le départ des députés, obligés d'assister à la séance de l'Assemblée nationale pour « l'appel nominal sur la pétition du maire de Paris ».]

MM. *Bourdon* et *Chabot* prennent successivement la parole et ajoutent de nouvelles lumières à l'opinion de M. Collot d'Herbois.

M... monte à la tribune pour présenter à la Société une arme de nouvelle invention, commandée par des aristocrates au serrurier Boucherot, qui la porte à l'Assemblée nationale. Cette arme est une espèce de ceste, armé d'un gland avec lequel on assomme sans laisser de traces.

Cette nouvelle lâcheté aristocratique excite quelques murmures d'indignation.

Une députation de la Société fraternelle du faubourg Saint-Antoine vient faire part à la Société de l'arrêté qu'elle a pris de consacrer les matinées du dimanche à l'instruction du peuple; elle demande que la Société envoie des commissaires à la première séance, qui aura lieu dimanche prochain.

Les commissaires nommés sont MM. Robespierre, Chabot, Lanthenas et Bancal.

La séance a été levée à dix heures.

CLXIV

Mars 1792

SÉANCE DU VENDREDI 2 MARS 1792

PRÉSIDENCE DE M. BASIRE

A l'ouverture de la séance, M. *de Sillery* monte à la tribune, et, après avoir fait l'historique de la séance de l'Assemblée nationale où ont été lues les pièces et déclarations de l'empereur, il propose à la Société de mettre à l'ordre du jour, pour dimanche prochain, la discussion de ces pièces bizarres, et demande à avoir la parole sur cet objet. — Il termine son opinion par cette phrase : « Tous les citoyens qui tiennent à la constitution française doivent être Jacobins. » (*Bravos, applaudissements universels.*)

Les tribunes : Oui, Jacobins, Jacobins!

[M. *Grangeneuve*, en commentant la déclaration et les notes lues à l'Assemblée nationale, propose d'en ajourner la discussion, et d'envoyer une adresse aux Sociétés affiliées sur cet objet.]

M. *Collot d'Herbois* était à la tribune, où l'accompagnaient les applaudissements de la Société; M. *Robespierre* avait demandé la parole, lorsque M. *Louvet*, qui remplissait les fonctions de président, demanda à mettre aux voix la motion de M. Grangeneuve.

M. ROBESPIERRE, se levant. — Mais, Monsieur le Président, j'ai demandé la parole; vous ne pouvez pas mettre aux voix sans m'avoir entendu.

M. LOUVET. — Et sur quoi, Monsieur, la parole?

M. ROBESPIERRE. — Sur le fond de la question, sur la motion de M. Grangeneuve.

M. LOUVET. — Si la Société juge à propos de continuer la discussion, j'observe que M. Collot d'Herbois a la parole avant M. Robespierre.

[M. *Collot d'Herbois*, rappelant aux Jacobins qu'ils furent les premiers à se liguer contre le despotisme, les adjure d'être toujours Jacobins, de surveiller

« les endroits par où nos ennemis pourraient s'introduire dans la forteresse de la liberté ».

M. Robespierre réplique qu'il ne faut pas jurer de mourir, mais de vaincre, et demande de renvoyer « la rédaction de l'adresse au temps où la discussion aura jeté plus de lumière sur cette question ».

M. Collot d'Herbois distingue un sens vulgaire et un sens moral du mot *républicain*.

M. Robespierre aime aussi « le caractère républicain », mais pense qu'il faut pour l'instant se déclarer les Amis de la constitution telle qu'elle est. « Je déclare, moi, et je le fais au nom de la Société, qui ne me démentira pas, que je préfère l'individu que le hasard, la naissance, les circonstances, nous ont donné pour roi, à tous les rois qu'on voudrait nous donner. » (*Applaudissements universels.*)]

La discussion était très animée sur la question de savoir si l'on ferait ou non, sur-le-champ, l'envoi de l'adresse proposée par M. Grangeneuve. M. Louvet avait peine à se faire entendre pour mettre aux voix les deux propositions. Plusieurs membres s'étaient approchés du bureau pour communiquer leurs vues au président.

M. LOUVET. — On me propose ici une motion qui, je crois, vous accordera tous; je vais la mettre aux voix : c'est d'envoyer aux Sociétés la séance que rédige le *Logographe* (sic).

Cette motion, mise aux voix au milieu du dégoût et de la fatigue d'une longue anarchie, est adoptée aux applaudissements de quelques citoyennes habituées des tribunes particulières.

M. RÉAL. — Sans vouloir revenir contre l'arrêté que vient de prendre la Société, je demande qu'on nomme des commissaires pour revoir cette rédaction du *Logographe :* car encore faut-il que, si la Société envoie l'ouvrage d'un journaliste, elle s'assure que cet ouvrage ne contiendra que ce qu'elle veut approuver, puisqu'elle s'en rend responsable par le fait de l'envoi.

M. LOUVET. — Je propose que chacun des membres qui ont parlé aujourd'hui soient commissaires pour revoir chacun leurs opinions.

M. Louvet quitte le fauteuil, M. Chabot le remplace.

M. GRANGENEUVE. — Je ne viens pas vous proposer, Messieurs, de revenir sur l'arrêté que vous venez de prendre au sujet de l'envoi du *Logographe*, mais je vous représenterai que cette mesure ne remplit pas le but que je vous avais indiqué. Si vous faites une adresse courte, énergique, elle sera lue dans les Sociétés, on la lira dans les municipalités, à la porte des églises, au lieu que, si vous envoyez cette séance, qui tiendra douze pages d'impression au moins, comment voulez-vous qu'on débrouille, au milieu du fatras des choses qui ont été dites, l'objet que vous désirez qu'on y trouve, et qui précisément n'y est pas? Je demande donc que, nonobstant l'envoi du *Logographe*, on rédige toujours l'adresse que j'ai proposée.

Cette nouvelle proposition engage une légère discussion.

M. CHABOT. — Avant de mettre aux voix la question de savoir si l'on fera une adresse aujourd'hui ou si l'on attendra la discussion, il me semble qu'il est une mesure indispensable à prendre, c'est de mettre aux voix le rapport de l'arrêté sur l'envoi du *Logographe*.

Cette motion, mise aux voix, est adoptée à l'unanimité, et l'arrêté sur l'envoi du *Logographe* est annulé [1].

La question de l'adresse à faire séance tenante est également adoptée, et les commissaires nommés pour la rédaction sont MM. Grangeneuve, Robespierre et Collot d'Herbois.

On passe à l'ordre du jour: l'affaire d'Avignon. Deux orateurs parlent successivement et représentent les faits relatifs à la révolution du Comtat.

MM. les commissaires rédacteurs de l'adresse aux Sociétés affiliées rentrent dans la Société pour en faire lecture.

La rédaction est adoptée [2].

La séance a été levée à dix heures.

CLXV

LA SOCIÉTÉ DES AMIS DE LA CONSTITUTION

SÉANTE AUX JACOBINS SAINT-HONORÉ, A PARIS

AUX SOCIÉTÉS AFFILIÉES

(Imp. du *Patriote français*, s. d., in-8 de 3 pages.)

Paris, le 2 mars 1792, l'an IV° de la liberté.

FRÈRES et AMIS,

Enfin l'Assemblée nationale a reçu la déclaration des dispositions de Léopold à l'égard de la Révolution française, c'est-à-dire celle de tous les ennemis intérieurs et extérieurs de l'égalité et du peuple français. Nul citoyen éclairé n'a pu se dissimuler ni de quel lieu ce manifeste était parti, ni à quelles trames il était lié. Il en résulte une

---

1. Il s'agit évidemment de l'envoi d'un second numéro du *Logotachygraphe*, que nous n'avons pas.
2. C'est la pièce suivante...

observation essentielle, c'est que les Sociétés des amis de la constitution sont le principal objet de la haine et de la ligue des tyrans; c'est avouer à la face de l'univers que tous les ennemis des nations regardent ces Sociétés comme le boulevard de la constitution, ou plutôt qu'ils les regardent comme le peuple français exerçant individuellement, dans toutes les parties de l'empire, le droit sacré de veiller à la conservation de ses lois et de sa liberté.

Frères et amis, méritons cette couronne civique qui nous est décernée par le despotisme; mettons à profit cette grande occasion qu'il nous offre de prouver qu'il attache le succès de ses perfides complots à la destruction des Sociétés populaires qu'anime le seul amour de l'égalité, de la liberté et des lois. Continuons de confondre l'intrigue et la calomnie en défendant les droits de l'humanité et les principes de notre constitution, et que tous les tyrans de la terre tremblent en songeant qu'il existe des hommes qu'ils ne peuvent ni intimider, ni tromper, ni corrompre, et que le peuple français tout entier saura garder le dépôt sacré de la liberté du monde.

Nous nous sommes hâtés de vous communiquer aujourd'hui ces réflexions, ou plutôt de répandre dans votre sein ces sentiments. Bientôt nous vous développerons le fond des trames de nos ennemis et les principes d'énergie, de sagesse, d'amour de la liberté et des lois, qui sont la base de notre conduite, et que nous proposons à tous les amis de la justice et de l'humanité, à tous les citoyens de l'empire qui, dans ce moment critique, veulent arracher leur patrie à la fureur des factions et aux horreurs de la guerre civile, par quelques manœuvres qu'ils aient été trompés, quelque parti qu'ils aient suivi.

Amis de la constitution, qu'une indifférence funeste éloigne de ces lieux où la vertu défend les intérêts du peuple contre le charlatanisme et contre l'intrigue des partisans du despotisme, ranimez votre zèle, vous qui avez cru trop légèrement aux calomnies dont ces assemblées populaires étaient l'objet; venez entendre leurs discussions, dépouillez d'injustes préventions, ou du moins observez quels sont ceux qui les persécutent et quelles sont les circonstances où on veut les détruire.

La Société, dans sa séance du 2 mars, a arrêté l'impression de cette adresse et l'envoi aux Sociétés affiliées.

BASIRE, député à l'Assemblée nationale, *président*,

LOUVET, *vice-président;*

CAMBON et ROUYER, députés à l'Assemblée nationale;
L. BOSC, J.-M. ROLAND, ISAMBERT, *secrétaires.*

CLXVI

SÉANCE DU DIMANCHE 4 MARS 1792 [1]

PRÉSIDENCE DE M. THURIOT.

Après la lecture du procès-verbal, un membre observe qu'on n y a consacré que les applaudissements des tribunes lors de la commotion générale donnée par l'élan du patriotisme. Il demande qu'on y rétablisse l'expression vraie des tribunes, qui s'étaient exprimées en criant : « Vivent les Jacobins ! » — Cet amendement, appuyé par de nouvelles acclamations des tribunes, est mis aux voix et adopté.

M. *Grangeneuve*, au nom de Mme David, offre à la Société un buste d'Helvétius, auquel cette dame croit devoir tout ce qu'elle a pu mettre de bon dans l'éducation de ses enfants.

M. *Réal* fait lecture de l'extrait de la correspondance [2]. — Des applaudissements universels, qui interrompent cette lecture, annoncent l'entrée de M. Petion dans l'Assemblée.

[M. *Bourdon* observe que, depuis quelque temps, on ne reçoit que des nouvelles alarmantes des départements du Midi. — M. *de Chartres* annonce l'arrestation à Maubeuge, par M. Rochambeau fils, d'un lieutenant-colonel qui enrôlait pour Coblentz. — M. *Collot d'Herbois* montre, d'après la correspondance, que « l'esprit public est monté au plus haut degré », et relate les toasts portés dans un banquet civique par les Amis de la constitution de Bordeaux.]

M. *Laveaux* monte à la tribune, et, après avoir exposé plusieurs des moyens dont on se sert pour égarer le peuple, demande que la Société engage les Sociétés affiliées à répandre, autant que possible, l'affiche de M. Tallien. — Cette motion, mise aux voix, est adoptée à l'unanimité.

M. *Billaud-Varenne* demande la parole pour une motion d'ordre sur l'ordre du jour. (*Accordé*.)

M. *Billaud-Varenne* commence un discours dans lequel il paraît vouloir proposer, comme moyen de faire disparaître la différence qui existe entre les assignats et le numéraire, de renoncer à l'usage des objets de commerce étranger. Cette opinion élève, au moment où elle

---

1. Il y a dans les *Sabbats jacobites*, t. III, p. 113, un compte rendu de cette séance.
2. On trouvera dans les *Annales patriotiques* du 6 mars 1792 une analyse de cette correspondance.

se montre, l'opposition de quelques membres, qui réclament l'ordre du jour. — M. *le Président* met aux voix la proposition de savoir si M. Billaud continuera ou non son discours. — La majorité de l'Assemblée se déclare pour que M. Billaud continue. — Malgré cette décision formelle, le tumulte que font les personnes qui n'étaient pas disposées à l'entendre forcent M. Billaud-Varenne à renoncer à émettre son opinion.

La députation du bataillon des Feuillants est admise à la tribune; elle vient déposer sur le bureau quatorze cent quarante-cinq livres, produit de la quête faite dans la section des Tuileries, dans laquelle somme la famille royale a contribué pour celle de cent dix livres. Les applaudissements de la Société les (*sic*) assurent des sentiments que lui inspire tout ce qui a rapport aux malheureux soldats de Château-Vieux.

M. LE PRÉSIDENT. — Le bataillon des Feuillants donne des preuves de patriotisme et de civisme; la Société des amis de la constitution recueille avec transport les fruits de sa bienfaisance; elle éprouvera un sentiment bien doux en remettant ces bienfaits aux soldats de Château-Vieux, qu'elle voudrait déjà couvrir de larmes de tendresse. La Société conservera dans ses fastes les sacrifices de la liste civile.

M. DANTON. — J'ai volontiers confondu mes applaudissements avec ceux que vous avez donnés à l'action patriotique de nos concitoyens, mais il importe à la justice et à l'honneur de l'Assemblée de faire quelques observations sur l'opinion de M. le Président.

A la somme apportée il est joint une somme quelconque que l'on dit être la mise d'honneur de la famille royale. Certes, j'aime à voir la famille royale devenir sensible aux maux qu'ont causés les agents du pouvoir exécutif; mais est-ce par une mince aumône que le pouvoir exécutif doit expier ses fautes?

Les dons des citoyens sont les dons de la fraternité. Je dis : est-ce par une aumône que le pouvoir exécutif croit pouvoir récompenser des hommes exposés par lui aux baïonnettes du traître Bouillé?

De quel front la famille royale ose-t-elle faire une telle aumône? Comment oseriez-vous ratifier cette insolence? (*Murmures généraux, quelques applaudissements.*)

Quoi, Messieurs! la nation entière avait proclamé l'innocence des soldats de Château-Vieux, la nation entière réclamait justice; il a fallu conquérir ce décret dans l'Assemblée et sur le pouvoir exécutif, et il a fallu le réclamer longtemps; et nous applaudirions à une aumône de cent dix livres!

Pour juger raisonnablement cette circonstance, que chacun se dise à lui-même : Que penserais-je si j'eusse été à la place des soldats de Château-Vieux? Accepterais-je les dons d'une main qui devait voler à leur secours quand ils étaient accablés par le traître Bouillé? En acceptant cette somme, nous prenons l'engagement de la faire accepter par les soldats de Château-Vieux. (*Brouhahas*.) Il se peut que mon opinion particulière paraisse exagérée à plusieurs membres de cette Société, mais je suis accoutumé à dire ma façon de penser sans aucun ménagement. (*Applaudi*.)

Et personne ne me démentira : un soldat de Château-Vieux qui sentirait sa dignité, puisque ces braves gens ont mérité les honneurs du triomphe que l'Assemblée nationale leur a en quelque sorte décerné, un tel soldat, dis-je, peut-il accepter cette gratification du pouvoir exécutif? Je demande donc, Messieurs, comme il est peu facile de répondre à mes arguments, et comme chacun de vous sent que les soldats de Château-Vieux se ravaleraient en recevant cette aumône, je demande, dis-je, la distraction de cette somme.

Il n'entre point de fiel dans ma pensée ni dans mes expressions. C'est rendre service à ceux qui ont cru donner un bon conseil au roi; j'aime à croire que ses vues étaient bonnes, mais elles ont été avilies par les courtisans; il paraît qu'il a voulu donner aux soldats de Château-Vieux un témoignage de bienfaisance. Par la rejection, vous devez manifester que c'était autrement qu'il devait les satisfaire. Ainsi c'est sans animosité et par des principes de justice que je demande la rejection de la somme, et nous ferons que ceux qui conseillent le roi lui suggèrent des mesures plus dignes d'une grande nation.

M. ROBESPIERRE. — Tout ceci ne regarde pas la Société; elle n'est que la dépositaire des sommes qu'on remet entre ses mains. C'est aux infortunés de pourvoir, par tous les moyens possibles, à leur soulagement, c'est à eux à recueillir les bienfaits de l'humanité : nous ne sommes que dépositaires. Il y a quelque chose de vrai et de généreux dans les observations de M. Danton, et ces observations ne sont pas indignes de son patriotisme. Mais il y a plus de raisons de ne pas nous occuper de ces circonstances; nous devons nous occuper des grands intérêts de la chose publique. Ce que la famille royale fait comme individu ne nous regarde pas. Si, comme fonctionnaires publics (*sic*), elle fait du bien, nous la bénirons; si elle ne le fait pas, nous lui représenterons les droits du peuple et nous les défendrons contre elle.

Sur les observations de M. Robespierre, la Société passe à l'ordre du jour sur la motion de M. Danton.

[Deux soldats de l'armée de Vaucluse exposent la conduite du « commissaire pacificateur Mulot » à Avignon, et les intrigues d'un sieur de Bar à Lyon, « pour les engager à recruter pour l'armée des princes ».]

M. *le Président* engage les deux victimes du despotisme de porter leurs dénonciations au Comité de surveillance.

M. Noverre vient à l'appui des faits énoncés par les soldats de l'armée de Vaucluse.

Une députation de la Société fraternelle séante aux Jacobins, ayant pour orateur la très connue demoiselle Théroigne, vient proposer un plan de fête patriotique, « pour remonter, dit cet orateur, l'esprit public à sa juste hauteur ».

M. *Broussonnet* interrompt la lecture de la longue description de cette fête pour observer que Louis XIV donna des fêtes lorsqu'il eut asservi toutes les nations, et qu'il était incroyable qu'on proposât de pareilles mesures à la France libre au moment où elle allait peut-être être forcée à déclarer la guerre à plusieurs peuples. (*Applaudi.*)

Mlle *Théroigne* continue sa lecture en prétendant que ce dont elle a parlé jusqu'ici sous le nom de fête n'est point une fête, mais une cérémonie.

[M. *le Président* montre qu'il n'y a rien à craindre pour l'instant. — MM. Broussonnet et Restaut sont nommés commissaires pour examiner le projet de fête. — « Une députation de la Société fraternelle des Minimes vient témoigner aux Jacobins l'attachement le plus inviolable. » M. *le Président* la remercie.

Un membre de la Société fraternelle séante aux Jacobins dénonce « la détention illégale de deux de ses membres, MM. Tremblay et Hébert, auteurs des journaux du soir et du *Père Duchesne*. Le Président ayant interrogé la Société sur ce qu'on pourrait faire, MM. Collot d'Herbois, Réal et Polverel père, sont nommés défenseurs officieux.

Un membre de la Société des droits de l'homme, séante au Musée, rue Dauphine, annonce que cette Société va discuter le projet de M. Pastoret relatif à l'éducation publique. Après une observation de M. Broussonnet, on nomme des commissaires.]

La séance a été levée à neuf heures et demie.

CLXVII

SÉANCE DU LUNDI 5 MARS 1792

PRÉSIDENCE DE M. THURIOT

Après la lecture du procès-verbal et de la correspondance, M. *Réal* annonce qu'ayant appris le matin, à sept heures, qu'il avait été nommé défenseur officieux pour MM. Hébert et Tremblay, il s'était rendu à neuf heures au Comité central, où il n'avait trouvé personne, les détenus ayant été mis en liberté la veille, à dix heures du soir.

On applaudit à cette nouvelle et au zèle actif de M. Réal.

M. *le Président* fait lecture d'une lettre adressée par un citoyen de Brest à un M. Rouhier, marchand de vin, relativement à la destination des soldats de Château-Vieux.

M. *Collot d'Herbois*, à qui cette lettre avait été communiquée, dément une partie des faits qu'elle contient, en s'appuyant des lettres particulières qu'il a reçues de la Société des amis de la constitution de cette ville. Il résulte de sa correspondance que les citoyens de Brest ont la plus grande peine à laisser partir les soldats de Château-Vieux, des souffrances desquels ils ont été et les témoins et les consolateurs. Néanmoins on ne croit pas qu'ils tardent à se mettre en route pour venir apporter à l'Assemblée nationale le tribut de leur reconnaissance.

M. *Legendre* annonce à la Société que M. Machenaud, l'un de ses membres, est dangereusement malade; il demande qu'on nomme des commissaires pour aller s'informer jour par jour de la santé de cet estimable citoyen.

Comme le nombre des personnes qui se présentent pour être commissaires est trop considérable, on arrête que la préférence sera donnée aux gens de l'art.

M. *le Président* annonce qu'une veuve fort pauvre envoie un billet de vingt sols pour les soldats de Château-Vieux.

On applaudit à cette belle œuvre et on en arrête la mention honorable au procès-verbal.

Plusieurs personnes étaient inscrites pour la parole avant l'ordre du jour, mais, l'heure de sept heures étant arrivée, la Société passe à l'ordre du jour : les troubles d'Avignon.

M..., curé de Saint-Louis, député, monte à la tribune, et, après avoir exposé les faits relatifs aux troubles d'Avignon, il propose le projet de décret suivant :

« Pour faire cesser les troubles qui ont eu lieu dans le Comtat et Avignon, le décret du 14 septembre, sanctionné le 15, portant abolition de poursuite de tous les faits relatifs à la Révolution, sera étendu à Avignon et au Comtat. En conséquence, le tribunal cessera toute information sur les troubles, et les commissaires du roi rappelleront tous les citoyens qui se sont éloignés de ce pays, et les engageront à la concorde et l'oubli du passé. »

M. *Barbaroux*. — Messieurs, les Marseillais sont en marche. (*Applaudi*.) Lorsqu'on veut écraser le peuple, le peuple se lève, et il écrase les tyrans. (*Applaudi*.) Je vais vous donner, Messieurs, les détails de cet événement. (*Applaudissements universels*.)

[Il raconte, au milieu des applaudissements, les troubles récents de Marseille, d'Aix et d'Arles. — M. *Réal* fait observer qu'il ne faut pas s'en tenir là, et M. *Robespierre* propose de soutenir de tous leurs efforts « les braves citoyens de Marseille ». — M. *Doppet* conseille d'agir avec prudence et examine la conduite des commissaires envoyés à Avignon.]

Une députation de la Société des Nomophiles vient de nouveau engager la Société à se réunir à elle pour la fête civique qu'elle se prépare à donner aux soldats de Château-Vieux. Elle prie M. le Président (M. Collot d'Herbois) de vouloir bien lui faire passer, aussitôt qu'il en aura reçu, des nouvelles certaines de leur arrivée. La députation justifie encore l'opinion qu'elle avait énoncée précédemment sur les couronnes civiques, en faisant lecture d'un discours prononcé à ce sujet par un de ses membres dans une des séances de cette Société.

MM. Hébert et Tremblay, qui avaient été détenus la veille pour la feuille du *Père Duchesne*, et dont on avait appris l'élargissement au commencement de la séance, viennent faire à la Société leurs remerciements pour l'intérêt qu'elle avait pris à leur mésaventure et les secours qu'elle leur avait envoyés.

Ces messieurs, en donnant les détails de leur arrestation, qu'ils attribuent à la haine particulière que le sieur Buot, juge de paix de la section Poissonnière, porte à l'un d'eux, se plaisent à rendre justice au civisme et à l'honnêteté des juges qui les ont écoutés au tribunal de police.

Une députation de la Société des indigents vient déposer entre les mains de la Société le produit d'une quête faite pour les soldats de Château-Vieux, et exprimer le désir qu'elle a de contribuer à la fête civique que préparent à ces braves soldats tous les bons citoyens qui ont été sensibles à leurs malheurs.

La séance a été levée à neuf heures.

CLXVIII

SÉANCE DU MERCREDI 7 MARS 1792

PRÉSIDENCE DE M. THURIOT

[Après la lecture du procès-verbal, *M. Robespierre* fait part d'une lettre de Bagnères sur l'état du département des Hautes-Pyrénées. — MM. Dusaulx et Collot d'Herbois sont nommés commissaires pour l'examen d'un ouvrage relatif à l'éducation. — Le député de Marseille annonce qu'il va retourner dans sa ville natale, menacée par les intrigues des aristocrates. — Une députation des soldats de la couronne « jure de mourir plutôt que de tourner ses armes contre ses concitoyens ». *M. de Sillery*, dont trois oncles sont morts colonels de ce régiment, les assure de sa bonne volonté. — *M. Carra* examine le « dernier office de l'empereur et la lettre confidentielle et non confidentielle du ministre Delessart, qui a donné lieu *à dessein* au texte de l'office ».]

Sur la dénonciation que M. *Chabot* fait à la Société de l'aristocratie et de la vénalité de M. Calvet, député de l'Ariège, qu'il accuse d'avoir reçu de la liste civile 2,000 livres et une place dans l'armée pour son frère, la Société retranche ce député de la liste de ses membres.

La séance a été levée à dix heures [1].

CLXIX

SÉANCE DU VENDREDI 9 MARS 1792

PRÉSIDENCE DE M. THURIOT

M. *Duchosal, secrétaire*, fait lecture du procès-verbal de la séance de mercredi dernier, et de celui de la séance extraordinaire tenue le jeudi pour les affaires de l'administration.

1. Il faut rapporter à cette séance l'*Opinion* de M. SILLERY *sur la coalition et la lettre confidentielle de M. Delessart, ministre des affaires étrangères, prononcée à la Société des amis de la constitution dans sa séance du mercredi 7 mars 1792, l'an IV*e *de la liberté (précédée d'une Motion d'ordre du même), imprimée par ordre de la Société.* — Paris, imp. du *Patriote français*, 1792, in-8 de 38 p. — Bibl. nat., Lb 40/688. — Signalons aussi, dans *le Patriote français* du 8 mars 1792, un article intéressant pour l'histoire des Jacobins et intitulé : *Avis au peuple sur les manœuvres employées contre les Jacobins.*

Dans cette séance on a arrêté que, pour éteindre la dette actuelle de la Société, montant à 18,540 livres, il serait ouvert une souscription libre et volontaire, où chacun des membres portera ce que ses facultés pourront lui permettre d'offrir à la Société, sans qu'il soit tenu note des noms ni des numéros de chacun d'eux.

Le projet qu'avait proposé au mois de janvier M. Ferrières, dont la base était de demander une contribution à chacune des Sociétés affiliées en raison du nombre des membres dont chacune serait composée, a reparu de nouveau dans cette séance, revêtu de l'approbation du Comité d'administration. Plusieurs membres ayant démontré évidemment la fausseté des bases sur lesquelles portait le calcul de M. Ferrières, l'inconvenance et l'inutilité d'une telle mesure, la question préalable, sur cet objet, a passé à la très grande majorité, contre les efforts les plus violents et les cris excessifs de la faible minorité qui avait adopté ce projet.

M. *Collot d'Herbois*, nommé commissaire avec M. Dusaulx pour l'examen de l'ouvrage présenté à la dernière séance pour l'éducation du peuple, annonce que, l'auteur ayant témoigné quelque répugnance à le voir commissaire, il renonce à cette mission et prie la Société de le faire remplacer.

[M. *Carra* lit une lettre de Marseille annonçant que « tout est rentré dans l'ordre ». — M. *Réal* lit une lettre de Dôle, et expose quelques incidents survenus ces jours derniers à la Halle aux blés. — M. *Doppet* fait hommage à la Société d'un ouvrage de M. Brandt, vicaire de Grenoble, intitulé : *La Religion chrétienne vengée par la constitution*. — M. Boisguyon lit et fait approuver un projet de lettre au fils de l'infortuné maire d'Étampes[1]. — M... signale l'incivisme des habitants de Nevers. — M. *Doppet* discute la lettre de l'empereur.]

Une députation vient réclamer l'appui des membres de l'Assemblée nationale pour hâter l'exécution du décret rendu pour les gardes-françaises, dont la sanction éprouve de grandes difficultés.

La séance a été levée à neuf heures.

1. Voir la pièce suivante.

CLXX

LA SOCIÉTÉ DES AMIS DE LA CONSTITUTION DE PARIS
A M. SIMONNEAU
FILS DE L'INFORTUNÉ MAIRE D'ÉTAMPES

Du 9 mars 1792, l'an IVe de la liberté.

Frère et Ami,

La Société des amis de la constitution n'a appris qu'en frémissant l'horrible attentat dont votre respectable père a été la victime. Des brigands, soudoyés par les ennemis du peuple et par les auteurs des abominables complots tramés chaque jour pour nous replonger dans les horreurs de l'esclavage, ont osé poser une main impie sur un organe de la loi, sur un magistrat en fonction. Et la force publique, dont il requérait l'assistance, ne l'a pas sauvé de leur rage! Nous partageons votre juste douleur, et comme hommes sensibles et comme citoyens. La violation de la loi, accompagnée du meurtre d'un fonctionnaire public chargé de la faire exécuter, est le signal d'un deuil général, et les Amis de la constitution en ressentent les premiers une affliction profonde. Nous n'y trouvons d'adoucissement que dans la pensée qu'il est honorable pour eux d'avoir pu le compter au nombre des membres qui composent leur association patriotique. Puissions-nous faire entrer la consolation dans votre âme en vous présentant la vertu héroïque de l'auteur de vos jours comme le modèle de tous ceux qui marcheront après lui dans la carrière des emplois publics, et comme le fondement d'une gloire impérissable pour son nom, qui laissera dans votre mémoire un souvenir propre, dans tous les temps, à adoucir l'amertume de vos regrets [1].

1. Nous donnons cette lettre d'après le *Moniteur* du 16 mars 1792. Elle a été aussi reproduite dans *le Patriote français* du même jour. — Sur le meurtre de Simonneau, maire d'Étampes, voir la réimpression du *Moniteur*, XI, 552, 557, 563, 566, 573, 578, 666; XII, 4, 10, 28, 258, 274, 314, 368.

CLXXI

SÉANCE DU DIMANCHE 11 MARS 1792

PRÉSIDENCE DE M. THURIOT

[Une lettre de Laon annonce que « les religieuses de l'hôpital de cette ville sont dénoncées comme embauchant pour l'armée des princes ». — *M. Doppet*, coiffé du bonnet rouge (et cette coiffure est saluée par des applaudissements universels), lit une lettre à peu près semblable de Valenciennes. — Comme une lettre de Mende annonçait que les habitants avaient fait feu sur le régiment du Lyonnais, *M. Bancal* propose qu'on envoie apaiser les insurrections partielles par les gardes nationales des départements voisins. — « *M. Santerre* annonce que les volontaires parisiens ont été parfaitement reçus dans les départements où ils se sont portés. » — *M. Gaston*, député, vient protester de son patriotisme. — Une députation des vainqueurs de la Bastille vient protester de son dévouement à la constitution. Le Président la remercie. — *M. Collot d'Herbois* attire l'attention de la Société sur quatre soldats du régiment d'Alsace persécutés par leurs camarades pour leur civisme. Il annonce en même temps les fêtes qui signaleront le retour des soldats de Château-Vieux, et croit inutile, pour maintenir l'ordre, « la surveillance d'une force considérable » comme celle que Pétion a préparée.]

M. *Danton* assure qu'il y a erreur, et que M. Collot d'Herbois a été trompé. « Il est absolument inconnu des magistrats du peuple, dit l'orateur, que M. le maire ait donné aucun ordre de cette nature. Les sentiments de M. le maire sont, sur cela, parfaitement d'accord avec ceux de la Société, et lui et la municipalité verraient avec plaisir le char des soldats de Château-Vieux passer sur les cadavres des despotes leurs ennemis. »

[*M. Sillery* expose qu'après la mise en accusation du ministre et la mort de l'empereur il n'y a plus à s'occuper d'eux. — *M. Carra* voit dans cette coïncidence le doigt de la Providence, et M. Guadet parle dans le même sens.]

Une députation du régiment de la Couronne vient renouveler les protestations qu'il a déjà faites de son attachement à la constitution. — Une députation de patriotes de la section du Luxembourg vient proposer à la Société de célébrer l'époque du 10 mars par une fête patriotique. Sur la motion de M. *Broussonnet*, la question est ajournée au 9 mars 1793. — M. *Dufourny* annonce que, dans l'assemblée du conseil général de la Commune, il a été arrêté, à la majorité de cinquante-trois voix contre cinquante et une, que les séances seraient publiques à l'avenir.

[Discours de *M. Hion* sur les gardes-françaises.]

La séance a été levée à dix heures.

CLXXII

SÉANCE DU LUNDI 12 MARS 1792

PRÉSIDENCE DE M. THURIOT

[Un hulan, déserteur de l'armée d'outre-Rhin, donne « des détails sur le régime, le nombre, la force et la discipline de ces troupes ». — Après la lecture du procès-verbal et de la correspondance, *M. Boissel* fait hommage d'un ouvrage de sa composition, intitulé : *Adresse à la nation française*. — L'affiliation est accordée aux Sociétés de Briançon, Serres et Lannoy.

M... fait part de quelques événements survenus à Arles. — *M...* lit une lettre du vicaire général de Clermont-Ferrand. — *M. de Sillery* communique une lettre du ministre de la guerre sur les soldats d'Alsace. — *M. Legendre* demande qu'on fasse tout ce qu'il sera possible pour le maintien des gardes-françaises. — *M. Hion* présente une série d'observations sur « la publicité des délibérations des sections ». — *M. Réal* parle en faveur des gardes-françaises. — Communications diverses de la Société fraternelle et de la section du Théâtre-Français.]

La séance a été levée à dix heures.

CLXXIII

SÉANCE DU MERCREDI 14 MARS 1792

PRÉSIDENCE DE M. THURIOT

[Après la lecture du procès-verbal, *M. le Président* lit une lettre de *M. Pétion* demandant l'entrée de la séance pour trois Anglais membres de la Société de la révolution de Londres. Accordé. — *M. Réal* lit la correspondance.

M... rapporte que trois officiers de la garde nationale, de service aux Tuileries, ont mis un crêpe pour la mort de l'empereur. — *M. Grangeneuve* proteste contre cette « erreur » de ces trois citoyens. — *M...* ajoute que des soldats portaient aussi un crêpe.

M. Chambon se défend par lettre d'avoir voté contre la publicité des séances du corps municipal.

M. Collot d'Herbois donne de nouveaux détails sur l'affaire d'Avignon. — *M. Grangeneuve* parle sur le même sujet, et, après lui, *M. Robespierre.* — Admission de diverses députations.]

La séance a été levée à dix heures.

CLXXIV

LETTRE ÉCRITE A M. T. ROUSSEAU

AUTEUR DES « CHANTS DU PATRIOTISME »

PAR LE COMITÉ DE CORRESPONDANCE DES AMIS DE LA CONSTITUTION

(S. l. n. d., in-8 de 2 pages.)

Frère et Ami,

Nous avons reçu votre premier chant, intitulé : *Constitution des représentants du peuple en Assemblée nationale.*

Nous vous invitons à donner à cet ouvrage toute l'étendue dont il est susceptible, et à le répandre dans les départements, auxquels nous ne cesserons de le recommander. Vos vers, qui rappellent à tous les citoyens les époques les plus heureuses de la Révolution française, doivent être accueillis avec transport; ils enflammeront les vieillards, ils doubleront le courage de la jeunesse, ils instruiront agréablement l'enfance. Nous attendons votre second chant avec une impatience égale aux sentiments de fraternité avec lesquels nous sommes

Les membres du Comité de correspondance,

Joseph Gaillard, *président;*

Duchosal, Santhonax, Louis Bosc, Boisguyon, *secrétaires;*
C. Roy, Doppel.

Paris, le 14 mars 1792, l'an IV° de la liberté.

On souscrit pour cet ouvrage moyennant 10 sols par mois pour Paris, et 15 sols pour les départements :

Chez l'auteur, cour de Henri IV, n° 28 ; au marché d'Aguesseau, porte Saint-Honoré ;

Chez Meigneret, imprimeur, rue Jacob, n° 40;

Au secrétariat des Amis de la constitution, cour des Jacobins Saint-Honoré, au fond, à gauche;
Chez Debray, libraire, au Palais-Royal, galerie de bois;
Chez Pichard le jeune, libraire, rue Dauphine, à gauche en entrant, porte Pont-Neuf, n° 19,
Et chez les principaux libraires du royaume.

CLXXV

SÉANCE DU VENDREDI 16 MARS 1792

PRÉSIDENCE DE M. THURIOT

Après l'annonce des personnes qui demandent l'entrée de la Société, un de MM. les secrétaires fait lecture du procès-verbal de la dernière séance.

Parmi les personnes qui demandent l'entrée se trouvait un négociant voyageur de Rouen. On invoque contre lui l'article du règlement qui défend d'accorder l'entrée à des personnes résidant dans une ville où il y a une Société d'amis de la constitution, à moins qu'elles ne soient membres de cette Société. Cependant, sur l'observation que fait un membre qu'on peut être très bon patriote et ne pas être de la Société de Rouen, l'entrée de la séance est accordée.

Cette observation donne lieu à divers membres de se plaindre de ce que l'on envoie tous les imprimés à la Société de Rouen, puisqu'elle ne correspond pas avec la Société-mère. Un membre du Comité de correspondance annonce que l'on a reçu ces jours-ci une lettre de la Société de Rouen. D'après cette observation, on passe à l'ordre du jour.

M. *Réal* fait lecture de la correspondance.

Un membre demande qu'on renvoie au Comité de surveillance une lettre du département des Vosges, qui accuse M. Duport de plusieurs griefs assez graves.

M. *Saladin*, chargé par le Comité de législation du rapport de l'affaire de M. Duport, demande que cette lettre lui soit remise. (*Accordé.*)

Une députation des employés aux fermes vient lire à la Société la pétition qu'ils se proposent de présenter à l'Assemblée nationale pour solliciter la prompte exécution de la liquidation de leur traitement. Cette députation excite le plus grand intérêt, et reçoit les plus vifs applaudissements.

M. le Président. — Au premier signal du combat, vous vous êtes rangés sous les étendards de la liberté; la perte de vos états (sic) n'a point altéré vos sentiments; vous avez rejeté avec indignation toute promesse et toute sollicitation contraire à l'intérêt national; vous avez été fidèles à vos serments; vous réclamez la loi de l'équité; vous réclamez l'appui des membres de la Société des amis de la constitution, qui le sont en même temps du corps législatif. Comptez sur eux, je vous le promets en leur nom : leur bonheur est et sera toujours de faire triompher la justice.

M. *Lostalot*, membre du Comité de liquidation, annonce que l'affaire de ces citoyens est à l'ordre du jour dans ce Comité, immédiatement après la liquidation des offices des notaires de Paris, qui occupe tous ses moments. Il offre de se charger personnellement de la sollicitation de la prompte expédition de l'objet de leur demande. (*Applaudi*)

Plusieurs membres prennent la parole en faveur de ces citoyens. Enfin, sur la motion de M. l'abbé *Entrailles*, on nomme deux commissaires *ad hoc* pour solliciter cette prompte expédition près du Comité de liquidation. Ces commissaires sont MM. Entrailles et Lostalot.

[*M. Charlier*, de Lyon, présente une pétition dénonçant le département de Rhône-et-Loire. — *MM. M...*, *Merlin* et *M...*, rapportent divers incidents arrivés le matin aux Tuileries et présentent une série d'observations sur la garde du roi. — *M. Grangeneuve* parle des troubles d'Arles et d'Avignon.]

M. *Santerre*, à la tête d'une députation de soldats de la garde parisienne qui ont des pensions, lit une pétition individuelle que ces citoyens se proposent de présenter à l'Assemblée nationale pour lui demander à convertir ces pensions en capitaux, au moyen desquels ils pourraient former des établissements utiles.

Cette députation est accueillie par les applaudissements universels de la Société.

M. *le Secrétaire* fait lecture d'un arrêté pris par la Société fraternelle séante aux Jacobins, en faveur de M. Giot, boulanger, qui désire retourner dans son pays. Ensuite de cet arrêté était une invitation à la Société-mère de donner quelque secours à ce citoyen et un diplôme.

La Société consultée sur ces deux objets, on arrête que le Comité d'administration pourvoira au premier. Quant au second, on passe à l'ordre du jour, les diplômes ne pouvant être accordés qu'aux membres de la Société.

Un citoyen dénonce l'ordre donné par le commandant de la garde parisienne de faire partir pour Étampes des volontaires, pendant qu'il

y a dans Paris trois régiments qu'on pourrait employer à cet usage.
M. *Santerre* observe qu'il faut bien se garder de blâmer cette mesure, parce qu'il est essentiel d'envoyer des gardes nationales préférablement à des troupes de ligne dans tous les endroits où il y a des émeutes populaires.

M... présente des observations sur les maux que causent dans les provinces les journalistes qui, affichant dans leurs prospectus des sentiments de patriotisme, changent ensuite de religion, comme l'ont fait M. Bérard et autres. Il demande qu'il soit fait une liste des journaux dont les principes sont équivoques, et des personnes qui coopèrent à leur rédaction.

M. *le Président* remet sous les yeux de la Société l'invitation qui lui a été faite par les citoyens du faubourg Saint-Antoine d'envoyer à la séance publique qu'ils tiennent tous les dimanches des membres de la Société qui auraient des discours et instructions patriotiques à prononcer; il invite ceux des membres qui en auraient la faculté de s'inscrire à cet effet.

La séance a été levée à dix heures.

CLXXVI

SÉANCE DU DIMANCHE 18 MARS 1792

PRÉSIDENCE DE M. THURIOT

[On lit les listes « des personnes proposées par le Comité pour être admises dans la Société », puis le procès-verbal. — M. *Carra* obtient l'entrée de la séance pour un soldat du régiment de Castella. — M. *Réal* lit l'extrait de la correspondance. A Nice, une fête splendide a signalé l'installation du buste de Mirabeau dans le lieu des séances de l'assemblée. A Strasbourg, l'esprit public fait de grands progrès.

M. *Réal* expose ce qui s'est passé la veille aux Tuileries. — Sur la demande motivée de MM. *Collot d'Herbois* et *Broussonnet*, une contribution volontaire est accordée à Reine Audu, victime des journées des 5 et 6 octobre. — M. *Albitte*, au nom de la Société de Dieppe, dépose cent seize livres pour les soldats de Château-Vieux. — M. *Collot d'Herbois* donne des détails sur le retour de ces soldats de Brest à Paris. — M. *Carra* communique une lettre annonçant qu'un agent contre-révolutionnaire a été arrêté à Apt.

M. *Louvet* parle sur l'amnistie à accorder aux accusés d'Avignon, et sur les précautions à prendre dans la répression des rebelles de cette ville.]

M. le Président annonce que le scrutin pour le renouvellement du bureau a donné pour président M. *Mailhe,* pour vice-président M. *de Lydda,* évêque de Paris, et pour secrétaires MM. *Saladin, Réal* et *Doppet.*

MM. *Grangeneuve, Barbaroux, Albitte,* occupent successivement la tribune et parlent pour l'amnistie. Un jeune homme veut entreprendre de parler contre ce système : les huées de la Société le forcent au silence. On observe que cet orateur, bon patriote, est poète, qu'il a fait une tragédie sur les troubles d'Avignon, et que dans une tragédie où il faut du sang, des morts, des supplices, une amnistie ne peut trouver place.

On annonce que la collecte faite pour Reine Audu a produit une somme de trois cent cinquante-sept livres cinq sols, que l'on arrête de remettre à Mlle le More pour qu'elle la fasse agréer à cette infortunée.

Des commissaires du club des Cordeliers viennent demander que les chefs contre-révolutionnaires d'Avignon et les commissaires pacificateurs soient mis en état d'accusation. On observe que cette motion ne peut être faite, parce que son objet se trouve compris dans l'acte d'accusation de M. Delessart.

La séance a été levée à dix heures et demie.

CLXXVII

SÉANCE DU LUNDI 19 MARS 1792

PRÉSIDENCE DE M. MAILHE

En l'absence de M. Mailhe, M. *Doppet,* secrétaire, occupe le fauteuil et lit la liste des personnes qui demandent l'entrée de la séance. Toutes sont admises.

Après la lecture du procès-verbal de la dernière séance, un citoyen, dont la mise annonce la plus grande pauvreté, vient remettre au bureau un portefeuille qu'il vient de trouver à la porte, et que l'on reconnaît, par la carte qu'il contient, appartenir à un membre de la Société.

Après plusieurs motions toutes tendantes à témoigner à ce citoyen l'approbation que la Société donne à sa conduite, on se fixe à celle de M. *Santerre :* une contribution volontaire dont le produit sera employé à lui procurer sur-le-champ de meilleurs vêtements.

M. *Réal* fait lecture de l'extrait de la correspondance. Pendant cette lecture, quelques applaudissements, étouffés aussitôt, avaient fait remarquer que M. *Dumouriez,* ministre des affaires étrangères, entrait dans la salle; il s'inscrit pour demander la parole après la correspondance.

Il monte à la tribune, et se conforme à l'usage adopté depuis quelques jours par les orateurs de la Société : il se coiffe du bonnet rouge.

Cette action excite les plus vifs applaudissements de toutes les parties de la salle.

M. Dumouriez. — Frères et amis, tous les moments de ma vie vont être consacrés à remplir la volonté de la nation et le choix du roi constitutionnel. Je porterai dans les négociations toutes les forces d'un peuple libre, et ces négociations produiront, sous peu, une paix solide ou une guerre décisive. (*Applaudi.*) Et, dans le dernier cas, je briserai ma plume politique et je prendrai mon rang dans l'armée pour venir triompher ou mourir libre avec mes frères. J'ai un fort grand fardeau et très difficile à soutenir, mes frères; j'ai besoin de conseils, vous me les ferez passer par vos journaux ; je vous prie de me dire la vérité, les vérités les plus dures. Mais repoussez la calomnie, et ne rebutez pas un zélé citoyen que vous avez toujours connu tel. (*Applaudissements universels.*)

M. le Président. — Des nuages obscurcissaient notre horizon politique; mais la liberté a porté ses rayons lumineux jusque dans les antres où l'intrigue tramait ses manœuvres funestes. En vous voyant à la tête du département qui traite de nos relations avec les autres peuples, la nation française se flatte d'avance que les temps où l'on a voulu l'humilier sont passés. Homme libre, ministre nommé dans un instant où il s'agit de montrer à l'univers trompé la sublimité de notre constitution, le peuple français compte sur un frère aussi plein de talent et de civisme que vous l'êtes pour faire reconnaître la souveraineté du peuple. La Société se félicite de vous voir dans son sein, et se fera toujours gloire de vous compter parmi ses membres.

L'impression du discours du ministre et de la réponse du Président est demandée avec énergie. M. *Legendre* demande à parler contre l'impression. Il a peine à obtenir la parole, et, au moment où il énonce pour raison de s'opposer à cette mesure la dépense qu'elle occasionne, des cris horribles, partant toujours du côté de la porte, l'empêchent de motiver cette opinion, et il descend de la tribune.

M. Collot d'Herbois. — J'avais demandé la parole pour une réflexion bien simple. J'applaudis de tout mon cœur aux sentiments énoncés par le ministre et à la réponse de M. le Président. Mais j'ai dit à

M. le Président qu'il n'y avait pas de réponse à faire; cela nous est très peu important. Jetez, Monsieur, l'impression de côté, la Société ne s'arrêterait pas à ces frais; mais ce qui est important, c'est de ne pas renoncer au grand caractère de cette Société. Ou le ministre est monté à la tribune comme membre de cette Société, ou il y est monté comme un individu étranger. Si c'est comme membre, car je crois que le ministre s'honorera toujours d'être membre de cette Société, il n'y avait rien à lui répondre; et où en serions-nous? Certes, la chose publique serait dans une situation bien alarmante s'il fallait répondre à tous ceux qui parlent à cette tribune avec quelque patriotisme. On ne devait pas faire de réponse. Si c'est à un ministre que l'on a répondu, un ministre ne doit pas venir ici pour entendre dire qu'on se fera gloire de le compter au nombre de la Société. Dans tout ce qu'a fait le ministre, ou plutôt dans ce qu'a dit M. Dumouriez, il a agi comme tout membre de la Société doit agir : il s'est mis au niveau de vos opinions. Il n'y avait qu'une réponse à faire, et lui-même devait se la faire : j'agirai comme j'ai parlé. Pour moi, je l'espère.

M. *Dumouriez* lève la main.

M. LE PRÉSIDENT. — Je vous avouerai, Messieurs, que le grand étonnement que m'a causé le spectacle nouveau d'entendre un ministre patriote m'a fait oublier que j'étais Jacobin. (*Applaudi.*)

M. ROBESPIERRE. — S'il n'avait été question que de la première demande à laquelle a donné lieu le discours de M. Dumouriez et la réponse de M. le Président, je n'aurais point élevé la voix; mais ensuite chacun a pu s'apercevoir qu'il s'agissait des principes de cette Société. Je ne suis point de ceux qui croient qu'il est absolument impossible qu'un ministre soit patriote. Que nous offre M. Dumouriez? Quand il aura rempli ses présages, quand il aura dissipé les ennemis armés contre nous par ses prédécesseurs et les conjurés qui dirigent notre gouvernement malgré l'expulsion de quelques ministres, alors, seulement alors, je serai disposé à lui décerner tous les éloges dont il sera digne; alors néanmoins je ne penserai point qu'un bon citoyen de cette Société ne soit pas son égal, et que tout membre qui montera à cette tribune pour s'élever contre l'impression du discours d'un ministre quel qu'il soit puisse être réduit à quitter cette tribune par des cris et des clameurs confuses; c'est par amour pour la liberté, c'est par respect pour les droits du peuple, qui seul est grand, qui seul est respectable à mes yeux, et devant lequel s'évanouissent les hochets des puissances ministérielles, que je rappelle la Société à ses principes. C'est pour la Société, c'est pour l'honneur du ministre même, que je demande que l'on n'annonce pas à son arrivée la décadence de l'esprit public. Que des ministres viennent ici pour unir leurs efforts à ceux de tous les bons citoyens qui composent cette Société, qu'ils viennent demander des conseils, qu'ils en reçoivent et qu'ils les pratiquent, qu'ils méritent l'amour de la nation : c'est à ces conditions seulement que leur présence peut être utile dans cette Société ; et, s'il faut des conseils aux ministres, je promets, pour ma part, de leur en donner qui seront avantageux pour eux et pour la chose publique. J'ai rempli mon objet, puisque ces principes sont gravés dans le cœur de tous les membres de cette Société, puisque personne ne peut se flatter que dans cette Société, qui triompha toujours de toute la puissance du despotisme et de toutes les manœuvres de l'intrigue, il n'y a personne, il n'y a rien qui puisse altérer la pureté des principes qui l'animent. D'après cela, je déclare à M. Dumouriez qu'il ne trouvera aucun ennemi parmi les membres de cette Société, mais bien des appuis et des défenseurs aussi longtemps que, par des preuves éclatantes de patriotisme, et surtout par des services réels rendus au peuple et à la patrie, il prouvera, comme il l'a annoncé par des pronostics heureux, qu'il était le frère des bons citoyens et le défenseur zélé du peuple. Je ne redouterai pour cette Société la présence d'aucun ministre, mais je déclare qu'à l'instant où dans cette Société un ministre aurait plus d'influence qu'un bon citoyen qui s'est constamment distingué par son patriotisme, alors il nuirait à la Société ; et je jure, au nom de la liberté, qu'il n'en sera point ainsi, qu'elle sera toujours l'effroi de la tyrannie et l'appui de la liberté !

M. *Dumouriez* se précipite dans les bras de M. Robespierre. La Société et les tribunes, regardant ces embrassements comme le présage de l'accord du ministère avec l'amour du peuple, accompagnent ce spectacle des plus vifs applaudissements.

M. RÉAL. — En approuvant de tout mon cœur les excellentes raisons qu'a données M. Collot d'Herbois pour prouver qu'il ne devait point être fait de réponse à M. Dumouriez, l'impression de cette réponse se trouve naturellement rejetée. Il n'en est pas de même du discours du ministre, dont je demande l'impression, et voici mes motifs : j'ai toujours vu les ministres promettre, promettre beaucoup, et tenir peu. Si jamais M. Dumouriez manquait à son devoir, je n'aurais alors qu'une réponse à lui faire, ce serait de lui envoyer chaque fois un exemplaire du discours qu'il vient de prononcer parmi nous.

Deux citoyennes, qui ne se font connaître que sous le titre de souscripteurs au journal de la Société, font passer deux assignats de cinq livres pour avoir part à la contribution volontaire ouverte pour l'acquittement des dettes de la Société.

Sur l'observation de M. Réal, on arrête que, la Société ne devant recevoir aucun secours de l'extérieur pour payer ce qu'elle doit, l'offre de ces généreuses citoyennes sera mentionnée honorablement au procès-verbal, mais les fonds leur seront remis, à moins qu'elles ne consentent qu'ils soient appliqués à la caisse de bienfaisance.

On annonce la mort de M. Savy, trésorier de la Société, et on invite ceux des membres de la Société qui le pourront à se trouver à son convoi.

A cette occasion, M. *Legendre* observe que le nombre des membres de la Société rendus à celui de M. Machenaud était peu considérable; il ajoute que M. l'évêque de Paris, instruit que les parents peu fortunés de ce jeune citoyen lui avaient donné des funérailles très modestes, y avait envoyé tout son clergé avec des flambeaux. Ce fut au milieu de ce cortège de prêtres patriotes, et suivi d'une foule de bons citoyens, que le cercueil fut porté à l'église, orné d'une couronne civique et du bonnet de la liberté.

M. *Chabot* vient, au nom de la chose publique, inviter les membres de l'Assemblée nationale qui pourraient se trouver dans la Société à se rendre à leur poste, où, dit-il, « le côté droit se remplit d'une manière effrayante pour les patriotes, et où j'ai entendu proposer de rapporter l'excellent décret que nous avons rendu ce matin ».

Le montant de la collecte faite pour le citoyen qui avait rapporté le portefeuille monte à quatre-vingt-dix-neuf livres, et est remis à MM. Santerre et Semery, nommés commissaires pour pourvoir à son habillement.

M. *Doppet*, le bonnet rouge sur la tête, lit une lettre que M. Petion adresse à la Société pour lui présenter quelques réflexions sur cette nouvelle mode introduite depuis quelques jours dans la Société, et dans laquelle il s'attache à en prouver l'inutilité et le danger, et engage les membres de la Société à s'en défaire.

Au milieu de la lecture de cette lettre, le bonnet de M. le Président était rentré dans sa poche, et à la fin de la lettre il n'en restait plus dans la salle [1].

---

1. Voici cette lettre de Petion, que le *Journal des Jacobins* ne donne pas :

« Frères et amis,

« Permettez-moi de vous faire part de quelques observations sur un objet qui me paraît important.

« Je n'ai pas besoin de vous dire que j'aime, que je respecte autant que personne tous les emblèmes qui retracent les idées de liberté et d'égalité; mais je

M. ROBESPIERRE. — Je respecte, comme le maire de Paris, tout ce qui est l'image de la liberté, j'ajouterai même que j'ai vu avec un plaisir inappréciable ce présage de la renaissance de la liberté; cependant, éclairé par les mêmes réflexions et par les mêmes observations qu'a

doute que la décoration nouvelle atteigne le véritable but que le patriotisme se propose. A portée d'observer la marche de l'esprit public, voici ce que j'ai recueilli.

« La pureté de vos principes, la fermeté inébranlable de votre conduite, vous ramenaient d'une manière sensible une multitude de citoyens honnêtes, mais trompés. La Société prenait cet ascendant que donnent tôt ou tard la raison et la justice. Eh bien! le signe que vous arborez effarouche les esprits, les éloigne de vous, et sert de prétexte à la malignité de vos détracteurs.

« Un grand nombre d'excellents citoyens, d'amis sincères de la liberté, désirent que les défenseurs des droits de l'homme et de la constitution prennent l'attitude fière qui leur convient, mettent dans toutes leurs démarches, dans toutes leurs actions, de la dignité et de la grandeur. Vous trouverez sans doute vous-mêmes que la liberté est quelque chose d'assez sérieux, que les circonstances qui nous environnent sont assez graves, pour nous prescrire une marche tout à la fois courageuse et imposante.

« Le but des ennemis de la constitution est de nous faire perdre ce grand caractère, cette énergie calme, si nécessaire à un peuple qui veut conserver sa liberté, en cherchant à vous distraire par des objets inutiles et frivoles. Ils voudraient bien nous faire paraître légers, pour nous persuader que la nature nous a condamnés à toujours l'être. Ils voudraient bien présenter les Sociétés patriotiques comme un parti, comme une faction; et ne serait-ce pas en quelque sorte les seconder que de séparer par des signes extérieurs les citoyens qu'il faut rallier aux mêmes principes et à l'intérêt général? Quelque vogue que ces signes puissent avoir, ils ne seront jamais adoptés par tous les patriotes, et tel homme passionné pour le bien public sera très indifférent pour un bonnet rouge. Sous cette forme, la liberté ne paraît ni plus belle ni plus majestueuse : une telle forme n'ajoutera rien à l'amour naturel que le Français a pour la constitution. Le peuple, beaucoup plus sérieux, beaucoup plus raisonnable qu'on ne pense vulgairement, ne se contente plus des images stériles de la liberté : il veut la liberté même. Il ne veut plus de hochets, mais des lois sages et des institutions bienfaisantes.

« Je termine par des réflexions qui fixeront sans doute votre attention. Si le torrent de la mode nouvelle n'est arrêté, qu'arrivera-t-il? Les hommes qui paraîtront en public avec des bonnets rouges seront désignés sous le nom de Jacobins; les ennemis de cette Société seront les premiers à prendre ce costume pour la compromettre. Ils exciteront des troubles, des désordres, et on les imputera à la Société.

« Nous avons le bonheur d'avoir un signe général consacré par l'opinion. Les ennemis de la liberté n'osent pas en prendre un différent. N'y aurait-il pas dès lors une souveraine imprudence à donner l'exemple d'un signe nouveau? Bientôt vous verriez des bonnets verts, des bonnets blancs. Que ces bonnets de couleurs diverses se rencontrent, alors une guerre ridicule et sanglante s'engage, l'ordre public est troublé, la paix intérieure est altérée, et peut-être la liberté compromise.

« J'abandonne ces idées à votre méditation, et avec d'autant plus de confiance que, si elles ne vous paraissent pas fondées, mes intentions vous paraîtront toujours pures et fraternelles.

« *Signé :* PETION. »

faites M. Petion, je me sentais pressé de présenter à la Société les raisons qui viennent de vous être offertes; mais, comme je n'ai à combattre que le patriotisme, je suis charmé d'être guidé par M. Petion, par un citoyen dont le civisme et l'amour pour la liberté sont à toute épreuve, par un citoyen dont le cœur est ardent et dont la tête est froide et réfléchie, et qui réunit tous les avantages, les talents et les vertus nécessaires pour servir la patrie, dans un temps où les ennemis les plus adroits et plus astucieux peuvent lui porter des coups funestes. J'appuie donc la proposition qui a été présentée à votre prudence; et il suffit de la présenter et d'exposer qu'indépendamment de tous les signes qui animent les cœurs vertueux, indépendamment de la déclaration des droits qui est gravée sur nos murs et dans nos cœurs, indépendamment des chaînes des soldats de Château-Vieux qui brilleront bientôt à la voûte de ce temple, et de toutes les marques de patriotisme et de courage qui ont signalé les Sociétés patriotiques, qui, de concert, combattent les ennemis de la chose publique, s'il est un signe évident qui parle en même temps au cœur et aux yeux, nous l'avons ce signe-là, le voilà (*il montre sa cocarde*): il nous montre qu'y substituer un autre signe ce serait en affaiblir l'énergie, et ce serait supposer qu'il y en a un plus énergique, ce qui n'est pas vrai.

Celui-ci nous rappelle sans cesse de vivre libre ou de mourir. En déposant le bonnet rouge, les citoyens qui l'avaient pris par un patriotisme louable ne perdront rien; ce signe de la liberté sera dans leur cœur, et tous les amis de la liberté se reconnaîtront facilement au même langage et aux signes de la raison qui ramène la vertu, tandis que tous les autres signes peuvent être adoptés par l'aristocratie et la perfidie. Je ne vous répéterai point toutes les sages réflexions de M. Petion. Je me bornerai à retracer une grande vérité, exprimée dans cette lettre, dont la promulgation est très nécessaire pour éclairer l'esprit public.

Il faut, dit-on, employer de nombreux moyens pour ranimer le peuple. Non, car le peuple a conservé le sentiment le plus profond du patriotisme; c'est par le peuple qu'est attendu constamment le jour du bonheur, qui est retardé par les perfides intrigues de ceux qui ont voulu le mettre dans les fers; le peuple n'a pas besoin d'être poussé, il faut qu'il soit seulement bien défendu; c'est le dégrader que de croire qu'il est sensible à des marques extérieures; tous ces sentiments ne font que détourner l'esprit public de l'attention qu'il donne aux principes de la liberté, aux mandataires chargés de la destination du peuple, le livrer à des objets qui n'ont rien de décisif et qui n'empêchent pas nos conspirateurs de poursuivre leurs complots perfides. Je vous présente, au nom de la patrie, l'étendard sacré qui seul en impose à nos ennemis, le seul qui rallie à vous tous ceux que l'intrigue avait trompés.

Ils voudraient, vos ennemis, vous faire oublier votre dignité pour vous montrer comme des hommes frivoles et livrés à une espèce de faction. Vous devez donc vous décider à conserver ce seul signe, sous les auspices duquel est née la constitution. J'appuie les propositions de M. Petion, et je demande que la Société décide que son opinion est conforme à la lettre qu'elle a reçue de lui, qu'elle ordonne l'impression de cette lettre et l'envoi à toutes les Sociétés affiliées.

La Société adopte cette proposition, en y ajoutant que M. Tallien sera invité à en faire le sujet d'une de ses affiches.

Quatre grenadiers du régiment de Foix, en garnison à Givet, viennent, avec la recommandation de la Société de cette ville, demander un défenseur pour obtenir justice du Comité militaire. M. *Collot d'Herbois* est nommé commissaire.

M. *Corroller* annonce que la municipalité de Langres a fait l'acquisition, chez MM. Perrier, de quatre pièces de canon pour le service national de cette ville; il demande que la Société engage son Comité de correspondance à écrire aux Sociétés qui se trouvent sur la route que doivent suivre ses pièces, pour qu'elles n'éprouvent aucun retard dans leur marche.

On observe à M. Corroller que la Société ne peut pas se charger d'une telle commission, que c'est aux commandants de la garde nationale de chacun des lieux où elles doivent passer que cette recommandation doit être envoyée, ce que ne peut pas faire la Société.

La proposition de M. Corroller n'étant pas appuyée, on passe à l'ordre du jour.

La séance a été levée à neuf heures et demie [1].

---

1. Cf. dans les *Annales patriotiques* du 21 mars 1792 un compte rendu de cette séance, avec des remarques sur la présence du ministre Dumouriez et la lettre de Petion. Dans la *Chronique de Paris* du 21 mars, il y a des remarques analogues. — *Société des amis de la constitution... Discours de M.* Dumouriez..., *prononcé à la tribune de la Société... le 19 mars 1792*. Paris, imp. du *Patriote français*, s. d., in-8 de 3 p. Bibl. nat., Lb 40/2258. — *Société des amis de la constitution... Copie de la lettre de M. Petion à la Société... le 19 mars 1792*. Imp. du *Patriote français*, s. d., in 8 de 4 p. Bibl. nat., Lb 40/2259.

CLXXVIII

SÉANCE DU MERCREDI 21 MARS 1792

PRÉSIDENCE DE M. MAILHE

[*M. Thuriot* prend le fauteuil, en l'absence de *M. Mailhe*. — *M. Chabot* « dévoile les intrigues et les manœuvres qu'ont employées à Blois les prêtres superstitieux contre M. l'abbé Tollin, auteur d'un ouvrage dont la Société a reçu l'hommage en en faisant mention honorable ». — *M...* lit une lettre de Lille relative à la baisse des assignats.

M. Legendre prétend que tout ministre choisi parmi les Jacobins cesse par là même d'être Jacobin. — *M. Réal* proteste contre cette idée du préopinant qu'on ne peut pas être à la fois ministre et honnête homme, bien qu'il reconnaisse combien cela est difficile. — *M. Legendre* veut démontrer que les opinions d'un Jacobin se transforment nécessairement par le seul fait de son passage au ministère. On passe à l'ordre du jour.

M. Thuriot cède le fauteuil à *M. Dufourny*.

Une députation des jeunes citoyens de Maine-et-Loire vient protester de son zèle pour la constitution et la liberté.

Une députation des volontaires de Valence exprime les mêmes sentiments.

Sur la lecture faite par *M. Boisguyon* d'une circulaire relative à la situation actuelle du pays à l'intérieur et à l'extérieur, *M. Robespierre* fait observer combien il est difficile d'apprécier une œuvre aussi délicate à la première lecture et demande l'ajournement. (*Adopté.*)

Une discussion s'ouvre sur la question de savoir si l'on gardera dans l'armée française « des officiers aussi lourdement aristocrates que le sont les officiers suisses ». La suite en est remise à dimanche.]

M. Hion annonce que le produit des trois quarts de la collecte faite dans la section du Palais-Royal pour les Suisses de Château-Vieux monte à 2,100 livres, et que les 44 sections adhèrent au vœu porté par celle du Palais-Royal pour les gardes-françaises.

La séance a été levée à neuf heures et demie.

CLXXIX

SÉANCE DU VENDREDI 23 MARS 1792

PRÉSIDENCE DE M. MAILHE.

Après la lecture d'une liste des personnes qui demandent l'entrée de la séance, un membre du Comité de présentation lit celle des candidats dont le Comité propose l'admission dans la Société.

M. *le Secrétaire* chargé du procès-verbal n'étant pas encore arrivé, une députation de la Société deVersailles monte à la tribune et recommande à la Société vingt-cinq grenadiers du 14e régiment d'infanterie, ci-devant Foix, qui, victimes de la conduite tyrannique du despote Béague dans les colonies, ont été renvoyés en France avec des cartouches infamants. Ces braves soldats sont accompagnés d'un jeune homme, âgé de dix-huit ans, nommé le Clerc-Doze, qui, animé par les persécutions qu'il a lui-même éprouvées, et par les injustices commises à l'égard de ces grenadiers, s'est déclaré leur défenseur officieux, ne les a pas quittés d'un moment depuis leur départ de Lorient, et s'acquitte du devoir que lui impose l'engagement qu'il a pris avec une énergie et un talent au-dessus de son âge.

Après le discours de l'orateur de la députation, le jeune défenseur, M. *le Clerc-Doze,* monte à la tribune, où il développe, avec la chaleur d'un soldat romain et la précision d'un véritable orateur, le plan de contre-révolution formé dans les colonies par le commandant Damas, qui savait bien qu'en ruinant les colonies il ruinerait le commerce de la France, qu'en perdant ce commerce il ruinerait les villes maritimes de la France, dont toute l'existence tient au commerce, et qu'en ruinant ces villes il grossirait d'autant le nombre des mécontents, en fortifiant un parti pour opérer la contre-révolution dans le continent.

Nous passerons sur le détail des persécutions qu'a fait éprouver à ces soldats patriotes le contre-révolutionnaire Béague, tout le monde les connaît ; mais il était donné au jeune défenseur des soldats du 14e régiment de les présenter avec les couleurs intéressantes qui excitèrent les plus vifs applaudissements de toutes les parties de la salle.

M. LE PRÉSIDENT. —Votre langage est fier et énergique : c'est le langage de la liberté et celui des vrais Jacobins. Vous demandiez indulgence pour votre jeunesse : c'est précisément votre jeunesse qui a ajouté à l'intérêt qu'inspirent vos réclamations. En vain les ennemis de la chose publique, dans l'étroite convulsion de leur rage et de leur aristocratie expirante, cherchent à détourner d'elle les défenseurs de la liberté : ces soldats de la liberté sauront se défendre contre toutes les atteintes qu'on pourrait porter à leur existence. La Société a entendu vos réclamations avec le plus vif intérêt, elle fera son possible pour pourvoir aux besoins momentanés de ceux que vous lui présentez; les Amis de la constitution vous promettent leur appui auprès de l'Assemblée nationale, et la France entière applaudira à la justice de votre cause, qu'ils auront fait triompher.

M. Lasource. — Nous sommes, on peut le dire, dans les beaux jours de Rome et de la Grèce ; je cède à une émotion que la Société a partagée sans doute ; je ne suis point adulateur, mais je ne refuse point de brûler mon encens devant les talents et les vertus civiques. Je suis enchanté du talent de ce jeune orateur, qui a parlé à l'instant avec toute la fermeté d'un homme libre ; je viens donc réclamer mention au procès-verbal de son zèle et de son patriotisme.

La Société, partageant les sentiments de M. Lasource, arrête qu'il sera fait mention au procès-verbal du discours énergique prononcé par M. le Clerc-Doze, défenseur officieux des grenadiers du 14ᵉ régiment.

M. *Doppet, secrétaire,* fait lecture du procès-verbal de la dernière séance. Il est suivi à la tribune par M. *Réal,* qui, après avoir lu l'extrait de la correspondance, demande et obtient la parole pour un enfant de neuf ans qui vient remettre à la Société son offrande pour les soldats de Château-Vieux. Ce jeune enfant, M. Hebinguer, est accueilli par des applaudissements.

[*M. Hebinguer* remercie la Société de sa sollicitude pour les soldats de Château-Vieux. — *M. le Président* le félicite de son civisme.]

M. *Pépin* dénonce l'arrêté pris par la Société de Nîmes de former dans son sein un comité secret, et la démarche de cette Société qui engage celles qui lui sont affiliées à imiter son exemple, qui paraît infiniment dangereux à M. Pépin.

MM. *Chabot* et *Réal* observent que, vu les circonstances extraordinaires où s'est trouvée Nîmes, cette Société a pu avoir les meilleures raisons de former un Comité de surveillance, que cet établissement peut être infiniment utile dans ce pays, où la philosophie n'a fait que des progrès fort lents. Ils demandent l'un et l'autre qu'on passe à l'ordre du jour sur la proposition de M. Pépin.

Cette proposition est adoptée.

Un député de Marseille monte à la tribune, et vient protester de nouveau du civisme et du courage des habitants de cette ville. « Lorsque la loi se tait, dit cet orateur, le peuple parle. On pourra nous faire ployer, mais jamais nous rompre, et l'enclume de six cents pesant, qui est au fond du port de Marseille, surnagera avant qu'on voie les Marseillais abandonner la défense de la liberté. »

[*M. le Clerc-Doze* montre qu'il faut redouter les modérés, « dont on ne connaît pas les intentions », à l'égal des ennemis déclarés de la liberté.]

On annonce que le produit de la collecte pour les soldats du 14ᵉ régiment monte à 281 livres 10 sols.

M. *Daubigny* parle en faveur d'un soldat du régiment de Château-Vieux, chassé de ce corps avec un cartouche infamant pour avoir désapprouvé la conduite du général Bouillé, après le supplice des soldats de cet infortuné régiment. Ce soldat demande à être relevé de ce cartouche, et à prendre du service dans l'armée française. M. Daubigny le recommande au généreux défenseur de ses camarades opprimés, M. Collot d'Herbois.

Un député du département des Bouches-du-Rhône lit une adresse qu'il doit présenter à l'Assemblée nationale, et dans laquelle il expose les causes et les motifs de l'insurrection marseillaise contre le régiment d'Ernest; il rend le témoignage le plus éclatant de la bonne conduite et du civisme de MM. Perrin et Puget de Barbantane.

M. *Carra* expose les dangers qu'il y aurait à s'endormir dans une sécurité profonde, parce que la cour a choisi les ministres dans la Société. Il fait pressentir que le motif de ces choix peut avoir été de gagner le temps nécessaire à ses vues, en endormant le peuple par des apparences de popularité, jusqu'à ce que les affaires d'Allemagne, dérangées par la mort de l'empereur, aient pris la tournure nécessaire aux vues de la cour.

[Il développe ces idées.]

La Société reçoit l'hommage d'une collection de décrets de l'Assemblée nationale qui lui est adressée par les éditeurs de cette collection. On arrête la mention honorable au procès-verbal.

Une députation des gardes des ports de la ville de Paris vient présenter à la Société le tableau des demandes que cette troupe, qui s'est parfaitement bien montrée depuis la Révolution, se croit fondée à faire à l'Assemblée nationale.

M. *Santerre* observe qu'indépendamment de la justice qui est due à ces citoyens, une considération vient augmenter l'intérêt qu'ils doivent inspirer, c'est que le projet du gouvernement est de leur substituer la gendarmerie.

M. *Robespierre* propose que, vu la multitude des détails sur lesquels porte cette demande, il soit nommé des commissaires pour en prendre une connaissance plus intime.

Les commissaires nommés sont MM. Robespierre et Santerre.

Une députation de la section de Montreuil, faubourg Saint-Antoine, remet à la Société 442 livres 5 sols, produit d'une quête faite dans cette section pour les soldats de Château-Vieux. « La plus grande partie de cette somme, dit l'orateur de la députation, est sortie des greniers, et les habitants les plus malheureux même y ont contribué en empruntant de leurs voisins. »

M. *Pépin*, au nom de la Société fraternelle séante aux Jacobins, vient solliciter l'appui de la Société et des défenseurs officieux pour le patriote Bourier, soldat de la nouvelle garde du roi, chassé de ce corps pour avoir dit, lorsque le poltron Brissac cria aux armes dans les appartements, qu'il n'y avait pas besoin d'armes, puisqu'il n'y avait que des gardes nationales, qui étaient les meilleurs défenseurs du roi.

Une députation de la Société des Nomophiles vient réclamer contre la profusion et la grande dépense que semble préparer le Comité des Sociétés patriotiques pour la réception des soldats de Château-Vieux. Ces sages observations sont entendues avec plaisir.

La séance a été levée à dix heures.

CLXXX

SÉANCE DU DIMANCHE 25 MARS 1792 [1]

PRÉSIDENCE DE M. MAILHE

[On lit la correspondance, et entre autres une lettre très énergique de Marseille, en patois provençal, rappelant les députés à leurs devoirs.]

M. *Hion* interrompt cette lecture pour annoncer que les habitants du faubourg Saint-Antoine, qui ont donné une fête aux forts de la Halle, demandent à traverser seulement la salle de la Société. (*Accordé par acclamation*.) Aussitôt la musique qui précède leur marche se fait entendre; toute la Société, chapeau bas, témoigne par des applaudissements cadencés le plaisir de voir ses frères au milieu d'elle marcher au son de l'air favori : *Ça ira*. — M. *Santerre* marche à la tête des vainqueurs de la Bastille, et, arrivé en face du bureau, il prononce le discours suivant, qui est couvert des applaudissements de toute la salle :

« Les vainqueurs de la Bastille et les forts de la Halle se sont réunis aujourd'hui pour la première fois. Leur fête était incomplète : il leur

---

1. Il y a dans les *Sabbats jacobites*, t. III, p. 219, un compte rendu de cette séance.

manquait la présence de la Société des Jacobins. Nous sommes fâchés de vous avoir interrompus; mais notre plaisir est au comble. »

L'air : *Où peut-on être mieux qu'au sein de sa famille,* joué par la musique, exprime le sentiment de la Société et des membres qui composent cette marche civique, qui défile au milieu des acclamations universelles. — On remarque, parmi les forts de la Halle, M. de Saint-Huruge avec un chapeau blanc, et, parmi les vainqueurs de la Bastille, on applaudit à M. l'évêque du Calvados et à M. le procureur de la Commune de Paris, qui en font partie.

La mention honorable, au procès-verbal, de cette visite fraternelle est demandée et arrêtée aussitôt.

Une députation de sept soldats du corps des Cent-Suisses, de la garde de M. Stanislas-Xavier, frère du roi, demande à lire une pétition qu'ils ont déjà présentée à l'Assemblée nationale. On lui accorde l'entrée de la séance.

M. *Rouyer* demande qu'après la lecture du travail de M. Isnard, la Société mette à l'ordre du jour l'objet des colonies, et qu'on discute les moyens d'en rappeler tous les commandants. — Arrêté.

[M. *Rouyer* expose son opinion sur les colonies. — M. *Sillery* demande la construction de trois tribunes capables de contenir trois membres de chacune des Sociétés patriotiques, et désire que le Comité de présentation soit plus sévère. — Ajourné à mercredi. — M. *Isnard* lit un long travail sur les circonstances actuelles.]

M. *Guiraut* présente un modèle de machine, qu'il appelle *logoscope,* qu'il doit présenter demain à l'Assemblée nationale. Il prie les membres de la Société de lui obtenir l'entrée à la barre, et de préserver sa machine du malheur de pourrir dans les Comités ou les archives, d'où il assure qu'on ne peut rien retirer pour l'utilité publique.

La séance a été levée à dix heures.

CLXXXI

SÉANCE DU LUNDI 26 MARS 1792

PRÉSIDENCE DE M. MAILHE

En l'absence de M. le président, M. *Collot d'Herbois* prend le fauteuil et lit la liste des personnes qui demandent l'entrée de la séance. MM. les secrétaires lisent les procès-verbaux des deux dernières séances, et M. *Réal* fait lecture de la correspondance, qui donne lieu à plusieurs observations, après lesquelles M. *Robespierre* demande et obtient de lire une adresse qu'il a projetée pour être envoyée aux Sociétés affiliées au sujet de la position actuelle de la chose publique.

Une députation du Comité central des Sociétés patriotiques de Paris demande à rendre compte du projet de fête arrêté par le Comité.

La députation est introduite, ainsi que celle du bataillon des volontaires des Petits-Augustins et de l'Abbaye, et la parole leur est accordée pour neuf heures, après l'ordre du jour.

[M. Robespierre fait la lecture de son adresse.]

L'impression et l'envoi sont demandés à grands cris, et repoussés de même au milieu d'un tumulte qui force M. l'évêque de Paris, qui occupait le fauteuil, à se couvrir. Enfin le calme renaît, et M. *Guadet* monte à la tribune pour demander le renvoi de l'impression à des commissaires.

[M. Robespierre s'applique à réfuter M. Guadet.]

Les cris les plus violents empêchent longtemps M. le Président de mettre l'impression de l'adresse proposée par M. Robespierre aux voix. M. *de Sillery* propose, comme amendement, d'arrêter l'impression comme d'une opinion de M. Robespierre, et non comme une adresse de la Société.

La question préalable sur cet amendement est demandée. L'épreuve paraît douteuse à quelques membres, qui en demandent une seconde. Le plus grand tumulte succède à cette demande. M. le Président est obligé de se couvrir. Enfin, il explique une seconde fois l'objet de la délibération, et la question préalable est rejetée. Il veut mettre l'amendement aux voix, et se donne la peine d'en rappeler le sujet, lorsqu'une voix, partie du côté de la porte, s'écrie : « Point de capucinade, Monsieur le président! »

A ces mots, toute l'assemblée indignée veut savoir le nom de l'indiscret qui a lâché ce propos : il reste inconnu; le plus grand désordre règne dans la Société, et M. le Président lève la séance.

Séance levée à onze heures.

CLXXXII

SÉANCE DU MERCREDI 28 MARS 1792

PRÉSIDENCE DE M. MAILHE

[A propos de la liste des personnes admises par le Comité de présentation pour être proposées à la Société, M. *Robespierre* fait arrêter qu'on suspendra toute présentation jusqu'à nouvel ordre. — « On arrête également de soumettre à la peine de l'expulsion le membre qui aura présenté une personne convaincue d'émigration. » — M. *Louvet*, accusé de rapports avec les émigrés, « se justifie pleinement ». — M. le rapporteur du Comité de présentation dénonce le membre qui, dans la dernière séance, a apostrophé grossièrement : ce membre est M. Santhonax. — M. *Chépy* fils parle pour l'excuser, et M. *Santhonax* lui-même se disculpe avec une loyauté qui obtient l'assentiment de la Société. On passe à l'ordre du jour.]

M... demande à dénoncer un membre de la Société comme rédacteur de la *Gazette universelle*. Des murmures étouffent sa proposition, et M. *Danton*, observant que cette suite de dénonciations vagues, en donnant lieu à des justifications, absorbait tous les moments de l'assemblée et paraissait être le fruit d'une tactique mise en jeu pour éloigner l'ordre du jour, demande que toute personne qui voudra dénoncer quelqu'un soit tenue de nommer les personnes de qui elle tiendra les motifs de la dénonciation. M. *Collot d'Herbois* ajoute à cette proposition que toute dénonciation, avant d'être faite à la Société, soit présentée par le dénonciateur à la personne qu'elle intéresse. — Ces propositions sont adoptées.

[On propose de consacrer une couronne civique à la mémoire de trois patriotes défunts, Machenaud, Loustallot et Simonneau : M. *Robespierre* fait écarter cette proposition. — M. *Tallien* donne des détails sur les fêtes qui signaleront le retour des soldats de Château-Vieux à Paris, et une souscription volontaire est ouverte pour fournir aux frais de ces fêtes.]

La séance a été levée à dix heures et demie.

CLXXXIII

SÉANCE DU VENDREDI 30 MARS 1792

PRÉSIDENCE DE M. MAILHE

[A propos de la lecture de la correspondance, *M. Merlin* fait remarquer qu'il en résulte toujours les deux mêmes faits : une plainte universelle contre les prêtres réfractaires, et la négligence des ministres à exécuter les décrets rendus par l'Assemblée nationale. — On arrête aussitôt que « la correspondance de ce jour sera communiquée fraternellement aux ministres ». A ce propos, *M. Camille Desmoulins* fait remarquer qu'en vertu même de l'arrêté pris cette communication devient officielle, et rappelle que la Société a arrêté qu'elle ne communiquerait jamais avec les ministres. L'arrêté est rapporté.

M. Chabot rapporte que, malgré le tumulte, « tout a été au gré des patriotes » à l'Assemblée nationale. — *M. Collot d'Herbois* fait l'historique de l'affaire des soldats de Château-Vieux, et l'impression de son discours est ordonnée [1].]

La séance a été levée à dix heures et demie.

CLXXXIV

Avril 1792

SÉANCE DU DIMANCHE 1er AVRIL 1792

PRÉSIDENCE DE M. MAILHE.

Après la lecture du procès-verbal, une députation de la section du Palais-Royal demande l'entrée de la séance pour expliquer ses intentions sur l'emploi du produit de la collecte qui a été faite pour les soldats de Château-Vieux, montant à plus de 4,000 livres, que ces commissaires désirent remettre à M. Collot d'Herbois.

M. Collot d'Herbois annonce, à cette occasion, qu'il a reçu 300 livres

---

1. *Société des amis de la constitution, séante aux Jacobins, à Paris. — La Vérité sur les soldats de Château-Vieux, explication nécessaire, lue à la Société dans sa séance du 30 mars, l'an IVe de la liberté, par* J.-M. COLLOT D'HERBOIS. — Imp. du *Patriote français*, s. d., in-8 de 8 p. — Bibl. nat., Lb 40/689.

[1er AVRIL 1792]   SOCIÉTÉ DES JACOBINS   455

de la Société de Rouen. Sur la remarque faite par M. *Santerre* que le discours prononcé à la dernière séance par ce défenseur des soldats de Château-Vieux avait bien été imprimé et distribué, mais non affiché, comme on l'avait arrêté, M. Collot observe que cela tient vraisemblablement aux afficheurs, puisque l'impression est faite; il demande qu'on nomme des membres du Comité d'administration commissaires pour suivre cette opération.

Après la lecture de la correspondance, M. *le Secrétaire* fait lecture d'une lettre de M. Dubois de Crancé, qui rend compte des observations qu'il a eu occasion de faire dans les départements qu'il vient de parcourir, et qui servent de base à la dénonciation qu'il a faite à l'Assemblée nationale contre M. de Narbonne.

[M. *Lostalot* lit une lettre de Pau, où l'on demande à ne pas voir augmenter la garnison, faute de vivres.]

M. Duhem. — J'ai pris la parole pour faire part à la Société de quelques observations propres à éclairer la discussion qui doit avoir lieu demain à l'Assemblée nationale. Vous connaissez tous les chefs d'accusation apportés contre M. Narbonne par M. Dubois de Crancé; mais, Messieurs, avant de discuter ces chefs d'accusation, je crois qu'il est bon de vous communiquer ce que j'ai cru apercevoir dans le compte rendu par M. Narbonne, distribué ce matin à l'Assemblée nationale. Je me bornerai à un principe qu'il a posé à la première page.

(Ici l'orateur est interrompu par M. *Grangeneuve,* qui l'engage à se renfermer dans les chefs d'accusation dénoncés.)

M. Duhem. — Je dis, moi, que les chefs d'accusation apportés par M. Dubois de Crancé, et que je crois très forts, ne sont pas les seuls. Vous venez d'en citer un considérable en parlant des fusils : je crois que le règlement qu'il a fait est aussi un chef d'accusation. Alors nous les rassemblerons toujours, et nous ne nous bornerons pas à un seul : car, si par impossible on ne regardait point ces chefs comme suffisants, ceux-ci serviraient pour l'avenir; ainsi, je crois qu'on peut discuter d'autres chefs que ceux apportés par M. Dubois de Crancé. D'ailleurs, la première page de son compte rendu suffit pour le rendre coupable de responsabilité, car il dit que l'Assemblée nationale n'a le droit d'exiger de lui que de prouver l'emploi des fonds qui lui ont été confiés; il semble, d'après cela, que M. Narbonne croit qu'on ne peut exiger d'autre compte, et il borne là la responsabilité, à laquelle il substitue le mot comptabilité. Vous voyez que M. Narbonne, en commençant son prétendu compte, s'écarte de la constitution. Les ministres doivent rendre compte des deniers confiés, et, en outre, de l'exécution de la loi; quand il y a de leur faute, ils sont responsables des délits contre la constitution.

MM. *Carra* et *Baumier* se succèdent à la tribune, et soutiennent également le principe qu'à supposer que le règlement fait par M. de Narbonne fût bon, il serait inconstitutionnel du moment où il devient la volonté d'un seul, et où le ministre usurpe l'autorité législative.

[*M. Brune*, député du bataillon de Seine-et-Oise, se plaint de plusieurs irrégularités relatives à la fourniture des armes. — *M. Santerre* dit qu'« une des vexations qui fatiguent le plus l'armée est de voir placer à sa tête des hommes perdus de mœurs et de réputation », et il donne des exemples. — *M. Baumier* appuie son opinion. — *M. Réal* démontre, avec le texte de la constitution, plusieurs actes répréhensibles du ministre Narbonne, en particulier la nomination de La Fayette au généralat. — *M. Le Clerc-Doze* lit une lettre qu'il écrit au roi pour le dissuader de croire tout ce que lui racontent ses courtisans [1].]

On annonce que le résultat du scrutin pour la nomination des officiers du bureau a donné : pour président, M. Vergniaud ; pour vice-président, M. Carra ; pour secrétaires, MM. Ducos, Deperret et Roy.

La séance a été levée à dix heures et demie.

CLXXXV

SÉANCE DU LUNDI 2 AVRIL 1792

PRÉSIDENCE DE M. VERGNIAUD

Après la lecture du procès-verbal de la correspondance, M. *Grammont* dénonce un nommé Dugué qui, se disant attaché aux travaux de la Société, et voyant M. Grammont dans le Palais-Royal lire l'écrit intitulé *la Vérité sur les soldats de Château-Vieux*, a crié haro sur cet ouvrage et s'est attiré une vive réprimande, qui, dit ce citoyen, eût été plus vigoureuse partout ailleurs.

Vérification faite, il se trouve qu'il n'existe personne de ce nom, ni parmi les membres de la Société, ni parmi ses employés. Il résulte de cette recherche que cet événement confirme une ruse déjà employée

---

1. *Discours de* M. LE CLERC-DOZE, *prononcé aux Jacobins dans la séance du* 1er *avril* 1792. — Imp. de Henri IV, s. d., in-8 de 7 p. — Bibl. nat., Lb 40/2260.

plusieurs fois par les ennemis de la Société, qui s'en disent membres pour faire retomber sur elle les sottises dont ils se rendent coupables.

M. *Dufourny* invite les journalistes patriotes à consigner ce fait dans leurs feuilles.

Cet accident donne lieu à M. *Robespierre* de faire la motion d'imprimer et d'afficher dans le lieu des séances de la Société la liste des membres qui la composent; il demande que cette liste contienne le nom de chacun d'eux, leur demeure, leur profession actuelle, et l'état qu'ils exerçaient avant la Révolution.

Un membre propose, par amendement, que cette liste soit divisée en quarante-huit tableaux, correspondant aux quarante-huit sections, et que chacun soit inscrit dans le tableau de la section où il demeure.

La motion de M. Robespierre est arrêtée avec l'amendement.

Après la lecture d'une lettre qu'il a reçue du Pas-de-Calais, et qui annonce de nouvelles menées des prêtres réfractaires dans ce canton, M. *Robespierre* demande et obtient la permission de parler de lui. Il fait une longue énumération des délits dont il prétend que se rendent coupables envers lui divers journalistes patriotes, et il dénonce spécialement un numéro du *Courrier dans les quatre-vingt-trois départements,* par M. Gorsas. Après avoir prouvé pendant longtemps qu'il n'était ni coupable ni soupçonnable, il termine son discours en disant : « Si quelqu'un a des reproches à me faire, je l'attends ici; c'est ici qu'il doit m'accuser, et non dans des pique-niques, dans des Sociétés particulières. Y a-t-il quelqu'un? Qu'il se lève ! »

M. Réal. — Oui, moi.

M. Robespierre. — Parlez.

M. *Réal* monte à la tribune au milieu des applaudissements d'une partie de l'Assemblée et des huées de l'autre et des tribunes.

M. Réal. — Citoyens qui m'entendez, citoyens des tribunes, les improbations que reçoit en ce moment un homme libre, qui ne sait courber sa tête que sous le despotisme de la loi, prouvent qu'il n'y a pas dans la salle beaucoup d'hommes libres, ou dignes de l'être. (*Grands applaudissements. Huées et murmures.*)

M. Réal. — Je vous accuse, Monsieur Robespierre, non de crimes ministériels (*une voix* : C'est bien heureux !), mais d'opiniâtreté, mais d'acharnement à avoir tenté tous les moyens possibles de faire passer pour l'opinion de la Société dans la question de la guerre l'opinion qu'il (sic) s'était formée sur cette grande question; je l'accuse d'exercer dans cette Société, peut-être sans le savoir et sûrement sans le vouloir, un despotisme qui pèse sur tous les hommes libres qui la composent.

Ici de nouvelles improbations, de nouveaux cris, interrompent l'orateur. M. *Robespierre* monte à la tribune pour demander le silence en faveur de M. Réal. Plusieurs membres, entre autres MM. *de Saint-Huruge* et *Santhonax*, impatients d'une dispute aussi odieuse dans le sein de la Société des amis de la constitution, demandent l'ordre du jour. M. Robespierre s'écrie à la perfidie sur cette demande, et commence ce qu'il appelle sa justification [1].

[*M. le Secrétaire* lit une lettre du prince de Hesse, datée de Perpignan, 22 mars, insinuant que Brissot pourrait bien s'entendre avec Narbonne. — Ensuite *M. Rabit*, député extraordinaire de Brest, « annonce l'arrivée prochaine des soldats de Château-Vieux. Il passe en revue les services rendus par ces soldats. »]

Une députation des soldats pensionnés se présente à la tribune et obtient les honneurs de la séance.

M. *Isnard* sollicite la parole pour proposer un anniversaire en l'honneur de Mirabeau.

M. CHABOT. — Nous savons bien que M. Isnard a le talent de faire de très jolies phrases, qu'il a même celui d'insulter les patriotes à l'Assemblée nationale, en leur disant qu'ils n'ont que le talent de la dénonciation; je demande donc que l'on passe à l'ordre du jour sur la demande de M. Isnard, et que la parole soit conservée à M. Dufourny [2].

M. ISNARD. — On ose mettre en doute mon patriotisme, et moi je dis que, si je connaissais un membre de cette Société d'un patriotisme plus ardent que le mien, je me poignarderais peut-être...

M. *Isnard* continue à disculper, au milieu des murmures, la conduite qu'il a tenue à l'Assemblée nationale relativement à la Maison de secours.

Un soldat de la garde royale, qui, le matin, pendant sa faction, s'étant trouvé malade, et n'ayant cru rien pouvoir faire mieux que de remettre son poste et ses armes, pour un moment, à un garde national, avait été dépouillé et chassé le soir même par les commandants de cette garde, vient faire part de ces faits à la Société, qui arrête une collecte en sa faveur à la séance de mercredi prochain, et en fait une modique parmi le petit nombre de ses membres qui étaient encore présents.

La séance a été levée à dix heures et demie.

1. Le *Journal* ne donne pas ce discours de Robespierre.
2. Il n'est pas question ailleurs, dans le *Journal*, que Dufourny ait eu ou demandé la parole.

CLXXXVI

SÉANCE DU MARDI 4 AVRIL 1792

PRÉSIDENCE DE M. VERGNIAUD

Après lecture du procès-verbal de la dernière séance, un membre se porte dénonciateur de M. Bruno, juge de paix, et allègue contre lui des actes d'incivisme dont il produit aussitôt des preuves assez évidentes pour que, sur sa dénonciation, la Société prononce l'exclusion de M. Bruno.

M... — Vous connaissez tous, Messieurs, la conduite vigoureuse qu'ont tenue, à l'égard du régiment d'Ernest, les braves Marseillais. Piqué de cette aventure, le canton de Berne, dit-on, rappelle ce régiment et s'adresse au pouvoir exécutif pour lui demander qu'il fournisse des armes à ce corps et lui donne les moyens de traverser le royaume paisiblement. Je crois que cette démarche mérite la plus grande considération, quant aux armes. Il est de toute impossibilité, suivant moi, qu'on fournisse des armes à ce régiment pour les porter à l'étranger : ce serait un moyen infaillible d'armer nos ennemis. Lorsque le régiment suisse d'Ernest s'est donné au service de France, il n'avait point d'armes ; elles sont donc à nous, et il serait aussi injuste qu'impolitique d'armer ces soldats étrangers au moment de leur sortie du royaume.

M. *Collot d'Herbois* monte à la tribune et lit un discours en réponse à des notes barbares insérées dans divers papiers publics, et en particulier dans le *Journal de Paris*, par MM. Roucher et André Chénier, contre les soldats de Château-Vieux [1]. L'arme principale dont se sert M. Collot pour réfuter les calomnies de ces messieurs est le rapport fait, lors de la malheureuse affaire de Nancy, par le major de ce régiment, qui est reconnu pour leur plus ardent ennemi.

L'impression, l'envoi de ce discours aux Sociétés affiliées, sa distribution aux citoyens des tribunes, aux membres de la Société, et sa publication par la voie des affiches, nous dispensent de l'insérer ici pour le faire connaître autant qu'il le mérite [2].

1. On trouvera dans Buchez et Roux, t. XIV, p. 62 et suiv., le texte de ces articles, dont le plus retentissant fut celui qu'André Chénier publia dans le *Journal de Paris* du 4 avril 1792.

2. *Société des amis de la constitution. Réponse de M.* COLLOT D'HERBOIS *à des*

M. *Doppet,* membre du Comité de correspondance, fait, au nom de ce Comité, lecture de l'extrait de la correspondance, et est vivement applaudi. Néanmoins, cette lecture est interrompue par l'observation qu'à l'instigation d'un membre M. Carra, occupant le fauteuil, fait à M. le secrétaire que l'heure est fort avancée, et qu'il serait peut-être bon d'abréger cette lecture.

On lit une lettre de M. *Manuel,* procureur de la Commune, qui recommande au zèle charitable de la Société un vainqueur de la Bastille à qui on a volé tous ses effets, et qui est prêt à être emprisonné pour une dette de soixante-quinze livres.

Sur la motion de M. *Legendre,* on arrête que le Comité d'administration donnera à ce citoyen les soixante et quinze livres dont il a besoin, et que cette somme sera reprise sur une collecte qui sera faite en sa faveur.

M. *Clavière,* ministre des contributions, obligé de se rendre au Conseil, et devant exposer dans le sein de la Société les motifs qui l'ont décidé à conserver le ministère et à renoncer à l'honneur d'être représentant du peuple, écrit à M. le président pour le prier de lui conserver à cet effet la parole pour neuf heures.

M. *Corroller* accuse de quelques négligences, au sujet de diverses affiliations, le Comité de correspondance.

Un membre de ce Comité lui démontre qu'il est dans l'erreur, puisque les objets dont il se plaint comme étant en retard sont expédiés depuis longtemps.

On passe à l'ordre du jour : la discussion des moyens de constater les naissances et les mariages.

[M. *Oudot* prononce sur ce sujet un long discours, où il propose l'adoption obligatoire.]

M. BAUMIER. — En applaudissant avec toute la Société aux vues philosophiques que vient d'exposer M. Oudot, je ne puis m'empêcher de croire que les mesures qu'il a proposées sont prématurées, je dirai même attentoires à la liberté et à la fortune des citoyens dans l'ordre de choses actuel, où la différence des fortunes s'oppose à ce que l'on contracte des mariages. (*Murmures.*) Comment forcer des hommes à qui leur fortune ne permet pas de se marier à adopter des enfants qu'ils auraient peine à nourrir? (*Murmures.*) Sans doute il

notes barbares contre les soldats de Château-Vieux... lue le 4 avril. — Imp. du *Patriote français,* s. d., in-8 de 8 p. — Bibl. nat., Lb 40/690.

viendra un temps où la constitution, ayant rendu toutes les fortunes égales, rendra possible l'exécution de cette mesure; alors seulement il faudra y songer; jusque-là, je la crois impraticable.

M. CHABOT. — C'est faire injure au peuple français que de dire que les propositions renfermées dans le discours de M. Oudot sont précoces. M. Baumier a-t-il oublié que le célibat est le fléau le plus nuisible à la société? Il ne faut pas se faire illusion : les prédicateurs du célibat furent toujours les prédicateurs de la licence.

On blesse aussi la liberté des aristocrates quand on les oblige à prendre des passeports pour voyager dans le royaume; on blesse aussi la liberté des émigrés quand on séquestre leurs biens : notre côté droit nous le répète souvent. J'en appelle à M. Baumier, si le bien public est attaché aux maximes énoncées par M. Oudot. Quant à ce qu'il impute à l'indigence, M. Baumier se trompe. Il nous a dit qu'il y avait des hommes qui n'avaient pas assez de bien pour être pères : il ne faut pas de fortune pour l'être. (*Grands applaudissements.*)

Le moment de dire toute la vérité est arrivé : c'est précisément dans la classe des riches qu'on étouffait le vœu de la nature, et la population n'est riche que parmi les pauvres. Quelle est la mesure proposée par M. Oudot? Nous a-t-il commandé le mariage? Non, il se trouve des individus qui n'y sont pas même appelés. Nous a-t-il commandé d'avoir des enfants? Non, il sait qu'il est des individus qui n'en sont pas susceptibles; mais il a dit que vous partagiez les soins de la paternité, si vous ne pouvez en partager les honneurs : adoptez un enfant. M. Baumier nous dit que c'était éloigner du mariage en éloignant les successions; mais l'adoption des enfants nous met dans le cas d'hériter, si tant est que nous préférions les richesses à l'honneur d'être père. Adoptez, et vous succéderez.

Je sens combien est grand le poids que je supporte en ce moment; je sens combien mon prétendu état, que l'on distingue de mon état de législateur, combien mon langage prêtera à la calomnie [1]. Mais je sais que soutenir les droits de la nature et du peuple est mon seul et unique état. Je sais qu'il existe parmi nos prétendus patriotes, prêtres constitutionnels, des hommes assez lâches pour vivre publiquement avec des filles et condamner le mariage des prêtres. Eh bien, puisque vous voulez étouffer les sentiments de la nature, adoptez quelqu'un qui ne puisse pas rougir de votre nom, et partagez votre fortune avec ces indigents qui vous défrayent de la lassitude de devenir pères.

1. Chabot, ex-capucin, était vicaire de l'évêque constitutionnel de Loir-et-Cher Grégoire.

Je me serais bien donné de garde d'entamer cette affaire après le philosophique discours de M. Oudot, mais je me propose de donner un plus grand développement sur cet objet à l'Assemblée nationale et aux Jacobins, quand cette question sera à l'ordre du jour, et je pense que l'adoption met fin à tous les inconvénients proposés par M. Baumier.

M. *Albitte* combat un moment l'avis de MM. Oudot et Chabot. Son principal argument contre l'adoption est que cette loi introduirait la flatterie et l'hypocrisie pour se faire adopter par les riches célibataires, et qu'en outre cette mesure, enlevant à leurs parents les enfants adoptés, ne produirait aucun bon effet.

Une députation des Invalides vient se plaindre des lenteurs que met dans le rapport de leur affaire M. Lacuée, qui en est chargé. Ils accusent ce rapporteur d'avoir des liaisons très intimes avec les officiers de leur état-major, avec lesquels ce député mange très souvent. Ils expriment leurs craintes sur les transports continuels qui se font des meubles servant à l'usage de l'Hôtel.

Ces braves officiers demandent à être admis à la fête que l'on prépare pour les soldats de Château-Vieux ; cette demande est accueillie par les plus vifs applaudissements, et on propose que, le jour de la fête, chaque citoyen traite un de ces braves vétérans de l'armée française.

Plusieurs personnes observent que, même dans l'ancien régime, un rapporteur qui aurait eu des liaisons avec les parties du rapport desquelles il était chargé se serait rendu coupable ; qu'ainsi M. Lacuée est très répréhensible ; et un membre demande que ce fait soit porté à la connaissance du Comité militaire.

M. *Clavière* monte à la tribune et expose que, pénétré du sacrifice qu'il a été obligé de faire à ses désirs les plus chers, à ses goûts particuliers, en renonçant à la place de représentant du peuple, il a cru se rendre plus utile au bien public en restant au ministère. « Un patriote de plus dans l'Assemblée nationale, a-t-il dit, n'augmenterait pas sa force, et dans le ministère, au contraire, un homme dévoué à la constitution peut, en aidant les opérations de l'Assemblée, être infiniment utile à la chose publique [1]. »

M. *Pépin,* qui avait été nommé rapporteur dans l'affaire du soldat expulsé de la garde du roi, rend témoignage à la vérité de tout ce qu'avait avancé ce soldat.

---

1. *Discours de* M. Clavière, *ministre des contributions publiques, à la Société des amis de la constitution, séante aux Jacobins Saint-Honoré, le 4 avril* 1792. — Imp. du *Patriote français,* s. d., in-8 de 5 p. — Bibl. nat., Lb 40/2261.

[4 AVRIL 1792]

Une députation de la Société des amis de la liberté est admise, et propose quelques vues sur l'emploi à faire des fonds qui ont été offerts aux soldats de Château-Vieux. Ils (*sic*) proposent, entre autres, de leur acheter un domaine, qui deviendrait tous les jours pour eux un gage de la reconnaissance de la nation française.

La séance est levée à dix heures.

CLXXXVII

SÉANCE DU VENDREDI 6 AVRIL 1792

PRÉSIDENCE DE M. VERGNIAUD

Après la lecture du procès-verbal de la dernière séance, M. *Tallien* annonce que M. Bruno, juge de la section de Louis XIV, avait écrit au Comité central en lui envoyant la collecte remise entre ses mains pour la fête des soldats de Château-Vieux, pour assurer à ce Comité que ce n'était pas sa signature, mais celle d'un citoyen de même nom que lui, habitant de sa section, qui se trouvait au bas de la pétition contre cette fête.

Un membre assure que le fait est faux, et qu'il n'existe personne de ce nom dans la section de Louis XIV. — On passe à l'ordre du jour.

[M. *Collot d'Herbois* s'inquiète des retardements apportés à la fête des soldats de Château-Vieux, et demande qu'elle ait lieu lundi.]

M. *Tallien* observe qu'il est de toute impossibilité que les préparatifs nécessaires, dit-il, pour donner à cette fête toute la pompe qui lui est nécessaire, soient prêts lundi; que d'ailleurs il ne faut pas regarder cette fête comme la fête des soldats de Château-Vieux, mais comme celle de la liberté, comme la fête du peuple, comme le triomphe de la liberté sur le despotisme; fête dans laquelle les soldats de Château-Vieux ne seront qu'un épisode, bien intéressant sans doute, puisque ce sont eux, c'est leur délivrance qui en a fourni l'occasion. « D'après cela, dit l'orateur, cette fête sera aussi bien célébrée huit jours plus tard : nous n'en serons pas moins patriotes ce jour-là. »

M. COLLOT D'HERBOIS. — M. Tallien, au patriotisme duquel je me plairai toujours à rendre hommage, vient de faire naître une idée qui, je crois, conciliera tout le monde, en nous disant que cette fête n'était pas celle des soldats de Château-Vieux, mais bien celle de la liberté, à laquelle ils assisteront. Alors, que la fête se fasse quand il sera possible; mais les soldats de Château-Vieux arriveront lundi à l'Assemblée nationale. (*Applaudissements universels.*)

M. ROBESPIERRE. — Sans doute, il faut que les soldats de Château-Vieux arrivent lundi, et que lundi soit un jour de fête; et il faut que le peuple fasse tout ce qui est en lui pour prouver son allégresse, que les décorations soient prêtes ou ne le soient pas. Mais lundi est la fête du peuple et de la liberté. (*Applaudi.*) Une telle fête ne peut être différée; il ne faut pas que les croassements des aristocrates se mêlent aux cris de joie des patriotes; il ne faut pas leur donner les moyens ni le temps de contredire la volonté du peuple. Quant aux décorations ingénieuses inventées par les arts, je les respecte, et je rends hommage au patriotisme des artistes qui consacrent leurs talents à l'ornement du triomphe de la liberté; mais seraient-elles perdues, ces décorations, si elles n'étaient pas toutes prêtes? Manquerons-nous de triomphes à préparer à l'infortune des opprimés? Après les soldats de Château-Vieux, n'aurons-nous pas quelques crimes de l'aristocratie à expier? Alors David et les autres artistes auront le plaisir de voir leur talent contribuer au triomphe de la liberté. Mais rien n'empêche les soldats de Château-Vieux et le peuple de triompher lundi prochain.

Dans tous les événements, c'est aux causes précises qu'il faut s'attacher, et, dans la question qui s'élève, savez-vous quelle est la cause qui s'oppose au triomphe de la liberté du peuple et du patriotisme opprimé? Contre qui croyez-vous avoir à lutter? Contre l'aristocratie? Non. Contre la cour? Non. C'est contre un général destiné depuis longtemps par la cour, ennemie de la liberté, à de grands desseins (*applaudi*); qui, après avoir trompé le peuple, trompe encore la cour elle-même; qui ne connaît ni les principes de la liberté, ni ceux de l'égalité, dont il est le plus grand ennemi. Or, Messieurs, à des hommes exercés dans toutes les manœuvres de l'intrigue pour renverser les plus utiles projets et pour semer la discorde il faut opposer la célérité.

Il suffit de rapprocher les circonstances présentes de tout ce qui s'est passé des manœuvres que nous avons imputées au même agent dans d'autres circonstances pour se convaincre que c'est sa seule résistance que nous avons à combattre. Ce n'est pas la garde nationale qui voit les préparatifs de cette fête avec inquiétude : la garde nationale sait qu'elle n'est autre chose que les citoyens armés, la garde nationale ne sépare point son intérêt de celui du peuple; mais c'est au sein de la garde nationale, dans le corps des officiers surtout, c'est dans l'état-major que le génie de La Fayette conspire contre la liberté et les soldats de Château-Vieux. C'est le génie de La Fayette qui conspire au directoire du département de Paris, et qui prend des conclusions contre le vœu du peuple. C'est le génie de La Fayette qui égare dans la capitale et les départements une foule de bons citoyens qui, si cet hypocrite n'eût point existé, seraient avec nous les amis de la liberté. C'est La Fayette qui, dans le moment où les Amis de la constitution se réunissent contre ses ennemis, forme un parti redoutable contre la constitution, et qui divise les Amis de la constitution eux-mêmes. Partout où il y a des ennemis de la liberté, La Fayette est le plus dangereux de tous, parce qu'il conserve encore un masque de patriotisme suffisant pour retenir sous ses drapeaux un nombre considérable de citoyens peu éclairés. C'est lui qui, joint à tous les ennemis de la liberté, soit aristocrates, soit Feuillants, se met en état, dans des moments de troubles ou de crise, de renverser la liberté ou de nous la faire acheter par des torrents de sang et par des calamités incalculables.

C'est La Fayette que nous avons ici à combattre; c'est La Fayette qui, après avoir fait dans l'Assemblée constituante tout le mal que le plus grand ennemi pouvait faire à la patrie, c'est lui qui, après avoir feint de se retirer dans ses terres pour briguer la place de maire, non pour l'accepter, mais pour la refuser, afin de se donner par là un air de patriotisme, est ensuite promu au généralat de l'armée française, pour mettre fin aux complots ourdis depuis trois ans. C'est La Fayette que nous avons à combattre. Après cela même, il faut faire une observation bien importante sur le projet présenté par le Comité central des Sociétés patriotiques : c'est sans le savoir et sans son intention qu'il a proposé une espèce de devise équivoque, qu'il a entendue dans un autre sens, et qui ne peut être admise, parce qu'elle présente un emblème louche, et que toute devise présentée au peuple doit être simple et claire; on voit une inscription qui ne s'applique qu'aux bons citoyens que La Fayette a trompés, et qui pourrait paraître une absolution de La Fayette. Cette devise porte : *Bouillé seul est coupable.* Non, ils sont innocents sans doute tous ceux que les ennemis ont trompés, tous ceux qui n'ont agi qu'au nom de la loi, et qui ont cru l'exécuter et défendre la liberté. C'est toujours sous ce point de vue que j'ai présenté cette affaire à l'Assemblée constituante : j'ai toujours soutenu que les tyrans et les chefs seuls étaient coupables; jamais je n'aurais pu dire que Bouillé était le seul. Bouillé n'était que l'instrument de ceux qui le dirigeaient, il n'était que l'agent de la cour, et surtout de La Fayette. La garde nationale de Metz était innocente;

comme celle de Paris, elle ne peut être que patriote; l'une et l'autre a été trompée par La Fayette. Et comment pourrions-nous dire à la face de la nation, dans la fête de la liberté, que Bouillé seul est coupable? A-t-il osé agir sans ordres? N'a-t-il pas toujours marché avec un décret à la main? Et qui sont ceux qui ont sollicité ce décret? Sur quels rapports a-t-il été rendu? D'abord sur le rapport des officiers en garnison à Nancy, qui avaient intention de jeter de la défaveur sur les soldats; sur le rapport du ministre de la guerre, M. de La Tour du Pin. Quels étaient les intermédiaires de La Fayette? Ceux qui circulaient dans le sein de l'Assemblée constituante la veille du décret fatal. Qui répandait le fiel et la calomnie? La Fayette. Quels étaient ceux qui excitaient les clameurs qui ne permettaient pas une seule réflexion dans une discussion dont on voulait que le résultat fût d'égorger nos frères? Et qui m'a empêché de parler moi-même? La Fayette. Qui sont ceux qui me lançaient des regards foudroyants? La Fayette et ses complices. Qui sont ceux qui ne voulurent pas donner un seul moment à l'Assemblée nationale? Qui est-ce qui précipita le fatal décret qui immola les plus chers amis du peuple? La Fayette et ses complices. Qui voulut étouffer ce grand attentat en le couvrant d'un voile impénétrable, et qui demanda une couronne pour les assassins des soldats de Château-Vieux? La Fayette. Enfin, quel est celui qui, pour mieux insulter aux mânes des soldats de Château-Vieux, que notre zèle et nos regrets ne ressusciteront pas, quel est celui qui fit donner des fêtes dans tout le royaume, et, pour éterniser la mémoire des infâmes qui les avaient égorgés, quel est celui qui excitait ces fêtes? La Fayette. Et dans une fête consacrée au souvenir de la liberté, et pour venger ses soutiens, on verrait une inscription qui absoudrait La Fayette, qui ferait tomber le coup sur un ennemi impuissant, qui ne saurait nous nuire, pour sauver celui qui tient encore dans ses mains ensanglantées les moyens d'assassiner notre liberté! Non! (*Applaudissements universels.*)

M. COLLOT. — M. Robespierre oublie un fait : qu'est-ce qui fait tous les jours ces libelles infamants? La Fayette. (*Applaudi.*)

M. ROBESPIERRE. — Cette fête qu'on prépare peut être vraiment utile à la liberté et devenir le triomphe du peuple longtemps outragé, parce qu'elle terrasse les oppresseurs de la vertu et fait luire le jour de la vérité sur les attentats des tyrans. Il faut donc que cette fête remplisse cet objet; or, ce n'est point par de vaines décorations, ce n'est point par des devises brillantes, c'est par l'esprit vraiment patriotique qui y présidera, c'est par la présence des victimes du despotisme, que ce but sera rempli; c'est pour cela que je demande l'exécution de l'arrêté de la Société par lequel elle ordonne qu'il sera fait une pétition individuelle à la municipalité pour demander que les bustes de La Fayette et Bailly disparaissent de la Maison commune.

Je demande aussi que ceux qui président à cette fête effacent cette devise équivoque, et qu'au lieu de dire : *Bouillé seul est coupable,* on dise : *Les tyrans seuls sont coupables.* Et, pour lever les obstacles qu'on oppose à cette fête, il faut encore adopter ce parti : car, quand tous les bons citoyens verront que La Fayette est le seul moteur de ces intrigues, tout se ralliera. Je demande que la Société arrête la rédaction, et que l'on substitue à la devise proposée une autre qui équivale à celle dont je viens de proposer le sens.

M. MERLIN. — Je dois appuyer ce que vient de dire M. Robespierre par un fait que je ne dois point laisser ignorer à la Société. M. La Fayette est si bien le principal bourreau des martyrs de Nancy que le maire de Thionville, qui vient d'expirer victime de son patriotisme, a refusé à l'aide de camp de M. La Fayette deux cents hommes qu'il lui demandait pour aller à Nancy. J'étais alors officier municipal de la même ville ; je vins me réunir à ce vertueux maire pour empêcher que mes concitoyens ne devinssent les victimes de ce suppôt de la tyrannie. Je répondis à l'aide de camp : « Allez dire à votre maître que, quand il faudra repousser les ennemis et les étrangers, le dernier vieillard de cette ville marchera, mais que, quand il faudra assassiner nos frères, nous serons toujours prêts à assassiner nos tyrans eux-mêmes. »

Surpris de cette réplique, il n'y a pas de calomnie qu'il n'ait répandue à Metz, au point que la Société de Thionville a été obligée de se justifier à l'égard de celle de Metz, et à peine les habitants de cette ville ont-ils reçu nos justifications, parce que nous n'avons pas été comme eux victimes des tyrans. Je demande, comme M. Robespierre, que l'on efface cette légende insignifiante, et qu'au lieu de : *Bouillé seul est coupable,* on grave : *La Fayette seul est coupable.*

La motion de MM. Collot d'Herbois, Robespierre et Merlin, mise au voix, on arrête que la fête aura lieu lundi prochain, 9 de ce mois, et l'on nomme commissaires, pour aller sur-le-champ faire part de cet arrêté au Comité central, MM. Merlin, Baumier, Santhonax, Chabot, Santerre et Tallien.

M. FRÉRON. — Je rappelle à la Société qu'elle a encore à s'occuper d'un objet important : la rédaction de la pétition à présenter à la municipalité et la nomination des commissaires pour porter demain cette pétition.

M. *Danton* prend le fauteuil.

M... — Je demande qu'on ajoute à la pétition la demande de faire disparaître des murs de la Maison commune les images des tyrans de la France.

M. Danton. — M. Manuel a fait de cet objet le sujet d'une demande au conseil de la Commune.

M. Merlin. — Il faut appuyer la demande de M. Manuel par l'expression du vœu du peuple.

On arrête toutes ces propositions.

M... — Je demande que la pétition soit également proposée à la signature des citoyens des tribunes. (*Arrêté.*)

M. *Doppet* fait lecture de la correspondance.

M. le prince de Hesse. — Avant de vous parler des départements méridionaux, je vais vous parler d'un fait dont j'ai été témoin : en venant de Perpignan, à trois heures du matin, entre Fontainebleau et Lieusaint, je rencontrai une chaise entourée de quarante gendarmes nationaux, allant au petit trot. Je baissai la glace de ma voiture et je demandai ce que c'était : on me répondit que cela ne me regardait pas et que je n'avais qu'à passer mon chemin. Je descendis exprès à la poste pour m'en informer : on me dit que l'on n'en avait pas connaissance. J'ai été jusqu'à Charenton : on n'a pu me donner aucun renseignement sur cet objet ; je me suis imaginé que c'était un ministre qui allait à Orléans ; je n'en sais pas davantage.

M... — Je dois éclairer ce fait en vous annonçant que c'était M. Delessart qui retournait à Orléans, après être venu assister à la levée des scellés qui ont été apposés chez lui.

M. Guadet. — Je puis assurer que le préopinant est dans l'erreur : les scellés ne sont pas encore levés chez M. Delessart. On avait d'abord le projet de le faire venir pour assister à leur levée, mais ensuite on a craint que quelque mouvement n'ait lieu à cette occasion ; il ne viendra pas, et il a envoyé à cet effet sa procuration à son ancien confrère, M. Tarbé, qui assistera à cette ouverture, qui se fera demain.

On arrête qu'il sera donné connaissance au Comité de surveillance du fait énoncé par M. de Hesse.

M. de Hesse. — Je vais maintenant vous parler des départements méridionaux. On y veut la liberté ; mais je vous dirai, avec M. Robespierre, que vous n'avez pas à perdre un instant. Il est certain que, depuis Perpignan jusqu'à Arles, il existait un projet de contre-révolution. Je ne crains pas de dire ici mon opinion : ceux qui la trouveront mauvaise n'auront qu'à me le dire. Je déclare que j'aimais la Révolution avant qu'elle eût lieu, que je l'aime depuis, et que je l'aimerai toujours. (*Applaudi*.)

Messieurs, ayant le malheur d'être né prince, je demande que vous ayez la surveillance la plus active à mon égard; et, pour vous prouver ma conduite, je n'ai rien fait dès ce moment que je n'aie envoyé le double de ma correspondance aux Amis de la constitution. Éloigné de deux cents lieues de la capitale, il me fallait un patriote. Moi, je n'ai point d'intrigue, je ne connais rien de tout cela. A qui me suis-je adressé? A l'auteur du *Patriote français* [1], qui m'a dressé l'esprit et le cœur. J'ai été fort inquiet de ne rien voir de ce que je lui mandais dans les papiers publics; certainement l'auteur du *Patriote français* est pur et le demeurera toujours, j'aime à me le persuader; mais ma correspondance a été interceptée. M. Dubois de Crancé est arrivé à Perpignan; je lui ai fait connaître la position cruelle dans laquelle les entraves du ministre de la guerre m'avaient mis. Je n'y ai trouvé que quarante pièces de canon, ce qui peut suffire pour la citadelle, mais non pour garder la ville. M. d'Aubeterre, membre du Comité militaire de l'Assemblée nationale, a dit que j'étais profondément ignorant; je ne dispute pas de talent militaire avec lui, mais je soutiens que je suis meilleur citoyen que lui. Il fallait tous les instruments nécessaires; mais, comme je viens de le dire, quarante-quatre pièces ne suffisaient pas, il fallait en rassembler d'autres. Et, par mon soin, soixante pièces de canon se trouvent maintenant réunies. Il fallait encore réparer les murailles; le génie a commencé à dire qu'il ne pouvait pas travailler, parce qu'il lui manquait des ouvriers. Il y avait le régiment de Vermandois, que j'ai fait venir, et qui est patriote jusqu'aux dents, celui de Médoc et Cambrésis; je leur demande s'ils voulaient travailler, quinze cents se sont présentés; je les ai envoyés à M. de Vialis : il ne pouvait pas dire qu'il manquait de bras. Alors il a dit qu'il n'avait point de maçons; le lendemain, j'ai rassemblé les citoyens, je leur ai demandé s'ils voulaient travailler, et j'ai envoyé vingt-cinq maçons à sa porte. Forcé dans ses retranchements, il ne pouvait plus dire qu'il ne pouvait pas travailler : il avait des ouvriers et des maçons; il a dit qu'il n'avait point de chaux, et je lui ai trouvé deux cents chariots de chaux. Qu'a-t-il fait ensuite? Il a dit qu'il ne me devait point compte, qu'il attendrait des ordres du ministre; alors je me suis aperçu du motif qui avait fait refuser la signature de mes instructions. Qu'est-ce que j'ai fait? Tout patriote que je suis, je n'ai

---

1. Il s'agit de Brissot.

point envie d'être pendu : je me suis mis sous la sauvegarde du département et de la municipalité.

Fatigué et voyant que ça n'allait pas, car je ne savais pas que M. de Grave dût remplacer M. Narbonne, j'ai demandé mon rappel, et je l'ai obtenu. Mais les citoyens qui, malgré que je sois prince, ont bien vu que j'étais honnête homme, ne voulaient pas me laisser partir; moi, j'ai invoqué la loi, et j'ai dit qu'il fallait que je partisse, et ils y ont consenti, et j'ai laissé M. Dubois de Crancé en otage. Toute la surveillance doit se porter sur Lyon. Il existe un plan de contre-révolution; les chambres s'y louent jusqu'à dix-huit francs, un louis; il y a dix-huit à vingt mille hommes, sans les troupes auxiliaires, dont on pourrait se renforcer pour un coup de main. Malgré l'avis de M. d'Aubeterre, qui a dit, comme je l'ai appris par *le Logographe*, que j'étais un ignorant et qu'il fallait me garder dans l'intérieur, je demande, moi, à aller sur les frontières et à y mourir pour la France, que j'ai adoptée. (*Applaudi.*)|

M. *Bruno* monte à la tribune et établit qu'il n'est point signataire de la pétition contre la fête des soldats de Château-Vieux. Il offre tous les moyens de s'assurer de ce fait en comparant sa signature avec celle qu'il assure être la signature d'un citoyen de la section portant le même nom que lui.

Après diverses interpellations, on arrête la nomination de deux commissaires pour examiner cet objet, et on suspend jusqu'à leur rapport l'exécution de l'arrêté pris dans la dernière séance pour exclure M. Bruno de la Société.

La séance a été levée à dix heures.

CLXXXVIII

SÉANCE DU DIMANCHE 8 AVRIL 1792

PRÉSIDENCE DE M. VERGNIAUD

Après la lecture du procès-verbal de la dernière séance, un membre du Comité de présentation fait, au nom de ce Comité, un rapport sur les mesures de police à prendre pour l'entrée de la séance, le jour où les soldats de Château-Vieux se présenteront dans le sein de la Société. Tous les articles proposés par ce Comité sont arrêtés. Les principaux sont : une invitation aux citoyens des tribunes de doubler le nombre de leurs inspecteurs; chaque membre de la Société ne pourra présenter à la tribune des dames qu'une seule personne; on n'admettra de députations que de la part des Sociétés affiliées et correspondantes, ainsi que des sections de Paris; chaque députation ne pourra être composée que de deux personnes; la Société de Versailles est seule exceptée de ce dernier arrêté.

M. *Deperret* propose que tous les citoyens composant la garde nationale demandent chacun l'assemblée de leur bataillon respectif pour interpeller, dans cette assemblée, les commandants au sujet de la lettre d'invitation que chacun d'eux a reçue de M. Tallien pour envoyer une députation à la fête des soldats de Château-Vieux, qui est celle de la liberté.

M. Hion. — En rendant justice au zèle du préopinant et aux motifs qui lui ont dicté son observation, je crois devoir lui observer qu'il commet une erreur en constitution, car les bataillons, comme bataillons et corps armés, n'ont pas le droit de s'assembler ni de délibérer. C'est aux sections qu'il faut s'adresser, c'est dans leurs sections respectives que chaque citoyen doit faire mander les commandants de bataillons pour leur faire l'interpellation demandée par M. Deperret.

M... — En relevant l'erreur constitutionnelle qu'a commise M. Deperret, M. Hion est tombé lui-même dans une autre au sujet des sections. Les sections n'ont aucun droit de mander, ni de faire expliquer un citoyen dans leurs assemblées, c'est aux seules autorités constituées qu'est dévolu ce droit.

On passe à l'ordre du jour sur la motion de M. Deperret et les observations auxquelles elle a donné lieu.

M. *Robespierre* fait, au sujet de la fête des soldats de Château-Vieux, une proposition qui est accueillie par les plus vifs applaudissements, celle d'associer, dans cette fête, à ces martyrs de la liberté, les gardes-françaises, qui, comme eux, ont opposé les premiers efforts aux despotes en se rangeant dans le parti de la liberté, et qui, comme eux, ont, depuis le commencement de la Révolution, été l'objet des persécutions des ennemis de l'égalité.

Il renouvelle encore la motion qu'il avait déjà présentée d'appliquer à des bonnes œuvres le surplus de l'argent qui pourrait n'être pas employé à la fête.

M. *Saladin* représente qu'en discutant la première proposition, parce qu'elle est admissible, on ne peut s'occuper de la seconde, parce qu'elle suppose qu'il y aurait des fonds de reste, ce qui n'est rien moins que prouvé.

M. Robespierre. — En convenant de la justesse des observations du préopinant, je n'en laisse pas moins subsister ma motion dans le cas où il y aurait de l'excédent, et, en outre, qu'il soit fait une collecte dont le produit sera appliqué entièrement à de bonnes œuvres.

Une députation des sous-officiers de la garde soldée de Paris vient déposer sur le bureau une offrande pour leurs frères, les soldats de Château-Vieux.

Les plus vifs applaudissements retentissent dans toute la salle.

Une députation des invalides pensionnés, vivant hors de l'Hôtel, vient solliciter les membres de cette Société qui sont députés à l'Assemblée nationale pour presser le rapport de la demande qu'ils ont faite depuis longtemps.

On nomme des commissaires pour prendre auprès des Comités de l'Assemblée nationale les intérêts de ces braves militaires.

Le directoire du Comité central des Sociétés patriotiques, qui s'est occupé de diriger la fête destinée à célébrer la liberté à l'arrivée des soldats de Château-Vieux, envoie une députation qui annonce que, des considérations majeures s'opposant à ce que la fête annoncée ait lieu avant le jour pour lequel elle a été proposée, le directoire a arrêté irrévocablement qu'elle serait pour le dimanche 15 de ce mois. Cette députation exprime le désir qu'aurait le directoire de ne voir arriver les soldats de Château-Vieux que pour le moment de la fête: car, dit-elle, recevoir les soldats demain et remettre la fête à huit jours serait en détruire absolument l'effet.

M. Desfieux. — J'arrive à l'instant de Versailles, envoyé par la Société de cette ville, et chargé par M. Collot d'Herbois de vous annoncer que les soldats de Château-Vieux arriveront demain à la barre de l'Assemblée nationale.

Ils partiront de Versailles entre cinq et six heures du matin, passeront par Sèvres, les Champs-Élysées, la place de Louis XV, et se rendront à l'Assemblée nationale. Le soir vous les aurez au milieu de vous. (*Applaudi.*) Le Comité central a beau représenter que le char n'est pas prêt, la Société de Versailles et tous les députés des Sociétés patriotiques réunis à Versailles ont pensé qu'il serait de toute impossibilité et de la dernière indécence de retenir huit jours à la porte de Paris ces soldats qui brûlent de venir témoigner leur reconnaissance à l'Assemblée nationale, et cela pour un char. (*Éclats de rire.*) Ils arriveront donc demain.

Je ne vous surprendrai pas en vous contant un trait de générosité de ces bons soldats. La Société de Versailles avait fait une collecte pour eux, la Comédie de la ville a donné une représentation à leur profit : ils ont demandé que le produit de cette collecte et de cette représentation fût versé dans la caisse des pauvres de cette ville, qui doivent, disent-ils, en avoir plus besoin qu'eux.

Si la Société le désire, je vais lui faire le récit de ce qui s'est passé à leur arrivée à Versailles.

— *Oui, oui, oui!*

M. DESFIEUX. — Ce matin, le rendez-vous était dans la Société des amis de la constitution. Le patriotisme de Versailles ne vous étonnera pas : il suffisait d'avoir une carte des Jacobins de Paris pour avoir entrée partout. Les membres s'étaient rendus au lieu ordinaire des séances de la Société. On ouvrit la séance, et les soldats de Château-Vieux entrèrent, accompagnés de M. Collot d'Herbois et des députés de Brest. Il est venu aussi à Versailles une députation du faubourg Saint-Antoine, qui doit demain ramener les soldats de Château-Vieux à Paris. M. Palloy a envoyé une pierre de la Bastille à la Société des amis de la constitution de Versailles. M. le député de Brest a ouvert la séance par un discours analogue au sujet; M. Collot d'Herbois en a ensuite prononcé un autre, ainsi que plusieurs députations des Sociétés patriotiques. Nous nous sommes ensuite rendus en pompe à la municipalité; il y avait une soixantaine de dames de tout âge, vêtues de blanc, avec des ceintures tricolores; elles portaient les chaînes des soldats de Château-Vieux. Nous nous sommes rendus à la maison commune, au milieu d'une haie de gardes nationales, précédés de deux compagnies de grenadiers. Je vous assure, Messieurs, que de ma vie je n'ai vu une fête plus belle.

Quand on a eu prononcé les discours respectifs, la municipalité avait décidé que l'on irait au Jeu de paume; nous nous y sommes transportés; M. le président y a prononcé un très beau discours, et nous y avons tous renouvelé le serment de vivre libre ou de mourir; nous nous sommes rendus aux Menus, où la Société avait fait préparer un repas civique, et là il a été convenu, avec les différents commissaires qui y étaient, que les quarante soldats de Château-Vieux viendraient demain, à midi, se présenter à la barre de l'Assemblée nationale. (*Applaudi.*)

M. COURSON. — Les citoyens des faubourgs Saint-Denis et Saint-Martin, qui n'avaient pu contribuer à l'offrande destinée aux soldats de Château-Vieux lors de la représentation donnée à leur profit au théâtre de Molière, ont senti leur âme s'échauffer à la vue des affiches infâmes dont on a sali les murs de la capitale à ce sujet; je vous apporte le tribut que ce mouvement d'enthousiasme leur a fait présenter à ces victimes. Les ennemis de la liberté emploient tous leurs petits moyens contre cette fête : motionnaires dans les lieux publics, placards calomnieux, rien n'est oublié.

Demain les soldats de Château-Vieux arrivent : ne les fêtons pas tous ensemble, mais que chacun de nous en emmène un dans sa famille ; donnons-leur, jusqu'au jour de la fête, l'hospitalité fraternelle ; qu'ils partagent avec nous une côtelette ; que les papiers publics disent : tel ou tel patriote a emmené chez lui tel nombre de Suisses, et nous verrons nos ennemis, blêmes, pâlir devant nous ; nous les traînerons dimanche à la suite du char de la liberté, comme les Romains traînaient dans leurs triomphes les esclaves qu'ils avaient faits. Voulez-vous une fête populaire, disait J.-J. Rousseau : plantez un pilier et dansez autour jusqu'à ce que vous sentiez votre patriotisme s'affaiblir.

M... propose de faire imprimer et d'envoyer à toutes les Sociétés affiliées le détail de ce qui se passera ici à l'occasion de cette fête, pour qu'excité par cet exemple, on célèbre dans toute la France le triomphe de la liberté.

M. DE HESSE. — Monsieur m'a volé ma motion, et je vous réponds de tous les départements du Midi.

On fait part d'une lettre d'un soldat qui, étant tombé malade à Paris et ayant dépensé tout ce qu'il avait pendant sa maladie, demande les secours de la Société pour le mettre en état de rejoindre son régiment.

M. DE HESSE. — Je me charge de lui, je me charge de lui. (*Applaudissements.*)

On demande que mention honorable soit faite au procès-verbal de l'offre de M. de Hesse. (*Arrêté.*)

M. *Doppet* fait lecture de la correspondance, dans laquelle on remarque avec surprise la demande faite par un commandant de bataillon de Mâcon de désarmer tous les citoyens, et de ne laisser armés que ceux qui composent la garde nationale.

M. *le Maire* envoie à la Société quelques exemplaires de la lettre qu'il a écrite au sujet des soldats de Château-Vieux, en exprimant son regret de ce que l'imprimeur n'a pas rempli les ordres qu'il lui avait donnés d'en tirer un nombre suffisant pour en distribuer à tous les membres de la Société.

M. *Robespierre* fait quelques observations sur la proposition du commandant de bataillon de Mâcon; il remarque que cette demande semble être d'accord avec le système proposé depuis longtemps de réduire le nombre des gardes nationales, d'en exclure tous les citoyens peu fortunés, de désarmer ainsi la portion la plus nombreuse du peuple, et de la laisser à la merci de celle qui est la plus portée à l'aristocratie, système vanté, dit-il, par le trop célèbre commandant de la garde nationale parisienne.

Un membre demande à faire lecture d'une délibération prise, dit-il, par le bataillon des Filles-Saint-Thomas contre la fête des soldats de Château-Vieux.

M... — Je m'oppose expressément à cette lecture, parce qu'un bataillon ne pouvant pas être un corps délibérant, il est impossible que ce qu'on vous annonce comme une délibération en soit véritablement une.

M. Hion. — Je demande que, dans le plus court délai, cet acte soit dénoncé au procureur de la Commune.

M... — Il est vraisemblable et même certain que cet acte n'est que l'ouvrage de quelque factieux de ce bataillon; je demande qu'on en fasse lecture.

Aux premières lignes de la lecture de cet arrêté, M. *Robespierre* la suspend. « Il est évident, dit-il, que cet arrêté n'est point l'arrêté d'un bataillon, mais bien l'ouvrage de quelque aristocrate. Il serait infiniment dangereux et impolitique de laisser croire qu'il existe dans Paris un bataillon assez gangrené pour prendre un tel arrêté. Il est facile de reconnaître dans cet écrit l'ouvrage de quelque forcené, et cela ne doit surprendre personne, car on assure que le principal moteur de nos troubles et de nos malheurs est arrivé cette nuit à Paris. »

M. *Hion* demande que cet écrit soit dénoncé, sinon comme ouvrage d'un bataillon, au moins comme ouvrage d'un individu.

M. Robespierre. — Cet ouvrage est signé *Pain d'Avoine*, lieutenant dans ce bataillon; je demande, d'après cela, s'il est de la dignité de cette assemblée de s'occuper de la dénonciation d'un écrit d'un tel particulier. Les magistrats en ont connaissance, c'est à eux à faire ce qu'ils jugeront convenable; je demande qu'on passe à l'ordre du jour. (*Arrêté.*)

[Réception de diverses députations.]

M. *le Clerc-Doze* rend compte de la captivité de dix heures que lui a fait subir le tribunal de police correctionnelle, pour avoir achevé de déchirer, dans le Palais-Royal, une affiche placardée contre les soldats de Château-Vieux; il annonce qu'il se propose de poursuivre les membres de ce tribunal.

Le récit naïf de cet accident mérite au narrateur des applaudissements réitérés.

La séance a été levée à dix heures et demie.

CLXXXIX

SÉANCE DU LUNDI 9 AVRIL 1792

PRÉSIDENCE DE M. VERGNIAUD

Après la lecture du procès-verbal de la dernière séance, une multitude d'offrandes, tant pour les soldats de Château-Vieux que pour la fête qui doit avoir lieu dimanche prochain et les bonnes œuvres qui doivent l'accompagner, sont déposées sur le bureau.

M. *Doppet* fait lecture de la correspondance. Cette lecture est interrompue par les applaudissements qu'excite, dans toutes les parties de l'assemblée, l'arrivée de M. *Couthon*.

La députation de la Société de Versailles qui a accompagné les soldats de Château-Vieux est introduite au milieu des plus vives acclamations.

M. *Goujon,* président de la Société des amis de la constitution de Versailles, monte à la tribune. « Nos frères et amis veulent absolument, dit-il, que je vous raconte tout ce qu'ils ressentent : la joie tendre de l'amour de la patrie agite mon cœur avec une telle force depuis deux jours qu'il m'est impossible de mettre de l'ordre dans mes idées; mais, Messieurs, nous avons vu toute l'allégresse du peuple, nous avons vu et nous avons dit : « C'est un grand jour pour « l'humanité que celui où ceux qui ont été opprimés par les tyrans « ont été rendus à la joie du peuple. »

« Oui, la liberté n'est que le pouvoir de protéger le faible contre les puissants, et d'arracher à l'oppression celui que d'orgueilleux insensés veulent plonger dans la servitude; c'est un grand jour pour la liberté, c'est un beau jour pour elle, que celui où des hommes entreprennent la défense des faibles, qu'ils soient opprimés ou qu'ils soient dans les fers. Voilà ce que nous avons senti; nous devons vous le dire, nous

nous sommes réjouis avec vos frères que vous nous ayez envoyés à Versailles, et nous sommes venus nous réjouir avec vous, en vous amenant nos frères, les soldats de Château-Vieux. »

M. LE PRÉSIDENT. — Frères et amis, nous l'avons pensé comme vous, c'est aujourd'hui un grand jour pour l'humanité et la liberté; aussi tous les amis de la liberté se sont-ils empressés de se porter dans cette enceinte pour le fêter; votre cœur vous y conduit, le nôtre vous y accueille.

M. RÉAL. — Vous voyez par toute votre correspondance, Messieurs, qu'un grand nombre de Sociétés se sont empressées à faire célébrer des services pour le maire d'Étampes; je demande, moi, qu'à l'exemple de ces Sociétés nous donnions à la mémoire de ce fonctionnaire, mort pour l'exécution de la loi, quelques signes d'admiration. Je ne veux pas pour lui des services, des messes, ce ne serait l'honorer que comme catholique romain; mais je propose qu'après la fête civique que nous nous apprêtons tous à célébrer, après l'époque d'un deuil que ne portent pas les vrais patriotes, la Société arrête de porter un jour le deuil pour le maire d'Étampes.

M. ROBESPIERRE. — L'objet de cette matière ayant déjà été discuté et arrêté dans la Société, je demande qu'on ne renouvelle plus cette demande dans la Société, et qu'on passe à l'ordre du jour.

M. SERGENT. — Aujourd'hui, Messieurs, que vous allez recevoir de nouveaux citoyens français parmi vous, que vous allez avoir au milieu de vous des Suisses que vous avez tirés des mains du despotisme, je demande que, dans cette séance, vous assigniez un jour pour discuter les moyens de procurer la liberté aux Suisses de Porentruy qui se sont adressés à vous; je demande enfin qu'on s'occupe définitivement du rapport de leur affaire.

Un roulement de tambours à l'extérieur de la salle annonce l'arrivée des soldats de Château-Vieux, qui entrent dans la salle précédés de sapeurs de la garde nationale, d'une députation de citoyens du faubourg Saint-Antoine, et ayant au milieu d'eux leur généreux défenseur, M. Collot d'Herbois.

Les roulements des tambours, les acclamations des citoyens, tant de la Société que des tribunes, les cris de : « Vive Château-Vieux ! vive la liberté ! » les serments de vivre libre ou mourir répétés au milieu du cliquetis des sabres nus et des chapeaux élevés sur des cannes en signe de liberté, forment un de ces spectacles que rien ne peut rendre, et inspirent à tous les assistants cet enthousiasme que peuvent éprouver seules les âmes brûlantes de patriotisme.

Au premier moment de calme, M. *Rabit,* député extraordinaire de Brest, demande et obtient la parole.

M. Rabit. — Citoyens, nous venons remplir nos vœux et les vôtres; nous vous présentons, de la part de la ville de Brest, les généreux soldats de Château-Vieux. Nous ne sommes plus retenus par les retards inventés par le despotisme, ces retards augmentent les jouissances les plus délicieuses. Après avoir rendu hommage à l'Assemblée nationale, dont la justice a brisé nos fers (car, nous aussi, nous avons porté les fers des soldats de Château-Vieux), notre premier devoir, comme notre premier besoin, était de venir vous présenter ces malheureuses victimes, comme des enfants longtemps séparés de la famille. Vous ne doutez pas de l'intérêt que les citoyens qu'ils ont rencontrés sur leur passage ont pris à leur sort; mais ce qu'ils ne pourraient vous transmettre, c'est l'effusion des cœurs et le spectacle sublime que cette ville a donné à leur entrée. Ce spectacle suffit pour vous rendre cette image mieux que toute expression; permettez donc qu'au nom de la Société de Brest j'offre le plus sincère dévouement aux amis de la liberté.

M. le Président. — Citoyens, vous dites que vous avez souffert; recevez l'hommage de notre reconnaissance. Recevez des amis de la liberté toutes leurs acclamations, comme le symbole de l'amour que nous vous jurons aujourd'hui. Nous possédons Château-Vieux dans notre sein; partagez notre allégresse, et ajoutez par votre présence à la pompe de la fête.

M. *Collot d'Herbois,* au milieu des soldats de Château-Vieux, avec M. Vignon, second député de Brest, se lève pour parler.

Mille voix. — A la tribune, à la tribune!

M. Collot d'Herbois. — Sans doute, il faudra bien y monter, à la tribune; mais, avant que je quitte cette place, il faut que je fasse violence à mon caractère, et que je loue un homme en face. Je ne puis plus supporter sa modestie, et malgré lui, malgré le soin qu'il prend à ne pas paraître, il faut que je vous le présente : c'est M. Vignon, second député de la ville de Brest. C'est lui qui, depuis le moment où les soldats de Château-Vieux sont entrés dans ce misérable... vous savez où ils étaient, je ne veux pas vous répéter ce nom; c'est lui qui a été chaque jour les visiter, c'est lui qui a constamment quitté ses affaires pour leur consacrer des moments précieux. Sans lui, la plus grande partie d'eux n'existeraient plus, et ce que nous avons fait serait inutile. Grâces soient donc rendues à ce citoyen. — Oui, oui, oui! (*Grands applaudissements.*)

M. VIGNON. — Pour répondre à toutes les marques de fraternité que vous me prodiguez dans cet instant, les expressions me manquent; je ne puis que vous dire que, naissant avec des devoirs sacrés à remplir, heureux ceux qui peuvent s'en acquitter! Soulager l'humanité souffrante est le premier; si j'ai pu y contribuer, je suis fort heureux.

M. LE PRÉSIDENT. — Frère et ami, je ne vous répondrai pas, car il faudrait peindre le sentiment dont nous pénètre votre vertu; ce sentiment serait trop faible, s'il était possible de l'exprimer.

On demande que M. le Président embrasse, au nom de la Société, MM. Rabit et Vignon, les deux députés de la ville de Brest. Ces trois citoyens se donnent l'accolade civique au milieu des acclamations de tous les spectateurs.

Des citoyens et citoyennes, qui n'avaient pu trouver place dans les tribunes, demandent et obtiennent de traverser la salle pour jouir du spectacle des soldats de Château-Vieux. Quelques dames, en traversant la salle, donnent l'accolade à ces citoyens soldats.

M. COLLOT D'HERBOIS. — Je commence à croire que j'ai dit vrai quand j'ai dit que présenter les soldats de Château-Vieux à tous leurs ennemis était la meilleure réponse à leur faire, que c'était le meilleur moyen de les réduire au silence, le meilleur moyen de déjouer toutes les trames d'un homme perfide nouvellement arrivé à Paris. (*Applaudissements excessifs.*)

Certes, Messieurs, je suis prudent quand il faut l'être; mais, quand je vois la chose publique en grand danger, ce n'est pas, suivant moi, le moment de composer avec la vérité, ce n'est pas témérité que de la dire tout entière.

Je respecte la liberté des opinions particulières sur tel ou tel individu, mais je pense que ceux qui veulent user de ménagements contre un homme ennemi déclaré de la chose publique ne sont pas de bons citoyens. (*Applaudi.*) Je dis que l'ennemi de la chose publique, c'est cet homme qui ose opposer sa volonté au vœu national, ce personnage nouvellement arrivé à Paris qui se nomme La Fayette. (*Applaudissements universels.*)

Dans ce moment, il lutte contre le torrent de la volonté nationale. Nous avons reconnu son influence à tous les infâmes libelles qui ont tapissé les murs de la capitale. Malgré le parti qu'il paraît avoir dans cette ville, il a cru devoir s'y présenter lui-même, parce qu'il sait que sa présence égara quelquefois les meilleurs citoyens. Ce matin il a mis la chose publique dans le plus grand danger, parce que des hommes qui sont connus pour être ses amis ont manqué d'exposer la chose publique : oui, Messieurs, grâce aux députés qui ont composé la majorité (*applaudi*), je conduisais les soldats de Château-Vieux à l'Assemblée nationale, ils étaient impatients d'arriver à l'Assemblée nationale, et l'Assemblée nationale était sans doute impatiente de les voir. Il s'est, dans ce moment, ourdi une trame cruelle; elle sera cependant utile, parce qu'elle a dévoilé tous les amis de l'homme que j'ai nommé, mais elle pouvait avoir les plus cruels effets. Voici ce qui est arrivé : j'étais entouré de deux cent mille citoyens, ils me disaient : « Comment? on fait un appel nominal pour donner les honneurs de la séance aux soldats de Château-Vieux? Le peuple a-t-il fait un appel nominal pour les recevoir? » J'ai vu le moment où l'on nous entraînait. Sans doute, il a fallu la plus grande prudence dans cet instant, prudence dont n'eussent pas été capables, peut-être, ceux qui nous accusent d'exagération, pour tenir la conduite que les députés de Brest et moi avons tenue. Il a fallu dire au peuple qu'il y avait dans l'Assemblée nationale une majorité sur laquelle nous comptions, et il a vu avec plaisir que nous ne nous étions pas trompés. Au reste, je n'ai donné ceci que comme un avertissement nécessaire, car nous avons bien besoin d'être sur nos gardes; mais jamais aussi nous n'avons dû avoir plus de confiance : car les événements nous manifestent la force intrinsèque des patriotes, et cette force deviendra anéantissante, s'il le faut. (*Applaudi*.)

Je vais maintenant vous parler des soldats de Château-Vieux, qui ont été malheureux à la vérité, mais qui n'ont jamais été plus heureux que dans ce moment. Je ne crois pas qu'ils aient rien à craindre de leurs ennemis; si quelqu'un en doutait, je lui dirais : « Je ne crois pas qu'il y ait de plus fermes soutiens de la liberté que les soldats de Château-Vieux, et, si tous les soldats qui composent les armées des despotes imitaient les soldats de Château-Vieux, tous les peuples de la terre seraient bientôt libres. Il fallait une grande vertu pour donner en France cet exemple au mois de juillet 89. Aussi le despotisme ne leur a-t-il jamais pardonné. Je le dis avec douleur, mais, de tous ceux qui composaient le Champ de Mars, de cet honorable régiment des soldats de Château-Vieux, voilà peut-être les seuls qui existent aujourd'hui. Des traîtres, des ambitieux et le despotisme ont égorgé, détruit et fait disparaître tout le reste. Ceux que nous voyons ici survivent à des hécatombes d'hommes vivants sacrifiés par la tyrannie : car c'est des pleurs et du sang des hommes vivants que s'abreuve la tyrannie; et ses partisans hypocrites pourtant prétendent savoir encore feindre la sensibilité. C'est en méditant de nouveaux crimes qu'ils sont venus parler de justice. C'est en méditant de nouveaux massacres qu'ils invoquent l'humanité. C'est à leurs victimes que nous leur avons entendu reprocher leurs forfaits. Vous, justes! vous, humains! pourraient leur dire ces soldats de Château-Vieux. Qu'avez-vous fait de tout le généreux sang que vous avez fait couler des veines de nos compagnons? Où sont-ils? Qu'en avez-vous fait? Où est le magnanime Soret? Où est-il, ce soldat dont le dernier soupir fut un vœu pour la liberté?

Je vous afflige, mes chers, mes bons amis de Château-Vieux; pardonnez-moi, rassurez-vous... Ces honorables martyrs que vous avez pleurés ne sont pas tout à fait péris (sic), il y a dans de tels hommes quelque chose qui ne se détruit jamais : leurs âmes, immortelles et grandes, seront transmises à de nouveaux soutiens de la liberté, qui feront pâlir les tyrans. Ils apprendront aux tyrans cette effrayante vérité, qu'il n'y a que les esclaves qui vivent et meurent dans le néant, mais qu'on ne peut jamais tuer les hommes libres... Les hommes libres se reproduisent avec force et sans interruption, ils forcent les destinées à leur être favorables. Et, si cela n'était pas ainsi, frères et amis, pourrions-nous aujourd'hui arroser de nos larmes les soldats de Château-Vieux? N'étaient-ils pas séparés de nous de tout l'intervalle que peut mesurer le génie des tourments et de la persécution? Cependant les voici... Leur présence réveille les sentiments les plus doux et les plus chers aux bons citoyens. Partout où ils ont passé, les mêmes épanchements ont soulagé tous les cœurs... Ils sont devenus les monuments d'une grande infortune; ils deviendront aussi celui d'une nouvelle et forte réunion, d'une confédération solennelle, invincible, entre tous les amis de la liberté.

M. LE PRÉSIDENT. — Infortunés chers à nos cœurs et à la France entière, dans les premiers temps de la Révolution vous avez commis un grand crime aux yeux de la tyrannie : celui d'avoir refusé vos forces pour être l'instrument de ses fureurs, et d'avoir respecté le peuple; mais ce crime fait votre gloire. Les perfides, loin de la flétrir, ont fait rejaillir tout l'éclat de la vertu. Qu'il est beau pour nous, le jour où nous vous possédons dans notre sein! Vous êtes venus vous offrir à notre vénération; vous avez sur nous un grand avantage : celui d'avoir souffert pour la constitution, lorsque nous n'avons encore fait que le serment de la défendre. Il sera beau de voir renouveler ce serment de la fraternité entre vous et les gardes-françaises qui ont aidé à renverser la Bastille. Unis à votre généreux défenseur, il sera beau de prêter ce serment sous le drapeau tricolore et le bonnet de la liberté. Puisse ce serment pénétrer de plaisir tous les vrais amis de la liberté, et pénétrer d'effroi tous ceux qui ont conspiré contre son existence!

M. *Merlin* demande qu'au nom de la Société M. le Président embrasse le plus ancien et le plus jeune des soldats, ainsi que leur défenseur, M. Collot d'Herbois.

L'accolade fraternelle est donnée par M. le Président, aux acclamations de tous les spectateurs.

Les soldats de Château-Vieux allaient se retirer pour se rendre à la municipalité avec leur défenseur, lorsque M. *Robespierre* monte à la tribune.

M. Collot d'Herbois. — C'est un devoir qui me presse, et que je compte remplir, de mener les soldats de Château-Vieux à la municipalité ; mais ils perdraient un trop grand plaisir s'ils n'entendaient pas M. Robespierre, qui s'est si souvent intéressé à eux.

Après avoir passé en revue les services rendus à la cause de la liberté et à la Révolution par les soldats de Château-Vieux et les gardes-françaises, M. *Robespierre* fait l'énumération des contrariétés qu'il a éprouvées à l'Assemblée constituante toutes les fois qu'il a voulu élever la voix en leur faveur ; il propose aux membres de l'Assemblée nationale de solliciter un décret qui donne à tous les soldats persécutés pour cause de la Révolution la faculté de rentrer dans différents corps, ou de former une légion particulière.

Il dénonce ensuite un attentat commis le matin contre un citoyen patriote, qui fut rencontré dans une promenade par un de ces gens qui, ne portant pas tout à fait les livrées de l'aristocratie, l'ont fortement empreinte dans le cœur.

Cet homme aborda le patriote dans un lieu écarté, et lui mettant le poing sous le nez : « Tu es, dit-il, un f..tu gueux ; mais, dans trois jours, nous serons débarrassés de toi. »

Les soldats de Château-Vieux se retirent avec leur défenseur et les deux députés de Brest, pour se rendre à la municipalité.

On engage tous les citoyens de la Société qui se trouvent vêtus de l'uniforme national à les suivre pour leur servir de cortège.

M. *Guadet* demande que, pour répandre dans tous les départements l'esprit public, que vient d'exalter au plus haut degré la vue des victimes du despotisme arrachées à ses mains et accueillies par les vrais patriotes, le procès-verbal de cette mémorable séance soit imprimé et envoyé à toutes les Sociétés affiliées [1].

M. *Guadet* demande encore que la liste des membres de l'Assemblée nationale qui ont ce matin voté pour et contre les honneurs à rendre

---

1. Ce procès-verbal est la pièce suivante.

aux soldats de Château-Vieux soit imprimée à la tête de ce procès-verbal, et envoyée avec lui.

M. *Albitte* combat cette proposition : « Ce serait, dit-il, faire trop d'honneur aux députés qui ont voté contre l'admission aux honneurs de la séance que d'envoyer leurs noms avec le procès-verbal. Je demande donc que cette liste soit imprimée si l'on veut, mais qu'elle soit envoyée séparément. »

Cette motion, appuyée, est mise aux voix et adoptée.

M. *Duhem* représente qu'à l'égard de la demande faite par M. Robespierre pour les soldats qui ont été victimes de la Révolution, une partie de ses vues sont remplies par le décret qui ordonne leur replacement dans divers corps. Quant à la portion qui regarde la formation d'une légion particulière, elle a trouvé les plus grandes contradictions dans l'Assemblée nationale, parce qu'on se proposait de mettre à la tête de cette légion des officiers entièrement à la nomination du pouvoir exécutif, ce qui eût été mettre les soldats de cette légion sous le commandement d'officiers intéressés à les ménager peu.

Cette discussion engage M. *Albitte* à monter à la tribune, où il expose, sans préparation, plusieurs vues lumineuses sur divers changements et améliorations à faire dans la discipline militaire : une des principales, c'est que l'Assemblée nationale n'abandonne pas entièrement au pouvoir exécutif le droit de faire les règlements militaires, parce qu'alors il fait des lois; il demande que les règlements soient proposés par le pouvoir exécutif, et que l'Assemblée nationale les consacre par un décret après les avoir examinés.

M. Duhem. — On doit se rappeler que ce matin, à l'Assemblée nationale, M. de Saint-Mihel[1] avait demandé la parole pour une motion d'ordre; il n'a pu l'obtenir, et cependant il était important qu'il fût entendu. Voici le fait dont il voulait parler :

Un lieutenant suisse, en garnison à Cambrai lors de la fuite de Louis de Varennes, se rendit à la municipalité, où tous les corps militaires étaient convoqués pour prêter le serment civique. Tous les officiers étrangers le refusèrent, excepté un seul, ce lieutenant, nommé M. Derivaz. Aussi, depuis ce moment, a-t-il été en butte à toute l'aristocratie suisse, qui l'a fait renvoyer de son corps et bannir de son pays.

Cet officier est à Paris depuis le mois de juillet 1791; il sollicite un

---

1. Je ne trouve pas de député de ce nom. Peut-être faut-il lire : *Lacombe Saint-Michel*. Les comptes rendus du *Moniteur* et du *Logographe* de la séance de la Législative du 9 avril 1792 ne relatent aucun incident analogue à celui auquel Duhem fait ici allusion.

décret qui le déclare citoyen français; et, comme il a trente ans de service, il demande aussi qu'on lui accorde sa retraite comme ayant servi dans l'armée française. Je prie, lorsque je demanderai la parole à ce sujet, que tous les députés patriotes m'aident à l'obtenir.

La séance a été levée à neuf heures.

CXC

SOCIÉTÉ DES AMIS DE LA CONSTITUTION

SÉANTE AUX JACOBINS, A PARIS

PROCÈS-VERBAL DE LA SÉANCE DU 9 AVRIL 1792, L'AN IV DE LA LIBERTÉ

(Imp. du *Patriote français*, s. d., in-8 de 12 pages [1].)

Au commencement de la séance, ouverte par M. *Robespierre*, en l'absence du président et du vice-président, l'entrée est accordée, conformément aux règlements, à divers citoyens, sur l'attestation de plusieurs membres de la Société.

M. *Vergniaud*, président, monte au fauteuil, annonce que la Société des Nomophiles offre un secours de 384 livres 10 sols pour les soldats de Château-Vieux.

Les citoyens de la section de la Fontaine-de-Grenelle remettent aussi une offrande de 85 livres, destinée au même emploi.

Une députation de la section de Bondy dépose sur le bureau une somme de 203 livres, consacrée au soulagement de ces honorables victimes du despotisme.

« Nous sommes, dit l'orateur, de ces citoyens riches en patriotisme, mais pauvres en moyens; appréciez notre offrande avec le sentiment qui nous anime en la présentant.

« La vertu n'enrichit pas, mais elle honore, répond *le Président*; vous rapporterez aux patriotes qui vous envoient le tribut de notre reconnaissance; vous les pénétrerez des sentiments de joie dont vous anime l'arrivée des soldats de Château-Vieux : ils seront assez récompensés de leur générosité ».

1. Bien que ce procès-verbal ne diffère pas sensiblement du compte rendu du *Journal*, nous croyons devoir le reproduire, à cause de l'intérêt exceptionnel qu'offre cette séance du 9 avril 1792, et parce que, comme on le verra plus bas, p. 492, le texte des discours en fut revisé par les orateurs eux-mêmes.

La Société applaudit à l'empressement toujours soutenu des citoyens de Paris à soulager la longue infortune des frères de Château-Vieux; elle arrête que tous ces dons, ainsi que plusieurs autres, destinés à des actes de bienfaisance, dans la fête qui leur est préparée, seront consignés, avec mention honorable, dans son procès-verbal.

Passant ensuite à l'ordre du jour, la Société arrête, après la lecture de la correspondance, que celle de Foix sera retranchée de la liste des Sociétés affiliées; que les journalistes patriotes seront invités à insérer dans leur prochaine feuille la lettre écrite le... par la Société de Marseille; enfin, que l'affiliation est accordée aux Sociétés de la Tour-d'Aigues, de Peinier[1], de Treu, de Cadenet, de Villame, de Saint-Saturnin, de Cucuron, département des Bouches-du-Rhône[2], et d'Antibes, département du Var.

Un des vingt-quatre commissaires envoyés par la Société au-devant des soldats de Château-Vieux jusqu'à Versailles rend compte, au nom de la députation, de la mission qui lui était confiée. Des transports de reconnaissance et de joie, des larmes d'attendrissement, les douces étreintes de la fraternité, le concours d'une foule immense de citoyens qui se pressaient sur les pas des premiers martyrs de la liberté : tels ont été les événements qu'ont rapportés les commissaires, acteurs et témoins dans la fête touchante donnée par la ville de Versailles tout entière aux soldats de Château-Vieux.

A l'instant même, de nombreux applaudissements ont annoncé une députation de la Société des amis de la constitution de Versailles. Ces citoyens, dont la vue réveillait tant de souvenirs chers au patriotisme, ont exprimé, par l'organe de leur président, les ravissantes émotions que le retour des soldats de Château-Vieux leur inspirait. Généralisant ensuite leurs sentiments, ils ont vu dans le triomphe de la liberté la confusion de ses vils ennemis, car le succès de la justice et de l'humanité est une victoire pour la patrie. La Société, dont chaque membre porte ces sentiments gravés dans le cœur, a applaudi de les voir si bien exprimés.

Un frère de Versailles rend compte d'un fait honorable à la fois pour ses concitoyens et pour les soldats de Château-Vieux. « Dans cette ville, a-t-il dit, où notre ardeur pour la liberté croit avec notre détresse, où le patriotisme s'enrichit des pertes de la fortune, voulant célébrer dignement l'arrivée de nos frères et leur faire oublier un long esclavage en leur donnant le doux spectacle d'un tyran immolé à la liberté, nous nous proposions de faire représenter *Guillaume Tell* à

---

1. Nous n'avons pu identifier ce nom de lieu, non plus que *Villame*.
2. On sait que le département de Vaucluse n'existait pas encore.

leur profit. Ces généreux soldats, qui, en cessant d'être malheureux, n'ont pas oublié qu'il en restait encore, nous ont conjuré de réserver ces secours pour les plus indigents de nos concitoyens. »

Deux gardes-françaises demandent l'entrée de la séance. Un membre observe que la fête de Château-Vieux est aussi celle des gardes-françaises, et que, confondus dans le cœur des patriotes, ces premiers soldats de la liberté doivent être encore parmi eux. — Une acclamation unanime répond à cette proposition.

Un membre, mêlant quelques regrets à la joie universelle, rappelle la mémoire du maire d'Étampes. « Je demande, dit-il, que les Amis de la constitution honorent le magistrat du peuple immolé à ses devoirs, en portant son deuil pendant le jour qui suivra les réjouissances projetées. » Sur les observations d'un autre membre, la Société, considérant que ce jour, exclusivement consacré aux douces émotions de la joie, ne devait point être troublé par des souvenirs déchirants pour le cœur des patriotes, passe à l'ordre du jour.

« Les gouvernements suisses sont nos ennemis, dit un autre membre, mais les citoyens suisses sont nos frères, nos amis; ceux de Porentruy ont dès longtemps réclamé notre assistance, et cependant l'Assemblée nationale et cette Société même semblent laisser à l'écart les vœux de ces braves voisins. Je demande que l'examen de leurs propositions devienne l'objet d'un rapport, présenté à cette Société dans quinzaine. C'est en secourant leurs frères que nous offrirons aux soldats de Château-Vieux des hommages dignes de leur cœur.

Cette proposition est unanimement adoptée.

Une foule immense de citoyens et de citoyennes, qui n'ont pu trouver place dans les tribunes de la Société, demandent comme un dédommagement la permission de traverser la salle. La Société, qui n'avait jamais senti comme dans ce jour l'insuffisance de son local, accueille cette demande en applaudissant. Le peuple défile au milieu de la salle, en faisant retentir les voûtes de ces cris unanimes : *Vive la nation! Vive Château-Vieux!* Les citoyens des tribunes, les membres de la Société, joignent leurs voix à ce concert d'acclamations patriotiques; elles redoublent à l'entrée des soldats de Château-Vieux, qui se présentent enfin à l'impatience de la Société, précédés de plusieurs tambours qui mêlent leurs roulements aux éclats des applaudissements, des sapeurs de la garde nationale et d'une députation des citoyens du faubourg Saint-Antoine. On les reconnaît aux drapeaux tricolores qui flottent sur leurs têtes, tribut d'estime et de fraternité qui leur fut distribué par les principales villes qu'ils ont traversées. On les reconnaît surtout à leur digne défenseur Collot-d'Herbois, qui marche à leur tête. On remarque avec un vif intérêt un grand nombre de gardes-françaises et de gardes-suisses entremêlés dans leurs rangs. Cette touchante union répond, en présence du peuple, aux insidieuses terreurs, aux absurdes calomnies, répandues par les malveillants contre la fête qui se prépare.

A ce ravissant spectacle, la Société tout entière, dressée sur pied, fait éclater les transports de la plus vive joie. Les cris : *Vive la nation! Vive Château-Vieux!* se confondent ; les chapeaux volent en l'air ; tous les yeux, humides d'attendrissement, se tournent vers ces glorieuses victimes arrachées aux fers et à la mort ; on cherche, avec une tendre inquiétude, sur leurs fronts la trace des souffrances qu'ils ont endurées pour la cause de la liberté ; on entend quelquefois bénir l'Assemblée nationale pour la tardive justice qu'elle leur a rendue.

Enfin, ces premiers transports s'apaisent, et le silence se rétablit pour écouter M. *Rabit*, député de Brest, l'un des consolateurs, l'un des sauveurs de Château-Vieux. Il parle des maux qu'ont soufferts ces dignes soldats ; on se rappelle les soulagements généreux que leur ont prodigués ses concitoyens ; il exprime la joie que leur cause la délivrance de ces respectables captifs ; il réveille l'idée des efforts qu'il a faits lui-même pour la hâter.

Le Président expose, en lui répondant, tous ses titres à la gratitude publique, et, sur la motion d'un des membres, embrasse, en signe de fraternité, le député de Brest, au nom de la Société tout entière.

Le défenseur des soldats de Château-Vieux, placé au milieu d'eux, prend ensuite la parole. *A la tribune!* lui crie-t-on de toute part. « Oui, je vais monter à la tribune! s'écrie-t-il ; mais souffrez qu'avant d'y paraître je dénonce à votre reconnaissance, à votre admiration, la modestie du citoyen de Brest que vous voyez auprès de moi. J'ai besoin de vous apprendre qu'il a partagé les efforts et les travaux de son digne collègue et que vous devez peut-être à ses soins généreux le bonheur de posséder, en ce moment, Château-Vieux dans votre sein ; et cependant il se dérobe aux témoignages de votre sensibilité. »

« Messieurs, dit alors M. *Vignon*[1], tout homme naît avec des devoirs sacrés à remplir ; heureux qui peut s'en acquitter ! J'ai fait le mien, j'en suis trop récompensé. »

Et M. *le Président* lui dit : « Respectable citoyen, je n'entreprendrai point de vous répondre. Les sentiments que vous inspirez seraient indignes de vos vertus, s'il était possible de les exprimer. »

M. *Vignon*, suivant l'exemple de son collègue, vient embrasser,

1. Le procès-verbal l'appelle *Vignot*.

au bureau, le président, qui achève de lui répondre par ses douces étreintes et ses larmes d'attendrissement.

Le défenseur de Château-Vieux reprend ensuite la parole pour dénoncer à la Société les manœuvres infâmes de quelques ennemis du peuple, et surtout d'un homme, nommé La Fayette, qui ose lutter, avec les seules forces de l'intrigue, contre la volonté nationale. Il dévoile la source impure des calomnies répandues dans la capitale, des libelles qui en souillent les murs, du complot qui voulait, ce matin, les (sic) écarter de l'enceinte des représentants du peuple, complot avorté heureusement pour ceux-là mêmes qui l'avaient conçu. — Il retrace ensuite les droits de ces infortunés à la reconnaissance des amis de la liberté. « Si tous les soldats des despotes, a-t-il ajouté, ressemblaient aux soldats de Château-Vieux, l'univers serait bientôt libre et vengé. Aussi le despotisme ne leur a jamais pardonné. De tous ceux qui composaient, au Champ de Mars, cet honorable régiment, voilà peut-être les seuls soldats qui existent encore, le reste a été la proie de la tyrannie. Consolez-vous, toutefois, amis naguère si malheureux, si infortunés; ceux que vous pleurez aujourd'hui ne sont pas tout à fait péris (sic); il y a de tels hommes quelque chose qui ne se détruit jamais : c'est l'immortel amour de la liberté qui renaît du sang de ces héros, qui se transmet d'âge en âge à toutes âmes fortes pour l'effroi des tyrans de la terre. S'il n'en était ainsi, Messieurs, pourriez-vous serrer dans vos bras les Suisses de Château-Vieux? Et cependant les voilà, ces monuments vivants d'une grande infortune ; ils deviendront aussi celui d'une nouvelle et forte réunion, d'une confédération solennelle entre tous les amis de la liberté. »

Le sentiment qui animait le défenseur de Château-Vieux rendait encore nouvelles les impressions qu'il a fait tant de fois éprouver à la Société. C'est en consolant, c'est en félicitant ses respectables clients, que le président lui a répondu :

« Infortunés, chers à nos cœurs, chers à la France entière, leur dit-il, dans les premiers temps de la Révolution vous avez commis un grand crime aux yeux de la tyrannie, celui de refuser vos forces pour être l'instrument de sa fureur, et de respecter le sang du peuple. Mais ce crime fait votre gloire, et vos lâches persécuteurs, loin d'en ternir l'éclat, n'ont fait que l'embellir de tout l'intérêt qu'on doit à la vertu poursuivie. Qu'il est beau pour nous le jour où vous venez présenter vos fers à notre vénération, vous faire serrer dans nos bras fraternels! Vous avez sur nous un grand avantage, celui d'avoir souffert pour la liberté, lorsque nous n'avons fait pour elle encore que le serment de la défendre. Qu'il sera doux pour nous de renouveler ce serment avec les gardes-françaises, vos dignes compagnons de gloire ! Nous étions déjà frères par notre haine commune contre le despotisme, mais nous aimons à jurer cette fraternité par les maux que vous avez soufferts. C'est au nom de vos malheurs sacrés que nous promettons de vivre et mourir avec vous pour la défense de la liberté. »

Ce serment, couvert des applaudissements des citoyens, a été répété sur-le-champ par la Société, les soldats de Château-Vieux, les gardes-françaises et gardes-suisses présents à la séance, dont la touchante émotion garantissait la sincérité. Le président a été invité à embrasser, au nom de la Société, le plus jeune et le plus âgé des soldats de Château-Vieux, ainsi que le vertueux défenseur qui les a rendus à la patrie, à leur famille, à leurs frères et leurs amis.

Un membre a exposé ensuite que la fête préparée à l'occasion des gardes-françaises et des soldats de Château-Vieux devait prendre un bien plus grand caractère; qu'il fallait en faire la fête du peuple et le triomphe de tous les soldats qui, depuis l'origine de la Révolution, avaient souffert pour la cause de la liberté. Il a rappelé les persécutions exercées contre les plus zélés défenseurs de la patrie. Il a demandé que les membres de la Société, et surtout les députés à l'Assemblée nationale, employassent toute leur influence pour leur assurer la juste indemnité qui leur était due. Il a proposé de composer, de tous les soldats victimes de leur fidélité aux intérêts du peuple, une légion immortelle qui serait l'effroi des tyrans et le plus ferme appui de la liberté. Il a engagé tous les Amis de la constitution à regarder comme leur premier devoir celui de secourir les malheureux, et d'acquitter, en tant qu'il était en eux, la dette de la patrie envers ceux qui en avaient été à la fois les défenseurs et les martyrs. Fixant ensuite son attention et ses regards sur les soldats suisses qui assistaient à la séance avec les gardes-françaises et les soldats de Château-Vieux, il s'est applaudi de voir les couleurs de l'uniforme suisse heureusement mêlées aux couleurs nationales. Il les a exhortés à regarder la fête qui se prépare comme leur propre triomphe et comme celui de leur nation, à raconter à leurs camarades et à leurs compatriotes de quelle manière le peuple français sait récompenser et consoler ses défenseurs, et à répandre parmi eux les principes de justice et d'humanité qui font les bases de la Révolution française.

Le même membre, après quelques observations sur les manœuvres employées par les ennemis du bien public pour troubler cette fête, a engagé tous les citoyens à les déconcerter par une vigilance infatigable et par un calme imposant. Pour prouver la nécessité de ces dispositions, il a cité un fait dont il avait une connaissance personsonnelle. Il a annoncé que, le matin, dans un endroit écarté d'une promenade publique, un membre de la Société, qu'il a désigné, avait été insulté par un homme attaché en qualité d'aide de camp à M. La Fayette, au temps où celui-ci était commandant de la garde nationale parisienne; que cet homme, avec l'air de la fureur et un geste menaçant, l'avait abordé en lui adressant ces mots : « Vous êtes un f.... gueux : dans trois jours, nous serons délivrés de vous. »

A cet instant, les soldats de Château-Vieux, que le désir d'entendre un de leurs plus ardents défenseurs avait retenus dans le sein de la Société, se souvenant qu'un devoir sacré leur restait à remplir, demandent à se retirer pour aller offrir à la municipalité de Paris le tribut de leur reconnaissance. Ils se lèvent et se retirent au bruit des plus vifs applaudissements, accompagnés par leurs braves défenseurs, par une foule immense de citoyens et par un grand nombre de gardes nationales qui s'honorent de marcher à leur tête.

La discussion est reprise sur la proposition de former une légion particulière de tous les soldats persécutés pour cause de patriotisme.

Un membre, député à l'Assemblée nationale, en souscrivant aux motifs qui ont dicté cette motion, croit y découvrir quelques inconvénients. « Cette légion, dit-il, serait, comme le reste de l'armée, à la merci des volontés du pouvoir exécutif; lui seul en choisirait les officiers, et ce mode d'élection n'offre pas sans doute une garantie tranquillisante de leur civisme : ils ne feraient peut-être éprouver aux soldats patriotes qu'un changement de souffrances. Je me rappelle d'ailleurs qu'un décret rendu il y a peu de jours les admet avec honneur dans tous les corps de l'armée. »

Un autre membre développe quelques vues sur l'organisation de l'armée en général et sur le règlement de discipline de l'ex-ministre de la guerre. Les membres de l'Assemblée nationale sont invités à prendre en considération ces observations importantes.

Un autre enfin, ramenant l'attention de la Société sur les objets intéressants qui avaient rempli sa séance, rappelle les injustes traitements exercés envers M. Derivaz, officier suisse, pour avoir osé faire rougir ses camarades en prêtant devant eux le serment civique. Il invite les membres de l'Assemblée nationale à presser le rapport du Comité diplomatique sur les réclamations de ce brave Suisse, qui, en demandant le titre de citoyen français, prouve assez qu'il en est digne.

M. *Brival,* membre de l'Assemblée nationale, réclame contre l'omission de son nom dans la liste de ceux qui ont voté pour l'admission des soldats de Château-Vieux aux honneurs de la séance.

Un membre, considérant comme un sûr moyen d'animer l'esprit public dans les départements la publicité de cette séance mémorable, demande que le procès-verbal de ce jour soit imprimé et envoyé à toutes les Sociétés affiliées. Cette demande est accueillie par des applaudissements unanimes et votée par acclamation.

Sur la proposition d'y joindre la liste des membres de l'Assemblée nationale votant pour et contre l'admission de Château-Vieux aux honneurs de la séance, la Société, considérant que les noms de leurs (sic) ennemis souilleraient le récit de la fête du peuple, a arrêté que la liste des membres de l'Assemblée nationale votant pour et contre l'admission sera imprimée séparément.

La séance est levée à neuf heures.

Signé : VERGNIAUD,
Député à l'Assemblée nationale, *président.*

DUCOS et SALADIN, députés à l'Assemblée nationale;
DEPERRET, ROY, DOPPET, *secrétaires.*

CXCI

SÉANCE EXTRAORDINAIRE DU MARDI 10 AVRIL 1792

PRÉSIDENCE DE M. VERGNIAUD

En l'absence de MM. les président et vice-président, M. *Thuriot* occupe le fauteuil et fait lecture de la liste des personnes qui demandent l'entrée de la séance.

M... — Je dénonce un nouveau libelle sorti de la plume de Durosoi, ayant pour titre : *Le Royalisme français, dédié aux laboureurs, artisans, et aux soldats des services de terre et de mer;* je prie la Société de nommer des commissaires pour examiner cet ouvrage.

Cette motion excite quelque tumulte; des citoyens se chargent de faire les démarches nécessaires pour que le sieur Durosoi reçoive enfin, *légalement,* le prix de tant de libelles contre-révolutionnaires dont il a inondé la France depuis la Révolution.

On passe à l'ordre du jour.

M..., membre du Comité officieux nouvellement formé dans la Société, demande que ce Comité soit invité à se rassembler avant la fin de la semaine. Cette demande est applaudie, et l'invitation est arrêtée.

Une lettre de Strasbourg donne quelques détails sur les tentatives faites par les Feuillants de cette ville pour opérer la réunion de leur Société avec celle qui était restée fidèle aux principes de la liberté et de la constitution. On observe qu'un papier public a annoncé que cette réunion avait eu lieu, et, sur cette observation, la Société, jalouse de rétablir la vérité des faits, invite les journalistes patriotes à instruire le public que, jusqu'à ce jour, il n'y a entre les deux Sociétés dont il est question qu'un projet de réunion individuelle, et non une incorporation entière de la Société feuillantine avec celle des vrais et bons amis de la constitution.

M. *Lecot* fait hommage à la Société d'un ouvrage ayant pour titre : *Établissements et améliorations dans le ci-devant Bas-Poitou et le pays d'Aunis*. On arrête la mention honorable de cette offre au procès-verbal.

M. *Tallien* réclame la somme de neuf cents livres que la Société avait arrêté de lui fournir pour le montant de sa souscription pendant les mois de janvier, février et mars, de la feuille intitulée *l'Ami des citoyens*, dont il est l'auteur. — On arrête que le Comité d'administration fera délivrer cette somme à M. Tallien.

M... — On a arrêté, dans la dernière séance, que la liste des députés qui ont voté pour ou contre les honneurs de la séance à accorder aux soldats de Château-Vieux serait imprimée et envoyée à toutes les Sociétés affiliées; beaucoup d'erreurs se sont glissées dans les dernières listes de cette nature que nous avons déjà envoyées ; je demande que, pour obvier à cet inconvénient, la Société ne fasse jamais l'envoi de pareilles listes sans qu'elles aient passé sous les yeux des députés de chaque département, qui, mieux que personne, peuvent rectifier les erreurs qui pourraient s'y être introduites.

Cette motion, appuyée, est mise aux voix et adoptée.

Un de MM. les secrétaires fait lecture du procès-verbal de la séance du lundi, dont l'impression et l'envoi aux Sociétés affiliées avaient été arrêtés.

La rédaction de ce procès-verbal donne lieu à diverses observations et à une discussion assez longue. On arrête enfin que les divers membres qui ont parlé successivement dans cette séance communiqueront leurs réflexions à M. le secrétaire pour le mettre en état de présenter à la Société, dans la séance de demain ou dans celle de vendredi prochain, une rédaction conforme à son vœu.

La Société arrête que, dans la prochaine séance, il sera fait une collecte pour plusieurs citoyens qui ont recours à sa bienfaisance, la

Société se trouvant trop peu nombreuse en cet instant pour s'occuper de cet objet d'une manière suffisamment utile pour les pétitionnaires.

MM. *Marandet* et *Patriarche,* membres de la Société des amis de la constitution de Beaune, demandent la parole pour lire deux adresses, l'une destinée à l'Assemblée nationale, l'autre au roi des Français, à l'effet de demander la guerre. On leur représente que cette lecture serait peu profitable au moment où la Société se trouve dégarnie de ses membres. D'après ces observations, la lecture est remise à la séance de mercredi.

La Société reçoit une rétribution de cinq livres, qui lui sont remises par un jeune écolier pour la fête des soldats de Château-Vieux. Elle reçoit également trois livres de la part d'un de ses membres.

La séance a été levée à neuf heures.

CXCII

SEANCE DU MERCREDI 11 AVRIL 1792

En l'absence de M. *Vergniaud,* M. *Carra,* vice-président, occupe le fauteuil.

MM. les secrétaires font lecture du procès-verbal de la séance de dimanche dernier et de l'extrait de la correspondance.

Deux citoyens de la section de l'Observatoire déposent sur le bureau la somme de cinq cent soixante-quatorze livres quinze sols pour les soldats de Château-Vieux.

Les plus vifs applaudissements précèdent l'arrêté que prend la Société de faire mention honorable au procès-verbal de cette offre. Les citoyens sont invités à assister à la séance.

M. DUFOURNY. — J'ai l'honneur de vous observer, Messieurs, que l'offre que viennent de déposer sur le bureau les deux citoyens de la section de l'Observatoire est d'autant plus considérable que cette section n'est pas le centre de la richesse, et que cette collecte est nécessairement le produit de billets de dix sols, de cinq sols, de gros sous même, donnés par des citoyens dont la plus grande partie manque même du nécessaire le plus étroit.

Cette réflexion redouble les applaudissements donnés à l'offre des citoyens de la section de l'Observatoire, et on en arrête l'insertion au procès-verbal.

M... — Quand la guerre paraît inévitable, quand les moyens de la rendre plus courte et moins meurtrière sont ceux qui déterminent le plus promptement le succès des batailles, c'est, sans doute, faire un présent à l'humanité que de lui offrir de telles inventions.

[Et l'orateur signale la découverte d'un Français et d'un Anglais, qui ont trouvé le moyen de tirer vingt-cinq coups de canon à la minute. Il demande qu'on nomme des commissaires pour l'examiner.]

M. Desfieux. — Il me semble intéressant de faire au plus tôt cette expérience aux dépens de la Société, et, comme elle n'a pas de fonds de reste, je propose qu'il soit fait une collecte destinée à cet objet uniquement.

M. Carra. — On m'annonce l'arrivée des soldats de Château-Vieux, avec une députation d'une partie du faubourg Saint-Antoine; ne serait-il pas convenable de leur destiner, dans cette salle, la même place qu'ils occupaient lundi dernier?

Cette proposition excite quelques murmures; enfin, sur les observations de M. *Merlin,* on arrête que les soldats de Château-Vieux n'occuperont point de place distinguée, mais qu'ils se mêleront avec les autres membres de la Société.

M. *Bourdon* insiste pour que l'on mette aux voix la proposition de M. Desfieux.

M. *Robespierre* s'oppose à cette proposition, qu'il trouve contraire aux principes de l'humanité. — Cette assertion excite quelques murmures, auxquels M. Robespierre répond en menaçant d'en démasquer les auteurs.

Les murmures redoublent. M. Robespierre les attribue à des partisans de l'ex-général La Fayette, dont il s'engage à dévoiler la conduite pendant le cours de la Révolution; puis, passant à l'objet de la proposition actuelle : « Je ne puis vous dissimuler, dit-il, que, vers la fin de la session de l'Assemblée constituante, la même proposition me fut faite; on répéta l'expérience dans le jardin de la maison que j'habitais; le secret consistait en une carabine qui tirait neuf coups sans recharger l'arme. L'inventeur de cette découverte m'ayant consulté, je lui conseillai de n'en faire aucun usage, et il a gardé le plus profond silence. Je lui ai dit ce que je répéterai ici : qu'une telle découverte, mise entre les mains d'un peuple libre, peut, à la vérité, donner à ce peuple un avantage momentané sur les despotes, mais que, passant bientôt entre les mains des despotes eux-mêmes, elle devient, dans leurs mains, un instrument de plus pour asservir le peuple. »

L'ordre du jour est invoqué de toutes parts. On en adopte la motion.

M. *Roy*[1], secrétaire, fait lecture du procès-verbal de la séance extraordinaire de mardi.

[*M. Robespierre* fait une longue dénonciation contre La Fayette.]

M. *Danton* annonce que le département, après avoir tenu une séance de huit heures et avoir pris plusieurs arrêtés contradictoires relativement à la fête des soldats de Château-Vieux, avait décidé de se concerter avec la municipalité; il engage les citoyens, dans le cas où le département s'oublierait au point de porter une telle atteinte à la liberté, de n'opposer à cette résolution que l'immobilité du mépris et la tranquillité qui caractérise des hommes libres.

Une députation de patriotes de la section de Henri IV vient lire à la Société une pétition individuelle qu'il ont adressée à la municipalité pour lui demander que la fête de la liberté ait toujours lieu dimanche.

Un membre de cette députation dénonce un membre de la Société qui, à la section, a constamment voté contre cette fête. Cette dénonciation est renvoyée au Comité de présentation.

M. *Thainville*, chef des bureaux de la Société, annonce qu'étant entré dans les bureaux du Ministère des affaires étrangères, il ne peut continuer à donner ses soins au travail de la Société; il demande l'entrée aux séances jusqu'à ce que la suspension des admissions de nouveaux membres soit levée. — Cette demande est accordée à l'unanimité.

La séance a été levée à dix heures.

CXCIII

SÉANCE DU VENDREDI 13 AVRIL 1792

PRÉSIDENCE DE M. VERGNIAUD

En l'absence de M. le président, M. *Carra* occupe le fauteuil et lit la liste des personnes qui demandent à être admises à la séance.

M. RÉAL. — M. Beaulieu, membre de cette Société depuis assez longtemps, et qui, s'étant absenté pendant quelques mois, n'a pas de

---

1. Il y a, dans l'original, *Boys*. Dans les pièces imprimées par ordre de la Société, ce secrétaire s'appelle *Roy*.

nouvelle carte d'entrée, est à notre porte. Nous avons tous été instruits des persécutions qu'a fait subir à ce citoyen le pouvoir exécutif de Bruxelles, devant lequel il n'a pas craint de se vanter de ses titres de Jacobin ; il me semble que, sans enfreindre notre règlement, nous pouvons bien admettre sur-le-champ M. Beaulieu, sans exiger qu'il se soumette aux épreuves ordinaires.

Cette proposition adoptée à l'unanimité, M. *Beaulieu* se présente, et est reçu au milieu des applaudissements de la Société.

M. *Pépin* annonce à la Société qu'un de ses membres, maltraité au Palais-Royal, a été insulté par la gendarmerie nationale, traduit au tribunal de police correctionnelle, où il n'a pas été traité avec plus d'humanité. Ce n'a été que sur la réquisition de plusieurs membres du Club électoral et du Comité central que les juges de paix composant ce tribunal ont rendu la liberté à ce citoyen, connu par son civisme. M. Pépin demande que la Société nomme des commissaires pour suivre cette affaire ; il offre d'en être un, et prie qu'on lui adjoigne M. Polverel. Il se plaint encore de ce que les membres qui se sont proposés pour former le Comité de défense officieuse ne se sont pas encore rassemblés, et, sur sa proposition, on forme une nouvelle liste sur laquelle sont invitées à s'inscrire les personnes qui veulent se consacrer à cet objet.

Un membre dénonce les manœuvres pratiquées pour répandre l'opinion que la section de Montmartre avait pris un arrêté contraire à la fête de Château-Vieux. Après avoir dévoilé ces intrigues, qui sont celles de quelques particuliers de cette section, il dénonce un membre de la Société qui s'est montré, dans l'assemblée de la section, contraire à cette fête, et, à ce titre, il en demande l'exclusion.

Sur la représentation de M. *Merlin,* on propose de renvoyer cette affaire au Comité de présentation, avec ordre d'en rendre compte dans huitaine.

Cette motion est adoptée, malgré la violente opposition de M. *Pépin,* qui insistait à l'exclusion subite.

Des députés de la Société constitutionnelle de Manchester, présentés par M. *Robespierre,* demandent et obtiennent l'entrée de la séance pour solliciter l'affiliation de cette Société.

M. le secrétaire fait lecture du procès-verbal de la dernière séance.

M… — Les citoyens canonniers que je vous présentais à la dernière séance, Messieurs, se proposant de faire mardi matin, aux Champs-Élysées, l'expérience de leur méthode ; ils invitent les membres de cette Société à en être témoins.

Un membre dénonce les intrigues faites par le commandant de bataillon de la section de Beaubourg pour égarer les citoyens de cette section sur le compte de la fête de la liberté et le peu de succès qu'ont eu les manœuvres de ce commandant, M. Gibert de Lisle.

[Offrandes de la section de la Bibliothèque et du bataillon des Jacobins de Saint-Dominique, faubourg Saint-Germain, pour les soldats de Château-Vieux. — *M. Robespierre*, après avoir fait décider qu'il y aura une séance extraordinaire le lendemain, parle de la fête qui se prépare, félicite la municipalité de Paris de l'arrêté qu'elle a pris à ce sujet, et engage les bons citoyens à bien surveiller les mauvais patriotes le jour de la fête.]

M. LEGENDRE. — Je déclare que, dimanche, j'apporterai tous mes soins à surveiller les ennemis de la patrie, et que, s'il le fallait, je mourrais pour défendre la vie d'un citoyen qui s'en est toujours montré le plus ardent défenseur.

Mille voix des tribunes. — Et nous aussi.

Un membre propose d'envoyer des commissaires à la Société de Versailles, pour l'inviter à envoyer une députation à la fête de dimanche; mais, sur l'observation que le directoire des Sociétés patriotiques est chargé de ces détails, on passe à l'ordre du jour.

Un des quatorze grenadiers de l'Oratoire qui ont été cassés et désarmés par M. La Fayette vient se plaindre des difficultés qu'il rencontre à obtenir justice; il prie la Société de lui fournir les moyens d'y parvenir.

Sa demande, ainsi que celle d'un garde-française qui a le même objet, sont renvoyées au Comité de défense officieuse.

Deux citoyens de Metz, députés par la garde nationale de cette ville, et qui l'un et l'autre ont été blessés dans l'affaire de Nancy, viennent, en reconnaissant l'erreur dans laquelle a été induite cette garde nationale, demander à être admis à célébrer, avec les soldats de Châteaux-Vieux, la fête de la liberté.

Cette députation est accueillie par de vives acclamations; on arrête l'impression du discours de l'orateur, ainsi que celle du discours prononcé par la députation de la Société constitutionnelle de Manchester, à qui l'affiliation est accordée[1].

La Société des défenseurs des droits de l'homme et ennemis du despotisme, tenant ses séances au faubourg Saint-Antoine, envoie une députation pour dénoncer à la Société Mlle Théroigne.

1. Voir la pièce suivante.

La députation accuse cette citoyenne d'avoir excité du trouble dans le faubourg Saint-Antoine en voulant réunir en club, trois fois la semaine, les femmes de ce quartier, et en les engageant à un repas ou banquet civique, entreprises à la suite desquelles elle avait cru devoir employer, sans doute sans leur participation, les noms de MM. Robespierre, Collot d'Herbois et Santerre. Cette députation accuse encore Mlle Théroigne d'en avoir imposé aux femmes de ce faubourg en leur montrant, sur une liste de prétendues signatures pour cette fête civique, la signature de Mme Santerre, que les commissaires ont reconnue être de l'écriture de Mlle Théroigne.

M. *Robespierre* déclare, à cette occasion, n'avoir jamais eu avec Mlle Théroigne aucune relation particulière.

M. *Santerre* annonce qu'à la vérité il y a eu au faubourg Saint-Antoine quelque rumeur dont Mlle Théroigne peut avoir été l'occasion, sans avoir certainement cherché à la faire naître. Quant à la prétendue fausse signature de Mme Santerre, ce n'était point une liste de signatures, mais une liste de noms des personnes qui voulaient prendre part à cette fête.

A l'égard du bruit occasionné par le club des femmes, c'était, disait-il, à ces femmes qu'il fallait s'en prendre, parce qu'elles avaient été chercher en force les petites filles de la Pitié pour les faire assister à leurs assemblées, ce à quoi les religieuses qui veillent à leur éducation s'étant opposé, on s'était permis contre elles des voies de fait peu décentes.

« Les hommes de ce faubourg, dit cet orateur, aiment mieux, en rentrant de leur travail, trouver leur ménage en ordre que de voir revenir leurs femmes d'une assemblée où elles ne gagnent pas toujours un esprit de douceur, de sorte qu'ils ont vu de mauvais œil ces assemblées répétées trois fois la semaine. Toutes ces considérations ont produit des mouvements que j'ai engagé Mlle Théroigne à ne pas entretenir plus longtemps, en renonçant à ses projets à cet égard, et je ne doute pas qu'elle n'y renonce d'elle-même, d'après les réflexions qu'auront fait naître en elle ces mouvements, qu'elle n'a certainement pas cherché à exciter, comme pourraient l'accuser les malintentionnés. Je demande donc que, sur toutes ces explications, on passe à l'ordre du jour. »

La motion, mise aux voix, est arrêtée à l'unanimité.

M. *Dufourny* monte à la tribune, où il demande la parole pour lire à la Société le projet d'arrêté de quelques sections pour les gardes-françaises, arrêté qui doit être discuté lundi prochain dans l'assemblée des sections.

Le petit nombre des membres dont se trouve à ce moment composée la Société engage M. Dufourny à remettre cette lecture à la séance extraordinaire qui aura lieu demain.

La séance a été levée à dix heures et demie.

CXCIV

SOCIÉTÉ DES AMIS DE LA CONSTITUTION

SÉANTE AUX JACOBINS, A PARIS

DISCOURS DE MM. COOPER ET WATT

DÉPUTÉS DE LA SOCIÉTÉ CONSTITUTIONNELLE DE MANCHESTER

PRONONCÉ A LA SOCIÉTÉ DES AMIS DE LA CONSTITUTION, SÉANTE A PARIS

LE 13 AVRIL 1792

ET IMPRIMÉ AVEC LA RÉPONSE DU PRÉSIDENT

PAR ORDRE DE CETTE SOCIÉTÉ

(Imp. du *Patriote français*, s. d., in-8 de 5 pages.)

Frères et Amis,

Nous ressentons une vive satisfaction en vous communiquant la dépêche par laquelle nos frères de la Société constitutionnelle de Manchester viennent de nous nommer leurs députés auprès des Sociétés patriotiques de la France.

Au moment actuel, où se forme un concert des puissances despotiques de l'Europe pour écraser la cause de la liberté et anéantir les droits de l'homme, nous espérons vous faire plaisir en vous apprenant qu'il y a des hommes partout (même parmi les peuples que les intrigues des rois et des courtisans ont trop souvent fait paraître ennemis) qui prennent un vif intérêt à votre cause, la cause non seulement des Français, mais du genre humain.

Les lumières que vous venez de répandre sur les vrais principes de la politique et les droits naturels de l'homme (lumières qui ne font encore qu'étinceler en Angleterre parmi les ténèbres de l'ignorance civile) doivent nous faire sentir que le temps est venu d'abolir tout préjugé national et d'embrasser en frères les hommes libres, de quelque pays qu'ils soient. Depuis trop longtemps les machinations des despotes, toujours opposées à la nature, ont enseigné aux hommes de se regarder mutuellement en ennemis.

Considérant le club des Jacobins non seulement comme les amis de la constitution française, mais aussi sous le titre plus respectable encore d'amis des hommes, nous sollicitons, au nom de la Société constitutionnelle de Manchester, une communication et une correspondance amicale avec eux, sinon comme le commencement, au moins comme la continuation de cette fédération générale entre les Sociétés patriotiques de l'Europe, dont l'objet sera l'union fraternelle de tous les hommes.

Notre Société se trouvera heureuse de joindre ses efforts aux vôtres pour répandre les principes importants de la liberté universelle, qui seuls peuvent établir l'empire de la paix et le bonheur des hommes sur une base solide et inébranlable.

Nous félicitons le club des Jacobins de l'hommage involontaire que leur a rendu une des cours despotiques de l'Europe, en les indiquant comme les ennemis les plus déterminés du pouvoir arbitraire. Suivez, Messieurs, le cours de vos travaux philanthropiques, et continuez de mériter l'exécration des tyrans et les bénédictions des humains.

Signé : Thomas Cooper, James Watt, députés du club de Manchester.

RÉPONSE DE M. CARRA
OCCUPANT LE FAUTEUIL COMME VICE-PRÉSIDENT
EN L'ABSENCE DU PRÉSIDENT DE LA SOCIÉTÉ

Il y a juste cent ans que les Anglais donnèrent un grand exemple à l'univers en abaissant l'orgueil despotique des rois, et en faisant ressortir de leur charte constitutionnelle les premières lueurs de la déclaration des droits de l'homme. Tous les autres peuples du globe étaient alors plongés dans les plus épaisses ténèbres de l'ignorance et courbés sous le joug du plus honteux esclavage.

Aujourd'hui que les Français ont imité votre exemple, qu'ils l'ont imité dans un degré de perfection auquel il ne vous était pas, sans doute, encore permis d'atteindre, et qui n'est que le produit naturel et successif des progrès irrétrogrades de la raison humaine; aujourd'hui, dis-je, ce sont encore les Anglais qui commencent la chaîne de l'alliance universelle des nations, de cette alliance qui ne fera bientôt, soyons-en sûrs, qu'une même famille de tout le genre humain. Oui, frères et amis, les Anglais et les Français, réunis désormais et pour toujours par les liens de la justice, de l'humanité et de la plus tendre fraternité, combattront ensemble pour le maintien de leur liberté commune et le perfectionnement de leurs gouvernements respectifs.

Vainement la rage écumante des tyrans européens se flatte de faire heurter, comme autrefois, les peuples les uns contre les autres, pour augmenter le nombre de leurs esclaves ou pour assouvir leur vengeance. Le temps des erreurs et des illusions est passé ; les animosités nationales, enfantées par l'intrigue et les impostures des cours, sont éteintes ; le peuple, les soldats, les matelots français, ne voient plus dans le peuple, les soldats et les matelots anglais, que des frères, des amis, qu'ils brûlent de serrer dans leurs bras, en contractant avec eux, sur l'évangile de la déclaration des droits de l'homme, un pacte éternel de concorde et de paix. Déjà le pavillon d'Angleterre, réuni et lié en faisceau avec le pavillon tricolore de France et le pavillon étoilé des braves Américains, est suspendu aux voûtes de presque toutes les salles des Sociétés d'amis de la constitution ; déjà plusieurs fêtes civiques ont consacré, dans presque tous les départements de cet empire, l'alliance que nous jurons de nouveau à tous les patriotes anglais, en la personne des députés de la célèbre ville de Manchester. Amis, dites à vos concitoyens, à ces hommes que le génie de l'industrie et du patriotisme a rendus si recommandables et si précieux aux amis des arts, du commerce et de l'humanité, dites-leur que vous avez vu ici des vrais Français, des Français dont le caractère, si longtemps étouffé par l'esclavage, mais aujourd'hui développé par le sentiment énergique de leur liberté, ne respire qu'une philanthropie universelle, ne voit dans tous les hommes que des frères, dans tous les peuples que des parents ; dites-leur que notre persévérance et notre courage sont à toute épreuve, et que ce n'est pas en vain que nous avons juré de vivre libres ou de mourir ; dites-leur encore (dussent les tyrans de l'Europe en redoubler de rage!) que la politique des vrais patriotes français, de ces Jacobins si redoutables aux traîtres et aux ennemis de la liberté, n'est pas seulement de désirer la gloire et la prospérité des contrées qui les ont vus naître, mais la gloire, la prospérité et la liberté de tous les peuples. Oui c'est là le vœu constant et invincible des Jacobins de France, c'est-à-dire de la très grande majorité de la nation, et c'est en vertu de cette heureuse disposition de nos cœurs que la Société des amis de la constitution de Paris, en son nom et au nom de toutes les Sociétés patriotiques de l'empire français, se lie par un invincible serment à la Société constitutionnelle de Manchester.

L'assemblée vous invite à assister à ses séances pendant tout le temps de votre séjour à Paris.

La Société, en arrêtant l'impression de ces deux discours, en a également arrêté l'envoi à toutes les Sociétés affiliées, ainsi qu'à la Société constitutionnelle de Manchester, le 13 avril 1792, l'an IVe de la liberté.

Signé : CARRA, *vice-président;*

DUCOS, SALADIN, députés à l'Assemblée nationale ;

DEPERRET, ROY, DOPPET, *secrétaires.*

CXCV

SÉANCE EXTRAORDINAIRE DU SAMEDI 14 AVRIL 1792

PRÉSIDENCE DE M. VERGNIAUD

En l'absence de M. le président, M. *Fauchet* occupe le fauteuil.

Le bruit se répand, dit un membre, que, contradictoirement aux ordres donnés hier, M. le maire en a fait donner de nouveaux aujourd'hui pour que les citoyens qui composent la garde nationale se rendent en armes dans leurs bataillons respectifs.

Après une discussion assez vague, dans laquelle plusieurs membres disent avoir effectivement reçu, au nom de leurs commandants de bataillons, des invitations de cette nature, on arrête d'envoyer à M. Petion deux commissaires pour s'éclaircir sur ce fait.

M... — Hier au soir, comme je sortais d'ici et que je me présentais aux Tuileries pour les traverser, une députation de l'Assemblée nationale en sortait; la sentinelle suisse présenta les armes à la députation; la sentinelle garde du roi, au contraire, ne les porta pas, et affecta même de se promener pendant que la députation sortait. Certainement, en cela, ce soldat avait des ordres pour se conduire ainsi; on sent d'où ils peuvent venir; mais le fait est sûr, j'en ai été témoin avec plusieurs personnes qui l'ont remarqué comme moi. (*Quelques voix.* — C'est vrai.) Et je vous le dénonce.

Cette dénonciation excite quelque rumeur ; néanmoins, la discussion ne s'engageant pas, on passe à l'ordre du jour.

M. RÉAL. — Je vous demande la parole, Messieurs, pour vous présenter un garde du roi, nouvelle victime de l'aristocratie des chefs de cette garde.

[Il expose les persécutions subies par ce soldat et demande une collecte en sa faveur.]

M. *Baumier* propose quelques réflexions tendant à engager le garde du roi à rendre plainte contre l'officier qui l'a ainsi maltraité arbitrairement. — Enfin on le renvoie à ce sujet au Comité de défense officieuse, auquel on arrête, sur la motion qu'en fait M. Semezy, de renvoyer, à l'avenir, toutes les plaintes que pourront avoir à faire tous les gardes du roi opprimés.

Une députation de la Société de Belleville dépose sur le bureau la somme de 72 livres, moitié pour les soldats de Château-Vieux et moitié pour la fête qu'on leur prépare. L'orateur annonce, au milieu des applaudissements, que, conformément aux vœux des Amis de la constitution, ils ont fait distribuer des modèles de piques d'après lesquels on en a fabriqué bon nombre, qui seront, dit-il, bien dirigées au besoin.

M. *Tallien* fait demander, au nom du directoire du Club central, les trois drapeaux qui sont appendus dans la salle, pour la fête. Sur le désir qu'il témoigne que chacun de ces drapeaux soit porté par un citoyen de la nation qu'ils représentent, le député de la Société constitutionnelle de Manchester s'offre et est accepté pour porter le drapeau anglais.

M. *Ducos* fait lecture du procès-verbal de la séance du lundi 9, dont la première rédaction avait fait naître quelques observations. Celle-ci obtient les applaudissements universels de l'assemblée, et la Société confirme l'arrêté qu'elle a pris d'en ordonner l'impression, l'envoi aux Sociétés affiliées, et la distribution aux citoyens des tribunes et aux membres de la Société.

MM. *Patriarche* et *Marandat*, députés de la Société de Beaune, annoncent avoir remis ce matin au chef du pouvoir exécutif une pétition individuelle, couverte des signatures de la majorité des citoyens de cette ville, tendant à demander la guerre. Ils demandent la parole pour lire cette pétition à la Société, ainsi que celle qu'ils destinent à l'Assemblée nationale; mais le nombre des personnes inscrites pour la parole s'oppose à ce qu'ils soient entendus dans cette séance; ils sont ajournés à mardi.

[Puis s'engage une longue discussion relative à la fête à donner aux soldats de Château-Vieux, et, après avoir entendu *M. Robespierre*, la Société charge MM. Taschereau et Baumier d'aller demander au directoire du département de Paris que, dans la fête qui se prépare, les gardes-françaises soient assimilés aux soldats de Château-Vieux. — *M. Mendouze,* qui vient de voir M. Petion, fait part des dispositions prises par la municipalité en vue de la fête. — *M. Sillery* dénonce un écrit antirévolutionnaire de Du Pont (de Nemours).]

La Société des élèves de la constitution envoie le produit d'une collecte faite dans son sein pour les soldats de Château-Vieux.

Une Société de patriotes, établie rue Saint-Denis, n° 274, demande et obtient d'accompagner demain, à la fête, la Société des amis de la constitution.

Enfin, après une discussion assez vague, les commissaires envoyés au Club central n'étant pas de retour, on arrête que, demain matin, le rassemblement des membres de la Société se fera à cinq heures, dans le lieu de ses séances; que les citoyens des tribunes sont invités à venir s'y réunir aux membres de la Société; que le drapeau anglais sera porté par le député de Manchester, le français par un garde-française, l'américain par un citoyen de cette partie du monde, et le bonnet de la liberté par un citoyen des tribunes.

La séance a été levée à onze heures.

CXCVI

SÉANCE EXTRAORDINAIRE DU MARDI 17 AVRIL 1792

PRÉSIDENCE DE M. VERGNIAUD

[Un député de la Société de Melun fait part de la situation de cette ville.]

M. *Ducos* donne lecture de la correspondance.

Une députation des tribunes vient faire hommage d'une collecte destinée aux soldats de Château-Vieux.

M. SANTHONAX. — Ce matin, un grenadier des gardes-françaises, l'un des quatorze de la compagnie de l'Oratoire renvoyés par les manœuvres des Bailly et des La Fayette, est venu me trouver; il m'a exposé ses besoins, ainsi qu'à M. Collot d'Herbois; ils sont urgents. Je demande qu'il soit ouvert une souscription en sa faveur.

On fait une collecte.

Les habitués du café des Tuileries font offrir à la Société la somme de 16 livres 15 sols en faveur des soldats de Château-Vieux ; ils observent que la plupart d'entre eux ont déjà contribué dans leurs sections.

M... avertit ses concitoyens de la section du Louvre qu'il est instant de se rendre sur-le-champ à l'assemblée qui s'y tient actuellement, attendu que la délibération a pour objet une dénonciation portée contre ceux qui ont assisté à la fête des soldats de Château-Vieux.

M..., l'un des secrétaires, lit une lettre de la Société d'Autun : elle annonce qu'il existe une confédération de toutes les Sociétés patriotiques du département. L'objet de ce rassemblement est de délibérer sur les circonstances présentes. « Au surplus, dit cette Société, nous sommes tranquilles, car notre département est couvert de piques. »

M... — J'observe, sur la correspondance, que la Société qui dit avoir placé le buste de M. Robespierre à côté de ceux de MM. Petion et Mirabeau contrevient à l'un de nos arrêtés : il porte qu' « il ne sera placé dans le lieu de nos séances aucun buste d'hommes vivants ». Vous sentez, Messieurs, l'inconvénient même de cette exception.

M. DOPPET. —Voudrions-nous, ainsi que cela se pratiquait sous l'ancien régime, donner nos arrêtés aux Sociétés affiliées pour règle de leur conduite?

M... — Le principe que vient de poser le préopinant est faux. Les affiliations sont conditionnelles : elles renferment l'obligation de se conformer au règlement que nous avons adopté. Ne sont-elles pas libres de les accepter ou de les refuser?

M. ROBESPIERRE. — Il n'est pas question d'envoyer aux Sociétés affiliées l'arrêté de la Société comme une loi, mais seulement de l'engager à maintenir un principe de liberté avoué par tous les bons citoyens, un principe que nous avons invoqué, et qui peut être propagé sans aucune difficulté : il faut le faire connaître à la Société, exprès ou quand l'occasion s'en présentera ; quand il y aura des portraits dans les endroits publics, que ce ne soient que les portraits de La Fayette et de Bailly, et que jamais les bons citoyens ne soient ainsi injuriés.

La Société convient de faire passer son arrêté, sans le donner comme une loi, aux Sociétés affiliées.

Deux Anglais sont introduits, qui font hommage de deux guinées pour les soldats de Château-Vieux.

Il est arrêté qu'il en sera fait mention honorable.

M..., *secrétaire*, donne lecture des procès-verbaux des séances des 13 et 14 avril.

M. Corroller. — Il faut que vous sachiez que, lorsque vos drapeaux ont été réintégrés dans cette salle, trois cents citoyens des tribunes les ont accompagnés, et que procès-verbal a été dressé de cette réintégration.

[*M. Robespierre* propose que l'on consacre à jamais le souvenir de la fête des soldats de Château-Vieux par cette inscription : *Le 15 avril 1792, l'an IV*^{e} *de la liberté, la pauvreté et le peuple triomphèrent avec les gardes-françaises, les soldats de Château-Vieux et tous les bons citoyens persécutés pour la cause de la Révolution.*]

M. Guiraut. — Jamais les beaux-arts n'eurent plus besoin d'être encouragés ; cependant quelle reconnaissance ne devons-nous pas à M. David, qui a consacré son immortel pinceau à la décoration de la fête du peuple? Je demande que la Société fasse frapper une médaille en mémoire de cet événement. Sur une des faces serait représentée la Bastille renversée par la philosophie, sur l'autre face on verrait le peuple dansant autour d'une pique.

M. Hassenfratz. — Messieurs, un citoyen, un épi de seigle à la main, s'est mis pendant la fête à la suite du cortège. Dans tous les endroits où il y avait un peu de rumeur, il se présentait avec son épi, et aussitôt le calme renaissait. C'est ainsi qu'il est arrivé au Champ de Mars ; et l'épi entier a été déposé sur l'autel de la patrie. Je demande qu'il soit fait mention de ce trait honorable.

M. Robespierre. — Il est impossible de faire de ceci l'objet d'une motion particulière. Toute cette fête a présenté une foule de traits semblables. Partout le peuple s'est montré grand et digne de la liberté. Je demande qu'on s'en tienne aux trois propositions que j'ai précédemment énoncées.

Elles sont reçues à l'unanimité.

M. Robespierre. — J'observe que le décret qui fit massacrer les soldats de Château-Vieux passa comme un éclair.

M. Merlin. — Je demande que M. Robespierre soit chargé de rédiger avec son âme de feu le récit de cette fête, et qu'il soit prié de ne pas oublier qu'un citoyen (c'est moi) a entendu dire à un homme du peuple que, sans La Fayette, les prêtres et les baïonnettes, tous les peuples seraient heureux,

M. Hassenfratz. — Invitons tous les citoyens qui auront des détails à donner sur la fête à les communiquer à M. Robespierre.

M. *Carra* prend le fauteuil ; il propose à la Société d'entendre le récit de la fête de Château-Vieux.

M. Doppet. —Vous connaissez l'énergique adresse des Brestois aux Français; je demande que la Société se charge des frais de l'impression de cette adresse. (*Adopté.*)

M... — Je dénonce M. Rœderer, membre de cette Société, pour avoir dîné chez M. de Jaucourt.

[On lit le procès-verbal de la réintégration des trois drapeaux dans la salle. — Plusieurs membres donnent des détails sur la fête. — *M. Collot d'Herbois* examine ensuite la conduite de M. Rœderer et du département de Paris en général. — *M. Robespierre* insiste sur le même sujet.]

M. Dufourny. — Je demande qu'il soit dit, dans le procès-verbal, que les intrigants ont voulu faire croire que le peuple a passé les bornes de la modération et d'une juste allégresse, et non pas que le peuple s'est quelquefois porté à des excès.

Le dépouillement du scrutin donne pour président M. *Lasource*, M. *Santerre* pour vice-président; pour secrétaires : MM. *Pépin* et *Billaud-Varenne*.

La Société adopte la rédaction d'une lettre adressée à celle de Manchester.

La section de l'Arsenal envoie, pour les soldats de Château-Vieux, la somme de 650 livres.

Demain seront entendus les députés de la Société de Strasbourg.

La séance a été levée à onze heures.

CXCVII

SÉANCE DU MERCREDI 18 AVRIL 1792

PRÉSIDENCE DE M. LASOURCE

M. Baumier. — Je vous propose, Messieurs, d'avoir séance tous les jours et d'indiquer ceux où vous recevrez les députations, afin d'employer tous les autres à suivre exactement l'ordre du jour de l'Assemblée nationale.

M. Roussel. — Je m'élève contre cette proposition. Si la Société s'assemble tous les jours, elle deviendra moins nombreuse, et cependant son nombre fait sa force.

M. Chambon. — J'appuie la motion de M. Baumier.

M. Guiraut. — Je la crois susceptible d'amendement. Je pense comme M. Roussel. On se lasse de toute action qui demande de l'assiduité. Plusieurs membres de l'Assemblée nationale, désirant fatiguer les Jacobins, voulaient qu'on eût séance tous les soirs; ils sentaient que le dégoût vous gagnerait insensiblement.

Les raisons de M. Guiraut trouvent beaucoup d'improbateurs; il prend le parti de quitter la tribune.

M. ALBITTE. — Je demande que cette discussion soit renvoyée au moment où la Société sera complète.

Cette proposition est arrêtée.

M. *Deperret* lit le procès-verbal de la séance précédente.

Une députation de la section des Petits-Augustins demande l'entrée de la séance, pour déposer sur le bureau une collecte consacrée aux soldats de Château-Vieux.

M. LE PRÉSIDENT. — Un membre de la Société fraternelle recommande à notre humanité un ci-devant-garde-française, qui est au lit de mort.

Une collecte s'ouvre en sa faveur.

M. *Doppet* donne lecture de la correspondance. M. Jean Bache fait hommage à la Société des *Mémoires sur les rapports de la France et de la Suisse.* — Arrêté que mention honorable en sera faite.

M. *Depile*, membre de la Société, lui écrit au sujet de l'action qui a eu lieu entre une frégate anglaise et une frégate française. Il propose que les deux nations nomment respectivement six jurés chargés de prononcer sur les faits relatifs à cette affaire.

Toute la Société témoigne, par de vifs applaudissements, le désir sincère que ces mesures de justice soient mises à la place des menées toujours suspectes de deux cabinets ordinairement livrés aux intrigues.

Un citoyen de la section des Quatre-Nations écrit à la Société pour l'inviter de mettre à l'ordre du jour les moyens propres à renverser les tyrans ligués contre *les peuples libres.* Ces moyens, selon lui, sont de propager nos principes par toutes les voies possibles, et surtout par nos bons livres.

M..., député de la Société de Beaune. — Ceux que je représente, Messieurs, me chargent de vous assurer que leur résolution ferme et invariable est d'être Jacobins, entièrement Jacobins, rien que Jacobins. (*Applaudissements.*)

J'ai mission de présenter à l'Assemblée nationale une pétition relative à la guerre; mes commettants la croient nécessaire; ils la désirent avec ardeur. Je vous prie de m'indiquer les moyens de faire connaître leur vœu bien exprimé.

M. LE PRÉSIDENT. — Vous louer du serment que vous avez fait d'être Jacobins serait vous louer d'être patriotes et bons citoyens. Le vœu du peuple doit être précieux pour ses représentants; nous pensons que l'Assemblée nationale aura le même empressement que nous à le connaître.

Plusieurs députés, entre autres celui de Château-du-Loir, département de la Sarthe, manifestent les mêmes intentions que le député de Beaune : tous demandent la guerre. « Les lumières, dit l'envoyé de Château-du-Loir, ont fait de grands progrès et de grands biens dans nos cantons; mais le *veto* y a produit de grands maux. La population de notre ville n'est que de 3,000 âmes, et cependant plus de 180 membres de la Société se sont trouvés à un banquet civique qui vient de s'y donner. Je vous en propose la description. » (*Non, non!*)

M. LE PRÉSIDENT. — Le patriotisme et les lumières de votre ville la rendent plus forte et plus recommandable que ne le serait une population plus nombreuse de gens indifférents pour la chose publique. Nous désirons sincèrement que votre cité devienne l'exemple et le modèle de toutes celles de l'empire.

M. BAUMIER. — Je demande qu'à l'entrée de la salle soit affiché, comme à l'Assemblée nationale, l'ordre du jour.

M. *Bruno*, juge de paix et membre inculpé de la Société, lui écrit qu'il s'abstiendra d'assister à ses séances jusqu'à ce qu'il ait été reconnu innocent de la signature qui lui est imputée par erreur et similitude de nom.

M... — J'ai pris des informations dans la section où réside M. Bruno, et la plupart de ses cosectionnaires le donnent pour le véritable signataire, quoiqu'il existe dans la même section un autre M. Bruno, marchand de vin. D'ailleurs, plusieurs griefs allégués contre lui, et dont il ne s'est point lavé, tendent à donner à ce fait la plus grande probabilité.

Il est arrêté que cette affaire sera l'objet d'un rapport qui se fera à la séance prochaine.

Après quelques observations, on passe à l'ordre du jour.

M. *Santerre*, vice-président, prend le fauteuil.

[*M. Rabit* vient entretenir encore une fois la Société des « grands intérêts de la patrie, du commerce et des colonies ».]

Une députation de la section de la Fontaine-de-Grenelle apporte en offrande 157 livres qu'ont fournies les citoyens de différentes compagnies du bataillon.

M. LE PRÉSIDENT. — Citoyens, vous méritez d'autant plus notre estime que vous êtes d'un quartier fort aristocratique.

Un député. — Il est vrai que M. La Fayette y demeure. Mais je vous observe que nous avons dans cette Société cent de nos concitoyens. Bien plus, on a opiné dans cette section pour l'enlèvement des bustes de Bailly et de La Fayette; et, sur la lecture qui a été faite dans son assemblée d'une *Adresse aux Français,* de l'imprimerie de Du Pont (de Nemours), elle a témoigné la plus vive indignation [1].

M. *Dufourny* fait part à la Société de la censure qu'a prononcée contre lui, pour avoir été dimanche au Champ de Mars, la section de Saint-Louis.

Une députation de la section de la Place-Royale dépose sur le bureau la somme de 1,425 livres, produit d'une collecte qui a été faite, dit-elle, parmi les bons citoyens au profit des malheureuses victimes du despotisme, les soldats de Château-Vieux.

M. LE PRÉSIDENT. — Braves citoyens, vous méritez notre reconnaissance; vous l'avez.

De la section des Gobelins arrive une députation de la Société des droits de l'homme et de l'égalité; elle s'exprime ainsi: « Lors de l'affaire des sucres, qui a eu lieu chez Monneri, plusieurs malheureux ont été arrêtés; ils sont bons citoyens; nous vous prions de vous intéresser pour eux. Nous vous demandons l'affiliation, et nous déposons 85 livres pour les soldats de Château-Vieux. »

M. LE PRÉSIDENT. — Nous pensons que nos frères du faubourg Saint-Marcel le disputent en patriotisme à ceux du faubourg Saint-Antoine.

Sur la proposition de M. Baumier, des commissaires sont nommés, qui s'occuperont de l'affaire des détenus.

La Société des amis de la loi et de l'humanité, séante section des Gravilliers, fait demander par des députés l'affiliation.

M. LE PRÉSIDENT. — Vous prenez de beaux titres, et cependant nous croyons fermement à votre patriotisme. Ce n'est pas l'affiliation, mais la correspondance, que nous accordons aux Sociétés patriotiques de Paris.

1. Voir plus haut, p. 504.

M... — J'arrive actuellement du Conseil général de la commune. J'y étais envoyé par la section du Palais-Royal pour y porter un arrêté relatif aux bustes de MM. Bailly et La Fayette. Pour délibérer s'il y aurait assemblée à ce sujet, il y a eu beaucoup de bruit; enfin, elle a a eu lieu. Les tribunes ont crié : « A bas les bustes! » On a prétendu que ceux qui criaient étaient des factieux. On est même venu arracher de sa place un citoyen. Les femmes ont voulu empêcher son enlèvement; plusieurs cannes ont été levées, il a failli y avoir du sang répandu. Les officiers municipaux se sont revêtus de leurs écharpes; ils se sont bien conduits. Les gardes nationaux, ou plutôt les mauvais citoyens revêtus de leur uniforme, reviendront demain à la charge. Les citoyens des tribunes ont crié : « Et nous aussi, nous reviendrons! » Le côté droit, qui est le bon, a crié : « Vive les Jacobins! » Il faut empêcher les gardes nationaux d'y entrer avec des armes.

M. *Guiraut*, qui se donne pour l'inventeur de l'art tachygraphique, s'est beaucoup plaint de ses plagiaires, et surtout des auteurs du *Logographe* de l'Assemblée nationale; il les a pris à partie, mais ses juges ont décidé qu'il n'y avait point d'invention.

M. Robespierre. — C'est encore M. de La Fayette que je dénonce ici. Ses agents ou lui vont contre une loi qui ne permet pas de substituer les images d'hommes vivants à la place de celles de la liberté et de l'égalité... Il ne peut avoir pour partisans que les hommes les plus lâches ou les plus corrompus... A Dieu ne plaise qu'il puisse avoir pour satellites les citoyens composant la garde nationale! (*Plusieurs voix :* Non, non!) Il veut donc s'emparer de la dictature. Mais nous verrons si un lâche doit nous conduire à la conquête de la liberté. Oui, je peux prouver que La Fayette est le plus lâche, le plus cruel, le plus abominable des tyrans... Plus il multipliera ses crimes, plus nous le dénoncerons.

Il faut toujours combattre avec les armes du 15[1] : le calme et la raison. (*Applaudissements.*) Jamais ces acclamations ne doivent se faire entendre lorsque je parle contre La Fayette : ce n'est pas cette Société qui le poursuit, mais l'opinion publique.

Plusieurs membres demandent la parole.

M. le Président. — J'observe que tout le monde demande la parole sur ce sujet; on ne finirait pas.

Deux citoyens se plaignent des mauvais traitements qu'ils ont es-

1. Allusion à la fête des soldats de Château-Vieux, 15 avril 1792.

suyés à la maison commune de la part de quelques individus revêtus de l'uniforme national, pour y avoir exprimé librement leur opinion sur le héros du cheval blanc. M. Manuel, disent-ils, en a été témoin.

M. MERLIN. — J'invite les deux citoyens à faire leur déclaration chez un commissaire de police et à poursuivre ceux qui les ont ainsi maltraités.

M. DUFOURNY. — Qui ne serait pas indigné de l'insolence des inscriptions apposées au bas des bustes de Bailly et de La Fayette? Dans la première, surtout, il est dit que M. Bailly a opéré la réunion des trois ordres; qu'il est l'auteur du serment du Jeu de paume, etc.

M. LE PRÉSIDENT. — Renvoyons ces bustes d'où ils viennent : l'un en Amérique et l'autre aux électeurs de 89.

M. BAUMIER. — Le roi a fait remercier la garde nationale d'avoir si bien maintenu l'ordre dimanche dernier; cette flagornerie a un but.

M. DAUBIGNY. — Je demande qu'on envoie deux commissaires chez M. Manuel, qui paraît n'avoir pas montré assez de fermeté en faveur des deux citoyens.

M. LE PRÉSIDENT. — La séance est levée.

M. TALLIEN. — Certes, il est bien étonnant qu'on lève la séance dans le moment où la liberté est attaquée. Si vous laissez cette action impunie, demain il s'en commettra une autre.

On arrête la nomination de deux commissaires : MM. Tallien et Daubigny.

La séance a été levée à dix heures et demie.

CXCVIII

SÉANCE DU VENDREDI 20 AVRIL 1792

PRÉSIDENCE DE M. LASOURCE

M. *Santerre* occupe le fauteuil.

Une femme, dit-il, écrit à la Société pour se plaindre des mauvais traitements de son mari.

M. *Doppet* donne lecture de la correspondance.

M... commence la lecture d'un rapport relatif aux ci-devant gardes-françaises.

M. LION. — J'observe qu'il est inutile de nous occuper de cette affaire jusqu'à ce que les commissaires chargés de faire un travail à ce sujet l'aient soumis aux sections.

M... quitte la tribune.

M. SIMOND. — Je me plains de ce que, passant ce matin rue Saint-Honoré, deux gardes nationaux en fonctions m'ont intimé l'ordre de lever mon chapeau devant une voiture. (*Plusieurs voix :* A l'ordre du jour!) Si c'étaient de simples particuliers, je n'y mettrais point d'importance; mais, comme je ne connais de devoirs que ceux qui découlent de la déclaration des droits de l'homme, que le pouvoir exécutif porte donc écrite devant lui l'étiquette à laquelle je dois me conformer.

M. DUTROUILLET, membre de la Commune. Hier, Messieurs, il s'est passé à la maison de ville plusieurs scènes qui ont affligé tous les amis des lois et de la liberté. La voix des patriotes a été étouffée par des clameurs continuelles. L'organe seul de M. Osselin a pu triompher des interrupteurs. Sur sa proposition concernant les bustes, il a été décidé, sans s'arrêter à des particularités, celles, par exemple, qui intéressent MM. Bailly et La Fayette, que le droit d'accorder des bustes, statues et autres honneurs ou récompenses, ne peut appartenir qu'à la commune, assemblée dans les sections. Je ne dois pas vous taire, Messieurs, le degré d'insolence auquel se sont portés envers les magistrats du peuple les gens armés réunis dans la salle. Après avoir fait de vains efforts, avec un organe dominant, pour se faire entendre, M. Danton a quitté sa place, qu'il occupait en qualité de substitut de la Commune, et se retirait : M. d'Hermigny, commandant de la gendarmerie, et des hommes apostés, l'ont accablé de huées. Un citoyen, révolté de ces procédés, est venu dénoncer M. d'Hermigny; mais celui-ci s'en est tenu à de sèches dénégations. La place destinée à la garde nationale était remplie de gens en armes, et qui avaient l'air prodigieusement animés. Les vagues seules de la mer pourraient vous peindre le tumulte qui régnait dans l'assemblée.

M. BAUMIER. — C'est une chose constante que partout les images des hommes vivants... (*Interruptions, tumulte.*)

M. ISNARD. — C'est moi, Monsieur le Président, qui ai interrompu le préopinant. J'observe qu'il faut cracher sur les plâtres et s'occuper de la chose publique.

La Société témoigne le désir d'entendre M. Baumier.

M. BAUMIER. — Je reprends. C'est une chose constante que partout les images des hommes vivants ont perdu la liberté. D'abord les bustes ont été accordés au mérite, mais bientôt ils sont devenus le partage de la cabale. Cependant, Messieurs, il n'est point de loi qui défende d'ériger des statues...

Une voix. — Elle existe. Dans la constitution il est dit qu'il ne sera accordé de pareils honneurs qu'aux grands hommes après leur mort.

M. Baumier. — Si cette loi existe, tant mieux, nous en sommes plus forts... On me dit que je veux ôter la confiance à un homme qui est à la tête d'une armée; mais c'est précisément à cause de cela qu'il faut démasquer sa conduite. César aussi était à la tête d'une armée, lorsqu'il y avait un Caton pour le dénoncer; aujourd'hui il est un César, mais nous n'avons pas de Brutus...

Ce fut lorsque M. La Fayette me fit des propositions qu'il me fut connu tout entier. Ce fut lorsqu'il me proposa de travailler à un journal dans le sens de *l'Ami des patriotes* que je lui répondis avec toute la force d'une âme vraiment libre.

M. le Président. — Il me semble qu'on ne vous a pas instruit de tout ce qui s'est passé à la municipalité; M. Pépin va le faire.

M. Pépin. — Il est faux que l'affaire ait été renvoyée aux sections. Tout ce que les patriotes ont pu obtenir, c'est qu'à l'avenir les couronnes civiques et autres honneurs ne pourront être accordés que par la commune des sections. Mais un fait abominable, c'est que trois têtes bien chères, celles de MM. Petion, Manuel et Danton, ont été menacées; des sabres étaient levés, trois gardes-françaises ont paré les coups. A l'égard de M. d'Hermigny, non seulement il a nié les faits qui lui étaient imputés, mais il a ajouté : « Quand cela serait, *qu'en résulterait-il?* » Je demande qu'il soit adressé une pétition à la Commune pour l'engager à obtenir vengeance de ces attentats.

M. Dutrouillet. — J'ai un mot à répondre à M. Pépin. Tout ce qu'il a dit est exact; mais ce n'est pas aux représentants de la Commune à lui fixer ce qu'elle doit faire ou consentir.

M... — C'est à l'Assemblée nationale à ériger les bustes aux grands hommes; mais nous ne sommes pas dans ce cas : MM. Bailly et La Fayette ne sont pas de grands hommes parce qu'un arrondissement a dit qu'ils le sont.

M. Robespierre. — Toute l'importance que les bons citoyens ont donnée à cette question ne peut être relative qu'à un hommage extérieur qu'ils désiraient rendre aux principes, car le fond n'a aucune importance. Il est faux, en principe, que de véritables honneurs aient été rendus à MM. La Fayette et Bailly. Car, qu'est-ce qui honore les hommes? Ce n'est point le suffrage de quelques individus, c'est l'estime publique et l'amour du peuple. Qui est-ce qui a érigé un buste à M. *le marquis de La Fayette,* comme le porte l'inscription de ce buste, et à M. Bailly, proclamé le plus grand homme de la France par son buste? C'était l'ancienne municipalité. Et qu'était-elle? Les valets et les satellites de MM. le marquis de La Fayette et Bailly. Or, je demande si des hommes doivent se glorifier de jouir d'un hommage décerné uniquement par des valets, par ceux que le peuple conspue et qu'il regarde comme ses assassins. Il faut être bien peu connaisseur en matière de gloire pour se contenter d'une pareille espèce d'honneur. Ainsi MM. La Fayette et Bailly, et les héros qui viennent le sabre au côté dans l'Hôtel de ville pour défendre leurs augustes images, peuvent être convaincus que nous n'envions pas à MM. La Fayette et Bailly ces honneurs décernés par les valets composant jadis la municipalité. Qui est-ce qui est compétent pour décerner les honneurs? Qui est-ce qui peut donner le titre de grand homme et de bienfaiteur de la patrie? L'universalité des citoyens, le peuple. Il est très faux, en principe, de dire qu'un corps constitué a ce droit de décerner les honneurs. Ce pouvoir est bien accordé au corps législatif, mais il ne le sera jamais par la nature. Les honneurs rendus à MM. Bailly et La Fayette ne sont point des honneurs publics; ils ne sont point décernés par le peuple, l'opinion générale peut seule juger. Oui, il n'y a pas un de nous qui ne rougirait d'avoir une statue élevée par l'ancienne municipalité de Paris; et on était tellement dans l'impuissance de trouver un véritable titre de gloire à M. La Fayette qu'il a fallu lui conserver le titre de *marquis*. Ainsi, si nous ne considérons que l'intérêt de la liberté et des principes, le vœu des bons citoyens et des gens raisonnables est rempli; MM. La Fayette et Bailly ne sont point honorés, mais déshonorés, par leurs bustes. Nous n'avons point un honneur à arracher à M. La Fayette, mais un hommage à rendre aux principes. Enfin, M. La Fayette n'a pas pu obtenir une marque d'estime permanente de la part du peuple français; il a dû son buste aux plus viles intrigues. Enfin, Messieurs, laissons aux magistrats le soin d'arrêter s'ils veulent partager la honte des valets de La Fayette ou s'honorer eux-mêmes.

M. Rochez. — Je demande que le nom de la rue de La Fayette soit supprimé.

M. Merlin. — Je crois que la Société n'attend de moi qu'un narré de ce qui s'est passé à l'Assemblée nationale. Vous me dispenserez aussi de faire des observations relatives à l'objet dont je vais vous entretenir. On mit en question si on s'occuperait tout à l'heure de l'objet de la guerre ou d'un autre qui était à l'ordre du jour; la priorité fut pour celle de la guerre. Un orateur parle contre la guerre; un, deux, trois et quatre autres, parlent pour. Je m'avançai alors pour parler contre la guerre, dans le cas où les moyens que je proposais pourraient être employés, et pour parler en faveur de la guerre, dans le cas où ces mêmes moyens seraient inutiles. J'observai que le décret qu'on allait rendre était un grand décret d'accusation contre l'humanité entière. Je ne pus obtenir la parole, et, quoique M. Basire se présentât à la tribune et demandât que ceux qui avaient de nouveaux moyens fussent entendus, on ferma la discussion. Le décret d'urgence fut rendu, ensuite celui de la guerre ; et demain peut-être des hommes s'entr'égorgeront pour des despotes. Voici l'opinion que je voulais proposer à l'Assemblée nationale... (*Interruptions.*)

M. LE PRÉSIDENT. — Il est affreux qu'on ne veuille pas entendre un membre qui exprime sa douleur sur les horreurs inséparables de la guerre.

M. ROBESPIERRE. — Le moment où nous sommes, c'est celui où tous les ennemis de la liberté déploient leur audace. Je vois se renouveler ici toutes les perfidies qui se développèrent lorsqu'une coalition affreuse perdit la liberté dans l'Assemblée constituante. Après avoir provoqué les dispositions les plus funestes, ils venaient s'asseoir dans le sein de cette Société, et il n'était pas permis de dire ici la vérité, que l'on étouffait le matin à l'Assemblée nationale. Un système affreux, proposé par les ennemis de la liberté, prévalut longtemps ; mais il disparut enfin, et ses auteurs furent l'objet de l'exécration publique ; voilà ce qui arrivera encore. Je demande que M. Merlin soit entendu. J'ai vu assez d'intrigants et de factieux pour être persuadé que M. Merlin est un bon patriote, parce que je l'ai vu en contradiction avec des gens qui se disent patriotes, et qui ne sont que des factieux.

M. MERLIN. — Le décret est rendu : il faut se battre avec courage, il faut égorger jusqu'au dernier satellite du despotisme. Mais, Messieurs, s'il y avait un autre moyen, on devait l'entendre ; et, je le dis sincèrement à la Société, elle ne peut refuser de l'entendre sans me faire croire que, jusque dans cet asile, la liberté sera violée.

Les mêmes motifs qui conclurent la convention de Pilnitz sont donc aussi puissants pour les rois de Hongrie et de Prusse? Ils croient donc encore le roi des Français captif, malgré ses protestations? Ils croient donc le trône ébranlé, la monarchie incertaine et la volonté générale une chimère? Leur volonté, à eux, est donc d'enchaîner une nation libre et de l'attacher au char de son despote? (*Plusieurs voix des tribunes :* Jamais, non, non, jamais!) Porsenna veut donc toujours protéger Tarquin? Quel est le résultat du rapport du ministre des affaires étrangères pour tout homme qui veut y réfléchir? Que l'on conspire contre Louis XVI, restaurateur de la liberté française.

Les représentants du peuple attaqueront avec fermeté ses ennemis.

Il dépend de Louis XVI seul d'empêcher la guerre. Il est temps de ne rien se dissimuler; il est temps que le peuple sache que, quand nous voulons la guerre, celui qui semble ne la vouloir que pour céder à nos vœux en est la seule cause; il est temps enfin que, quand un ministre écrit une dépêche ostensible, un courrier secret n'aille plus la démentir. Car sur quoi sont fondés leurs droits? Sur leur intérêt à croire le roi captif; et ils ne le croiraient pas si on ne le leur persuadait. Mais, si Louis XVI peut nous sauver de mille malheurs, s'il dépend de Louis XVI de désabuser les princes conspirateurs, et si la conjuration persiste, nous ne devons plus sacrifier la nation, compromettre la liberté de la France, ni laisser à nos ennemis le temps de mettre le pied sur la terre de la liberté, pour servir une seule personne contre vingt-cinq millions d'hommes. « Si vous persistez, leur dirons-nous, vous rompez tous les liens qui nous lient à lui; qu'il tombe sous la loi qu'il avait adoptée, et à laquelle il préfère un secours étranger. Si vous voulez assassiner les Français pour un seul homme, cet homme, tous ses complices, seront nos premières victimes; et ce ne sera que sur leurs corps renversés que nous marcherons à la victoire. »

Je crois, Messieurs, que cette déclaration, intimée au roi des Français et à ceux qui nous menacent, eût fait respecter aux despotes les droits du peuple et respecter le sang des humains: ils ne se sont que trop longtemps entr'égorgés pour la cause des rois. Louis XVI eût pris les moyens efficaces pour dissuader les tyrans de combattre contre nous. Je demandais la question préalable; et nous n'eussions pas eu besoin d'une force qui nous dévore.

M. CARRA. — Le moment est arrivé. Je demande que les amis de la liberté conservent la gravité qui leur convient dans ces circonstances. Est-ce la guerre offensive ou défensive que nous avons? Il est clair que c'est la première, car c'est la seule que le roi puisse proposer, attendu que la seconde va de droit. Nous pouvons donc dès ce moment entrer sur les terres de nos ennemis. Ce ne sont pas les rois qui sont ligués contre nous, ce n'est pas un roi de quinze jours qui désire nous faire la guerre: ce sont tous les nobles d'Europe qui se coalisent pour renverser notre constitution... Dans la déclaration de guerre il n'est question que du roi de Hongrie: il faut donc entrer dans les provinces Belgiques; elles forment une côte de soixante-quinze lieues de longueur sur vingt-cinq de profondeur; ainsi nous tirerons facilement des vivres de nos départements limitrophes. S'il faut de bonnes troupes, nous en avons; s'il faut de l'argent, nous en avons aussi. Je pense que la déclaration de guerre est le plus grand bien qui puisse arriver à la nation et à tous les peuples, car elle sera pour eux le signal du réveil. Les Allemands baisseront leurs armes devant nous, etc.

M. Saint-Huruge. — Le général Washington est en mer; dans un mois, il arrivera dans nos murs.

M. Robespierre. — Messieurs, puisque la guerre est déclarée, je suis d'avis aussi de conquérir le Brabant, les Pays-Bas, Liège, la Flandre, etc. La seule chose qui doive nous occuper désormais, ce sont les moyens d'exécuter cette utile entreprise; c'est-à-dire : dans ce moment il faut faire, comme je l'ai proposé plusieurs fois, non pas la guerre de la cour et des intrigants dont la cour se sert, et qui à leur tour se servent de la cour, mais la guerre du peuple; il faut que le peuple français se lève désormais et s'arme tout entier, soit pour combattre au dehors, soit pour veiller le despotisme au dedans. (*Applaudissements universels.*) Si des circonstances ordinaires avaient amené cette guerre, si elle avait été sollicitée par le peuple et par des attaques étrangères, et qu'il n'eût aucune conspiration à craindre au dedans, je n'aurais rien à dire : il suffirait de marcher sous les drapeaux de nos généraux et du pouvoir exécutif même, et de guerroyer comme on faisait ci-devant. Mais, lorsque le foyer de la guerre civile est au dedans, c'est au dedans qu'il faut surveiller, et c'est dans ce sens que je dis que le peuple français doit se lever et s'armer tout entier pour combattre au dehors ou pour surveiller au dedans les ennemis. Quand j'ai développé la trame de nos ennemis, ce n'est pas que je les redoutasse, mais c'est que je voyais avec peine que l'on détournât entièrement le peuple de l'intérieur, pour l'occuper uniquement d'objets extérieurs. Qu'on ne vienne pas nous dire : La guerre est déclarée, il ne faut pas décourager nos généraux; il faut avoir confiance dans les autorités constituées. Non : c'est maintenant surtout qu'il faut surveiller le pouvoir exécutif et les autorités constituées. A cette condition je ne crains pas non plus le pouvoir exécutif, ni les intrigues des traîtres de l'intérieur; mais, pour remplir cette condition, il faut croire à ces intrigues. Le préopinant a paru embarrassé de vous dire les motifs de la guerre, je les développerai avec franchise : on fait la guerre aujourd'hui par la même raison qu'on l'aurait faite il y a six mois ou un an, si les batteries de nos ennemis eussent été préparées. Depuis trois ans, la guerre est méditée : on n'a attendu que le moment. Ce n'est pas le roi : le roi est un homme qui veut l'autorité absolue, c'est un homme qui, par lui-même, est incapable de concevoir ce projet; le roi est un homme qui, s'il avait été entouré d'hommes capables de lui faire entendre ses intérêts, aurait courbé sa tête sous la constitution. Mais (et ceci est très délicat à entendre) tous ceux qui entouraient le roi, c'est-à-dire le parti des intrigants, qui sont très indifférents sur la cause du peuple, ne voient dans la Révolution qu'un moyen de s'enrichir. Ils se sont ralliés autour du roi pour lui promettre leur appui; et le roi leur a promis des richesses et des pouvoirs : ils se sont emparés des deniers publics sous le nom du roi.

La partie la plus puissante de cette confédération était composée de ceux qui regrettaient l'ancien régime et qui voulaient anéantir l'égalité, la base de la représentation nationale. La guerre et le trouble seul peuvent servir leurs intentions; et, pour faire réussir ce projet de demi contre-révolution ou de contre-révolution tout entière, suivant les circonstances, de concert avec la cour ils ont poussé la guerre depuis trois ans.

Dès les premiers temps de la Révolution, j'ai vu ce système se développer, ce qui n'était qu'un moyen pour provoquer des armements, former des armées et mettre à leur tête des ambitieux : alors des généraux furent nommés. La Fayette attendait la fin de la session de l'Assemblée nationale et de sa dictature dans le commandement de la garde nationale, et il est placé à la tête d'une armée. Il a fallu fasciner les yeux de la nation sur cette manœuvre : de là tous les efforts employés pour faire prévaloir la guerre; de là les divisions feintes à la cour, la disgrâce de Narbonne, pour faire croire que La Fayette et Narbonne voulaient la guerre et qu'ils étaient attachés à la cause du peuple. Rien n'est changé dans le plan de la cour ni dans l'intérêt des factions.

Peu nous importent les desseins des ambitieux : il faut retourner contre nos ennemis mêmes les coups et les maux qu'ils nous préparent dans cette guerre; il faut fixer toute notre attention sur les moyens de prévenir la guerre civile. C'est à la fermeté, à la rigueur, qu'on connaîtra le caractère des vrais patriotes. Vous voyez jusque dans nos murs, lorsque le moindre événement affecte les amis de la liberté, vous voyez quelle audace nos ennemis déploient contre l'autorité du peuple. Pour parvenir à leurs desseins ils sont convaincus qu'il suffit de traîner dans la misère et dans l'oppression ceux des Français qui sont les plus capables de les déconcerter par l'énergie de leurs principes et leur caractère; et, dans une circonstance comme celle-ci, que ne doit-on pas craindre d'un homme qui a su prévenir les citoyens armés contre les autres? Quand un tel homme a été l'oppresseur de ses concitoyens, que ne doit-on pas craindre de le voir à la tête d'une armée?

Je me résume en disant que M. La Fayette doit être destitué, ou que les manœuvres que j'ai si souvent dénoncées auront lieu; en un mot, qu'il faut étouffer la guerre civile.

La section Poissonnière fait don de 450 livres pour les soldats de Château-Vieux. — Mention honorable.

Sur la proposition de M. *Albitte*, il est arrêté que, dimanche, l'ordre du jour sera sur les moyens de faire la guerre avec avantage.

M. Simond. — Je dois dire que MM. Luckner et Valence sont Jacobins, ou le paraissent, et n'appartiennent en aucune manière aux Feuillants. — Je ne suis pas de l'avis d'un des préopinants, qui croit que la guerre que nous allons faire est celle des intrigants. Mais je crois encore moins aux belles descriptions qui nous ont été faites. Car, si la liberté se place sur l'autel de la patrie, ce sera sur les cadavres d'une foule de bons citoyens. Je demande que, par des circulaires, vous éclairiez sur les circonstances les Sociétés affiliées.

La séance est levée à dix heures et demie.

CXCIX

SÉANCE DU LUNDI 23 AVRIL 1792 [1]

PRÉSIDENCE DE M. LASOURCE

M. *Pollet*[2], membre de l'Assemblée nationale, demande à lire un discours sur l'impôt.

M. *le Président* lui observe qu'il n'a pas été prévenu, et qu'ainsi la parole ne peut lui être accordée.

Un de MM. les secrétaires lit le procès-verbal.

M... — Je n'étais pas hier à l'assemblée : aujourd'hui j'apprends,

---

1. On voit que le *Journal* ne mentionne pas de séance à la date du 22 avril 1792. Cependant (comme ils l'avaient décidé dans la séance du 20 avril, sur la motion d'Albitte) les Jacobins siégèrent ce jour-là, à en juger par l'imprimé intitulé : *Discours de M. Rœderer, prononcé à la Société des amis de la constitution dans sa séance du dimanche 22 avril* 1792. — Imp. du *Patriote français*, s. d., in-8 de 23 p. — Bibl. nat., Lb 40/693. — Dans ce discours, Rœderer répondait aux dénonciations faites contre lui, les jours précédents, à la tribune des Jacobins.

2. Je ne trouve pas de député de ce nom. Il doit y avoir ici une faute d'impression dans le *Journal*.

par la lecture du procès-verbal, que les chaînes des soldats de Château-Vieux ont été offertes par la ville de Brest, pour demeurer suspendues aux voûtes de ce temple de la liberté. Ils sont libres actuellement, ces soldats. N'est-ce pas consacrer leur esclavage que de laisser ici exposées à tous les regards leurs chaînes? Je demande qu'elles soient enlevées.

M. LE PRÉSIDENT. — Je vous observe que vous voulez revenir contre un arrêté de la Société.

M... — J'en demande le rapport.

M. MERLIN. — Ce spectacle est fait pour inspirer à toujours une horreur salutaire pour les actes du despotisme. Je demande que ces chaînes restent à leur place.

De toutes parts. — Oui, oui!

M. *Doppet* donne lecture de la correspondance.

M... — Je vous dénonce un fait attentatoire à la liberté de la presse. Il y a près d'un quart d'heure, sur la terrasse des Feuillants, trois citoyens qui ont coutume d'y lire les journaux patriotiques ont été arrêtés par des gens galonnés et à épaulettes, par des gardes du roi et des gardes nationaux. Comment ces derniers peuvent-ils prostituer leur service à des actes arbitraires, et devenir les compagnons des valets du roi? Pour moi, je jure que de ma vie je ne ferai de jour patrouille avec ces valets : car, pendant le jour, je crois ces patrouilles inutiles pour la sûreté du roi.

Plusieurs voix. — Oui, oui!

M... — On a requis la garde du roi pour le service public : je dénonce ce fait.

Un révolutionnaire de Pologne demande l'entrée de la séance et à présenter l'histoire de la prétendue révolution de cet État. — Accordé.

[*M. Collot d'Herbois* examine la conduite de M. Rœderer, réfute son discours de la veille, et se félicite que Mlle Théroigne lui ait retiré à lui-même son amitié, en même temps qu'à M. Robespierre. (*Rires universels.*)]

En ce moment Mlle Théroigne était à gauche, dans la tribune des dames : irritée de l'apostrophe et de la rumeur qu'elle faisait naître, elle s'élance par-dessus la barrière qui la séparait de l'intérieur de la salle; surmontant les efforts qu'on faisait pour la retenir, elle s'approche du bureau avec des gestes animés, et insiste à demander la parole; mais enfin elle est éconduite hors de la salle. Le tumulte continue. M. le Président se couvre, et l'orage se dissipe.

M. TALLIEN. — Certes, Messieurs, il est étonnant que des personnes étrangères à cette Société contribuent à y semer le désordre; si celle inculpée par un de nos membres avait quelque justification à faire entendre, elle ne devait point franchir l'espace qui la séparait de nous. N'a-t-elle pas la voie des journaux, celle d'une députation? Je demande qu'on ne s'occupe pas plus longtemps de cet objet.

M... — Un particulier, après avoir écrit ce qui se passait, vient de sortir.

M. LE PRÉSIDENT. — C'est un député de l'Assemblée nationale, M. Ducos. Sur l'interpellation qui a été faite aux députés du département de la Gironde, il s'est levé; mais on ne lui a pas laissé le temps de s'expliquer, et il s'est retiré, sans doute pour prendre des éclaircissements.

[*M. Tallien* demande, entre autres mesures, le renouvellement de tous les comités, surtout de celui de correspondance. (*Aux voix, aux voix!*)
M. Robespierre reprend sa dénonciation contre La Fayette et les intrigants, et *M. Chabot* rapporte quelques faits tendant à faire condamner le ministre Narbonne. « Le panégyrique de celui-ci, ajoute Chabot, a sans doute été soufflé à M. Fauchet par Mme Canon : car aussi, comme beaucoup d'autres, il s'est laissé égarer par des femmes [1]. »]

M. LE PRÉSIDENT. — M... demande que des commissaires soient nommés pour procéder à des expériences dont le résultat doit tendre à faire la guerre avec avantage. — Des gens experts sont désignés et nommés.

M. CALON. — Les soumissions de soixante-seize députés pour les frais de la guerre se montent à 58,122 livres. Le tiers de leur traitement pendant trois mois n'aurait formé qu'une somme de 42,442 livres.

Un citoyen propose de supprimer le marché de Poissy pour le placer à Vaugirard. — On nomme des commissaires.

M. FRÉRON. — Je demande que le *Logographe* de cette séance soit envoyé aux Sociétés affiliées.

M. BASIRE. — J'ai fait le serment de n'appartenir à aucune faction, et, à la fin de ma mission, je soumettrai ma conduite à cette Société; mais je m'oppose à l'envoi proposé, car ce serait diffamer plusieurs membres avant que leur procès soit jugé.

---

1. Voir plus bas, p. 525, dans la séance du 25 avril, la réponse de Fauchet à cette attaque.

La motion de l'envoi est rejetée.

M. *Daubigny* fait lecture d'une pétition à l'Assemblée nationale, tendante à obtenir la destitution de M. La Fayette.

Plusieurs membres trouvent cette pétition inconstitutionnelle et contraire au mode d'avancement consacré par les décrets relativement aux grades militaires.

Après quelques débats, l'affaire est ajournée à la séance prochaine.

M. Albitte. — Je demande que tous les membres accusés soient avertis.

M. Robespierre. — Il sera instruit, comme l'a été M. Rœderer. Mais je crois que nous devons nous expliquer aussi librement sur les membres de l'Assemblée nationale que sur tous les autres.

M. Albitte. — Je n'entends faire aucune exception, mais je veux une communication franche et loyale.

M... présente à la Société le citoyen arrêté aux Tuileries dans la soirée, et demande qu'il lui soit donné des défenseurs officieux.

M. Hion. — Messieurs, j'ai été témoin de toute l'affaire, et je vous demande la parole avant que vous preniez aucun arrêté à ce sujet. J'étais assis aux Tuileries, en face de ces gens qui font entre eux des dialogues sur la constitution. Cela formait un groupe; je vis approcher un mouchard, qui s'appelle *Soltho*, et qui se nommait ci-devant abbé Douglas, un scélérat qui fut amené devant moi en 89, lorsque j'étais à la ville, et qui fut envoyé en prison pour avoir trempé dans des projets contre-révolutionnaires.

M... — C'est un gueux, grand ami et exécuteur des ordres de Bailly; il était le bras droit de Perron dans les expéditions infâmes faites au 20 juillet dernier contre les auteurs, imprimeurs et orateurs patriotes; j'ai une plainte formée contre lui au criminel, je l'aurais suivie si j'avais cru pouvoir trouver à ce coquin d'autre responsabilité que ses épaules.

M. Hion. — C'est précisément celui-là; il s'avança auprès des orateurs, sous prétexte d'acheter de leur papier, et aussitôt M. de la Chesnaye, commandant de bataillon, se jeta sur les malheureux, et, les enveloppant de quelques gardes nationales, les entraîna au Comité central. Le long du quai, le peuple était tenté de se jeter sur l'escorte, mais j'ai contribué à le retenir. Arrivé au Comité, le juge de paix a renvoyé ces accusés d'une manière triomphante, en donnant même une semonce à M. de la Chesnaye.

Plusieurs voix. — Son nom, son nom! Le nom du juge de paix!

M. Hion. — C'est M. Laugier.

M. Santerre. — Retenez, Messieurs, votre admiration; j'ai fortement à me plaindre de ce M. Laugier: c'est lui qui a envoyé à Bicêtre ce malheureux marchand de vins, et, s'il s'est bien conduit aujourd'hui, on peut dire de lui comme de ce général: « Il fut brave un tel jour. »

La séance a été levée à dix heures et quart.

CC

SÉANCE DU MERCREDI 25 AVRIL 1792

PRÉSIDENCE DE M. LASOURCE.

Après la lecture du procès-verbal et de la correspondance, M. *Doppet* dit : « Votre Comité, Messieurs, vous doit une explication ; un plus long silence pouvant faire croire à quelqu'un que certains Comités sont, comme on l'a dit, des échelles pour parvenir aux places, nous devons le rompre ; nous le devons à la dignité de l'assemblée, à l'importance des fonctions que vous nous aviez confiées, et à la réputation de nos dénonciateurs. — D'abord on nous a accusés d'inactivité ; mais, les archives étant ouvertes à tous les membres de la Société, ceux qui voudront s'y rendre seront bien étonnés de cette inculpation quand ils y verront, preuve en main, que depuis six mois le Comité de correspondance a autant fait et expédié de lettres qu'il en avait été fait depuis la fondation de la Société jusqu'alors. — Nous l'avouons, les circonstances actuelles exigeraient des travaux immenses et une correspondance vive ; nous sentons que, dépouillés de votre confiance, sans être cependant moins attachés à la chose publique, nous sentons déjà qu'il est instant que la Société s'occupe de la formation de son Comité de correspondance, et nous la prions de s'en occuper incessamment. »

M. Rabit. — Je viens vous dénoncer une des cent manœuvres employées pour étouffer les utiles vérités que vous ont fait et que veulent encore vous faire entendre de courageux dénonciateurs. M. Rœderer ne se contente pas des applaudissements qu'il a obtenus à cette tribune, il cite devant les tribunaux ceux qui ont invoqué sur lui votre opinion ; ce qui peut avoir les suites les plus funestes. Des pères de famille, des hommes timides, pourraient se laisser intimider par la crainte d'avoir pour ennemi M. le procureur-général-syndic. Je déclare donc que ce n'est pas M. Collot d'Herbois seul que M. Rœderer doit attaquer, mais tous les citoyens de Brest qui ont porté sur lui le même jugement.

M. COLLOT D'HERBOIS. — Un Jacobin doit se trouver trop heureux de professer devant les tribunaux l'opinion qu'il a énoncée à cette tribune. Je vous prie donc de ne point ouvrir de discussion sur cet objet : il se présentera assez d'occasions de savoir si les opinions manifestées ici peuvent être dénoncées devant les tribunaux. C'est devant eux que me cite M. Rœderer; eh bien, je ne m'intimide point, quoique mon adversaire ne soit que le prête-nom de toute la coalition que je méprise. Depuis six mois je marche au milieu des assassins ; mais tous les bons citoyens se rallient autour de moi, et, puisque j'ai été assez heureux pour me charger utilement de la défense des autres, peut-être me défendrai-je bien moi-même.

M. FAUCHET. — Ce n'est pas devant les tribunaux que je veux poursuivre mon dénonciateur ; ce n'est pas un homme comme M. Collot d'Herbois auquel j'ai affaire. Mon dénonciateur m'accuse d'avoir été gagné par M. de Narbonne : jamais je n'ai mis les pieds chez lui. J'ai été chargé du rapport de son affaire avec répugnance : il a été rédigé et présenté avec l'approbation de dix-huit membres du Comité. Il est vrai que M. Chabot n'y était pas, mais c'est sa faute. Cet homme, unique par sa turpitude, ose attaquer la pureté de mes mœurs! Il ose attaquer une femme respectable, une femme dont l'âme est la plus belle et la plus honnête que je connaisse! Il vient vous tenir des propos orduriers qui se disent à peine dans les tavernes et qui ne sortent que de la bouche des ivrognes. Je vous demande justice d'un tel homme, qui déshonore la cause du patriotisme ; je vous la demande non pas pour moi, mais pour la Société.

M. *Chabot* demande à répondre. L'ordre de l'inscription pour la parole portait à M. *Brissot*; M. *Rœderer* insiste pour celui-ci. (*Plusieurs voix :* Aux tribunaux, aux tribunaux!)

L'épreuve, répétée deux fois, paraît douteuse. Une foule d'orateurs montent à la tribune ; enfin M. *Brissot* cède la parole à M. *Chabot*.

M. CHABOT. — Et moi aussi je demande qu'on fasse justice ; et, si les faits que j'ai dénoncés sont faux, je veux qu'on m'expulse de cette Société. Je n'ai pas dit que le complot dont j'ai parlé ait été concerté avec MM. Guadet et Brissot : j'ai dit que M. Guadet avait eu tort d'opiner pour que M. de Narbonne se rendît sur les frontières avant l'apurement de ses comptes ; j'ai dit que M. Vergniaud avait dit que

M. Grangeneuve était comme une belle dont on n'obtient pas facilement les faveurs. Quant à M. Fauchet, qu'il dise que son projet de protectorat n'a pas été dénoncé au Comité : je lui prouverai le contraire quand il voudra.

M. Fauchet. — J'ai dit que le département de la Gironde pourrait se mettre à la tête de la chose publique, mais que ces coalitions ne valaient rien. Jamais il n'a été question ni de M. Guadet, ni de M. Vergniaud ; si vous citez d'autres faits, vous avez grand tort. (*Tumulte*.)

M. Chabot. — Je parle d'une dénonciation qui fut faite avant la chute de M. Narbonne ; je parle du projet de protectorat. M. de Canon a dit à M. Narbonne qu'il « n'était pas fait pour rester dans le ministère et qu'il devait viser à de plus hautes destinées » ; à quoi M. Narbonne répondit par un sourire et une inclination de tête. J'en appelle à M. Merlin ici présent.

M. Le Cointre. — Je propose de renvoyer cette affaire à un Comité.

M. Merlin. — Je suis appelé en témoignage dans une affaire d'où dépend l'honneur de M. Fauchet ou de M. Chabot. Voici les faits dont j'ai connaissance. Nous étions au Comité de surveillance ; nous avions vu, le matin, M. Béthune-Charost, qui m'avait déclaré son projet d'exciter la guerre dans le Brabant. Je dis que M. Béthune-Charost n'aimait pas la liberté comme nous ; qu'il voulait conserver les prêtres et les nobles, et établir un protectorat. A cette occasion M. Fauchet nous dit que « M. Narbonne l'avait fait pressentir par une certaine dame pour lui dire que, si la constitution s'écroulait, il serait l'homme du peuple ». Pour moi, j'opinerais pour une assemblée d'électeurs des 83 départements, si des circonstances critiques l'exigeaient.

M. Fauchet. — Il n'a jamais été question d'élever M. Narbonne au protectorat : je voulais savoir quelles seraient ses dispositions. Nous lui avons demandé quel parti il prendrait si le roi s'en allait ; il a répondu : « Celui du peuple. » Ce n'est qu'ensuite que nous avons vu qu'il portait ses vues plus loin.

M. Brissot. — J'ai été dénoncé à cette tribune, je viens m'y défendre. En commençant ma justification je n'éprouve qu'un embarras, c'est de connaître et de bien fixer les crimes dont on m'accuse.

Si j'en crois les récits que l'on fait, je vois des déclamations, des injures, des fureurs, mais pas un fait, pas une preuve, pas même le plus léger indice.

M'accuse-t-on d'avoir voté à l'Assemblée nationale contre le vœu du peuple et ses intérêts, ou d'avoir manqué de le défendre? Non. M'accuse-t-on de déserter cette Société? J'y viens peu ; c'est à regret, mais mon devoir m'appelle à l'Assemblée nationale, où il y a eu presque toujours séance le soir, et au Comité diplomatique, dont les discussions deviennent de plus en plus intéressantes. M'accuse-t-on d'avoir ralenti, dans le journal que je rédige, le feu du patriotisme ainsi que mon zèle à y démasquer ceux qui se couvrent du masque de la constitution? Non. J'ai constamment été, depuis la Révolution, ce que j'étais avant la Révolution.

Quels sont donc mes crimes? J'ai fait les ministres, dit-on; j'entretiens une correspondance avec La Fayette et Condorcet; je veux faire un protecteur du premier, et j'ai travaillé pour cela avec le second. Certes, ceux-là m'accordent un grand pouvoir qui prétendent que de mon quatrième j'ai pu dicter des lois au château des Tuileries. Mais, quand il serait vrai que j'eusse fait les ministres actuels, depuis quand serait-ce un crime d'avoir confié aux mains des amis du peuple les intérêts du peuple? Mon crime serait donc ici le patriotisme même; ce crime, je le partagerais avec mes adversaires, qui, en criant sans cesse contre les Montmorin et les Duportail, sont en contradiction avec eux-mêmes s'ils ne conviennent pas qu'un ministre patriote soit un bienfait national.

Par quelle étrange bizarrerie se fait-il qu'après avoir désiré un ministère patriote, qu'après avoir vu se réaliser ce vœu, ils accusent comme des traîtres à la patrie ceux à qui ils prêtent le crédit de l'avoir formé? Comment se peut-il qu'ils parlent le langage des Royou et des Mallet du Pan?

Mais, dit-on, ce ministère va corrompre, il va jeter toutes ses faveurs sur des Jacobins. Est-ce bien dans cette tribune que ce langage s'est fait entendre? Ne conviendrait-il pas plutôt aux Feuillants? Ah! plût au Ciel que toutes les places ne fussent occupées que par des Jacobins!

Un censeur. — Il est impossible d'assister à cette séance et d'entendre les propos infâmes que tient ici M. Desmoulins. Il est affreux, après avoir employé tous les moyens d'honnêteté pour le faire cesser, de lui entendre crier à tue-tête que l'orateur qui est à la tribune est un coquin. (*Tumulte.*)

Plusieurs voix. — A la porte, Desmoulins!

M. BRISSOT. — Le mal ici n'est donc pas que quelques places dans les bureaux soient remplies par des Jacobins, mais bien de ce qu'elles ne le sont pas encore toutes. Plût au ciel que tout fût Jacobin, depuis le fonctionnaire assis sur le trône jusqu'au dernier commis des bureaux des ministres!

La dénonciation est l'arme du peuple. Savez-vous quels sont ses plus cruels ennemis? Ce sont ceux qui la prostituent. Voulez-vous la rendre utile, forcez les dénonciateurs de signer leurs dénonciations et de ne point remettre leurs preuves au lendemain. Couvrez du plus profond mépris celui qui dénonce et ne prouve pas. Voilà le secret de condamner les dénonciateurs au silence et de rassurer les bons citoyens ; voilà ce que je ne cesse de demander à mes adversaires : des preuves, des preuves. Ils me prêtent des correspondances avec La Fayette et Narbonne : j'ai déclaré et je déclare que je n'ai pas vu M. de La Fayette depuis le 23 juin 1791, et je n'ai eu avec lui aucune liaison directe ni indirecte depuis cette époque. Que deviennent les historiettes de déjeuners et de soupers avec M. de Narbonne, que je ne connais point, et avec Mme de Staël, dont je ne connais pas même la figure, et dont je déteste les principes impurs? Que deviennent ces calomnies soufflées par les amis du roi, et réchauffées par les amis même de la constitution, et entretenues par des hommes qui veulent se venger de ce que je n'épouse pas leurs fureurs ou leurs vues personnelles?

Depuis quelque temps ils parlent de protecteur et de protectorat : je dois déclarer que j'étais étranger à toute l'histoire de protectorat et de tribunat dont on vient de vous entretenir ; ils veulent effrayer les esprits par ce mot de protectorat, et les accoutumer à celui de tribunat : ils ne voient pas que jamais le tribunat n'existera. Qui oserait détrôner le roi constitutionnel? qui aurait la témérité de se mettre la couronne sur la tête? Qui peut s'imaginer que la race des Brutus est éteinte, et qui ne sait pas qu'au défaut d'un Brutus quelle nation serait assez lâche pour laisser longtemps la vie à un usurpateur? Je vous le demande, où est l'homme qui ait dix fois le talent de Cromwell? Croyez-vous qu'il eût réussi dans une révolution comme la nôtre? Il avait pour lui deux armes terribles qui ne subsistent plus : l'ignorance et le fanatisme.

Vous qui croyez voir dans La Fayette un nouveau Cromwell, vous ne connaissez ni La Fayette, ni votre siècle, ni le peuple français. Cromwell avait du caractère, mais La Fayette n'en a pas : on ne devient point protecteur sans caractère. Quand même il aurait du caractère, cette Société renferme une foule d'amis de la liberté qui périraient plutôt que de le soutenir. J'en fais le premier le serment : ou l'égalité régnera en France, ou je mourrai en combattant : car les tribuns, Messieurs, sont une autre classe d'ennemis bien plus dangereux pour le peuple. Les tribuns sont des hommes qui flattent le peuple pour le subjuguer, qui tyrannisent les opinions sous le nom de liberté, et qui jettent des soupçons sur la vertu parce qu'elle ne veut point s'avilir. Rappelez-vous ce qu'étaient Aristide et Phocion : ils n'assiégeaient pas toujours la tribune, mais ils étaient à leur poste, au camp et dans les tribunaux ; rappelez-vous qu'ils ne dédaignaient aucun emploi, quelque mince qu'il fût, quand il était donné par le peuple ; qu'ils ne parlaient jamais d'eux-mêmes, qu'ils parlaient peu, mais qu'ils faisaient beaucoup ; rappelez-vous qu'ils ne flattaient jamais le peuple, mais qu'ils l'aimaient ; rappelez-vous que, s'ils étaient ardents à dénoncer, ils ne dénonçaient jamais sans preuve, parce qu'ils étaient justes et philosophes. Les calomniateurs n'épargnèrent pas Phocion : il fut victime d'un flatteur du peuple, lors même qu'il voulait le sauver. Ah! ce trait me rappelle l'horrible calomnie élevée contre M. Condorcet : c'est au moment même où ce respectable patriote, luttant contre une maladie cruelle et se livrant aux travaux les plus opiniâtres pour terminer le plan d'instruction publique ; c'est au moment où il apprend aux puissances étrangères à respecter les peuples libres, c'est dans le moment où il épuise sa santé dans des calculs immenses pour régler les finances de l'empire, c'est alors que vous calomniez ce grand homme ! Qui êtes-vous pour avoir ce droit? Qu'avez-vous fait? Où sont vos travaux, vos écrits? Pouvez-vous citer, comme lui, tant d'assauts livrés pendant trente ans, avec Voltaire et d'Alembert, au trône, à la superstition, au fanatisme parlementaire et ministériel? Croyez-vous que, si les génies brûlants de ces grands hommes n'eussent embrasé petit à petit les âmes, et ne leur eussent fait découvrir le secret de leur grandeur et de leur force, croyez-vous qu'aujourd'hui la tribune retentirait de vos discours sur la liberté? Ce sont vos maîtres, et vous les calomniez lorsqu'ils servent le peuple.

Vous déchirez Condorcet, lorsque sa vie révolutionnaire n'est qu'une suite de sacrifices pour le peuple: philosophe, il s'est fait politique ; académicien, il s'est fait journaliste ; noble, il s'est fait jacobin ; placé par la cour dans un poste éminent, il l'a quitté pour le peuple, il a consacré au peuple ses travaux et ses veilles, il a ruiné sa santé pour le peuple. Et cependant, qui le déchire au milieu de ses immortels travaux? Ce sont des hommes qui disent aimer le peuple et la liberté. On a pu perdre un homme de génie, mais on ne perdra jamais le talent patriote : il marche toujours sur la même ligne, et le peuple est juste enfin. Le monument le plus ferme de votre Révolution, c'est la philosophie. Voyez celles qui ont manqué : elles n'étaient pas fondées sur la philosophie. Le patriote par excellence est philosophe ; voilà comme le bonhomme Richard et Franklin furent toujours les amis du peuple. On le taxe d'être froid, parce qu'il travaille dans le silence; d'être ennemi du peuple, parce qu'il n'obsède pas sans cesse la tribune du peuple.

Prenez-y garde, vous suivez vous-mêmes les impulsions de la cour. Que veut en effet la cour? Faire rétrograder les lumières du peuple. Que veulent les philosophes? Ils veulent que le peuple s'éclaire, qu'il apprenne à se passer de protecteurs et de tribuns. C'est ce que craignent également et les aristocrates et les agitateurs. Leur conduite est la même; comme les amis de la cour, les agitateurs dénoncent et cherchent à diviser les patriotes; comme les amis de la cour, ils crient contre la guerre, lorsque la guerre est voulue par la majorité des patriotes. (*Ah!... ah!... ah!... Applaudissements.*)

Certes, je n'imiterai pas la facilité de mes adversaires à calomnier, je n'appuierai pas sur des on-dit qu'ils sont payés par la liste civile; je ne dénoncerai pas sur des on-dit qu'ils ont un comité secret pour influencer cette Société; mais je dirai qu'ils tiennent la même marche que les partisans de la guerre civile. Je dirai que, sans le vouloir sans doute, ils font plus de mal aux patriotes. Dans quel moment viennent-ils jeter la division dans cette Société? Dans le moment où nous avons la guerre extérieure et où la guerre intérieure nous menace. Ah! Messieurs, pourquoi, depuis plusieurs mois, cherche-t-on à détourner ici l'ordre du jour? Les questions les plus importantes réclament votre attention. Lorsque toutes les Sociétés du royaume attendent que vous sollicitiez une foule de décrets favorables au peuple, et dont la sanction est facile dans l'état présent du ministère, vous laissez échapper une occasion qui peut-être ne se représentera jamais; il est temps de vous occuper de la discussion des objets qui intéressent l'Assemblée nationale, et qu'on veut vous faire perdre de vue. Je demande à la Société de lui donner des explications là-dessus, et je conclus à ce que, vouant au mépris les dénonciations que j'ai réfutées, on passe à l'ordre du jour.

M. *Robespierre* monte à la tribune, et, comme il n'est point inscrit dans l'ordre de la parole, il la demande pour une motion d'ordre. M. *Guadet* la demande également pour une motion d'ordre, et l'obtient. M. Robespierre descend de la tribune.

M. GUADET. — Il y a quarante-huit heures que le besoin de me justifier pèse sur mon cœur : il y a seulement quelques minutes que ce besoin pèse sur le cœur de M. Robespierre; je demande à qui est due la priorité. (*Applaudi.*)

La parole est conservée à M. Guadet.

M. GUADET. — Il ne me reste qu'un seul fait à éclaircir, et, si on pouvait encore douter de mon aversion pour le protectorat, je déclare qu'un protecteur, un tribun et moi, n'existeront jamais ensemble. Je suis accusé d'avoir demandé à l'Assemblée nationale que M. Narbonne eût la faculté d'aller à son poste avant que ses comptes fussent rendus. Mais j'observe qu'un citoyen ne devait pas souffrir de retards de la négligence d'un Comité : ce serait prononcer une peine contre l'intention de la loi. Au surplus, j'ai pensé, comme M. le Cointre, que M. de Narbonne pouvait rejoindre l'armée sauf sa responsabilité. Je combats la motion de M. Brissot, et je demande que sur toutes ces dénonciations on ne passe pas à l'ordre du jour. Je finis en vous observant que vous devez vous tenir en garde contre ces orateurs empiriques qui ont toujours à la bouche les mots : *liberté, tyrannie, conjuration*... (*Huées des tribunes*)... qui mêlent toujours à leur éloge personnel des flagorneries pour le peuple. Je demande que la Société fasse justice de ces hommes.

M. *Fréron* demande la parole pour une motion d'ordre ; ne pouvant l'obtenir, il la réclame contre M. le Président, et, sous ce prétexte, il fait la motion que M. Guadet soit rappelé à l'ordre pour avoir lancé un trait indirect, mais satirique, contre M. Robespierre, sous la dénomination d'*orateur empirique*. — Le plus grand tumulte suit cette motion : des chapeaux se lèvent au bout des cannes, surtout dans les tribunes, au milieu de très vifs applaudissements et de fortes huées.

M. LE PRÉSIDENT. — L'opinant, m'ayant demandé la parole pour parler contre moi, en abuse pour parler contre M. Guadet. Je maintiens la parole à ce dernier, et je rappelle à l'ordre M. Fréron.

M. GUADET. — J'observerai qu'il y a quelques jours, ayant combattu à cette tribune l'opinion de M. Robespierre avec toute l'honnêteté qui convient à un citoyen dont on admire les sentiments, je fus, en sortant de cette séance, insulté et traité de scélérat. Je crois bien avoir le droit de dire que le peuple était égaré sur mon compte.

Plusieurs voix des tribunes. — Non, non ! (*Tumulte.*)

M. GUADET. — Je reviens à mon sujet, et je conclus à ce que la Société ne passe pas à l'ordre du jour. M. Robespierre ayant promis de dénoncer un plan de guerre civile formé au sein même de l'Assemblée nationale, je le somme de le faire. Moi, je lui dénonce un homme qui met sans cesse son orgueil avant la chose publique, un homme qui, parlant toujours de son patriotisme, abandonne le poste où il était appelé. Je lui dénonce un homme qui, soit ambition, soit malheur, est devenu l'idole du peuple. (*Grand tumulte.*)

M. ROBESPIERRE. — Par ces interruptions et le tumulte qu'elles excitent, on me met dans l'impossibilité d'entendre mon dénonciateur et on m'ôte tous les moyens de me défendre. Oui, Messieurs, je déclare que je regarde comme préparés et dirigés contre moi tous ces murmures. Je prie donc d'écouter M. Guadet dans le plus grand silence; c'est une grâce que je crois avoir le droit de demander.

M. GUADET. — Je continue, et je dénonce à M. Robespierre un homme qui, par amour pour la liberté de sa patrie, devrait peut-être s'imposer à lui-même la peine de l'ostracisme, car c'est servir le peuple que de se dérober à son idolâtrie.

Je lui dénonce un autre homme qui, ferme au poste où sa patrie l'aura placé, ne parlera jamais de lui, et y mourra plutôt que de l'abandonner. Et ces deux hommes, c'est lui et moi.

M. ROBESPIERRE. — Le discours de M. Guadet a rempli tous mes vœux. Il renferme à lui seul toutes les inculpations qu'accumulent contre moi les ennemis sans nombre dont je suis entouré. En répondant à M. Guadet seul, j'aurai réfuté tous mes adversaires.

Sans doute, il existe dans cette Société, comme dans toute la France, des orateurs empiriques qui, sous le masque du patriotisme, cachent leur désir de parvenir aux places; qui, à défaut de vertus, ont sans cesse dans la bouche les noms de peuple, de liberté et de philosophie.

Quant à l'ostracisme auquel M. Guadet m'invite à me soumettre, il y aurait sans doute un excès de vanité à moi de me l'imposer, car c'est la punition des grands hommes, et il n'appartient qu'à M. Brissot de les classer.

On me reproche d'assiéger sans cesse cette tribune; mais que la liberté soit assurée, que le règne de l'égalité soit affermi, que tous les intrigants disparaissent, et vous me verrez empressé à fuir cette tribune, et même cette Société, si ma retraite devenait utile à la tranquillité publique. Alors le plus cher de mes vœux serait rempli. Heureux de la félicité de mes concitoyens, je passerais des jours paisibles dans les délices d'une douce et sainte intimité. Serait-ce à moi que l'on reprocherait de briguer les places, les honneurs, moi qui ne suis passionné que pour les charmes de la liberté? (*Applaudissements.*)

Les membres qui ont occupé cette tribune avant moi ont consumé tout le temps de la séance. Les développements que j'aurais à donner pour ma justification exigent plus de temps qu'il ne nous en reste; je vous prie, Monsieur le Président, de vouloir bien me conserver la parole pour la prochaine séance.

M. ALBITTE. — Il est temps que cette désolante discussion finisse.

Je demande que MM. Brissot, Guadet, Robespierre et autres, se rassemblent et se fassent part de leurs griefs. S'ils tombent d'accord, tout sera terminé. Si quelques-uns d'entre eux ne donnent pas des explications suffisantes, ils seront démasqués. Je demande de plus que chaque partie s'adjoigne six patriotes, qui serviront pour ainsi dire de jurés dans cette affaire.

M. Boursault. — Ce choc d'opinions est très utile pour nous, qui sommes de muets spectateurs; il sert, au milieu du feu des passions, à nous faire connaître l'esprit et les vues des différents individus.

M. Robespierre. — Je développerai un système suivi de conspiration : c'est par des rapprochements que j'y parviendrai. Car des discours, des phrases lâchées à propos, des sourdes intrigues, sont les moyens employés pour détruire l'opinion publique et miner la liberté. Je vous ferai voir par quelles trames on me rend l'objet des plus affreuses persécutions.

M. Basire. — Il est à craindre que toutes ces dénonciations ne produisent un schisme, une division dans cette Société. Cessons de rendre cette tribune l'arène des combats les plus scandaleux. Des luttes de ce genre doivent se faire par la voie des journaux et celle des mémoires imprimés.

J'engage donc M. Robespierre à ne pas prolonger davantage une discussion dont il est très difficile de suivre le fil dans une assemblée aussi nombreuse, du moment qu'il ne s'agit pas de faits à prouver, de pièces à déposer, mais d'un système qui, pour être développé, a dit M. Robespierre, a besoin d'un grand nombre de rapprochements, toujours difficiles à saisir au milieu du tumulte qui naît nécessairement du choc d'intérêts aussi violemment sentis que nous avons pu nous en apercevoir dans cette séance. Je le répète, j'engage M. Robespierre à choisir quelques journaux pour l'arène de la lutte qu'il veut soutenir, ou à faire imprimer tous les reproches qu'il croit avoir à faire à ses adversaires.

M... — M. Robespierre a annoncé qu'un plan de guerre civile avait été proposé dans l'Assemblée nationale, qu'il en dévoilerait les principaux auteurs. Intéressé, comme citoyen et comme membre de l'Assemblée nationale, à tout ce qui peut influencer l'opinion publique sur ce corps, que je regarde comme devant être l'objet de nos plus chères espérances, je somme M. Robespierre de tenir la parole qu'il a donnée et de dévoiler tout ce qu'il sait de ces trames perfides, ou de rendre la plus éclatante justice aux membres de l'Assemblée nationale qu'il a grièvement inculpés.

M. Robespierre. — Le seul objet que j'aie proposé de traiter dans la séance de vendredi est de dévoiler des manœuvres qui tendent à faire de cette Société un instrument d'intrigue et d'ambition ; et c'est là ce que j'appelle un plan de guerre civile. Au surplus, ce plan est tracé dans un projet de décret présenté à l'Assemblée nationale, et je le dévoilerai. Je n'ai point dit qu'on eût présenté à l'Assemblée nationale un plan précis de guerre civile, mais seulement un projet de décret qui, devant amener la guerre civile, pouvait être regardé comme un projet de cette nature.

Mes plus ardents adversaires ne sont pas MM. Brissot et Guadet : les opinions que j'ai énoncées contre M. La Fayette m'ont valu la haine d'un bataillon entier, qui m'écrit pour me sommer de donner des preuves, ou me prévenir qu'ils (sic) me traduiront devant les tribunaux comme calomniateur. Voilà le plan qu'adoptent mes ennemis. Ne pouvant dénoncer qu'un système tendant à pervertir l'esprit public, je ne puis fournir pour preuves que des inductions, que des rapprochements, et ils veulent que, sur les faits que j'ai imputés à La Fayette, je le poursuive devant les tribunaux, sous peine de passer pour un intrigant dangereux.

La *Chronique*, dans l'article rédigé par M. Condorcet, *le Patriote*, le *Journal général*, imprimé chez M. Baudouin, presque tous les journaux, me dénoncent comme payé par le Comité autrichien ; ils font plus : ils me disent d'accord avec les Lameth. Il ne me reste donc que cette tribune et le peuple qui m'entend pour me justifier. Cependant, rendant justice aux vues qu'a proposées M. Basire, je les adopte, et je ferai imprimer, sans m'interdire pour cela la faculté de dévoiler ici tous les mystères.

M. HION. — Je vais vous dire de grandes vérités : je ne crois pas qu'il y ait ici de complot, mais je pense qu'on est divisé d'opinions ; j'ai le bon esprit de ne donner exclusivement d'aucun côté. Les uns veulent se servir de La Fayette, de Narbonne et de leurs complices, pour aller à leur but, c'est-à-dire au bien public ; les autres veulent avant tout abattre La Fayette, et je suis de ce nombre. Cessons toutes nos disputes, et allons droit au but.

Les membres de la Société se retirent en foule, l'heure étant très avancée ; cependant la voix de M. Simond, de Strasbourg, en retient une grande quantité.

M. SIMOND. — Dans les départements du Haut et du Bas-Rhin, les patriotes et les prêtres constitutionnels sont livrés aux persécutions les plus terribles. Déjà plus de cinquante d'entre eux ont été égorgés, soixante de leurs maisons ont été pillées et renversées. Leurs champs sont ravagés, leurs jardins dévastés; dans les endroits reculés, on attend les conformistes pour les assassiner. Et quels sont ceux qui sont ainsi traités? Ce ne sont pas des gens qui flagornent le roi comme j'en ai vu dans cette assemblée, ce sont les amis les plus sincères de la Révolution. Le directoire du département refuse de faire exécuter la loi: la Société du Miroir le dénonce. La motion est faite de suivre l'exemple des Marseillais, de faire marcher les corps constitués dans le sens de la Révolution, et d'opposer une digue au fanatisme et aux efforts de nos cruels persécuteurs. Eh bien! Messieurs, un des auteurs de cette motion, Charles Laveaux, est décrété de prise de corps; il est arrêté sans aucune des formalités prescrites par la loi. Deux autres membres ont aussi été décrétés, mais ils ont échappé aux poursuites de leurs ennemis.

Plusieurs voix. — A demain le reste!

On observe que le cas est urgent. M. *le Président* engage l'orateur à se résumer, pour en venir aux mesures qu'il juge convenables.

M. SIMOND. — Je demande qu'il soit présenté à l'Assemblée nationale une pétition tendant à obtenir la suspension des administrateurs de l'arrondissement où se commettent ces horreurs. Je dois vous observer qu'il ne renferme pas plus de huit à neuf lieues carrées : c'est sur ce petit espace que le fanatisme déploie toutes ses fureurs. Je vous demande, Messieurs, de faire encore quelques observations et le narré de plusieurs anecdotes.

M. Guadet a énoncé une opinion indécente lorsqu'il a appelé peuple quelques polissons qui l'ont insulté dans la rue. J'appelle *peuple* tous ceux qui sont vertueux; ils valent mieux dans mon esprit que ceux qui n'ont que du talent. Je passe à quelques faits.

M. Brissot est allé chez M. Rœderer pour concerter avec lui les moyens d'opérer la réunion des Sociétés de Strasbourg; il a dit que les Jacobins seraient toujours fort heureux de compter parmi eux un maire de Strasbourg.

M. Brissot a tronqué la lettre feuillantine qui lui a été écrite au sujet de la scission; je le défie de la produire telle qu'il l'a insérée dans un des numéros de son journal. Il en a supprimé les grosses sottises contre les Jacobins, et, par ce retranchement, il a servi la cause des Feuillants. Car le ton modéré qu'il est parvenu à donner à cet écrit ne le rend que plus dangereux.

Je finis par demander aux tribunes si elles ne se croient pas bien unies aux Jacobins, quoiqu'elles ne délibèrent pas dans leurs séances? (*Oui, oui, oui!*)

Je demande que mes propositions soient présentées à la prochaine séance. (*Accordé.*)

La séance a été levée à onze heures trois quarts [1].

CCI

SÉANCE DU VENDREDI 27[2] AVRIL 1792

PRÉSIDENCE DE M. LASOURCE.

Après la lecture de la liste des personnes à qui, sur la proposition de divers membres, l'entrée de la séance est accordée [3]...

UN SECRÉTAIRE. — Messieurs, il a été fait ici, il y a quelque temps, une collecte pour nous procurer des fusils destinés à l'armement des volontaires qui sont aux frontières. Nous n'avons plus entendu parler de cet objet depuis. Je demande que quelque membre du Comité d'administration veuille bien nous en donner des nouvelles.

Plusieurs personnes demandent la parole pour cet objet; mais, comme l'ordre du jour était vivement réclamé pour M. Robespierre, à qui la parole était accordée, on arrête, sur la proposition de quelques membres, d'avoir, mardi prochain, une séance extraordinaire destinée entièrement à la discussion de cet objet, ainsi qu'à entendre le rapport du Comité d'administration sur le local à choisir pour les séances, et divers autres objets de son ressort.

Un violent tumulte s'élève dans la partie de la salle où se trouve M. *La Faye*, qu'un censeur ne peut réduire, dit-il, au silence.

Quelques gestes violents de la part de M. La Faye et le tumulte qui s'ensuit forcent M. le Président à se couvrir.

A ce signal de détresse, le calme renaît peu à peu. La parole est accordée à M. *Daubigny*, membre du corps électoral, pour un rapport relatif à l'élection de l'accusateur public.

Un citoyen du département de l'Ain fait passer un assignat de cent sols pour faire la guerre, et demande les honneurs de la séance. (*Accordé.*)

---

1. *Discours de* MM. BRISSOT *et* GUADET, *députés à l'Assemblée nationale, prononcés à la séance de la Société des amis de la constitution le* 25 *avril* 1792. — Imp. du *Patriote français*, s. d., in-8 de 21 p. — Bibl. nat., Lb 40/694.

2. Dans le *Journal*, cette séance est datée, par erreur, du 28 avril.

3. Cette phrase est ainsi inachevée dans l'original.

M... — Il est dangereux que, sous prétexte de faire quelques offrandes, il s'introduise ici des perturbateurs.

M. LEGENDRE. — Oui, Messieurs, craignez que vos ennemis n'abusent de ce moyen pour influencer votre Société. Des gens malintentionnés ne s'empresseront-ils pas de répandre des billets de cent sols pour donner à des individus le droit de vous faire la loi jusque dans cette salle ?

M. MERLIN. — Ces dons, Messieurs, vous rendent en quelque sorte responsables. Il ne faut pas d'intermédiaire entre les citoyens et leurs représentants : que les offrandes pour les frais de la guerre soient donc portées à l'Assemblée nationale elle-même. (*Aux voix! aux voix!*)

Cette proposition est adoptée.

M. DAUBIGNY. — Nous avons à vous dénoncer des faits qui se sont passés à l'assemblée du corps électoral. Vous savez, Messieurs, qu'il faut être ennemi de la patrie pour être admis au club de la Sainte-Chapelle. Ainsi vous n'êtes pas surpris que les membres nombreux (car ils étaient près de huit cents) de ce club aient nommé accusateur public M. Duport, l'ex-ministre. En vain avons-nous réclamé contre cette nomination ; en vain avons-nous représenté que la responsabilité pesait sur sa tête, que des malversations lui étaient imputées. Nous fîmes les mêmes réclamations contre le président de l'Assemblée, M. Cahier de Gerville : celui-ci écumait de rage ; il sortit même de sa place. Mais nous n'avons pu l'emporter sur ceux de la Sainte-Chapelle, forts de leur nombre, tandis que nous ne comptions de notre côté que cent trente membres. Il ne nous reste de parti que celui de nous adresser à l'Assemblée nationale. — Je vais encore vous donner connaissance de quelques faits.

Le 15 avril, jour de la fête que vous avez donnée aux soldats de la liberté, et dont ceux de Château-Vieux ne furent que l'occasion, M. Duport du Tertre montait la garde comme simple volontaire à la porte de la femme du roi. Le commandant du poste lui donna à dîner ainsi qu'à plusieurs autres. Les convives nous ont rapporté que M. Duport leur avait tenu le propos suivant : « Cette fête, disait-il, est fort belle, elle est très nombreuse : eh bien! qu'au milieu de toute cette canaille quelques polissons viennent à se donner seulement des coups de poings, vous verrez comme tout est prêt pour les rappeler à l'ordre. » (*Cris d'indignation.*) C'est cet homme, Messieurs, qui vous est donné comme accusateur public. (*Murmures universels.*)

C'est, dit-on dans plusieurs parties de la salle, c'est à M. Robespierre que nous avons cette obligation.

M. ROBESPIERRE. — Au moment où le préopinant a terminé son discours, j'ai entendu des voix s'élever avec véhémence, qui m'accusaient de la nomination de M. Duport du Tertre. Le choix de quelques fonctionnaires publics n'est pas ce qui doit le plus vous alarmer : c'est le plan général de conspiration formé contre la liberté que vous devez surtout chercher à déjouer, car à ce projet funeste tiennent toutes les nominations qui se font à présent. Je demande que, sur cette dénonciation, vous vouliez bien passer à l'ordre du jour, en réclamant la parole qui m'est accordée par un de vos arrêtés : le salut public, mon honneur outragé, les considérations les plus importantes, doivent me la faire accorder.

La parole reste à M. Robespierre.

M. *le Président* donne lecture d'une lettre de M. *Vergniaud*. « M. Chabot m'a inculpé, dit-il, ainsi que la députation de la Gironde. Nous sommes accusés d'avoir accueilli des idées de protectorat. Je demande que, pour répondre à notre dénonciateur, vous m'accordiez la parole un jour qu'il vous plaira fixer. »

Il est arrêté que, dimanche, M. Vergniaud sera entendu.

M. CHABOT. — Je demande la parole pour un fait.

M. LE PRÉSIDENT. — Je vous observe, Monsieur, que la parole est à M. Robespierre, et que je ne puis l'accorder à un autre membre sans le consentement de la Société. (*Tumulte.*)

M. ROBESPIERRE. — La parole est à M. Chabot; je la lui cède.

M. CHABOT. — M. Vergniaud dit que je l'ai nominativement dénoncé, comme ayant part au projet de protection de Narbonne, cela est faux : j'en appelle à la Société. (*Plusieurs voix :* Non, non!) Il dit que je l'ai dénoncé collectivement avec la députation de la Gironde, cela est encore faux : j'en atteste de même la Société. Je demande qu'au lieu de s'attacher à des choses que je n'ai point dites, on se justifie sur celles que j'ai dénoncées, et que M. Vergniaud se renferme dans les termes de ma dénonciation.

M. LE PRÉSIDENT. — Je suis chargé d'avertir les députés à l'Assemblée nationale membres de cette Société que, sur-le-champ, ils aient à se rendre à leur poste; ainsi je prie quelqu'un de me remplacer au fauteuil.

Beaucoup de voix. — M. Danton, M. Danton!

M. LEGENDRE. — Un des soutiens de la liberté à l'Assemblée constituante, M. Prieur, est ici. Je pense que M. Danton le verra comme nous avec plaisir à la présidence.

Plusieurs voix. — Oui, oui!

M. Prieur. — Je suis venu dans cette capitale pour me pénétrer du véritable esprit de la liberté. Le premier jour que j'ai été à l'Assemblée nationale, j'ai entendu les voûtes de la salle retentir du cri de la guerre. Je me suis dit : « Tous les despotes vont trembler, car c'est fait d'eux et de leurs suppôts. » Déjà le fanatisme se trouble; les citoyens égarés de tous les départements commencent à se rallier contre nos ennemis communs sous les drapeaux de la patrie. (*Des voix* : A l'ordre du jour!) J'abuse, il est vrai, des moments de cette Société; mais, si quelques-uns de ses membres ne m'eussent appelé par mon nom, je me serais condamné au silence. Cependant j'ai cru qu'il était toujours à l'ordre du jour de parler de la liberté. L'ordre du jour, c'est de rétablir la paix entre les patriotes. (*Applaudissements universels.*) L'ordre du jour, c'est que Robespierre soit moins entier dans ses opinions : car je le connais, Robespierre. C'est qu'on juge moins légèrement les députés à l'Assemblée nationale qui se sont bien conduits jusqu'à présent. Je désire qu'il n'existe dans cette Société que des amis de la constitution, et j'aime à croire qu'il n'en existe pas d'autres.

Sur le refus de M. Prieur d'occuper le fauteuil, il reste à M. Danton.

M. Robespierre. — Le véhément discours que vous venez d'entendre ne change rien à ma détermination, Messieurs; il ne doit pas, ce me semble, m'empêcher de prononcer le mien, parce qu'il ne peut pas faire que les vérités utiles que j'avais à vous mettre sous les yeux ne soient pas des vérités, parce qu'il ne peut pas faire que je n'aie pas le droit de repousser les inculpations qui m'ont été faites dans cette tribune. Ce que j'ai à dire importe donc à l'intérêt public, à mon honneur personnel; je réclame la parole qui m'a été accordée : je crois, Monsieur le Président, que vous ne pouvez vous dispenser de me la maintenir. (*Applaudi.*)

[Suit la justification de Robespierre [1].]

Beaucoup de voix. — L'impression, l'impression! (Elle est arrêtée, ainsi que la distribution aux tribunes.)

M. Simond. — Dès son arrivée, la députation des dissidents de Strasbourg a obtenu la parole : vous l'avez entendue. A moins que la Société

---

1. *Réponse de* M. Robespierre *aux discours de* MM. Brissot *et* Guadet, *du 25 avril 1792, prononcée à la Société des amis de la constitution le 27 du même mois, et imprimée par ordre de la Société.* — S. l. n. d., in-8 de 16 p. — Bibl. nat., Lb 40/695.

ne veuille se rétracter, je demande que, dimanche, après la correspondance, il me soit permis de parler au nom des Jacobins du Miroir. (*Accordé.*)

M... lit à la Société la pétition que doivent présenter à l'Assemblée nationale les citoyens du Club électoral contre la nomination de M. Duport du Tertre. Peut-on porter à la place d'accusateur public un homme qui est lui-même sous le glaive de la loi? C'est la question proposée à décider dans cette pétition.

M... — Le principe posé dans la pétition est faux. Cependant ne croyez pas que je sois le partisan de M. Duport, tant s'en faut; c'est ce que je prouverai, quand il en sera temps, à l'Assemblée nationale. Mais il n'est pas vrai, la constitution ne veut pas que M. Duport ne puisse être élu sur cela seul qu'il est accusé, car il doit être présumé innocent jusqu'au moment de son jugement. Je demande qu'on s'en tienne à réclamer, sur la dénonciation portée contre lui, une prompte décision de l'Assemblée nationale.

M... — Nous n'avons point entendu parler contre la constitution; mais nous pensons qu'un homme placé sous le coup de la responsabilité ne peut occuper une place qui exige la confiance publique.

M. DUFOURNY. — Je ne suis pas de l'avis de ceux qui pensent que M. Duport est inéligible à cause de sa responsabilité; mais il l'est à cause des griefs énoncés contre lui, et qui donnent lieu à accusation.

M. DEPERRET. — Je crois qu'il est de l'honneur du département de Paris de faire nommer un autre accusateur public, et de rédiger à ce sujet une pétition dans un sens qui ne contrarie pas la constitution.

[*M...*, député de la ville d'Étampes, présente une adresse d'où il résulte que les meurtriers de Simonneau ont été plus égarés que coupables.]

M. LE PRÉSIDENT. — Vous n'êtes pas du nombre des accusés, cependant vous venez solliciter pour eux auprès de l'Assemblée nationale. Tous les amis de l'humanité ont déjà pressenti que vos clients sont plus malheureux que coupables.

M. *Danton* nomme deux commissaires pour appuyer l'adresse du député d'Étampes.

La séance a été levée à dix heures un quart.

CCIII

SÉANCE DU DIMANCHE 29 AVRIL 1792

PRÉSIDENCE DE M. LASOURCE

[*M. Petion* fait une longue motion d'ordre tendant à maintenir l'union dans la Société, et demande qu'on passe à l'ordre du jour sur toutes ces querelles [1].]

La motion, mise aux voix, est arrêtée à l'unanimité.

Toutes les voix. — L'impression, l'impression!

Arrêté à l'unanimité.

M. *Robespierre* monte à la tribune et demande la parole : la Société passe à l'ordre du jour. Ensuite on nomme des commissaires pour surveiller l'impression du discours de M. Petion, en décidant de plus que l'arrêté de la Société sera inséré à la suite de ce discours, et que la distribution en sera faite aux tribunes.

M. Robespierre. — Monsieur le Président, voulez-vous bien m'accorder la parole sur l'ordre du jour?

Plusieurs voix. — Non, non! Oui, oui!

M. le Président. — Je pense que l'intention de l'assemblée est de fermer toute discussion sur l'objet qui nous a occupés jusqu'à présent. Si la parole était à quelqu'un, elle serait à M. Vergniaud. Mais, suivant l'arrêté qu'elle vient de prendre, l'ordre du jour est la recherche des moyens propres à pacifier l'intérieur.

Il s'élève du tumulte dans une partie de la salle : M. le Président se couvre; le trouble continue. M. *Millin*, qui paraissait en être l'occasion, vient se mettre à côté de M. le Président, et l'agitation finit.

M. le Président. — Il est impossible de voir sans douleur que, pendant longtemps, les moyens extrêmes employés pour ramener le calme ont été sans fruit; cependant la raison seule devrait vous en faire sentir la nécessité. Je rappelle à la Société l'arrêté qu'elle vient de prendre de passer à l'ordre du jour.

---

1. *Société des amis de la constitution, séante aux Jacobins Saint-Honoré*, à Paris. Discours de M. Petion, *maire de Paris, prononcé à la Société dans la séance du 29 avril 1792.* — Imp. du *Patriote français*, s. d., in-8 de 8 p. — Bibl. nat., Lb 40/2265.

[*M. Simond* dénonce les intrigues contre-révolutionnaires de Victor de Broglie et de Dietrich dans le Bas-Rhin; il défend le patriote Laveaux, qui a été mis en arrestation. Il présente des considérations générales sur la situation de la France [1].]

On insiste pour l'impression de ce discours; après deux épreuves, elle est arrêtée par la majorité des opinants.

Quelques difficultés s'élèvent encore. M. *le Président* observe qu'une grande partie des membres n'ont pas pris part à la délibération. « Je vais, dit-il, mettre encore une fois la proposition aux voix. »

M. TALLIEN. — Je fais la motion que le discours de M. Simond soit imprimé avec l'attache de la Société, mais qu'une contribution volontaire en fasse les frais. (*Arrêté.*)

M. *Pépin* lit, au milieu de beaucoup d'improbations, une lettre adressée à la Société par M. Van Nieck, commandant d'un bataillon de volontaires à cheval de Mons.

M. *Rouyer* se plaint hautement qu'elle n'articule aucun fait, qu'elle contient seulement des suppositions injurieuses aux ministres actuels et à M. Rochambeau. « Ceux qui ont écrit cette lettre, dit-il, n'ont pas prévu qu'ils distilleraient le poison dans cette Société. »

M. TALLIEN. — Le préopinant calomnie le peuple en le supposant si facile à égarer.

M. ROUYER. — Moi, le calomnier! Hé! qu'ai-je fait jusqu'à présent que de travailler pour lui? (*Applaudissements.*)

M. SILLERY. — Ne pourrait-on pas faire à cette lettre la réponse que fit Louis XIV à Louvois: « N'entendez-vous pas le canon? » Car, demain matin, Mons sera attaqué. (*Applaudissements universels.*)

On entend plusieurs députations.
La séance a été levée à dix heures.

1. *Discours sur la situation politique de l'empire français*, prononcé à la Société des Jacobins, à Paris, par PHILIBERT SIMOND, *vicaire épiscopal de Strasbourg, député des Jacobins du Haut et Bas-Rhin à la Société-mère, et dont elle a arrêté l'impression le 30 (sic) avril, l'an IV de la liberté.* — Paris, imp. Mayer, 1792, in-8 de 26 p. — Bibl. nat., Lb 40/2266.

CCIV

SÉANCE DU LUNDI 30 AVRIL 1792

PRÉSIDENCE DE M. LASOURCE

Après la liste des personnes qui demandent l'entrée de la séance, MM. les secrétaires font lecture du procès-verbal et de la correspondance.

Parmi les demandes qui s'y trouvent, on applaudit particulièrement à celle de Mlle Antoinette Chevallot, sœur du directeur des postes de Varennes, qui, enflammée par l'honneur que son frère s'est acquis dans la Révolution par son courage et l'arrestation du roi, brûle de partager sa gloire et demande une pique.

Cette demande est appuyée, et on arrête qu'il sera envoyé une pique à Mlle Chevallot, sur le bout de laquelle sera écrit : *Donnée par les Amis de la constitution*.

Un soldat corse, qui a déserté les drapeaux autrichiens et désire retourner en Corse, sollicite la bienfaisance de la Société. Sur l'observation faite par M. *Lasource* qu'une assez grande quantité de demandes semblables lui sont adressées, M. *Merlin* propose de renvoyer au Comité de secours de l'Assemblée nationale toutes les demandes de soldats ; la discussion s'ouvre, et on arrête enfin que toutes les demandes de ce genre seront portées au Comité d'administration, qui en rendra compte chaque semaine.

M. Doppet. — Je n'ai pas besoin de vous faire sentir à quelles scènes affligeantes les dénonciations peuvent donner lieu. Nous touchons à un moment si intéressant qu'il serait de la prudence de la Société d'adopter une mesure dont la sagesse parerait à une multitude de dénonciations sans preuves. Je propose de former un comité, une commission particulière, qui recevrait les dénonciations soit verbales, soit par écrit ; cette commission ne ferait part à la Société que de celles qui seraient appuyées de preuves. Il serait dangereux, Messieurs, d'admettre à cette tribune tout individu qui y serait poussé par le seul plaisir de jeter des soupçons, de former des alarmes et de causer du trouble.

M. Robespierre. — Il sera donc désormais impossible d'élever la voix en faveur de la liberté, s'il est permis à quelques individus de substituer l'intérêt particulier à l'intérêt public et l'esprit d'intrigue à l'esprit général. (*Applaudissements.*) Réfléchissons bien sur votre état par l'influence qu'a sur vous une faction. Maintenant, tout ce qui s'est passé doit être oublié. Mais, dit-on, pour empêcher de pareilles dénonciations à l'avenir, il faut établir un Comité revêtu d'une dictature suprême. Maintenant, telle est votre situation qu'ils seront dénoncés comme des factieux, comme aspirant au tribunat, ceux qui témoigneront leurs craintes sur les dangers de la liberté.

Plusieurs voix. — A l'ordre du jour!

M. ROBESPIERRE. — C'est scélérat de le demander.

M. MERLIN. — Si l'on appelle tribunat de dénoncer les ennemis de la liberté, je déclare que je veux être tribun : car, moi aussi, j'aime le peuple.

M. ROBESPIERRE. — Je déclare que je pense aussi que le zèle d'un bon citoyen doit avoir des bornes; mais, si cette Société doit arrêter qu'il me sera défendu de répondre à tous les libellistes conjurés contre moi, je déclare aussi que je la quitte pour me renfermer dans la retraite. (*Murmure général.* — *Quelques voix de femmes dans les tribunes :* Nous vous suivrons!)

[*M. Robespierre* démontre ensuite l'absurdité des accusations dirigées contre lui.]

M. ROBESPIERRE. — De ce que tout cela est absurde pour ceux de la capitale qui ne sont pas égarés par l'intrigue, s'ensuit-il que dans les départements ces bruits ne fassent pas un grand tort à la chose publique? — Le jour que M. Petion est venu ici, un de mes adversaires a répandu avec profusion un discours en tête duquel se trouve un avant-propos où il me déchire.

M. *le Président* veut parler. (*Tumulte.*)

M. ROBESPIERRE. — Vous m'interrompez, Monsieur le Président, avant de savoir ce que je veux dire.

M. LE PRÉSIDENT. — Je n'ai point interrompu M. Robespierre quand il n'a parlé que d'objets postérieurs au discours de M. Petion; mais, quand il a voulu remonter au discours de M. Brissot... (*D'un côté on applaudit.*) Au reste, Messieurs... (*A l'ordre du jour!*) Au reste, Messieurs... A présent, Messieurs... A présent... Maintenant, Messieurs, si la Société veut que M. Robespierre porte ses regards sur le passé, je vais le mettre aux voix. (*Tumulte.*)

M. MERLIN. — Est-ce que la paix jurée hier ne doit lier qu'une des parties? Sera-t-il permis à l'autre de semer impunément la calomnie? Hé bien! Messieurs, au moment que cette paix se jurait, *le Patriote français* me plaçait au nombre des Feuillants. (*Tumulte.*)

M. LE PRÉSIDENT. — Il m'est permis aussi quelquefois de dire ce que j'ai fait; et ce qui prouve que je travaille à ramener la paix, c'est que je n'ai pas fait part à la Société qu'un de ses membres a été entraîné avec violence hors de l'assemblée.

On passe à l'ordre du jour. Il s'élève beaucoup de tumulte; quelques membres s'emportent contre le président.

M. LE PRÉSIDENT. — Je demande s'il est permis de m'insulter.

M. LEGENDRE. — Monsieur le Président, je suis forcé de demander la parole contre vous. Je demande la parole contre le despotisme du président.

M. *Robespierre* quitte la tribune, s'approche du bureau, parle au président avec des gestes violents.

Il règne un long tumulte; tout le monde se lève.

M. LE PRÉSIDENT. — M. Robespierre déclare qu'il voulait parler sur certains faits. Au moment où cela se passait, plus de douze membres demandaient l'ordre du jour; alors le règlement veut qu'il soit mis aux voix; c'est ce que j'ait fait. Maintenant, je vais savoir si M. Robespierre aura la parole.

Il est arrêté que M. Robespierre a la parole.

M. ROBESPIERRE. — Je le répète, ce n'est point pour moi que je parle. Je le répète, j'adopte tout ce qui s'est fait. Ce dont je veux vous entretenir est postérieur à ce qui s'est passé hier : c'en est une violation; c'est une calomnie...

Hier, au moment où M. Petion parlait dans cette tribune, on répandait contre moi la plus infâme calomnie: un écrit qui doit circuler dans les départements, un écrit revêtu des signatures d'hommes qui ont quelque réputation de patriotisme.

Une voix. — Imprimez.

M. ROBESPIERRE. — Je n'ai pas la liste civile, ni le couvert des ministres.

M... — Des tribunes des femmes on vient de nous appeler coquins. (*Tumulte.*)

M. TALLIEN. — Je demande qu'aux termes du règlement le membre qui a interrompu M. Robespierre soit nominativement rappelé à l'ordre.

La Société passe à l'ordre du jour.

M. ROBESPIERRE. — Voici quelques passages de l'avant-propos dont j'ai parlé : « Il est évident, pour tout homme qui a suivi cette séance orageuse, que M. Robespierre a un parti, non pas tout dans la Société, car je crois que la majorité y est saine, mais dans les tribunes, que lui et ses aides de camp dirigeaient ouvertement. Il est évident que la faction dont M. Robespierre sert les projets cherche à semer les troubles et les divisions dans la Société, etc. » Ainsi, toutes les fois que celui qui a écrit ceci trouvera des improbateurs [1], le peuple sera un ramas de brigands, de factieux! Il est certain que, depuis trois ans, je n'ai pas été exposé à des atrocités pareilles.

Je me plains de ce que M. Brissot a imprimé son discours d'une manière très différente de celui qu'il a prononcé dans cette tribune. Je me plains de ce qu'au discours de M. Guadet on a ajouté ces mots : « Je lui dénonce un homme qui, après s'être opposé à la guerre, etc. » Cela est faux : il ne l'a pas dit. D'ailleurs, jamais je ne me suis opposé à la guerre ; mais j'ai dit qu'il fallait la faire après vous être assurés de nos ennemis intérieurs. Plus loin il est dit, dans le même discours de M. Guadet : « Je lui dénonce un homme qui cherche à affaiblir la confiance du peuple dans la majorité de ses représentants. » Jamais je n'ai insulté l'Assemblée nationale ; j'en atteste cette Société. — Maintenant, Messieurs, je n'ai voulu qu'exposer les faits. Je laisse à votre loyauté, à votre probité, à prononcer entre mes calomniateurs et moi. (*Applaudissements redoublés.*)

M. LE PRÉSIDENT. — Il y a séance à l'Assemblée nationale ; j'invite M. le vice-président à venir prendre le fauteuil.

En l'absence de M. *Santerre*, M. *Dufourny* prend le fauteuil.

M. TALLIEN. — Vous ne croirez peut-être pas que, dans ce moment, il existe des vestiges de l'ancien régime. Eh bien, Messieurs, au milieu de cette ville, il existe une seconde Bastille : c'est une pension où plusieurs malheureux sont détenus en vertu de lettres de cachet contre-signées Lenoir. M. le procureur de la Commune, qui s'est transporté sur les lieux, y a remarqué, entre autres, un avocat que sa famille a fait enfermer, quoiqu'il ne donne aucun signe d'aliénation d'esprit ; il y a vu un limonadier à qui sa femme paye pension : elle est, dit-on, jolie. M. Manuel aurait bien pu ordonner l'élargissement de ces prisonniers ; quand il en a parlé à M. Esquiros, le geôlier de cette bastille, il a répondu : « Je suis en règle. » Ils ne sont ici qu'en vertu des ordres arbitraires. M. Perron a participé à ces ordres arbitraires. On

---

1. Cette phrase est textuelle.

s'occupe maintenant, au corps municipal, des moyens de détruire ces établissements du despotisme expirant. Ceux qui ont des renseignements à donner sont invités à en faire part à M. le procureur de la Commune.

M. *Chépy* père lit une lettre de son fils, écrite de Liège en date du 25 avril : elle confirme les détails qui ont circulé dans tous les papiers publics. Il se plaint de ce que les émigrés se sont conduits comme des brigands à l'égard de ses collègues et de lui.

M... donne lecture d'une adresse qui a pour titre : *Invitation aux nations amies de la liberté.* Ce sont les mêmes vues développées avec tant d'éloquence et de philosophie dans le manifeste de M. Condorcet. L'orateur finit par observer qu'il est inutile d'ordonner l'impression de son discours, attendu qu'il l'a lui-même fait mettre sous presse, et qu'il se propose d'en faire don à la Société.

M. *Deperret* demande, au nom des ouvriers envoyés aux galères à l'occasion de l'affaire de Réveillon, et relâchés en vertu de l'amnistie, qu'il leur soit nommé des commissaires pour s'occuper de l'examen de leurs pièces et certificats. MM. Daubigny et Legendre sont chargés de cette commission.

M. Simond. — Si la Société maintenait son règlement, elle ne perdrait pas la moitié de ses séances. Ce n'est pas la majorité, ce sont les factieux, les intrigants, qui interrompent. Vous avez parlé d'un scrutin épuratoire : ce moyen est peut-être violent; mais je crois qu'il serait possible d'y suppléer en arrêtant que quiconque aurait été rappelé à l'ordre un certain nombre de fois pour avoir interrompu un orateur ou la délibération serait expulsé.

Je passe à l'ordre du jour. Il circule chez les marchands de nouveautés des écrits calomnieux contre M. Robespierre : ils pèchent, ces écrits, par le fond, en ce qu'ils sont dénués de toute vérité; par la forme, en ce qu'ils paraissent après la paix jurée.

Mais pourquoi les intrigants s'acharnent-ils après M. Robespierre? Parce qu'il est le seul homme qui s'élevât contre leur parti, s'il venait à se former. Oui, Messieurs, il faut dans les révolutions de ces hommes qui, faisant abnégation d'eux-mêmes, ne s'occupent que des moyens de démasquer les factieux; qui s'occupent, dans la retraite, de la régénération des mœurs et de l'esprit public : le peuple doit les soutenir dans leur pénible carrière. Vous les avez trouvés, ces hommes : ce sont MM. Petion et Robespierre, car il n'y a pas d'individus qui aient figuré comme eux dans nos fastes révolutionnaires. Pouvez-vous

vous dissimuler que ceux qui les poursuivent sont des intrigants? (*Non, non!*)

Je finis par dire, comme un des préopinants, qu'il existe encore à Paris des monuments de l'ancien régime : c'est un balcon du Louvre...

M. LE PRÉSIDENT. —Vous vous trompez, ce n'est pas celui-là, c'est...

M. SIMOND. — Je me rétracte. (*Applaudissements.*)

M. LE PRÉSIDENT. — Je propose d'arrêter que la Société ne reconnaît dans l'avant-propos du discours de M. Brissot aucun des sentiments proposés par M. Robespierre. (*Bravo, bravo!*)

Tous les chapeaux se lèvent en signe d'approbation.

M. SIMOND. — Je demande que cet arrêté soit envoyé aux Sociétés affiliées, avec invitation de le faire circuler, pour servir de contre-poison aux calomnies dirigées contre M. Robespierre.

M. FRÉRON. — M. Brissot a dit plusieurs fois dans cette tribune qu'il a pour M. La Fayette le plus profond mépris; mais, quand on le met au pied du mur, jamais il ne s'explique franchement; et il a eu soin de faire disparaître ce mot de son discours imprimé.

La déclaration proposée par M. Dufourny est convertie en motion par un autre membre, relativement aux principes de M. Robespierre, et son envoi aux Sociétés affiliées est arrêté par la Société[1].

M. HION. — Je propose qu'on fasse justice de M. Millin. (*Applaudi.*)

Sur l'observation que M. Millin a renvoyé sa carte, on passe à l'ordre du jour.

M. MERLIN. — Je demande que la Société n'exerce pas de censure sur les journalistes : c'est à l'opinion publique seule à les juger.

Des gardes nationaux, qui viennent de planter à l'entrée de la salle un *mai*, paraissent au milieu des applaudissements. En même temps est introduite une députation de Vitry, le maire en tête. M. Legendre est l'interprète de ces bons villageois. « Simples, dit-il, comme la nature, ils n'ont pas à vous faire de discours qui ne mènent à rien. Ce sont eux qui ont fourni le *mai* de la Société, celui de l'Assemblée nationale et un autre pour M. Petion, sans vouloir se faire payer par la nation. »

On arrête ensuite que, mercredi, on s'occuperait de ce qui concerne les gardes-françaises.

---

1. *Société des amis de la constitution.* — Imp. Meyer, s. d., in-8 de 1 p. — Bibl. nat., Lb 40/2264.

[30 AVRIL 1792]   SOCIÉTÉ DES JACOBINS

Une députation de la Société de Foix est entendue : elle lave cette Société des imputations qui lui sont faites; elle prie l'assemblée de mépriser les intrigants qui cherchent à jeter de fausses impressions sur le compte d'une Société des premières affiliées.

Un soldat congédié réclame les bons offices de la Société. — Renvoyé au Comité officieux.

La séance a été levée à dix heures.

CCV

Mai 1792

SÉANCE EXTRAORDINAIRE DU MARDI 1er MAI 1792

PRÉSIDENCE DE M. LASOURCE

M. Chabot. — Cette séance était destinée, Messieurs, à nous occuper des objets de notre administration intérieure. Les nouvelles affligeantes qui nous sont arrivées ce matin, la mesure de rigueur que l'on propose, en conséquence, de prendre en hâte contre les soldats, sont des objets trop importants pour que nous ne laissions pas un instant de côté nos affaires de famille pour nous occuper des intérêts de la grande famille. Les Comités militaire, diplomatique et de législation militaire, sont réunis pour proposer un projet de loi répressive; si ce projet-là passe, nous pouvons vraiment dire que la chose publique est en danger, car alors cette loi de rigueur favorisera les projets des grands intrigants qui agitent l'empire après avoir enchaîné le soldat par une discipline despotique; ils viendront faire peser sur la nation entière le joug de leur aristocratie, pire cent fois que le joug de tous les despotes couronnés.

Déjà plusieurs fois les intrigants ont fait courir le bruit de la fuite du roi, qu'ils désirent pour leur intérêt. Sans doute, dans un temps de paix, il ne faudrait pas faire attention à ces bruits; il serait bon que les portes fussent toutes ouvertes aux rois, qu'ils fuient les peuples dont ils ne sont pas dignes; mais, dans un temps de guerre, un roi soliveau est cent fois préférable à une coalition de despotes.

On adopte la proposition de changer l'ordre du jour, et *M. Girault* [1]

---

1. Peut-être faut-il lire *Guiraut*.

fait lecture du discours de M. de Graves, ministre de la guerre, et des lettres qu'il avait reçues.

M. LEGENDRE.. — Voilà une guerre commencée sous des auspices malheureux. Comment voulez-vous qu'il en soit autrement, en donnant le commandement des armées à des nobles, tandis que c'est contre l'intérêt des nobles que la Révolution s'est faite?

M. *Robespierre* saisit cette occasion pour développer les indices de trahison générale dont il accuse le ministère; il en apporte pour preuve le dénûment où se trouve le 81⁰ régiment, qui manque d'armes, de munitions, d'habits et d'officiers.

M. SAINT-HURUGE. — Messieurs, un courrier arrive à l'instant de Valenciennes à l'Assemblée nationale; il m'a tout conté. Dillon était un traître. Il a mené son détachement de quinze cents hommes de volontaires nationaux devant un bois où étaient embusqués sept mille hommes avec du canon chargé à mitraille. Ils ont été assassinés, et, quand Dillon a vu la déroute, il s'est sauvé.

M. CHABOT. — J'arrive à l'instant de l'Assemblée nationale, où j'ai couru d'abord les trois Comités où l'on s'occupait de la loi à porter. Mais, à l'instant, les dépêches envoyées à l'Assemblée nationale par le directeur du département et la municipalité de Valenciennes ont bien changé la face des choses et ont fait allonger bien des figures. Il paraît, par ces dépêches, que les principaux traîtres sont le ministre et Rochambeau : ils ont envoyé à la boucherie ce détachement de volontaires, dont une partie était sans armes et sans munitions.

[*M. Chabot* raconte ensuite la déroute de l'armée près de Lille. — *M. Robespierre* propose, pour prévenir de nouvelles trahisons, de « former une légion patriote de tous les soldats renvoyés de leur corps depuis la Révolution, et dont il porte le nombre à soixante mille au moins[1] ». — *M. Doppet* propose de compléter le Comité de correspondance. — *M. Collot d'Herbois* voudrait que ce fût l'Assemblée nationale qui eût la direction supérieure de la guerre et qui maintînt le pouvoir exécutif dans le droit chemin.]

La séance a été levée à dix heures.

1. Robespierre développa son idée dans le 1ᵉʳ numéro de son journal, *le Défenseur de la Constitution*. Cet article a été reproduit dans Buchez et Roux, t. XIV, p. 352 et suiv.

CCVI

SÉANCE DU MERCREDI 2 MAI 1792

L'auteur du *Publiciste chrétien*[1] fait à la tribune une profession des principes qu'il a adoptés, et qui le dirigeront dans la rédaction de son journal. « Membre, dit-il, d'une corporation puissante, je n'ai pas hésité à croire que cette association partielle dût disparaître par la volonté seule de la grande Société qui la tolérait dans son sein. Ces idées, dont j'ai la conviction, je travaillerai à les propager dans l'esprit de ceux qui ont pour de vieux préjugés l'habitude du respect. »

M. *Dufourny* obtient la parole pour lire une pétition qui, le soir même, doit être présentée à l'Assemblée nationale. Cette pétition a deux objets : le premier, d'empêcher la formation de tribunaux prévôtaux à la suite de l'armée ; le second, de faire poursuivre les généraux coupables de trahison.

M. *Legendre* lit, sur le même sujet, une autre pétition au nom des citoyens composant la Société des amis des droits de l'homme, séante rue Dauphine, qui ont fait de vains efforts pour en donner lecture à l'Assemblée nationale, d'où ils ont été renvoyés par un décret.

M. Momoro. — Oui, Messieurs, nous n'avons pu nous faire entendre de nos représentants : à la première phrase, ils se sont mis comme en insurrection. Les mots de *perfidie*, de *trahison*, comme s'ils étaient étrangers à notre Révolution, nous ont fait congédier sur-le-champ, mes copétitionnaires et moi. La contribution même que nous nous étions empressés d'offrir nous a été renvoyée. C'est ce refus qui nous a le plus touchés ; nous venons déposer notre douleur dans votre sein.

M. Santerre. — Plusieurs citoyens du faubourg Saint-Antoine ont reçu de leurs parents des nouvelles de l'armée employée vers Mons : elles annoncent que nous avons reçu un échec.

M. le Président. — Comme membre du Comité diplomatique, j'ai des nouvelles importantes à vous communiquer ; mais plusieurs membres m'ont demandé la parole.

M. Sillery. — J'ai appris qu'hier on disait à la tribune : « Où sont-ils donc, ceux qui soutenaient le parti de la guerre ? » Eh bien, me voici ! Je vous déclare que j'ai cru et que je crois encore la guerre

[1]. Je ne trouve aucun renseignement sur ce journal : Deschiens et Hatin n'en mentionnent que le titre.

nécessaire, indispensable. (*Tumulte.*) Dans les circonstances, nous devons plus que jamais écarter de notre sein toute espèce de division. Nous ne devons pas non plus nous hâter de crier à la trahison. Au surplus, craignez toujours les perfidies d'un certain Comité. Un courrier particulier lui apporte les nouvelles longtemps avant qu'elles ne nous parviennent : hier soir, à quatre heures, il était informé de ce qui ne nous a été connu qu'à neuf.

M. *Robespierre* demande à parler.

Plusieurs voix. — Vous n'avez pas la parole, elle est à Monsieur le Président.

M. Lasource. — Je parlerai après tous ces Messieurs; mais, avant tout, je demande la lecture de la correspondance.

M. *Robespierre* insiste pour la parole; il crie au milieu du tumulte; il parvient enfin à se faire entendre.

« Voici l'ordre, dit-il, que vous auriez dû suivre, Monsieur le Président. Quand un membre demande la parole, fût-ce moi, que l'on accuse d'assiéger cette tribune, si la majorité veut l'entendre, ce n'est pas à un petit nombre d'intrigants, de perturbateurs, à étouffer sa voix. Alors, ce que doit faire le Président est d'imposer silence à ceux qui sèment le trouble et le désordre, pour les imputer ensuite aux véritables amis de la liberté. (*Applaudissements.*) C'est assez que partout ailleurs la patrie soit trahie, il faut ici que la liberté triomphe et que la vérité soit entendue.

[M. *Robespierre* dit ensuite qu'il faut se défier de presque tous les généraux et ne se reposer que sur le peuple. — M. *le Président* et M. *Duhem* donnent des détails sur la défaite et la mort du général Dillon.]

M... — Je sors maintenant de l'Assemblée nationale, de la tribune des suppléants. On y annonce que l'armée de M. La Fayette a été obligée de se replier et que M. Rochambeau se dispose à prendre sa revanche.

M... — Une lettre de Valenciennes assure les mêmes faits.

M. Carra. — Je vais prouver géométriquement, mathématiquement et géographiquement, qu'il y a trahison. Était-il naturel, au moment d'une déclaration de guerre, que M. Rochambeau écrivit au général Beaulieu? N'est-il pas clair que M. de Foissac était un émissaire [1]? En-

---

1. En effet, aussitôt après le décret du 20 avril, Rochambeau avait envoyé à Mons l'adjudant général de Foissac pour prévenir le général Beaulieu que la guerre était déclarée au roi de Bohême et de Hongrie. Il lui proposait en outre

suite, point d'avant-garde ; 10,000 hommes pour en attaquer 16,000. Un homme est envoyé à Tournai, et voilà que 6,000 hommes se mettent en embuscade pour en surprendre 3,000. Je vous demande s'il n'y a pas là une trahison manifeste. N'est-il pas vrai aussi que M. de Biron est un brave homme? Je sais qu'il y a au château certaines personnes qui le détestent. Au reste, n'ai-je pas dit que la première trahison serait un trait de lumière? Ainsi, point de découragement.

M. *Billaud-Varenne* lit une pétition dont le but est de faire disparaître la ligne de démarcation établie entre les citoyens en uniforme et ceux qui n'en ont pas. — La Société applaudit à ces principes.

M. Dufourny. — Vous avez entendu, il y a peu de temps, la pétition que je vous ai lue. Nous venons de la présenter à l'Assemblée nationale ; nous avons été admis prévôtalement. Les mots les plus insultants ont été prononcés à nos oreilles : « Ce sont des factieux, des scélérats, des Jacobins ; il faut les envoyer à l'Abbaye ! » Tout cela partait du côté droit. A son tour, le côté gauche a pris feu pour nous, et ce n'est qu'avec beaucoup de peine qu'il est parvenu à nous faire accorder les honneurs de la séance, après que l'Assemblée a eu passé à l'ordre du jour sur notre pétition. L'huissier introducteur nous désignait le côté droit pour y prendre place ; mais nous nous sommes bien vite jetés dans les bras de nos frères du côté gauche.

M. *Deperret* lit une lettre de Valenciennes qui annonce que tout y est dans la confusion. « Je demande, dit-il ensuite, que toutes les lettres qui seront lues ici soient enregistrées, pour servir au besoin. » — Arrêté.

La séance a été levée à neuf heures trois quarts.

CCVII

SÉANCE DU JEUDI 3 MAI 1792

PRÉSIDENCE DE M. LE COINTRE

Après la lecture du procès-verbal et de la correspondance, un des secrétaires donne communication d'une lettre écrite par M. Petion,

de convenir que les avant-postes ne s'attaqueraient pas jusqu'au moment où la guerre serait engagée ouvertement. Beaulieu accepta, et force compliments furent échangés. — Voir à ce sujet la lettre de Valenciennes insérée dans le *Moniteur* du 30 avril 1792.

qu'un membre de la Société fait intervenir pour avoir la parole, « qu'il réclame, dit-il, inutilement depuis huit jours ». Sous la même enveloppe se trouvait une lettre à M. Petion, sans signature, et un écrit très volumineux. Ces procédés donnent lieu à la motion d'expulser le membre qui s'en est rendu coupable. Enfin, on passe à l'ordre du jour.

M... — La correspondance nous apprend que M. La Fayette a fait effacer des casernes du 8ᵉ régiment, à Sarrelouis, des devises patriotiques. Je demande que la lettre où est consigné ce fait soit envoyée au Comité de surveillance.

M. Chabot. — Je vous avertis, Messieurs, qu'il faut être très-modéré en dénonçant les généraux. Aujourd'hui nous en avons eu la preuve. Mais, toutes les fois que ces fripons seront pris la main dans la poche, qu'on ne leur fasse pas grâce. Autant j'ai peu de confiance pour tous les chefs en général, autant les soldats m'en inspirent davantage. L'action de M. La Fayette est un délit national : car, par notre manifeste, nous déclarons la guerre aux tyrans et la paix aux chaumières. C'est donc aller contre un décret que d'empêcher le soldat d'afficher cette devise : *Guerre aux tyrans, etc.*

M. Camille Desmoulins. — Il y a tant de griefs à dénoncer contre M. La Fayette que ce serait s'arrêter à une vétille que de faire de cet acte seul l'objet d'une dénonciation. (*Murmures.*) Permettez, Messieurs, que je vous développe mon idée : c'est comme si on accusait un parricide d'avoir volé un gros sou. (*Ah! ah!*)

Il est arrêté que la lettre qui dénonce le fait imputé à M. La Fayette sera remise au Comité de surveillance, et qu'invitation sera faite aux journalistes patriotes de l'insérer dans leurs feuilles.

M... — Les défilés et la ville de Porentruy viennent d'être pris ; la nouvelle officielle en est arrivée. Mais, ce qui ne vous intéressera pas moins, c'est qu'au-devant de nos troupes est venu le bourgmestre de cette ville portant une pique surmontée du bonnet de la liberté. (*Cris de joie universels.*)

On lit ensuite plusieurs lettres adressées, tant de Lille que de Valenciennes, à différents membres de la Société ; nous n'avons trouvé digne de quelque remarque que celle d'un garde national qui s'est trouvé à l'affaire de Mons.

Après avoir donné quelques détails à ce sujet, tels à peu près que ceux consignés dans les séances précédentes, il ajoute que la confusion, le désordre, la poussière, ont été la cause principale de nos maux : les bataillons, ne pouvant se distinguer, tiraient les uns sur les autres, et la terreur panique allait toujours en augmentant. Enfin, c'est moins le fer de l'ennemi que l'inanition et la fatigue qui ont occasionné nos pertes. « J'allais, dit-il, succomber au besoin, lorsqu'un hussard, s'apercevant de mon état, me prend à bras-le-corps, me porte sur son cheval, et me ramène ainsi à Valenciennes. »

Il paraît que M. Dillon n'était pas coupable de trahison. Du moins, s'il y a quelques reproches à lui faire, assure-t-on, ce n'est pas celui-là.

M. MERLIN. — Vous savez que le bruit s'est répandu que M. Chaumont avait été assassiné. Eh bien, il vient d'écrire à un de mes collègues ; il lui dit que tous ces grands maux dont on parle tant se réduisent presque à rien [1].

M. CARRA. — On me mande d'Amiens que les journaux patriotes sont interceptés ; que nos ennemis espèrent nuire au succès de nos armes. S'ils parvenaient à nous ramener à l'état de barbarie, c'en serait fait de notre Révolution. L'aristocratie et le despotisme s'agitent en tous sens ; ne pouvant fermer les bouches patriotiques, ils voudraient nous ôter les moyens d'imprimer nos pensées ; le papier est si rare et d'un si haut prix que bientôt il y aura disette absolue de cette matière. D'un autre côté, les nouvelles sont interceptées par ceux qui devraient les faire parvenir à leur destination. Les directeurs commis aux postes par le pouvoir exécutif le servent trop bien. Vous prévoyez les suites funestes que peut avoir cette complaisance de la part de ces agents. Je demande que vous preniez ces objets dans la plus grande considération.

Renvoyé au *Comité de surveillance*.

M... — Savez-vous, Messieurs, que le plan d'attaque mis à exécution par notre armée vers Mons et Tournai a été longtemps discuté dans les conseils du roi ; qu'après y avoir été adopté, il a encore été, pendant neuf heures, soumis à l'examen du roi, qui, jusque-là, ne l'avait pas vu ? Et ce n'est qu'après l'avoir concerté sur la carte qu'il l'a fait passer à nos généraux. Les traîtres ont profité de ce retard pour informer nos ennemis. Aussi attendaient-ils en nombre supérieur notre armée. M. de Biron, heureusement, les a vus d'une hauteur, et il s'est retiré assez tôt pour éviter une déroute générale. Au sujet des tribunaux demandés à la suite de l'armée, j'observe que le jury remplit parfaitement cet objet.

M. CHABOT. — Oui, Messieurs, ce moyen existe dans le code militaire ; il est dangereux de rien innover à cet égard.

1. Sur ces faits, voir le *Moniteur*, XII, 271.

M. Saint-Huruge. — J'invite les patriotes à se tenir sur leurs gardes Aujourd'hui, à minuit trois quarts, je me retirais avec un ami; je passais par la rue du Bouloy pour me rendre à l'hôtel d'Angleterre, où je demeure, lorsque tout à coup je fais rencontre de plusieurs personnes qui criaient : *Gare les Houlands!* « Attends, b..gre, je vais te donner tes Houlands. » Ces messieurs n'osèrent avancer; je continuai mon chemin. Ne voilà-t-il pas qu'un de ces gaillards, bien mis d'ailleurs et de haute stature, s'approche rapidement de moi et manifeste l'intention de me renverser! Je m'arrête, et, pan, pan, avec mon bâton, je le fais tomber dans le ruisseau. J'allais me retirer, lorsque je le vois ajuster un pistolet contre moi. « Comment, b..gre, tu veux me tuer! » Allons, pan, pan, je le laisse hors d'état de me faire de nouvelles menaces.

M... — C'est par la confiance qu'on peut mener les soldats français; il faut des lois douces pour les petits et sévères pour les grands. C'est par un excès de confiance, qui fait la base de notre caractère, qu'on nous conduit au précipice. Il s'agit de tirer parti de cette confiance, que l'on peut diriger vers un but utile.

M. *l'abbé Danjou*[1] propose, pour obvier aux maux présents et à venir, trois remèdes : le premier, qui est applicable à la crise actuelle, est de forcer l'Espagne, en vertu du pacte de famille, à fournir des secours pour la guerre présente; le second, destiné au milieu de la grande crise, est de distribuer aux soldats déserteurs des drapeaux de l'ennemi les biens des émigrés; et le troisième remède, qu'il appelle émétique, et applicable seulement dans le cas où le roi déserterait son poste, est l'extinction de la dynastie régnante, et son remplacement par un prince étranger, qu'il propose de prendre dans la famille du roi d'Angleterre. — M. *Daubigny* observe que cet émétique est prématuré; il réclame l'ordre du jour. — M. *Chabot* s'y oppose : « Ce ne sont, pas dit-il, les bons Français qui voudront, dans les circonstances, toucher à la constitution avant le temps fixé. C'est à elle que se rallieront, quant à présent, tous les amis de l'ordre et de la liberté. Avec le temps, on fera connaître les vices attachés à notre gouvernement; et alors, non seulement nous pourrions nous passer des enfants du roi d'Angleterre, mais nous n'accorderions plus à personne vingt-cinq millions. — Il va de notre salut que le roi reste au milieu de nous bon gré, mal gré; mais, s'il nous échappait, nous verrions s'il

---

1. Le *Journal* imprime par erreur : *D'Anonjou*. Mais il se rectifie lui-même dans le compte rendu de la séance du 6 mai 1792, où il est de nouveau question du discours de Danjou.

n'y a pas moyen de nous en passer. Les méfiances ne viennent point des prétendues calomnies : car on a beau calomnier M. Petion, on n'est pas parvenu à nous égarer sur son compte. (*Applaudissements.*) On ne les accusera pas non plus d'avoir semé la défiance sur M. de Biron. — Je demande qu'il soit fait une adresse individuelle aux soldats français pour les rappeler à la subordination et à la surveillance. » — Renvoyé à demain.

M. *Guiraut* donne lecture de la lettre de M. de Biron, adressée à l'Assemblée nationale [1].

La séance a été levée à dix heures.

CCVIII

SÉANCE DU VENDREDI 4 MAI 1792

AU SOIR

Un député de Strasbourg fait part à la Société de la situation du département du Bas-Rhin. « Les prêtres, dit-il, y sont aussi nombreux et font le même ravage que les sauterelles en Égypte. Les assignats y perdent jusqu'à 70 p. 100 ; et, par les manœuvres des agioteurs combinées avec celles des marchands, les ouvriers trouvent à peine dans le produit de leur travail de quoi subsister. Les contributions se payent lentement, et les administrateurs ne répondent pas aux pétitions qui leur sont adressées, sous prétexte qu'elles sont spéculatives. » Le mémoire, très clair, très méthodique et très bien fait, où sont exposés ces faits, doit être lu à l'Assemblée nationale ; nous n'en donnons tout au plus qu'un faible énoncé. — La Société arrête qu'elle appuiera l'objet de cette pétition, rendu général pour tous les départements.

M. *le Président* annonce, à cette occasion, la déportation de tous les prêtres réfractaires dans le département du Nord. (*Applaudissements.*)

Une collecte est ouverte en faveur de la veuve d'un vainqueur de la Bastille, mère de dix enfants, et réduite à l'indigence.

M. *Tallien* annonce avoir reçu, comme président de la Société fraternelle du faubourg Saint-Antoine, une lettre contresignée Roland, contenant, avec plusieurs écrits patriotiques, le discours prononcé par

---

1. On en trouvera le texte dans le *Moniteur*, XII, 286.

M. Brissot. Il dénonce cette démarche comme contraire aux mesures de paix proposées par M. Petion, et demande que M. Roland soit invité à faire passer également sous son couvert la réponse de M. Robespierre.

M. Robespierre. — Je m'oppose à cette mesure; elle est illusoire. Seulement je propose que, lorsqu'on arrêtera l'impression d'un ouvrage, l'auteur ait la faculté de nommer six commissaires chargés d'y veiller, ainsi qu'à leur envoi.

M. Collot d'Herbois. — Je vais, Messieurs, vous présenter rapidement quelques réflexions qui me viennent encore sur la nouvelle juridiction militaire sollicitée par le ministre de la guerre.

Plusieurs voix. — Cela est décrété.

M. Collot d'Herbois. — Si cela est décrété, je supprime mes observations par respect pour la loi.

Plusieurs députés assurent que rien n'est encore décrété sur l'objet dont il s'agit.

M. Collot d'Herbois. — Je continuerai donc. Je sais qu'il y a de la défaveur à combattre la demande du ministre; je sais que des projets nouveaux rendent la situation des orateurs qui paraissent à cette tribune bien difficile. Mais la vérité avant tout; plus il y aura de dangers qui nous menaceront, plus nous aurons d'impatience et de courage pour la dire. (*Applaudi.*) Pour couper court à toute fausse interprétation, je commence par déclarer que nul n'a été plus affligé que moi des cruels événements qui ont terminé la défaite de nos soldats, partis pour attaquer Tournai; nul n'éprouve une douleur plus vive que moi lorsque les lois sont violées.

Mais, parce qu'une loi n'a pas été obéie, s'ensuit-il qu'il faille tout de suite en faire une autre? Et l'Assemblée nationale elle-même n'a-t-elle pas consacré ce principe, qu'il est dangereux de faire des lois de circonstance? Cela est d'autant plus dangereux, en effet, que les circonstances, même celles attestées le plus hautement par les ministres, se trouvent souvent être de toute fausseté. Telle est celle qui annonçait le massacre de six prisonniers de guerre; il est démontré aujourd'hui que cette nouvelle affligeante était contraire à la vérité, et tous les bons citoyens doivent s'en féliciter. (*Applaudi.*)

Rien ne serait plus fatal que ce remplacement continuel des anciennes lois qui se ferait par des lois nouvelles, à la sollicitation des ministres ou à toute autre sollicitation; et j'ai trouvé scandaleux, soit dit en passant, qu'un journaliste ait osé dire aujourd'hui *qu'hier M. Beugnot a saisi le moment où l'indignation de l'Assemblée nationale était au comble pour proposer une loi qui a été portée.* Ces expressions sont outrageantes pour l'Assemblée nationale; on ne surprend pas de lois à son excessive indignation, quoi qu'en dise *le Patriote français* : les lois sont toujours le fruit de la raison, de la sagesse et de la réflexion. On dit que le projet du Comité militaire est d'accorder aux colonels et autres commandants une autorité illimitée sur les soldats. J'ai bien peur qu'une pareille loi, au lieu de rétablir l'ordre, n'amène un très grand désordre. Le soldat a étudié son code militaire, ainsi que chaque citoyen a étudié dans la constitution les lois qui lui sont particulières. La loi nouvelle ferait disparaître ce code, et le remplacerait par la volonté des chefs, et le soldat, qui aimait le code que la constitution lui a donné, quelque rigoureux qu'il fût, ne saura plus à quel point se rallier pour ses devoirs. Je dis que ce projet de loi est immoral, impolitique, inconstitutionnel, et qu'il reculera les succès qui nous attendent à la guerre. Il est impolitique, parce que c'est une déclaration formelle que vous avez besoin de moyens violents pour retenir les soldats, ce qui suppose une sorte de désorganisation dont vous donnez peut-être trop imprudemment le secret à vos ennemis. Il est immoral, parce que vous substituez la crainte des châtiments à l'amour des devoirs. N'est-ce pas dégrader les soldats de la liberté que de substituer à cet amour et aux généreux sentiments qui les animent la perspective des supplices comme le motif des belles actions dont ils sont capables? Il est inconstitutionnel, parce que le code militaire me semble avoir tout prévu, et que substituer à ce code une loi vraiment toute ministérielle, toute à la discrétion du pouvoir exécutif, c'est faire une véritable brèche à la constitution; et d'ailleurs, Messieurs, il suffit de connaître le cœur humain pour faire une réflexion bien simple : c'est que, si les soldats étaient malheureusement dans un tel état d'insubordination qu'ils refusent d'obéir aux lois constitutionnelles, ils opposeraient les mêmes moyens de résistance aux lois d'un pouvoir arbitraire.

J'ajouterai que je me plaisais, ainsi que beaucoup d'autres, à croire qu'un grand nombre de soldats abandonneraient la cause de nos ennemis pour passer dans notre armée. Pourquoi cette espérance? Parce que nos soldats pouvaient dire aux soldats des despotes que nos lois militaires étaient douces, conformes aux principes de l'humanité, de la liberté, tandis que les despotes ne leur dictaient que des ordres durs, tyranniques, cruels, et les tenaient pliés sous un joug de fer, un joug insupportable. Pourront-ils dire la même chose si la nouvelle loi, que je regarde comme une loi de sang, est admise? Et ce beau titre de citoyen, qui devait nous attirer tant de soldats étrangers, n'est-il pas perdu pour eux si vous l'ôtez aux soldats français? Car, n'en doutez pas, c'est s'en dépouiller que de lui ôter la sauvegarde du juré que lui avait donnée la constitution. C'est rayer de la déclaration des droits de l'homme l'article auquel les hommes sont le plus attachés. Je conclus donc à ce que l'Assemblée nationale rejette le projet des lois sollicitées par le ministre, en le renvoyant à l'exécution pure et simple du code militaire. (*Très applaudi.*)

M. SERGENT. — Je viens vous entretenir d'un fait qui vous intéresse, vous et vos tribunes. Dimanche, j'ai présenté à l'Assemblée nationale un journalier chargé de quatre enfants, qui avait tiré de la neige un enfant qu'il a adopté et élevé. L'Assemblée nationale a renvoyé au Comité de secours la demande du libérateur de cet enfant. Cet homme n'a pas de fortune; je m'étais chargé de présenter une pétition pour lui, elle a été égarée. J'allais en présenter une autre.

En sortant du Comité de secours, je rencontre trois des membres qui le composent; je leur dis : « Êtes-vous du Comité? — Oui. — Voici un citoyen; il est indigent. » Dans ce moment, l'un de ces messieurs dit à l'autre : « Voulez-vous dîner avec moi? » C'est tout ce que j'ai pu en arracher. L'un d'eux s'appelle Lacoste. — Je demande que le journal de cette Société fasse mention de ce fait. — A la première séance une collecte sera ouverte en faveur de ce généreux citoyen.

Une députation d'invalides vient se plaindre de M. de Sombreuil, qui n'accorde sa protection qu'à des aristocrates, et des passe-droits qui leur sont faits.

M. *Desfieux* lit, au nom des Cordeliers, une pétition en faveur de M. Gruel et de soixante-douze de ses camarades, renvoyés illégalement de la Martinique. Ils demandent à être replacés pour servir la patrie.

M. *Lefranc* dénonce les manœuvres employées contre M. Pétion par les souteneurs de tripots.

La séance a été levée à dix heures.

CCIX

SÉANCE DU DIMANCHE 6 MAI 1792

PRÉSIDENCE DE M. LE COINTRE

[*MM. Legendre, Albitte, Chabot, Tallien* et *Santerre*, font diverses propositions tendant à la formation d'un Comité de défense officieuse. — « Enfin, sur la proposition de *M. Thuriot*, on arrête que toutes les personnes qui s'inscriront sur la liste des défenseurs officieux seront de droit membres de ce Comité, sans qu'il soit besoin de faire de scrutin, et que la liste sera proposée sur-le-champ à l'inscription dans le secrétariat. »]

Un de M. les secrétaires fait lecture du procès-verbal de la séance de jeudi dernier.

Lorsqu'il en est à la motion faite par un membre (M. l'abbé Danjou) d'appliquer à la France dans un moment de crise un remède violent qu'il appelle un émétique, et qui consiste dans le changement de la dynastie régnante pour mettre à sa place un des fils du roi d'Angleterre, il s'élève de toutes parts de violents murmures [1].

M. ROBESPIERRE. — Si celui qui a fait cette proposition était un de ceux qui portent le désordre dans cette Société, qui ont tour à tour passé d'ici aux Feuillants; si c'était un de ces intrigants qui, par des motions insidieuses, cherchent à jeter de la défaveur sur les Amis de la constitution; si c'était enfin un émissaire de vos ennemis, ne devriez-vous pas donner un grand exemple en l'expulsant ignominieusement de votre sein? Or, quel est cet homme dont le cerveau délirant s'est égaré jusqu'à ce point? C'est, dit-on, M. l'abbé Danjou. Qu'on me dise que le portrait dont j'ai donné l'esquisse n'est pas fait pour lui; qu'il n'a pas été, lors de la scission, un des premiers à passer dans la Société des Feuillants.

Plusieurs voix. — Oui, oui!

M. ROBESPIERRE. — Je demande donc que ce membre soit sur-le-champ rayé de votre liste. (*Applaudissements.*)

M. DANJOU. — C'est sans doute beaucoup de défaveur jetée sur moi que d'avoir à répondre aux inculpations qui me sont faites par un homme tel que M. Robespierre. Mais je ne suis pas Feuillant; je n'ai jamais été aux Feuillants, et je n'irai jamais aux Feuillants : je serai

---

1. Voir plus haut, p. 556.

toujours Jacobin, et rien que Jacobin. M. Robespierre a été trompé sur ce premier fait. Quant au second, pour bien l'apprécier il faut connaître ma motion tout entière : car il est facile, en la dépouillant de tous ses accessoires, de la présenter sous un jour défavorable. Ceux qui m'ont entendu savent que j'ai supposé la France tombée dans un état de crise. J'ai dit alors qu'il fallait un émétique : et quel était-il? C'était le remplacement d'une famille que je regardais comme éloignée de nous. J'ai puisé l'application de ce remède dans l'histoire : elle nous est fournie par les Anglais, les Suédois, etc. Où sera donc la liberté, si on n'a pas ici celle de dire ce qui est imprimé?

Plusieurs voix. — A l'ordre du jour! (Il règne pendant quelque temps du tumulte.)

M. DANJOU. — Oui, Messieurs, mes intentions étaient pures lorsque j'ai présenté l'opinion qui excite si fort l'adnimadversion de M. Robespierre. J'ai cru que l'expérience de plusieurs peuples devait être comptée pour quelque chose : le Danemark, la Pologne et l'Angleterre, semblaient devoir m'excuser. Au surplus, si le bien de la Société l'exige, je suis prêt à me sacrifier. Je serais fâché de causer du désordre dans son sein. (*Tumulte.*)

Plusieurs voix. — Monsieur le Président, on demande l'ordre du jour.

D'autres voix. — Non, non!

M. BASIRE. — Il est essentiel de prouver qu'ici existe la liberté de dire son opinion. Je ne connais M. Danjou que par la motion qu'on lui attribue; j'en désapprouve infiniment l'objet. Mais ce qui m'afflige davantage, c'est la division qui règne dans cette Société, les maux auxquels cette division l'expose. Quel triomphe pour vos ennemis d'être parvenus à semer la défiance jusque dans votre sein! Faites, Messieurs, faites tous vos efforts pour ramener la concorde, pour rétablir l'harmonie. Sacrifions tous nos intérêts particuliers, rallions-nous autour du bien général; donnons à penser que dans cette Société les bons citoyens sont au moins en force : car il est beaucoup de membres du patriotisme desquels je ne voudrais pas répondre. (*Applaudissements.*) Sans doute il est dangereux d'exposer ici des opinions contraires aux principes : on s'empresse de les faire circuler, en les donnant comme adoptées par toute la Société. Comment cela n'arriverait-il pas, puisque beaucoup de personnes cherchent à empoisonner ce que vous dites même de plus sensé? Oui, Messieurs, dans le sein de votre assemblée, dans vos tribunes, il est des espions. (*Oui! oui!*) Au surplus, je ne m'attache pas à des particularités. Je ne dis pas qu'il faille exclure M. l'abbé Danjou; je ne le connais pas assez pour le juger : si ses opinions sont erronées, vous êtes libres de les rejeter. Mais il est bon de manifester d'une manière formelle que vous désapprouvez la proposition qu'il vous a faite. Je demande que vous la censuriez, et que vous déclariez par votre procès-verbal qu'un membre qui se livrera à de pareils égarements à l'avenir sera privé pendant trois mois du droit d'assister à vos séances. (*Aux voix! aux voix!*)

M. Chabot. — Sur les propositions de M. Basire, je demande la division ; je demande qu'on se borne à censurer le membre inculpé. Au reste, il n'est pas à présumer qu'on se permette davantage de tels écarts : l'indignation qu'ils vous causent et cet exemple les empêcheront à jamais de renaître. D'ailleurs, dans la séance où M. Danjou s'est livré à l'essor de son imagination, il a été réfuté, aux applaudissements de la Société; bien plus, de très violents murmures se sont élevés contre lui. Je demande qu'on rétablisse ce fait dans le procès-verbal.

La proposition de M. Basire, amendée par M. Chabot, est mise aux voix. Quelques membres crient encore : *A l'ordre du jour!* Cependant la Société arrête que M. Danjou sera censuré.

En faisant lecture de la correspondance, M. *Doppet* observe qu'il est étonnant que nous ne recevions pas de nouvelles des villes frontières. « Néanmoins, dit-il, il y a peu de temps qu'elles correspondaient toutes avec nous. J'invite les journalistes membres de cette Société à insérer à ce sujet un article dans leurs feuilles.

« A présent, dit-il, Messieurs, je vais vous lire une lettre qui nous est adressée par la Société de Cambrai. Dans les circonstances où nous nous trouvons, j'ai trouvé trop délicat d'en faire l'extrait : vous allez l'entendre en entier, telle qu'elle nous est parvenue. Ceux qui douteraient de son authenticité peuvent voir au secrétariat l'enveloppe avec le timbre; c'est vraiment un facteur qui l'a apportée. »

La lettre de Cambrai, exposant les dangers auxquels la désunion parmi les patriotes pourrait exposer la chose publique, et les invitant tous à se rapprocher, est entendue dans le plus grand calme; les applaudissements universels en interrompent seuls la lecture à deux reprises différentes [1].

M. Robespierre. — Il n'est rien de si important, dans les circonstances actuelles, que la correspondance avec les Sociétés affiliées. C'est pour cela que je vais faire quelques observations. — Quoiqu'il semble que l'on veuille imposer silence aux défenseurs du peuple...

---

1. « Voyez le n° 50 de la *Correspondance*. » (Note du *Journal*.)

Plusieurs voix. — Non, non! à l'ordre du jour!

M. Robespierre. — Je déclare que, pour mettre un frein à l'ambition de ceux qui nous agitent par leurs intrigues, je déclare que je n'abandonnerai jamais cette Société. (*Bravo, bravo! Applaudissements redoublés,* etc.). Je déclare que, nonobstant toute motion d'ordre du jour, que, nonobstant toutes les calomnies qu'on se plaît à répandre contre moi, je déclare, dis-je, que je ne cesserai de combattre les intrigants jusqu'à ce que la Société les ait ignominieusement chassés de son sein. (*Applaudissements.*) Je vais donc me permettre quelques observations sur les abus qui se sont glissés dans la correspondance.

Pour qu'elle devienne utile, j'observe qu'il ne faut pas seulement de ces détails plaisants, de ces bons mots qui ne prêtent qu'à rire, mais que ceux qui s'y arrêtent feraient bien mieux de s'attacher à dévoiler les manœuvres des intrigants et les complots des traîtres. Il m'est parvenu quelques nouvelles intéressantes de ce genre. Je m'étonne qu'on n'ait que des choses stériles à soumettre à votre attention.

Je n'ai en vue personne de cette Société, je déclare que je n'inculpe ici aucun individu ni aucun Comité. Mais je dis qu'il est des objets intéressants dans la correspondance auxquels on pourrait donner plus de détails, préférablement à la lettre de Cambrai, par exemple. — Quoiqu'on semble vouloir m'imputer les divisions qui règnent dans cette Société, et que ceux qui paraissent me désigner par leurs murmurent veuillent donner à penser que je me suis rendu coupable de perfides manœuvres, cependant je ne me lasserai pas de faire mon devoir, et de dévoiler les trames ourdies pour perdre cette Société et ses plus fermes soutiens. Vous ne savez pas, Messieurs, tous les moyens dirigés contre nous.

Il faut donc vous avertir que c'est en entretenant les Sociétés affiliées des détails sur des scènes que les manœuvres des intrigants ont rendues nécessaires, c'est en faisant passer sous le couvert des ministres, par la voie de M. Lanthenas, les discours de MM. Brissot et Guadet, que l'on obtient ces adresses concertées. En ne présentant les choses que sous une face, il est facile de donner le change aux esprits. Au surplus, il n'est pas besoin de dire que les promoteurs des lettres de cette espèce sont ceux qui me provoquent actuellement par leurs murmures. Que ne parlent-ils à nos correspondants des grands intérêts qui doivent nous occuper, au lieu de circonscrire leurs pensées dans la sphère des débats qui ont occupé plusieurs de nos séances? Pourquoi leur dire ce qu'il faudrait nous cacher à nous-mêmes? Mais qu'ils aient plutôt le courage de leur apprendre que ce sont des gens couverts du manteau du patriotisme qui donnent lieu à ces dissensions.

Il faut que nos Sociétés affiliées soient instruites que c'est en attaquant sourdement les principes les plus sacrés que ces mêmes hommes espèrent parvenir aux places. Voilà les moyens d'empêcher des citoyens mal informés de tomber dans les pièges qui leur sont tendus. Voilà ce qui devrait faire l'objet d'une correspondance utile.

M. *Doppet* monte à la tribune.

Quelques voix des tribunes des femmes: A bas Doppet!

M. DOPPET. — Messieurs, dans la correspondance il n'y a rien de plus que ce que je vous ai lu. En ce qui concerne la lettre de Cambrai, je vous ai expliqué les motifs de délicatesse qui m'ont déterminé à en donner lecture entière. D'ailleurs, on dit qu'il y a dans cette Société des personnes de Cambrai qui m'eussent sommé de le faire, si je me fusse borné à un extrait. Je les prie de s'expliquer.

M... — Je suis de la Société de Verdun; à mon arrivée à Paris, j'avais la plus grande prévention pour le parti en opposition. J'ai assisté ici à plusieurs séances. On parlait de dénoncer de grands complots : un projet de guerre civile formé au sein de l'Assemblée nationale elle-même; j'attendais des preuves. Eh bien! je n'ai entendu que des dénonciations vagues, que des suppositions, des hypothèses. *(Murmures, tumulte.)*

Vous ne pouvez pas, Messieurs, refuser la parole à un membre d'une Société affiliée. Je vous assure, au nom de mes concitoyens, qu'ils sont vivement affectés de vous voir en proie à des divisions intestines *(quelques murmures)*; ils pensent qu'il est de l'intérêt public de les faire cesser sans retard. Ils craignent la scission qui va s'opérer dans votre sein.

M. BASIRE. — Il n'est pas étonnant qu'une personne qui ne fait qu'arriver dans une ville soit mal renseignée. Nous n'appréhendons aucune scission. Tout en nous faisant part de nos sentiments avec chaleur, nous nous serrons fraternellement. En un mot, quoi qu'il arrive, nous ne nous séparerons point, et nous serons toujours ce que nous avons été. *(Applaudissements.)* Continuons de travailler à la propagation des bons principes. Avertissons nos Sociétés affiliées qu'il n'y a pas de scission parmi nous. Regrettons l'égarement de nos frères. Disons comme à Varus : *Rendez-nous nos légions!* Je déclare que je regarderai comme mauvais citoyen quiconque abandonnera cette Société : car, quelles que soient ses intentions, elles ne peuvent qu'avoir les plus funestes effets. Et vous, Messieurs, qui avez voulu la guerre, qui l'avez décrétée, trop précipitamment peut-être, songez que, pour en prévenir les suites fatales, il faut empêcher de naître les décrets désastreux, tels que celui des tribunaux prévôtaux à la suite de nos armées. Il faut sans cesse mettre à l'ordre du jour les moyens de faire la guerre avec avantage. Vous avez tort, vous tous qui voulez la guerre, d'envoyer sous le couvert des ministres des diatribes contre plusieurs membres de cette Société, d'entretenir ainsi des animosités particulières qui sont bien éloignées de tourner au profit de la chose publique. Cette guerre n'intéressant que les individus, je vous le demande, pourquoi la publier dans tout l'empire?

Si ces lettres que vous faites circuler ne contiennent que des individualités et des particularités, convenez que vous voulez devenir des chefs de parti, en présentant vos opinions et vos intérêts comme devant exclusivement être adoptés. Quoi qu'il en soit, je ne vois pas les choses aussi en noir que vous voudriez bien le faire croire ; je ne vous crois pas aussi puissants que vous vous l'imaginez. (*Bravo! bravo!*) Je n'ai besoin que de ma raison et de la déclaration des droits de l'homme pour vous confondre : la langue d'un enfant suffit pour faire triompher la vérité ; et, quoique vous prétendiez avoir vieilli dans la philosophie, il ne faudra que la fronde de David pour vous terrasser. Je vous livrerai, quand il en sera temps, à l'opprobre que vous aurez mérité. Maintenant, je ne vous dirai plus rien. J'attendrai des faits, et alors je saurai bien vous faire rentrer dans la poussière. (*Bon! bon!*) Je demande, Messieurs, qu'on ne s'occupe plus de cet objet.

Un député de Strasbourg annonce que M. Laveaux sera jugé demain.

M. *de Sillery* monte à la tribune, et au milieu de son discours, au mot de discipline, M. *Baumier*, en frappant sur la table du président, interrompt l'orateur, qui, après un assez long tumulte, annonce qu'il ne veut pas continuer son discours.

La séance a été levée à onze heures.

CCX

SÉANCE DU LUNDI 7 MAI 1792

PRÉSIDENCE DE M. LE COINTRE

M. *Deflers* fait lecture de la correspondance, dans laquelle on remarque une adresse de la Société fraternelle des halles, qui demande que le roi soit invité à retirer son *veto* du décret relatif aux prêtres.

M Collot d'Herbois. — J'observe que cette démarche est inconstitutionnelle. Ou le roi a eu le droit d'opposer son *veto,* ou il ne l'a pas eu. Dans le dernier cas, il n'a pu user de ce droit; dans le cas contraire, il se rend responsable des suites que peut produire cette opposition. C'est au peuple français à prononcer sur la conduite qu'il doit tenir à son égard : il est bon que le pouvoir exécutif soit jugé. (*Applaudissements.*)

Un membre fait part du contenu de plusieurs pièces officielles dont le ministre des affaires étrangères a envoyé la notice à l'Assemblée nationale.

[Suit l'analyse de ces pièces.]

M. Baumier. — Lorsqu'un homme bien intentionné a eu le malheur de commettre une faute, il doit la réparer. Je fais donc excuse à M. de Sillery de l'avoir interrompu hier, et je le prie de venir reprendre la parole.

Sur le refus de M. Sillery de se rendre à cette invitation, M. *Baumier* lit un discours relatif à la guerre, aux circonstances, et à la Révolution en général. Quelques digressions ont obtenu de vifs applaudissements. Lorsqu'il a proposé de regarder le roi comme otage des délits qui se commettraient envers la nation, attendu qu'il peut être considéré comme la principale cause de cette guerre [1]...

M. Camille Desmoulins. — Comment peut-on sérieusement, à cette tribune, proposer de mettre le roi en otage? (*Tumulte.*)

Plusieurs voix. — A l'ordre, à l'ordre!

M. le Président. — Je crois que, dans les circonstances où nous nous trouvons, la tribune de cette Société doit être l'asile de la vérité.

M. Baumier. — Je prouverai, la constitution à la main, ce que j'avance. Tous les peuples ont usé de ce droit, l'histoire en fait foi, et certes il est bien étonnant que ce soit l'auteur des *Révolutions de France et de Brabant* qui se permette de me faire un pareil reproche.

M. le Président. — Il faut attribuer le propos de M. Desmoulins à la douleur de n'avoir pas la parole, car il doit vous dénoncer une violation de la liberté de la presse commise en sa personne.

M. Camille Desmoulins. — Oui, Messieurs, un attentat inouï a été commis en la personne d'un de vos membres. Mais permettez que je

---

1. Phrase inachevée dans l'original.

réponde au préopinant. Moi, que l'on suppose royaliste, je serais pendu le premier si la cause des rois triomphait. N'est-ce pas moi qui ai le premier arboré la cocarde nationale, sans compter mon titre de procureur général de la lanterne, etc.? Je vous avoue que je ne conçois pas comment la nation souffre que la tante du roi de Hongrie habite avec celui qui fait la guerre à ce roi. Mais il est vrai cependant que la mesure du préopinant m'a paru peu constitutionnelle. Au surplus, telle est mon opinion à ce sujet. Je viens au fait de mon libraire. Aujourd'hui, il m'a dit : « Votre numéro ne paraîtra pas [1]. — Pourquoi? — C'est un libelle, ou du moins la partie dirigée par votre confrère, M. Fréron, en est un. — Ah! s'il en est ainsi, dénoncez-le donc, vous le devez à la chose publique. » Eh bien, Messieurs, il ne l'a pas fait, et il ne veut pas me rendre mon manuscrit ni mon numéro.

Plusieurs voix. — Le nom du libraire?

M. CAMILLE DESMOULINS. — Ce libraire est doublement mon confrère : c'est M. Patris, l'associé de M. Momoro.

M. CHABOT. — Ce fait est important, Messieurs; le moment n'est pas loin où le premier agent de cette manœuvre sera découvert. Je demande que M. Patris soit invité, par votre Comité de correspondance, à se rendre à votre première séance, pour qu'il ait à vous dire quelle est la main puissante qui l'a fait ainsi manquer à ses engagements. Je demande de plus que, dans le cas où M. Patris n'alléguerait pour toute raison que sa responsabilité, il soit exclu de la Société, attendu que, par leurs signatures, les auteurs répondaient de l'ouvrage qui lui était confié. (*Adopté.*)

La séance a été levée à onze heures.

CCXI

SÉANCE DU MERCREDI 9 MAI 1792

PRÉSIDENCE DE M. LE COINTRE

A l'ouverture de la séance, un membre rend compte des diverses offres faites par les manufacturiers de Maubeuge et de Saint-Étienne pour la fourniture des fusils à acheter pour remplir l'objet de la souscription qui avait été ouverte cet hiver à ce sujet.

---

1. Le journal que publiait alors Camille Desmoulins (en collaboration avec Fréron) s'appelait *la Tribune des Patriotes,* dont il ne parut que quatre numéros.

M. *Deperret* représente que, le montant de cette souscription ne s'élevant qu'à 3,000 livres environ, cet objet était trop peu considérable pour fournir une quantité d'armes suffisante aux citoyens des frontières qui ne sont pas armés. « En ce cas, a-t-il dit, je propose de verser cette somme de 3,000 livres dans la caisse destinée, par l'Assemblée nationale, à renfermer les dons patriotiques faits pour la guerre. »

M. *Patris*, qui, dans la séance précédente, avait été dénoncé par M. Camille Desmoulins pour avoir refusé de laisser paraître le premier numéro de son journal, de l'impression duquel il était chargé, monte à la tribune pour se disculper; il annonce que des raisons seules d'intérêt particulier, de discussion avec un associé, avaient été la cause du retard de ce numéro, dont, ajoute-t-il, il était bien maître de disposer, puisqu'il l'avait acheté et payé aux auteurs. Il ajoute que tout le bruit que l'on avait fait de ce retard n'eût pas eu lieu s'il eût voulu consentir à payer deux louis à M. Desmoulins, qui lui en avait fait l'offre le matin sur le Pont-Neuf, en présence de témoins. Les sarcasmes qu'il lance sur les auteurs faméliques qui ont su, pendant l'orage, ajoute-t-il, se mettre à l'abri des bourrasques, élèvent des murmures universels contre cet orateur.

Enfin, d'après l'invitation de M. le Président, il se renferme à demander des commissaires pour examiner l'objet de leur discussion.

M. *Camille Desmoulins* dément les faits énoncés par M. Patris, dément la prétendue aliénation de son numéro, lit une circulaire destinée à ses souscripteurs, et met au jour sa conduite et celle de M. Patris; dans cette occasion, il cite, en témoignage des paroles données par cet imprimeur, MM. *Legendre* et *Collot d'Herbois;* ceux-ci rendent justice à la vérité. M. Patris nie les faits qu'assure M. *Legendre*. « Allez, dit celui-ci, je ne vous tutoie plus, je ne le fais qu'avec les hommes vrais et patriotes [1]. »

Enfin, à l'appui de tous les faits dénoncés à la Société, M. *Fréron* et un abonné ont produit deux lettres de M. Patris. Dans la première, il dit formellement que le numéro ne paraîtra pas; par la seconde, les souscripteurs sont avertis de renvoyer leurs quittances pour ravoir leur argent. Ces preuves ne laissent pas de réplique : aussi, après des débats très tumultueux, la Société prononce la radiation de M. Patris du nombre de ses membres. Il était dix heures avant que cette affaire fût terminée; pour rendre à la chose publique le temps précieux qui

---

1. Camille Desmoulins raconte longuement et commente ces incidents dans la *Tribune des patriotes*, n° 2. Cet article a été reproduit par Buchez et Roux, t. XIV, p. 378 et suiv.

lui est dû, on décide que demain il y aura une séance extraordinaire.

MM. *Liébaud* et *Laplanche*, députés de la Société de Nevers, présentent à la Société les deux officiers municipaux dont ils s'étaient rendus les défenseurs officieux, et dont ils ont obtenu l'élargissement.

Après l'exposé de l'état politique du département de la Nièvre, M. *Laplanche* annonce que les Sociétés populaires des douze départements circonvoisins doivent envoyer à Nevers des députés pour former une sorte de confédération patriotique dont le but sera d'affermir le patriotisme dans le cœur des habitants de ces départements; il invite la Société des Jacobins à envoyer des députés à cette confédération, et leur offre, de la part de M. l'évêque de Nevers, l'évêché pour hospice.

La Société prononce l'ajournement à la prochaine séance sur cette proposition.

Mlle *Lemore* obtient la parole au nom de Reine Audu et rend compte de l'honneur que cette citoyenne a reçu de la municipalité, qui lui a donné une épée en reconnaissance de son patriotisme. « Jamais, dit cet orateur, Reine Audu n'emploiera cette arme que pour le service de la patrie. »

M. *Hion* annonce que l'on promène dans les bataillons de la garde nationale une pétition tendant à demander à l'Assemblée nationale la suppression de la correspondance entre les Sociétés populaires et patriotiques des amis de la constitution; que, dans son bataillon, cette pétition était offerte à la signature des citoyens par un capitaine, ce qui, pour beaucoup d'entre eux, était un grand motif déterminant.

La séance a été levée à onze heures.

CCXII

SÉANCE EXTRAORDINAIRE DU JEUDI 10 MAI 1792

Après la lecture du procès-verbal, M. *Lenoble* donne celle de la correspondance. « Messieurs, dit-il ensuite, j'ai entre les mains plusieurs lettres relatives aux divisions qui ont agité cette Société, et conçues dans l'esprit de l'adresse de Cambrai : voulez-vous entendre la lecture ou des pièces originales, ou seulement de leurs extraits, ou faut-il me taire sur le tout également? »

Plusieurs voix. — Nous ne voulons rien entendre à ce sujet.

M. Saint-Huruge. — Je vais vous entretenir d'un fait de la plus haute importance. J'ai l'honneur de prévenir la Société et les tribunes que ce matin, dans un café, M. Bocquet, mon ami, m'a dit qu'il existait dans cette capitale cinquante Sociétés aristocratiques, qui toutes correspondent entre elles.

Vous sentez, Messieurs, quel danger peut en résulter pour la tranquillité publique : je crois qu'il est essentiel de ne pas attendre qu'elle ait été compromise, mais qu'il est bon de dissoudre sur-le-champ les Sociétés qui sont composées d'aristocrates. Je demande en conséquence d'aller avec les forts de la Halle aux lieux de leurs séances; et à coups de nerfs de bœuf nous interromprons leurs discussions. A l'hôtel de Marigny, il existe un de ces horribles conciliabules.

M. LE PRÉSIDENT. — Il est permis dans cette Société de dire tout ce qui tend au bien public ; mais il n'est pas dans l'ordre de s'adresser plutôt aux tribunes qu'à la Société même, parce que cette affectation a l'air d'une provocation.

M. MERLIN. — Je viens d'entendre M. Saint-Huruge parler de dissoudre à coups de nerfs de bœuf...

Quelques voix des tribunes. — C'est bien, c'est bien !

M. LE PRÉSIDENT. — J'ai déjà eu l'honneur de prévenir les citoyens des tribunes que ces interruptions sont toujours déplacées.

M. MERLIN. — Je demande que, pour qu'on ne prenne pas sur nous l'initiative de ce qu'a dit M. Saint-Huruge, ce membre soit rappelé à l'ordre. (*Arrêté.*)

M. LENOBLE. — Parmi les lettres dont je vous ai parlé, il en est une qui a un objet autre que celui de nos divisions. Je vous propose d'entendre la lecture de l'extrait de cette lettre : elle vous prouvera que nos frères de Douai qui nous l'ont adressée sont mal informés.

Plusieurs voix. — Lisez, lisez !

M. *Lenoble* fait lecture de l'extrait de la lettre de Douai. M. La Fayette y reçoit autant de louanges que M. Robespierre y est indignement traité. Selon les auteurs de cette lettre, le premier est un héros et le second un vil calomniateur : ils disent que ce dernier a souillé la tribune de la Société par les injures qu'il y a proférées contre M. La Fayette.

A ces mots, il s'élève dans la salle un violent tumulte.

Plusieurs voix. — Avez-vous la lettre ?
M. LENOBLE. — Oui, Messieurs.
Plusieurs voix. — Est-elle signée ?
M. LENOBLE. — Oui, Messieurs; elle est signée de M. Durandon, président, Dura et..., secrétaires.

Plusieurs voix. — Cette lettre est-elle timbrée?

M. Lenoble. — Oui, Messieurs.

Plusieurs voix. — Lisez-la tout entière.

M. *Lenoble* commence la lecture de la lettre; il est interrompu.

M. Robespierre. — Je demande, pour l'intérêt public, que l'orateur continue. Il est important de connaître l'esprit qui a dicté cette lettre.

La lecture s'achève. M. *Robespierre* vient à la tribune prendre la lettre des mains de M. Lenoble.

M. Merlin. — Je demande la parole pour une motion d'ordre. Depuis 89, vous connaissez tous M. La Fayette. Lorsque M. Robespierre s'est expliqué sur lui, vous avez applaudi à ses discours. Je fais la motion que la Société passe à l'ordre du jour, en chargeant son Comité de correspondance d'écrire à la Société de Douai qu'elle est abusée. Je demande que, sur-le-champ, on s'occupe d'objets plus intéressants.

M. Robespierre. — Voulez-vous bien m'accorder la parole, Monsieur le Président? (*Tumulte.*) Ceux qui m'interrompent ne connaissent pas l'état de la question : elle tient à la chose publique de plus près qu'ils n'imaginent. Ils me font injure, ceux qui pensent que c'est d'individus que je veux les occuper. C'est bien de La Fayette et de moi qu'il s'agit ici! Mon objet est de vous développer une trame ourdie par les ennemis de cette Société. — Les principes de M. Merlin sont bons, les conséquences qu'il en tire sont dignes de lui; mais je ne dois pas me taire sur une lettre écrite je ne sais par quels hommes, lue par je ne sais qui...

M. Collot d'Herbois. — Oui, Messieurs, j'ai été dernièrement au Comité de correspondance : il était rempli; je n'ai pas trouvé de siège vacant. Eh bien, de plus de dix-huit personnes qui y étaient, à peine en ai-je reconnu deux.

[M. *Robespierre* discute la lettre dont il vient d'être question et démontre que les signataires ne peuvent pas être bien informés de la conduite de La Fayette. — *MM. Deperret* et *Collot d'Herbois* engagent une discussion sur une adresse à envoyer à la Société de Manchester, qu'un papier public dit être persécutée.]

M. Laplanche. — MM. Collot d'Herbois et Deperret ne tombent pas d'accord sur la rédaction proposée de la lettre : qu'ils se concertent ensemble pour en faire une autre.

M. Robespierre. — Je déclare que, si la lettre devait être envoyée dans l'esprit qui l'a dictée, elle remplirait mal les intentions de cette Société : car elle ne veut pas, sur des bruits vagues, s'immiscer dans des affaires étrangères; il serait dangereux de donner à penser que nous voulons régler ce qui concerne une puissance voisine. Je demande que la Société ne communique avec qui que ce soit à l'extérieur.

M... — J'ai fait annoncer par quatre tambours dans ma section que ceux qui avaient des déclarations à faire sur les biens des émigrés les portassent à la section. J'invite mes concitoyens à en user de même dans leur arrondissement.

M. le Président. — Samedi les sections doivent être convoquées pour délibérer sur le mode de police à adopter pour la ville de Paris. Je demande que demain, à sept heures, on passe à la discussion de cet objet. (*Arrêté.*)

M. Chabot. — C'est pour faire cesser une foule de discussions oiseuses que je propose d'arrêter qu'il ne sera plus donné lecture d'aucunes lettres qui n'auraient pas rapport à la chose publique, ou qui tendraient à renouveler les divisions qui nous ont agités si longtemps. Je demande qu'elles demeurent enterrées dans les archives : car, sous prétexte de nous entretenir de la correspondance, on nous donne des opinions individuelles de quelques citoyens égarés. Je fais donc la motion qu'on lise seulement les lettres qui nous parleront de l'état de nos frontières et des objets de l'intérieur. — Cette proposition a été arrêtée.

M... entame un discours, qui paraît d'un assez grand volume, pour proposer une organisation de volontaires.

M. Albitte. — Les propositions que vous a faites le préopinant peuvent être réduites à deux mots : *Vivre libre ou mourir*. Bien plus, je les crois en partie dangereuses : elles tendraient à établir l'aristocratie des riches.

M. le Président. — J'invite M... à remettre son projet au Comité militaire de l'Assemblée nationale.

M. *Laplanche* prie, pour la quatrième fois, la Société de nommer des commissaires pour se transporter à Nevers.

M. Robespierre. — Je crois que nous devons des remerciements aux députés de Nevers : leur patriotisme est connu, leurs intentions sont dignes d'eux. Mais est-il utile, est-il possible d'envoyer des commissaires, ainsi qu'ils le demandent? Non, Messieurs, car d'abord cette mission ne ferait que constater leur impuissance. Ils auraient à lutter contre la coalition de tous les gens en place, de toute la force armée : ils se retireraient donc avec le regret d'avoir compromis le crédit de l'opinion publique contre les intrigants et les malveillants.

Cette mesure d'ailleurs serait bien dangereuse : elle donnerait l'idée d'une métropole. C'est alors que les ennemis des Sociétés patriotiques répandraient sur elles tout leur fiel. « Voyez, diraient-ils, les voilà qu'elles s'érigent en arbitres des contestations; elles forment des conspirations dangereuses dans l'État. » Ne donnons pas lieu, Messieurs, à ces calomnies par notre conduite; bornons-nous à exprimer notre reconnaissance des offres fraternelles que nous font les députés de Nevers. Mais je demande que la Société déclare qu'elle ne reconnaît pas comme nécessaire à la chose publique l'envoi de commissaires.

Ces deux propositions sont adoptées.

M. ALBITTE. — Nous venons ici discuter et éclaircir [1] les questions qui doivent se décider à l'Assemblée nationale. Je demande que l'ordre du jour de celle-ci soit traité (*sic*) dans toutes les séances de cette Société, toute autre discussion cessant, et qu'à neuf heures on passe sur-le-champ à cet ordre du jour.

M. LE PRÉSIDENT. — Je la mets donc aux voix pour la septième fois. (Elle est arrêtée.)

M. *Dubois de Crancé* donne, au milieu des applaudissements, un état de la situation des départements méridionaux. Le patriotisme y est en vigueur; le fanatisme y exerce seul ses ravages en quelques endroits. Les chefs militaires aristocrates y ont en partie été remplacés. Deux citoyens français, détenus en Espagne, ont été relâchés par la conduite ferme de M. Hesse, etc.

La séance a été levée à dix heures.

CCXIII

SÉANCE DU JEUDI 10 MAI 1792 [2]

PRÉSIDENCE DE M. LE COINTRE

[*M*... lit une lettre qu'il a écrite au roi pour lui demander d'autoriser les citoyens armés de cannes à pénétrer aux Tuileries, et la réponse du ministre

1. Il y a dans l'original : *noircir*. C'est une faute d'impression évidente.
2. Il y eut sans doute deux séances ce jour-là.

Roland, lui accordant l'autorisation. — Après quelques incidents sans importance, M. *Tallien* propose qu'on ne laisse entrer dans la salle des séances de la Société que les citoyens qui auront payé leurs contributions.]

M. *Robespierre* monte à la tribune et demande la parole.

M. Louvet. — Monsieur le Président, on demande que la discussion soit fermée : peut-être n'est-ce que la minorité qui le réclame. Mais enfin votre devoir est de mettre la proposition aux voix. (*Aux voix, aux voix!*)

M. le Président. — Le tumulte était si grand que je n'avais pas entendu.

M. *Louvet* se lève.

Plusieurs voix. — A bas, à bas! (*Tumulte effroyable de son côté.*)

M. Collot d'Herbois. — Si vous voulez maintenir votre Société, il faut faire observer votre règlement. Sans doute il faut censurer, lorsqu'il le mérite, le président; mais il faut aussi censurer un membre qui interrompt. M. Louvet n'a pas justifié sa provocation, et je demande qu'il soit rappelé à l'ordre. (*Applaudissements*)

M. Tallien. — N'accusons ni l'un ni l'autre. Nous devons, en présence des citoyens qui nous entendent, délibérer et faire voir si nous sommes de véritables citoyens. Répondons aux Roucher et aux Chénier en prêtant nos bras pour défendre la constitution, et en donnant notre argent pour subvenir aux dépenses qu'exige la chose publique.

M. *Robespierre* insiste fortement pour avoir la parole. (*Tumulte.*)
M. *le Président* se couvre. (*Silence.*)

M. le Président. — L'ordre du jour est arrivé depuis longtemps. La proposition de fermer la discussion est faite. On demande aussi l'ordre du jour. Je vais mettre aux voix la dernière proposition.

Plusieurs voix. — Non, non!

M. Mendouze. — Cette Société n'est pas dans l'usage de fermer la discussion avant qu'elle ait été entamée. Il ne s'exerce ici de despotisme que celui de la vertu. Au nom de la justice, M. Robespierre sera entendu.

M. Tallien, *vice-président.* — Réduisez-vous, Monsieur l'orateur, dans le véritable état de la question.

Plusieurs voix. — Il y est.

[M. *Robespierre* démontre qu'exiger la quittance des impositions est « attentatoire aux principes de l'égalité », et défie les intrigants qui s'acharnent à sa perte.]

M. Robespierre. — Oui, plus vous m'aurez isolé des hommes, plus vous m'aurez privé de toute communication avec eux, plus je trouverai de consolation dans ma conscience et dans la justice de ma cause. Je conclus à ce qu'attendu que la Société veut le payement des contributions, mais qu'elle veut en même temps le maintien de la constitution; que, pour y parvenir, il n'est pas utile d'avilir l'indigence, d'ouvrir une large part à l'intrigue, à la calomnie, aux privilèges de l'opulence, de dénaturer toutes les idées; je demande qu'elle passe à l'ordre du jour.

On lève les chapeaux en signe d'approbation.

M. *Méchin* monte à la tribune. De plusieurs côtés de la salle on crie : « A bas! » Il se retire.

Une foule d'orateurs demandent la parole.

M. Danton. — J'ai demandé la parole pour une simple motion d'ordre. Plus j'approuve la motion de M. Robespierre, plus j'en crois la discussion utile. M. Robespierre n'a jamais exercé ici que le despotisme de la raison; ce n'est donc pas l'amour de la patrie, mais une basse jalousie, mais toutes les passions les plus nuisibles, qui excitent contre lui ses adversaires avec tant de violence. Eh bien, Messieurs, il nous importe à tous de confondre complètement ceux qui vous proposent des arrêtés aussi attentatoires à la majesté du peuple. (*Applaudissements.*)

Je ne suis pas un agitateur, et j'observe depuis longtemps un bien pénible silence. Je démasquerai ceux qui se vantent tant d'avoir servi la chose publique; je contribuerai autant que je pourrai au triomphe de la liberté. Mais il sera peut-être un temps, et ce temps n'est pas éloigné, où il faudra tonner contre ceux qui attaquent, depuis trois mois, une vertu consacrée par toute la Révolution, une vertu que ses ennemis d'autrefois avaient bien traitée d'entêtement et d'âpreté, mais que jamais ils n'avaient calomniée comme ceux d'aujourd'hui.

M. Collot d'Herbois. — Je n'ai demandé la parole que pour un fait. J'avais des contributions à payer entre les mains de ceux qui étaient au pavillon de Morfontaines, aux Champs-Élysées; je voulais leur remettre les six derniers mois de 1791. Eh bien, ils avaient quitté leur bureau sans laisser aucune adresse. Les citoyens ignoraient où s'étaient retirés les percepteurs. Cependant les citoyens qui tiennent ces bureaux à Paris sont assidus et vigilants, je leur rends cette justice. Mais, dans plusieurs départements, de bien plus graves inconvénients retardent la perception, car le peuple est porté à payer les contributions. Que le ministre envoie donc de préférence les instructions à certains administrateurs, qui, soit à dessein, soit par négligence, ont retardé les rentrées et ne font pas recevoir. (*Applaudi.*)

M. *Méchin* veut prendre la parole, M. *Merlin* s'y oppose. « J'ai, dit-il, un arrêté de la Société qui permet de faire rappeler à l'ordre le membre qui s'opposera à ce qu'on passe à l'ordre du jour. »

M. Méchin. — Vous avez entendu M. Robespierre, vous devez aussi m'écouter. Il m'a inculpé. (*Tumulte prolongé.*)

M. Merlin. — Il me semble qu'il y a un démon dans cette Société qui vient, tantôt sous une forme, tantôt sous une autre, souffler le feu de la guerre civile.

Après avoir entendu M. *Méchin*, la Société passe à l'ordre du jour.

On entend ensuite une députation du faubourg Saint-Antoine qui fait sentir la nécessité d'éclairer le peuple par l'instruction publique faite dans les chaires des églises, après le service divin.

La séance a été levée à dix heures.

CCXIV

SÉANCE DU DIMANCHE 13 MAI 1792

PRÉSIDENCE DE M. LE COINTRE

[Après la lecture de la correspondance, on entend « deux gardes du roi qui ont été indignement renvoyés pour avoir manifesté le plus ardent patriotisme », et ensuite une députation de la Société de Versailles. — On entend une communication de *M. Guiraut* sur son entreprise logotachygraphique. — Un membre ayant proposé de discuter la question du « renouvellement des traités avec les cantons suisses », *M. Robespierre* fait ajourner cette discussion.]

M. *Santerre* prend le fauteuil. On passe à l'ordre du jour.

M. Daubigny. — Une foule de lettres vous sont adressées, par lesquelles on vous demande des secours, des emprunts, et toutes ces lectures nous font perdre un temps considérable. Je demande que le Comité d'administration présente un mode sur les moyens d'abréger nos opérations à cet égard, car nous nous devons avant tout à la chose publique.

M. Legendre. — Je demande qu'on passe à l'ordre du jour, et que M. le Président le mette aux voix despotiquement.

M... — L'ordre du jour à l'Assemblée nationale est la mesure à prendre contre les prêtres réfractaires. Beaucoup de membres sont pour la déportation.

M... — Je demande la parole sur un fait; il y a deux ans que je demande la parole, et je ne puis l'obtenir.

M. LE PRÉSIDENT. — Est-ce sur l'ordre du jour?

M... — Depuis trop longtemps la religion a été confondue dans le culte et le culte dans la religion. L'intérêt a toujours été la base des cultes, et la nature celle des religions : car tout ce que nous avons vu dans les ministres des cultes nous prouve cette vérité, et tous nos efforts doivent tendre à détruire ce vice. Tout le monde connaît l'origine de ce vice; et je me résume en demandant que l'Assemblée nationale éloigne du royaume les membres de la Société (sic) qui prêchent la désobéissance aux lois.

M. DEPERRET. — Je demande la parole pour une motion d'ordre. Il semble que l'esprit de la Société est pour la déportation...

M. LE PRÉSIDENT. — Je ne vois dans cette opinion aucune trace de motion d'ordre; ainsi, je vous ôte la parole. (*Tumulte.*)

On met aux voix pour savoir si M. *Deperret* sera entendu ou non. La négative est arrêtée.

M. *Legendre* veut prendre la parole pour soutenir la justice de la demande de M. *Deperret.* (*Tumulte.*) Il persiste, la parole lui est refusée.

M..., *député de Verdun.* — Après une discussion aussi vive sur la parole, vous devez attendre quelque chose de moi. Comme prêtre, je les connais mieux que personne; comme vicaire épiscopal, j'ai eu plus d'une fois l'occasion de les observer.

Je dois la justice au département de la Meuse de dire que le fanatisme y a peu de partisans; la tolérance y forme l'esprit dominant, car la persécution seule fait des prosélytes. Je voudrais que l'Assemblée nationale, au lieu d'une constitution civile du clergé, établît les conditions sous lesquelles elle consent de salarier les prêtres du culte.

Alors il faudrait que les électeurs ne se mêlassent point des élections des ecclésiastiques : 1° parce que, ne voulant point reconnaître de religion dominante, leur choix n'est pas la fonction d'électeurs faits pour nommer les fonctionnaires publics; 2° il est juste de laisser aux paroissiens le soin de ce choix. Alors ceux qui ne voudront pas de jureurs n'en prendront pas; mais aussi ils ne seront pas salariés.

M. LOUVET. — Il ne s'agit pas de savoir ce que l'on fera des prêtres réfractaires, mais ce que l'on fera des prêtres séditieux.

[*M. Chabot* montre qu'il ne s'agit pas des prêtres seuls, mais de tous les mauvais citoyens. — *M. Legendre* voudrait qu'on jetât à la mer tous les prêtres réfractaires. — *M. Chabot* propose qu'on expulse « tous les citoyens qui refuseront de reconnaître la souveraineté de la nation ».]

M. *Merlin* annonce que le régiment de Royal-Allemand est passé sous les drapeaux des émigrés.

Les officiers de Berchény ont eu l'impudence de lire à leurs soldats une lettre de Bouillé qui les engageait à en faire autant. Les soldats restent fidèles, et les officiers s'en vont, emportant les drapeaux et la caisse. Un seul maréchal des logis vole à leur poursuite et rapporte en triomphe un drapeau qu'il arrache de leurs mains.

La séance a été levée à dix heures.

CCXV

SÉANCE DU LUNDI 14 MAI 1792

PRÉSIDENCE DE M. LE COINTRE

Un citoyen fait hommage à la Société d'un ouvrage sur la constitution civile du clergé.

L'auteur est admis aux honneurs de la séance, et son ouvrage est renvoyé au Comité de correspondance.

M. *Lulier* fait lecture du procès-verbal de la séance du vendredi 11 mai.

M... — Je crois très important de vous rapporter ce que je tiens d'un courrier arrivé ce matin. Il est envoyé par les commissaires des départements des Bouches-du-Rhône et de la Drôme. Il assure que la ville d'Avignon est dans le plus grand calme. M. Jourdan est fort tranquillement chez lui, au sein de sa famille. Les gardes nationaux de Marseille ont la confiance générale des Avignonais; tous désirent qu'ils n'en soient pas éloignés.

Un citoyen de Marseille appuie les faits énoncés par le préopinant. Il observe qu'un décret de rigueur de l'Assemblée nationale produirait des maux incalculables dans ces contrées.

Un autre citoyen de Marseille, rappelant tout ce qu'ont fait ses compatriotes pour la conquête de la liberté, invite la Société à rassurer Marseille et Avignon par des lettres qui causeront, dit-il, dans ces deux villes une satisfaction inexprimable.

La Société applaudit aux mesures proposées par ce citoyen; elle arrête que, séance tenante, son Comité de correspondance soumettra à son examen les rédactions des deux lettres demandées.

M. DEFLERS. — J'observe qu'attendu le petit nombre de membres attachés au Comité de correspondance, ceux qui le composaient précédemment veuillent bien, suivant l'arrêté de la Société, s'adjoindre aux membres actuels de ce Comité pour cette rédaction; en conséquence, j'engage M. Collot d'Herbois à les aider dans la rédaction proposée.

M. *Collot d'Herbois* se refuse à cette proposition, ayant des affaires qui l'appellent dans les Comités de l'Assemblée nationale.

M. LE PRÉSIDENT. — Avant de passer à l'ordre du jour, je suis chargé de faire à la Société une observation : c'est qu'il serait très important pour elle qu'elle fût informée de ce qui se passe à l'Assemblée nationale dans les séances qui précèdent les siennes. Ce n'est pas un simple objet de curiosité : c'est nous donner le moyen de fixer nos opinions sur la plupart des orateurs, et d'avoir les faits dans toute leur vérité. Je prie donc MM. les députés à l'Assemblée nationale membres de cette Société de vouloir bien nous faire le rapport de ce qu'ils auront ou fait ou entendu. C'est ainsi que cela se pratiquait dans les beaux jours de cette Société, et cet usage donnait beaucoup d'intérêt, de poids et d'importance, à ses délibérations.

M. *Deflers* fait lecture de la correspondance.

[M. *Doppet* dénonce une prise d'armes dans le Piémont, qui pourrait inquiéter les départements voisins. — M. *Santerre* annonce qu'il a arrêté le matin même des bateaux chargés de quinze cents fusils. — M. *Delayant* énumère « quels sont les moyens de réprimer tous les efforts sacrilèges des prêtres », et trouve que le meilleur est l'instruction des masses.]

M. *Gaillard*, président du Comité de correspondance, fait lecture de deux lettres de la rédaction desquelles ce Comité avait été chargé. La première, adressée aux Avignonais, les invite à rester dans une tranquillité dont leurs ennemis voudraient faire douter. La seconde rassure les Marseillais sur les dispositions actuelles de l'Assemblée nationale. Trompée lors de son premier décret, elle s'empressera de le révoquer, pour adopter des mesures plus dignes d'elle et des courageux habitants de Marseille.

Ces deux lettres sont adoptées par la Société et remises sur-le-champ à un citoyen qui part le soir même pour Marseille.

[M. *Baumier* « envisage les prêtres sous deux rapports : 1° comme membres du corps social, 2° comme prêtres et en faisant le métier ». — *M. Saint-André* dit qu'il faut traiter les prêtres comme des séditieux. — *M. Billaud-Varenne* répond à une dénonciation dont il a été l'objet [1]. — *M. Carra* entretient la Société : « 1° de la guerre et des actions qu'elle occasionne sur les frontières », 2° d'un projet « qui compromet la sûreté de tous les citoyens de la capitale », et montre que « les manœuvres du dedans sont combinées avec celles du dehors ».]

La séance a été levée à dix heures [2].

CCXVI

SÉANCE DU MERCREDI 16 MAI 1792

PRÉSIDENCE DE M. LE COINTRE

[« Après les présentations et admissions ordinaires », on entend les plaintes de *M. Bastard*, qui a été arrêté pour s'être exprimé librement sur le compte de La Fayette. — *M. Lacroix* fait hommage de son ouvrage intitulé : *L'Intrigue dévoilée, ou Robespierre vengé des outrages et des calomnies des ambitieux.* — Puis on lit plusieurs lettres des frontières.]

M. BOYER [3]. — Les faits que j'ai à vous dire sont à peu près les mêmes que ceux qui viennent de vous être lus; ils en sont la confirmation. Les citoyens du Nord ont prévu toutes les trahisons qui nous sont arrivées et qui nous menacent encore; ils n'ont pas cru que des officiers de l'ancien régime pussent travailler de bon cœur à le détruire. Ce sont ces appréhensions qu'ils ont exprimées, par l'organe de M. An-

1. *Société des amis de la constitution, séante aux Jacobins, à Paris. Discours de M. BILLAUD-VARENNE, prononcé à la Société dans sa séance du 14 mai, an IV de la liberté.*— Imp. du *Patriote français*, s. d., in-8 de 8 p. — Bibl. nat., Lb 40/697.
2. Le *Journal* ajoute, dans une note de son numéro suivant, que, dans la même séance, Collot d'Herbois présenta à la Société M. de Kerguelen, « ancien et célèbre marin, victime d'un jugement arbitraire rendu sous le vizirat de Sartine », et qui demande la révision de son jugement et sa réintégration dans la marine.
3. D'après les paroles de ce Jacobin, il semble qu'il ait fait partie de l'Assemblée législative, et cependant je ne trouve personne de ce nom parmi les membres de cette Assemblée.

thoine, dans une pétition que j'ai été chargé de présenter à l'Assemblée nationale; je l'ai fait; mais, dès que j'ai parlé des doutes élevés sur le compte des officiers, tout le côté droit s'est soulevé, et la pétition a été fort mal accueillie.

M. MERLIN. — Oui; c'est dans ce moment que j'ai été apostrophé. « Mais répondez donc aux faits, leur disais-je. — Bah, bah! m'ont-ils dit, vous ne voulez pas de discipline, puisque vous ne voulez pas d'officiers. »

M. BOYER. — Lors de la désertion des officiers du premier régiment de hussards, il s'est engagé une espèce d'action entre eux et les soldats restés fidèles.

M. Barthélemy, capitaine du sixième régiment d'artillerie, est tombé mort, percé de plusieurs coups. Celui qui portait le drapeau a eu le poing coupé.

En passant maintenant à quelques réflexions, je crois qu'il est bien essentiel d'informer exactement les Sociétés affiliées de tout ce qui se passe, et de les instruire des machinations qui se trament contre la liberté.

M. SAINT-HURUGE. — J'ai vu ici, rue d'Artois, dans un chariot allemand, M. de Riccé; il se tient caché au Louvre, et je tiens de scélérats ivrognes de ma connaissance que le projet est d'emmener le roi loin de la capitale.

M. *Legendre* adresse à la Société un soldat allemand qui réclame ses bons offices; il la prie de nommer deux commissaires pour l'entendre.

M... — Je propose de donner les trois lettres qui ont été lues ici aux journalistes de la Société, pour les insérer dans leurs feuilles.

M. HION. — Je demande qu'elles soient communiquées aux ministres, attendu qu'ils pourront en tirer des éclaircissements bien précieux.

M. VERRIÈRES. — Je ne dois aucune communication aux ministres. Je ne connais que la nation, et jamais le ministère ne verra mes lettres. Il peut en prendre connaissance par la voix publique.

M... — Je fais la motion que les extraits de ces trois lettres soient imprimés, pour être envoyés aux Sociétés affiliées.

M. TALLIEN. — Je demande la question préalable sur l'impression et la communication de ces lettres au Comité de surveillance. Je demande qu'on se borne à inviter les journalistes restés patriotes à les rendre publiques et à en donner connaissance au Comité de surveillance.

La question préalable écarte toutes les opinions qui ont été faites au sujet des trois lettres.

[*M. Chabot* prouve qu'« exiger un serment des prêtres serait une mesure qui favoriserait les fourbes aux dépens de ceux qui n'obéissent qu'à leur conscience ». — *M. Merlin* demande que les prêtres soient tenus à signer « leur adhésion au pacte social ». — *M. Saint-André* appuie l'opinion de M. Chabot, en montrant que les serments n'ont jamais servi de rien.]

M. VERRIÈRES. — Je demande à vous faire part de toutes les lettres qui me seront adressées par l'auteur de celle dont je vous ai donné lecture ; elles partent d'une main sûre, j'en réponds sur mes deux bosses.

M. BOYER. — Je demande à vous rendre compte, à la séance prochaine, de ce qui se passe sur nos frontières, de l'état où elles se trouvent, et de plusieurs autres objets non moins intéressants. Je vous prie d'être en garde contre des gens tels qu'un M. Boredon, que j'ai employé pendant quelque temps pour *le Patriote français,* et qui a fini par me voler.

On arrête une séance extraordinaire pour demain jeudi.

M..., parlant au nom d'une députation du faubourg Saint-Antoine, dit que M. Perrin a trouvé un local propre à remplir les vues philanthropiques qu'il se proposait : c'est l'église de Saint-Antoine. Là il donnera des instructions aux enfants qui lui seront adressés ; tous les infortunés de cette classe auront droit à ses soins. L'orateur fait beaucoup de réflexions sur la nécessité de porter enfin la lumière au milieu de la partie indigente de la nation.

M. DAUBIGNY. — Il est inutile, il est même ridicule que la Société s'occupe plus longtemps du projet de M. Perrin, attendu que le plan d'éducation publique qui doit être adopté par l'Assemblée nationale s'étendra sur tous les individus.

M... — Je demande à répondre à M. Daubigny dans la séance prochaine. Il est bien étrange qu'il trouve mauvais que nous nous occupions du projet utile que nous a présenté M. Perrin. — Accordé.

La séance a été levée à neuf heures trois quarts.

CCXVII

SÉANCE EXTRAORDINAIRE DU JEUDI 17 MAI 1792

PRÉSIDENCE DE M. MERLIN

M. *Collot d'Herbois* occupe le fauteuil.

Un garde du roi, emprisonné sur un très léger prétexte, a demandé et obtenu son congé. Il désire un habit de garde national, afin d'aller aux frontières verser son sang pour la patrie.

Ce garde du roi est admis aux honneurs de la séance.

M... — Ce n'est pas sans fondement que M. Saint-Huruge a dit hier que M. de Riccé était à Paris, car, dernièrement, il a dîné chez M. Destournelles. La femme de ce Riccé, franche aristocrate, donnait un libre épanchement à sa bile avec M. de Riccé. « Mais, dit M. Destournelles à la compagnie, je vous prie d'observer que ce n'est pas ici que nous devons nous occuper de pareilles affaires. Ne nous entretenons, je vous en conjure, ni de révolution ni de contre-révolution. » Voilà, Messieurs, le fait que j'avais à vous dénoncer.

M. *Deflers* fait lecture de la correspondance.

M. Saint-Huruge. — Je propose d'écrire aux Sociétés affiliées pour avoir le signalement de ceux qui viennent des départements à Paris.

M. Gérardin. — Chaque individu a bien le droit de surveillance sur toutes les actions qui attentent à la chose publique, il est même de son devoir de le faire ; mais je suis persuadé que cette surveillance ne peut être exercée par une Société patriotique. Je demande donc la question préalable sur la proposition qui vient de vous être faite.

M... — Le préopinant est convenu du droit qu'a chaque individu de surveiller. Car chacun peut, sans doute, crier au voleur, à l'assassin. Je crois donc qu'on fera bien, comme l'a dit M. Saint-Huruge, d'écrire aux Sociétés affiliées pour avoir le signalement des étrangers qui abondent à Paris. Je réclame contre la question préalable.

M. Chépy père. — Je ne pense pas que la Société ait le droit de faire aucun acte public de surveillance. D'ailleurs, les Sociétés affiliées sont en trop petit nombre, comparativement à celui des villes de l'empire, pour que la mesure proposée puisse être d'une grande utilité. J'appuie la question préalable. (*Murmures.*)

La motion de M. Saint-Huruge est adoptée.

M... — Je demande à fournir, sur ce qu'a dit M. Saint-Huruge, les moyens de faire disparaître sur-le-champ les brigands qui désolent Paris. Il s'agirait d'établir dans chaque rue, à autant de numéros de distance, des sentinelles pendant la nuit. Par là, Paris serait hérissé de fusils et de piques; il y aurait une communication active, et vous verriez dans peu de temps les malfaiteurs, intimidés, disparaître de la capitale.

M. MANUEL. — Jamais la chose publique n'a éprouvé une crise comme celle qui se prépare; demain tout étranger sera tenu de se faire connaître, de dire s'il a des affaires, d'où il vient, à qui il appartient; et, s'il se trouve des bons citoyens, ils ne seront point fâchés d'être mis sous la sauvegarde publique. C'est, Messieurs, en exécution d'un décret de l'Assemblée nationale que ces mesures vont être prises. Il est donc bien important de mettre à l'ordre du jour les moyens de leur donner la plus prompte exécution.

M... — Je n'avais pas aperçu M. le procureur de la commune; mais, s'il veut profiter des plans que j'ai proposés, j'offre d'aller chez lui donner à ce sujet tous les développements nécessaires, car je n'aime rien tant que le bien public.

M. MANUEL. — Les amis de l'ordre n'ayant rien tant à cœur que la tranquillité publique, rien n'empêche qu'ils fassent sentinelle devant leur porte.

Il nous faut encore des hommes du 14 juillet. (*Bravo!*) Nous avons des ennemis vers les frontières, il est vrai. Mais les plus dangereux sont au milieu de Paris; et peut-être les tribunaux veulent-ils faire la contre-révolution : ils commencent à remplacer les tribunaux d'inquisition.

Se peut-il que la femme qui peut le plus nous nuire par son caractère, par son influence, par ses intrigues, ne soit pas isolée pendant la guerre? Elle devrait se retirer au Val-de-Grâce; là, elle jouirait de la protection qui est accordée à tous les citoyens. Il est temps de dire dans cette Société les grandes vérités qui lui imprimaient, dans les beaux jours, des mouvements si sublimes. Suivons les conseils du grand Mirabeau, qui ajournait ses ennemis après la Révolution. Eh bien! ajournons toutes nos passions particulières après les dangers passés.

M. Saint-André. — Tout prouve que la patrie est dans un danger imminent; mais votre sollicitude ne doit pas se renfermer dans les bornes de la capitale : elle doit embrasser toutes les Sociétés affiliées; si jamais elle a dû communiquer avec elles, c'est dans ce moment. Je propose donc qu'on leur fasse passer une circulaire pour leur recommander d'avoir perpétuellement les armes à la main, et de se bien pénétrer de la nécessité, pour tous les citoyens, de devenir soldats; combien il est important de surveiller les tribunaux, les corps administratifs. Je ne saurais trop vous dire quel bon effet produira une pareille adresse. D'ailleurs, je ne fais que demander l'exécution d'une mesure que vous avez déjà adoptée.

M. *Saint-André* est adjoint au Comité de correspondance, avec M. Manuel, pour rédiger l'adresse qu'il propose.

M... — Je demande la parole pour répondre au membre qui a proposé de placer des sentinelles dans toutes les rues. Je suis d'une ville qui ne jouit pas d'une aussi grande portion de liberté que la vôtre. A Londres, dans toutes les rues, sont des watchmen qui veillent à la sûreté des citoyens. Ici nous ne manquons point de bataillons qui se réuniront pour surveiller la chose publique.

M. Manuel. — Dans un moment aussi critique, je demande que tous les citoyens montent leur garde, qu'ils soient ou non en uniforme. Chacun doit avoir tout pour lui-même. Il faudrait qu'il fût fait un tableau de tous les citoyens en état de porter les armes; il est essentiel que la Commune le fasse sur-le-champ, ce tableau ; et qu'on n'objecte pas le défaut d'armes : n'avons-nous pas des piques?

M. Hion. — Je demande que les membres qui ont proposé d'écrire aux Sociétés affiliées se retirent, séance tenante, pour rédiger l'adresse qui doit leur être envoyée, et la soumettre sur-le-champ à votre examen. (*Applaudissements.*)

M. Daubigny. — La chose est trop importante pour être faite aussi rapidement.

La proposition de M. *Hion* passe au milieu des plus vifs applaudissements.

M... — Quand les ennemis de la chose publique s'arment d'une grande scélératesse, les Amis de la constitution doivent s'armer d'une grande union et d'une grande vigueur.

M. Doppet. — Nous nous sommes rendus, M. Ducos et moi, à la Conciergerie, pour voir M. Saint-Félix. On nous a dit qu'on ne pouvait être introduit auprès de lui que par un ordre de la mairie. Il allait être transporté à la Force; la gendarmerie était déjà préparée pour cette mission. Nous sommes parvenus à parler à M. Saint-Félix; nous lui avons demandé s'il connaissait les motifs de sa détention; il nous a répondu qu'il croyait que c'était à cause de ses opinions sur la Révolution, et que c'était une suite de tracasseries qu'il avait déjà éprouvées à ce sujet; que le même juge de paix qui l'a fait arrêter une autre fois paraît lui en vouloir encore; qu'au surplus, M. Robespierre a reçu les informations qui le concernent.

Il est arrêté que les commissaires qui se sont transportés auprès de M. Saint-Félix, réunis à un homme de loi, M. Daubigny, sont nommés défenseurs officieux du détenu.

M. Chabot. — Messieurs, il n'est point de citoyens observateurs qui ne remarquent que l'horizon politique se charge des mêmes vapeurs qui menacèrent la liberté au mois de juillet dernier. Vous vous rappelez que la foudre qui écrasa les citoyens au Champ de Mars s'annonça par les mêmes éclairs, par la violation de la liberté de la presse, par des décrets de prise de corps. C'est à nous, Messieurs, à conjurer l'orage. Le patriote Carra est la première victime dévouée au Comité autrichien : car j'appelle Comité autrichien, certes, tout rassemblement qui tend à renverser la liberté, qui n'épargne rien pour faire triompher nos ennemis du dehors. Le patriote Carra a été dénoncé, et pourquoi? Pour avoir dit qu'il existe un Comité suspect. Mais, vraiment, ceux qui sont réellement animés du bien public sont assez forts pour braver tous les efforts.

MM. Merlin, Basire et moi, avons été assignés pour déposer dans l'affaire de MM. de Moleville et Montmorin; nous y avons été en chantant l'hymne patriotique : *Si les tyrans conspirent, travaillons à la perte des rois.* Ce cantique allégeait un peu la peine de nos cœurs. Nous sommes arrivés devant le juge, et nous avons déclaré que c'était nous qui avions chargé le patriote Carra d'appeler le réveil de la nation. (*Applaudissements.*) Nous avons dit aux juges qu'ils ne fussent pas étonnés si plusieurs journalistes annonçaient encore de grandes vérités, parce que nous les en avions chargés, car nous savons qu'un de vos journaux a servi de preuve à la dénonciation. Mais, certes, les malveillants doivent nous savoir gré si le peuple ne les a pas écrasés. S'il faut des victimes, nous irons porter notre tête à Orléans. On n'arrachera jamais de nos cœurs le nom des dénonciateurs, car il est nécessaire de dévoiler de grands complots, qui se cachent toujours dans l'obscurité. Votre journal est public, il apprendra aux conspirateurs comment nous les traitons ; et nous aurons sauvé la patrie autant par notre courage que par notre prudence. (*Applaudissements.*) Au surplus, je déclare que ni Merlin, ni Basire, ni Chabot, n'abandonneront les patriotes qui appuieront nos dénonciations.

Le dépouillement du scrutin donne M. *Merlin* pour président ; pour vice-président, M. *Dufourny,* et MM. *Chabot, Audouin, Collot d'Herbois,* pour secrétaires.

M. Boisset. — Je crois que la grande question est de savoir les causes véritables des maux qui ont affligé et affligent encore l'empire. Je crois qu'il ne faut pas s'en prendre aux personnes, parce qu'elles sont constituées de manière qu'en nous trahissant elles ne font que leur métier. Quand les hommes n'ont été élevés que comme des loups, il est impossible qu'ils deviennent brebis. Il s'agit de savoir si la garde du troupeau n'a pas été confiée aux loups. (*Applaudissements.*) Je demande si on peut exiger que les brebis ne soient pas mangées par de tels gardiens ; et, au lieu de museler ces derniers, on leur a donné la plus grande gueule pour les dévorer. Il faut s'en prendre à ceux qui leur ont donné une latitude aussi funeste. Jusqu'ici nous n'avons déclamé que contre les effets : il faut remonter aux causes.

Un membre. — Ah! ah! ah!...

M. Daubigny. — Je demande que celui qui a interrompu l'orateur aussi scandaleusement soit nommé.

M. Chabot. — Si les Jacobins savaient délibérer avec calme, ils seraient trois fois plus utiles. Les Anglais permettent à leurs orateurs les plus grandes extravagances, sans les gêner en aucune manière. Si nous n'avons pas à la tribune le droit de déraisonner, la liberté est perdue. Le despotisme des huées est aussi redoutable que tout autre. Au surplus, ne nous pressons pas sur les mesures qu'on se dispose à vous développer. Le poison est dans le cœur de nos ennemis ; ils précipiteront eux-mêmes leur chute, et nous n'aurons pas le regret d'avoir saisi des moyens prévus et dangereux. Je demande donc que de suite on passe à l'ordre du jour, car l'heure en est arrivée.

M. Baumier. — Je réclame pour M. Boisset la liberté d'opinions dont parle M. Chabot.

M. Boisset. — Je dis donc que des décrets ne sont pas plus difficiles à être renversés que la Bastille.

Plusieurs voix. — A l'ordre! à l'ordre!

M. Chabot. — Le préopinant ne mérite nullement d'être rappelé à l'ordre : il ne le mériterait que s'il eût proposé de renouveler la constitution.

M. Boisset. — Et le véto? et la liste civile?

M. le Président. — L'opinant est un ancien membre de la Société : il doit savoir que la Bastille était un ouvrage du despotisme, et que la constitution ne peut lui être comparée.

Des jeunes personnes se plaignent que leurs maîtresses, les dames Fournier, les battent pour les faire aller à confesse à des prêtres réfractaires.

M. *Jacques Roux*, membre du club des Cordeliers, fait annoncer que, dimanche à trois heures, il prononcera un discours patriotique sur les moyens de sauver la France.

M. Chabot. — Je ne voudrais pas qu'on se permît de mauvais traitements à l'égard des enfants ; mais, pour ce qui tient à la religion, c'est à ses ministres à la leur apprendre ; et, s'ils en abusent, c'est à la police d'en connaître. La police doit faire exécuter les lois, et la plus sainte est la liberté des cultes. Je demande donc que la dénonciation soit renvoyée à la police.

A présent, je vais vous présenter quelques idées sur la police de Paris. Il est un point de vue qui doit nous diriger, c'est la liberté individuelle.

La liberté n'est établie que sur ce point que chacun sacrifie un peu de son droit pour assurer celui de tous.

Paris étant le centre de toutes les intrigues, de toutes les conspirations, Paris ayant une population immense, la police y doit être plus active, plus sévère qu'ailleurs. Les décrets de l'Assemblée constituante accordent bien aux juges de paix une grande autorité, la faculté de faire les visites domiciliaires.

M. *Merlin* prend le fauteuil, aux applaudissements de la Société.

M. Hion. — Les sections sont assemblées pour délibérer sur l'objet qui nous occupe. Vous avez dans cette ville plus de trente mille malveillants : il est donc essentiel que la police puisse les suivre dans leurs rassemblements nocturnes. Il est à désirer que ce ne soit pas aux juges de paix, mais à la municipalité, que soient attribuées ces visites domiciliaires. Mais, lorsqu'elles seront faites par un maire patriote, je n'y vois aucun danger : il aura droit de surveiller ces clubs particuliers. Il est essentiel encore que le maire de Paris ait le droit de donner des mandats d'amener; on ne sera pas fâché de le voir ôter aux juges de paix, qui en font un assez mauvais usage, et qui, se succèdant toutes les vingt-quatre heures, ne peuvent en tirer le parti le plus avantageux. Ne sera-ce pas le moyen d'accorder à la municipalité la faculté de suivre les trames qui s'ourdissent?

Un citoyen de la section d'Henri IV. — J'ai pris le vœu général : il se rapporte sur la police de 89 et 90 : car alors la police fut parfaitement faite, quoique la capitale fût inondée de brigands.

On demande la suppression du bureau central; que le tribunal correctionnel soit composé de juges nommés à temps par les électeurs de Paris.

Plusieurs voix. — Ça ne vaut rien.

M... — Je ne vous fais qu'un rapport du vœu qu'ont émis trente-huit sections : c'est pour éclairer les dix sections qui doivent l'émettre.

On demande encore que le juge de paix ait le droit de donner un mandat d'arrêt, mais qu'il ne puisse le mettre à exécution qu'avec le consentement d'un commissaire de police.

M. HION. — C'est M. Duglas qui fait la police à la cour : actuellement il fait grande figure, car il a un cabriolet.

Il faut que l'on supprime le point central.

Il faut que l'on rende aux commissaires de police l'attribution des affaires criminelles.

Il faut quarante-huit juges de paix au lieu de vingt-quatre.

Il faut une gradation dans les pouvoirs, depuis ceux du corps législatif jusqu'au corps municipal.

Il faut bien prendre garde de donner un trop grand pouvoir au maire, car vous n'aurez pas toujours un Petion : prenez garde à un Sartine.

La discussion est continuée à demain.

La séance a été levée à dix heures et demie.

CCXVIII

SÉANCE DU VENDREDI 18 MAI 1792

MM. les secrétaires n'étant pas arrivés, la séance s'ouvre par la lecture de la correspondance.

M. LULIER. — Je me suis acquitté de la commission que vous

m'aviez donnée hier[1] : j'ai été à midi trois quarts à la prison de Saint-Félix, mais je n'ai pu encore me procurer tous les renseignements nécessaires ; demain, j'espère n'avoir rien à désirer à cet égard, et j'aurai bien soin de vous en informer.

M. DAUBIGNY. — Voici une nouvelle preuve des vexations que se permettent les juges de paix. Hier soir, à sept heures, une femme est enlevée par ordre du juge de paix de son arrondissement : des gendarmes nationaux la font monter dans un fiacre ; son mari ne veut pas la quitter, il monte avec elle en voiture, et ils sont conduits chez ce juge de paix, M. Buob[2], bien plus fait pour la police de Constantinople que pour celle de Paris. Là, ce juge de paix fait venir devant lui la femme seule. Le mari fait de vains efforts pour pénétrer auprès du juge impénétrable. Enfin, malgré ses vives réclamations, sa femme est entraînée au bureau central, et de là elle a été conduite il ne sait en quel endroit. Tout ce qu'elle a pu faire pour l'informer de son existence a été de lui jeter un écrit par la portière du fiacre qui la renfermait.

M. LE PRÉSIDENT. — Je dois à nos frères de les avertir qu'on enrôle des gens qui se glissent partout, dans les clubs, dans les assemblées, pour espionner et semer le trouble. La capitale devient en ce moment le rendez-vous de tous les mauvais sujets de l'ancienne police.

M. LULIER. — Dans l'affaire de M. de Saint-Félix, le juge de paix est Autrichien, celui qui l'a arrêté est Autrichien, de sorte que nous sommes livrés aux Autrichiens. M. Saint-Félix m'a donné sa parole d'honneur sur ces faits.

M. VERRIÈRES. — Il m'est arrivé hier une lettre du Comité central. J'ignore le nom de l'homme et de la femme dont parle M. Daubigny. Cette lettre est signée : *Leclers*.

M. DAUBIGNY. — Mes clients s'appellent *Brasbon*.

M. TALLIEN. — Il faut seconder le vœu du corps municipal concernant la réforme de la police ; il faut à ce sujet présenter une pétition à l'Assemblée nationale ; M. Buob, ce juge de paix si coupable, protège un Comité autrichien qui s'assemble rue du Rempart.

Je demande donc qu'il soit fait une pétition qui dénonce tous ces abus de police, et qui sollicite la punition de M. Buob. (*Applaudissements.*)

Les propositions de M. *Tallien* sont arrêtées.

---

1. Voir plus haut, p. 587.
2. M. Buob était juge de paix de la section de la rue Poissonnière. Voir l'*Almanach royal* de 1792, p. 377.

M..., commandant de bataillon de l'armée du Nord, lit une adresse qui doit être présentée demain à l'Assemblée nationale. Il est députe par M. de la Noue, lieutenant général de la même armée. Le dénuement d'armes, d'habits et de plusieurs autres articles, est l'objet des réclamations renfermées dans cette pétition.

M... lit un projet d'organisation de police pour la capitale.

M. TALLIEN. — La suppression du bureau central paraît nécessitée, mais il faudrait qu'il fût remplacé par un autre dont les membres, au nombre de douze, seraient à la nomination des sections, et dont la révision appartiendrait à la commune, ainsi que cela se pratique pour les officiers municipaux. Ces douze membres se partageraient en deux sections qui connaîtraient de tels ou tels délits, qui donneraient des mandats d'amener et qui retiendraient par devers eux les pièces qui constatent les délits. La garde nationale, d'ailleurs, est extrêmement fatiguée par l'éloignement du bureau central; il faut donc des officiers de police qui, distribués dans la capitale, reçoivent les dépositions des citoyens.

Dans Paris, où il y a tant de lieux propres à établir des maisons de correction, c'est la maison de Bicêtre qui sert en même temps de maison de correction et de prison. N'est-ce pas un délit à imputer au directoire du département de Paris, qui s'est déjà rendu coupable de tant de violations de la loi? (*Applaudissements.*)

M. VERRIÈRES. — La police correctionnelle réunit le pouvoir judiciaire et le pouvoir exécutif; c'est sous les auspices d'une loi de sang, de la loi martiale, qu'elle a été établie. Je demande qu'on distingue la police administrative de la police judiciaire.

J'ai fait au nom de plusieurs sections, et surtout de la mienne, un travail qui m'a déjà valu trois dénonciations au juré, et j'ai encore une affaire au tribunal où est le sieur Bernard.

J'ai fait sortir de Bicêtre la femme Jacob, bonne patriote, et qui avait reçu deux balles au Champ de Mars: c'était son patriotisme qui lui valait les honorables persécutions qu'elle essuyait.

Aujourd'hui, à l'Assemblée nationale, des mesures ont été adoptées sur la police de Paris. Il est donc inutile de s'occuper davantage de cet objet. Il vaudrait sans doute mieux s'occuper des prêtres.

M. SAINT-ANDRÉ. — Hier on a arrêté qu'il serait envoyé une adresse aux Sociétés affiliées; les commissaires rédacteurs n'ont point dans la même séance rempli votre objet; je demande qu'ils soient entendus à présent.

Un garde du roi qui a été chassé demande à venir rendre compte des vexations inouïes qu'il a éprouvées.

M. *Billaud-Varenne* donne lecture de l'adresse destinée à être envoyée aux Sociétés affiliées : elle obtient les plus vifs applaudissements. Cependant, sur la demande de plusieurs membres, MM. Dufourny et Robespierre sont nommés pour y faire quelques légers changements.

M. *Tallien* donne lecture d'une adresse présentée par un garde du roi mis en prison pour cause de patriotisme ; il a trouvé le moyen de s'échapper ; il désire un habit de garde national pour renvoyer celui qu'il a sur le corps.

M. BRIVAL. — Ce matin, un garde national est arrivé chez M. de Brissac pour entrer dans la garde du roi ; il avait l'uniforme national. « Cet habit vous déshonore », a dit le chef. Eh bien, Messieurs, je promets de dénoncer ce fait à l'Assemblée nationale.

Il est arrêté qu'on réunira tous les faits qui prouvent l'incivisme de M. Brissac pour être dénoncés à l'Assemblée nationale, et qu'un membre de cette même Assemblée leur sera adjoint.

M. BRIVAL. — J'offre au garde du roi un habit de garde national tout neuf que j'ai. (*Vifs applaudissements.*)

Il est arrêté que le nom d'un brave garde-française, qui a recueilli le garde du roi, sera inscrit au procès-verbal.

M. VERRIÈRES. — Un tambour d'une compagnie est en prison pour avoir battu *Ça ira;* jugez du patriotisme des officiers.

M. TALLIEN. — Un grand nombre d'officiers aristocrates sont entrés dans la garde du roi comme simples soldats. Je puis citer entre autres M. Rohan-Chabot, ci-devant aide de camp de M. La Fayette.

M. ROBESPIERRE. — Je prie la Société de mettre à l'ordre du jour de dimanche la question relative à nos liaisons avec les Suisses. On se rappelle que, lorsqu'on l'a agitée, j'ai été le premier à m'y opposer ; mais j'étais dans l'erreur sur le compte de celui qui parlait.

M. TALLIEN. — J'ignore quelle est la personne qui a parlé sur cette question. Je crois fort important de la connaître, parce qu'il me paraît qu'elle s'est présentée à M. Robespierre d'une manière peu digne de lui et de la Société.

Le garde du roi reparaît avec l'habit national. « C'est, dit-il, celui qui me convient ; quant à l'autre, je n'en veux plus. » — Il le jette par terre avec dédain.

On met aux voix si M. *Boc* (sic) sera entendu dimanche. — Il est arrêté que ce sera lundi, parce que jusqu'à ce jour on aura le temps de prendre des informations. Dimanche on s'occupera des finances en général.

La séance a été levée à onze heures.

CCXIX

SÉANCE DU DIMANCHE 20 MAI 1792

A l'arrivée de M. *Merlin*, les applaudissements les plus vifs des tribunes et de la Société lui témoignent l'intérêt qu'ont pris tous les bons citoyens à l'injure faite la veille à l'Assemblée nationale par le juge de paix de la section de Henri IV en lançant un mandat d'amener contre lui, ainsi que contre MM. Basire et Chabot.

Après la lecture du procès-verbal de la dernière séance, M. *Deflers* lit l'extrait de la correspondance.

M. CHAVET, patriote suisse, écrit à la Société. « Lorsque j'ai, dit-il, agité la question relative au renouvellement des capitulations avec les cantons suisses, j'ai été vivement interrompu par M. Robespierre, mais il a eu le lendemain la loyauté de convenir de ses torts. Aujourd'hui que je me trouve inculpé par M. Tallien, je demande des commissaires pour être entendu contradictoirement avec mon adversaire. »

Arrêté que demain à la tribune on entendra M. Chavet.

Un de MM. les Secrétaires donne lecture de quelques lettres remises à l'instant sur le bureau.

De Saint-Flour en Auvergne, pays où a dernièrement résidé M. La Fayette, on mande que, sur la recommandation de celui-ci, il se forme des bataillons de milice; ce mode tyrannique d'enrôlement est, dit-on, sur le point d'arracher à l'agriculture et aux arts une foule de citoyens.

Une autre lettre, adressée à la Société par un employé dans l'administration des postes, lui dénonce des faits très importants.

[On lit cette lettre, où il est dit que l'administration des postes décachète la correspondance de la Société.]

M... — La lettre qui vient de vous être lue contient un tissu de calomnies atroces, abominables (*Ah! ah! ah!*), du moins en ce qui concerne les commis aux postes de Paris; je réponds de leur civisme, car, au nombre de quatre-vingt-dix, ils ont payé entre mes mains leurs contributions patriotiques. Je serais d'avis qu'on communiquât cette lettre à la nouvelle administration. (*Ah! ah!*)

M. Legendre. — Je demande que, pour les faits contenus dans la première lettre, on écrive à une Société affiliée des environs de Saint-Flour, afin qu'elle nous donne les éclaircissements nécessaires.

Quant à la seconde lettre, mon opinion est : 1° que le nom du citoyen qui l'a écrite doit être tenu secret, 2° que les dénonciations qu'elle renferme soient soumises à l'examen de quatre commissaires.

[*M. Saint-André* fait observer que les faits incriminés ne s'adressent qu'à l'ancienne administration des postes. — Une lettre de Metz annonce le meurtre, par la foule irritée, d'un certain abbé Fikmon, reconnu coupable du crime de lèse-nation. (*Applaudissements.*)]

M. le Président. — Je ne souffrirai pas que la lecture soit continuée, puisqu'on se permet d'applaudir lorsque la loi a été violée.

M... — Ce n'est pas à la violation des lois que nous applaudissons. Mais l'atrocité du coupable ne nous permettait pas de réfléchir aux formes.

Plusieurs voix. — La lecture! la lecture!

Elle est continuée.

« J'ai vu, dit l'auteur de la lettre, ce monstre abattu, percé de mille coups. La loi martiale a été proclamée, et à une scène sanguinaire a succédé la plus grande tranquillité. »

M. *Varlet*, ne pouvant, écrit-il, surmonter souvent tous les écueils dont est semée la tribune, fait proposer, par écrit, une mesure capable, selon lui, de nous débarrasser des prêtres séditieux. Elle consiste en un échange à proposer aux Barbaresques. Pour un captif on leur donnerait deux prêtres; et ceux-ci, par ce moyen, prêcheraient tout à leur aise, à Tunis et à Alger, l'esclavage et la soumission aux tyrans. (*Éclats de rire.*)

[*M. Daubigny* raconte les mauvais traitements infligés à deux ouvriers par les gardes du roi.]

Indignation générale.

On invite M. *Guadet* à monter à la tribune pour rendre compte de ce qui s'est passé à l'Assemblée nationale au sujet de l'affaire du juge de paix Larivière. M. *Guadet* monte à la tribune au milieu des applaudissements les plus vifs; quelques membres prolongent les leurs d'une manière remarquable, entre autres M. *Baumier*.

Un censeur à M. *Baumier*. — Peut-on être aussi lâche que d'applaudir ainsi d'une manière indécente?

M. BAUMIER. — Vous êtes un sot, Monsieur; je demande que M. le Président vous rappelle à l'ordre. (*Tumulte*.)

M. LE PRÉSIDENT. — Je rappelle à l'ordre M. Baumier et M. le censeur, pour s'être servis l'un et l'autre des expressions de lâche et de sot. (*Applaudissements*.)

M. GUADET. — Je n'ai pas été présent à toute la discussion. Ainsi je prie un de mes collègues de donner le précis que désire la Société. M. Vergniaud remplira cette tâche beaucoup mieux que moi.

[M. *Vergniaud* rapporte ce qui s'est passé à l'Assemblée nationale.]

M... raconte que, ce même soir, passant devant l'endroit où se tient le Club de 89, il avait rencontré une patrouille de patriotes qui se tenait aux environs pour arrêter le sieur Larivière, qui y était, dans le cas où le décret d'accusation eût été porté le soir même.

Un citoyen du faubourg Saint-Antoine lit une pétition que ces citoyens avaient destinée à l'Assemblée nationale à ce même sujet.

L'impression et l'envoi aux Sociétés affiliées est ordonné; elle fera le sujet de notre plus prochain supplément [1].

M. *Robespierre* annonce que, n'ayant pu rejoindre M. *Billaud-Varenne*, rédacteur de l'adresse proposée, il demandait l'ajournement de sa discussion à lundi, ce qui a été arrêté.

La séance a été levée à dix heures.

---

1. *Société des amis de la constitution, séante aux Jacobins Saint-Honoré, à Paris.* — *Discours qui devait être prononcé à l'Assemblée nationale dans la séance du 20 mai 1792, l'an IV de la liberté, par les habitants du faubourg Saint-Antoine, prononcé à la Société des amis de la constitution dans la séance du même jour, et imprimé par son ordre.* — Imp. du *Patriote français*, s. d., in-8 de 7 p. — Bibl. nat., Lb 40/698. — Cette adresse se trouve aussi dans le *Journal des Jacobins* du 27 mai 1792.

CCXX

SÉANCE DU LUNDI 21 MAI 1792

PRÉSIDENCE DE M. MERLIN

Après l'admission de divers étrangers à la séance, M. *Collot d'Herbois*, secrétaire, fait lecture du procès-verbal de la dernière séance, dans la rédaction duquel, ayant suivi exactement l'arrêté pris à différentes fois par la Société, il n'avait pas cru devoir consigner les applaudissements donnés à M. Vergniaud lorsqu'au commencement de son opinion il avait juré paix et fraternité à tous les patriotes, en les engageant à en faire tous autant à son égard et à l'égard les uns des autres. M. *Goupilleau* relève cette omission comme un tort de M. le secrétaire, qui se justifie par l'excellente raison qu'il s'est conformé au règlement; il ajoute que consigner au procès-verbal qu'un membre avait engagé les patriotes à se réunir était consigner qu'ils avaient pu être désunis, ce qui était faux. (*Applaudissements.*)

M. *Albitte* propose que, sans consigner cette erreur au procès-verbal, M. le secrétaire soit invité à y insérer que la Société, resserrant de plus en plus les liens qui unissent entre eux tous les patriotes, a exprimé par les plus vifs applaudissements le plaisir qu'elle éprouvait en voyant la sincérité de ces sentiments prouvée par la conduite des députés patriotes dans les séances de l'Assemblée nationale, où elle s'était montrée ardente à venger l'insulte faite à sa majesté par le juge de paix Larivière.

Cette proposition est adoptée, sauf rédaction.

On envoie au Comité de présentation la demande faite par la Société de Versailles de donner à ses membres la facilité d'être admis à la séance de la Société en présentant seulement leurs cartes d'entrée particulières à leur Société.

M. *Périgny*, de Strasbourg, fait quelques remarques sur l'espèce de liaison qui semble exister entre les persécutions excitées contre les patriotes de Strasbourg et celles qu'on préparait aux patriotes de Paris; il communique une lettre de sa femme, qui lui annonce l'élargissement du frère Laveaux, l'enthousiasme qu'a causé dans la Société des amis de la constitution la présence de ce martyr de la liberté, qui, sur-le-champ, a été nommé président.

A cette occasion, un citoyen a offert à la Société de Strasbourg seize louis en or et quatre cents livres en assignats pour frapper des médailles qui consacrent à jamais la mémoire de cette persécution. Trois de ces médailles seront en or : l'une sera donnée au patriote Laveaux, l'autre à la Société de Strasbourg, et la troisième à celle de Paris. Cinq médailles pareilles, mais en argent, seront distribuées aux défenseurs officieux de cet accusé, et quinze en bronze seront offertes aux citoyens composant le jury qui a déclaré Laveaux innocent. Celui-ci, déterminé à suivre cette affaire jusqu'au bout et à obtenir justice du maire Dietrich, prie la Société de lui nommer des commissaires pour l'aider de leurs lumières.

La Société, accédant à cette demande, nomme pour cette commission MM. *Mathieu, Collot d'Herbois* et *Pépin-Desgrouettes*.

Un membre propose que le Comité de correspondance adresse une lettre à la Société de Strasbourg, ainsi qu'au citoyen Laveaux, pour le féliciter sur son courage et son triomphe. M. *Périgny* propose d'attendre, pour cela, que la Société de Strasbourg et M. Laveaux aient écrit à la Société de Paris; un autre membre propose d'ajourner cette question après la lecture de la correspondance, parce qu'il croit qu'il y a une lettre écrite par la Société de Strasbourg. Ces deux propositions sont écartées par la question préalable, et l'on arrête l'envoi de la lettre au citoyen Laveaux et à la Société de Strasbourg.

M. Varlet. — J'ai bien vu dans le procès-verbal, Monsieur le Président, l'annonce de ma motion d'envoyer tous les prêtres séditieux à Alger, en les échangeant contre des captifs, à raison de deux prêtres pour un captif; mais je n'ai pas vu qu'on s'en fût occupé, et je vous prie de me dire absolument qu'est-ce qu'on en a fait.

M. le Président. — Monsieur, puisque vous voulez le savoir, on en a ri. (*Applaudi.*)

[M. *Chabot* rapporte l'incident relatif à M. Le Cointre, que l'Assemblée nationale, dans sa séance du matin, a envoyé à l'Abbaye pour avoir écrit arbitrairement à la municipalité de Belfort d'arrêter plusieurs Cent-Suisses réformés qui se retiraient dans leur pays[1]. — M. *Patris* « envoie à la Société plusieurs exemplaires d'un écrit fait pour sa justification ». — M. *Mendouze* raconte l'arrivée des bouchers de Paris à Strasbourg. — M. *Deflers* lit la correspondance, et demande qu'on nomme des commissaires pour suivre une offense relative au « curé constitutionnel de Pleurtuit, près Saint-Malo ». — M. *Robespierre* s'oppose à cette nomination, parce qu'elle aurait un caractère officiel.]

M. Tallien. — C'est précisément parce que je suis convaincu, comme

---

1. Voir sur ces faits le *Journal logographique*, t. XIX, p. 105-121.

M. Robespierre, que nous devons tous nous porter défenseurs officieux de tous les opprimés, c'est parce que je pense avec lui que les malheureux villageois dont il est question dans cette lettre méritent les secours des bons citoyens, que je demande que la Société nomme des commissaires pour suivre leur demande, car ce que font douze cents personnes ne se trouve jamais fait; j'appuie donc la motion faite par M. Deflers pour la nomination des commissaires.

La Société arrête cette nomination; les commissaires nommés sont MM. *Saint-Aubin, Montaut (du Gers)* et *Dominique*.

M. LE PRÉSIDENT. — Avis à tous les citoyens : demain, après midi, M. Manuel, procureur de la Commune, subira son premier interrogatoire au 1er tribunal criminel provisoire établi au Palais[1].

Les tribunes. — Nous y irons tous.

La Société de Saint-Denis avait fait demander à la Société quatre cartes d'entrés au lieu de deux. L'envie de satisfaire au désir de cette Société et la crainte d'enfreindre les règlements adoptés pour ces billets d'entrée font naître une discussion assez longue, qui se termine par le renvoi au Comité de présentation, pour en rendre compte, avec la demande de la Société de Versailles.

Trois gardes de la maison du roi, qui ont donné leur démission, demandent à rendre compte des motifs qui les ont déterminés à cette démarche. L'entrée de la séance leur est accordée, et la parole après l'ordre du jour.

Des citoyennes déportées de l'île Saint-Pierre-Miquelon et arrachées, avec un vieillard et quatre enfants, à leurs possessions, à leur commerce, à leurs familles, par l'ordre arbitraire de M. Dandanne d'Azeville, commandant de cette île, font lecture d'une pétition qu'elles destinent à l'Assemblée nationale pour en obtenir la faculté de retourner chez elles et de prendre à partie le gouverneur qui a usé si despotiquement de son autorité, sous le prétexte que les déportés étaient dangereux et suspects à raison de l'exaltation de leur patriotisme.

La lecture de cette adresse excite le plus vif intérêt. M. *le Président* en exprime le sentiment dans une réponse qui est applaudie, et promet, au nom des législateurs patriotes, que l'Assemblée nationale ne manquera pas de rendre à des citoyens opprimés la justice qui leur

---

1. Manuel avait été décrété d'ajournement personnel, pour avoir publié les *Lettres de Mirabeau*. Le tribunal prononça que les parties seraient renvoyées à fins civiles et que les informations seraient changées en enquêtes, dépens réservés. — Voir le *Moniteur*, XII, 398, 550.

est due et de leur donner les secours qui seront en son pouvoir[1].

M. *Collot d'Herbois* fait quelques réflexions sur les dangers qu'il y aurait à laisser renvoyer au pouvoir exécutif l'objet de cette pétition, et même à se borner à renvoyer ces pétitionnaires à se pourvoir par-devant les tribunaux; ce serait leur donner la certitude de n'être jamais dédommagés. La Société de Brest, qui a une entière connaissance des détails de cette affaire, conjure les députés patriotes de se réunir, de se rassembler lorsque cette pétition sera présentée : car il est essentiel que l'innocence outragée soit vengée, il est important que ce M. Dandanne d'Azeville soit puni.

M. Dufourny. — En approuvant en tout l'observation de M. Collot-d'Herbois sur la nécessité d'éviter le renvoi de cette affaire au pouvoir exécutif, je crois que le moyen le plus sûr pour éviter ce renvoi serait de démontrer que, l'organisation du pouvoir exécutif dans les colonies n'étant pas achevée par la constitution, l'exercice de ce pouvoir doit rester, jusqu'à cette époque, dans les mains de l'Assemblée nationale, qui doit créer cette organisation. Je ne fais que jeter cette idée à la hâte, n'ayant pas eu le temps d'en développer les moyens, mais je la recommande aux orateurs, qui pourront en faire, dans cette occasion, un bon usage en faveur du patriotisme opprimé. Je demande que, pendant leur séjour ici, les citoyennes qui viennent de paraître devant vous trouvent leurs places dans vos tribunes, et qu'il leur soit délivré des cartes à cet effet.

La motion, appuyée et mise aux voix, est adoptée.

Les gardes du roi qui ont donné leur démission de ce service montent à la tribune et exposent les motifs qui les ont forcés à donner leur démission.

[Suit l'exposé de ces motifs : les gardes du roi accusent leurs officiers de procédés barbares pour les forcer à prendre *l'esprit de corps*.]

M. le Président. — Citoyens, vous avez quitté le service domestique d'un roi (*applaudissements universels*) pour vous engager au service de votre souverain, la nation. Les applaudissements dont vous avez été accueillis vous ont prouvé combien, dans votre démarche, la Société admirait la conduite d'hommes faits pour sentir le prix de la liberté et toute l'ignominie de l'esclavage. La Société a nommé une commis-

---

[1]. L'Assemblée législative fit en effet droit à la demande des pétitionnaires par son décret du 8 juin 1792.

sion pour recueillir tous les faits qui déposeront contre l'incivisme des officiers de la garde du roi et contre les vexations qu'ils se permettent envers les soldats qui montrent quelque patriotisme. Le service de la garde du roi est dans la constitution ; vous dites qu'il est impossible maintenant à un citoyen patriote d'y servir ; cette réflexion ne sert qu'à prouver la vérité de l'ancien adage : tels maîtres, tels valets. La Société vous invite à assister à sa séance.

M. Doppet. — Je ne suis point étonné, Messieurs, de voir l'aristocratie vexer le patriotisme dans la garde du roi ; la réponse énergique que vient de faire M. le Président vous en a expliqué les raisons. Je ne suis pas étonné non plus que les soldats patriotes vexés dans cette garde viennent déposer leurs plaintes au milieu de vous : les Amis de la constitution seront toujours les soutiens des patriotes, et plus encore des patriotes opprimés. Mais je suis étonné que les Amis de la constitution ne fassent pas réflexion qu'à mesure que les patriotes sortent de la garde du roi on ne sait par qui ils sont remplacés.

M. Saint-Huruge. — Ils sont remplacés par des prêtres réfractaires : j'en connais qui font le service.

M. Doppet. — Je ne sais s'ils sont remplacés par des prêtres réfractaires ou par des aides de camp de M. La Fayette, comme on l'a dit ici ; mais la constitution dit que le roi ne pourra choisir les hommes de sa garde que parmi ceux qui sont actuellement en activité de service dans les troupes de ligne, ou parmi les citoyens qui ont fait depuis un an de service de gardes nationales, pourvu qu'ils soient résidents dans le royaume et qu'ils aient prêté le serment civique. Je demande donc que, tout en appuyant, en protégeant les soldats patriotes que l'incivisme et l'aristocratie des officiers qui commandent cette garde forcent à en sortir, l'Assemblée nationale pourvoie aux moyens de s'assurer d'une manière positive si ceux par qui ces soldats patriotes sont remplacés réunissent toutes les conditions énoncées dans l'article de la constitution. (*Applaudi.*)

M... — Messieurs, vous avez accueilli en frères les trois gardes du roi qui viennent de vous exposer les motifs qui ont les déterminés à donner leur démission. Deux d'entre eux sont de Paris, au milieu de leur famille et à l'abri de tous besoins ; mais le troisième, que l'on a tiré d'un régiment de troupes de ligne, vraisemblablement ne tient à personne ici : il peut se faire qu'il ne soit pas dans la même position. Je demande qu'il soit fait une collecte en sa faveur.

Cette motion est appuyée, et on arrête qu'à la séance de mercredi prochain il sera fait une collecte en sa faveur.

Un autre soldat de la garde du roi, le premier qui ait été obligé d'en sortir à raison de ses sentiments patriotiques, fait part des diverses manœuvres employées par les officiers aristocrates de cette garde pour en dégoûter les soldats patriotes.

Il est invité à donner connaissance de ces faits aux commissaires chargés de recueillir tous ceux qui peuvent constater l'incivisme de ces officiers.

On fait lecture de l'adresse proposée par M. *Billaud-Varenne*, avec les changements que MM. *Robespierre* et *Dufourny*, nommés commissaires à cet effet, proposent d'y apporter. M. *Tallien* observe que ces changements ont tellement défiguré cet ouvrage qu'il est impossible de le reconnaître. La discussion s'ouvre sur cet objet; mais, l'heure étant trop avancée, elle est ajournée à mercredi.

La séance a été levée à dix heures.

CCXXI

SÉANCE DU MERCREDI 23 MAI 1792

PRÉSIDENCE DE M. MERLIN

Avant la lecture du procès-verbal, M. *Lequinio* fait part à la Société d'une lettre que celle de Lorient lui a adressée. La circulaire écrite par M. *Clavière* lui inspire les plus grands doutes sur l'exactitude et la fidélité du service de la poste. M. *Lequinio* fait quelques réflexions sur cet objet et annonce avoir proposé à l'Assemblée nationale un moyen sûr de faire circuler les assignats, sans avoir rien à redouter de l'infidélité des porteurs.

M. *le Secrétaire* fait lecture du procès-verbal, dans lequel il avait inséré la réponse énergique faite par M. le Président aux gardes du roi qui avaient donné leur démission. Pour se conformer au règlement, qui ordonne qu'aucune motion, opinion ou discours ne sera inséré au procès-verbal sans un arrêté de la Société, M. *Collot d'Herbois* fait la motion expresse que cette réponse soit conservée. La motion, appuyée, est adoptée à l'unanimité.

[M. *Laplanche*, député de Nevers, demande pour les officiers municipaux et les Jacobins de cette ville l'appui de la Société.]

M. Dufourny. — Je demande qu'on écrive à la Société de Nevers une lettre remplie de nos sentiments pour elle. (*Arrêté*.)

M... — Je demande que, dans la même lettre, il soit fait mention de la manière distinguée dont les députés de Nevers auprès de notre Société remplissent leur mission.

M. Tallien. — Je m'oppose à ce qu'il soit fait une pareille mention. Ce serait en quelque sorte vouloir faire douter du patriotisme de ces députés: car, s'ils ont été envoyés auprès de nous, c'est qu'ils sont bons citoyens. S'ils s'acquittent de leur devoir avec zèle et patriotisme, ils ne font que leur devoir.

M. *Deflers* fait lecture de la correspondance.

M. Tallien. — Si M. Charton, dont il est question dans la correspondance (voyez le n° 57 de la *Correspondance*), est le même que celui que nous avons connu à Paris ayant aussi la qualité de chef de division, je demande qu'on détrompe la Société qui nous fait son éloge.

M. Dufourny. — Nous avons eu dans notre sein un M. Charton, militaire décoré de la croix Saint-Louis : sans doute que c'est celui-là dont on a prétendu nous parler.

M. le Président. — Lorsque j'étais secrétaire, j'ai délivré à ce M. Charton un diplôme : je pense donc que c'est le même.

M. Daubigny. — M. le prince de Hesse...

Plusieurs voix. — Pas de prince.

M. Daubigny. — Je le dis prince parce qu'il est étranger. Je répète que M. de Hesse nous a écrit d'une petite ville des choses fort intéressantes. Je suis même fort étonné qu'on ne vous en ait pas entretenus.

M... — Le ministre a donné au vertueux La Fayette, comme l'appelle une Société affiliée (voyez le n° 57 de la *Correspondance*), les ordres d'attaquer nos ennemis, qui seront bientôt renforcés de 40,000 Prussiens.

M. Saint-Huruge. — Ce n'est pas vrai.

M. le Président. — Je vous rappelle à l'ordre, Monsieur, à cause de l'indécence avec laquelle vous vous comportez à l'égard d'un de vos confrères.

M... — Eh bien! M. La Fayette a méprisé ces ordres : il a refusé d'attaquer; j'en ai vu les preuves chez le ministre de la guerre.

M. Tallien. — L'objet important, le grand ordre du jour, est de sauver la patrie. L'Assemblée nationale a donné un grand exemple en lançant un décret d'arrestation contre le juge de paix Larivière; mais elle n'a pas encore tout fait. Je demande donc qu'on s'occupe des moyens de réprimer celui qui donne le scandale d'une désobéissance aussi formelle.

M. *Daubigny* donne lecture de la lettre de M. de Hesse, où celui-ci se plaint qu'en le plaçant à Lauterbourg on l'a envoyé à la boucherie, car il n'y a trouvé ni boulets, ni canons, ni munitions. La garnison consistait en 120 recrues. Effrayé de cette situation, il a, par son activité, mis la ville sur un pied respectable de défense, en attirant à lui plusieurs régiments. (Voyez le n° 58 de la *Correspondance*.)

M. Lulier. — Vous voyez, Messieurs, de quelle importance est cette lettre. Je demande que ceux qui la cachaient à la Société soient tenus d'en expliquer les motifs.

M. Doppet. — Cette lettre a été apportée dans le moment que le secrétaire donnait lecture de la correspondance : il n'a donc pas pu en faire l'extrait.

M. Daubigny. — Avant-hier elle était sur le bureau. Je voulais en faire lecture, mais les observations de quelques membres m'en empêchèrent.

M. Collot d'Herbois. — On ne vous donne jamais lecture que de lettres capables d'égarer l'esprit public. On vient de vous lire l'éloge de Narbonne, et qui est-ce qui peut encore douter de l'incivisme de cet homme ?

Plusieurs voix. — Personne.

[M. *Collot d'Herbois* s'étonne qu'on ne reçoive que « des lettres contraires à la notoriété publique sur les faits les plus importants ». Il refuse toute confiance aux officiers : les soldats seuls la méritent. — M. *Hion* critique par le détail la conduite de La Fayette à la tête de l'armée. — M. *Tallien* expose les mesures qu'il croit « nécessaires dans ces moments périlleux », et propose que La Fayette soit dénoncé à l'Assemblée nationale. — M. *Saint-André* observe à ce propos qu'on devrait choisir les généraux avec la plus grande sévérité.]

Un orateur de la députation envoyée par la Société de Saint-Denis donne sur l'armée de M. La Fayette des détails et fait des observations qui sont souvent interrompues par la demande de l'ordre du jour.

M. Tallien. — Je vois avec peine qu'à la suite de la division qui a éclaté dans cette Société on choisisse dans la correspondance et dans les députations tout ce qui est propre à renouveler ces divisions. Je demande donc que nulle députation ne soit entendue avant que son discours ou l'objet de sa mission aient été soumis au Président, afin de ne jeter parmi nous nulle pomme de discorde.

La seconde partie de ma motion est d'inviter tous ceux qui sont chargés de la correspondance à éviter toutes flagorneries, même pour les meilleurs patriotes.

M. Panis. — Il semble que les habitants de Saint-Denis aient oublié l'affaire de La Chapelle : ils sont sans doute trop éloignés de ce village pour être bien instruits. On croirait que, pour être bien convaincus, ils attendent qu'on ait mis dans leurs mains leurs têtes, comme à leur patron. (*Applaudissements.*)

M. Hion. — M. Tallien a oublié les principes, en voulant que les députations fussent soumises à M. le Président. Ce serait empêcher la circulation des pensées.

M. Lacolombe, lorsque M. La Fayette était ici, demandait le ministère de la guerrre; et aujourd'hui on débitait qu'il remplaçait le nouveau ministre.

M. Daubigny. — Voici le comble de l'insolence : M. La Fayette a fait un règlement qui semble partir d'un chef des eunuques de Constantinople. Un article porte qu'aucun chef ne pourra être recherché pour les actes de rigueur qu'il jugera nécessaires. Je demande à M. Albitte s'il n'a pas des preuves de l'existence de ce règlement.

M. Albitte. — L'article dont on vient de vous faire lecture est très vrai. J'ai reçu plusieurs lettres où on se plaint du même objet. Je demande que tous les députés se réunissent et se pénètrent combien il est important d'ôter aux chefs un pouvoir si arbitraire. Je crois ce règlement imprimé; demain je le demanderai au ministre de la guerre, et je lui ferai sentir le danger de pareilles dispositions.

M. Daubigny. — Lorsque M. Narbonne a dit que tout était en bon état, M. La Fayette a été criminel de ne pas le démentir; lorsque le premier a fait une marche forcée, c'est une grande perfidie ou une grande ineptie, s'il manquait des choses nécessaires. Je vous ai prouvé qu'il est un traître : c'est assez pour un décret d'accusation.

La Société arrête que la discussion est interrompue pour entendre le récit de ce qui s'est passé le matin à l'Assemblée nationale.

M. *Albitte* est invité à le faire.

M. Albitte. — On s'attendait aux dénonciations annoncées. On a commencé par défendre aux tribunes tout signe d'approbation ou d'improbation. Ensuite MM. Duranthon, Montmorin, Bertrand, ont été dénoncés. Les preuves étaient manifestes; un décret d'accusation devait les suivre. Mais le malheur est que tout a été ajourné à vendredi. Au surplus, les discours de MM. Gensonné et Brissot étaient trop métaphysiques : ils n'allaient pas assez directement au but.

M. Bellegarde. — Cela est faux.

M. ALBITTE. — Le seul regret que me donnerait le petit récit que je vous ai fait serait de me faire perdre l'estime de M. Bellegarde, que j'aime et que je considère.

M. DUSAULX. — Ce qu'a énoncé M. Albitte est bien vrai; mais il dit que les discours de MM. Gensonné et Brissot étaient métaphysiques : non, ils étaient très physiques. Je le dis de tous les deux : ils ont produit la conviction. Mais ce qui a occasionné ce silence profond, cette espèce de torpeur, c'est la proposition, inconvenante peut-être, d'un député membre de cette Société. Ces discours étaient si bons, et vous êtes si patriotes, que vous fussiez morts d'être forcés de ne pas y applaudir.

[M. *Lasource* analyse le discours de M. Gensonné à l'Assemblée nationale.]

M. MÉCHIN. — J'ai entendu dire ce matin, à l'Assemblée nationale, que M. Montmorin comptait faire usage de l'amnistie pour échapper aux accusations dirigées contre lui.

Plusieurs membres racontent différents faits qui se sont passés dans le jour aux Tuileries. M. Roucher-supplément (*sic*) a été houspillé et obligé de se confier à l'inviolabilité de la grille du château ; M. de la Chesnaye, surpris donnant des soufflets à un jeune colporteur, a essuyé le même traitement : la grille lui a été aussi fort utile.

Un garde national annonce qu'un homme ayant des épaulettes d'adjudant-général, M. Dubut de Longchamp, a été arrêté au château par la garde et conduit dans un corps de garde, pour avoir donné des ordres sans y être autorisé et s'être revêtu d'une décoration qui ne lui appartenait pas.

Un citoyen dit avoir vu aujourd'hui une foule de personnes se promenant au bois de Boulogne avec des cocardes blanches. La municipalité de Passy l'a informé que, toutes les nuits, une multitude de voitures se rendent à Bagatelle et dans d'autres lieux.

La séance a été levée à dix heures et demie.

CCXXII

SÉANCE DU VENDREDI 25 MAI 1792

A l'ouverture de la séance, M. *Bourdon de la Crosnière* recommande à la Société un soldat qu'il lui a présenté cet hiver, et qui vient d'obtenir son remplacement; il demande que la Société fasse une collecte pour lui procurer le moyen de rejoindre. — Accordé.

La lecture de la correspondance commence par une lettre de M. Charton, maréchal de camp à Toulon. Ce nom excite de vives réclamations. Il s'ensuit des explications sur la manière dont ce M. Charton a été admis au nombre des membres de la Société; on en fait quelques reproches au Comité de présentation, et on arrête que le Comité de correspondance sera chargé d'expier la faute qu'a faite celui-ci en admettant M. Charton.

Après la lecture du procès-verbal, on fait celle de la correspondance.

M. *Le Cointre* entre au milieu d'applaudissements redoublés.

M. *Collot d'Herbois* donne lecture d'une adresse de la Société de Bordeaux intitulée: *Éveil au Peuple*. Plusieurs morceaux de cette adresse obtiennent les plus vifs applaudissements. (Voyez le n° 58 de la *Correspondance*.)

M. LEQUINIO. — Il est bien important que vous rassuriez tous les citoyens français sur les craintes exprimées dans cette adresse (*murmures*), et que vous donniez comme certain que jamais l'Assemblée nationale n'accueillera le système des deux Chambres. (*Nouveaux murmures*.) Il faut que j'aie été bien mal entendu, si ma proposition excite des murmures.

Un député de Bordeaux. — Je rends hommage au patriotisme du préopinant; mais il se trompe sur la situation des esprits, depuis Bordeaux jusqu'à Paris. Car, Messieurs, j'ai bien observé le peuple des villes, et surtout celui des campagnes; j'ai voyagé pour cela comme J.-J. Rousseau, et vous comprenez que c'est à pied. Eh bien! partout j'ai vu le peuple brûlant du saint amour de la liberté, ardent à soutenir la constitution; mais il n'est pas sans quelque crainte qu'on ne porte à cette constitution des altérations funestes. — La plupart des Sociétés patriotiques que j'ai fréquentées le long de ma route se plaignent de n'être point assez éclairées par la Société-mère. Il n'y a que trois jours que je suis arrivé dans cette ville. Hier, j'étais chez un excellent patriote, chez M. Grangeneuve; une dame bien patriote m'a certifié qu'il n'y avait pas dans l'Assemblée nationale trente membres qui fussent dans les bons principes. Eh bien! Messieurs, voulez-vous qu'on ne craigne rien du système des deux Chambres de pareilles dispositions? Et l'on dit qu'il ne faut au peuple que des choses consolantes! Quoi! Messieurs, notre cœur saigne, et nous porterions au peuple des paroles consolantes! Oui, soyons toujours éveillés; témoignons au peuple des craintes bien fondées, et il ne s'endormira pas. Je vais faire une proposition qui ne pourrait alarmer qu'à Coblentz : je demande que cette adresse soit réimprimée et affichée. (*Applaudissements*.)

M. LE PRÉSIDENT. — La Société des arts me charge de vous avertir que M. Quatremère a été expulsé de son sein pour avoir pris le parti de M. Larivière dans l'Assemblée nationale.

M. CHABOT. — Je trouve la proposition d'afficher d'autant plus dangereuse qu'avec d'excellentes réflexions cette adresse renferme certaines phrases peu convenables dans la bouche des Jacobins. Si cette adresse vous appartenait, je demanderais des changements, et, moyennant ces modifications, je désirerais pour elle la plus grande grande publicité. Mais c'est l'ouvrage d'une autre Société, vous n'avez pas pas droit d'y toucher; je m'oppose donc à l'affiche.

Certes, la phrase que je vais lire dans cette adresse ne sera appuyée par aucun vrai Jacobin : « Vous, généraux, n'oubliez pas qu'en vos mains réside le destin de la France, et que votre loyauté lui promet les services les plus signalés. » S'il est un Jacobin qui avoue ces principes, et surtout que les destinées de la France sont entre les mains des généraux, qu'il ose se lever, et son audace seule le fera chasser de cette Société. Le destin de l'État réside dans l'union, les lumières, le courage et le patriotisme de la nation, et non dans les mains d'aucun individu. Notre destinée repose sur la justice de notre cause, sur notre fermeté, sur la constante volonté d'être libres. — La loyauté des généraux! Je n'élève point de nuages sur ceux qui ont donné leur démission, je n'examine pas s'ils ont bien ou mal fait de rester dans l'inactivité; mais je proteste qu'ils n'ont point de loyauté. « Fussiez-vous les ennemis de la constitution, ajoute l'adresse, vous n'en feriez pas moins votre devoir. » Rochambeau, sans doute, a profité de ce conseil! (*Applaudissements*.)

M. LE PRÉSIDENT. — Deux jours avant sa lâche désertion, M. Bouillé m'a dit qu'il était ennemi de la constitution, mais qu'ayant juré de la défendre, il n'oublierait jamais son serment. L'affaire de Varennes en est la preuve.

M. CHABOT. — Ces phrases, qui seraient impardonnables dans la bouche de la Société de Paris, deviennent excusables dans celle d'une Société de province, qui n'est pas bien informée des faits. — Au surplus, jamais le système des deux Chambres ne prévaudra, j'en atteste le patriotisme de mes collègues; mais ce système n'en existe pas moins; il est aussi réel que le Comité autrichien. — Il faut que vous fassiez insérer dans les journaux patriotiques cette adresse. Là, les changements nécessaires pourront y être faits. — Actuellement, Messieurs, nous sommes sur un volcan ; il faut en prévenir les Sociétés affiliées, mais il faut en même temps que vous les assuriez qu'il existe à Paris des piques. Il faut dire à nos concitoyens que, si l'établissement des deux chambres avait lieu, nous ne serions plus : car il serait possible que des modérés, des gens tièdes, accolassent la pairie sur la tête des grands propriétaires. Mais il faut assurer les patriotes de tout l'empire que jamais la pairie ni les deux chambres ne s'établiront que sur les débris de tous les patriotes ; il faut les assurer que leur nombre est à celui des aristocrates comme dix sont à un.

M. ALBITTE. — Le patriote Chabot vient de vous dire ce que pensaient tous les Français dignes de ce nom. On vous a proposé l'affiche de l'adresse de la Société de Bordeaux. Elle renferme des fautes qu'il serait possible de corriger ; mais je ne crois pas qu'il soit bon de le faire. Cette adresse, d'ailleurs, ne serait convenable qu'à la veille d'une grande affaire. Puisque vous êtes convaincus de la nécessité d'en faire une, je suis bien aise que vous sentiez qu'elle ne doit pas seulement contenir des paroles encourageantes : il faut y mettre la vérité dans tout son jour. La plupart des journaux, même patriotiques, contiennent des principes corrupteurs. Je voudrais donc que vous chargiez un de vos membres de rédiger une adresse qui fasse connaître au peuple les horribles machinations qui se trament contre lui. Ce n'est point par de la fureur, mais par de la prudence, qu'on portera remède à nos maux. Au commencement de la Révolution, nous n'avions qu'à dire : courage ; à présent, il faut ajouter : raison, prudence.

Sur la proposition de M. Lequinio, j'observe que sans doute nous mourrons à l'Assemblée nationale avant l'établissement des deux chambres ; mais ce n'est pas assez, car enfin nous serons morts, et c'est sur les ossements des hommes libres que s'élèvent les Bastilles. Vainquons, et nous mourrons ensuite.

On vous a dit qu'une dame très patriote assure qu'à l'Assemblée nationale il n'existe pas trente patriotes. Mesdames, vous êtes faites pour juger des hommes aimables, vous vous y connaissez sans doute ; mais permettez-moi de vous dire que vos lumières ne s'étendent pas aussi loin en fait de patriotisme : car à l'Assemblée nationale il existe plus de cent patriotes, peut-être plus de deux cents, et bientôt un plus grand nombre, si nous savons donner à nos opérations une marche imposante.

M. SAINT-ANDRÉ. — Ce n'est pas sans de bonnes preuves que je vous ai dit que l'on cherche à feuillantiser les Sociétés patriotiques. Si vous désirez des faits, je les trouverai dans les observations de M. le député de Bordeaux.

Quelle est la cause de nos maux? La source en est au milieu de nous, car les ennemis intérieurs sont beaucoup plus à craindre que les ennemis extérieurs. Nous ne parviendrons à raffermir le patriotisme qu'en le conservant avec plus de soin que n'en mettaient à Rome les vestales pour garder le feu sacré. On cherche à égarer les Sociétés affiliées. On a été jusqu'à dire que la garde nationale avait été obligée de venir rétablir l'ordre dans votre sein. Vous devez prouver aux Sociétés affiliées que c'est dans votre constance inébranlable que réside le plus ferme appui du patriotisme. Adressez-leur des instructions conçues dans un style simple et clair; point de belles phrases, point de tournures oratoires. Une adresse qui aurait ici du succès par là même ne saurait convenir aux départements.

Je demande donc qu'on rédige une adresse simple qui expose notre situation.

M. *Legendre* propose de nommer quatre commissaires pour la rédaction de l'adresse proposée. M. *Doppet* demande qu'on s'en rapporte pour cela à M. de Saint-André seul.

M. *de Saint-André* s'excuse d'accepter cette commission; enfin, sur la motion de M. Legendre, on arrête la nomination de quatre commissaires pour la rédaction de l'adresse proposée par M. de Saint-André.

M. *Le Cointre* monte à la tribune au milieu des applaudissements universels; il rend compte des motifs qui ont déterminé l'Assemblée nationale à l'envoyer à l'Abbaye, s'applaudit d'avoir été le premier soumis à cet acte de justice, et expose les faits qui peuvent justifier la démarche qu'il avait faite en écrivant à la municipalité de Belfort pour l'engager à arrêter les neuf Suisses suspects à bien des titres.

M. Réal. — Je conclurai le court récit que je dois à la Société en demandant que, le plus tôt possible, que, demain, l'Assemblée nationale prenne, dans les circonstances, un parti vigoureux; qu'elle cherche, dans sa sagesse, le moyen de faire marcher nos armées et de faire cesser la funeste inaction qui retient sous le feu de nos places le soldat impatient de se mesurer avec l'ennemi.

[Il continue en donnant des renseignements sur l'esprit de l'armée, et conclut ainsi :]

Il résulte de tout ce que je viens de dire que notre intérêt est de marcher à l'ennemi; que nous pouvons y marcher; que le soldat le désire, qu'il le veut; que la discipline jointe au courage nous promet la victoire; que l'armée est abondamment fournie de vivres et de fourrages; que nos ennemis sont en petit nombre, et que, sous peu de jours, des forces immenses vont nous ravir tous ces avantages; qu'en emportant Namur, qu'en pénétrant dans le pays ennemi, nous facilitons l'insurrection universelle; qu'elle devient impraticable si les forces ennemies dirigées d'abord vers le Rhin viennent dans le Brabant. Je conclus donc que, si l'Assemblée nationale veut le salut de l'empire, si elle veut empêcher des flots de sang de couler, elle doit prendre tous les moyens pour forcer les armées à marcher.

M. CHABOT. — M. Réal demande que l'Assemblée nationale fasse marcher les généraux: M. Réal n'ignore pas que ces mesures n'appartiennent pas à l'Assemblée nationale, mais au pouvoir exécutif. M. Réal aurait dû dire que c'est M. La Fayette qui refuse d'attaquer. M. Réal ne devrait pas à la tribune des Jacobins avoir d'arrière-pensées: il ne devrait pas simplement dire qu'on reste dans l'inactivité, il devrait désigner les coupables. Je le somme, lui, au nom de la liberté, au nom du peuple liégeois, au nom du caractère dont il est revêtu auprès de ces derniers (sic), de dénoncer La Fayette, Gouvion et Narbonne. Je vous somme, Monsieur Réal, de dire toute la vérité. (*Murmures.*)

M. LE PRÉSIDENT. — Ceux à qui ce langage déplait, je les invite à sortir.

M. CHABOT. — Je vous engage, Monsieur Réal, à faire vos dénonciations aux ministres, pour qu'ils les fassent eux-mêmes à l'Assemblée nationale. — Je suis loin de m'exagérer les dangers de cette guerre. Le peuple français n'est pas comme celui de Liège : il se lèvera tout entier s'il le faut. Mais il ne faut pas de ménagements; il ne faut pas craindre d'exposer sa tête, lorsqu'on prévoit déjà les flots de sang qu'un plus long retard dans l'attaque peut faire couler.

M. RÉAL. — Les interpellations de M. Chabot prouvent qu'il me connait : car jamais je ne craindrai de me vouer à tous les dangers en faveur de la patrie. Mais je lui observe que je dénonce toujours les faits que je connais, et jamais les intentions que je ne connais pas. Je crois qu'une plus longue inactivité est dangereuse, et je le dis ; mais de savoir si les intentions de ceux qui y restent sont bonnes ou mauvaises, s'ils ont des raisons plausibles de ne pas attaquer, c'est ce que j'ignore.

Un député de Lille. — Nous avions tellement combiné les choses dans le département du Nord que, si nous eussions eu des armes et de la poudre, nous aurions, en cas de besoin, formé des rassemblements de 40, 50 à 60,000 hommes; et, lors de l'affaire de Tournai, nous aurions vengé la déroute de M. Dillon. C'est en vain que nous avons réclamé des armes; nous sommes obligés, sur cet objet, d'avoir recours à l'Assemblée nationale elle-même.

Rassurez-vous : les ennemis nous craignent plus que nos généraux, quoique nous n'ayons pas d'armes. (*Applaudissements.*) Nous répandrons dans les campagnes 3,000 braconniers pour les opposer aux soldats tyroliens; nous nous mettrons en embuscade. Les habitants du Brabant verront comme le jour le plus heureux celui de notre triomphe. Nous vous répondons que jamais les barrières du Nord et des Ardennes ne seront franchies. Écrivez-nous, et 300,000 hommes sont prêts à marcher. (*Oui, oui!*)

M. LASOURCE. — Nos généraux devraient marcher, et ils ne marchent pas; nos troupes devraient se battre, et elles ne se battent pas. Deux puissances de l'Europe sont contre nous, et les autres attendent. Voilà notre situation. Je ne vois rien de plus aisé que de mettre la France dans un état de défense capable de nous faire braver toutes les puissances conjurées et toutes les trahisons auxquelles nous sommes exposés. Je voudrais que l'Assemblée nationale décrétât une telle levée de troupes que nos ennemis en fussent effrayés. J'invite tous mes collègues à faire valoir ces mesures auprès de l'Assemblée nationale.

M. MERLIN. — Jusqu'à présent on s'est écarté de la question. Les Belges nous tendent les bras, et des hommes, plus perfides que des aristocrates décidés, sont assez ennemis de la liberté universelle pour oser se mettre entre nous et nos frères. Pourquoi n'entrons-nous pas sur le territoire ennemi? Qu'on me réponde. Quels sont les coupables? Le pouvoir exécutif; oui, c'est le pouvoir exécutif. (*Applaudissements.*) C'est lui qui est responsable des maux que pourront nous causer ses retards.

La séance a été levée à dix heures et demie.

CCXXIII

SEANCE DU DIMANCHE 27 MAI 1792

PRÉSIDENCE DE M. MERLIN

Le procès-verbal étant lu, un membre demande qu'il y soit fait mention que M. Quatremère a été expulsé de la Société des arts pour avoir pris la défense du juge de paix Larivière. M. Legendre s'élève contre cette proposition. « L'expulsion de M. Quatremère est, dit-il, un fait de police étranger à notre Société. »

M. *le Président* observe qu'il ne dépend pas d'elle d'empêcher qu'un fait communiqué par une autre Société soit mentionné au procès-verbal. — Plusieurs membres appuient la conséquence qui en résulte naturellement; mise aux voix, elle est adoptée.

M. *Defters*, en donnant lecture de la correspondance, fait part d'une lettre adressée au président de la Société par M. David, l'un de ses membres, dans laquelle il dénonce M. Giraud, l'un des commissaires civils envoyés auprès des colonies.

Un membre demande qu'on recueille les faits qui tendraient à faire connaître les principes et le caractère de M. Giraud, pour ensuite le dénoncer au ministre.

M. Chabot. — Je m'élève contre cette proposition. Dans les circonstances où nous sommes, les ministres doivent agir d'après leur conscience, et il serait dangereux que nous désignassions les agents qu'ils doivent employer; peut-être le voudraient-ils, non pas dans l'intention d'être influencés, mais ce serait pour nous influencer nous-mêmes. Les Jacobins s'abaisseront-ils à faire le métier d'intrigants? (*Applaudissements.*) Il est du ressort d'une cour corrompue de chercher à répandre ses faveurs : c'est un motif pour nous d'éviter de mettre en œuvre un pareil moyen. Je demande la question préalable sur ce qui vous a été proposé.

M. *Daubigny* invite les membres qui ont des faits à dénoncer aux ministres contre ceux que ces derniers emploient à faire eux-mêmes leurs dénonciations auprès de ces agents du pouvoir exécutif.

Ces observations déterminent à passer à l'ordre du jour.

Au nom du Comité de correspondance, M. *Defters*, demandant l'affiliation pour cinq Sociétés, finit par réclamer aussi en faveur de celle des Sables-d'Olonne, appuyée par trois députés à l'Assemblée nationale. Un article du règlement trouve cette mesure suffisante ; cependant quelques membres s'élèvent contre la dernière affiliation proposée.

M. Robespierre. — Depuis longtemps, Messieurs, plusieurs Sociétés affiliées sont devenues entre les mains de plusieurs personnes un moyen d'égarer l'opinion publique. Je fais la motion que les affiliations soient suspendues jusqu'à ce que la Société ait rétabli dans son sein l'ordre nécessaire.

M. Chabot. — Je suis parfaitement de l'avis de M. Robespierre ; mais je voudrais qu'il étendît un peu moins sa proposition. Je distingue deux sortes de Sociétés. En général, dans les villes, elles sont feuillantines, parce qu'elles sont composées de bourgeois, de marchands, qui détestent tout ce qu'on appelle les sans-culottes. Quant à celles des campagnes, je les connais : elles ne désirent rien tant qu'une parfaite égalité. Je demande donc : 1° qu'on renouvelle dans toutes les Sociétés de l'empire l'esprit primitif, 2° qu'on suspende les nouvelles affiliations des Sociétés des villes ; mais que, lorsque celles des campagnes seront appuyées, elles soient affiliées sur-le-champ, parce qu'il est important que l'instruction se répande parmi ces dernières. (*Tumulte.*)

M. Chénier. — Je demande qu'on passe à l'ordre du jour, en le motivant sur ce que les Sociétés qui demandent l'affiliation doivent se mettre en règle.

La motion mise aux voix, l'épreuve est douteuse.

M. Robespierre. — Si la Société n'est pas convaincue de la vérité de ce que je viens de lui dire, je la prie d'ajourner la proposition que je lui ai faite. Si la Société rejette ces mesures, elle n'est plus utile à la chose publique. Ce qu'il y a de certain, c'est que la multitude de Sociétés qu'on fait recevoir à chaque séance est vraiment effrayante. Aucun moyen plus efficace ne peut être employé par les ennemis de la liberté que de faire affilier des Sociétés qui agissent en leur nom : c'est par là qu'ils voudraient se former une majorité qui étoufferait toutes les réclamations. Les Sociétés sont si évidemment séduites que sans cesse elles vous entretiennent de choses qui tendent à égarer l'opinion publique.

Plusieurs voix. — A l'ordre du jour !

M. Robespierre. — Je me serais borné à présenter plus froidement ces réflexions, si je n'eusse pas éprouvé tant de difficultés à me faire entendre. Il est trop vrai qu'un petit nombre de malintentionnés suffit pour étouffer la voix de ceux qui invoquent les principes. Il est trop vrai que la majorité civique doit enfin s'élever à leur hauteur pour faire cesser les troubles et la discorde, et qu'elle doit assez aimer la patrie pour ne pas composer avec ses ennemis. Je viens vous dire plus tôt que je ne me le proposais, et je l'aurai dit trop tard peut-être, que, la majorité adoptant toujours la vérité, elle ne s'étend point au delà de cette enceinte : c'est qu'elle ne parvient point aux Sociétés affiliées ; c'est que la majorité écoute, et qu'une minorité écrit. Il y a une majorité généreuse qui est animée de l'esprit du peuple tout entier ; il y a une minorité qui intrigue, pour qui cette Société est un moyen de parvenir, qui remplit les Comités et divulgue nos secrets à la cour. (*Tumulte.*) Il y a une minorité pour qui c'est un titre précieux de recommandation d'avoir jeté la division, d'avoir calomnié les plus zélés défenseurs de la liberté, d'avoir inspiré aux Sociétés des départements des sentiments feuillantins. Or, lorsque la Société des amis de la constitution est ainsi partagée en deux parties, dont l'une propage les principes constitutionnels et l'autre détruit l'esprit public, il n'existe plus de Société. Ainsi composée, elle n'est plus le soutien de la constitution. Divisée, que peut-elle faire pour la chose publique ? Si quelqu'un pense le contraire, qu'il se lève, et je vais lui répondre.

Je conçois bien que des hommes qui viennent dans une Société sans en retirer d'autre fruit que des persécutions, je conçois bien, dis-je, que la chose publique les occupe ; mais, lorsque je vois des membres de Comités parvenir tout à coup à des emplois lucratifs, je ne vois plus en eux que des ambitieux qui ne cherchent qu'à se séparer du peuple. Eh bien, qu'est-il arrivé ? Des membres qui composaient le Comité de correspondance, il en est à peine six qui n'aient pas échappé aux places, et le patriotisme payé m'est toujours suspect. (*Applaudissements.*) Je vois que ceux qui l'ont composé ont toujours rédigé et présenté les adresses, ont toujours eu entre les mains tous les moyens de capter les suffrages en leur faveur. Et l'on veut que je ne croie pas à leurs mauvaises intentions ! Non, ils ne parviendront pas à m'en imposer.

Je reviens à ma proposition, et je dis qu'il faut prendre des précautions pour empêcher que les Comités ne propagent un esprit feuillantin : il faut prendre des mesures pour ne pas accorder des affiliations aux Sociétés que nous ne connaissons pas. Au moment où l'on voit qu'une foule de Sociétés ont perdu l'esprit patriotique, il faut que vous suspendiez les affiliations comme vous avez arrêté les présentations. Bientôt vous vous occuperez des moyens de purger la Société entière ; quant à présent, je me borne à la première proposition.

M. LASOURCE. — Je veux bien qu'on n'admette point les Sociétés qui n'ont point rempli les conditions prescrites par votre règlement : car, s'il est un moment où il faille déployer de la sévérité, c'est sans doute celui où vous êtes entourés de pièges et de précipices. Mais je ne pense pas que vous puissiez suspendre celles qui sont en règle. Comment est-il possible qu'à l'instant où l'on vous attaque de toutes parts, vous cherchiez à écarter les moyens de résister? Certes, ce serait bien le triomphe des Feuillants. On cherche à vous faire perdre la confiance du peuple. Il importe plus que jamais de multiplier vos communications : car, si elles viennent à être interceptées avec les villes de l'empire, vous prévoyez combien vos ennemis seraient habiles à en profiter. Je n'entre point dans la discussion de savoir si la Société est divisée en une majorité qui pense d'une manière et une minorité qui écrit de l'autre : j'aime à croire qu'elle ne l'est pas; j'aime à croire que les citoyens qui viennent ici veulent se pénétrer du bien public. Mais je crois qu'il est échappé à M. Robespierre de dire qu'il vient ici des intrigants.

Plusieurs voix. — Oui, il en vient.

M. Lasource. — M. Robespierre vous a dit qu'il s'introduit ici des gens pour divulguer les secrets de la Société à la cour. Je ne puis pas penser... (*Tumulte.*)

M. le Président. — Certainement ceux qui ont été dire à MM. Bertrand et Montmorin ce qui avait été énoncé à cette tribune sont des intrigants et des coquins. (*Applaudissements.*)

M. Lasource. — Je ne pense pas qu'il existe des secrets dans cette Société (*applaudissements; tumulte*), car ses séances sont publiques. (*Tumulte.*)

M. le Président. — J'observe aux tribunes qu'elles n'ont aucun droit d'improbation ni d'approbation.

M. Lasource. — Je dis qu'il n'y a point de secret dans une Société qui ne tend qu'au bien public. Les secrets sont dans les cours, les secrets sont dans les cabinets, les secrets sont dans les Comités autrichiens; mais ici il n'en existe pas, et il ne peut pas en exister. (*Applaudissements.*) Nous avons un journal de nos séances; nos discussions sont connues; en faut-il davantage pour qu'elles soient répandues partout? Nous dévoilons les intrigues de la cour; nous les déjouons; nous les faisons retomber sur leurs auteurs; nous avons de la fermeté, et nous prouvons à tous nos ennemis que jamais leurs poignards ne nous intimideront. Oui, Messieurs, des poignards, et je vous prouverai qu'on en aiguise contre cette Société. Comment, Messieurs! vous interrompriez vos communications avec les Sociétés des départements! Rappelez-vous l'exemple de ce père de famille qui présente un faisceau de verges à ses enfants : ils ne purent le rompre; mais il leur fit voir qu'il était facile de le faire en le divisant.

Eh bien, Messieurs, seriez-vous insensibles à cette allégorie énergique? Si vous vous séparez, vous verrez s'ensuivre les plus funestes effets ; mais soyons unis, et nous vaincrons. Nous devons continuer d'accorder des affiliations aux Sociétés des départements, pour propager vos principes, puisque ce n'est que par là que vous pouvez déjouer les conspirateurs. Je demande donc la question préalable sur la proposition de M. Robespierre, en adoptant, si vous voulez, de nouvelles mesures pour l'avenir.

Plusieurs voix. — Et le complot?

M. Lasource. — Au reste, Messieurs, j'ai annoncé à la Société un complot. Ce matin, il est arrivé de mon département des dépêches qui prouvent qu'au midi de la France MM. Lautrec[1], ci-devant député à l'Assemblée constituante, et Vigier, étaient à la tête du complot le plus affreux. Le 18 de ce mois, ces coquins devaient porter leurs coups sur deux têtes bien chères, en qui reposent la confiance et l'amour de toute la nation ; et tous les bons citoyens frémiront en apprenant les détails de ces horribles manœuvres; mais je ne désigne point ces têtes, parce qu'il ne faut pas les faire connaître avant qu'on ait bien suivi les traces des conspirateurs. Voilà ce que je voulais dénoncer à la Société.

M. Daubigny. — Avant la scission, les Lameth présentèrent un grand nombre de Sociétés, qui furent reçues sans autre examen. Ce sont ces mêmes Sociétés qui vous prouvent qu'elles ne sont pas dignes de former des écoles de patriotisme. Quant à celles qu'ils ne purent parvenir à influencer, ils cherchèrent à intercepter leur correspondance. L'année dernière, le Comité de correspondance était gagné : M. Feydel et un autre membre interceptaient les lettres; et dernièrement ce même Comité a paru visiblement influencé. Aussi a-t-il offert plusieurs fois sa démission. Il refuse d'agir. Les uns le font parce qu'ils redoutent l'influence qui s'y fait sentir, les autres par crainte d'être surveillés.

Je demande que le Comité actuel de correspondance soit suspendu, et qu'il en soit formé un autre, chargé de vous donner un état des Sociétés affiliées.

M. *Chabot* rappelle la proposition faite par M. Robespierre, et celle

---

1. Je ne trouve pas de député de ce nom dans la liste des membres de l'Assemblée constituante.

qu'il y a ajoutée. Il réclame l'ordre du jour, en ajournant les questions qui viennent d'être agitées.

M. COLLOT d'HERBOIS. — Sans doute que vous devez tous vos moments à la chose publique. Mais ajourner la proposition de M. Robespierre à un autre moment, c'est en reculer la discussion sans motifs, car tous les jours votre temps est également précieux. Tout serait bientôt terminé sur cet objet si on agissait de bonne foi. Dire qu'on interrompt toutes communications avec les Sociétés affiliées si on suspend les affiliations, c'est une exagération manifeste. Remarquez l'inactivité de votre correspondance. Quoi! dans le nombre de vos Sociétés il en est si peu qui indiquent de grandes mesures! Ce n'est pas d'avoir beaucoup de Sociétés affiliées qui est important; et tel est le but de la mesure qu'on vous propose. Car, si tel homme retient les Sociétés dans leurs développements, si tel autre leur inspire un esprit nuisible à la liberté, leur utilité cesse. S'agit-il d'ailleurs de faire de vous une puissance? Non, Messieurs; il pouvait convenir aux vues de Léopold de vous appeler une puissance. (*Applaudissements.*) Votre force consiste à resserrer vos liens, et non pas à les étendre en les relâchant. Je demande qu'on suspende les affiliations.

Après avoir fermé la discussion, de longs débats s'élèvent pour savoir à laquelle des deux restera la priorité, de la motion de M. *Robespierre* ou de M. *Lasource*. Enfin, au milieu des plus vifs applaudissements, elle est accordée à celle de M. Robespierre.

M. *Chabot* demande qu'avant de mettre au voix la question principale on prononce une exception en faveur des habitants des campagnes : cet amendement et plusieurs autres sont rejetés. Ensuite la Société arrête la question principale avec l'amendement de M. *Corroller*, qui consiste à demander que le nouveau mode d'affiliation soit arrêté dans huitaine.

On accorde la parole à M. *Oswald*, député de la Société de Manchester.

M. OSWALD. — Je me garderai bien de vous faire perdre un temps précieux. La proposition que je viens vous faire est de la dernière importance : il s'agit de savoir si vous conserverez l'affiliation à des Sociétés étrangères. Gardez-vous de toutes relations avec des gouvernements corrompus et des parlements vénaux; mais ne refusez pas les communications que vous offrent des citoyens étrangers, zélés pour la liberté universelle, pour la propagation des lumières et des principes d'humanité. Je demande donc qu'on aille aux voix pour savoir si on entendra la lecture de l'adresse que je suis chargé de vous présenter. (*Aux voix, aux voix!*)

M. CORROLLER. — Je crois que la satisfaction la plus grande que nous puissions donner à l'orateur est de mettre sa proposition aux voix. (*Aux voix, aux voix!*)

M. *Robespierre* veut parler ; il s'élève un grand tumulte. La Société arrête que M. Robespierre sera entendu.

M. *le Président* veut accorder la parole, vu qu'il n'y a pas de réclamation ; M. *Corroller* demande qu'on aille aux voix.

M. ROBESPIERRE. — C'est avec de bien vifs regrets que j'occupe en ce moment l'attention de la Société.

Un censeur se plaint que, depuis le commencement de la séance, les messieurs qui l'environnent le traitent d'insolent. M. le Président le somme de nommer les interrupteurs. On passe à l'ordre du jour. (*Tumulte.*)

M. LULIER. — Les censeurs continuent d'être insultés ; je demande le rapport de l'arrêté.

M. MONTAUT. — Je suis ici depuis deux heures pour entendre dire des choses utiles à la patrie, et je vois que rien ne s'y rapporte. Je demande donc que M. le Président soit rappelé à l'ordre, pour n'avoir pas mis à la discussion de l'ordre du jour de sept heures celui de l'Assemblée nationale. Au lieu de servir la chose publique, vous la desservez journellement par le tumulte qui règne au milieu de vous.

M. *le Président* observe que, par un arrêté, la parole est à M. *Robespierre,* et qu'il doit, par conséquent, être entendu.

M. ROBESPIERRE. — Rien ne paraît plus intéressant que l'observation qui a été faite par M. Montaut, car je ne vois rien de plus nuisible que les discussions oiseuses que sans cesse on fait naître. Si j'ai demandé la parole, c'est parce qu'on a voulu despotiquement me l'ôter. J'ai cru qu'il était bon de résister à l'oppression, et j'ai cru qu'il était avantageux de donner à ma patrie l'exemple de la servir au milieu de tous les dégoûts.

J'ai voulu dire que l'avis de M. Corroller contrariait évidemment son but. S'il faut resserrer les nœuds entre toutes les Sociétés, il est dans l'ordre de les entendre sans réclamations. Par cela même que le député de la Société de Manchester avait été introduit, et qu'il avait obtenu la parole, il s'ensuivait qu'il était absurde de demander un arrêté pour savoir s'il serait entendu. (*Applaudissements.*) Je conviens que j'aurais dû passer sur cette difficulté, quelque ridicule qu'elle soit; mais je sais aussi qu'une intention calomnieuse est cachée là-dessous. Je sais que tel député dont les paroles sont préparées ailleurs se venge de ceux qui le surveillent en faisant distribuer ici des libelles contre les Sociétés patriotiques de France, concertés avec des étrangers.

M. LE PRÉSIDENT. — J'en atteste les drapeaux suspendus sur ma tête, la Société de Manchester est affiliée à la nôtre. C'est lui faire injure que de demander un arrêté pour qu'elle soit entendue.

M. OSWALD. — Ce n'est pas une adresse de la Société de Manchester que je demande à vous lire, mais celle de la Société de *London*. D'abord, ayant été inculpé, je dois répondre à M. Robespierre, qui dit que j'ai concerté cette adresse...

M. *Robespierre* demande la parole (*tumulte*); il l'obtient. « Je crois, dit-il, qu'il est très facile d'épargner à la Société un nouvel incident; et, quand j'ai dit que des libelles concertés avec des étrangers sont distribués dans cette Société, je n'ai désigné personne. Ce n'est pas au préopinant que je me suis adressé, et je n'ai rien à lui reprocher. »

M. OSWALD. — Je ne répondrai pas aux soupçons qu'a jetés sur moi M. Robespierre, ni à ceux d'aucun autre membre. Je suis trop au-dessus d'eux.

Ensuite l'orateur donne lecture de l'adresse, où sont rappelées les grandes maximes du droit naturel et politique. Ce n'est point sur le vain cérémonial des cours que doivent se modeler les peuples. Les principes d'humanité, d'égalité et de liberté doivent faire la base de leurs relations. Les auteurs de l'adresse citent ce vers d'éternelle mémoire :

>   Les rois sont passagers, le peuple est éternel.

(*Applaudissements.*)

M. LE PRÉSIDENT. — L'Angleterre nous a donné l'exemple de mépriser les tyrans, les protecteurs, et surtout les présidents de congrès. Dites à nos amis que nous serons dignes d'eux. (*Applaudissements.*)

L'impression de l'adresse est demandée et arrêtée [1].

M. DAUBIGNY. — Trois officiers étaient, il y a deux heures, au café des Tuileries, autour d'une table. En buvant, ils se permettaient les

---

1. C'est la pièce suivante. On remarquera que l'Anglais qui la lut y est appelé *Waths*, et non *Oswald*.

propos les plus incendiaires sur l'Assemblée nationale, sur les Jacobins, et sur tous les patriotes en général. « Si nous rencontrons, disaient-ils, MM. Merlin, Basire, Chabot, Thuriot ou quelque Jacobin, nous les exterminerons. » Un voisin, qui avait jusqu'alors gardé le silence, indigné des propos que tenaient ces cannibales, leur observe qu'ils n'auraient pas cette audace ou qu'on y mettra bon ordre. Là-dessus, un des officiers tombe sur le patriote et le maltraite : la femme de ce dernier vient à son secours ; mais le brutal officier lui donne un coup de pied dans le ventre qui la fait tomber évanouie. Cette femme est grosse de six mois. L'horreur devient générale parmi les spectateurs : ils fondent sur l'assassin et le terrassent à coups de tabouret. Sur ces entrefaites arrivent quatre fusiliers, qui s'emparent de deux officiers seulement, et les conduisent au bureau central. Le troisième restait tapi dans un coin, d'où il n'osait bouger ni souffler ; mais l'œil vigilant d'un citoyen l'aperçoit et le reconnaît. Il le saisit par le collet, le traîne à la cour des Jacobins, où il lui fait faire amende honorable devant l'arbre de la liberté, après l'avoir dépouillé de la cocarde tricolore. De là il est conduit, toujours par le même citoyen, au bureau central, où l'attendaient ses dignes compagnons d'armes.

La séance a été levée à onze heures et demie.

CCXXIV

SOCIÉTÉ DES AMIS DE LA CONSTITUTION

SÉANTE AUX JACOBINS SAINT-HONORÉ, A PARIS

ADRESSE DE LA SOCIÉTÉ CONSTITUTIONNELLE DE LONDRES

A LA SOCIÉTÉ DES AMIS DE LA CONSTITUTION, SÉANTE AUX JACOBINS, A PARIS

LUE PAR M. WATHS, MEMBRE DE CELLE DE MANCHESTER

DANS SA SÉANCE DU 27 MAI 1792, L'AN IVe DE LA LIBERTÉ

(Imp. du *Patriote français*, s. d., in-8 de 4 pages.)

FRÈRES ET CONCITOYENS DU MONDE,

Nos dignes compatriotes, MM. Cooper et Waths, membres de la Société de Manchester, et associés à la nôtre, nous ont fait part de la réception cordiale et fraternelle dont vous les avez honorés.

En vous félicitant sur la révolution glorieuse que le **peuple français** a opérée, nous ne pouvons employer d'autre langage que celui de la franchise. Nous ne nous modelons point sur le cérémonial des cours; pour exprimer nos sentiments, il ne faut que suivre l'élan de nos cœurs, et vous saluer comme des frères.

Ce n'est point une des moindres révolutions que le temps développe aux yeux du monde étonné que de voir deux nations, nourries dans une haine réciproque par un infernal machiavélisme, briser subitement leurs chaînes odieuses et se précipiter dans l'amitié.

Le principe qui peut produire un pareil effet n'a pu être conçu au sein d'aucune cour, et, en nous découvrant l'iniquité ruineuse de l'ancienne politique, il nous met à même de dire, avec une heureuse hardiesse : Nous en sommes délivrés à jamais.

Si nous contemplons la situation politique des peuples, il nous est impossible de concevoir un système de gouvernement plus diabolique que celui qui jusqu'ici a généralement dominé sur la terre. On a détruit la fraternité du genre humain pour nourrir l'avarice et flatter la scélératesse de l'ambition, comme si les différentes nations de la terre avaient été créées par des dieux rivaux.

L'homme n'a pas regardé l'homme comme l'ouvrage du même créateur. Les institutions politiques ont toujours contrarié les principes de toutes les religions qu'elles professaient : car, au lieu de cette bienveillance universelle qui fait la base de la morale de toutes les religions connues, elles lui ont enseigné à considérer son semblable comme son ennemi naturel, et à classer les vertus et les vices sur la division d'une carte géographique.

Les principes que nous manifestons aujourd'hui ne sont point particuliers à la Société qui nous adresse ses félicitations : ils s'étendent, avec une force toujours croissante, dans toutes les parties de la Grande-Bretagne, et tirent leur énergie d'une réunion de causes qui ne s'accordent avec aucun autre principe. L'ami des hommes, à quelque secte qu'il appartienne, les reconnaît comme les siens; ils animent l'adorateur de la liberté, et ils soutiennent le cœur du pauvre, courbé sous les taxes oppressives, en lui montrant une perspective de soulagement.

Nous n'avons pour ennemis que ceux qui, dans tous les pays du monde, sont les ennemis de la justice : un vil troupeau de courtisans engraissés des dépouilles publiques.

Nous aurions eu à vous féliciter d'un triomphe plus éclatant si l'égalité des droits de l'homme, qui sert de base à votre déclaration des droits, avait été reconnue par les gouvernements qui vous environnent, et qu'elle se fût tranquillement établie dans leur sein. Mais, s'il est encore réservé au despotisme de donner, à l'aide d'une conspiration générale, un nouvel exemple d'infamie aux siècles à venir, il ne fera que hâter lui-même sa ruine et le triomphe de la liberté.

Nous avons vu l'ignorance des despotes insulter à vos principes paisibles; nous avons vu la main amie que vous tendiez au monde repoussée par ceux qui regorgent de ses dépouilles; nous voyons maintenant en vous une nation provoquée à la défense, et nul moyen de défense ne nous paraît égal à celui de fonder la liberté générale de l'Europe.

Nous formons des vœux pour votre succès dans la plus juste des causes; nos cœurs vous accompagnent, et, en parlant ainsi, nous croyons parler au nom de plusieurs millions d'hommes.

Par ordre de la Société.

Signé : John Cartrovighs (*sic*), *président;*

Daniel Adams, *secrétaire.*

RÉPONSE DU PRÉSIDENT

Concitoyens,

Les Anglais nous ont donné l'exemple de la haine que les hommes raisonnables doivent porter aux tyrans : leurs malheurs nous feront toujours détester les protecteurs et les présidents de congrès. Nous volons au-devant de l'amitié que nous témoignent nos frères de Londres.

Les peuples libres donneront la paix au monde et la mort à la tyrannie, sous quelque voile qu'elle veuille se couvrir. Tels sont les vœux, tel est l'espoir de cette Société : elle vous charge d'en instruire nos frères, et vous invite à sa séance.

La Société, dans sa séance du 27 mai 1792, l'an IVe de la liberté, a arrêté l'impression de cette adresse, avec la réponse du Président, et l'envoi aux Sociétés affiliées.

Merlin, *président;*

Dufourny, *vice-président;*

Chabot, *député;* Ruamps, *député;* Collot d'Herbois, Villain-Daubigny, Lulier, Xavier Audouin, *secrétaires.*

CCXXV

SÉANCE EXTRAORDINAIRE DU MARDI 29 MAI 1792
PRÉSIDENCE DE M. MERLIN.

M. *Dufourny*, occupant le fauteuil, invite, au nom de la Société, M. *Lasource* à lui rendre compte de ce qui s'est passé dans le jour à l'Assemblée nationale.

[**M. Lasource** rend compte de ce débat, qui a pour objet la garde du roi.]

M. ALBITTE. — Si, sous prétexte que le terrain des Tuileries appartient au roi, il y construisait une Bastille qui menaçât la liberté des citoyens, le souffririez-vous ? Eh bien, doit-on supporter qu'il s'entoure d'une garde capable de mettre en danger la constitution ? Au reste, Messieurs, s'il est vrai que la garde du roi est formée de la manière la plus inconstitutionnelle, celui qui l'a composée doit en être responsable ; il faut le mettre en état d'accusation.

M. LEGENDRE. — La question ainsi posée par MM. Lasource et Albitte, je ne crois pas qu'elle puisse faire de grandes difficultés : car, la garde du roi étant formée inconstitutionnellement, elle devient nulle par le fait. Les piques ont paru à l'Assemblée nationale ; elle a vu l'opinion publique s'énoncer hautement. Je demande si elle n'a pas le droit, en attendant que les quatre-vingt-trois départements aient été consultés, de suspendre le roi. (*Applaudissements très vifs.*) Le peuple a fait tout ce qu'il peut faire ; en s'armant pour défendre l'Assemblée nationale, il a montré son énergie. Par son *veto*, le pouvoir exécutif a droit d'arrêter l'effet des meilleures lois ; or, nous le suspendons provisoirement, jusqu'à ce que la constitution ne soit plus en danger, car j'aime à me renfermer dans les bornes de la constitution.

M. *Chambon* dit avoir parlé à des Suisses de Courbevoie, qui ignorent les faits qu'on leur impute, et qui regardent ces bruits comme répandus pour semer entre eux la division.

Il s'élève des murmures.

Un soldat suisse assure que ceux de ses compatriotes qui ont arboré la cocarde blanche ont été mis hier en prison, qu'ainsi le fait n'est pas douteux; « mais je puis, ajoute-t-il, vous certifier que, si les véritables Suisses osaient montrer leurs sentiments, on verrait les meilleurs patriotes. » (*Applaudissements.*)

Pour prouver que la garde nationale est toujours dans les bons principes, un membre parle de l'arrêté d'un bataillon qui improuve la conduite du commandant général.

Plusieurs voix. — Les bataillons ne peuvent délibérer : cela est inconstitutionnel.

M. TALLIEN. — L'arrêté dont il vient de vous être parlé, j'y ai coopéré. Les gardes nationaux ont le droit de délibérer sur divers objets relatifs au service. Le bataillon des Capucines étant ce matin rassemblé, on a dénoncé la conduite de M. Romainvilliers, faisant les fonctions de commandant général; et nous avons déclaré que nous improuvions la communication par lui faite de la lettre de M. Pétion; et nous voulions que notre arrêté fût envoyé à tous les autres bataillons.

M. *Hion* et quelques autres membres observent que de pareils objets doivent être reportés aux sections. M. *Tallien* répond que, quoiqu'ils fussent en uniforme, ce n'est pas comme gardes nationaux, mais comme citoyens, qu'ils avaient émis un vœu. Aucune loi ne prescrit ou ne défend tel ou tel habit dans les délibérations. Ce n'est pas d'ailleurs un acte coactif que nous avons prétendu faire : c'est, si vous voulez, une pétition.

On demande de toutes parts la correspondance.

Le Président fait lire la lettre suivante, qui lui a été adressée par M. *Deflers* :

« Monsieur le Président, pénétré de respect pour la Société, je me ferai toujours un devoir de lui faire tous les sacrifices qui pourraient lui être utiles, même ceux de l'amour-propre, qui souvent coûtent le plus. Il en est un cependant que je suis assuré qu'elle ne voudra jamais exiger d'aucun de ses membres, celui de l'estime de ses concitoyens. Éloigné de toute cabale, étranger à toute intrigue, je n'ai pu entendre qu'avec le sentiment du plus profond chagrin les applaudissements donnés à un membre qui a annoncé que les intrigants occupaient les places dans la Société, *que tous avaient lu la correspondance*.

« Je n'aspire à aucune place dans la Société, mais je ne refuserai aucun des emplois dont elle daignera m'honorer, et je m'efforcerai toujours de répondre à sa confiance. Je crois donc devoir attendre dans le silence l'expression bien prononcée de sa volonté sur la tâche qu'un zèle, au-dessus de mes moyens sans doute, m'avait fait prendre pour la lecture de la correspondance, à défaut de tout autre membre de la Société.

« Je vous prie, Monsieur le Président, de vouloir bien être auprès de la Société l'interprète de mes sentiments désintéressés, et agréer, etc. » (*Applaudi.*)

M. BAUMIER. — Un membre qui vient de renouveler sa carte, M. Rochambeau fils, doit être actuellement dans la Société ; je demande qu'il soit invité à donner les raisons pour lesquelles il a quitté ses fonctions et donné sa démission.

On observe que M. Rochambeau n'est plus dans le sein de la Société.

M. DESFIEUX. — J'ai vu M. Rochambeau au secrétariat. « Est-il vrai, lui ai-je dit, que vous ayez donné votre démission ? — Oui, m'a-t-il répondu. — Quels ont donc été vos motifs ? — Je ne crois pas qu'un officier général puisse servir dans l'armée après avoir été fusillé par ses soldats. Au surplus, je défendrai la patrie comme volontaire. »

M. HION. — Je ne crois pas que M. Rochambeau puisse servir comme volontaire, attendu qu'il ne pourrait qu'influer d'une manière nuisible sur les soldats. Le ministre a demandé qu'il fût infligé une peine aux officiers qui donneraient leur démission. Vous pouvez donc exclure de votre sein M. Rochambeau.

Plusieurs voix. — Il vient ici faire le métier d'espion.

M. BAUMIER. — Quels moments choisissent les généraux pour donner leur démission ? Celui où les hostilités sont commencées. Quels sont leurs desseins ? Ou de calomnier les soldats, ou de les conduire arbitrairement. Ils se plaignent de l'indiscipline : je n'ai jamais vu d'hommes à talents s'en plaindre. Pourquoi ? Parce qu'ils savent inspirer la confiance. M. Luckner a fait de ses troupes ce qu'il a voulu ; il a appelé les soldats des moutons, parce qu'il leur inspirait une entière confiance. Ils disent : « Nous sommes sûrs qu'il ne répandra notre sang mal à propos. » Qu'un aristocrate les conduise : ils ont devant les yeux les affaires de Mons et de Tournai. Point de cartouches, point de vivres, c'est aller à la boucherie. Comment se fait-il que MM. Rochambeau et Noailles se trouvent à Paris au moment d'une explosion ? Je demande que tout officier membre de cette Société qui quittera son poste soit exclu de votre sein.

M. DOPPET. — Puisque M. Rochambeau a eu le temps d'aller au

secrétariat demander une carte, il aurait bien eu celui de venir donner les raisons de sa démission. — Deux citoyens revenus des frontières à Auteuil, leur patrie, n'y ont trouvé personne qui ait voulu les recevoir. (*Applaudissements.*) M. Rochambeau a obtenu sa carte, tant mieux ; nous aurons le plaisir de l'exclure. On craint qu'il ne fasse un mauvais usage de sa carte. Il faut prévenir tous les journalistes de la démarche de M. Rochambeau.

M... — Si M. Rochambeau ne vient pas, au plus tard, se faire entendre demain... (*Tumulte.*) La personne que vous voulez condamner, il est nécessaire que vous l'entendiez. (*Oui, oui!*) S'il ne vient pas donner ses raisons, vous écrirez à toutes les Sociétés affiliées qu'il vous a subtilisé une carte.

M. LE PRÉSIDENT. — Une carte ne suffit pas pour s'introduire dans les Sociétés affiliées.

M. HION. — J'ai rencontré aujourd'hui M. Menou. Je lui ai dit : « Par quel hasard vous trouvé-je ici? — Mais, m'a-t-il répondu, je viens d'être fait maréchal de camp. » Je lui ai demandé pourquoi les autres donnaient leur démission. « Oh ! c'est qu'ils sont placés entre le canon et la potence. » J'ai répliqué : « Que ne vont-ils en avant? — Ils font comme ils veulent. » Il m'a paru que M. Menou n'est pas de la coalition. Quant à M. Rochambeau, je l'ai rencontré, il y a quelques jours, avec M. Baumier. Cet officier m'a si peu satisfait sur les questions que je lui ai faites que j'appuie la demande faite de l'exclure sur-le-champ.

M. SAINT-ANDRÉ. — On ne saurait se refuser à l'évidence des principes posés par les préopinants. Il est certain que toute démission dans les circonstances est un délit ; mais vous ne devez pas infliger une peine à l'un de vos membres sans l'entendre.

M. LEGENDRE. — Cette discussion a déjà duré trop longtemps. Il ne faut pas, Messieurs, punir à demi les coupables. Il faut que M. Rochambeau reste confondu à votre tribune ; il faut que vous voyiez sa figure : l'innocence ou le crime y seront peintes ; et vous le chasserez authentiquement, s'il ne vous satisfait pas.

La Société arrête que M. Rochambeau sera entendu demain, avant de rien prononcer sur lui.

M. *Varlet*, membre de la Société, lui écrit du bureau central pour qu'elle lui nomme un défenseur officieux.

M. HION. — Ce matin, au Palais-Royal, M. Varlet parlait fort haut ; il disait : « M. La Fayette est un traître ; je me porte son dénonciateur. »

Il a écrit ces paroles sur un morceau de papier qu'il a placardé au mai surmonté du bonnet de la liberté. On a été avertir la garde, qui s'est saisie de lui. Je demande qu'il lui soit nommé un défenseur officieux, car il n'y a dans son fait que beaucoup d'étourderie.

M. *le Président* invite M. *Deflers* à donner lecture de la correspondance. « La Société a, dit-il, applaudi à votre lettre; elle rend hommage à vos sentiments patriotiques. »

M. *Deflers* lit la correspondance.

Un membre demande qu'une lettre de Turcoing (voyez le n° 60 de la *Correspondance*) soit communiquée aux ministres qui ont témoigné l'envie de recevoir des instructions.

Un membre observe que, par un fait faux, on parvint hier à dissoudre la Société. « Toutes les sections, nous a-t-on dit, sont assemblées ; nous sortîmes la plupart, croyant plus utile de nous y rendre que de rester dans la Société. Je demande qu'à l'avenir les auteurs de pareilles dénonciations soient tenus de se nommer. »

M. *Varlet* paraît à la tribune. Sur ses réponses et les dépositions qui l'ont appuyées, il vient d'être relâché.

On l'invite à ne pas faire ainsi signer des pétitions à des inconnus, et à ne pas compromettre, par une conduite aussi légère qu'inconvenante, la Société dont il se réclame.

La séance a été levée à dix heures.

CCXXVI

LA SOCIÉTÉ DES AMIS DE LA CONSTITUTION

SÉANTE AU JACOBINS SAINT-HONORÉ, A PARIS

AUX SOCIÉTÉS AFFILIÉES

(Imp. du *Patriote français*, s. d., in-8 de 3 pages.)

Paris, le 29 mai 1792, l'an IV° de la liberté.

FRÈRES ET AMIS,

Les ennemis de la Révolution viennent de lever la tête : ils ont cru le moment propice pour exécuter leur projet contre-révolutionnaire; mais ils se sont encore une fois trompés. Ils avaient mis tout en œuvre pour susciter des troubles.

Depuis quelques jours, des rassemblements nombreux avaient lieu dans les environs de Paris, et principalement au bois de Boulogne. On y arborait la cocarde blanche, on y foulait aux pieds la cocarde nationale. Dimanche (28 mai), des soldats suisses, égarés par des suggestions perfides de leurs chefs, arborèrent ce signe de la contre-révolution en présence des citoyens de Neuilly, qui ne purent retenir leur indignation. Il s'engagea une rixe très vive, et plusieurs citoyens furent victimes de la rage de ces forcenés. Le même jour, plusieurs provocations particulières eurent lieu aux Tuileries de la part des officiers des troupes de ligne contre des patriotes. Les persécutions les plus inouïes s'exercent depuis longtemps contre ceux des gardes de la maison militaire du roi qui ont montré du civisme.

L'Assemblée nationale, instruite de ces faits et de plusieurs autres non moins importants, a reconnu que la patrie était en danger, en se déclarant permanente jusqu'au moment où le calme sera entièrement rétabli.

Tels sont, en abrégé, frères et amis, les événements qui viennent de se passer sous nos yeux. Nous vous en faisons part avec empressement, afin de vous prémunir contre les récits exagérés qu'on ne manquera pas de répandre.

Paris est tranquille, tous les citoyens sont armés et veillent avec exactitude au maintien de l'ordre public.

Nous vous faisons passer le n° 44 de *l'Ami des Citoyens,* rédigé par un de nos membres[1]. Nous vous invitons à en donner lecture publique dans vos séances, et à propager les principes qu'il contient.

Ne perdez pas courage, frères et amis; surveillez avec constance les ennemis de la liberté; réprimez avec zèle les perturbateurs; ranimez dans vos contrées l'esprit public; ne dissimulez pas à vos concitoyens les dangers de la patrie. Les patriotes doivent se réunir, se serrer plus que jamais : c'est le seul moyen de faire triompher la belle cause que nous avons juré de défendre jusqu'à la mort.

Secondez nos efforts, et comptez sur vos frères les Parisiens.

MERLIN, *président;*

DUFOURNY, *vice-président;*

CHABOT, *député,* RUAMPS, *député,* COLLOT D'HERBOIS, VILLAIN-DAUBIGNY, LULIER, AUDOUIN, *secrétaires.*

1. On se rappelle que ce journal-affiche était rédigé par Tallien.

CCXXVII

SÉANCE DU MERCREDI 30 MAI 1792

Après la lecture du procès-verbal, M. *Chabot* rend compte de ce qui s'est passé depuis hier au soir dans l'Assemblée nationale.

M. Doppet. — Jadis on s'occupait de ce qui devait se faire à l'Assemblée nationale, et non de ce qu'on y avait fait. Sans doute il est beau de se parer de ses lauriers; mais je demande qu'on passe à l'ordre du jour.

Un membre demande que chacun présente ses idées sur le rassemblement des ci-devant gardes du roi formé à l'École militaire, afin de les donner aux députés à l'Assemblée nationale.

M. Pépin. — Ma section a pris un arrêté tendant à demander que l'Assemblée nationale fasse venir à la barre M. le commandant général de la garde parisienne, pour qu'il ait à s'expliquer si des ordres ont été par lui donnés à une patrouille de cette garde de se porter du côté des Invalides, et, s'ils avaient été donnés, quelles en étaient les raisons.

Un membre observe que, M. Rochambeau étant dans la Société, il faut qu'il soit invité à s'expliquer, afin qu'il n'ait pas auparavant les honneurs de la séance.

M. Rochambeau. — J'ai appris hier que la Société désirait m'entendre : je m'empresse de lui donner les motifs de ma conduite. Je n'ai pas cru qu'ayant perdu la confiance des soldats je pusse rester à leur tête. D'ailleurs, comment m'était-il possible de rester au milieu de lâches qui avaient fui devant les ennemis de l'État, et de scélérats qui avaient fusillé leurs officiers? Oui, Messieurs, dans l'affaire de Tournai, ayant voulu rallier les fuyards, ils m'ont passé par les armes, ainsi que d'autres officiers. J'ai cru que c'était servir la patrie que de laisser un poste où je ne pouvais plus lui être utile. Mais je vous ai, Messieurs, assez parlé de moi : je vais vous entretenir des affaires publiques.

Les désastres de Mons et de Tournai ne viennent que de l'amour-propre désordonné de vos ministres : ils s'imaginent que, comme autrefois, ils peuvent de leurs cabinets diriger les armées. Leur imprévoyance est telle que des munitions destinées pour les armées étaient encore le 20 aux dépôts de Saint-Denis et de Versailles. De plus, il n'est pas possible que les opérations militaires réussissent si elles ne sont gardées dans le secret le plus exact; lorsque j'ai été mandé de Maubeuge, le 25, pour recevoir les ordres du conseil, tous les papiers publics parlaient du plan de la campagne. Telle est, Messieurs, l'insouciance, l'ineptie et l'imprévoyance de vos ministres et de ceux qu'ils emploient. Je crois qu'il est urgent, dans les circonstances, qu'il est important d'envoyer aux soldats une adresse pour les inviter à la subordination et à une confiance entière dans leurs officiers. J'ignore quel parti prendra la Société à cet égard.

M. Dubois de Crancé. — Je ne viens point vous parler de M. Rochambeau; il vous a donné les raisons de sa démission : c'est à vous de les juger. Mais je ne crois pas que dorénavant aucun officier qui donnera sa démission puisse mériter la confiance publique. (*Bravos.*) Et moi aussi, j'ai eu des dangers à courir; et, si les officiers trouvent des méfiants, je trouverai beaucoup d'officiers aristocrates. (*Bravos.*) Sous l'ancien ministère, nos commandants, nos généraux, ne se sont plaints de rien. Ce n'est qu'au renouvellement des ministres qu'ils se sont plaints de manquer de tout. (*Bravos.*) Ceci nous dénote évidemment un système dont M. Rochambeau a été la dupe, un système qui prouve que les officiers généraux ne sont mis à la tête des armées que pour devenir maîtres des affaires. Ils se plaignent d'avoir perdu la confiance de leurs soldats : je les plains assurément; mais ce ne sont pas les derniers malheurs qui nous menacent. On se plaint de l'indiscipline; mais assurément le Français est discipliné pour ceux qui savent s'en faire aimer. (*Applaudissements.*) On vous parle de l'affaire de Tournai comme très funeste aux destinées de la France. Ce que je sais, c'est que les ministres aiment la patrie; ils peuvent avoir manqué de prévoyance, mais comment expliquer celle des généraux qui, pour une expédition de trois jours, emportent du bagage pour trois semaines, et font prendre aux soldats jusqu'à des guêtres de rechange? On se plaint que les opérations de la campagne ont été divulguées; mais M. Rochambeau doit savoir que la cour a été la première à les faire connaître. Si M. Rochambeau avait encore annoncé d'autres faits, je lui aurais répondu : Je ne connais pas le ministre de la guerre, mais je le crois patriote, car je lui ai vu le bonnet rouge à Perpignan; et sans doute il ne prévoyait pas être ministre un jour. Mais je reviens à faire une réflexion : c'est que, si nos ministres perdent la confiance, ils seront remplacés par des ministres semblables aux anciens, et qui seront aussi bons patriotes qu'eux.

Lorsqu'ils avaient le timon des affaires, lorsque les municipalités manquaient d'armes, j'ai voyagé sur le Rhône avec quatre mille fusils que l'on portait aux Arlésiens. Ces ministres ont dit que tout serait prêt au 1ᵉʳ mars; or, actuellement encore, les gardes nationaux dans le midi sont armés de bâtons. Je me suis tu; mais il n'en est pas moins vrai que le ministère actuel est entravé par la faute de ses prédécesseurs; et, si vous l'inculpiez, je crois que vous seriez injustes.

M. CARRA. — Je suis d'autant plus étonné que M. Rochambeau vienne vous dire qu'il a perdu la confiance de ses soldats que tous les avis que je reçois d'eux annoncent qu'ils reconnaissent M. Rochambeau pour bon patriote : je suis donc surpris qu'il vienne se plaindre de ce qu'il a perdu leur confiance.

M. ROCHAMBEAU. — Je n'ai point dit ça.

M. CARRA. — Quand M. Rochambeau inculpe les ministres en les accusant d'être les auteurs de la déroute de Mons et de Tournai, je ne suis pas moins étonné. La première ligne de nos troupes, trouvant les forces ennemies très supérieures, a essuyé des échecs. Je ne prends pas la défense des ministres : si l'un d'eux bronchait, je le dénoncerais. Il me paraît que celui de la guerre se conduit très-bien ; je le connais depuis cinq ans, et ce n'est pas en vain que je connais un homme depuis aussi longtemps, et je me rendrais garant de son patriotisme. Je suis fâché que M. Rochambeau ait donné sa démission, et je crois que le seul moyen de réparer ce tort est de retourner auprès de nos camarades.

M. ROBESPIERRE. — Ce qui est personnel à M. Rochambeau n'est pas ce qu'il y a de plus intéressant dans cette discussion. Je crois difficile de prononcer, non parce qu'il a fait des actes de patriotisme jusqu'à ce moment, mais parce que les faits ne nous sont pas assez connus, et qu'il ne règne pas assez d'impartialité dans notre délibération. Je suis encore moins porté à accuser les ministres, parce qu'il n'est pas dans mes principes de leur donner des éloges outrés ni de les blâmer sans sujet. Au reste, les soldats ne sont point insubordonnés, comme on l'a dit, car ils sont tous disposés à verser leur sang pour la patrie. (*Applaudi.*)

On a dit que le ministre de la guerre n'a pas commandé deux cents hommes ; mais je pense qu'il ne faut pas être militaire pour être ministre. Je ne crois pas que les ministres des finances et de la justice doivent se mêler de la guerre. Celui qui en a le département est le seul sur lequel je crois pouvoir porter quelque jugement ; et, lorsque je le vois violemment attaqué par des hommes qui voudraient dominer, je pense qu'il faut donner quelque importance à de tels indices. Au surplus, je ne désigne pas M. Rochambeau. La démarche de M. Servan à l'Assemblée nationale a donné une grande impulsion à l'opinion publique. C'est le premier ministre que l'on puisse louer de cette manière. Mais il est si dangereux de louer un ministre que je me hâterai de me rétracter à la première tergiversation. M. Servan n'a eu aucune part à nos désastres : un ministre trop loué en a été le premier auteur. C'est l'ami d'un général qui est à la tête de nos armées. Le plus grand mal est la puissance excessive laissée entre les mains des généraux. Si l'un d'eux est à craindre pour la liberté, c'est celui dont l'ambition est sans bornes.

Or, il est un général trop puissant, trop funeste à tous les patriotes, pour qu'il ait jamais la confiance des patriotes, et surtout la mienne. D'après cela, voilà ma profession de foi sur les ministres. Tant qu'ils seront attachés à une faction, jamais ils n'auront l'estime de la nation. Tout le monde se plaint de la manière dont les premières opérations de la guerre ont été conduites. Il faut donc prononcer entre les ministres et les généraux. Il faut que les ministres prouvent qu'ils ne sont pas attachés à tel général, mais à la nation. Car nous n'avons qu'une chose à craindre, c'est le despotisme militaire. C'est aux ministres à nous rassurer. Voilà mon opinion sur eux.

M. Doppet. — Il s'agit de savoir si un de vos membres qui a quitté son poste doit siéger parmi vous. Les moyens de défense de M. Rochambeau doivent être seuls examinés. Les discussions des préopinants vous ont entraînés, et vous avez plutôt fait le procès aux ministres qu'à M. Rochambeau.

M. Robespierre. — Il n'y a qu'un esclave des ministres qui puisse tenir un pareil langage.

M. Doppet. — M. Rochambeau inculpe les ministres actuels et les soldats; mais ces mots d'*ineptie* et d'*insubordination* se disent aussi à Coblentz; je suis loin de m'établir juge des raisons qui vous ont été données, car je sais qu'un général qui a perdu la confiance de son armée ne peut plus et ne doit plus la commander. — M. Rochambeau peut-il rester au milieu de vous, s'il est vrai qu'il ait perdu la confiance du soldat? Au surplus, laissant la question indécise sur ce dernier objet, tout ce que vous devez prononcer est ceci : M. Rochambeau restera-t-il ou ne restera-t-il pas dans la Société?

M. Chambertois. — Si M. Rochambeau eût employé les moyens d'un vrai patriote et d'un bon général, il n'eût pas perdu la confiance de sa division. Voulez-vous savoir pourquoi les soldats ne lui ont pas accordé cette confiance? C'est qu'il les appelait *ses soldats*. Comment le mielleux M. La Fayette avait-il induit en erreur la presque-totalité de la garde nationale? C'est qu'il appelait les gardes nationaux ses amis, ses compagnons, ses frères d'armes, et non ses soldats. Je dis que tout homme qui, lorsque la patrie est en danger, quitte son poste, est un traître. (*Bravos.*) Je vais plus loin. M. Rochambeau dit qu'il servira en qualité de volontaire; mais il ne sera pas reçu dans la ligne s'il ne retourne à son poste.

M. RÉAL. — Si j'étais à la place de M. Rochambeau, et que j'eusse quitté mon poste, je crois que je mériterais d'être traduit à Orléans. (*Bravos.*) Tous les officiers émigrés que j'ai vus n'allèguent pas d'autres motifs que ceux de M. Rochambeau. Il y a longtemps qu'on cherche à faire croire que l'armée est indisciplinée. Cependant celle dont je vous ai vanté la subordination a été calomniée, et vous avez appris la belle retraite qu'ont faite quatre mille hommes tirés de son sein. Au surplus, voulez-vous savoir la cause de toutes les calomnies lancées contre les soldats? Quand la cour a vu qu'elle ne pouvait gagner un ministre patriote, elle a jeté les yeux sur les généraux. Vous vous rappelez avoir entendu M. Rochambeau, lorsque M. Narbonne était au ministère, crier que la France était perdue s'il le quittait. A cette époque, la *Gazette universelle* et tous les papiers vendus à l'aristocratie vantaient l'harmonie qui régnait entre M. Narbonne et les généraux. A cette époque, on ne manquait de rien, tout allait bien, et il y avait, disait-on, des munitions pour plus d'un an.

Quand j'ai entendu M. Rochambeau, j'ai cru entendre lire un article de la *Gazette universelle*. On accuse les ministres actuels d'être les auteurs de nos échecs; je crois que c'est une calomnie atroce, à cause de la petite mauvaise humeur que l'on a de ce qu'un père (*sic*) a quitté un commandement. (*Bravos.*) Je crois que c'est une scélératesse digne de faire conduire à Orléans. — M. Rochambeau s'est plaint de l'insubordination des soldats; M. Luckner, au contraire, les trouve très subordonnés. Ceux-là qui en disent du mal, je les déclare traîtres à la nation. (*Applaudissements.*)

M. BAUMIER. — Pour rétablir la discussion dans son véritable point, je crois qu'il est bon d'inviter M. Rochambeau à rétablir les faits. (*Tumulte.*) Comme je me propose de prendre des conclusions, ce que n'ont pas fait les autres orateurs, je demande la plus grande impartialité.

M. ROCHAMBEAU. — J'ai dit que je ne croyais pas pouvoir exercer de fonctions, ayant perdu la confiance publique. J'ai cru que je ne pouvais demeurer plus longtemps avec ceux qui avaient été assez lâches et assez scélérats pour fusiller eux-mêmes leurs officiers. Oui, Messieurs, je vous parle d'un fait qui m'est personnel. Mais je n'ai pas parlé de l'indiscipline des soldats.

Plusieurs voix. — Vous en avez parlé.

M. ROCHAMBEAU. — Je n'en ai pas parlé. J'ai dit que, du moment que j'avais perdu la confiance de l'armée, je ne servirais plus comme officier, mais comme soldat.

M. RÉAL. — Il est si vrai que M. Rochambeau a parlé d'indiscipline, qu'il a proposé à la Société d'envoyer une adresse à l'armée pour l'inviter à la subordination.

M. CHAMBERTOIS. — Je demande que M. Rochambeau soit interrogé s'il ne s'est pas servi des mots d'*indiscipline* et d'*insubordination*, et que, sur sa simple dénégation, il soit rayé de la liste. (*Aux voix! aux voix! Tumulte.*)

M. DUBOIS DE CRANCÉ. — Le jugement de la Société, dans cette grande affaire, devant avoir les suites les plus importantes, je demande qu'on juge sur le fond, et non sur un incident.

M. BAUMIER. — Je vais examiner si M. Rochambeau était précédé d'une réputation de patriotisme : il était porteur d'un diplôme, il avait assisté à la Société de Givet. (*Murmures.*) Il faut être impassible. M. Rochambeau était revenu Jacobin dans son armée, et ces préliminaires étaient propres à lui gagner la confiance. Comment l'a-t-il perdue? C'est ce que je ne sais pas ; mais ce que je sais bien, c'est qu'il était maître de la captiver. A cette occasion, je prierai M. Rochambeau de se rappeler ce mot de Phocion : *Ne vous fâchez pas contre les généraux qui ont éprouvé des échecs, mais contre ceux qui ont perdu la confiance.* D'ailleurs, en supposant que tous les moyens de l'obtenir, cette confiance, eussent été employés sans succès, eh bien! M. Rochambeau devait néanmoins demeurer à son poste. Et, eût-il dû accuser son propre père, il ne devait pas oublier que Brutus ne craignit pas d'accuser son propre fils. — Hé quoi! si cette coalition d'officiers généraux réussissait, nos frontières seraient ouvertes maintenant à l'ennemi.

Plusieurs voix. — Non, non ; nous irions!

M. BAUMIER. — Quels que soient les murmures qui s'élèvent, je n'en suis pas moins convaincu que, si tous les généraux donnaient leur démission, ils exposeraient le sort de la patrie. (*Murmures, tumulte.*) J'admets que, par miracle, il se trouverait de suite des hommes prêts à commander les armées. Mais, si c'est l'article de foi des généraux de se croire indispensables, si c'est l'opinion de M. Rochambeau, il en est bien plus coupable. Les motifs que vous avez allégués, Monsieur, ne peuvent vous justifier : il fallait mourir, au lieu de quitter votre poste. Je conclus à la radiation.

M. Hion. — M. Rochambeau ne vous a donné aucun motif plausible. Lorsqu'il était à l'armée, il ne s'est jamais plaint de M. Narbonne, tandis que tous les départements formaient contre lui des réclamations. M. Rochambeau est du nombre des officiers qui avaient concerté le projet d'abandonner l'armée; et, lorsque Mirabeau parla de licenciement, M. Rochambeau s'éleva...

M. Rochambeau. — Cela est faux.

M. Collot d'Herbois. — M. Rochambeau a opiné pour le licenciement. Je demande si, lui qui appelle les soldats des lâches et des insubordonnés, peut aller servir avec eux. Si M. Petion donnait sa démission... (*Tumulte.*) Je m'aperçois qu'il est inutile de vous donner de nouveaux motifs pour faire condamner M. Rochambeau.

En ce moment il s'élève beaucoup de tumulte dans la salle. M. Rochambeau sort.

M. Chambertois. — J'observe que M. Rochambeau s'est condamné lui-même en se retirant.

M. Legendre. — Vous avez jusqu'à présent traité la question d'après ce qu'a fait M. Rochambeau; je demande à la discuter d'après la manière dont il est venu prendre sa carte. C'est la police de votre Société que j'invoque pour le faire condamner.

M. Lulier. — Je demande qu'on entende quelques orateurs pour M. Rochambeau, et que, s'il ne s'en présente pas, cela soit consigné dans le procès-verbal.

M. Delayant. — Quelle que soit l'opinion de la Société, je crois qu'il est de sa justice d'entendre tout ce qui peut être dit tant pour l'accusé que contre lui. — Je crois que la meilleure manière de poser la question est celle-ci : M. Rochambeau a-t-il pu, a-t-il dû donner sa démission? Si des personnes qui ont quitté leur poste sont cependant demeurées au milieu de vous en conservant votre estime...

Ici l'orateur est interrompu par des applaudissements d'un côté et de violents murmures de l'autre. On finit par crier : *A bas l'orateur!* Il se retire. Le tumulte agite encore la Société pendant longtemps.

M. Robespierre. — Je demande à éclaircir la question, en posant la différence qui existe entre donner la démission d'un poste périlleux et celle d'une place qui ne l'est pas. Moi, j'ai quitté une place tranquille pour aller à un poste pénible et dangereux. Quant à M. Rochambeau, il s'est mis dans l'impossibilité de servir sa patrie. (*Applaudissements.*) C'est pour mériter davantage sa confiance dans la suite que j'ai donné ma démission. Je suis fâché de voir que le but de toute cette discussion était d'insulter un autre fonctionnaire public, qui se trouve, néanmoins, dans un cas bien différent. D'après cela, je déclare que je ne mêle point mon opinion à celle des intrigants.

M. LEGENDRE. — Si j'eusse été à la place de M. Rochambeau, j'aurais tâché de gagner la confiance des soldats. Si je n'eusse pas réussi, je fusse venu, les larmes aux yeux, dans le sein de cette Société, et j'eusse dit : « Je n'ai plus la confiance des soldats, puis-je encore rester à leur tête? » Mais comment M. Rochambeau est-il venu? Il a pris sa carte d'entrée sans se montrer ici avec toute la solennité qui convenait à une pareille démarche, sans vous laisser espérer qu'il reviendrait. Il ne le fait qu'après avoir été invité par la Société à venir s'expliquer. Et que fait-il encore? Il vient déclamer contre l'armée ; il vient employer tous les moyens des intrigants. Pourquoi venir, avec un ton de mépris et d'insolence, dire qu'il ne peut plus servir avec des scélérats et des lâches? Je déclare que quiconque perd la confiance des soldats ne mérite plus celle de ses concitoyens. (*Applaudissements.*)

M. MARTH (*sic*). — Voici la manière de poser la question : Un général à la tête de ses troupes et fusillé par ses soldats doit-il donner sa démission, oui ou non? Maintenant, avant de prononcer son exclusion, il faut constater les faits. (*Tumulte.*)

Plusieurs voix. — C'est un Feuillant, c'est atroce!

On prie MM. les tachygraphes de donner lecture des propres paroles de M. Rochambeau; elles sont entendues dans le plus grand silence.

M. COLLOT D'HERBOIS. — Cette lecture m'a fait naître quelques réflexions sur la manière de poser cette question très importante, puisqu'il s'agit de la condamnation d'un ancien membre de cette Société. J'observe d'abord que notre objet principal est rempli, c'est-à-dire que l'opinion publique est bien éclairée, et je doute qu'aucun officier présent à cette séance fût tenté de donner sa démission. Est-ce sur les motifs de celle de M. Rochambeau, c'est-à-dire sur l'explication que vous lui avez demandée, que vous établirez votre jugement? Ces motifs n'ont pas essuyé une grande défaveur, et peut-être avez-vous eu raison : car pourquoi mettrions-nous tant d'importance à ce que tel ou tel officier, qui dit avoir perdu la confiance de l'armée, se démette? J'estime beaucoup plus, quant à moi, les services du brave soldat Rousselot que ceux de beaucoup d'officiers généraux. Votre jugement portera-t-il sur l'opinion de M. Rochambeau relativement à l'armée? Car il faut distinguer la réponse qu'il a faite à votre invitation de l'opinion qu'il a énoncée ensuite pour solliciter de vous une adresse aux Sociétés affiliées; cette opinion est condamnable, puisque les vraies dispositions de l'armée y sont calomniées... (*On crie :* Posez la question !) La question, la voici : c'est que, le nom de M. Rochambeau n'ayant pas été inscrit dans le temps sur le seul registre qui fait reconnaître aujourd'hui les membres de cette Société, il ne peut pas en être rayé. (*Tumulte. On crie :* M. Rochambeau s'est fait inscrire hier !) Il ne pouvait pas se faire inscrire hier, cela est contraire aux règlements ; cette inscription est tellement nulle que vous-mêmes y avez sursis jusqu'à ce que vous ayez entendu M. Rochambeau ; il serait peu généreux de la valider uniquement pour s'en faire un titre contre lui. (*Murmures.*) On peut blâmer un pareil scrupule, mais il tient à mon caractère ; je vois qu'il me sera difficile de développer une opinion que je crois cependant conforme à la stricte équité, je vais donc me borner à vous proposer un arrêté qui remplit votre objet sans violer les principes. Le voici : « La Société, considérant que M. Rochambeau ne s'est point fait inscrire, aux termes du règlement, après le scrutin épuratoire, déclare que c'est mal à propos qu'on lui a délivré hier une carte, qui ne peut, en aucun cas, lui servir pour être reconnu membre de la Société. » (*Grand brouhaha.*)

On crie : *Aux voix, aux voix la radiation !*

M. BAUMIER. — Voici qu'on me remet le seul titre qu'a produit hier, aux bureaux, M. Rochambeau : c'est une lettre de votre Comité, datée il y a sept mois, qui l'invitait à venir se faire inscrire. Ce qui prouve qu'effectivement il n'était pas inscrit.

M. TALLIEN. — Il y a trop longtemps que cette affaire traîne. La radiation, la radiation !

M... — Mais, s'il n'est pas inscrit, la radiation ne peut avoir lieu : c'est l'exclusion qu'il faut demander.

Plusieurs voix. — Oui, l'exclusion !

M. LE PRÉSIDENT. — Je vais mettre l'exclusion aux voix.

Ici le plus violent tumulte s'est élevé. Plusieurs membres viennent au bureau et accusent le président de partialité, en criant : « La radiation ! la radiation ! »

M. *le Président* met la radiation aux voix ; elle est arrêtée.

La Société prononce la radiation de M. Rochambeau.

Un vivandier de l'armée de M. La Fayette rapporte des faits qui paraissent si intéressants au petit nombre de membres encore présents qu'ils l'invitent à recommencer son récit dans une séance plus nombreuse.

La séance a été levée à onze heures.

CCXXVIII

Juin 1792

SÉANCE DU VENDREDI 1er JUIN 1792

La Société arrête le renouvellement du Comité de correspondance. Elle arrête ensuite que l'extrait du procès-verbal contenant la radiation de M. Rochambeau sera envoyé à toutes les Sociétés affiliées.

M. *Réal* propose de la faire connaître par le moyen de tous les journalistes, et surtout par M. Carra, le patriarche des soldats.

M. Pépin. — M. Manuel a plaidé aujourd'hui sa propre cause. Il a prouvé de la manière la plus invincible que l'impression des lettres de Mirabeau ne pouvait être l'objet d'un procès criminel. Son triomphe a été tel que le défenseur de la partie adverse, M. Regnault de Saint-Jean-d'Angély, n'a pas osé paraître : il a fait dire qu'il était indisposé, quoique avant l'audience je l'eusse vu se promener dans l'antichambre. M. Tallien, défenseur officieux de M. Manuel, a déployé beaucoup de zèle dans cette affaire ; elle a été présentée par le commissaire du roi sous le jour le plus noir et le plus faux. On a été indigné de le voir persister à poursuivre criminellement M. Manuel; mais les juges n'ont pas eu égard à des conclusions dictées par l'esprit de vengeance et d'aristocratie : ils ont renvoyé les parties à se pourvoir civilement.

M. Chépy fils. — Des militaires courtisans ont inculpé l'armée française. Je viens vous dire la vérité; je vous la dirai tout entière. J'ai vécu six semaines avec les troupes de ligne. Le camp de Rancennes est un vaste rassemblement de Jacobins. Quoi qu'en ait dit un intrigant qui a paru dans cette capitale, les soldats de ligne et les gardes nationaux vivent dans la plus parfaite union, et tous jurent de mourir pour la liberté. Les soldats allemands, que des officiers se sont efforcés d'égarer, disent, dans un langage corrompu, mais énergique, mais capable de faire verser des larmes : *Fife la liberté! fife la nation française!*

Le duel est absolument proscrit; depuis six semaines, dans un rassemblement de 26,000 hommes, il n'y a pas eu une querelle particulière. Lorsqu'il s'élève quelques difficultés entre les soldats : « Ajournons, disent-ils, nos griefs après la victoire ; tout notre sang est dû à la patrie. »

Les compagnies de grenadiers ont orné leurs bonnets de signes tricolores, et l'ont surmonté de celui de la liberté. Le régiment ci-devant de Vivarais porte, écrit sur une table, la déclaration des droits de l'homme. On remarque encore ces devises :

> Les mortels sont égaux : ce n'est pas la naissance,
> C'est la seule vertu, qui fait la différence.

Sur les canons on lit ces mots : *Ultima ratio gentium.*

Nous n'avons pas communiqué avec l'état-major de cette armée : nous ne vivions qu'avec les soldats. Nous pouvons dire qu'en général le feuillantisme est l'esprit de cet état-major ; et, s'il fait la guerre offensive, c'est principalement à nos finances. On peut distinguer trois classes d'officiers : les uns ne tiennent qu'à leur paye, les autres sont pour les deux chambres, le reste est composé de révolutionnaires ou propagandistes.

Je passe maintenant à l'affaire de Philippeville.

Deux heures après le combat, nous nous sommes rendus sur le champ de bataille, où nous avons recueilli des éclaircissements certains. On a trompé le peuple de la capitale sur beaucoup de circonstances très importantes. Des gazettes faites dans les Pays-Bas, des journaux qui les ont copiées, vous ont dit que nous avons perdu deux cents hommes et trois pièces de canon. Voici la vérité. Le général Gouvion a été instruit une ou deux heures avant la rencontre des ennemis par ses vedettes ; il a donné ses ordres avec le plus grand sang-froid. Il a commandé aux chasseurs dits des Cévennes de s'aller embusquer dans un bois. Lorsque les dragons de Cobourg ont passé, la vedette française a crié : *Qui vive ?* L'officier allemand a répondu par le même cri. Lorque l'ennemi a eu longé le bois, les chasseurs ont tiré à bout portant, et il n'est resté que cinq hommes du régiment de Cobourg. Tous nos soldats se sont supérieurement comportés, notamment le bataillon de la Côte-d'Or. Dans toutes les affaires que nous avons eues, les volontaires nationaux se sont toujours distingués. Le plus grand silence régnait dans les rangs ; on n'entendait d'autres mots que ceux-ci : « Vois, camarade, comme ils tombent. » On a reconnu du côté des ennemis parmi les morts MM. de Latour, d'Ormesson, et le colonel du régiment de Cobourg. — L'honneur principal de cette affaire est dû à l'artillerie : on ne saurait lui voter trop de remercîments. Les soldats d'artillerie sont les véritables Jacobins de l'armée. Il est impossible de voir plus de patriotisme, plus de désintéressement, plus de courage que parmi eux.

M. Mauscou, Jacobin d'Auxonne, a fait des merveilles avec une pièce de canon.

Les Autrichiens ont, suivant leur coutume, emporté leurs chevaux et leurs morts : ceux-ci sont au nombre de sept cents; ils ont été disséminés dans différentes villes, le plus secrètement possible. La perte des Français se montait à vingt-deux hommes morts sur le champ de bataille, et à soixante-deux blessés, dont douze ont péri des suites de leurs blessures.

Il me reste à citer deux traits qui méritent d'être connus.

Un canonnier était près de sa pièce de canon démontée, il ne voulait pas la quitter. Trois ennemis viennent sur lui, il en tue un avec son pistolet; le second lui assène un coup de sabre, un second pistolet l'en délivre; le troisième allait lui donner la mort, lorsque, se saisissant avec rapidité d'un poignard que son ennemi portait à sa ceinture, il le lui plonge dans le cœur. Ce courageux soldat était légèrement blessé; il ne veut pas quitter son poste, il demande seulement de l'eau-de-vie, qu'on lui apporte en abondance. Cette boisson lui a été fatale : car, sa blessure étant devenue par là incurable, il en est mort.

Un jeune recrue était en vedette dans un four à chaux : il tire et tue un homme; il recommence une, deux et trois fois, avec le même succès. Passe la cinquième patrouille, elle l'aperçoit : un cavalier vient à lui et l'ajuste. Manqué par son ennemi, il tire sur lui et le blesse; il ne rejoint l'armée qu'après avoir tué le cheval. A son retour il a été fait sergent à la tête de l'armée.

Je vais vous donner quelques renseignements sur les dispositions des Autrichiens. Malgré les relations fausses qu'ils en ont publiées, ils n'ont pas pu se dissimuler leurs pertes; mais on leur a donné des idées si singulières des patriotes français qu'après l'affaire de Philippeville ils ont dit: « Ceux contre qui nous nous sommes battus n'étaient pas patriotes. » Pour comprendre ce mot il faut se rappeler que ces mêmes troupes, ayant eu précédemment bon marché des insurgents brabançons, qu'on appelait patriotes, s'attendaient également à avoir affaire à des soldats peu aguerris; et, n'ayant pas rencontré ce qu'ils comptaient, ils disaient : « Ils se sont bien battus, donc ils ne sont pas patriotes. » Au surplus, les officiers émigrés sont cordialement détestés, même par les officiers allemands, car les premiers veulent être maîtres et conduire les troupes à leur manière. Lors de la dernière affaire, les émigrés voulaient ramener les soldats allemands à grands coups de bâton : ceux-ci les ont fusillés et leur ont ôté la fantaisie de recommencer. Ils disent hautement qu'ils n'ont pas d'ordre à recevoir d'eux, et qu'ils ne reconnaissent de chefs que ceux qui leur ont été donnés par celui qu'ils appellent leur souverain.

Je vous parlerai peu du peuple liégeois : mon collègue vous a dit combien nous devions espérer de sa haine pour la tyrannie. Ce que je puis vous assurer, c'est qu'il aime autant la liberté que le département des Bouches-du-Rhône, et c'est à une femme que nous avons dû notre salut ; on vous en a sans doute informé. Ils détestent d'autant plus leur situation présente que le despotisme s'est appesanti sur eux. Il est défendu à trois hommes de causer ensemble. Vous savez la conduite qui a été tenue à l'égard du maire de Dinant, obligé, le sabre sur la tête, de donner le premier coup à l'arbre de la liberté. Vous savez les horreurs qui ont été commises sur celui de Camphine. — Dans les provinces belgiques, il se trouve 45,000 Autrichiens. Nous avons sur nos frontières 100,000 hommes qui n'attendent que le moment d'aller au combat. Après avoir tenté une révolution qui n'était pas préparée, les Belges en attendent une meilleure. C'est nous qui devons l'opérer : ils nous attendent, ils sont disposés à nous seconder, et 300,000 hommes nous tendent les bras, qu'ils tourneront en notre faveur.

M. *Démérix,* vivandier dans l'armée de M. La Fayette, et caporal renvoyé du 43e régiment, trace le tableau des abus et des négligences qui, dans cette armée, tendent à affaiblir l'énergie de la discipline militaire : on y tolère les jeux de hasard, les femmes de mauvaise vie, et les parties de boisson à des heures indues. La plupart des soldats couchent encore à la belle étoile, attendu que l'on manque de piquets pour les tentes.

Depuis longtemps la vigilance et le patriotisme de ce soldat étaient insupportables à ses chefs : ils ne voyaient en lui qu'un argus incommode, prêt à les démasquer à tous ses camarades. Toujours la vérité parlait par sa bouche, il fallait l'étouffer. Il avait instruit les soldats de son régiment qu'un décret de l'Assemblée constituante les autorisait à se faire rendre des comptes par les états-majors ; il avait prouvé, au nom de ses camarades, que, d'après ses calculs, il leur revenait à chacun vingt-cinq livres ; mais on se borne à leur accorder cinq livres par tête : encore cherche-t-on à les leur soustraire par tous les moyens les plus odieux. Un soldat est obligé de payer de son argent son raccommodage, tandis qu'un décret passe cinquante sols par soldat pour cet objet. Démérix fait ouvrir les yeux à ce camarade trop peu instruit; il cite le décret au chef inique qui se proposait de le voler ; celui-ci veut le jeter dans un cachot.

Démérix prend hautement sa défense, et ses raisons confondent tellement le vil subalterne exécuteur des ordres de ses supérieurs qu'il flagornait ainsi pour s'avancer que, muet et interdit, il reste contraint de relâcher sa proie. L'énergie de Démérix déconcertait les officiers du régiment. Ils prévoyaient que leur despotisme et leur avarice auraient un frein dans la propagation des lumières; ils s'efforcèrent donc d'en arrêter le cours. Il fallait s'assurer de Démérix. « Voulez-vous vous taire, lui disaient-ils sans cesse, ne plus lire toutes ces gazettes, tous ces décrets? Allez plutôt à la messe, et bientôt vous serez fait sergent. — Non, répondait Démérix, jamais je n'ambitionnerai une place achetée par la honte. J'aime mieux mourir que de manquer à mes devoirs. » Comment se défaire d'un homme d'une vertu aussi incommode? Les prétextes manquaient, on cherchait à en faire naître ; mais toujours ses réponses étaient atterrantes. Cependant Démérix expliquait la constitution et les décrets à tous ses camarades; il leur faisait chérir la liberté, dont il était le plus sincère adorateur; il les tenait en garde contre les inspirations du fanatisme et les abus de la religion ; leur disait que celle professée par les prêtres romains et papistes a fait plus de mal que de bien. « Dégageons donc, s'écriait-il, la Divinité de tous les préjugés, de toutes les erreurs, de tous les prestiges dont on travaille à l'entourer ! »

Ces principes, dictés par la philosophie la plus sublime qui parlait au cœur d'un soldat, devinrent un texte aux calomnies les plus atroces; et, comme s'il existait un culte dominant en France et que nos officiers transformés en soldats du pape fussent chargés de maintenir son joug ridicule, ils prétendirent que Démérix voulait renverser la patrie avec eux, qui étaient, disaient-ils, les plus fermes colonnes de l'église. Cette hypocrisie indigna Démérix : il s'attacha à prouver à ces croyants que la pensée était indépendante de toute autorité humaine, que chacun pouvait adorer Dieu à sa manière, et que les prêtres réfractaires et perturbateurs étaient des scélérats. Ils lui répondirent qu'ils n'étaient pas théologiens. Quoi qu'il en soit, il fut dénoncé, comme blasphémateur de la religion catholique, apostolique et romaine, au tribunal correctionnel de la ville voisine, qui le condamna au cachot. On donna ordre de le priver de la lumière, des livres, et presque d'aliments; mais ses camarades et le geôlier, plus humain que ses persécuteurs, adoucirent sa captivité. Sur ces entrefaites, M. Narbonne, alors ministre, informé du jugement prononcé contre Démérix, lui donna son congé, sous prétexte qu'une condamnation du tribunal correctionnel, étant infamante, le rendrait incapable de servir l'État. Il fut donc renvoyé; son cartouche porte que c'est pour avoir tenu des propos injurieux à la religion catholique. Tels sont les prétextes des persécutions auxquelles est exposé le vertueux Démérix, qui soupire de verser son sang pour la cause de la liberté. Il espérait émouvoir ses chefs en leur représentant qu'éloigné de cent soixante lieues de son pays il se trouvait sans ressources, sans aucun moyen d'exister; mais ils restèrent insensibles. « Faites comme vous pourrez », lui répondirent-ils froidement. C'est ainsi qu'a été traité un soldat après seize années de service, honorant sous l'ancien régime les livrées du despotisme.

Réduit à un état vraiment déplorable, le courage de Démérix ne s'est pas laissé abattre par l'adversité : il s'est fait vivandier dans l'armée de M. La Fayette. Il a fait plus : il a présenté un placet à ce général, qui, le faisant entrer dans sa tente, se disposait à prendre lecture de son placet, lorsque M. Narbonne survient, accompagné du commandant de Démérix, tous deux auteurs de son renvoi. M. La Fayette les regarde; ils lui font un coup d'œil, et aussitôt il n'y a plus moyen d'obtenir justice. Le malheureux Démérix est renvoyé pour son affaire à M. Narbonne : c'était le punir une seconde fois. En effet, cet ex-ministre le traita avec toute la morgue et toute l'insolence d'un visir ou d'un protecteur. « Allez, lui dit-il, vous êtes un malheureux. — Sans doute, répondit Démérix, je ne serai pas le dernier que vous ferez, si vous continuez d'en agir ainsi. » En proférant ces dernières paroles, Démérix était déjà loin du pacha Narbonne.

« Je demande, dit l'orateur en finissant, que la Société veuille bien s'employer pour me faire obtenir du service sur les frontières, car il est affreux pour moi d'être obligé de le quitter en ce moment. »

M. *Danjou* demande que le brave Démérix, victime si intéressante du despotisme, soit entendu à la barre de l'Assemblée nationale.

MM. *Daubigny* et *Tallien* indiquent différents moyens de faire rendre justice au courageux Démérix, en s'adressant soit à un tribunal de district, soit au Comité militaire. — Ces deux membres sont nommés défenseurs officieux de Démérix. — Deux soldats, renvoyés du ci-devant régiment de Beauce, montent à la tribune et font le récit de l'affaire de Mons. « Nous avons, disent-ils, été rangés en ordre de bataille devant un village, de manière qu'une très petite partie de nos troupes pouvait seule manœuvrer et faire feu sur l'ennemi. Nous étions, pour la plupart, dans l'impossibilité de faire usage de nos fusils, attendu que nos cartouches étaient trop grosses. Bientôt des fuyards se jettent dans les rangs, en criant : *Sauve qui peut !* L'armée fut obligée, en se retirant, de passer sur un pont plus étroit que le chemin. La foule était si grande, la cavalerie jetait une telle confusion, le passage si obstrué, qu'un grand nombre périrent ou dans la rivière, ou de faim et de soif, ou de fatigue. — Nous étions du nombre de ceux qui ne purent tirer. Nous avons été renvoyés sans être informés des motifs de cette punition. Nous vous prions de nous nommer des commissaires. » (*Accordé.*)

M. RÉAL. — Vous savez que les ministériels, que la *Gazette universelle*, ont tenté de nous dissoudre ; un des moyens qu'ils espéraient employer avec le plus de succès, c'était de nous priver de ce local. Un bon citoyen a eu le courage de se mettre ce fardeau sur le corps ; mais il faut que tous les patriotes l'aident à le supporter. Déjà plus de 700,000 livres ont été fournies ; que tous ceux qui ont des fonds à placer rendent à la Société le service de les hypothéquer sur ce terrain. Nous sommes, il est vrai, des sans-culottes, mais il existe cependant parmi nous des gens capables de seconder M. Guiraut.

M. TALLIEN. — Cela est d'autant plus instant que, ce matin, M. le procureur-syndic [1] a écrit à M. le procureur de la commune qu'attendu que M. Guiraut n'a pas, dans le temps prescrit, rempli ses engagements, il eût à mettre le terrain des Jacobins à la folle enchère.

M. MARANDON, orateur de la députation de Bordeaux. — Nous sommes venus, au nom de la ville de Bordeaux, exprimer la profonde horreur que nous avons pour le système des deux chambres : jamais il ne prévaudra tant qu'il nous restera un souffle de vie. (*Applaudissements.*) Qu'ils sont méprisables, tous les libellistes qui, vendus à l'aristocratie et à la liste civile, distillent jour et nuit le poison de la calomnie contre la liberté et ses défenseurs ! Nos concitoyens nous ont chargés de témoigner leur attachement à ces Jacobins si célèbres par leur dévouement absolu à la cause de l'humanité et de l'égalité. Ils nous ont chargés aussi de vouer une haine éternelle à tous ces gazetiers universels, à tous ces auteurs de suppléments au *Journal de Paris*. (*Bravos.*) Il nous reste à vous demander de nous réunir à votre Comité de surveillance.

Renvoyé au Comité de correspondance.

Un membre annonce que plusieurs voitures, chargées de tonneaux remplis de balles de plomb, ont été arrêtées ; elles étaient, dit-on, adressées à *Monseigneur* le maréchal de Ségur. C'est un enfant de

1. Il faut lire : *procureur-général-syndic.*

douze ans qui les a arrêtées. — Il est introduit dans la Société et conduit vers le président. Quelqu'un propose de faire une collecte en faveur de cet enfant.

M. *Beaulieu* propose de lui fournir un habit de garde national, avec des armes.

M. *Réal* veut auparavant que les faits soient vérifiés. — Un membre les atteste.

L'enfant monte à la tribune. « Je passais, dit-il, dans la rue d'Enfer; j'ai été arrêté par deux voitures qui s'embarrassaient entre elles à la jonction de deux rues. L'une me paraissait excessivement lourde; je me suis approché, et j'ai tâté un des tonneaux, qui m'a étonné par sa chaleur; j'ai eu quelque méfiance, et j'ai crié au voiturier d'arrêter; il se mit à jurer contre moi, et, sans deux porteurs d'eau qui sont arrivés, il m'eût maltraité. J'ai couru à un corps de garde, et la voiture a été arrêtée vis-à-vis le passage du Luxembourg; elle contenait quinze tonneaux. » — En finissant son discours, l'enfant met son bonnet sur sa tête, ce qui est fort applaudi.

M. LE PRÉSIDENT. — Jeune citoyen...

L'ENFANT. — Jeune citoyen... — Cette naïveté est vivement sentie et applaudie par la Société.

M. LE PRÉSIDENT. — Jeune citoyen, c'est par la bouche des enfants que s'explique la vérité. Votre action civique nous promet qu'un jour vous serez un des plus fermes défenseurs de la liberté.

Cet enfant s'appelle Louis Germain, meunier, fils d'un fondeur.

La Société arrête qu'un équipement complet et une carte d'entrée seront délivrés à cet enfant, et que mention sera faite de son nom au procès-verbal.

M... — Voici un fait que j'ai appris à Melan (*sic*): M. de Latour, ci-devant de Tolosan, fournisseur des vivres, chargé d'envoyer des provisions aux armées de Mons et de Tournai, avait, dit-on, reçu secrètement des contre-ordres.

M. *Santerre* demande que des commissaires soient nommés pour un soldat injustement renvoyé. — Un Allemand, de la connaissance du même membre, a entendu deux gardes du roi s'entretenir, en ce langage, du projet de faire sauter la salle de l'Assemblée nationale.

Le scrutin d'élection donne M. *Chabot* pour président; pour vice-président, M. *Manuel*, et, pour secrétaires, MM. *Montaut*, *Garan*, M. *Chénier* et *Fabre d'Églantine*.

L'auteur d'une découverte relative aux armes à feu annonce à la

[1er juin 1792]

Société que son épouse et le commandant de la garde nationale d'Antibes lui ont appris que les poudres y sont accaparées.

La section des Enfants-Rouges a déclaré que M. Romainvilliers, commandant-général, a perdu la confiance publique; elle engage toutes les autres sections de la capitale à en faire autant.

Arrêté que demain il y aura séance extraordinaire pour la lecture de la correspondance, qui se trouve arriérée de quelques séances.

M. *Verrières* invite tous les citoyens à concourir au rappel des ci-devant gardes-françaises.

La séance a été levée à dix heures.

CCXXIX

SÉANCE EXTRAORDINAIRE DU SAMEDI 2 JUIN 1792

PRÉSIDENCE DE M. CHABOT

Cette séance, destinée à la lecture de la correspondance arriérée, se trouvant peu nombreuse, on a arrêté, sur la proposition de M. *Tallien*, de n'avoir jamais à l'avenir de séances extraordinaires, à moins de circonstances très urgentes, et relatives à l'intérêt public.

Après la lecture de la correspondance, M. le trésorier annonce que M. Rochambeau a renvoyé sa carte, et que le montant de sa souscription lui a été rendu.

Après quelques observations sur la correspondance, on passe à l'ordre du jour : la discussion sur les gardes-françaises.

MM. *Dufourny* et *Hion* ajoutent de nouvelles lumières à celles que plusieurs citoyens ont déjà données dans diverses séances auxquelles nous renvoyons pour cet important sujet.

Une lettre, apportée de Strasbourg par un député extraordinaire de la Société de cette ville, attire l'attention de l'assemblée. Cette lettre fait part des dangers auxquels sont exposées les ci-devant provinces de Lorraine et d'Alsace. (Voyez la *Correspondance.*) Le député porteur de cette lettre rend compte des motifs qui ont donné lieu de croire, à Strasbourg, que M. de Custine avait été nommé pour remplacer M. Luckner; cependant le ministre de la guerre lui a assuré qu'il n'en était rien, et que le commandement en chef était resté à M. de la Morlière. Il annonce encore, au milieu des applaudissements de l'assemblée et des citoyens des tribunes, la prochaine arrivée de M. Laveaux.

M. *Chabot,* président, invite ce député à lui communiquer tout ce qu'il peut savoir, sur l'état des départements du Rhin, de relatif au rapport qu'il est chargé de faire lundi, à l'Assemblée nationale, sur le Comité autrichien et les troubles du royaume. Il annonce ensuite que les objets à l'ordre du jour pour les séances suivantes sont : 1° la discussion sur le Comité autrichien, 2° sur les délits ministériels, 3° sur l'état civil des citoyens, 4° sur l'instruction publique.

La séance a été levée à neuf heures.

CCXXX

SÉANCE DU DIMANCHE 3 JUIN 1792

PRÉSIDENCE DE M. CHABOT

M. *Audouin,* secrétaire, lit le procès-verbal de la séance de vendredi.

On lit une réclamation des soldats du 34° régiment contre le rapport fait par le général Riccé de ce qui s'est passé au camp de Tiercelet.

[M. *Collot d'Herbois* expose que le général Riccé a donné sa démission après avoir fait un rapport où il se plaint de l'indiscipline de ses soldats. Or, quel est le crime de ceux-ci? Ils ont visité, malgré leur général, une voiture « chargée d'effets suspects », et où ils croyaient trouver un lieutenant-colonel en route pour l'émigration. Ce lieutenant-colonel a en effet passé à l'ennemi. M. Collot d'Herbois propose de demander à l'Assemblée nationale que M. Riccé ne soit pas replacé.]

M. Manuel entre au milieu des plus vifs applaudissements.

« L'accueil honorable que je reçois de vous, dit-il à la Société, l'intérêt que vous avez daigné prendre à moi, me font regretter de ne pas assister plus souvent à vos séances; mais je crois vous être plus utile en m'occupant exclusivement de mes fonctions de procureur de la commune. Je dois être sans cesse à ma guérite, sentinelle infatigable. — Je viens d'assister à une cérémonie qui m'a beaucoup fatigué. Je viens pour me délasser au milieu de vous. (*Applaudissements.*) Un emblème m'a déplu dans le cortège : on a représenté la loi sous la forme d'un poisson qui ouvre une grande gueule; mais cette idée est fausse, elle ne peut convenir qu'au pouvoir exécutif. » (*Applaudi.*)

M. *Collet* commence la lecture d'un discours sur notre situation ; il débute ainsi : « Les troubles qui agitent la société... » (*Des murmures interrompent l'orateur.*)

M. LE PRÉSIDENT. — De quelle société et de quels troubles parlez-vous ? Si c'est de ceux des Jacobins, vous n'avez pas la parole.

M. COLLET. — C'est de la société en général. Je propose que chaque citoyen actif ait la faculté de mener avec lui aux assemblées primaires deux citoyens passifs qui auraient le droit de donner leur opinion et d'émettre leur vœu.

M. LE PRÉSIDENT. — Votre proposition est inconstitutionnelle.

M. *Collet* renonce à achever la lecture de son discours.

M. *Legendre* demande que M. Delacroix soit entendu sur-le-champ. (*Arrêté.*)

M. *Delacroix* lit un discours plein de détails, où il indique la cause de nos maux et les moyens d'y remédier. Il voit la première dans les contradictions sans nombre que renferme l'acte constitutionnel, dans la fatale condescendance qu'a eue l'Assemblée constituante de laisser le gouvernement entre les mains d'une famille et d'une cour ennemis jurés de la nation et de la liberté, dans l'influence qu'a conservée une ancienne caste, dans l'hérédité au trône, dans l'irresponsabilité de celui qui l'occupe, dans l'absurdité de confier la direction d'une guerre faite à la maison d'Autriche à un homme qui a intérêt de la voir triompher; il la voit dans la coalition de certains généraux pour s'opposer à nos succès, dans l'ambition du chef, qu'il appelle *hermaphrodite*. « Tout le bien qui se trouve dans la constitution, dit l'orateur, vient du peuple ; tout le mal est de l'Assemblée constituante dans sa décrépitude. » — Pour remède à tous ces maux, M. *Delacroix* voudrait : 1° le renouvellement des corps électoraux...

M. LE PRÉSIDENT. — Je vous observe que cette mesure est contraire à la constitution.

M. DELACROIX. — Le salut du peuple est la suprême loi.

M. LE PRÉSIDENT. — D'après ce principe, il vaudrait mieux que ce fût le peuple lui-même qui fît les fonctions des corps électoraux. Au surplus, ceux qui les remplaceraient seraient encore plus mauvais que les anciens : car, d'après la constitution revisée, l'aristocratie des riches électeurs doit s'opposer à la véritable représentation du peuple. Votre proposition inconstitutionnelle ne tendrait donc qu'à...

M. Delacroix. — C'est mon opinion, et non celle de la Société ; il faut être tolérant.

M. le Président. — Personne n'est plus tolérant que moi ; mais la Société veut que j'empêche que ses ennemis n'aient le prétexte de la calomnier.

M. *Delacroix* propose, pour seconde mesure, d'isoler *l'Autrichienne,* d'ôter le commandement des armées à tous les généraux suspects. « Luckner et Rochambeau, dit-il, devraient rougir d'avoir accepté des honneurs avant de les avoir mérités. » Il voudrait qu'on fît une levée de cent cinquante bataillons de mille hommes chacun, dont on formerait trois camps. Il voudrait encore que chaque municipalité fournît un cavalier tout équipé, ce qui ferait sur-le-champ quarante-huit mille cavaliers ; en supposant que les plus riches voulussent en fournir davantage, vous auriez une augmentation de seize mille chevaux : vous auriez donc une cavalerie formidable de soixante-quatre mille hommes. En vain alléguerait-on le manque de fourrage : une nation aussi riche et aussi populeuse que la France ne peut être dans la disette à cet égard. Avec des forces si nombreuses, on établirait dans l'intérieur une ligne qui repousserait les fuyards et tous ceux qui crient *Sauve qui peut.*

Pour subvenir aux dépenses qu'entraînerait une pareille levée de troupes, il faudrait vendre le bien des émigrés, il faudrait établir une contribution progressive sur les riches : car, la force publique leur assurant une protection d'autant plus grande que leurs propriétés sont plus étendues, ils lui doivent le sacrifice d'une partie de leur luxe et de leurs superfluités.

M. le Président. — Cette proposition est encore contraire à la constitution.

M. *Delacroix* s'écrie : « Nous n'avons plus de culte dominant : pourquoi des cloches dominantes ? pourquoi salarier exclusivement certains prêtres ? Je propose d'envoyer dans les fournaises nationales des monnaies et toutes ces cloches qui ne servent qu'à troubler votre repos, et les statues des despotes qui semblent encore vous menacer. Détruisez tous ces signes d'esclavage et d'idolâtrie qui ne servent qu'à entretenir l'ignorance et la superstition. Remplacez-les par les images des Rousseau, des Franklin, de tous ces hommes anciens et modernes qui rempliront le peuple d'un noble enthousiasme pour la liberté. Laissez à leurs immortels écrits le soin d'instruire nos concitoyens, au lieu de cette horde de gens à préjugés dont ils peuvent sans doute se passer. Faites avec ces bronzes idolâtres ou superstitieux des bouches à feu qui vomissent la mort sur nos ennemis. — Il serait bon, à mon avis, de former près des armées un conseil militaire qui concerterait le plan de la campagne; et les généraux n'auraient plus qu'à le faire réussir. »

M. LE PRÉSIDENT. — M. de Narbonne ne demanderait pas mieux. Ce serait le moyen de mettre à couvert la responsabilité des généraux.

M. DELACROIX. — J'ai pu me tromper, je retire cette proposition. — Je demande encore la création d'un comité chargé de surveiller la partie des munitions et provisions pour l'armée.

On demande l'impression du discours de M. *Delacroix.*

M. MANUEL. — Nous avons pu souffrir que des tyrans et des despotes, quand ils sont morts, montent sur de grands chevaux. Eh bien, à présent, envoyons à Orléans les rois morts qui n'auront mérité que d'être enterrés à Saint-Denis. — Prenez garde, Messieurs, qu'on vous élève encore des louveteaux : mettez à l'ordre du jour l'éducation du prince royal.

M. *Louvet* demande que M. Delacroix retranche de son discours les personnalités qui paraissent dirigées contre quelques membres de la Société, ainsi que ce qu'il y a d'inconstitutionnel dans son discours.

M. COLLOT D'HERBOIS. — Il me paraît que nous désirons tous que les bonnes choses dont le discours de M. Delacroix est rempli ne soient pas perdues. C'est parce que M. Louvet éprouve plus que tout autre ce désir-là, sans doute, qu'il est monté à la tribune pour nous indiquer les moyens d'en faciliter l'impression. (*Rires et applaudissements.*) Je suis très fort de son avis pour en supprimer tout ce qui n'est pas strictement constitutionnel, et j'aime, à cet égard, la rigueur de vos principes. Il est pourtant bon d'observer qu'en votant les frais d'impression d'un discours quelconque, ce n'est pas dire que vous en approuvez tous les raisonnements; quant à la seconde observation de M. Louvet, sur quelques vérités un peu dures peut-être pour quelques membres de cette Société (*applaudissements*), je déclare que je ne suis pas de son avis. Sans doute, je pourrais comme un autre m'offenser de ces vérités, et pourtant je les trouve bonnes. Je pourrais m'en offenser, car, depuis le discours très louable de M. Petion, qu'on vous a cité, des gens sur qui il n'a pas fait sans doute une grande impression m'ont dénoncé, dans les journaux, comme un ambitieux, et ce sont les ambitieux auxquels, dans son paragraphe, M. Delacroix déclare la guerre.

Eh bien! je le prie de n'en pas rayer un mot. Cette leçon-là me plaît, elle sera utile. Quand le discours sera imprimé, qu'arrivera-t-il? Le voici : tous ceux qui croiront que ceci peut les regarder, et moi aussi par conséquent, nous le prendrons, nous chercherons l'article, nous le méditerons, et nous en profiterons sans doute, car c'est ici surtout qu'une bonne leçon ne doit jamais être perdue. (*Très applaudi.*)

M. Louvet. — Je vois une grande différence entre des opinions énoncées dans des lettres particulières et celles exprimées dans des discours sanctionnés, pour ainsi dire, par la Société.

La discussion sur le discours de M. Delacroix se prolongeant, et l'amendement d'en retrancher les questions inconstitutionnelles étant arrêté à l'unanimité, M. *Delacroix* retire son discours, et déclare vouloir le faire imprimer à ses frais; il en distribuera, dit-il, un exemplaire à chaque membre de la Société et aux citoyens des tribunes, pourvu que la Société lui permette de dire que son discours lui a été prononcé [1].

M. le Président. — Comme le fait est vrai, il est inutile de vous autoriser à le consigner.

M. Manuel. — Celui qui s'occupait à faire des souliers en lisant l'*Almanach du père Gérard*, le citoyen Le Maire, actuellement sur les frontières, demande un diplôme pour prouver qu'il appartient à une bonne famille. — *Accordé*.

Le frère de M. Machenaud, étudiant en chirurgie, demande à être reçu membre, malgré la suspension des présentations. — Renvoyé au Comité de présentation.

Un citoyen, présenté par M. Laplanche, dénonce une prévarication de M. Duport, qui a nommé sciemment à la place de commissaire du roi près le tribunal de la ville de Moulins un citoyen inéligible.

M. *Deflers* lit la correspondance.

La séance a été levée à dix heures.

1. Nous ne savons si Delacroix fit réellement imprimer son discours.

CCXXXI

SÉANCE DU LUNDI 4 JUIN 1792

PRÉSIDENCE DE M. CHABOT

M. *Dufourny* occupe le fauteuil.
Un Secrétaire fait lecture du procès-verbal.

M. OSWALD. — Je demande votre indulgence pour quelques instants. Je n'aurais jamais eu la hardiesse de vous parler dans une langue qui m'est peu familière, si le sentiment de mon devoir ne m'en eût imposé la loi.

Il n'est pas nécessaire de vous rappeler combien il est important de cultiver l'amitié de la nation anglaise par l'entremise des Sociétés populaires. Les Anglais ont eu la gloire de faire, à votre égard, les premiers pas vers cette alliance fraternelle qui va renverser les tyrans et établir sur une base inébranlable la liberté et le bonheur du genre humain.

Animé de cet esprit, le club de Manchester vous a député MM. Cooper et Watt pour vous témoigner le vif intérêt qu'il prend à vos efforts patriotiques, et pour s'unir avec vous.

Le gouvernement d'Angleterre a frémi de rage en apprenant que les nœuds de l'amitié s'allaient former entre deux nations dont la haine réciproque alimentait ses rapines.

On a dénoncé dans le Parlement d'Angleterre MM. Cooper et Watt, on les a accablés de calomnies, on les a poursuivis avec un acharnement atroce. En conséquence, vous avez arrêté d'envoyer à vos frères de Manchester une lettre de consolation et d'encouragement.

Cependant, depuis cet arrêté, on vous a dit qu'il ne fallait pas écrire au club de Manchester que vous n'eussiez reçu de lui une notice officielle des persécutions qu'il éprouvait; et vous avez arrêté effectivement qu'il ne fallait pas écrire

Depuis quand cette étiquette se trouve-t-elle établie chez les Jacobins? Quoi! votre frère vient de tomber dans un précipice, et vous ne voulez pas accourir au bruit de son malheur! Vous resterez les bras croisés, et vous direz avec sang-froid : « Qu'il m'envoie une note officielle pour m'instruire de l'accident qui vient de lui arriver. »

Ce n'est pas ainsi qu'ont agi les clubs populaires d'Angleterre; ce n'est pas ainsi qu'agit le club de Manchester, aujourd'hui en butte aux délations du ministère pour avoir fait auprès de vous une démarche fraternelle.

MM. Cooper et Watt, doués l'un et l'autre d'une âme ardente et patriote, ont exposé aux plus grands dangers leur fortune et même leur vie, pour resserrer les liens de l'amitié entre les deux nations.

M. Cooper, poursuivi par les délateurs ministériels, languit peut-être aujourd'hui dans un cachot, peut-être même une multitude égarée par les agents d'un ministère perfide livre aux flammes la maison de notre ami, sa fortune est ruinée, son sang coule peut-être, et vous avez tranquillement arrêté qu'il ne fallait pas écrire un mot de consolation à vos frères de Manchester!

De grâce, frères et amis, réparez votre tort; rayez de vos registres un arrêté qui flétrit cette couronne de l'union et dément ces drapeaux, ces drapeaux qu'on n'a pas arborés ici, avec leurs piques respectives, pour servir de vaine décoration à la salle de vos séances, mais pour vous rappeler sans cesse l'engagement solennel qu'ont pris les trois nations de se prêter des secours réciproques et de combattre ensemble le despotisme.

Dans cet instant même, les clubs populaires d'Angleterre viennent de rendre un service important à la liberté de la France : car, Messieurs, il ne faut pas croire que la neutralité déclarée par le roi d'Anterre doive être attribuée à l'adresse de vos ambassadeurs, et encore moins à la bienveillance du ministère anglais, mais bien à la fermeté des clubs d'Angleterre, qui ont forcé le gouvernement d'entendre raison. Je suis donc fondé d'espérer que la motion que je vais faire n'éprouvera aucune contradiction, étant entièrement dégagée de tout intérêt personnel et de tout esprit de parti quelconque. Alors, quand je reviens à mon pays natal (où bientôt les événements périlleux d'une révolution naissante vont appeler tout bon patriote anglais), alors j'aurai la satisfaction extrême de dire à mes compatriotes : « Rassurez-vous, mes frères, les Jacobins sont pour vous; vous pouvez compter sur leur amitié et leur appui. »

Je demande donc que la lettre déjà arrêtée pour le club de Manchester soit envoyée incessamment.

M. Collot d'Herbois. — Certes, le préopinant a bien développé nos principes lorsqu'il a dit que chacun de nous était prêt à secourir ses frères de Manchester. Mais ce précipice où on les suppose jetés n'est qu'une belle figure tracée à dessein de nous émouvoir. Le danger même eût-il été réel, ce n'était pas une lettre qui pouvait les tirer du précipice. D'ailleurs, il est bien étonnant qu'ils ne nous écrivent pas, et que nous ne recevions de leurs nouvelles que par les papiers publics. Est-il prudent que, sur des bruits vagues, nous passions par-dessus toutes les considérations politiques qui sont à observer entre deux grandes nations? Je sais qu'il faut faire le bien sans s'occuper de ce qu'on pourra dire; mais je ne vois pas quelle grande utilité aura pour ceux de Manchester, s'ils sont persécutés, une lettre des Jacobins de Paris. Au surplus, si la lettre que nous avions arrêté d'envoyer à nos frères n'est pas partie, il faut en accuser la rédaction seule, qui ne pouvait convenir à des Jacobins écrivant à des Anglais. Peut-être aussi la crainte de paraître vous donner une influence politique a-t-elle contribué à ralentir votre zèle. Quoi qu'il en soit, je conclus à ce qu'on écrive une autre lettre que celle qui vous a été lue, et qu'au préalable, pour l'écrire, on attende des nouvelles de la Société de Manchester.

M. RÉAL. — J'adopte certainement la proposition qui vient de vous être faite. Ce n'est que le correctif qu'y a mis M. Collot d'Herbois qui m'engage à prendre la parole: je le trouve contraire aux principes que nous avons constamment suivis. Il ne s'agit pas de faire une réponse; mais, sur les nouvelles qui nous sont données des persécutions qu'éprouvent nos frères de Manchester, nous devons les consoler, leur dire : « Il est encore sur la terre des hommes libres et sensibles qui prennent part à vos malheurs. » Jamais il n'a été question de savoir si on écrirait en ces termes : « Comment vous portez-vous? Avez-vous besoin de consolation? Mandez-nous-le, afin que nous puissions vous écrire. »

M. COLLOT D'HERBOIS. — C'est vouloir jeter du ridicule sur mon opinion.

M. RÉAL. — Si j'avais cette intention, je calomnierais. Je sais bien avec vous qu'il ne faut pas écrire des vaines déclamations. Je ne prétends pas me donner pour un modèle à imiter; cependant, si j'avais une pareille lettre à faire, je dirais : « Frères et amis, vous souffrez, vous êtes persécutés; prenez patience, nous prenons un vif intérêt à votre situation. »

Mais, dit-on, il faut craindre la calomnie. Certes, jusqu'à présent la calomnie nous a fait beaucoup de bien; et, si nous n'avions pas été calomniés par des coquins, nous ne serions pas loués des honnêtes gens. Ne croyez pas que, si vous écriviez à une Société, la puissance dont elle dépend présume sur-le-champ avoir une armée de Jacobins sur les bras. Cette appréhension ridicule ne pouvait entrer que dans les vues de Léopold.

Les députés de la ville d'Arles sont admis.

M. LEGENDRE. — Je suis loin d'inculper le citoyen anglais qui a paru à votre tribune. Mais ou vous êtes affiliés à la Société de Manchester, ou vous ne l'êtes pas; si vous l'êtes, pourquoi ne vous écrit-elle pas qu'elle est persécutée? N'a-t-elle pas le droit de vous faire part de ses malheurs? Peut-on lui écrire sur le simple vœu d'un particulier, quelque bonne intention qu'il puisse avoir? Je demande qu'on passe à l'ordre du jour. (L'ordre du jour est arrêté.)

M. MATHIEU. — Dans les circonstances où nous sommes, tout peut devenir pour nos ennemis une occasion d'exciter des troubles. La plupart des citoyens savent la délibération qui a été prise par le corps municipal; elle renferme deux dispositions : la première est que les citoyens ont le droit d'exercer tous les jours, sans distinction de fêtes d'aucun culte, les facultés industrielles qui leur sont garanties par le payement de leurs contributions personnelles; la seconde, que la garde nationale ne peut être requise pour assister aux cérémonies d'un culte quelconque. Telles sont les mesures dictées par la constitution. Que tous les citoyens, et surtout ceux des tribunes, redoublent d'activité pour veiller à leur exécution.

M... rend compte de la dénonciation faite contre MM. d'Orléans, Dumouriez, Petion et le père Duchesne, à l'Assemblée nationale, par M. Ribes.

Un membre observe que ce M. Ribes est un député du département du Tarn [1], et qu'un de ses collègues a dit : « Jusqu'à présent, j'avais bien reconnu dans mon codéputé un grand penchant à l'aristocratie, mais je ne le croyais pas fou; actuellement, je suis convaincu du contraire. » — En effet, l'Assemblée nationale, considérant que la démarche de M. Ribes est un acte de délire et de folie, a passé à l'ordre du jour [2].

M. LOUVET. — Si j'étais suppléant de M. Ribes, je me présenterais à l'Assemblée nationale et je dirais : « Vous avez interdit M. Ribes, je viens le remplacer. »

Un citoyen du faubourg Saint-Antoine. — Je suis un homme qui, quoiqu'en veste, trouverait sur-le-champ dix-huit cents hommes. J'ai demandé la parole pour répondre au nom de ceux qui ont été insultés par des personnes qui ont pu croire qu'à l'Assemblée nationale les tribunes ne se fussent pas renfermées dans les bornes du respect qui lui est dû, sans des gardes apostés, et pour dire à M. Louvet, qui

---

1. Raymond Ribes, ancien subdélégué de l'intendant du Languedoc, était député non du Tarn, mais de l'Aude.
2. Sur cet incident, voyez le *Moniteur*, XII, 583.

semble croire à de tels soupçons, que nous savons nous contenir nous-mêmes, car j'étais aussi dans les tribunes. Moi, j'observais, et j'avais passé la nuit à examiner tout ce qui se passait; je passerai encore tout le temps nécessaire à déjouer nos ennemis. — Dimanche, je dois présenter moi-même une pétition à l'Assemblée nationale, et, si je ne trouve pas aucun membre de cette Société qui veuille m'accompagner, je lirai moi-même ma pétition. Je veux faire sentir à l'Assemblée nationale toute la faiblesse qu'elle a laissé percer à l'égard de M. Ribes, et nous verrons si c'est le crime qui ose nous insulter.

Je vous dirai, Messieurs, que vous vous occupez trop de personnalités. Toujours l'on vous voit agiter pour des querelles particulières, pour des débats d'amour-propre, tandis que la patrie devrait appeler tous vos soins. Des Jacobins doivent-ils s'abaisser à jouer le rôle de lutteurs? Car, si nous sommes sans culottes, nous ne sommes pas sans sentiments, et, s'il y avait seulement quarante citoyens de ma trempe, je ne doute pas qu'il n'y eût plus de vigueur parmi les patriotes. Je n'ai pas de génie, mais je suis un homme qui saisirait une question mieux peut-être que qui que ce soit. — M. Guadet m'a paru pitoyable : il aurait mieux fait de ne pas sortir de sa place que de venir nous énoncer une opinion insignifiante sur l'écart scandaleux de M. Ribes. L'on n'a mis des citoyens armés dans les tribunes que pour empêcher le peuple de témoigner sa juste indignation: car, tandis qu'on comprimait ainsi l'énergie de ses sentiments, des fayettistes étaient au-dessus du président. Enfin, je dirai, d'après J.-J. Rousseau : La souveraineté du peuple est inaliénable; tandis que ses représentants feront leur devoir, nous les soutiendrons; mais, s'ils y manquent, nous verrons ce que nous aurons à faire : car, et moi aussi, je suis membre du souverain. (*Applaudissements très vifs.*)

Un membre apprend à la Société qu'en se retirant, hier, au faubourg Saint-Antoine, il a vu dans un café signer une pétition contre les Sociétés patriotiques.

M... — Le bruit du danger que courait la patrie m'a de suite amené de Nantes à Paris. La commune que j'ai quittée offre d'envoyer 200 hommes, s'il le faut, pour s'incorporer à la garde nationale de Paris. Si vous écriviez à toutes les Sociétés affiliées, je ne doute pas que, sur-le-champ, une armée très considérable ne fût prête à marcher.

M. *Tallien* propose de mettre la force publique en état d'activité permanente. — Lui et M. *Deperret* demandent qu'une adresse aux Sociétés affiliées soit rédigée sur-le-champ. — Arrêté.

M. *Chabot* prend le fauteuil.

M. Dubois de Crancé. — Je vais retourner à mon poste dans le Midi; et, avant de partir, je viens vous faire part des dispositions constantes des départements méridionaux. Si, par impossibilité, la contre-révolution s'étendait jusqu'aux environs de Paris, sur-le-champ ils établiraient entre eux un gouvernement provisoire, et, garnissant le Rhône, ils viendraient vous délivrer. Les Bretons les seconderaient encore. Voilà ce que les aristocrates ne savent pas, et ce qui est aussi sûr que la lumière qui nous éclaire, car la liberté est aussi solidement établie dans ces départements que les rochers qui les entourent. — A l'hôtel d'Enghien, rue Champ-Fleury[1], où je demeure, il y a 19 gardes du corps arrivés depuis huit jours. — Un commissaire de section a leurs noms.

Pour empêcher la contre-révolution, ordonnez la permanence des assemblées de section; que tous les citoyens s'arment; doublez les corps de garde et les patrouilles, placez une sentinelle à l'entrée de toutes les maisons suspectes, examinez le lendemain si elles contiennent des armes et des munitions. S'il y en a, distribuez-les à ceux qui sont armés pour la liberté. Renvoyez dans leurs départements tous les étrangers qui n'auront pas de certificats. Quant aux domiciliés suspects, qu'ils restent en état d'arrestation dans leurs maisons jusqu'à la fin de la guerre.

Un *notaire anglais*, jadis secrétaire de M. Turgot, demande la parole. On s'aperçoit qu'il paraît vouloir faire naître des doutes sur les dispositions de neutralité du peuple anglais; on passe à l'ordre du jour.

M... — A Dijon, tous les pères dont les enfants sont à Coblentz ou à Tournai ont été consignés.

M. Lulier. — M. Hamart, palefrenier de M. d'Orléans, a été arrêté et conduit devant le juge de paix Buob, pour avoir, en parlant des généraux, et sur l'observation d'un questionneur qu'il oubliait M. La Fayette, répondu qu'il n'avait rien de bon à en dire. — Chose étrange, et dont la remarque n'a pas peu déconcerté M. Buob, c'est que toutes les affaires de ce genre sont renvoyées à sa connaissance, tandis qu'il faut passer sur cinq à six sections avant d'arriver à lui; il a la perfide précaution de diriger toutes ses questions contre M. d'Orléans et les

---

1. Cette rue allait de la rue Saint-Honoré à la rue de Beauvais.

Amis de la constitution. — M. Saint-Félix et une femme de ma connaissance ont été arrêtés pour de semblables motifs.

M. Lasource. — Les Anglais ne sont pas nos ennemis, comme on voudrait l'insinuer : car, lorsqu'un de nos ministres a eu l'infamie de leur proposer nos colonies, ils ont rejeté cette offre avec indignation.

M. Daudigny. — M. Buob est de Colmar. Il a fait banqueroute à Rouen, puis ensuite il est venu intriguer auprès de M. Duvernay, qui lui a accordé sa confiance; et il a encore fini par faire une banqueroute frauduleuse comme la première. Lors de la Révolution, il s'est couvert de tant d'hypocrisie, il a su si bien parler le langage de la modération, qu'il est parvenu à se faire nommer juge de paix. Aujourd'hui il persécute les patriotes, et, s'il y a cent détenus pour fait de patriotisme, il y en a quatre-vingt-dix de sa façon. C'est lui qui fait distribuer tous les écrits aristocratiques. En outre, c'est le digne ami de M. Larivière.

M. *Tallien* fait lecture de l'adresse qu'il était chargé de rédiger, séance tenante. — Elle est applaudie et adoptée. On en arrête l'impression et l'envoi aux Sociétés affiliées [1].

La séance a été levée à dix heures et demie.

CCXXXII

LA SOCIÉTÉ DES AMIS DE LA CONSTITUTION

SÉANTE AUX JACOBINS, A PARIS

AUX SOCIÉTÉS AFFILIÉES

(Paris, Imp. du *Patriote français*, s. d., in-8 de 2 pages.)

Paris, ce 4 juin 1792, l'an IVe de la liberté.

Frères et Amis,

M. Léonard Bourdon, membre de notre Société, auteur de plusieurs ouvrages sur l'éducation publique en général, et particulièrement sur la manière de rendre pratiques à la jeunesse la liberté et l'égalité, et fondateur de la Société des Jeunes Français, école destinée au développement de ses principes, vient d'obtenir l'applica-

---

1. Cette adresse ne fut envoyée que le surlendemain, 6 juin 1792. On la trouvera plus bas, à cette date.

tion des fonds libres des écoles dites royales et militaires en faveur des orphelins dont les pères sont morts pour la conquête ou pour le maintien de la liberté. Ces enfants précieux seront élevés dans l'établissement formé par M. Bourdon.

La Société a arrêté qu'il serait écrit une lettre à toutes les Sociétés affiliées pour leur faire part de ce nouveau triomphe de l'égalité sur les privilèges, et pour les inviter, si elles connaissent quelque orphelin dans le cas de profiter de l'adoption offerte par la patrie, de vouloir faire passer, le plus promptement possible, tous les renseignements nécessaires à M. Bourdon, à la Société des Jeunes Français, au ci-devant prieuré de Saint-Martin-des-Champs, à Paris [1].

Nous sommes très fraternellement, frères et amis :

F. CHABOT, *président;*

COLLOT D'HERBOIS, MARIE-JOSEPH CHÉNIER, XAVIER AUDOUIN, FABRE D'ÉGLANTINE, *secrétaires.*

CCXXXIII

SÉANCE DU MERCREDI 6 JUIN 1792

[M. *Réal* lit une lettre de Givet relative au mouvement des troupes. — M. *Chépy* fils se plaint de l'inactivité des armées et voudrait qu'on leur envoyât les journaux patriotes.]

M. SILLERY. — C'est de la faction d'Orléans que je viens vous parler. Dans beaucoup de départements on est encore imbu de l'idée qu'il en existe une. Pour détruire ces absurdités, que depuis longtemps je suis fatigué d'entendre proférer par les ennemis de la Révolution, il suffit de dire deux mots dans cette Société. Mais supposons que ces bruits aient quelque probabilité, je vais répondre à leurs auteurs : car mes liaisons avec ce prince et mon amitié pour lui doivent me faire regarder comme personnel tout ce qui est dirigé contre sa réputation.

L'Assemblée nationale a déclaré fou M. Ribes [2] : ce n'est donc pas à celui-ci que je veux répondre. On prétend que ce ridicule auteur n'eût pas même été capable de former le projet d'une pareille dénonciation. Il n'a donc été que le vil agent d'une cause supérieure.

1. Voir plus haut, t. II, p. 167, le rapport de Beauharnais sur la méthode d'éducation proposée par Léonard Bourdon.
2. Voir plus haut, p. 656.

Ici l'orateur rappelle la conduite de M. d'Orléans depuis le moment où il fut envoyé en exil, pour avoir résisté aux volontés de la cour, jusqu'à celui qu'il vient de prendre les armes pour la défense de la liberté. Toujours il a soutenu les droits du peuple avant et depuis la Révolution, et toujours aussi s'est-il trouvé en butte aux persécutions de la cour, combinées avec les manœuvres de M. La Fayette, qui s'attache à le perdre. Vous savez, dit M. Sillery, les prétextes dont on se servit pour l'éloigner. M. d'Orléans crut devoir à la tranquillité publique d'obéir. Les instructions qu'il reçut en partant pour l'Angleterre étaient d'autant plus perfides que l'esprit constant de la cour y a toujours été opposé. Mais toutes ces intrigues, je les ferai connaître dans l'histoire que je me dispose à publier.

Quelques personnes demandent l'impression du discours de M. *Sillery*. « Je prie la Société, dit-il, qu'avec son approbation je le livre moi-même à l'impression[1]. »

M. LEGENDRE. — Il est étonnant que, lorsque la patrie est en danger, on vienne nous occuper d'un individu.

Il s'élève une grande agitation. — Arrêté que M. *Legendre* ne sera pas entendu.

M. LEGENDRE. — Vous ne deviez pas, Monsieur le Président, mettre cela aux voix. Il y a encore dans la Société une foule d'esclaves.

M. ROBESPIERRE. — Quand le préopinant a traité d'affaires individuelles les calomnies dirigées contre un défenseur de la liberté, il s'est sans doute servi de termes très impropres ; mais la suite de son opinion pouvait nous fournir d'excellentes idées : il fallait l'entendre ; et personne ici n'a le droit de violer la liberté des suffrages. (*Applaudissements.*)

M... — Je demande que M. Legendre soit rappelé à l'ordre, car il a dit, en parlant de M. le Président : « Je me soucie bien de ce législateur ! »

M. LEGENDRE. — J'ai dit qu'on me croyait aussi lâche que ces législateurs qui montent à la tribune pour défendre les droits du peuple et en descendent au premier mot.

M. *Legendre* remet sa carte sur le bureau. Quelques membres applaudissent. M. le Président se couvre. « Il est indécent, s'écrie-t-il,

---

1. *Discours de* M. SILLERY *à la Société des amis de la constitution, sur la prétendue faction d'Orléans, prononcé à la Société des amis de la constitution le 6 juin* 1792.—Imp. du *Patriote français*, s. d., in-8 de 19 p.—Bibl. nat., Lb 40/700.

qu'on applaudisse ainsi à un mouvement d'humeur de la part d'un membre recommandable d'ailleurs par son patriotisme : ses preuves sont faites à ce sujet. Je rappelle à l'ordre ceux qui ont applaudi à sa sortie. (*Applaudissements*.)

M. ROBESPIERRE. — Les fâcheux incidents qui se multiplient ne m'étonnent pas dans les circonstances, et les persécutions qu'éprouvent les plus sincères amis de la liberté doivent naturellement se mêler à toutes les agitations qu'on emploie pour écarter l'ordre du jour. Ceux qui manquent à la liberté sont les flagorneurs ou les intrigants qui veulent sans cesse nous ramener à des intérêts particuliers. Ceux qui troublent la Société sont les nouveaux arrivés qui étouffent la parole dans la bouche de ceux qui sont entrés ici les premiers. Que l'on accuse ensuite les citoyens vertueux, lorsqu'on les aura mis dans la nécessité de déserter cette Société.

Les mêmes personnes qui avaient tâché de retenir M. *Legendre* le ramènent enfin, aux applaudissements universels.

M. *Liormais* est rappelé à l'ordre avec censure au procès-verbal pour avoir troublé la Société.

M. ROBESPIERRE. — Il y a longtemps que le discours de M. Sillery était annoncé. S'il était un moyen de faire cesser les bruits absurdes qu'on répandait sur la prétendue faction d'Orléans, c'était sans doute le discours de M. Ribes; mais le moment ne fut jamais plus mal choisi pour venir vous parler de lui. — Je demande que la Société refuse son approbation à la démarche de M. Sillery : car s'il est vrai que la Société semblerait avouer qu'elle soutient M. d'Orléans, il est vrai encore qu'elle paraîtrait s'occuper davantage d'un individu que d'un autre. C'est ainsi que tous les jours on trouve de nouveaux moyens d'écarter l'ordre du jour. Certainement l'histoire que nous a faite M. Sillery est très intéressante : il nous a retracé les plus belles époques de la Révolution; mais nous avons à discuter des objets d'une importance majeure, et, lorsque nous sommes évidemment trahis sur nos frontières, nous ne devons pas nous occuper d'autres objet. Que l'ordre du jour soit sans cesse celui du salut de la patrie. (*Applaudissements*.)

M. SILLERY. — Je n'ai parlé de la faction d'Orléans que parce qu'il m'est arrivé trente lettres des départements. Au surplus, je ne suis pas fâché de ce qu'a dit M. Robespierre; je lui demande extrait de son discours pour le mettre à la suite du mien et lui servir de garantie.

M. ROBESPIERRE. — Certes, Messieurs, ce n'est pas ma faute si je suis obligé de combattre un nouvel incident. La proposition que vient de faire M. Sillery est encore plus extraordinaire que la première. Pour quelle espèce de raison me demande-t-on, à moi, l'attestation de la non-existence d'une faction chimérique ou non? Ai-je autre chose par devers moi que la publicité, les conjectures et les raisonnements qui sont au pouvoir de tous les autres hommes? Pourquoi donc me demander une adhésion particulière? N'est-ce pas une proposition étrange et par trop absurde? (*Applaudissements.*) J'exprime mon sentiment suivant ma conscience, mes lumières. Je suis trop étranger à toute espèce de faction pour mêler mon nom avec ceux même à qui on ne peut sans absurdité en supposer le projet. Je finis par observer combien il est important de passer à l'ordre du jour, et d'écarter toutes les manœuvres de courtisan. (*Applaudi.*)

M. RÉAL. — Lorsque je vous ai lu ma lettre, je ne savais pas le discours qui vous serait lu à cette tribune. Mais par un article il y est dit que, dans l'armée de M. La Fayette, les calomnies redoublent contre M. d'Orléans.

On passe à l'ordre du jour : le rassemblement des citoyens qui doivent former un camp autour de Paris.

Le bataillon des Cordeliers fait passer la somme de 750 livres pour les soldats de Château-Vieux. — Mention honorable au procès-verbal.

M. LEGENDRE. — Ce voyageur anglais qui est venu, hier, calomnier la nation anglaise à votre tribune, frappait avec rage les bornes dans les rues, en se retirant; il disait : « Oui, on me l'avait bien dit, que ces Jacobins étaient vendus! » Je le suivis avec mes amis, et, comme il jura par son nom, nous apprîmes qu'il demeurait chez l'huissier Damiens, fameux exécuteur d'ordres arbitraires. On assure qu'il est son intime ami. Je vous invite à vous tenir en garde contre de pareils aventuriers.

M. TALLIEN. — L'Assemblée nationale a, ce matin, adopté une mesure qui mérite les plus sérieuses considérations. Des patriotes qui ont toujours vu avec inquiétude la proposition faite par M. Servan se sont assemblés ce matin, et ils ont rédigé une pétition que nous avons portée à l'Assemblée nationale; mais M. le Président nous a fait dire que l'Assemblée nationale allait discuter cet objet. Enfin il a été décrété que vingt mille hommes se réuniraient à Paris avant le 14 juillet. — Je vous avoue que j'eusse mieux aimé des troupes de ligne que des gardes nationaux (*quelques murmures*) : car vous vous rappelez que ces derniers, lors de la Fédération de 1790, se livrèrent à une idolâtrie bien funeste. — Je voudrais donc que les soldats renvoyés arbitrairement par M. La Tour-du-Pin, que les gardes-françaises fussent admis à former ces bataillons ; qu'aucune place ne fût à la disposition du pouvoir exécutif, pas même celle de général ; que les gardes nationaux admissibles ne pussent être pris que parmi ceux qui étaient inscrits au 1er septembre 1789.

M. LULIER. — Dès qu'on arrête un patriote, il est entouré d'une horde de mouchards qui ne manquent pas de le suivre chez le juge de paix pour déposer contre lui. J'invite les bons citoyens à ne pas abandonner leurs frères aux scélérats qui veulent les plonger dans les fers. S'ils avaient l'humanité de se donner pour caution, les derniers échapperaient à la prison.

Un député d'Aurillac excite l'intérêt de la Société en faveur des malheureux qui se sont laissés aller à la vengeance contre le sieur Collinet[1]. Dix-sept paysans ont été condamnés aux fers, une foule d'autres sont encore détenus. Il engage la Société à présenter une pétition à l'Assemblée nationale pour obtenir qu'ils soient relâchés. Il annonce encore que M. Hébrard, ci-devant député à l'Assemblée constituante, président de la Société des amis de la constitution et du tribunal d'Aurillac, a été suspendu de ses fonctions et se trouve sur le point d'être emprisonné, sur la déposition d'un sieur Guitard, mû par son fils, député à l'Assemblée législative.

Une *députation de la section du Luxembourg* dénonce une pétition de fanatiques contre l'arrêté de la municipalité relatif à la liberté des cultes. — La lecture de cette pétition excite les huées de la Société et des tribunes.

M. *Brival* annonce que M. Vigier, ci-devant garde du corps, vient d'être mis en état d'accusation.

M. TALLIEN. — Vous avez tous appris que M. Aubert, vicaire de la paroisse de Sainte-Marguerite, a pris femme. Il est maintenant poursuivi à cause de ce fait et dénoncé au conseil de l'évêque. Bientôt peut-être il sera condamné.

Il vient de paraître une autre pétition, toujours contre le même

1. Les 11 et 12 mars 1792, il y avait eu à Aurillac des troubles pendant lesquels le peuple avait massacré le sieur Collinet, ex-lieutenant criminel, connu par ses opinions anti-constitutionnelles et père de deux émigrés. Voir à ce sujet le rapport de Gossuin, fait à l'Assemblée législative dans la séance du 31 mars 1792, et le décret rendu par cette Assemblée (*Moniteur*, XII, 15). Voir aussi le *Procès-verbal de l'Assemblée législative*, séance du 20 mars 1792, p. 286; du 31 mars 1792, pp. 439, 446, 447; du 5 avril 1792, p. 69; du 8 avril, p. 123, et du 14 avril, p. 207.

arrêté de la municipalité. Pour cette fois seulement, le département est d'accord avec cette dernière.

M... — On dit que M. Gobel a signé l'une de ces pétitions. Je demande qu'elles soient dénoncées aux corps constitués, afin que les prêtres constitutionnels qui les auront signées soient privés de leurs traitements.

Une *députation du faubourg Saint-Antoine* insiste, pour la cinquième fois, sur la nécessité de s'occuper de l'instruction du peuple. Elle s'étonne que la Société n'envoie pas quelques-uns de ses membres communiquer ses lumières à ses frères du faubourg Saint-Antoine.

La séance a été levée à onze heures.

CCXXXIV

LES CITOYENS COMPOSANT LA SOCIÉTÉ DES AMIS DE LA CONSTITUTION

SÉANTE AUX JACOBINS, A PARIS

A LEURS FRÈRES DES DÉPARTEMENTS

(Imp. du *Patriote français*, s. d., in-8 de 6 pages.)

Paris, le 6 juin 1792, l'an IV° de la liberté.

Frères et Amis,

Lorsque la chose publique est en danger, il est du devoir des patriotes de se rallier et de se réunir pour la défendre.

Jamais peut-être la cause de la liberté ne fut plus sérieusement compromise qu'en ce moment. Les ennemis de la Révolution s'agitent dans tous les sens. Déjà, par une lettre-circulaire, nous vous avons averti du péril qui nous menaçait, nous vous avons retracé avec franchise tous les moyens mis en œuvre pour corrompre l'esprit public. Nous vous disons aujourd'hui, avec la même véracité, que nos ennemis n'ont point été effrayés du réveil momentané et subit que les dangers de la chose publique avaient provoqué, et qui faisaient concevoir aux amis de la liberté l'espoir de voir prendre à l'esprit public un nouvel essor. Ce ne sont pas les émigrés de Worms et de Coblentz qui sont nos plus cruels ennemis, ce sont des hommes qui, cachés pendant quelque temps sous le masque du patriotisme, le lèvent aujourd'hui pour ne nous laisser apercevoir que la figure infâme de l'aristocratie et de l'ambition la plus dangereuse.

Dans le sein même du corps législatif il s'est trouvé un homme... un représentant du peuple!... qui, pour pallier les forfaits incontestables et bien reconnus par tous les gens de bonne foi du Comité autrichien, source de tous nos maux, a dénoncé les meilleurs patriotes, ceux dont depuis longtemps nous sommes habitués à honorer les vertus civiques et à admirer le courageux dévouement. Le respectable maire de Paris, le vertueux Pétion, n'a pas même été à l'abri des déclamations insolentes de ces forcenés, qui s'embarrassent peu de perdre la chose publique, pourvu qu'ils parviennent à leur but, celui de diviser les citoyens et de les amener insensiblement à une transaction humiliante; et, tandis que l'on poursuit ainsi les plus zélés défenseurs du peuple, l'ex-ministre Duport, accusé par le cri unanime de tous les vrais amis des lois, est déchargé de toute accusation et remplit, à la honte de la nation, les fonctions importantes d'accusateur public. Le sort de la liberté de la presse est remis entre les mains de son ennemi le plus déclaré...

Pendant que l'on fait agir ces ressorts dans le corps législatif, on ne néglige aucun des moyens secondaires; on paralyse les corps administratifs : l'exécution des lois qui pourraient réprimer les manœuvres des prêtres perturbateurs est suspendue par un vote qui devient absolu par le fait. On sème la division parmi les citoyens soldats. Sous le prétexte de faire triompher la loi, on sépare avec affectation les citoyens riches et amis de cette classe estimable d'hommes qui, n'étant riches qu'en vertus, ne pourraient paraître sous le costume uniforme qu'en privant leur famille et les enfants auxquels ils ont donné le jour de la subsistance la plus indispensable. Les Sociétés patriotiques elles-mêmes sont divisées dans leur intérieur; elles voient se former des partis qui tous tendent à un autre but que celui de l'achèvement de la Révolution.

La guerre est déclarée; nos bataillons garnissent nos frontières; des milliers de citoyens sont prêts à les soutenir en cas d'échec, et nos généraux restent dans l'inaction ou n'opposent à des détachements formidables que des forces inférieures. C'est ainsi que les affaires de Mons et de Tournai seraient venues porter le découragement dans nos légions, si elles n'étaient pas composées de Français amis de la liberté, que rien ne rebutera, et qui brûlent du désir d'aller combattre et vaincre les ennemis de notre pays. Des généraux qui, pendant quelque temps, avaient joui de la confiance publique, abandonnent leur poste au moment du péril; enfin, par la trahison la plus perfide, les projets de nos opérations militaires parviennent à nos ennemis avant qu'elles soient connues des chefs de notre armée.

La cause de tous nos maux, frères et amis, est dans ce Comité autrichien, ennemi de la nation française et de sa prospérité, composé de tous les hommes qui, depuis le commencement de notre Révolution, n'ont cessé d'insulter à la majesté du peuple et de méconnaître la souveraineté nationale.

Réveillez-vous donc, citoyens; que la nation se lève tout entière; que, par une contenance fière et majestueuse, elle en impose à tous les traîtres; que tous les habitants de l'empire émettent le vœu le plus formel et déclarent solennellement qu'ils ne souffriront jamais qu'il soit apporté aucune modification à la constitution. Guerre aux tyrans, guerre à ceux qui voudraient rétablir la noblesse, sous quelque forme que ce soit : tel doit être le cri que tous les bons citoyens doivent faire entendre en ce moment de crise.

Préparons dans l'intérieur nos moyens de défense; instruisons nos concitoyens; prémunissons-les contre les suggestions perfides des prêtres fanatiques et de tous les autres ennemis de la liberté; que la France se hérisse de baïonnettes et de piques : c'est le seul moyen de porter l'effroi dans le cœur des tyrans.

Redoublez de zèle, frères et amis; que votre correspondance avec nous soit plus active que jamais; instruisez-nous des complots qui se trameront dans vos contrées, et soyez assurés que nous ne négligerons rien pour vous procurer les moyens de repousser avec avantage toutes les entreprises que les ennemis de la liberté pourront faire pour parvenir à leur but.

Français, nous avons juré de vivre libres ou mourir; l'époque est arrivée de prouver que ce serment est profondément gravé dans les cœurs de tous les patriotes.

Courage, union, surveillance, et nous sortirons triomphants du combat, et nous détruirons cette coalition sacrilège des tyrans contre la liberté des peuples.

La Société, dans sa séance du 4 juin 1792, l'an IV de la liberté, a arrêté l'impression de cette adresse et l'envoi aux Sociétés affiliées.

F. CHABOT, député, *président;*

L. MARIBON-MONTAUT, député; GARRAN, député; FABRE D'ÉGLANTINE, COLLOT D'HERBOIS, XAVIER AUDOUIN, MARIE-JOSEPH CHÉNIER, *secrétaires.*

CCXXXV

SÉANCE EXTRAORDINAIRE DU JEUDI 7 JUIN 1792

M. *Manuel*, vice-président, prend le fauteuil.

[*M. Collot d'Herbois* fait le récit de divers traits d'héroïsme des soldats français.]

M. LE PRÉSIDENT. — Ces récits m'ont fait naître une idée. Je suis dans une maison qui renferme des inscriptions bien sèches en mauvais latin, traduites en plus mauvais français. Eh bien, pour nous faire oublier ces platitudes, je propose de tapisser les murs de cette salle de faits semblables à ceux qui viennent de vous être rapportés. M. Collot sera notre historiographe, bien différent, sans doute, de ceux de France. Par ce moyen, la jeunesse trouvera ici, aux moments où nous ne serons pas assemblés, une instruction salutaire dans les inscriptions qui décoreront le lieu de nos séances. (*Applaudi.*)

Au sujet des 20,000 hommes qui doivent se rassembler à Paris avant le 14 juillet, M. *Albitte* pense, sur le mode de leur élection, que le projet du Comité est le seul proposable [1].

M. ROBESPIERRE. — Si on ne peut en trouver de meilleur, il est bon, sans doute, de s'en tenir à celui-ci. Mais je ne pense pas qu'aucun projet de rassemblement, de quelque manière qu'il soit conçu, puisse convenir à la capitale. Un pareil rassemblement est inutile et dangereux : inutile, en ce que Paris n'a rien à craindre des ennemis de l'intérieur, si ce n'est des champions du despotisme ; en ce que cette ville est assez forte pour se garder elle-même, le roi et l'Assemblée nationale. Il suffit de ne point enchaîner le peuple et de ne point opprimer les patriotes. Je crois ce projet dangereux, parce que l'intention des ennemis de l'égalité est de maîtriser la capitale, et, par suite, les départements, pour faire prévaloir leurs affreux systèmes. Il est pro-

---

1. Le 4 juin 1792, le ministre de la guerre Servan avait proposé à l'Assemblée législative de décréter la formation d'un camp de 20,000 volontaires, pris dans chaque canton du royaume. Ce projet fut renvoyé au Comité militaire, et Coustard en fut le rapporteur. Un décret conforme fut voté le 8 juin. Encouragé à la résistance par la pétition dite des huit mille, Louis XVI refusa sa sanction à ce décret.

posé, ce projet, dans la vue de dépouiller la garde nationale de Paris des fonctions qu'elle remplit auprès de l'Assemblée nationale et du roi, ces deux dépôts sacrés. On dit que c'est pour envoyer sur les frontières les régiments de troupes de ligne qui sont à Paris; mais croyez qu'on veut à toute force éloigner le peu de gardes-françaises qui y sont incorporés. D'ailleurs, si, comme il est très possible, les cinq hommes qu'on propose de choisir par canton étaient cinq aristocrates, que deviendrait la liberté? Mais, dit-on, ce projet est combattu par le côté droit. Je réponds à cela que ce n'est qu'une tactique qui a réussi trop souvent à l'Assemblée constituante, et je vois avec effroi qu'elle fait des progrès encore plus rapides dans l'Assemblée législative. Je vois des chefs de factions se réunir en semblant s'attaquer; je vois les Vergniaud, les Guadet, les Ramond et les Jaucourt user avec succès de ce moyen pour aller à leur but. Je pense donc qu'il est nécessaire de porter sur les frontières l'armée qu'on veut placer aux portes de la capitale.

M. Dufourny. — Si les gardes nationaux ont besoin d'être secondés, il faut rappeler les ci-devant gardes-françaises. (*Applaudi.*) Je ne suis point de l'avis du préopinant, qui pense qu'il suffit de garder les régiments qui sont actuellement à Paris. — Il faut tirer de tous ceux où ils sont incorporés les gardes-françaises pour en former un seul corps. — Quant à l'armée qu'on se propose de rassembler aux environs de Paris, je crois qu'elle serait bientôt fayettisée; je l'aimerais mieux sur les frontières.

M. Robespierre. — L'armée que nous ne craindrions pas serait une armée composée de tous les soldats renvoyés avec des cartouches jaunes ou infamants pour fait de patriotisme.

M. le Président. — Deux de nos membres, MM. *Legendre* et *Brochet*, sont maintenant sous les filets d'un juge de paix. Je demande que, pour les consoler, quelques-uns d'entre nous aillent à leur secours.

M. Carra. — Nous avons des ennemis intérieurs et extérieurs, il nous faut donc des forces au dedans et au dehors. On craint que l'armée destinée à couvrir la capitale ne finisse par opprimer la liberté. Certes, il y a autant de patriotisme dans la garde nationale des départements que dans celle de Paris; et d'ailleurs on vous enverra les meilleurs patriotes. Si des complots naissent à Paris, ces gardes nationaux serviront à les déjouer. Cette armée serait, en cas de besoin (je ne voulais pas le dire), le noyau autour duquel se rallieraient tous les bons citoyens. (*Murmures.*)

M. le Président. — M. Carra est accoutumé à donner de belles espérances; il ne faut pas lui ôter ce plaisir.

M. Carra. — Oui, je ne me lasserai jamais d'espérer. Je voudrais voir toute la France transformée en gardes nationaux.

Un membre annonce que l'Assemblée nationale vient de décréter que les troupes de ligne qui sont à Paris seront remplacées par des gardes nationaux qui s'exerceront à la manœuvre.

M... — Point de camps partiels : la France ne doit plus être qu'un vaste camp. Il suffira de nous appeler pour nous voir au combat, car nous sommes tous prêts. (*Applaudi.*)

M. le Président. — Comme procureur de la Commune, je suis chargé d'un devoir bien pénible : de poursuivre le citoyen qui a fait l'acquisition de ce terrain. Craignez de le voir tomber entre les mains de vos ennemis. J'invite donc tous les bons citoyens à faire un effort pour seconder de tout leur pouvoir celui qui s'est sacrifié pour le bien de votre Société. Je passe à d'autres objets.

Le fanatisme n'a eu qu'un demi-triomphe. Les prêtres ne font plus la pluie et le beau temps, car aujourd'hui ils n'ont pas commandé au soleil. — La garde nationale avait reçu ordre de ne pas paraître armée aux processions; cependant, une partie de cette garde s'y est montrée en armes. Les magistrats du peuple ont été méprisés pour obéir à des prêtres. Le corps municipal doit s'occuper des moyens de punir cette infraction à la loi, en recherchant ses auteurs. — Deux prêtres m'ont écrit : le curé de Saint-Paul et celui de Saint-Séverin. Le premier paraît respecter la constitution autant que l'Évangile; quant à l'autre, il prêche évidemment l'insurrection. Il me mande que sa procession est escortée de cinquante grenadiers, et qu'il m'invite à venir la dissiper avec mon écharpe. Je vous dénonce cet homme. Hier, il m'a fait insulter devant un café par un de ses sacristains. « Voilà, s'est-il écrié, le traître qui défend les processions! » (*Indignation générale.*)

Un citoyen se plaint de ce qu'un officier de la garde nationale lui a porté sur la poitrine la pointe d'une épée, qu'il a heureusement détournée avec son chapeau. Cette violence a été commise à l'égard de ce citoyen parce qu'il s'est couvert en présence des bedeaux qui suivaient la procession.

Un autre citoyen se plaint de ce que les prêtres lèvent encore un impôt qui n'est pas exigé par la loi, de ce qu'ils se font apporter de grands pains les dimanches.

M. le Président. — Laissez-vous condamner par contumace, et nous verrons. — Les magistrats qui paraissent dans les cérémonies religieuses revêtus de leurs signes de distinctions commettent un délit. Il faut que ces sortes de faits soient dénoncées dans les sections, pour qu'elles émettent leur vœu à ce sujet. — Il vaudrait mieux n'avoir pas de garde nationale, si elle ne veut pas obéir, car nous deviendrions tous gardes nationaux.

M... — J'étais ce matin en faction au bas du grand escalier du château. Ma consigne portait de ne laisser ni cannes ni parapluies. Des prêtres se présentent pour se rendre à la chapelle. Tous avaient eu soin de se munir contre le mauvais temps. Je leur ai dit qu'ils ne passeraient pas avec leurs parapluies. « Oh! m'ont-ils répondu, le clergé est au-dessus d'une pareille consigne. — Vous ne passerez pas, vous dis-je. — Eh bien! la chose publique en souffrira, si nous restons là. » J'ai ri; cependant j'ai tenu ferme, et ils ont été obligés de faire comme les autres. — Je vous dénonce un officier qui a quitté son poste pour aller à la procession.

M. LE PRÉSIDENT. — Aujourd'hui la Commune a gagné mille écus, en se dispensant de faire mettre des tentures devant les biens nationaux. L'année dernière, il en coûta plus de mille huit cents livres.

M. BAUMIER. — L'attentat commis contre le patriote Legendre vient d'être dénoncé à la Société fraternelle. Mais cet attentat n'est pas le seul : un autre patriote, M. Hébert, est aussi arrêté; il en est de même d'un sapeur que vous connaissez tous : il s'appelle Rochet, il est de la section de Bonne-Nouvelle. Eh bien! toutes ces persécutions ont lieu contre ces citoyens pour avoir manifesté leur opinion sur M. La Fayette. Le digne acolyte du juge de paix Larivière, M. Buob, est le fidèle exécuteur de ces ordres arbitraires; il s'en acquitte avec le zèle d'un ci-devant lieutenant de police. — On a tenté d'empoisonner le sapeur Rochet.

M. *Deflers* fait lecture de la correspondance.

M. *Dufourny* pense qu'il est important de communiquer plusieurs articles de la correspondance, tant au Comité militaire qu'à celui de surveillance.

MM. *Doppet* et *Pépin*, en annonçant que M. Legendre vient d'être relâché, rendent compte des faits relatifs à son arrestation.

M. Legendre passait dans une voiture à côté d'une procession. Des mouchards, qui suivaient, prétendent qu'il doit s'arrêter et ôter son chapeau; en même temps, des grenadiers de la garde nationale s'approchent. M. Legendre, tirant de sa poche le livre de la constitution, dit qu'il défie qui que ce soit d'y trouver un article qui justifie un pareil ordre. La foule des mouchards grossissait. Quatre gardes nationaux observent que, ces messieurs le voulant, il ne peut se dispenser de lever son chapeau. « Eh quoi ! s'écrie M. Legendre, suis-je donc entouré de défenseurs de la liberté ou d'esclaves et de brigands ? » A ce mot de brigands, des spectateurs se sont récriés ; il a fallu conduire M. Legendre chez le juge de paix, M. Duportail[1], rue de Bourbon[2], près celle des Saints-Pères. Le peuple s'attroupait à la porte, on s'efforçait de l'animer contre M. Legendre, en le lui peignant sous les plus noires couleurs. Déjà quelques scélérats disaient : « Il faut le pendre. » Pendant ce temps-là, les gens qui avaient accompagné M. Legendre chez le juge de paix, pour déposer contre lui, le calomniaient de tout leur pouvoir, et, croyant que le fait pour lequel il était arrêté n'était pas de nature à le faire condamner, ils disaient entre eux : « Il faut l'accuser de ceci, de cela », en citant les faits les plus faux et les plus atroces. Sur ces entrefaites, arrivent MM. Pépin et Doppet. Ce dernier reste au milieu du peuple rassemblé ; il l'instruit de la vérité des faits ; il lui fait connaître quel ami zélé il a dans M. Legendre ; il lui dévoile toutes les manœuvres de ses dénonciateurs.

Ces paroles sont un trait de lumière pour le peuple, qui finit par s'élever avec violence contre les coquins acharnés après M. Legendre.

Cependant, M. Pépin, parvenu auprès de M. Duportail, avait fait connaître la vérité. « Attendez dans cette chambre, a répondu ce juge de paix, je vois bien qu'on en veut à M. Legendre. Mais patience. » Ensuite, il est retourné auprès des accusateurs. « Nous ne voulons pas que M. Pépin reste ici », ont dit ces satellites. M. Duportail a répondu : « Personne autre que moi n'a ici des ordres à donner » ; et ils se sont tus. Mais ce n'était pas tout, il fallait bien que les prêtres s'en mêlassent. Un de ces hypocrites arrive en soutane pour déposer à la charge de M. Legendre. M. Pépin vient observer à ce cafard que, pendant la scène, il n'avait pu être témoin, puisqu'il était passé avec la procession. Il est demeuré confus. Dans ce moment, l'impatience du peuple contre les dénonciateurs apostés de M. Legendre est devenue plus forte : les murmures étaient violents. « Paix ! paix ! ont dit ces mouchards, nous allons vous rendre M. Legendre, nous allons vous le rendre. » C'est ainsi, comme le disait le bon juge de paix, M. Duportail, qu'on est parvenu à restituer dans ses foyers, à sa femme et à

---

1. On lit dans l'original : *Portal*. Mais je ne trouve dans l'*Almanach royal de 1792* aucun juge de paix de ce nom. Il s'agit évidemment de Louis-Augustin-Benoît Duportail, juge de paix de la section des Quatre-Nations.
2. La rue de Bourbon reçut, le 27 octobre 1792, le nom de *rue de Lille*, en mémoire de la glorieuse défense de cette ville : elle perdit ce nom sous la Restauration, pour le reprendre définitivement à partir de la révolution de juillet 1830.

ses enfants, un père de famille, bon citoyen et zélé patriote. (*Applaudissements.*)

La séance a été levée à dix heures et demie.

CCXXXVI

SÉANCE DU VENDREDI 8 JUIN 1792

L'Assemblée nationale, comme l'on sait, a décrété le rassemblement de 20,000 hommes au Champ de Mars avant le 14 juillet [1], et, d'après la répartition entre les 83 départements faite par le Comité de division, ce nombre a été augmenté de 169 hommes.

Pénétré de quelle importance est le choix à faire des sujets devant composer cette armée, M. *Tallien* a proposé d'envoyer sur cet objet une adresse aux Sociétés affiliées.

Cette proposition a été envisagée sous une foule de faces différentes; elle a même donné lieu à plusieurs membres de rentrer dans le fond de la discussion relative aux dangers de la mesure adoptée par le corps législatif.

Plusieurs membres ont proposé de lui présenter une pétition pour lui demander le rapport de son décret; de ce nombre étaient MM. *Baumier*, *Dufourny* et *Robespierre*. Ce dernier a fait sentir combien il importait à la liberté de se permettre des censures raisonnables des actes du corps législatif. La constitution, bien loin de défendre de pareilles discussions, semble au contraire y inviter les citoyens. D'ailleurs, l'Assemblée nationale est soumise elle-même à la volonté générale; et, lorsqu'elle la contrarie évidemment, cette Assemblée ne peut plus exister. Ces principes ont été fort applaudis.

MM. *Tallien*, *Fabre d'Églantine* et *Saint-André* ont répondu à M. Robespierre que ses craintes étaient exagérées, qu'il ne devait pas s'alarmer sur les dispositions de ses frères des départements, qu'il était important de réprimer l'insolence de plusieurs gardes nationaux de Paris qui ont osé insulter, jusque dans leurs fonctions, les magistrats du peuple, et qui viennent de leur désobéir formellement en assistant en armes à des processions. — Au surplus, ces membres sentent, avec la Société, la nécessité de tenir l'armée de vingt mille hommes à une distance au moins de vingt lieues de la capitale. « Il

---

1. Voir plus haut, p. 668.

faudrait, a dit M. *Carra*, qu'elle fût placée aux environs de Compiègne, afin de s'opposer aux évasions qui pourraient avoir lieu par là. Enfin, on est revenu à l'adresse proposée, à sa forme et son objet. Les uns voulaient qu'on se bornât à demander de bonnes élections; les autres, à développer les inconvénients du décret; les autres, ses avantages; ceux-là, ses avantages et ses inconvénients.

La Société a fini par adopter la motion principale avec les amendements. Ainsi, l'adresse doit développer les inconvénients et les avantages du projet de M. Servan, adopté par l'Assemblée nationale.

La séance a été levée à onze heures et demie.

CCXXXVII

SÉANCE DU DIMANCHE 10 JUIN 1792 [1]

PRÉSIDENCE DE M. CHABOT.

[On donne lecture d'une lettre de Strasbourg où se marquent les plus vives inquiétudes sur la situation de cette ville, qui est presque investie par les Autrichiens. Les Strasbourgeois craignent d'être trahis.]

La lecture de cette lettre excite la plus vive attention; enfin, après plusieurs propositions, on arrête d'en délivrer une copie collationnée à M. Laveaux, de Strasbourg, présent à l'assemblée, pour qu'il en fasse, auprès du ministre de la guerre, l'usage qui lui paraîtra convenable.

M. *Laveaux* monte à la tribune, au milieu des applaudissements universels, et s'excuse sur la fatigue que lui a fait éprouver le voyage de donner aujourd'hui les détails de son arrestation et de sa délivrance. Il fait un tableau intéressant de la situation actuelle de Strasbourg, peint le danger de laisser dans l'armée qui est aux environs de cette ville M. Victor de Broglie, qui, se trouvant par cette position obligé de combattre contre son père, trahira nécessairement ou la nation ou la nature. Le prince de Hesse, au contraire, nommé un instant officier général dans cette armée, puis renvoyé aussitôt à Besançon par la cabale Dietrich, serait, par son patriotisme, sa franchise, et même son titre de prince allemand, extrêmement utile dans ces contrées, où un prince patriote, parlant le langage de ces peuples, aurait sur eux un empire bien utile à la chose publique.

---

1. Dans l'original, cette séance est datée par erreur du 20 juin.

Une femme prend la parole au nom d'une députation de la Société fraternelle, qui se plaint de l'abandon où la laissent plusieurs citoyens qui sont devenus membres de la Société des Jacobins. « Depuis ce temps-là, dit-elle, ils dédaignent de venir au milieu de nous nous continuer leurs instructions. N'est-ce point blesser les lois de l'égalité et affecter une espèce de suprématie? Bientôt nous serons réduits à ne plus nous assembler, faute d'aliments à nos séances. Cependant, Messieurs, vous sentez combien vos lumières doivent être précieuses pour le peuple. Venez, revenez donc dans notre sein. »

M. Oswald. — Je viens de lire dans le journal de vos débats, n° 208, l'article suivant : « M. *Legendre*. Ce voyageur anglais qui est venu hier calomnier la nation anglaise... est l'intime ami de l'huissier Damiens », etc.

Et moi j'assure la Société que cet intime ami de l'huissier Damiens n'est pas Anglais du tout, et que les Anglais patriotes n'ont aucune liaison avec lui. Il est Français, il s'appelle Guedon. — Il a demeuré pendant quelques années à Londres, où il dénigrait la nation française, tout comme il calomnie aujourd'hui la nation anglaise. Telle est sans doute la sainte mission que lui a confiée un ministère mouchard de l'une et de l'autre cour. Je demande qu'il ne soit jamais admis aux séances de cette Société ; s'il vient se présenter encore, je m'engage de lui enlever le masque.

M. Legendre. — Les faits que je vais vous raconter ne me sont pas si personnels qu'ils ne puissent servir à éclairer mes concitoyens.

Jeudi matin, j'allais au marché de Poissy avec un de mes amis; nous étions dans un cabriolet. Arrivés à la rue du Vieux-Colombier, nous apercevons la procession qui venait de l'abbaye Saint-Germain; nous nous arrêtons à cinquante pas environ, pour la laisser passer. Il n'est donc pas vrai, comme mes ennemis se sont plu à le répandre, que nous l'ayons traversée : car, Messieurs, je respecte la liberté des cultes. — Nous restions fort tranquillement à l'écart, lorsque des grenadiers, quittant la procession, s'approchent de notre voiture et m'appliquent leurs baïonnettes sur la poitrine en me disant qu'il faut ôter mon chapeau. Je découvre mon sein sans pâlir et je leur dis : « Frappez donc, si vous désirez mon sang. Êtes-vous des défenseurs de la liberté ou des brigands? » Ces messieurs font un mouvement comme s'ils eussent voulu me frapper. « Eh bien! leur criai-je en tirant de ma poche le livre de la constitution que je mets sur ma poitrine, ensanglantez donc les droits de l'homme! » Ma fermeté leur en a imposé, et ils se sont retirés.

D'ailleurs, un commandant de bataillon, dont on ne dit pas beaucoup de bien ordinairement, mais qui a montré en cette occasion beaucoup de prudence, leur avait représenté qu'ils avaient violé la liberté individuelle; il leur avait enjoint de cesser les violences qu'ils se permettaient à mon égard. Je me fais un plaisir de rendre justice à ce commandant : il faut être reconnaissant, de quelque part que nous viennent les bons traitements. Enfin, j'ai l'avantage de ne le connaître que par son bon côté.

Cependant une foule de gens s'assemblaient autour de ma voiture; leur figure respirait le carnage; ils disaient : « Ah! c'est Legendre, il faut le pendre. » Alors, sautant hors de ma voiture : « Eh bien oui, ai-je dit, c'est Legendre, votre meilleur ami, celui qui depuis la Révolution s'est dévoué à la cause du peuple. Peut-être mes talents n'ont-ils pas égalé mon patriotisme, mais enfin j'ai fait ce que j'ai pu. » Néanmoins les cris *A la lanterne* devenaient plus furieux, sans que les grenadiers se missent en devoir de les arrêter. Mais, ô comble d'horreur! dirai-je une femme? non, ce n'en était pas une : c'était une furie. Elle s'est approchée de moi : « Grands dieux! s'est-elle écriée en proférant des blasphèmes contre la Divinité, ne trouverai-je donc pas une pierre pour briser la boîte qui renferme la corde du réverbère? Quel plaisir de pendre ce coquin-là! » M. Baron [1], juge de paix de la section de la Halle-au-Blé, dont je ne saurais trop faire l'éloge, a montré le courage le plus imposant : il ne m'a point quitté, il s'est mis entre mes assassins et moi, en leur disant qu'il périrait plutôt que de souffrir que la loi fût violée : « Si M. Legendre est coupable, ajouta-t-il, il faut qu'il subisse un jugement. » Ces paroles n'ont pas empêché un homme de me mettre la main au collet en répétant les mots : « Il faut le pendre. » « Vous voyez, ai-je dit à M. Baron, je ne réponds pas des suites si cet homme se permet quelque voie de fait à mon égard. »

En même temps, j'avais la main sur une arme, que je n'ai pas montrée. Les troupes de ligne, au défaut de la garde nationale, avaient été requises : elles étaient arrivées, et je les suivais au Comité de la section, lorsque je me suis aperçu que le cabriolet, où était resté mon ami, allait essuyer toute la rage que nos ennemis n'avaient pu assouvir sur moi, malgré que cet ami fût aussi tranquille qu'une sainte vierge dans une châsse. « Allez à son secours », ai-je dit aux soldats qui m'accompagnaient. Ils m'ont représenté les

---

1. Baron de Saint-Girons, juge de paix de la section de Halle-au-Blé, demeurait rue de Grenelle-Saint-Honoré, n° 62. (*Almanach royal de* 1792, p. 369.)

dangers auxquels je demeurais exposé. « Allez toujours, ai-je répondu, je saurai me tirer d'affaire. » En effet, pendant que je me rendais, avec M. Baron, au Comité de l'Abbaye, mon ami et le cabriolet avaient été mis en sûreté. Parvenus à l'entrée des bâtiments de l'Abbaye, nous rencontrons un homme en cheveux plats, assez mal vêtu, qui dit à ceux qui nous suivaient : « Hé! quoi, malheureux, il n'est pas pendu ! » Je demande qu'on arrête cet homme, mais on a soin de le faire esquiver. Je traversai les cours remplies de gens qui se contenaient avec peine contre moi, et je montai au Comité, où je trouvai M. Duportail, auquel j'ai de grandes obligations, s'il en est dû pour avoir obtenu justice. Quoi qu'il en soit, ce juge de paix a eu à résister à une foule de malveillants qui avaient eu soin de me suivre; et je ne sais ce qui fût arrivé si mes amis, si les Jacobins, la Société fraternelle et une foule d'autres Sociétés, informés de ma situation, ne fussent venus à mon secours. Bientôt ils ont rempli les chambres et les cours. En même temps, les gens apostés les vidaient. Personne n'osa déposer contre moi, si ce n'est un prêtre qui, arrivant tout essoufflé, voulut se porter pour mon dénonciateur. Le commandant de bataillon, qui ne m'avait pas quitté, lui observa qu'il précédait la procession avec un encensoir : il répondit qu'il pouvait bien déposer de choses qu'il avait apprises. Vous voyez, Messieurs, que cet homme était peut-être plus bête que méchant. Je n'avais donc aucune inculpation à redouter, car quelques-uns seulement disaient : « Il a mal parlé de M. La Fayette », etc. — « Hé! de grâce, il ne s'agit de ce que j'ai dit ou fait dans d'autres circonstances, déposez sur les faits qui se sont passés aujourd'hui. » Ils sont restés muets. Alors j'ai fait ma déclaration la plus courte que j'ai pu : je n'ai pas tout dit, je ne voulais pas m'engager dans des incidents qui eussent pu me faire conduire au Comité central, et Dieu sait comme il est composé! On voit bien comme on y entre, mais on ne sait pas comme on en sort. Enfin, je prévoyais que, si l'affaire traînait en longueur, je manquerais le marché de Poissy : car, Messieurs, je n'ai que mon commerce pour subsister. J'avais fait conduire mon cabriolet au bas du pont Royal. J'ai prié M. Duportail de m'expédier le plus tôt qu'il le pourrait. Il l'a fait : « Je déclare, a-t-il dit, que M. Legendre est libre. » Et je me suis rendu dans les bras de mes amis, qui m'attendaient avec impatience. Une foule de bons citoyens m'ont accompagnés jusqu'à mon cabriolet. L'homme qui le gardait était un de ceux qui m'avaient paru le plus acharnés à demander que je fusse accroché au réverbère. « N'étiez-vous pas, lui ai-je demandé, dans le nombre de ceux qui m'entouraient dans la rue du Vieux-Colombier? — Oui, Monsieur, j'étais avec les autres. — Ah! vous faites là un joli métier. Et combien gagnez-vous, s'il vous plaît? Je ne sais si vous êtes bien payé, mais, pour vous prouver qu'il vaut mieux servir les patriotes, je vais vous payer de votre peine. » Et je lui ai remis un billet de cinquante sols. Il m'a paru fort content. Je me suis rendu à mes affaires.

M. *Martin* fait part à la Société d'une lettre de Londres, dans laquelle il est parlé de plusieurs insurrections qui y ont eu lieu. On a été obligé de faire approcher des troupes de cette ville. — On lui mande encore qu'un Jacobin de Toulouse, ayant été suivi par les commis de la douane de Douvres, a été fouillé; et, après lui avoir pris un paquet dont il était chargé pour la Société constitutionnelle de Londres, on l'a relâché.

M. *Allonges* débite un discours où il fait sentir la nécessité de séparer invariablement le pouvoir législatif et le pouvoir exécutif. « Tout est maintenant leur harmonie, dit-il; il faut établir leur indépendance mutuelle de manière que les ministres n'influent pas sur les Comités de l'Assemblée nationale, et réciproquement. Il faut déjouer ces intrigants qui s'en servent tour à tour pour parvenir à leurs fins. Au surplus, ajoute-t-il, qu'on ne s'imagine pas que j'aie en vue aucune application particulière. Ce qui m'a donné l'idée de cette motion, c'est l'extrait de la lettre de M. Montmorin à M. Noailles, où il parle du concert qui règne entre la cour et les meilleurs esprits de l'Assemblée constituante. »

On arrête l'impression du discours de M. Allonges [1].

M. *le Président* fixe l'ordre du jour sur les finances et l'instruction publique.

M. *Réal* raconte qu'étant hier de garde au château, on lui a présenté à signer une pétition contre le rassemblement décrété de vingt mille hommes; mais il l'a rejetée avec indignation, ainsi que ceux qui étaient avec lui.

Un soldat. — Dans l'ancien régime, on était dans l'usage de présenter au mois de mai des hommages aux généraux; aujourd'hui, ils sont rendus à la liberté. Nous avons, en conséquence, coupé un arbre, non pas dans le bois de Boulogne, nous eussions craint la

---

1. Nous n'avons pas trouvé cet imprimé. Par contre, nous voyons que Gamon, député à la Législative, parla sur le même objet : *Société des amis de la constitution, séante aux Jacobins Saint-Honoré, à Paris. Opinion de* François Gamon *sur le danger des relations des ministres avec les Comités, prononcée le 10 juin 1792.* S. l. n. d., in-8 de 6 pages. — Bibl. nat., Lb 40/701.

contagion; mais nous l'avons pris dans les bois de Romainville, et nous l'avons décoré des signes tricolores et du bonnet de la liberté; nous y avons mis cette devise : « Il faut mourir pour défendre la constitution, et vivre pour l'aimer. »

M..., rédacteur du journal du département du Cantal, donne une description fort étendue des troubles qui ont agité ce département. C'est par des faux décrets qu'on a pu égarer les habitants de la campagne; c'est par leur insolence et leur barbarie que les aristocrates ont poussé ces malheureux à des excès. D'ailleurs, cette insurrection a eu les suites les plus heureuses, car elle a garanti de la guerre civile peut-être la France entière; et puis, de cent châteaux que renferme ce département, ils n'en ont brûlé que douze appartenant à des émigrés. Cependant, après s'être signalés comme les Marseillais, après avoir sauvé de la proscription plusieurs patriotes, ces infortunés agriculteurs sont livrés à toute la rigueur d'un décret. Ils sont obligés, au nombre de six à sept cents, de se cacher dans les forêts; la terre demeure inculte, tandis que ces braves gens s'affligent de demeurer inutiles à la cause de la liberté. Sauvez-les, Messieurs, d'un sort qui frappe également sur les innocents et sur les coupables. Qu'un égarement involontaire ne soit pas puni plus sévèrement que les attentats sans nombre qui se commettent chaque jour contre la liberté. La constitution est faite, il est vrai, mais la Révolution ne l'est pas.

M. *Delacroix* donne lecture de la correspondance.

M. CALON. — A Neuf-Brisach, on vient d'arrêter une voiture attelée de six chevaux : elle était chargée d'une tonne d'or et d'uniformes blancs et noirs.

Une *députation du faubourg Saint-Antoine* donne lecture d'une pétition qui doit être présentée à l'Assemblée nationale. Elle a pour objet de faire punir M. Ribes et d'obtenir que les piques montent par moitié la garde avec les uniformes nationaux.

On invite le lecteur à retrancher de sa pétition le mot de sbires qu'il emploie en parlant des gardes nationaux. Le citoyen répond qu'il n'applique ce mot qu'aux individus de la garde nationale qui se permettent d'arrêter arbitrairement et d'arracher de leur domicile leurs concitoyens.

M. *Deperret* fait sentir la nécessité de s'occuper incessamment des gardes-françaises, car les ennemis de la liberté commencent à dire que le rassemblement de vingt mille hommes n'a lieu que pour empêcher les gardes-françaises de reparaître jamais dans la capitale.

On répond à M. Deperret que leur rapport doit se faire, sans délai, à l'Assemblée nationale, et qu'au surplus les députés patriotes y veilleront.

La séance a été levée à onze heures un quart.

CCXXXVIII

SÉANCE DU LUNDI 11 JUIN 1792

PRÉSIDENCE DE M. CHABOT

M. *Delacroix* lit deux lettres qui renferment des faits très importants sur la situation de la ville de Strasbourg.

M. LAVEAUX. — Vous voyez, Messieurs, combien le péril presse. Les Feuillants triomphent; le maire est un scélérat; il n'y a pas un moment à perdre. Dans les cas urgents, il faut des remèdes violents. L'empire n'est pas à Paris, il est aux frontières. Que ferez-vous, en effet, si elles restent abandonnées? Vous dormez à Paris; l'Assemblée nationale dort. (*Applaudissements redoublés.*) Il est un fait certain, c'est que le salut de l'empire est dans l'Alsace, et tout est perdu si elle est ouverte à l'ennemi. Pour échapper aux dangers qui nous menacent, je ne vois qu'un moyen : c'est de faire une pétition chargée d'une foule de signatures, où l'on dira à l'Assemblée nationale : « Voulez-vous que nous soyons libres, oui ou non? » C'est encore d'aller demander à Louis XVI s'il veut sauver l'État. (*Murmures.*) Vous murmurez! Eh bien, je ne veux pas qu'on lui demande rien, je veux qu'on lui dise : « Veux-tu faire ton devoir? Si tu ne veux pas le faire, dépose ta couronne. » Voilà le parti que vous avez à prendre; sinon, courbez la tête sous vos anciens tyrans.

M. DE HESSE. — Je vais entrer dans des détails que M. Laveaux ne peut vous donner. Je vous dirai des vérités; il y en aura pour tout le monde. J'ai eu ordre, il y a un mois, de me rendre à Strasbourg et de m'aboucher avec M. Luckner. On m'a fait faire dix-sept cents lieues, Messieurs, je connais parfaitement toute la France. Je viens en Alsace, je vais à Lauterbourg; M. Luckner venait d'en partir. Cependant, soumis aux ordres que j'avais reçus, je restai à mon poste, quoique je ne trouvasse dans cette ville ni garnison, ni fortifications, ni canons, ni munitions, ni vivres. J'étais à deux lieues de mes frères, de mes oncles et de mes tuteurs ; mais je ne connais plus que ma patrie adoptive : je n'ai plus ni frères, ni oncles, ni tuteurs. J'ai vu qu'on m'envoyait à la boucherie ; cependant, je n'ai pas perdu courage. J'ai demandé des forces, on m'a envoyé un bataillon de volontaires indisciplinés : c'était un tour que me jouaient les Feuillants. Mais bientôt j'ai eu la confiance de ce bataillon, et, comme dit M. Luckner, ils sont devenus aussi doux que des moutons. Quand les Feuillants ont vu que leurs intentions n'avaient pas été secondées par ce premier bataillon, ils m'en ont envoyé un second plus indiscipliné que l'autre ; ils ont eu soin de leur faire la leçon ; ils m'ont représenté comme parent du roi et de la reine, et, par conséquent, comme un franc aristocrate. Enfin, ce bataillon était si bien indisposé contre moi qu'à son arrivée il n'a pas manqué de crier : *A la lanterne l'Autrichien!* Diable! il ne faisait pas bon, comme vous voyez. Néanmoins, en allant mon petit bonhomme de chemin, tout s'est arrangé le mieux du monde. — Autre sujet de périls : vous savez que les soldats allemands n'entendent pas facilement raison, parce qu'ils se laissent conduire par de vieilles habitudes. Pour empêcher les combats singuliers, j'ai défendu les sabres hors le service ; ce fut encore un grand sujet de me calomnier. Tandis que j'étais chez moi, donnant à manger à cinq à six personnes, et entre autres au procureur de la commune, arrivent à ma porte plusieurs soldats qui avaient l'air de vouloir me faire un mauvais parti. On me représenta les dangers de ma situation ; je sentis bien qu'il fallait céder en cette occasion, et je répondis à ces soldats que je verrais et que j'arrangerais cela ; ils se retirèrent. Aussitôt je me rendis à Strasbourg, auprès de M. de la Morlière, avec qui je concertai les moyens de me faire obéir à l'avenir. Je n'ai donc rien épargné pour me rendre digne du grade de lieutenant général auquel je suis parvenu. Mon patriotisme est sincère ; je n'ai pas varié depuis la Révolution, je vous en prends à témoins, Messieurs (*Oui! oui!*), et je me prétends aussi Français que si j'étais né dans vos murs. Ainsi, quelque plan qui me soit confié, je mourrai plutôt que de manquer à mon devoir ; l'on ne me verra pas, sous prétexte que les soldats sont indisciplinés, donner ma démission (*applaudissements*) : car j'ai aussi été, moi, exposé à être désobéi ; mais cela ne m'autorisait pas à fausser mon serment.

Messieurs, en Alsace, vos villes frontières sont dénuées de tout : Narbonne vous a trompés. A Strasbourg, il n'y a pour la défendre que 4,510 hommes ; Landau est encore plus mal protégé ; il en est ainsi de toutes les autres villes, car je les connais aussi parfaitement que vous connaissez cette salle. Je me suis procuré les renseignements les plus exacts sur l'état et la quantité des vivres et des fourrages, sur les fortifications, sur ces garnisons, ces munitions, etc. : je puis vous assurer, Messieurs, que votre situation de ce côté-là me fait trembler. Je demande qu'on me confie le salut de l'empire du côté du Rhin. A Strasbourg, je ferai porter mon cercueil sur les remparts, et là, chaque jour, il me dicterait mes devoirs. (*Applaudissements.*)

Une observation que je vous communique avec plaisir, c'est que partout les gardes nationaux de Paris se distinguent par leur courage, leur discipline, leur politesse, leur instruction. Oui, c'est admirable de voir comme ils manœuvrent. Je demande donc que, par une pétition individuelle, car je crois que cette mesure est admise par la constitution (*Oui, oui!*), je demande qu'on sollicite l'envoi de 6,000 gardes nationaux de Paris à Strasbourg; et avec eux je réponds de tout.

M. RÉAL. — Mon premier devoir, en arrivant des frontières, a été de vous dire : Si l'Assemblée nationale ne prend pas des mesures promptement, des flots de sang sont prêts à couler. Actuellement, dans les villes frontières, ce ne sont plus les Feuillants, mais c'est l'aristocratie la plus pure qui y règne. — En arrivant ici, et après avoir dit ce que je pensais de l'état des frontières que j'ai étudiées, j'ai vu l'Assemblée nationale annoncer de grandes mesures. D'après la permanence de ses séances, je m'attendais qu'elle allait se placer à une certaine hauteur; je pensais que l'exemple du 12 juin 1791[1] se disposait à reparaître. Mais à quoi tout cela a-t-il abouti? A licencier la garde du roi. Quoi! c'est à cela que s'est bornée l'Assemblée nationale, à la fin du mois de mai et au commencement de celui de juin de l'année 1792! Certes, il ne fallait pas faire de si grands efforts pour licencier 1,800 hommes. (*Applaudissements.*) Il est temps plus que jamais de dire la vérité, rien que la vérité, mais toute la vérité. La cour conspire, l'état-major de l'armée conspire, les départements conspirent : tout, en un mot, conspire. On s'est servi surtout des prêtres pour semer le trouble et la discorde. Messieurs, une grande autorité vient encore de conspirer. Et quelle est-elle, cette autorité? Ce sont les marguilliers. Quoi! c'est avec des processions, c'est avec le très saint sacrement qu'on veut, à la fin du dix-huitième siècle, faire égorger les patriotes! Il faut que l'audace de nos ennemis soit à son comble; il faut qu'ils

---

1. Il y a ici une faute d'impression évidente. Il s'agit de la séance permanente de l'Assemblée constituante, au moment de la fuite de Louis XVI à Varennes. Cette séance dura du 21 juin 1791 à une heure et demie de l'après-midi jusqu'au 26 juin suivant à trois heures de l'après-midi.

aient de grands moyens. Qui pourrait croire sans cela qu'après quatre ans de Révolution de pareilles scènes vinssent salir nos fastes? Oui, j'ai vu qu'il ne fallait compter que sur notre courage. Je dis, avec le patriote Laveaux, qu'il faut prendre des mesures vigoureuses. Au mois de juin 1791, le ministère était bien mauvais, l'Assemblée nationale était bien mauvaise; et cependant, quand elle a dit : « Je veux sauver l'empire », il a été sauvé. Eh bien, aujourd'hui que l'égalité est établie d'une manière irrévocable, l'Assemblée nationale n'est pas montée à cette hauteur. Je dis qu'il y a de la lâcheté. (*Applaudi.*) L'Assemblée nationale tremble devant un petit parti; l'Assemblée nationale n'a pas osé avancer à cause d'un vain fantôme qu'on lui oppose, à cause d'un parti qui n'existe pas. Quant à moi, dussé-je être envoyé je ne dis pas à l'Abbaye, mais à Orléans ; dussé-je être traité de contre-révolutionnaire, je dirais : « Il faut que l'Assemblée nationale reprenne les rênes de l'empire, sinon l'empire est perdu. »

M. ALBITTE. — L'empire est menacé de plusieurs dangers ; mais, s'il en est un, c'est la joie, c'est l'engouement qu'ont paru manifester plusieurs membres aux funestes récits que nous ont faits MM. Laveaux et de Hesse. S'il est un malheur, c'est de voir des Jacobins applaudir à des désastres. (*Murmures.*) Ce n'est pas par des déclamations qu'on sauve l'empire : c'est par une conduite prudente, ferme et courageuse. M. Laveaux et M. de Hesse, car je ne l'appelle pas prince, parce que je le regarde comme Français, sont venus vous dire des vérités. J'eusse voulu qu'en Romains ils les eussent dites au ministre. L'Assemblée nationale ne se trouve point dans le cas où était l'Assemblée constituante de 1791. Je voudrais qu'on respectât davantage un corps constitué : l'Assemblée nationale. Il ne faut pas l'accuser en masse, mais seulement les individus qui la déshonorent. Je ne voudrais pas qu'on vînt vous dire : « Qu'on m'envoie à Orléans », mais qu'on travaillât jour et nuit pour éclairer l'Assemblée nationale. Vous vous livrez trop à l'amour des phrases et du beau langage. (*Murmures.*) Il faut avoir le courage d'entendre la vérité. Si l'on apprend que les Jacobins délibèrent avec sagesse, alors on sera sage et prudent dans tout l'empire. Vous devez ici nous préparer notre travail, et alors nous ferons de bonnes choses à l'Assemblée nationale. Vous voyez une foule de papiers attaquer les patriotes qui y siègent, les traîner, s'ils pouvaient, dans la boue, comme traîtres à la patrie; ils dénaturent leurs opinions pour les ridiculiser aux yeux de la nation et de toute l'Europe. (*Tumulte.*)

M. RÉAL. — Il n'est pas question de journalistes. Il s'agit, d'après les faits énoncés par MM. Laveaux et de Hesse, de prendre des mesures sur l'état de nos frontières. Que l'Assemblée nationale nous en indique de bonnes.

M. LE PRÉSIDENT. — Je somme M. Réal de nous fournir lui-même des mesures constitutionnelles qui puissent être adoptées par l'Assemblée nationale.

M. ALBITTE. — Non, Messieurs, je ne me suis pas abaissé à réfuter des journalistes, car jamais je ne me suis même occupé de les lire deux fois. Mais je dis qu'il faut éclairer les départements. Alors on rira des vains efforts de nos ennemis. Que M. de Hesse, comme tant d'autres officiers généraux, vienne donc à la barre de l'Assemblée nationale l'instruire des faits dont il nous a donné connaissance.

M. LASOURCE. — Nous sommes entourés de dangers et de conspirations. Il ne faut pas de tournures oratoires. — Quant au département du Rhin, je ne m'oppose pas à la mesure proposée par M. de Hesse; elle a été goûtée. Mais, comme ce danger n'est pas le seul, je vais voir si les mesures de M. Réal sont bonnes. Les généraux, dit-il, conspirent. Que faut-il faire? Il faut une seconde ligne, soit pour soutenir la première, soit pour prévenir les trahisons des généraux. M. Réal a dit : « Le fanatisme conspire. » L'Assemblée nationale a fait contre lui tout ce qu'il lui était possible de faire. Les administrateurs conspirent. Oui, cela n'est que trop vrai. Mais il en est aussi qui ne conspirent pas. Que faut-il donc faire pour prévenir de fausses accusations? Il faut qu'ils agissent en présence du peuple. La grande mesure, c'est que l'Assemblée nationale décrète que les séances des corps administratifs seront publiques. Maintenant, Messieurs, venons à de plus grands dangers, à ceux résultant des divisions relatives aux opinions politiques. Eh bien, ce n'est point cependant l'union que je désire dans l'Assemblée nationale : le silence qui y régnerait alors serait celui de la mort. Prenez garde que du choc des opinions naissent les vérités. Dans l'Assemblée nationale, les sentiments sont trop contraires, trop prononcés, pour qu'ils puissent se concilier sans compromettre la liberté.

Une grande mesure pour empêcher l'état-major de conspirer, c'est de rendre aux citoyens la faculté de nommer tous leurs chefs. (*Applaudissements.*) Soyez bien persuadés que, quand les citoyens choisiront eux-mêmes ceux qui doivent les commander, ils ne se laisseront pas induire en erreur; et, si ces chefs veulent le bien, alors la capitale prendra un aspect imposant. Je me résume, et mon discours se borne à ces points principaux : publicité des séances pour les corps administratifs ; nomination des chefs par les sections pour la garde nationale. — Maintenant, il me reste à examiner la mesure proposée par M. Réal. Bien loin de mériter mes éloges, elle a au contraire excité mon effroi. En conseillant à l'Assemblée nationale de prendre les rênes de l'empire, il a dit d'une autre manière qu'il fallait que l'Assemblée nationale fît une seconde révolution. L'espoir des ennemis de la liberté est qu'elle fasse une pareille démarche. Je vous le jure, on m'a proposé la réunion des bons esprits de l'Assemblée nationale pour ce plan ; mais j'ai repoussé cette proposition avec l'indignation qu'elle mérite, car je serai toujours fidèle à mon serment. (*Applaudissements.*)

Les citoyens éloignés de la capitale sont exposés à des suggestions : je ne voudrais pas qu'ils entendissent dire que cette Assemblée, qui leur avait promis de maintenir la constitution, a été la première à la violer ; qu'elle passât pour vouloir usurper tous les pouvoirs. C'est une mesure qui, dans les circonstances, conviendrait tout au plus si tout l'empire la désirait. Je souhaite que nous ne soyons pas réduits à prendre des mesures aussi extrêmes. Je veux qu'on surveille les agitateurs, les traîtres. Quand ils oseront attaquer le peuple, alors levez-vous, et il se lèvera. (*Applaudi.*)

Je n'ai pas été le dernier à maudir les intrigants qui ont déchiré impitoyablement la constitution. J'attends l'assentiment général pour repousser ces infâmes, ces malheureux, et pour rendre au peuple toute la liberté qui lui convient. Mais ce n'est que dans la nécessité que nous pouvons adopter des mesures si extraordinaires. Je demande donc que la Société prenne des partis plus constitutionnels, et qu'elle veuille bien, quant à présent, s'en tenir à ceux que j'ai proposés.

M. Réal. — La proposition que M. Lasource a combattue, il a fini par l'adopter. Mais, en parlant des conspirateurs, il a laissé de côté les plus grands : il n'a pas parlé de la cour, d'où viennent les plus dangereuses conspirations. On renvoie les grandes mesures à de grandes circonstances. Certes, il ne faut qu'ouvrir les yeux pour être pénétré de la nécessité de les adopter maintenant. Je n'attendrais pas le moment où elles deviendraient inutiles. Nous sommes vigoureux encore, nous sommes forts. Il ne faut pas attendre que notre sang soit desséché ; il ne faut pas attendre que nos généraux nous aient trahis, que la première ligne ait été enfoncée, pour compter sur la seconde. Si les mesures que je propose ne sont pas assez claires pour l'Assemblée nationale, elles ne le seront pas non plus pour la nation. Mais, si tout conspire, il faut aller au remède souverain, ou que la nation périsse.

M. Lasource. — M. Réal a conclu par un *si*. A-t-il fait une supposition lorsqu'il a dit que l'Assemblée nationale, après avoir déclaré ses séances permanentes, ne s'était pas élevée à la hauteur que commandaient les circonstances? A-t-il fait une supposition lorsqu'il a traité de lâche l'Assemblée nationale? Adopter les mesures proposées par M. Réal, ce serait supposer que nous ne sommes pas les plus forts. Mais que les conspirateurs osent se montrer, et nous nous lèverons.

M. ALLONGES. — La mesure indiquée est vaine. Je ne désespérerai pas de la chose publique tant qu'il y aura des Jacobins en France. (*Murmures.*) Je demande qu'une pétition soit faite à l'Assemblée nationale pour exposer les faits qui vous ont été dénoncés.

M. CHAMBERTOIS. — D'après ce qui vous a été dit par les préopinants, il me reste peu de choses à ajouter. Il vous est démontré que la ville de Strasbourg est entre les mains de traîtres réunis à M. Dietrich. Il en est de même de Landau. Ces villes ne sont plus à la France, elles sont aux Autrichiens; ils se rassemblent aux environs, et c'est par là que doit commencer l'attaque. Ils s'emparent de Neuf-Brisach, et de là ils viennent droit à Paris. (*Murmures.*) Je connais parfaitement ce pays-là, car j'y ai fait la guerre. Au surplus, je ne doute pas que Paris et les départements n'opposent une vigoureuse résistance. Quoi qu'il en soit, il faut prévenir de semblables malheurs. Je demande donc que M. de Hesse se présente, avant son départ, à l'Assemblée nationale, pour demander que Strasbourg et Landau soient mis sur un pied respectable de défense. Je demande que les ministres soient aussi informés de ces faits, car ils sont patriotes comme nous tous.

M. DE HESSE. — Lorsque je fus à Strasbourg, je ne manquai pas de m'élever avec force contre l'aristocratie du département du Haut-Rhin. Deux heures après mon arrivée, je reçus ordre de me rendre à Besançon. Je pars demain pour cette destination.

M. DUFOURNY. — Les 6,000 hommes de gardes nationales que demande M. de Hesse ne sont pas prêts; ils ne sont pas exercés à la manœuvre, ils ne valent pas ceux qui sont sur les frontières. (*Murmures.*) En attaquant nos villes, le projet est de faire rétrograder M. La Fayette. Les traîtres les plus dangereux ne sont pas ceux qui mettent au grand jour leur conduite. Quels sont-ils donc? Ce sont ceux qui assurent que les choses sont en bon état lorsqu'elles sont abandonnées. Ce sont ceux qui ne se sont pas élevés contre Narbonne lorsqu'il disait qu'il y avait pour dix-huit mois de munitions. Je somme ceux de l'Assemblée nationale qui se concertent secrètement de ne point s'assembler ailleurs que dans cette Société. On ne craint point la publicité et les lumières lorsqu'on a envie de bien faire. Point de comité particulier : cela énerve l'opinion publique. Qu'ils viennent ici puiser de l'énergie. Que les personnes qui s'assemblent à Saint-Roch reviennent dans notre sein. J'engage les zélés patriotes de l'Assemblée nationale à opérer cette réunion.

M. Saint-Aubin. — Je tiens d'une personne qui se rend très assidûment à Saint-Honoré que trente personnes seulement s'y rassemblent.

M. Fabre d'Églantine. — Je vous ferai observer qu'en envoyant six mille hommes sur les frontières, on dégarnit Paris d'un pareil nombre de citoyens défenseurs.

Broglie est un homme pendable, et je dis pendable parce que, s'il m'en demandait la raison, je lui répondrais qu'il n'en donnait aucune lorsqu'il disait que, s'il ne pouvait se défaire de ceux qui lui nuisent dans telle ou telle ville, il le ferait dans celles qui lui sont dévouées. Avec les seules lettres qui sont entre nos mains, et qui articulent des faits si graves contre lui, nous pourrions le faire destituer. Je demande que M. Laveaux et les autres victimes des persécutions de Dietrich et de Broglie se rendent, ces lettres à la main, à la barre de l'Assemblée nationale ; qu'ils disent que les villes frontières sont dénuées de tout, et qu'ils demandent ensuite, par une pétition, que MM. Broglie et Dietrich soient mandés à la barre ; qu'en sus de cette mesure l'Assemblée nationale envoie à la place de ces pervertisseurs de l'opinion publique des patriotes connus.

M. *Laveaux* appuie cette demande. M. *Merlin* demande que la discussion sur les moyens proposés par MM. Hesse, Lasource et Réal soit continuée à la prochaine séance. On arrête la pétition proposée, et MM. Fabre d'Églantine et Verrières sont adjoints à M. Laveaux pour sa rédaction.

M. *Verrières* lit une pétition qu'il se propose de présenter incessamment à l'Assemblée nationale pour lui rappeler les promesses qu'elle a données plusieurs fois de rassembler tous les gardes-françaises, et la sommer de les mettre enfin à exécution.

Cette pétition obtient les plus vifs applaudissements. « C'est par cette mesure, dit M. *Tallien*, que doit commencer l'Assemblée nationale pour rétablir la paix et la sûreté dans la capitale, si l'une et l'autre pouvaient y être attaquées. » (*Applaudi.*)

M. *Delacroix* lit l'extrait de la correspondance.

La séance a été levée à dix heures.

CCXXXIX

SÉANCE DU MERCREDI 13 JUIN 1792

PRÉSIDENCE DE M. CHABOT

Une lettre de Strasbourg excite encore l'attention de la Société sur la position des deux départements du Rhin; la discussion s'ouvre de nouveau sur la pétition proposée dans la dernière séance.

M. DEPERRET. — Lorsque la patrie est en danger, lorsque des intrigues se montrent de toutes parts, lorsque vous avez reçu trois lettres de Strasbourg qui vous peignent l'état inquiétant où se trouve cette ville, lorsque le chef du pouvoir exécutif a chassé de chez lui trois patriotes pour lui avoir dit la vérité, sans doute il y a lieu à faire une pétition au corps législatif.

Il faut que M. Laveaux se présente à l'Assemblée nationale, qu'il lui peigne l'état des deux départements du Rhin; il faut qu'il brave les huées qu'il semble craindre toujours de ce côté droit. J'espère bien que l'Assemblée nationale ne sera pas assez mauvaise pour se refuser à entendre en silence des faits aussi graves, aussi intéressants. Il faut que, par cette pétition, il nous prépare à des pétitions peut-être plus fortes. Je me rappelle qu'en 1789 ce fut le moment où le ministre Necker, alors aimé du peuple, fut renvoyé du ministère, que nous choisîmes pour conquérir notre liberté. Que celui où nous sommes soit également celui où nous prouverons à nos ennemis que nous sommes en état de la leur disputer. Qu'ils se montrent donc s'ils l'osent, qu'ils arborent la cocarde blanche, et nous les combattrons. Je demande donc que, séance tenante, on s'occupe de la rédaction de cette pétition, que le patriote Laveaux portera dans la soirée à l'Assemblée nationale.

M. LAVEAUX. — Si j'ai montré quelque dégoût pour présenter à l'Assemblée nationale une pétition, ce n'est pas par des motifs pusillanimes, c'est parce que je connais les localités de nos deux départements. Nous avons déjà envoyé des députés qui ont déployé des moyens, des mesures à prendre; on les a hués, et cela nous perd dans les départements.

Vous nous demandez à faire des pétitions à l'Assemblée nationale; mais où est l'Assemblée nationale? (*Murmures.*) Cette seconde législature n'osera rien faire autre chose que de nous renvoyer au pouvoir exécutif, c'est-à-dire à des ministres qui passent comme des ombres chinoises.

M. TERRASSON. — Ou j'ai une bien fausse idée de l'homme libre, ou je suis persuadé que, plus on lui oppose d'obstacles, plus il oppose de résistance. Sans doute, comme l'a dit M. Deperret, qu'importent les huées? D'ailleurs, si nous faisions une pétition bien forte, bien patriotique, est-il bien vrai que nous essuierions les huées de l'Assemblée nationale? (*Toutes les voix* : Non, non, non!)

M. TERRASSON. — La plate harangue que M. Dumouriez a prononcée ce matin à l'Assemblée nationale y a été écoutée avec assez d'impatience pour vous assurer que nous serons écoutés, et non hués. D'ailleurs, quand nous dirons toujours ici : Faisons des pétitions, et que nous n'en faisons pas, sans doute l'Assemblée nationale ne nous écoutera pas avec affection; mais, si nous lui fournissons des faits, si nous lui proposons des mesures, sans doute elle sentira que nous lui sommes de quelque utilité. Je conclus donc à la pétition.

M. BAUMIER. — Les circonstances sont bien différentes que dans le temps où les députés de Strasbourg ont apporté des dénonciations contre des corps administratifs. Aujourd'hui les faits parlent; l'insurrection de deux régiments ne sont pas des dénonciations qu'on puisse traiter de vagues. Je ne crains donc pas que nous nous exposions à des huées en les présentant, et d'ailleurs, quand cela serait, il est des huées dont on doit s'honorer.

M. LAVEAUX. — Je n'ai sans doute pas été bien entendu. Non, ce ne sont pas les huées des Feuillants et des aristocrates de l'Assemblée nationale que je redoute, mais les suites de ces huées dans les départements du Rhin. Si nous nous présentons à l'Assemblée nationale et que nous ne réussissions pas, on dira, dans ce pays-là : Les Jacobins dénoncent toujours sans preuves, et, dès cet instant, vous perdrez la confiance du peu de patriotes qui sont dans ces départements.

M. BAUMIER. — Je crois avoir répondu d'avance à M. Laveaux en lui mettant sous les yeux la différence des dénonciations que l'on peut dire n'avoir pas été bien accueillies de l'Assemblée nationale et de celles qu'il a à lui présenter aujourd'hui; je conclus donc encore à la pétition.

M. ALBITTE. — Un brave député du Rhin, M. Rühl [1], a annoncé ce matin à l'Assemblée nationale que Strasbourg était bien fortifiée, mais qu'elle n'était point garnie d'hommes. Je crois donc que le

---

1. On trouvera les paroles de Rühl dans le *Moniteur*, XII, 660, et dans le *Journal logographique*, XXI, 38.

patriote Laveaux doit présenter sa pétition, qu'elle y sera bien reçue; mais, quand elle ne devrait pas l'être, est-il quelques considérations qui doivent empêcher de faire le bien?

MM. *Tallien, Saint-Aubin, Fabre d'Églantine* et *Merlin* parlent sur le même objet; on arrête enfin que la pétition aura lieu.

M. *Bancal* demande à lire une lettre qu'il a reçue de Londres, dans laquelle on lui annonce des mouvements qui, dit cette lettre, doivent avoir lieu dans Paris du 15 au 20 de ce mois. M. Bancal fait remarquer que, toutes les fois qu'il y a quelques grands mouvements ici, ils ont toujours été annoncés huit ou dix jours à l'avance dans les pays étrangers.

M. LE PRÉSIDENT. — J'invite la Société à être calme, grande et sublime, à être digne de donner l'exemple à la France entière. — Le roi a renvoyé ses ministres [1]. Oui, Messieurs, je dis que la cour a porté aujourd'hui le coup le plus hardi qu'elle ait encore osé se permettre. Je ne sais si ces ministres ont été plus utiles que M. Necker; mais, à coup sûr, jamais ministres n'ont montré plus de patriotisme.

M. ALBITTE. — L'ordre du jour vient d'être fixé par M. le Président. — J'ai appris hier soir que trois ministres devaient être renvoyés par le roi : 1° M. Roland, pour avoir voulu lui faire connaître la vérité sur deux décrets, l'un concernant les prêtres, et l'autre relatif au rassemblement de 20,000 hommes dans la capitale; 2° M. Servan a été renvoyé pour la même cause; 3° on ignore celle du renvoi de M. Clavière, mais il y a apparence qu'elle est la même. — Ce matin, quand on a appris à l'Assemblée nationale que M. Servan était congédié, elle a, malgré les clameurs du côté droit, décrété que ce ministre emportait les regrets de la nation, et que ce décret serait envoyé aux 83 départements. — On a reçu une lettre du roi qui annonçait le renvoi des ministres. — On en a reçu une autre du ministre de l'intérieur. On en a ordonné également l'impression et l'envoi aux 83 départements. Je n'ai jamais rien vu de plus patriotique que la lettre de M. Roland [2] : il fait voir au roi que, si quelqu'un n'est pas mûr pour la Révolution, ce sont ceux qui y perdent; il lui fait voir qu'il n'est plus temps de reculer, et que la Révolution s'achèvera au prix de notre sang. (*Applaudissements.*)

M. Dumouriez a paru ensuite; il n'a pas été vu de bon œil. Il s'est

---

1. En effet, dans la séance du 13 juin 1792, l'Assemblée législative avait appris officiellement que le roi avait renvoyé Clavière, Servan et Roland.

2. Il s'agit de la lettre écrite par Roland à Louis XVI le 10 juin 1792, et dont on trouvera le texte dans le *Moniteur*, XII, 658.

reporté à des événements plus éloignés que ceux qui nous occupaient, et l'Assemblée nationale a été convaincue que Narbonne était un perfide. On peut faire à M. Dumouriez le reproche d'avoir parlé trop tard. Si, jusqu'à présent, il a été patriote, dans cette circonstance il n'a pas paru l'être assez. (*Tumulte.*) Quand je me tromperais en disant qu'il a été patriote, il faudrait toujours m'écouter.

L'Assemblée nationale a décrété que, dans le département de la guerre, les comptes seraient rendus depuis le ministère de M. Duportail jusqu'à ce jour. Il est certain qu'à l'Assemblée nationale il y a encore beaucoup de bons citoyens, il faut les soutenir. Et, cette Assemblée ne fût-elle pas digne de la confiance publique, il faudrait toujours la lui accorder.

M. MERLIN. — Un ministre qui n'avait rien fait pour nous, que dis-je? qui avait creusé l'abîme des maux qui engendrèrent la liberté, fut renvoyé par une cour qui ne croyait pas qu'il fût encore assez coupable pour répondre à ses vues parricides; et alors la nation, qui le redemanda, se leva tout entière; son réveil fut terrible (*applaudissements*), et l'on crut la patrie sauvée. Aujourd'hui, Messieurs, notre situation est plus critique que lorsque la cour congédia Necker. Alors tous les abus, tous les genres de despotisme réunis nous accablaient, et ce poids, nous devions le secouer; mais aujourd'hui c'est au nom de la constitution qu'un pouvoir qui déteste les lois veut nous assassiner. M. Servan vient d'être renvoyé parce que, ne dissimulant pas à la nation la situation affreuse dans laquelle elle se trouve, il a encore une fois déjoué les menées de son plus cruel ennemi, qui, d'abord, ayant formé le projet d'annihiler le pouvoir législatif, avait machiné dans l'ombre. Delessart, Montmorin, ministres adroits, rampèrent successivement sur les marches du trône, endormant astucieusement la nation, et cherchant le moment de la serrer dans de nouveaux fers. Ministres pervers! vous fûtes déjoués; mais la cour, Protée criminel, sembla s'abandonner elle-même à ceux qu'elle ne pouvait considérer que comme ses ennemis les plus irréconciliables; elle vint chercher où on lui fournit des agents, que l'on prit dans cette Société. Bientôt un d'eux voulut nous persuader que son maître était constitutionnel. L'autre... Je ne chercherai pas à les démasquer tous; mais je sais que, soutenus par une faction qui a de grands reproches à se faire, qui a calomnié pour eux le patriotisme et la vertu, ils travaillèrent à river nos fers sous le nom de l'amitié, jusqu'au moment où M. Servan leur fut adjoint. — Je l'entends murmurer, cette faction; je promets de ne plus parler d'elle que pour lui tendre les bras, demander qu'elle se réunisse aux vrais amis du peuple pour écraser notre plus cruel ennemi. Le ministre, dis-je, propose à l'Assemblée nationale de faire lever la nation entière. Il méritait donc sa confiance, celle de la nation, il devait donc être renvoyé; l'Assemblée nationale vient de décréter qu'il emporte ses regrets. Elle a voté des remerciements au seul ministre qui ait véritablement mérité sa confiance. Il ne m'appartient pas de prononcer sur les autres.

M. LASOURCE. — Je demande la parole pour prouver que M. Roland méritait aussi la confiance de la nation.

M. MERLIN. — Je ne puis prononcer, puisque je ne connais le patriotisme de M. Roland que par sa lettre, et il me faut des faits. Je reprends. L'Assemblée nationale vient de donner l'exemple à la nation, elle vient de témoigner sa reconnaissance à M. Servan; que la nation entière applaudisse, et qu'elle le témoigne en adoptant la mesure du ministre, qu'elle se lève tout entière. (*Interruption.*) Oui, Messieurs, que la nation adopte la mesure proposée par M. Servan; que mes collègues à l'Assemblée nationale emploient tous leurs moyens pour faire déclarer que tous les Français sont soldats, qu'il n'existe plus de nuance entre les citoyens, ni d'uniformes (*applaudi*), plus d'armée de ligne, mais que, la patrie étant en danger, le moment est venu où tout citoyen doit réaliser son serment, où il doit mourir pour la patrie. Que l'Assemblée ajoute à ces moyens de sauver la patrie une mesure particulière pour la capitale; qu'elle rende un décret qui supprime le bureau central, repaire d'aristocratie et fléau du patriotisme, et surtout qu'elle casse l'état-major de la garde nationale, qui a donné l'exemple pernicieux de la résistance au vœu national et les preuves non équivoques de son attachement au système de la cour et de la tyrannie; mais, Messieurs, si ces moyens ne peuvent sauver la République, si nos malheurs sont à un tel point que l'espérance s'éloigne de nos âmes, il est une grande ressource, proposée par M. Réal, mais dont il faut user d'une manière différente de celle qu'il nous a indiquée dans la dernière séance. Mais nous différons dans le mode d'exécution. Nous n'avons pas été envoyés pour changer l'État à notre gré, mais pour défendre notre pays par tous les moyens que l'on a remis alors dans nos mains. Nos commettants, la nation seule peut nous les délier, ces mains entravées par la loi constitutionnelle. (*Applaudi.*) Je dis donc que ceux qui pensent que l'État ne peut plus se sauver que par ce grand effort doivent déclarer que les dangers de la patrie exigent que l'on envoie d'autres représentants, et que le peuple les investisse de toute sa puissance, soit par la convocation de nouveaux corps électoraux, soit par un choix immédiat du peuple. (*Applaudissements très vifs.*)

Je me résume. Il faut que l'Assemblée nationale reste à la hauteur de sa première démarche; elle a voté des remerciements à M. Servan, il faut qu'elle continue à maîtriser ses ennemis, qu'elle arme tout le peuple, que l'armée de ligne, les gardes nationaux, ne soient plus que la réunion de tous les citoyens de l'empire levés pour sauver la patrie, et alors elle fera trembler la cour, dictera ses lois à nos ennemis extérieurs et pourra dira à ceux de l'intérieur : Arborez votre signe de rébellion, mettez la cocarde blanche, et vous êtes anéantis.

Que s'il faut en venir à la dernière mesure proposée par M. Réal, qu'alors on décrète que le peuple s'assemble pour nous faire remplacer et qu'il investisse ses nouveaux représentants de sa toute-puissance, dont la constitution ne l'a pas et n'a pu le dépouiller.

M. TALLIEN. — Les préopinants vous l'ont dit, les événements qui viennent de se passer prouvent trop que les affaires étaient dirigées par des hommes qui s'inquiétaient peu de la liberté de leur pays : vous en voyez un exemple aujourd'hui, et ce ministre qu'on disait patriote, parce qu'il avait arboré dans cette Société le bonnet de la liberté, n'a montré qu'un esprit d'intrigue. Quoi ! MM. Lacoste, Dumouriez, Duranthon, restent en place, tandis que les Servan, les Roland et les Clavière sont renvoyés ! Devraient-ils conserver l'administration des affaires publiques, ceux qui ont passé leur vie dans les tripots, dans les lieux les plus infâmes; qui ont toujours été les dociles courtisans et les proxénètes infâmes de tous les hommes puissants? C'est des mœurs que montre un individu qu'on peut juger de ce qu'il fera pour le bien public. — On a parlé de levée de boucliers. — Mais il faut parler au peuple un langage ostensible. Ce n'est pas assez de lever des chapeaux; ce n'est pas assez de dire que les ministres ont emporté la confiance de la nation. Le pouvoir exécutif n'ayant été constitué que pour le bonheur public, aujourd'hui qu'il s'en montre l'ennemi, voici la mesure qu'il faut prendre : l'Assemblée nationale doit, dans le plus court délai, ordonner que le pouvoir exécutif rendra compte des motifs du renvoi des ministres. Je sais qu'on me répondra que cette mesure est inconstitutionnelle et que, le roi étant inviolable, il ne doit pas compte de sa conduite; mais je demande si cette inviolabilité ne doit pas disparaître devant le salut public. Si le roi n'a pas de motif à donner, il ne nous reste plus qu'à déserter notre pays ou à nous armer pour la liberté. Je crois et je soutiens que le procès qui s'agite en ce moment est la cause de tous les peuples contre les tyrans. Je crois donc que, soit par un message, soit par tout autre moyen, il faut interroger le pouvoir exécutif.

M. le Président. — Ce n'est pas au roi, mais au ministre qui a contresigné ses ordres, qu'il faut s'adresser : car, si aucun ministre n'avait accepté une pareille mission, le renvoi des autres ministres devenait impossible. M. Dumouriez n'était-il pas le maître de refuser son approbation? Qu'il s'explique donc, car il ne doit rien y avoir de caché dans les circonstances.

M. Santerre. — Je demande qu'extrait de toutes les opinions qui s'énoncent dans cette séance soit envoyé aux Sociétés affiliées.

M. Lasource. — Il faut attendre un résultat, afin de présenter un ensemble.

M. Robespierre. — Ce n'est pas d'aujourd'hui que la liberté est en danger. Elle le fut la première fois que la constitution fut attaquée par ses propres fondateurs; la première fois que la déclaration des droits, base de notre constitution, fut violée; la première fois qu'un député composa avec les principes; la première fois qu'au Champ de Mars le sang des citoyens fut répandu; la première fois que de grands coupables échappèrent à la vengeance des lois : car c'est le signe de l'esclavage que d'être indulgent pour les grands et inexorable pour les faibles. La première fois qu'elle s'abaissa devant des généraux ou des ministres, la liberté fut en danger, lorsque pendant plus de deux ans on souffrit que des hypocrites dangereux conspirassent contre les lois, lorsqu'on leur permit d'attenter à la liberté individuelle. Elle fut en danger toutes les fois qu'oubliant les grands principes, l'Assemblée nationale se dégrada jusqu'à défendre des ministres. — Le peuple et la nation existent, l'Assemblée nationale existe. Il ne m'appartient pas de parler de la nation, lorsque nous avons encore une Assemblée représentative; et il n'appartient pas aux députés qui la composent de venir provoquer l'indignation de la Société. Qu'ils fassent leur devoir, et nous n'aurons rien à craindre!

Je place ma confiance dans ceux qui assistent à cette séance. Il dépend d'eux de nous donner la liberté. Mais, avant tout, il faut que je fasse ma profession de foi sur l'événement qui nous occupe. Il faut, puisqu'on m'en a imposé la loi, que je m'explique. Je déclare que le seul ministre que j'aie loué est M. Servan. Cependant, je n'en ai pas moins combattu la mesure qu'il a proposée. C'est que l'on ne doit jamais juger de la bonté d'une mesure par le patriotisme de celui qui la propose. Il s'agissait de faire lever le peuple entier. J'y trouvais des inconvénients. Entre autres mesures je proposais le rappel des ci-devant gardes-françaises, et la formation d'une armée composée de tous les soldats persécutés et renvoyés pour faits de patriotisme. N'ayant pas été préparé à la mesure décrétée par l'Assemblée nationale, j'ai été vivement frappé des inconvénients qu'elle présentait, sans sentir ses avantages comme ceux qui en étaient les auteurs. Après avoir vu les coups mortels qu'avait portés à la liberté un petit nombre de citoyens parvenus à former une espèce de corporation au milieu de l'État, je craignais une armée imbue du même esprit, et éloignée des frontières. Telles étaient mes craintes. Et cependant je n'en ai pas moins conclu que le ministre avait été trompé. Je n'en dis pas moins que cette mesure est mauvaise. Il n'a pas pu en disconvenir, et cette preuve m'est venue de deux patriotes qui connaissent M. Servan.

Peu m'importe que l'état-major de la garde nationale parisienne ait repoussé ce projet. Il peut se faire que la cour ait ses raisons de le trouver dangereux; et moi, je puis avoir aussi mes motifs pour le combattre. Il peut bien se faire que, de deux partis opposés, il n'y en ait pas un seul conforme au bien public, et que le véritable moyen se trouve dans un juste milieu. Il peut se faire que le bon parti se trouve entre celui de la cour et celui de l'Assemblée nationale. Que les ministres patriotes tombent, comme cela vient d'arriver : alors, entre les mains de ceux qui leur succèdent, cette armée devient, par de perfides suggestions, un moyen d'opprimer la liberté. Je ne voulais donc que les gardes-françaises et les soldats persécutés.

M. TALLIEN. — J'engage M. Robespierre à nous indiquer les moyens de parer aux dangers où nous nous trouvons.

M. ROBESPIERRE. — Je vais continuer mon opinion avec la liberté qui convient à tous les membres de cette Société. — Après avoir rendu hommage aux ministres, après avoir développé les raisons d'une opinion pour laquelle on m'a calomnié, je vais passer à d'autres considérations.

Voici donc un ministre patriote renvoyé. Quels sont les moyens de relever la chose publique? Je l'ai déjà dit : c'est par une sévère impartialité, par de l'énergie. Je crois qu'une des principales causes de nos maux a été de nous égarer par des circonstances particulières. Nous en avons un exemple frappant dans la conduite de l'Assemblée constituante. Vous avez vu la faction Lameth s'endormir jusqu'au moment où elle se proposa de faire renvoyer des ministres, bien détestables il est vrai, tels que Guignard (*sic*), Latour du Pin. Alors, elle se rendit dans cette Société, échauffa les esprits, et parvint à son but. Ensuite, elle se rendormit jusqu'au moment où elle finit par trahir la cause du peuple.

Depuis que je parle, j'ai développé le parti qu'il faut adopter, lorsque j'ai dit que ce n'est pas au renvoi d'un ministre qu'il faut s'attacher, mais au salut de l'empire, mais à l'Assemblée nationale. (*Tumulte.*)

M. Santerre. — Je demande qu'à chaque séance M. Robespierre soit tenu de parler au moins trois fois pour chasser tous les Feuillants.

M. Robespierre. — S'il n'est question que des ministres, je quitte la tribune; s'il s'agit de la chose publique, je demande la parole.

Plusieurs voix. — Courage, Robespierre! (*Applaudi.*)

M. Robespierre. — Je dis que le salut public repose principalement non pas sur le caractère des ministres, que la cour peut renverser aussi souvent qu'il lui plaît, mais sur l'énergie et le patriotisme de l'Assemblée nationale. Ce principe seul suffit pour indiquer la route qui doit être suivie. L'exemple de ce matin le confirme. Dès que l'Assemblée nationale a appris le renvoi des ministres patriotes, elle a pris un grand caractère. Ceux qui lui ont donné cette impulsion pourront le faire toutes les fois que les patriotes seront persécutés, que la liberté de la presse sera violée, toutes les fois que les aristocrates lèveront la tête et se permettront de nouveaux attentats, toutes les fois que la voix du peuple sera méprisée. Faut-il que le ministère soit jacobin pour que nous n'ayons rien à appréhender? Non, cela ne suffit pas. Il y a plus : je suppose d'un côté un ministère isolé du patriotisme, et de l'autre une assemblée patriote; dans ce cas, dis-je, la liberté ne courrait aucun danger. Je vais plus loin : ce ministère jacobin peut devenir un moyen d'empêcher la surveillance. Ce peut être un véritable poison pour le patriotisme. Lorsqu'un ministère est patriote, ou présumé l'être, alors les députés peuvent trop se reposer sur des agents qui ont leur confiance. En effet, je vois maintenant s'élever contre des ministres des députés patriotes qui, dans une foule de leurs feuilles, disaient : Le patriote Dumouriez. Examinez ce qu'ils en disent à présent. Pourquoi donc louer des ministres, lorsqu'on est si peu sûr de la tenue de leur patriotisme?

M. Lasource. — Je vois avec douleur que nous ne ferons rien dans cette séance.

M. Robespierre. — Je prouvais que les représentants de la nation devaient attacher beaucoup moins d'importance aux ministres qu'au patriotisme de l'Assemblée nationale. Je dis que, lorsqu'ils ont fait leur devoir, ils n'ont plus rien à craindre, parce que la nation se lève quand il le faut (*applaudi*); mais qu'au contraire, lorsqu'on oublie ces principes, les fautes les plus funestes en résultent. Je le demande : depuis que Narbonne a quitté le ministère, les patriotes ont-ils été moins persécutés? Non, sans doute, parce que l'Assemblée nationale ne force pas assez les ennemis de la liberté à respecter la déclaration des droits. En veut-on des exemples? Personne ne me contestera qu'au sein de l'Assemblée nationale la liberté de la presse a été violée. Personne ne me contestera que la liberté individuelle est attaquée par des agents audacieux. Personne ne me contestera que, dans les départements, on ne cherche à semer la discorde et à étouffer la semence des bons principes. Personne ne me contestera que, pour la première fois, le patriote Laveaux a occupé quelques patriotes de l'Assemblée nationale. Et cependant les persécutions qu'a éprouvées la Société de Strasbourg prouvaient assez que Dietrich était l'homme le plus abominable. Personne ne me contestera que des honneurs ont été rendus à Simonneau, et que ceux qui sont morts devant Mons et Tournai ont été oubliés; que les soldats de Château-Vieux n'ont pas même attiré l'attention de l'Assemblée; que la maîtresse de Dillon a été traitée comme la veuve de J.-J. Rousseau. Personne ne me contestera que les gardes-françaises n'ont pas été rappelés, et que les soldats persécutés gémissent encore dans l'oppression. Personne ne me contestera que le patriotisme n'ait été persécuté à Avignon; que les héros et martyrs de la liberté, les deux commissaires envoyés par les Marseillais, n'aient pas été mandés à la barre; que les Marseillais eux-mêmes ont éprouvé mille dégoûts.

C'est en vain que le ministère serait patriote, si la liberté est si peu ménagée par l'Assemblée nationale. Quelles conclusions tirer de là? C'est qu'elle doit moins s'occuper du renvoi de M. Servan que s'attacher à faire respecter la liberté, à soutenir les malheureux persécutés. Voilà ce qu'il faut faire; sinon, les patriotes ne seront pas moins exposés à mille dangers. Vous avez un ministère suspect? Eh bien! cela vous tiendra éveillés. (*Applaudissements.*) Au lieu que si, par hasard, un ministre d'abord patriote s'écartait dans la suite de la route de la liberté, alors tous ceux qu'il aurait pu séduire se verraient entraînés. Savez-vous ce qui affaiblit la cause du patriotisme? C'est la désunion des patriotes, c'est lorsqu'une partie d'entre eux s'attache aux personnes et l'autre aux choses; c'est lorsque les uns s'attachent aux ministres, qui sont passagers, et les seconds aux principes, qui ne varient jamais; c'est lorsque les premiers ne font qu'attaquer des patriotes, et se discréditent ainsi aux yeux de la nation. Actuellement, ils sont obligés de passer condamnation sur Narbonne : ils seront peut-être forcés de le faire pour un général plus important, et encore pour un ministre.

J'espère que nous allons tous nous rallier aux principes, et qu'oubliant des injures personnelles nous allons défendre la cause du peuple.

Pour moi, je crois que ceux qui ont envoyé sous le couvert des ministres...

M. LE PRÉSIDENT. — La Société engage M. Robespierre à vouloir bien être le seul qui ne s'occupe pas de lui.

M. ROBESPIERRE. — Je déclare que, si les personnes que je viens de désigner veulent se réunir aux patriotes, et particulièrement à moi... (*Ah! ah! Tumulte.*) Remarquez bien, Messieurs, que c'est d'une réconciliation patriotique que je parle, et que c'est me chicaner sévèrement que de m'interdire de parler des objets de cette réconciliation. Je déclare que, s'ils veulent se réunir sincèrement à moi pour soutenir les principes, alors, comme M. Merlin et comme tous les bons citoyens, j'ensevelirai dans l'oubli le système de la plus affreuse diffamation qui ait jamais été inventée. Mais, si ces personnes continuent de me dénoncer comme membre du Comité autrichien, s'ils marchent sur les traces de M. La Fayette, qui a écrit une lettre où la calomnie perce à chaque phrase, alors la paix deviendrait impossible. (*Tumulte.*) Vous voyez au bruit, Messieurs, que le traité n'est pas conclu. Il n'est pas possible de faire triompher la liberté dans cette enceinte, lorsqu'à chaque mot on est interrompu.

Enfin, je le répète, le moyen de sauver la liberté, c'est d'éclairer l'opinion publique; le moyen de la perdre est de semer la calomnie contre ses plus zélés défenseurs. C'est en un mot la contre-partie de la Révolution. C'est par des efforts semblables à ceux qu'a faits aujourd'hui l'Assemblée nationale qu'elle peut sauver la patrie; ce n'est pas par des insurrections partielles, qui ne font qu'énerver la chose publique. Je vais faire ma profession de foi : ériger l'Assemblée législative actuelle en assemblée constituante, c'est tuer la liberté. Je sais bien que, dans un temps où les principes domineraient dans toute leur pureté, où les fondateurs de la liberté seraient surpassés par leurs successeurs, les plus heureux effets devraient résulter de leurs efforts; mais, dans un moment où tout est divisé d'intérêt, d'opinion, de système, vous n'avez plus un point de ralliement à espérer. Si la confusion augmente dans les sentiments et les principes, on ne sait plus auxquels s'accrocher. Au lieu que, quand ils sont consignés, ces principes, dans l'acte constitutionnel, alors nous sommes assurés de la force de la loi. (*Applaudi.*) Si vous détruisez la constitution, alors l'Assemblée législative elle-même ne serait plus; elle serait revêtue d'un pouvoir despotique. Ces inconvénients sont déjà terribles. Mais, si un parti d'aristocrates, ou seulement de Feuillants, venait à dominer dans cette Assemblée, alors la liberté serait perdue. Dans l'incertitude des principes, on répondrait à ceux qui les invoqueraient : Où sont-ils? vous n'en avez plus. L'Assemblée nationale n'a donc d'autre mesure à prendre que de soutenir la constitution. Elle anéantirait elle-même sa propre puissance si elle violait son serment. D'ailleurs, serait-il bien sûr qu'elle nous refît une meilleure constitution? A-t-elle donné des preuves de plus de civisme que la première assemblée? Celle-ci n'a-t-elle pas surpassé la seconde, même dans sa décrépitude? Je dis donc qu'il faut nous rallier autour de la constitution. — Je combats, par le même principe, la proposition qui a été faite de demander au roi les motifs du renvoi de ses ministres. Car, ensuite, d'autres viendraient, qui diraient : Nous avons autant de raison pour modifier la constitution. Au reste, nous n'avons rien à appréhender tant qu'il existera des Sociétés patriotiques; et elles sont trop solidement établies pour qu'on puisse les renverser.

Un député a dit qu'un parti lui avait proposé de se réunir aux meilleurs esprits de l'Assemblée nationale. Il est de la dernière importance de faire connaître les auteurs de cette proposition. Je le somme de nous dire quels sont ceux qui la lui ont faite. Et certes M. Lasource n'aurait pas perdu son temps, s'il était demeuré, ne fût-ce pour répondre à cette interpellation. J'espère que personne ne s'opposera à cette demande; et M. Lasource s'empressera sans doute à y satisfaire. Quant à moi, je prends acte de ce que je me suis opposé à toutes mesures contraires à la constitution. Je jure de mourir pour défendre l'Assemblée législative actuelle; mais je proteste qu'elle ne doit pas trahir ses serments pour se charger d'un fardeau plus pesant. (*Applaudissements.*)

M. Danton. — Je propose que la discussion soit continuée demain à neuf heures. Je prends l'engagement de porter la terreur dans une cour perverse. Le pouvoir exécutif n'a déployé son audace que parce qu'on a été trop faible.

M. Lasource. — Comme je n'étais pas présent à l'interpellation que m'a faite M. Robespierre, je répondrai sur le rapport qui vient de m'être donné. Je n'ai point dit que ce fût un membre de l'Assemblée nationale qui m'eût proposé la réunion des meilleurs esprits de cette même Assemblée : c'est un citoyen qui assiste souvent à ses séances et qui connaît un très grand nombre de ses membres; plusieurs fois il m'avait dit qu'il était impossible que la constitution se soutînt telle qu'elle était, et qu'il fallait nécessairement un balancement des pouvoirs.

M. Réal. — Les événements d'aujourd'hui paraissent avoir jeté beaucoup de terreur. Quant à moi, ils me font grand plaisir. La crise annonce la santé, et depuis la Révolution nous n'avons été malheu-

reux que lorsqu'il n'y avait pas de crise. Après tous les efforts que vient de faire la cour, nous devons nous attendre à quelque grand coup. J'engage donc tous les bons citoyens à se tenir demain sur leurs gardes: car la cour, qui est si vile quand elle a peur, si insolente quand elle a quelque lueur d'espoir, ne conserve plus aucun ménagement; elle a jeté le masque; elle compte évidemment sur un grand nombre d'étrangers qui sont dans Paris. — Dans les circonstances où nous sommes, nous devons bien nous garder de désorganiser l'armée.
— Les moyens proposés par M. Robespierre ne seraient bons que dans le calme. A la séance précédente, je prévoyais bien ces faits évidents; mais je ne croyais pas que la cour se démasquât aussitôt.

La mesure que j'ai proposée n'est point inconstitutionnelle: car, si l'on venait à établir que le roi entretient une correspondance secrète avec nos ennemis, s'il était constant qu'il se servît de ses fonctions pour faire triompher ses proches, alors demeureriez-vous en suspens sur le parti que vous auriez à prendre? Eh bien! il s'agit aujourd'hui de savoir si le roi conspire ou ne conspire pas. Or, si le premier cas est prouvé, il est clair qu'on ne peut pas laisser entre ses mains un pouvoir qu'il tourne contre la patrie et la liberté. On va me dire : Prouvez la conspiration. Si j'avais des preuves, il est clair que j'irais à l'Assemblée nationale et que j'accuserais le roi. Je n'ai pas de démonstration légale à donner. Mais tout le monde voit bien que le pouvoir exécutif ne marche pas dans le sens de la constitution. — Les aristocrates aussi ne veulent pas qu'on y touche, à cette constitution. Je ne saurais mieux me faire entendre qu'en empruntant une comparaison tirée de la bible. Les juifs avaient une arche sacrée à laquelle il était défendu de toucher, dût-elle être renversée. Eh bien, il en est de même pour ces messieurs: ils aimeraient mieux la voir périr que de souffrir la moindre modification. Et vous sentez bien qu'ils ont leurs raisons pour le vouloir ainsi.

En cette occurrence, voici les moyens que je propose. Parmi les quarante-huit mille municipalités qui se trouvent en France, comptez qu'il y en a quarante mille prêtes à voler au secours de l'Assemblée nationale. Il est clair, pour tous les voyageurs qui ont observé, que le peuple ne considère le roi que comme une puissance très secondaire. — Messieurs, écrivez aux départements, convoquez les assemblées primaires. Dites-leur : Nommez-nous des successeurs qui prononceront entre le pouvoir exécutif et nous, car nous sommes ses accusateurs. Cette marche paraît d'abord bizarre; mais, quand on l'examine avec attention, on voit qu'elle coupe le mal dans sa racine : au lieu que par tout autre moyen nous ne faisons que reculer, c'est-à-dire que nous attendons que la cour ait pris tous ses avantages. Avant tout, avant la constitution, est le bonheur du peuple : si cette constitution le contrarie, je ne connais que la suprême loi, le salut public. Je vais donc au seul moyen qui puisse nous tirer de l'état funeste où nous nous trouvons, à moins qu'on n'aille tout droit au plus simple remède, qui est d'accuser le roi.

M. LE PRÉSIDENT. — J'apprends qu'il circule une lettre en mon nom : je ne la connais même pas; c'est sans doute une production faite dans les ténèbres, dans une sacristie, et certes je n'irai pas l'y déterrer.

Une députation de la Société des droits de l'homme et du citoyen vient exciter la vigilance des Jacobins contre les attentats que les ennemis de la liberté de la presse se disposent à former contre elle.

Un citoyen du faubourg Saint-Antoine, M. *Cazin*, se plaint de ce que, s'étant présenté à l'Assemblée nationale pour lire une pétition où il l'invite à se faire respecter par ceux de ses membres qui osent l'insulter, elle, les magistrats du peuple, et par conséquent la nation, on n'a pas daigné entendre jusqu'à la fin de la pétition. Comme elle était surtout dirigée contre le côté droit, celui-ci poussait des hurlements affreux.

Le courageux pétitionnaire s'est élevé avec énergie contre l'Assemblée nationale, qui n'a pas même la force d'entendre la vérité. « Et, comme dit J.-J. Rousseau, s'est écrié l'orateur, lorsque nos représentants repoussent la voix des représentés, ceux-ci ne dépendent plus que de leur propre volonté. »

M. *Tallien* invite les membres de la Société qui le sont de la Société du Jeu de paume à se réunir à lui pour célébrer le saint et constitutionnel pèlerinage en mémoire de l'anniversaire du serment du Jeu de paume à Versailles.

La séance a été levée à onze heures.

CCLX

SÉANCE EXTRAORDINAIRE DU JEUDI 14 JUIN 1792

Après la lecture du procès-verbal de la dernière séance et celle de la correspondance, M. *Baumier* lit la pétition de la rédaction de laquelle il avait été chargé pour présenter à l'Assemblée nationale l'état des départements du Rhin.

Après quelques légers débats, la rédaction est adoptée et la pétition est livrée à la signature.

[*M. Chabot* lit un long discours sur le renvoi du ministre et sur la situation politique[1].]

M. *de Sillery*, dans un discours qui a mérité l'impression avec l'approbation de la Société[2], a combattu avec la plus grande énergie l'opinion de M. Robespierre sur les dangers du rassemblement des 20,000 citoyens soldats décrété par l'Assemblée nationale. En relevant ainsi le gant jeté par M. Robespierre dans la séance de la veille à tous ceux qui, avant le changement du ministère, avaient soutenu cette opinion, M. de Sillery s'est rapproché avec lui des principes, et a prouvé que la constitution seule et l'Assemblée nationale pouvaient être les points de ralliement autour desquels tous les bons citoyens devaient se serrer, se réunir, pour conserver et défendre leur liberté.

M. *Robespierre* demande la parole pour répondre à ce discours, mais l'ordre inscrit appelait M. *Danton* à la tribune : M. *Manuel*, président, lui oppose la force de la loi, et, consultant l'assemblée sur ce point, la parole reste à M. Danton.

Cet orateur avait promis la veille de porter la terreur jusqu'au fond du château des Tuileries. Les moyens qu'il propose, dans le moment du péril où se trouve la chose publique, sont en effet de la plus grande énergie.

Après avoir rapporté la loi rendue à Rome, après l'expulsion des Tarquins, par Valerius Publicola, loi qui permettait à tout citoyen de tuer, sans aucune forme judiciaire, tout homme convaincu d'avoir manifesté une opinion contraire à la loi de l'État, avec l'obligation seulement de prouver ensuite le délit de la personne qu'il avait tuée ainsi, M. Danton propose deux mesures pour remédier aux dangers auxquels la chose publique est exposée.

La première est d'asseoir l'impôt d'une manière plus équitable qu'il ne l'est, c'est-à-dire en rejetant sur la classe riche la plus grande partie des contributions supportées par la classe des citoyens moins

---

1. *Discours prononcé par* François Chabot, *député et membre de la Société des amis de la constitution, à la séance du jeudi 14 juin, sur les moyens de sauver la patrie dans ce moment de crise.* — Paris, imp. de la Société typographique, s. d., in-8 de 28 p. — Bibl. nat., Lb 40/702.

2. *Société des amis de la constitution. Discours de* M. Sillery, *prononcé dans la séance du 14 juin 1792, dans lequel il traite des avantages du camp fédératif de vingt mille hommes.*

aisés, et de sorte que celle-ci n'en payât qu'une excessivement petite portion.

La seconde est que l'Assemblée nationale porte une loi fondée sur le bien de l'État, continuellement opposé à l'intérêt de la maison d'Autriche, qui toujours a fait le malheur de la France, loi qui forçât le roi à répudier sa femme et à la renvoyer à Vienne avec tous les égards, les ménagements et la sûreté qui lui sont dus.

M. *Chabot* demande la parole pour un fait. « Le patriote Grangeneuve, dit-il, vient d'être assassiné. (*Cris d'indignation.*) M. Journeau, l'un des aristocrates les plus enragés du côté droit, discutait tout à l'heure avec lui sur le décret que l'Assemblée nationale a rendu ce matin; M. Journeau lui a, pour réfutation, donné un coup de bâton sur le visage, et il paraît fort maltraité. Je demande que la Société envoie une députation chez M. Grangeneuve pour lui témoigner l'intérêt qu'elle prend à son accident, et qu'il soit fait sur-le-champ une pétition pour demander à l'Assemblée nationale la punition exemplaire de cet attentat commis dans son enceinte. »

La première partie de cette motion est adoptée, la seconde est combattue, et, n'étant point appuyée, elle n'est pas mise aux voix.

La séance a été levée à dix heures.

CCXLI

SÉANCE DU VENDREDI 15 JUIN 1792.

M. Deperret. — L'attentat qui vient d'être commis sur la personne de M. Grangeneuve par M. Journeau mérite d'être puni avec toute la sévérité des lois. C'est un crime de lèse-nation, digne de le faire traduire à Orléans.

M. Desjardins. — Je demande que sur-le-champ il soit fait une pétition à cet effet, pour la porter à l'Assemblée nationale.

M. Laplancue. — Je m'oppose formellement à cette mesure : je la crois inutile. En effet, ce matin j'ai été témoin à l'Assemblée nationale que des lettres qui lui ont été adressées par des citoyens indignés de la conduite de M. Journeau, et rassemblés autour de l'enceinte de cette même Assemblée, n'ont pas été lues, sous prétexte qu'elles avaient l'air de pétitions faites pour influencer les opinions.

M. Deperret. — Le cas où nous nous trouvons est absolument différent. Là, c'étaient des citoyens qui se livraient à un mouvement d'indignation, bien juste sans doute, mais qui s'annonçaient d'une manière peu propre à les faire accueillir; ici, ce sont des âmes sensibles qui s'intéressent à un patriote lâchement assassiné. J'appuie donc la proposition faite par M. Desjardins.

La Société arrête que la pétition proposée sera rédigée séance tenante, et qu'avant d'être portée à l'Assemblée nationale les citoyens des tribunes seront libres de la signer. — Les commissaires nommés à cet effet sont MM. *Collot d'Herbois, Deperret* et *Chépy* fils.

M. TERRASSON. — Je demande que la Société de Bordeaux, qui a porté des santés à M. Grangeneuve, soit informée de l'événement malheureux qui le concerne.

Arrêté que le Comité de correspondance écrira à ce sujet à la Société de Bordeaux.

M. DELACROIX. — Je ne puis retenir mon indignation quand je vois des membres de cette Société vouloir nous faire envisager comme une calamité publique le renvoi de quelques ministres. Qu'elle est petite, qu'elle est rétrécie, cette idée qui tend à persuader au peuple que le salut de sa liberté dépend de quelques individus! Combien sont perfides ces ignorants, ceux qui tendent à propager une opinion aussi fausse, aussi contraire aux principes et aux grandes ressources de la nation! D'ailleurs, qui ne voit dans cet événement tout naturel une faction qui en détruit une autre? Qui ne voit que ces nuages malfaisants, qui s'entrechoquent sur notre horizon politique, amènent insensiblement l'éclat de la foudre populaire? Qui ne voit que quelques intrigants voudraient adroitement identifier leurs intérêts personnels avec le grand intérêt public, afin de mettre de leur côté cette opinion publique, qu'on peut égarer, mais qu'on ne corrompt jamais longtemps? Qui ne voit que les principes seuls peuvent assurer le règne de la liberté, que les autres moyens ne peuvent être considérés que comme accessoires, que la constitution seule doit nous servir de point de ralliement? Pouvons-nous compter sur l'Assemblée nationale, qui, jusqu'à ce jour, a prouvé qu'elle était un assemblage inexplicable de grandeur et de bassesse, d'énergie et de faiblesse?

Le peuple et la constitution, voilà ce qui sauvera la liberté. Et certes elle ne serait pas en danger, cette liberté, si l'Assemblée nationale législative, assurée de toutes les forces de la nation, en avait usé avec autant d'énergie que l'Assemblée constituante, dénuée de tous moyens et environnée de satellites à Versailles; si, au lieu de s'occuper du fauteuil du pouvoir exécutif au commencement de sa session, qui heureusement se termine... (*Tumulte.*)

Un Brestois. — Je suis étonné qu'on ménage aussi peu l'Assemblée nationale. Je demande que le préopinant soit rappelé à l'ordre et descende de la tribune.

M. *Collot d'Herbois* lit la pétition relative à l'affaire de M. Grangeneuve, dont on s'occupait en ce moment à l'Assemblée nationale. Elle est adoptée.

M. Saint-André. — Je commence par rendre justice au patriotisme de M. Delacroix. Mais je ne pense pas comme lui que le renvoi des ministres soit un événement indifférent. Je crois que nous devons entourer l'Assemblée nationale de la force de l'opinion publique, pour que le bien qu'elle voudra faire devienne possible. Ainsi, que M. Delacroix, dont les sentiments patriotiques vous sont d'ailleurs connus, veuille réformer son opinion, et je demande alors qu'il soit entendu.

M. *Delacroix* reconnaît ses erreurs, qu'il avoue de bon cœur. Il continue. — La seule mesure propre à sauver la patrie et la liberté était de déclarer que les décrets de circonstances, qui tiennent essentiellement à l'établissement et au maintien de la constitution, ne sont pas susceptibles de l'application du veto suspensif, attendu que la durée et l'exécution de ces mêmes décrets ne s'étendent pas au delà des deux années fixées par l'acte constitutionnel pour l'exercice de ce veto.

Une autre mesure qui doit assurer le salut de la capitale, c'est de rappeler sans délai les gardes-françaises, les Château-Vieux, tous les soldats persécutés, et d'en former ici un corps redoutable pour l'opposer aux ennemis du dedans, et à ces hommes perfides qui se sont séparés du peuple, sous le prétexte spécieux de se soumettre à une organisation militaire contraire à tous les principes. (*Applaudissements.*)

Ce moyen rend inutile celui du camp de 20,000 hommes, moyen qui avait alarmé avec raison les bons citoyens, parce que ceux qui l'ont fait adopter n'ont pas toujours montré un grand zèle pour l'intérêt du peuple. (*Murmures.*)

M. Danton vous a proposé hier trois grands moyens, dont un seulement est exécutable et conforme aux principes. Il vous a proposé que l'Assemblée nationale portât une loi qui autoriserait tout citoyen qui aurait quelques preuves de conspiration contre un autre citoyen pût, sans autre forme de procès, lui ôter la vie.

M. *Daubigny* dit que M. Danton n'a fait que citer une loi romaine, sans vouloir la faire adopter.

M. *Delacroix* est rappelé à l'ordre pour avoir imputé à M. Danton une opinion qui n'était pas la sienne, et pour avoir proposé des mesures inconstitutionnelles. La Société refuse d'entendre la suite de ce discours.

M. *Laveaux* donne lecture d'une pétition relative au département du Bas-Rhin, et surtout de Strasbourg. Cette pétition est goûtée par la Société, et elle doit remplacer celle de M. Baumier, qui n'a été revêtue que de trois signatures. — M. *Laveaux* et M. *Baumier* soutiennent chacun leurs opinions avec d'autant plus de chaleur que chacun avait adopté une marche différente et puisé dans des sources qui n'étaient pas les mêmes. M. Laveaux a soutenu que les faits avancés par M. Baumier étaient faux. On a généralement pensé qu'il était plus naturel de croire que M. Laveaux connaissait les affaires de son pays.

Un garde national, député du quatrième bataillon de Seine-et-Oise, lit une pétition qui avait été lue le matin à l'Assemblée nationale, sans produire aucun effet, car elle lui a valu seulement les honneurs de la séance. « Un bateau chargé de vins et d'autres objets destinés à nos ennemis descendait la Seine, dit le pétitionnaire ; il a excité la sollicitude des citoyens soldats, qui se sont jetés à l'eau pour l'arrêter. M. Wimpffen, qui a le commandement général des troupes dans ces contrées, est arrivé. Il a fait relâcher ce bateau, sans vouloir même qu'on fît la visite des objets suspects, et, malgré les réclamations des gardes nationaux, qui demandaient que l'Assemblée nationale fût instruite et prononçât sur les faits, M. Wimpffen a voulu être obéi, et il l'a été. »

Ce citoyen dénonce que, dans le département de Seine-et-Oise, il existe encore trois couvents, savoir : à Ristophe, Rhétel et Sierde. Il reçoit de la Société, pour lui et ses camarades, les justes éloges dus à leur patriotisme.

La séance a été levée à neuf heures et demie.

FIN DU TOME TROISIÈME

TABLE DES MATIÈRES

Juillet 1791 (*suite*).

	Pages
I. — Séance du lundi 11 juillet 1791.	1
II. — Opinion de M. Chenaux sur la question de savoir qu'est-ce que les législateurs ont à faire dans les circonstances où ils se trouvent.	3
III. — Séance du mercredi 13 juillet 1791.	10
IV. — Séance du vendredi 15 juillet 1791.	14
V. — Adresse de la Société des amis de la constitution aux Sociétés affiliées, 16 juillet 1791.	21
VI. — Journée du 16 juillet 1791, au Champ de Mars.	24
VII. — Séance du dimanche 17 juillet 1791.	25
VIII. — Adresse de la Société des amis de la constitution aux Sociétés affiliées, 17 juillet 1791.	30
IX. — Circulaire de la Société à ses membres, 18 juillet 1791.	32
X. — Les Feuillants et les Jacobins.	33
XI. — Séance du 18 juillet 1791.	35
XII. — Adresse de la Société à l'Assemblée nationale, 20 juillet 1791.	38
XIII. — Séance du mercredi 20 juillet 1791.	44
XIV. — Séance du vendredi 22 juillet 1791.	45
XV. — Séance du dimanche 24 juillet 1791.	47
XVI. — Séance du lundi 25 juillet 1791.	51
XVII. — Séance du mercredi 27 juillet 1791.	54
XVIII. — Séance du vendredi 29 juillet 1791.	56
XIX. — Séance du dimanche 31 juillet 1791.	61

Août 1791.

XX. — Séance du lundi 1er août 1791.	64
XXI. — Séance du mercredi 3 août 1791.	66
XXII. — Séance du vendredi 5 août 1791.	69
XXIII. — Séance du dimanche 7 août 1791.	71
XXIV. — Adresse de la Société des amis de la constitution aux Sociétés affiliées sur les événements du Champ de Mars, 17 juillet 1791.	72
XXV. — Séance du lundi 8 août 1791.	79

	Pages
XXVI. — Séance du mercredi 10 août 1791	81
XXVII. — Séance du vendredi 12 août 1791	82
XXVIII. — Lettre de Choderlos de Laclos au *Patriote français*	85
XXIX. — Séance du dimanche 14 août 1791	86
XXX. — Séance du lundi 15 août 1791	88
XXXI. — Séance du mercredi 17 août 1791	89
XXXII. — Séance du vendredi 19 août 1791	92
XXXIII. — Séance du dimanche 21 août 1791	93
XXXIV. — Séance du lundi 22 août 1791	95
XXXV. — Séance du mercredi 24 août 1791	98
XXXVI. — Séance extraordinaire du 25 août 1791	101
XXXVII. — Séance du vendredi 26 août 1791	102
XXXVIII. — Séance du dimanche 28 août 1791	103
XXXIX. — Séance du lundi 29 août 1791	106
XL. — Séance du mercredi 31 août 1791	107

Septembre 1791.

XLI. — Séance du jeudi 1er septembre 1791	109
XLII. — Séance du vendredi 2 septembre 1791	111
XLIII. — Séance du dimanche 4 septembre 1791	113
XLIV. — Séance du mardi 6 septembre 1791	116
XLV. — Séance du mercredi 7 septembre 1791	119
XLVI. — Séance du jeudi 8 septembre 1791	120
XLVII. — Séance du dimanche 11 septembre 1791	123
XLVIII. — Séance du lundi 12 septembre 1791	125
XLIX. — Séance du mercredi 14 septembre 1791	127
L. — Adresse de la Société des amis de la constitution aux Sociétés affiliées, 15 septembre 1791	129
LI. — Séance du vendredi 16 septembre 1791	134
LII. — Séance du dimanche 18 septembre 1791	137
LIII. — Séance du lundi 19 septembre 1791	139
LIV. — Prix proposé par la Société des amis de la constitution, 19 septembre 1791	141
LV. — Séance du mercredi 21 septembre 1791	142
LVI. — Séance du vendredi 23 septembre 1791	144
LVII. — Séance du dimanche 25 septembre 1791	148
LVIII. — Séance du lundi 26 septembre 1791	150
LIX. — Séance extraordinaire du mardi 27 septembre 1791	151
LX. — Séance du mercredi 28 septembre 1791	152
LXI. — Séance du vendredi 30 septembre 1791	154

Octobre 1791.

LXII. — Séance du dimanche 2 octobre 1791	157
LXIII. — Séance du lundi 3 octobre 1791	158
LXIV. — Séance du mercredi 5 octobre 1791	161

TABLE DES MATIÈRES

	Pages
LXV. — Société des amis de la constitution. Éclaircissements sur le décret du 29 septembre, relatif aux Sociétés patriotiques, 5 octobre 1791.	164
LXVI. — Séance du vendredi 7 octobre 1791.	168
LXVII. — Éducation publique. La Société des amis de la constitution de Paris aux Sociétés affiliées. Comité de correspondance. 7 octobre 1791	172
LXVIII. — Séance du dimanche 9 octobre 1791	179
LXIX. — Séance du lundi 10 octobre 1791	182
LXX. — Séance du mercredi 12 octobre 1791	183
LXXI. — Séance du vendredi 14 octobre 1791	187
LXXII. — Séance du dimanche 16 octobre 1791	192
LXXIII. — Séance du lundi 17 octobre 1791	194
LXXIV. — Séance du mercredi 19 octobre 1791	195
LXXV. — Séance du vendredi 21 octobre 1791	199
LXXVI. — Discours sur la situation politique de la nation à l'ouverture de la seconde session de l'Assemblée nationale, prononcé à la Société des amis de la constitution dans la séance du 21 octobre, par Camille Desmoulins.	200
LXXVII. — Séance du dimanche 23 octobre 1791	219
LXXVIII. — Séance du lundi 24 octobre 1791	223
LXXIX. — Séance du mercredi 26 octobre 1791	225
LXXX. — Séance du vendredi 28 octobre 1791	226
LXXXI. — Séance du dimanche 30 octobre 1791	227
LXXXII. — Séance du lundi 31 octobre 1791	228

Novembre 1791.

LXXXIII. — Séance extraordinaire du mardi 1er novembre 1791	231
LXXXIV. — Séance du mercredi 2 novembre 1791	233
LXXXV. — Séance du jeudi 3 novembre 1791	236
LXXXVI. — Séance du vendredi 4 novembre 1791	238
LXXXVII. — Séance du dimanche 6 novembre 1791	239
LXXXVIII. — Séance du lundi 7 novembre 1791	241
LXXXIX. — Séance du mercredi 9 novembre 1791	242
XC. — Séance du vendredi 11 novembre 1791	243
XCI. — Séance du samedi 12 novembre 1791	246
XCII. — Séance du dimanche 16 novembre 1791	248
XCIII. — La Société des amis de la constitution aux Sociétés affiliées. Comité de correspondance. 16 novembre 1791	251
XCIV. — Séance du vendredi 18 novembre 1791	254
XCV. — Séance du dimanche 20 novembre 1791	257
XCVI. — Séance du lundi 21 novembre 1791	259
XCVII. — Séance du mercredi 23 novembre 1791	260
XCVIII. — Séance du vendredi 25 novembre 1791	261
XCIX. — Séance du dimanche 27 novembre 1791	262
C. — Séance du lundi 28 novembre 1791	264
CI. — Séance du mercredi 29 novembre 1791	265
CII. — Séance du jeudi 30 novembre 1791	267

TABLE DES MATIÈRES

Décembre 1791.

	Pages
CIII. — Séance du vendredi 2 décembre 1791	268
CIV. — Séance du dimanche 4 décembre 1791	271
CV. — Séance du mercredi 6 décembre 1791	272
CVI. — Séance extraordinaire du jeudi 8 décembre 1791	275
CVII. — Séance du vendredi 9 décembre 1791	277
CVIII. — La Société des amis de la constitution aux Sociétés affiliées, 9 décembre 1791	279
CIX. — Séance du dimanche 11 décembre 1791	285
CX. — Séance du lundi 12 décembre 1791	286
CXI. — Séance du mercredi 14 décembre 1791	287
CXII. — Séance du vendredi 16 décembre 1791	289
CXIII. — Séance du dimanche 18 décembre 1791	290
CXIV. — Séance du lundi 19 décembre 1791	293
CXV. — Séance du mercredi 21 décembre 1791	294
CXVI. — Séance du vendredi 23 décembre 1791	296
CXVII. — Séance du dimanche 25 décembre 1791	298
CXVIII. — Séance du lundi 26 décembre 1791	299
CXIX. — Séance extraordinaire du mardi 27 décembre 1791	301
CXX. — Séance du vendredi 30 décembre 1791	302

Janvier 1792.

CXXI. — Séance du dimanche 1er janvier 1792	304
CXXII. — Séance du lundi 2 janvier 1792	307
CXXIII. — Séance du mercredi 4 janvier 1792	309
CXXIV. — Séance du vendredi 6 janvier 1792	311
CXXV. — Séance du dimanche 8 janvier 1792	314
CXXVI. — Séance du lundi 9 janvier 1792	316
CXXVII. — Séance du mercredi 11 janvier 1792	317
CXXVIII. — Séance du vendredi 13 janvier 1792	319
CXXIX. — Séance du dimanche 15 janvier 1792	320
CXXX. — Séance du lundi 16 janvier 1792	321
CXXXI. — La Société des amis de la constitution aux Sociétés affiliées. Comité de correspondance. 17 janvier 1792	323
CXXXII. — Séance du mercredi 18 janvier 1792	331
CXXXIII. — Séance du vendredi 20 janvier 1792	333
CXXXIV. — Séance du dimanche 22 janvier 1792	335
CXXXV. — Circulaire de la Société à ses membres, 23 janvier 1792	337
CXXXVI. — Séance du lundi 23 janvier 1792	338
CXXXVII. — Séance du mardi 24 janvier 1792	340
CXXXVIII. — Séance du mercredi 25 janvier 1792	343
CXXXIX. — Séance du dimanche 29 janvier 1792	346
CXL. — Séance du lundi 30 janvier 1792	348
CXLI. — Société des amis de la constitution. Extrait du procès-verbal de la séance du lundi 30 janvier 1792	349

CXLII. — La Société des amis de la constitution aux Sociétés affiliées, le 30 janvier 1792	353

Février 1792.

CXLIII. — Séance du mercredi 1er février 1792	357
CXLIV. — Séance du jeudi 2 février 1792	358
CXLV. — Séance du vendredi 3 février 1792.	362
CXLVI. — Séance du dimanche 5 février 1792.	364
CXLVII. — Séance du lundi 6 février 1792	366
CXLVIII. — Séance du mardi 7 février 1792.	369
CXLIX. — Séance du vendredi 10 février 1792	371
CL. — Séance du dimanche 12 février 1792.	373
CLI. — Séance du mardi 14 février 1792.	374
CLII. — Séance du mercredi 15 février 1792	375
CLIII. — La Société des amis de la constitution aux Sociétés affiliées. Comité de correspondance, le 15 février 1792.	376
CLIV. — Séance du vendredi 17 février 1792	381
CLV. — Séance du dimanche 19 février 1792	382
CLVI. — Séance du lundi 20 février 1792	383
CLVII. — Même séance, d'après le *Journal logotachygraphique* du 29 février 1792	386
CLVIII. — Séance du mercredi 22 février 1792	409
CLIX. — Séance du vendredi 24 février 1792	410
CLX. — Séance du dimanche 26 février 1792	410
CLXI. — Séance du lundi 27 février 1792.	411
CLXII. — La Société des amis de la constitution aux Sociétés affiliées, le 27 février 1792.	413
CLXIII. — Séance du mercredi 29 février 1792	418

Mars 1792.

CLXIV. — Séance du vendredi 2 mars 1792.	419
CLXV. — La Société des amis de la constitution aux Sociétés affiliées, le 2 mars 1792.	421
CLXVI. — Séance du dimanche 4 mars 1792	423
CLXVII. — Séance du lundi 5 mars 1792.	427
CLXVIII. — Séance du mercredi 7 mars 1792	429
CLXIX. — Séance du vendredi 9 mars 1792	429
CLXX. — La Société des amis de la constitution à M. Simonneau, fils de l'infortuné maire d'Étampes, le 9 mars 1792.	431
CLXXI. — Séance du dimanche 11 mars 1792	432
CLXXII. — Séance du lundi 12 mars 1792.	433
CLXXIII. — Séance du mercredi 14 mars 1792	433
CLXXIV. — **Lettre écrite à M. T. Rousseau par le Comité de correspondance des amis de la constitution, le 14 mars 1792.**	434
CLXXV. — Séance du vendredi 16 mars 1792	435

TABLE DES MATIÈRES

	Pages
CLXXVI. — Séance du dimanche 18 mars 1792	437
CLXXVII. — Séance du lundi 19 mars 1792	438
CLXXVIII. — Séance du mercredi 21 mars 1792	446
CLXXIX. — Séance du vendredi 23 mars 1792	446
CLXXX. — Séance du dimanche 25 mars 1792	450
CLXXXI. — Séance du lundi 26 mars 1792	451
CLXXXII. — Séance du mercredi 28 mars 1792	453
CLXXXIII. — Séance du vendredi 30 mars 1792	454

Avril 1792.

CLXXXIV. — Séance du dimanche 1er avril 1792	454
CLXXXV. — Séance du lundi 2 avril 1792	456
CLXXXVI. — Séance du mardi 3 avril 1792	459
CLXXXVII. — Séance du vendredi 6 avril 1792	463
CLXXXVIII. — Séance du dimanche 8 avril 1792	470
CLXXXIX. — Séance du lundi 9 avril 1792	476
CXC. — La Société des amis de la constitution aux Sociétés affiliées. Procès-verbal de la séance du 9 avril 1792	484
CXCI. — Séance extraordinaire du mardi 10 avril 1792	491
CXCII. — Séance du mercredi 11 avril 1792	493
CXCIII. — Séance du vendredi 13 avril 1792	495
CXCIV. — Société des amis de la constitution. Discours de MM. Cooper et Walt, députés de la Société constitutionnelle de Manchester, prononcé à la Société des amis de la constitution le 13 avril 1792	499
CXCV. — Séance extraordinaire du samedi 14 avril 1792	502
CXCVI. — Séance extraordinaire du mardi 17 avril 1792	504
CXCVII. — Séance du mercredi 18 avril 1792	507
CXCVIII. — Séance du vendredi 20 avril 1792	512
CXCIX. — Séance du lundi 23 avril 1792	520
CC. — Séance du mercredi 25 avril 1792	524
CCI. — Séance du vendredi 27 avril 1792	536
CCIII [1]. — Séance du dimanche 29 avril 1792	541
CCIV. — Séance du lundi 30 avril 1792	543

Mai 1792.

CCV. — Séance extraordinaire du mardi 1er mai 1792	549
CCVI. — Séance du mercredi 2 mai 1792	551
CCVII. — Séance du jeudi 3 mai 1792	553
CCVIII. — Séance du vendredi 4 mai 1792	557
CCIX. — Séance du dimanche 6 mai 1792	561
CCX. — Séance du lundi 7 mai 1792	566
CCXI. — Séance du mercredi 9 mai 1792	568
CCXII. — Séance extraordinaire du jeudi 10 mai 1792	570

1. Par suite d'une erreur typographique, il n'y a pas de numéro CCII.

TABLE DES MATIÈRES

	Pages
CCXIII. — Séance du jeudi 10 mai 1792	574
CCXIV. — Séance du dimanche 13 mai 1792	577
CCXV. — Séance du lundi 14 mai 1792	579
CCXVI. — Séance du mercredi 16 mai 1792	581
CCXVII. — Séance extraordinaire du jeudi 17 mai 1792	584
CCXVIII. — Séance du vendredi 18 mai 1792	590
CCXIX. — Séance du dimanche 20 mai 1792	594
CCXX. — Séance du lundi 21 mai 1792	597
CCXXI. — Séance du mercredi 23 mai 1792	602
CCXXII. — Séance du vendredi 25 mai 1792	606
CCXXIII. — Séance du dimanche 27 mai 1792	613
CCXXIV. — Adresse de la Société constitutionnelle de Londres à la Société des amis de la constitution, séante aux Jacobins, à Paris, 27 mai 1792	621
CCXXV. — Séance extraordinaire du mardi 29 mai 1792	624
CCXXVI. — Circulaire de la Société des amis de la constitution aux Sociétés affiliées, 29 mai 1792	628
CCXXVII. — Séance du mercredi 30 mai 1792	630

Juin 1792.

CCXXVIII. — Séance du vendredi 1er juin 1792	639
CCXXIX. — Séance extraordinaire du 2 juin 1792	647
CCXXX. — Séance du dimanche 3 juin 1792	648
CCXXXI. — Séance du lundi 4 juin 1792	653
CCXXXII. — Circulaire de la Société des amis de la constitution aux Sociétés affiliées, le 4 juin 1792	659
CCXXXIII. — Séance du mercredi 6 juin 1792	660
CCXXXIV. — Les citoyens composant la Société des amis de la constitution à leurs frères des départements, 6 juin 1792	665
CCXXXV. — Séance extraordinaire du jeudi 7 juin 1792	668
CCXXXVI. — Séance du vendredi 8 juin 1792	673
CCXXXVII. — Séance du dimanche 10 juin 1792	674
CCXXXVIII. — Séance du lundi 11 juin 1792	680
CCXXXIX. — Séance du mercredi 13 juin 1792	688
CCXL. — Séance extraordinaire du jeudi 14 juin 1792	701
CCXLI. — Séance du vendredi 15 juin 1792	703

A PARIS

DES PRESSES DE D. JOUAUST

Rue de Lille, 7

M DCCC XCII

COLLECTION

DE

Documents relatifs à l'Histoire de Paris

PENDANT LA RÉVOLUTION FRANÇAISE

Publiée sous le patronage du Conseil municipal

OUVRAGES PARUS :

Les Élections et les Cahiers de Paris, par Ch.-L. CHASSIN. — 4 volumes.

L'État de Paris en 1789, par H. MONIN. — 1 volume.

La Société des Jacobins, par F.-A. AULARD. — Tomes I à III.

Personnel municipal de Paris pendant la Révolution, par PAUL ROBIQUET. — 1 volume.

Assemblée électorale de Paris (18 novembre 1790 au 15 juin 1791), par ÉTIENNE CHARAVAY. — 1 volume.

OUVRAGES EN PRÉPARATION :

La Société des Jacobins, par F.-A. AULARD. — Tomes IV et suivants.

Actes de la Commune de Paris pendant la Révolution, par L. FAUCOU.

Élections de Paris, de 1792 à 1800; Députés de Paris, de 1789 à 1800; par ÉTIENNE CHARAVAY.

4888 — Paris, imprimerie D. Jouaust, rue de Lille, 7.

COLLECTION

DE

Documents relatifs à l'Histoire de Paris

PENDANT LA RÉVOLUTION FRANÇAISE

Publiée sous le patronage du Conseil municipal

OUVRAGES PARUS :

Les Élections et les Cahiers de Paris, par Ch.-L. CHASSIN. — 4 volumes.

L'État de Paris en 1789, par H. MONIN. — 1 volume.

La Société des Jacobins, par F.-A. AULARD. — Tomes I à III.

Personnel municipal de Paris pendant la Révolution, par Paul ROBIQUET. — 1 volume.

Assemblée électorale de Paris (18 novembre 1790 au 15 juin 1791), par Étienne CHARAVAY. — 1 volume.

OUVRAGES EN PRÉPARATION :

La Société des Jacobins, par F.-A. AULARD. — Tomes IV et suivants.

Actes de la Commune de Paris pendant la Révolution, par L. FAUCOU.

Élections de Paris, de 1792 à 1800; Députés de Paris, de 1789 à 1800; par Étienne CHARAVAY.

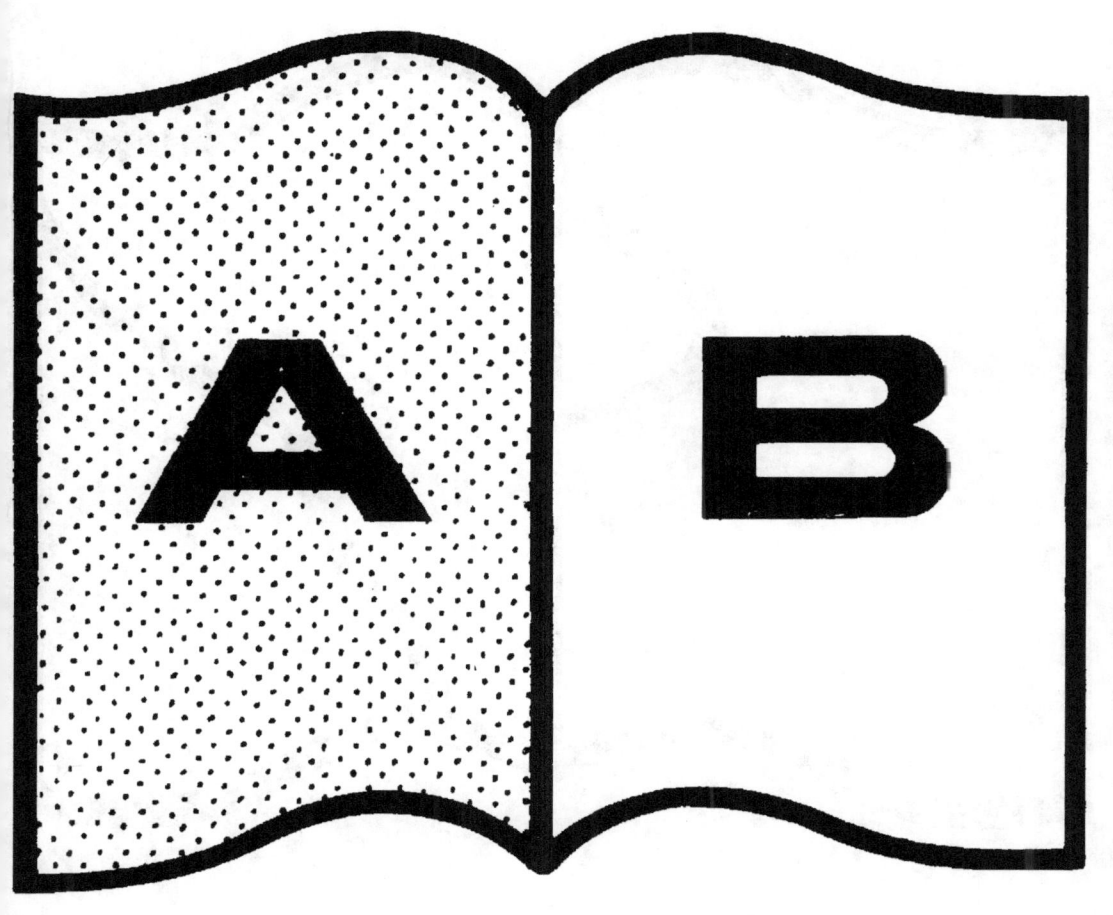

Contraste insuffisant

NF Z 43-120-14

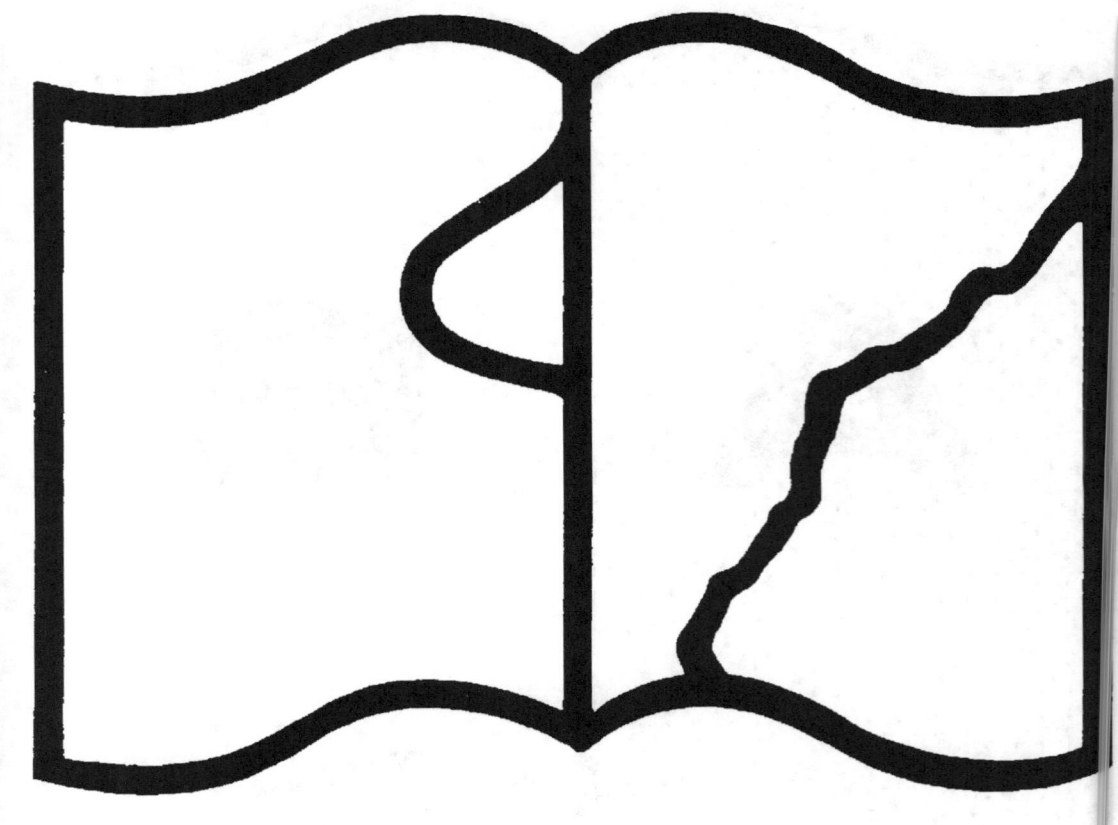

Texte détérioré — reliure défectueuse

NF Z 43-120-11

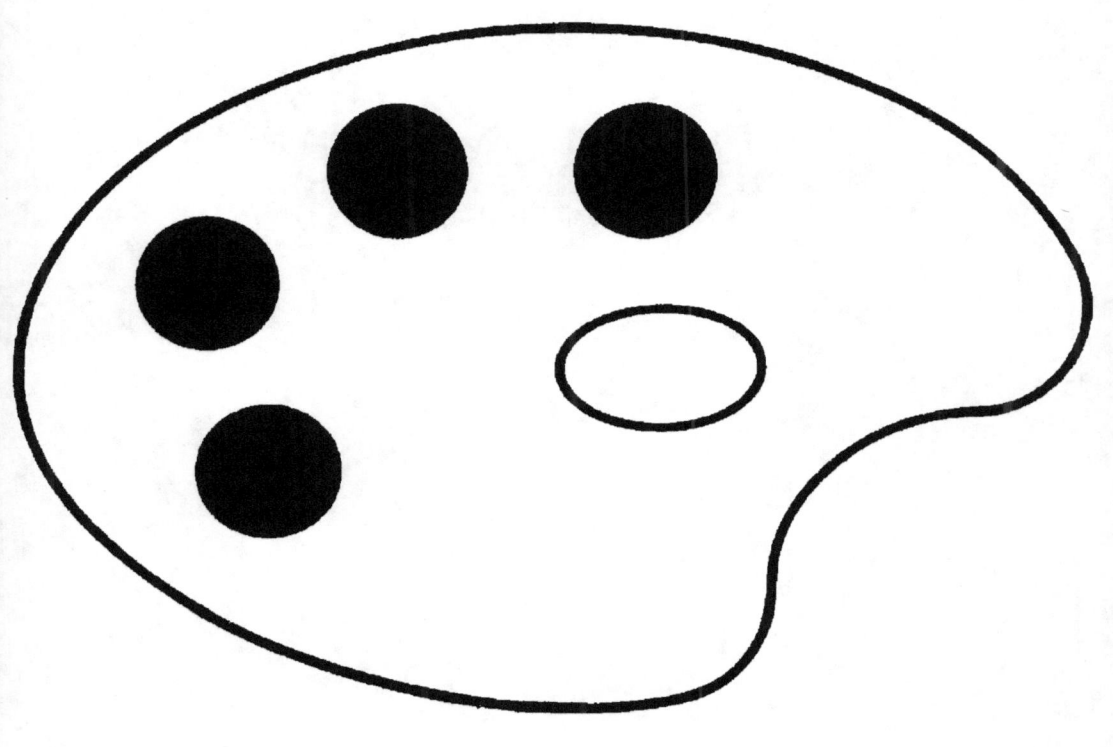

**Original en couleur
NF Z 43-120-8**

www.ingramcontent.com/pod-product-compliance
Lightning Source LLC
Chambersburg PA
CBHW071708300426
44115CB00010B/1357